辽宁省“十二五”普通高等教育本科省级规划教材

省级优秀教材

U0816486

高等院校本科财务管理专业教材新系

高级财务管理

Advanced Financial Management

（第六版）

张先治 曲 明 主 编

贾兴飞 副主编

东北财经大学出版社

Dongbei University of Finance & Economics Press

大连

图书在版编目（CIP）数据

高级财务管理 / 张先治，曲明主编．—6版．—大连：东北财经大学出版社，2024.7（2025.5重印）
（高等院校本科财务管理专业教材新系）
ISBN 978-7-5654-5220-8

Ⅰ.高…　Ⅱ.①张… ②曲…　Ⅲ.财务管理-高等学校-教材　Ⅳ. F275

中国国家版本馆CIP数据核字（2024）第071871号

东北财经大学出版社出版
（大连市黑石礁尖山街217号　邮政编码　116025）
网　　址：http://www.dufep.cn
读者信箱：dufep@dufe.edu.cn
大连天骄彩色印刷有限公司印刷　　东北财经大学出版社发行
幅面尺寸：185mm×260mm　字数：651千字　印张：27.75　插页：1
2024年7月第6版　　2025年5月第2次印刷
责任编辑：王　莹　吴　茜　　责任校对：赵　楠
封面设计：张智波　　版式设计：原　皓
定价：62.00元

教学支持　售后服务　联系电话：（0411）84710309

如有印装质量问题，请联系营销部：（0411）84710711

第六版前言

财务管理专业的培养目标不仅是培养财务管理专业人才，更是培养高级财务管理领导人才，即财务总监。本书的编写是为培养高级财务管理人才提供必要的知识与技能，既包括董事、监事和高级管理人员所必需的财务知识与技能，也包括财务管理领域的前沿问题与知识。

为了适应高级财务管理教学改革、财务管理理论发展和财务管理实践的需求，我们对由张先治教授等著的辽宁省“十二五”普通高等教育本科省级规划教材《高级财务管理》（第五版）（东北财经大学出版社，2021）进行了修订。本次修订紧密结合教育部倡导的关于思政元素在课程和教材中体现的要求，注重阐述中国特色的财务管理内容，注重把企业社会责任、价值观融入教材。

本书第六版主要修订与完善内容如下：

第一，结合党的二十大精神和课程思政相关要求，完善教材的思政目标，增加思政思维导图，并根据各章内容更新相应的思政元素。

第二，结合新环境、新经济、新技术对财务管理的要求，以现代企业高质量发展为目标，对各章的财务管理理论与方法进行充实。

第三，结合新《公司法》及国家对公司经营管理和财务管理相关法规的更新，修订教材相关章节的内容。

第四，结合数字经济和智能化的新环境，在教材内容和教材形式上增加数字经济对财务管理的影响相关内容，增加课后的互动环节，补充课后互动练习。

第五，利用人工智能大模型，增加了课堂及课后的数智能力训练，提升学生运用人工智能大模型解决财务管理中遇到的问题的能力。

第六，对各章中的案例进行调整，对拓展知识点等二维码进行适当的调整，更新部分参考文献。

《高级财务管理》一书由5篇13章组成：第1篇导论，包括高级财务管理概论、基于价值的管理、价值创造计量与评估；第2篇财务治理与财务战略，包括财务治理、财务战略；第3篇资本经营与企业重组，包括资本经营内容、资本经营方式、企业重组财务；第4篇管理控制与财务控制，包括管理控制概论、预算控制与财务预算、评价控制与激励机制；第5篇国际财务与集团财务包括国际财务管理、集团财务管理。

本书适用于财务管理专业、金融学专业和会计学专业的本科高年级和硕士阶段的学习，也适用于工商管理类相关专业特别是MBA专业的教学。本书在人才培养的目标与定位上十分明确，即培养高级财务管理应用型人才，教材内容是培养财务总监所应具有的知识结构，但目前财务管理课程中这方面内容较少。本书在体系构建上具有以下特色：

第一，建立了完整、系统的《高级财务管理》理论体系、内容体系与方法体系。目前，在将财务管理分为《财务管理基础》《中级财务管理》《高级财务管理》的情况下，《高级财务管理》教材往往写成专题，没有理论体系与方法体系。本教材的主要特色在于形成了《高级财务管理》的理论体系、内容体系和方法体系。

第二，明确了《高级财务管理》的定位。本书的定位是培养高级财务管理应用型人才，即培养财务总监。这既区别于《企业财务管理》培养财务经理和财务管理者的目标，又区别于研究生教材《财务管理研究》培养高级理论研究人才的目标。

第三，突出了基于价值的资本经营与管理控制的主线。《高级财务管理》理论体系、内容体系和方法体系的产生基础是基于价值的资本经营、公司治理与管理控制这一主线。全书围绕价值创造与价值实现目标，分别从财务治理与财务战略、资本经营与企业重组、管理控制与财务控制展开对相关知识与技能的介绍。最后对国际财务和集团财务的特殊问题进行论述。

本书由张先治教授和曲明副教授担任主编，贾兴飞副教授担任副主编。具体分工如下：张先治负责第1章、第6章和第9章的修订；贾兴飞负责第2章和第3章的修订；杜春明负责第4章和第8章的修订；曲明负责第5章和第7章的修订；燕玲负责第10章和第11章的修订；刘坤鹏负责第12章和第13章的修订。曲明和贾兴飞负责对教材思政和互动环节的审核修订。最后由张先治教授对全书进行总纂并定稿。

由于作者水平有限，修订中难免存在问题与错误，恳请读者批评指正，以便今后进一步完善。

作　者

2024年3月于大连

本书课程思政元素

本书课程思政元素设计以习近平新时代中国特色社会主义思想为指导，结合高级财务管理课程教学特点，坚持以马克思主义的科学立场、方法解决理论与实践问题，强化社会主义核心价值观在高级财务管理课程思政教学中的引领作用，积极融入中华优秀传统文化，通过学习践悟、明理增信（二维码）等栏目将思政元素自然融入课程内容，以“润物细无声”的方式将先进的思想引领与正确的价值追求传递给学习者，全面提高大学生树立“三观”、明辨是非的能力，助力培养德智体美劳全面发展的高素质应用型财务管理专门人才。

高级财务管理课程具有很强的专业性特征，为了更好地将思政元素与实际案例相结合并清晰展示思政导向，本书特别制作了“本书思政元素列表”（见表1）和“思政思维导图”（如图1所示）。思政思维导图的设计旨在通过实际案例来教育和引导学习者理解并实践思政理念，强调了理论与实践相结合的重要性。思政思维导图不仅提供了一个学习思政的框架，还展示了如何将这些理念应用于现实世界中。需要说明的是，高级财务管理课程思政元素非常丰富，这里所提供的只是其中具有代表性的一部分，供各位同行专家参考，不当之处敬请批评指正。

表1　**本书思政元素列表**

序号	章节	思政内容	素养目标	思政元素
1	高级财务管理概论	引例：华为集团的价值管理 学思践悟：愿景、使命与战略 明理增信（二维码）：未来企业发展的新密码	明确财务目标与企业目标、愿景及社会责任的关系； 能够理解和发挥财务管理在公司治理及社会发展中的功能	树立“三观” 社会价值
2	基于价值的管理	学思践悟：全面绩效管理使湖南航天走出转型发展路 学思践悟：加快建设世界一流财务管理体系，提升企业价值 明理增信（二维码）：完善中国特色国有企业现代公司治理	能够树立正确的价值观，构建具有中国特色的价值管理体系； 能够对标一流，正视差距，并持续改进，实现高质量发展	持续发展 对标一流

续表

序号	章节	思政内容	素养目标	思政元素
3	价值创造计量与评估	学思践悟：应用EVA对国有企业的现实意义 学思践悟：提升五方面价值 推动中央企业高质量发展 明理增信（二维码）：以价值创造引领世界一流核技术应用企业建设	能够运用正确的方法进行价值评估； 能够开展有意义的价值创造活动并提供真实的价值信息	公正廉明 经济发展
4	财务治理	引例：厦门钨业股份有限公司财务治理与财务战略 学思践悟：福耀玻璃的公司治理 学思践悟：在探索中立规范 在规范中求创新——徐工机械公司治理实践 明理增信（二维码）：在完善公司治理中加强党的领导	培养经世济民、德法兼修的职业素养； 树立将职业道德与职业理想同中国实践需求相联系的观念； 增强创新意识和长期、总体的发展观	守则敬业 守正创新
5	财务战略	学思践悟：公司战略应以国家战略为导向 明理增信（二维码）：新时代中国经济从高速增长转向高质量发展	能够将公司财务战略与公司战略和国家战略相结合，以促进经济发展为己任； 通过财务战略学习，树立服务社会、造福人类的观念	使命担当 经世济民
6	资本经营内容	引例：华为技术有限公司收购鼎桥通信技术有限公司股权案 学思践悟：企业资本经营过程中可能存在的违法违规行为 明理增信（二维码）：企业发展中的资本经营问题	理解效率与公平的关系，正确处理资本经营中的风险与收益的关系，保证经济高质量发展； 树立社会主义法治观念，抵制资本经营过程中的违法行为	守法奉公 法治观念
7	资本经营方式	学思践悟：中国需要更多华为一样的世界级品牌 学思践悟：恒大集团盲目扩张的危害与教训 明理增信（二维码）：资本运营中的六大误区	正确理解资本经营的目的，能够运用资本经营方式为企业创造价值，为社会创造价值； 提升风险意识，特别是避免在资本经营过程中转嫁风险，侵害中小投资者利益行为	社会价值 守正利他
8	企业重组财务	学思践悟：中直股份收购昌飞集团，哈飞集团整体上市 学思践悟：渝富控股吸收水务环境、轻纺控股，拓展资本实力 明理增信（二维码）：国资国企改革重点内容	培养爱国主义精神和社会责任感； 树立诚实守信的职业道德观念	爱国情怀 诚实守信

续表

序号	章节	思政内容	素养目标	思政元素
9	管理控制概论	引例：华润集团的6S管理体系 学思践悟：华润集团的企业文化 明理增信（二维码）：恒大的企业文化缺了什么？	正确理解管理控制环境的重要性，弘扬健康、积极、向上的企业文化和价值观； 基于企业管理控制理念，明确人生目标，做好人生规划	使命担当 底线思维
10	预算控制与财务预算	学思践悟：大智移云背景下蒙牛乳业的预算管理创新 学思践悟：中航工业南方IBSC全面预算管理实践 明理增信（二维码）：调整预算编制方法，加强企业成本控制	从预算概念特征入手，嵌入思政元素“大局意识”； 通过预算的概念及特征讲解，使学生明白大局意识是财务管理工作必须具备的职业素养，从而将大局观念嵌入学生思想意识中，培养集体主义精神、注意交际沟通协调能力培养	树立“三观” 社会价值
11	评价控制与激励机制	学思践悟：经济增加值（FVA）推动预算与公司发展协调统一 学思践悟：利用平衡计分卡，促进公共事业企业健康发展 明理增信（二维码）：全面理解中国共产党对国有企业的全面领导	通过业绩评价与激励机制之间关系的学习，使学生树立按劳分配的价值观，培养学生求真务实、开拓进取的精神	求真务实 共同富裕
12	国际财务管理	引例：中国化工并购瑞士先正达 学思践悟：美国单边制裁限制资金流动，华为积极应对寻找突破之路 明理增信（二维码）：我国汇率制度在摸索中走向市场化	强化法治精神与规范意识，理解法治和规则对正确处理国际财务管理工作的重要性； 培养国际视野，关注国际政治经济形势对国际化经营的影响，理解不同国家和地区的经济、法律和文化差异对财务管理的影响	法治观念 大国崛起
13	集团财务管理	学思践悟：海尔集团的集权与分权 明理增信（二维码）：新规解读：《企业集团财务公司管理办法》	树立正确的权力观念，理解集权和分权管理原理，认识权力是实现集团整体目标和长远发展的工具，而非满足个人获取私利的手段； 培养合法合规意识，把握法律法规设立的意义以及对企业集团安全运营的作用	生财有道 法治观念

思政元素	学思践悟、明理增信	对应内容
树立“三观”、社会价值	愿景、使命与战略	第1章
持续发展、对标一流	1. 全面绩效管理使湖南航天走出转型发展路 2. 加快建设世界一流财务管理体系，提升企业价值	第2章
公正廉明、经济发展	1. 应用EVA对国有企业的现实意义 2. 提升五方面价值　推动中央企业高质量发展	第3章
守则敬业、守正创新	1. 福耀玻璃公司治理 2. 在探索中立规范　在规范中求创新	第4章
使命担当、经世济民	公司战略应以国家战略为导向	第5章
守法奉公、法治观念	企业资本经营过程中可能存在的违法违规行为	第6章
社会价值、守正利他	1. 中国需要更多华为一样的世界级品牌 2. 恒大集团盲目扩张的危害与教训	第7章
爱国情怀、诚实守信	1. 中直股份收购昌飞集团、哈飞集团整体上市 2. 渝富控股吸收水务环境、轻纺控股，拓展资本实力	第8章
使命担当、底线思维	华润集团的企业文化	第9章
树立“三观”、社会价值	1. 大智移云背景下蒙牛乳业的预算管理创新 2. 中航工业南方IBSC全面预算管理实践	第10章
求真务实、共同富裕	1. 经济增加值（EVA）推动预算与公司发展协调统一 2. 利用平衡计分卡，促进公共事业企业健康发展	第11章
法治观念、大国崛起	美国单边制裁限制资金流动，华为积极应对寻找突破之路	第12章
生财有道、法治观念	海尔集团的集权与分权	第13章

图1　本书思政思维导图

目　录

第1篇　导　论

第2篇 财务治理与财务战略

第3篇 资本经营与企业重组

第5篇 国际财务与集团财务

第1篇

导　论

引例：华为集团的价值管理

华为技术有限公司（以下简称华为）创立于1987年，是全球领先的ICT（信息与通信）基础设施和智能终端提供商。华为的20.7万名员工遍及170多个国家和地区，为全球30多亿人口提供服务。华为致力于把数字世界带入每个人、每个家庭、每个组织，构建万物互联的智能世界。华为发布的年度报告显示，2022年实现全球销售收入6 423亿元人民币，净利润356亿元人民币。其中，运营商业务营收2 840亿元，终端业务营收2 145亿元，企业业务营收1 332亿元。2022年研发投入达到1 615亿元人民币，占全年收入的25.1%，十年累计投入的研发费用超过9 773亿元人民币。[①]华为取得的成就与其重视价值管理紧密相关。华为在企业价值管理方面的做法和经验主要体现在以下几个方面。

（1）创新驱动：华为一直致力于技术创新，不断投入大量资源进行研发，推出具有竞争力的产品和解决方案。通过创新，华为能够提升企业的价值和竞争力。

（2）客户导向：华为高度重视客户需求，以客户为中心，提供优质的产品和服务。通过满足客户的需求，华为能够建立良好的客户关系，提升客户满意度和忠诚度，进而增加企业的价值。

（3）人才管理：华为注重人才培养和发展，通过吸引、培养和激励优秀人才，建立了一支高素质的团队。华为还提供良好的职业发展机会和薪酬福利，激励员工为企业创造价值。

（4）战略规划：华为制定了明确的战略规划，关注市场趋势和行业发展，及时调整业务布局和资源配置。通过战略规划，华为能够把握发展机遇，实现企业价值的持续增长。

（5）合作伙伴关系：华为与供应商、合作伙伴建立长期稳定的合作关系，共同开展业务合作和创新。通过合作伙伴的优势互补，华为能够拓展市场份额，提升企业的价值创造能力。

（6）企业文化：华为形成了独特的企业文化，强调团队合作、拼搏精神和持续进取。这种企业文化激励员工努力工作，为实现企业的价值目标而奋斗。

（7）全球化布局：华为积极开展全球化经营，拓展海外市场，与全球客户和合作伙伴建立合作。通过全球化布局，华为能够充分利用全球资源，提升企业的价值和影响力。

以上只是华为在企业价值管理方面的一些常见做法和经验，具体情况可能因企业的特点和市场环境而有所不同。此外，企业的成功还受到多种因素的影响，包括市场竞争、行

① 此段内容由作者根据华为官网资料及相关数据整理。

业趋势、宏观经济环境等。每个企业都需要根据自身情况，不断探索和适应，找到适合自己的价值管理策略和方法。

通过本篇的学习，我们将了解高级财务管理是围绕价值这一主线展开的，其根本目标在于实现更大的股东价值和企业价值。价值创造和价值实现是财务管理的关键，资本经营、企业重组、公司治理、管理控制、业绩评价等都是基于价值的管理，其本质在于通过经营活动、财务活动等途径创造更大的价值。

第 1 章

高级财务管理概论

学习目标

本章学习目标是使学生掌握高级财务管理的基本内涵、基本目的与作用。其具体目标包括：

知识目标：

- 明确财务学的概念，以及财务经济学与财务管理学之间的关系。
- 掌握财务学学科范畴包括的内容。
- 理解与掌握高级财务管理主体定位、高级财务管理的目标。
- 理解高级财务管理的体系与内容的确定依据，掌握高级财务管理包括的内容。

技能目标：

- 能够理解并计算资本保全、资本保值、资本增值指标。
- 能够理解并计算会计利润、经济利润、经济效率和经济效益指标。

能力目标：

- 能够运用财务学基本原理说明高级财务管理的定位。
- 能够根据高级财务管理的定位明确高级财务管理的体系与内容。
- 能够通过学习高级财务管理体系与内容把握高级财务管理的特点。

素养目标：

- 明确财务目标与企业目标、愿景及社会责任的关系。
- 能够理解和发挥财务管理在公司治理及社会发展中的功能。

1.1 财务学与财务管理

1）财务学的内涵

财务学的核心词是财务。财务一词是与英语finance相对应的。finance还被翻译为金融，也有些学者将其翻译为财政。我们在研究国外学者对财务的一般解释时，将财务等同于finance。关于财务的定义有许多，基本共识为财务是关于资本的科学，财务与资本运作及管理密不可分；财务是研究个人、经济实体和其他组织资本的科学。

如果将财务定义为关于经济实体、个人和其他组织进行资金或资本运筹的科学，财务学就是在探索资本运筹规律、追求资本运筹效率、总结资本运筹观念的过程中产生和发展起来的一门科学，或者说财务学是研究资本运筹规律与效率的一门科学。

财务学的理论基础来源于经济学。专门研究财务的基本理论与方法的经济学分支即财务经济学（financial economics）。财务经济学主要研究资本的供求关系和价格决定因素、不确定性和风险分析、资本成本和资本结构、资本估价等方面的内容。它随着经济学的发展而发展。

财务学的方法论基础来源于管理学。专门研究财务的应用理论与技术的管理学分支即财务管理学（financial management）。财务管理学主要研究资本运筹中的计划、组织、指挥、协调与控制，包括对资本筹集成本、资本预算、资本运营、资本分配的管理等内容。它随着管理学的发展而发展。

因此，财务学由财务经济学和财务管理学两大分支构成。

2）财务经济学与财务管理学的关系

财务经济学是财务学的基础部分，也是财务学发展中的理论支撑部分。它主要借助经济学的基本原理和分析方法，研究资本筹措和投放及配置效率的计量问题，主要的模块包括资本成本与资本结构研究，资本估价研究，以及不确定性和风险度量研究、资本市场效率研究、不完全信息和代理关系模型等。代表性的研究成果包括MM资本结构定理、有效边界与资产组合理论、资本资产定价模型、套利定价模型、期权定价模型、有效市场假说等。

财务管理学涉及财务学中的政策和控制问题，包括财务经济学基本原理的实际应用。财务管理学的研究以财务活动为主线，包括资本成本估算、资本预算、营运资本管理、制定分配政策等，此外还涉及财务控制问题。财务管理属于管理学的分支，从企业管理角度看，财务管理和生产与运作管理、营销管理、人力资源开发与管理等并列。

财务经济学与财务管理学的关系可从以下三方面进行界定：

第一，从经济学与管理学关系看二者的关系。经济学（economics）是研究如何用有限的资源最大化地满足无限的人类社会需要的社会科学。管理可被看成是这样一种活动，即它发挥某个职能，以便有效地获取、分配和利用人的努力和物质资源，来实现某个目标。管理活动是发挥管理职能的活动，管理的职能包括计划、组织、指挥、协调与控制。财务经济学作为经济学的一个分支，强调资本资源的使用效率；财务管理学作为管理学的一个分支，强调如何发挥管理职能以有效获取、分配和利用资本资源。可见，财务经济学和财务管理学的研究对象都是资本资源，或者说是资本资源将财务经济学与财务管理学联系到了一起，形成财务学的完整体系。

第二，从二者在财务学中的地位看二者的关系。财务经济学研究的是财务学的基础理论和基本理论问题，财务管理学研究的是财务学的应用理论和应用技术问题。财务经济学研究如何确定财务目标，财务管理学研究如何实现财务目标。从财务经济学和财务管理学在财务学学科中的地位来看，财务经济学处于财务学的理论基础地位，对财务学学科发展起着推动作用；财务管理学处于财务学的应用导向地位，对财务学学科发展起着引领作用。

第三，从财务学学科发展看二者的关系。财务理论与财务方法之间的渊源，财务基础理论与财务应用理论之间的渊源，财务目标确定与财务目标实现之间的渊源，使得财务经济学与财务管理学之间是紧密相关、不可分割的。从财务学学科的发展趋势看，财务经济学与财务管理学相互融合、相互渗透，可能会产生三种可能的结果：一是形成财务学，包括财务经济学与财务管理学；二是形成财务管理学，将财务经济学融入财务管理学中；三是形成财务经济学，将财务管理学融入财务经济学中。理想的结果是第一种；现实结果可能是第二种；第三种结果很难出现。

第一种结果将财务经济学与财务管理学分为两部分是理想的，但由于二者存在交融，实践中很难完全划分清楚；第三种结果是用财务经济学取代财务学，即将财务管理融入财务经济学中，这对于以应用为主的财务学学科而言，可操作性较差；第二种结果是用财务管理学取代财务学，即将财务经济学作为财务管理基本理论融入财务管理学中，这时的财务管理学从广义上讲就是财务学。

3）财务学学科范畴

财务学的范畴是指财务学所涉及的内容，从不同的角度划分，财务学有不同的范畴分类。从财务管理活动的内容划分，财务活动主要分为筹资活动、投资活动和股利分配活动三个方面；从财务学的层级来划分，财务学分为财务学基础、中级财务管理学和高级财务管理学三个层次；从财务管理活动的地域划分，可以分为一般财务管理和跨国财务管理；从财务学的研究领域划分，可以分为资本结构、公司治理和公司价值评估三个方面等。

财务学按照研究范畴来划分，可以分为企业财务管理、金融市场、投资管理及其他财务管理。

（1）企业财务管理

企业财务管理是企业管理最重要的组成部分之一，是有关资本的获得和有效使用的管理，而资本是企业的“血液”。从某种意义上讲，企业就是一个资金运动的组织。企业财务管理的主要内容包括筹资决策、投资决策等财务决策以及长期、短期财务计划的制订、执行、评价和控制等日常管理工作。

1-1 知识拓展

新常态下企业财务管理创新动因、初始条件与策略研究

（2）金融市场

金融市场是指资金融通的场所和相关机制。金融市场包括了所有的融资活动，是一个复杂的系统，按不同标准，金融市场可划分为多种类型，如按交易标的物、

按金融交易期限、按财务融资的性质等，可分为不同的类型。金融市场管理是广义“财务管理”的一个重要范畴，二者的关系十分密切。可以说，有效与合理的财务决策离不开健全和完备的金融市场。所谓健全，包括信息披露、机构管理和交易监督都十分有效，而完备则是在金融市场上有能满足各种偏好的投资者和筹资者的金融工具。另外，金融市场和企业财务管理相辅相成。金融市场对各类企业的信息，特别是理财信息随时随地进行评估，并把这种评判反映在企业的金融工具价格上，进一步又把这种价格上的变化传递到该企业以后的融资活动中。

（3）投资管理

投资管理是研究与管理投资者财富的一门学问。投资是现代社会中十分重要的经济活动，已构成现代社会经济成长的基本动力。从严格意义上讲，一切经济活动都可以被称为投资，如银行的储蓄、收藏艺术品、接受教育、购买机器设备，甚至生活消费也可以被看作投资，因为消费是为了维持人的生存以取得今后收益的行为。我们这里所指的不是广义的投资，而是一个狭义的概念，仅指微观意义上的金融性投资，这里的投资可以定义为一种依托于资本市场的投资活动，是指在金融市场中进行各种金融工具交易的活动。这个定义使其与实业性投资相区别，如购买机器设备、新建工厂等，甚至不包括许多以营利为目的的金融活动，如银行储蓄、购买金币以图利等，但又不能将其仅仅理解为买卖股票，投资的对象包括所有在金融市场上有活跃交易的金融工具。

1-2 案例分析

投资管理岂能任性

投资既可以理解为出于某种目的而运用资本的行为，也可以理解为一个分析、判断、预测、决策和控制的过程，对这个过程的管理就是投资管理。投资过程不仅涉及如何分析判断、怎样作出决策等投资决策的管理，也涉及如何控制等投资运行的管理，还会涉及投资的组织管理。

（4）其他财务管理

除金融市场、投资领域和企业之外，其他社会组织和个人也需要进行财务管理。我们把政府及非营利组织财务管理和家庭理财划入其他财务管理。

政府是一个政治体系，是在地球的某个范围进行统治和管理的一套机构。广义的政府包括立法机关、行政机关、司法机关、军事机关；狭义的政府仅指行政机关。非营利组织是一种与政府相似的组织机构，具有如下特点：一是不以营利为目的，任何经营活动产生的剩余收益不得用于分配；二是出资方将资金投入非营利组织后不可抽回，并且不得通过非营利组织获取利益，但是可以规定资金的使用范围；三是在出资方限定范围内使用资金。非营利组织提供的公共服务覆盖了从教育、科研、社会工作、慈善，到公共交通、为弱势群体提供融资、公益展览等广阔的领域。政府和非营利组织均不以营利为目的，而是为了实现特定的组织目标，因此，其财务管理活动与企业相比较有很大差异。政府和非营利组织的财务管理活动不如企业财务管理活动丰富多样，主要围绕组织的预算展开。

家庭理财是一种使家庭财富保值、增值的手段，是通过对家庭收支科学地管理与有效地支配，实现经济价值最大化的过程。进行家庭投资与理财时，准确地估算家庭收入与支出是非常重要的。当进行投资时，清楚地了解自己家庭净收入状况，可以帮助我们选择更合适的投资项目以及制定合理的投资策略。家庭理财的主要工具包括储蓄、基金投资、证券投资、置业投资、艺术收藏品投资等。购买财产保险和人身保险是家庭风险管理的主要方法。

1.2　高级财务管理定位

1）高级财务管理的内涵

（1）关于财务管理的内涵，国外至少有两种解释：一是将公司理财（corporate finance）定义为财务管理，那么财务管理的范围则被限定在公司的范围之内，非营利组织和金融机构等都不能被纳入到财务管理的范畴之中。在这种观点下，西方将财务学学科分为以下三个部分：金融市场学、投资学、企业理财或财务管理。二是将财务管理（financial management）作为财务学或金融学的泛称。在这种观点下，财务管理就不再是简单的微观性质的定义，而应当突破现有公司理财范围的限制，把宏观定义下的财务（金融）也作为研究对象。财务管理不仅是对存在于公司或者机构范围内各种财务活动进行的管理，也包括存在于机构范围之外针对特定金融产品及衍生金融产品的管理，还包括对金融市场进行的管理。

（2）我国财务界对“财务”和“财务管理”这两个名词存在着混杂使用的情况，同时对“财务管理”与“公司理财”也存在混用的情况。因此，讨论财务管理的定义，有必要界定清楚财务、财务管理与公司理财的基本概念。如前所述，财务是关于经济实体、个人和其他组织进行资金或资本运筹的科学。公司理财是对公司财务活动进行的管理，根据资金的运动规律，对公司生产经营活动中资金的筹集、使用和分配，进行预测、决策、计划、控制、核算和分析，提高资金运用效果，实现资本保值增值的管理工作。我国学者对财务管理的观点基本上可以归纳为五种，即财务管理是：①对价值的管理；②各财务职能或内容的总和；③对财务活动的管理；④对资金运动的管理；⑤对财务活动和财务关系的双重管理。

（3）财务管理与高级财务管理的内涵。根据前面关于财务及财务管理的定义，我们可将财务管理定义为对财务的管理，即通过对资金或资本运筹的管理，协调与处理各种利益相关者的关系，其最终目的是提高资金或资本的运筹效率和效果。高级财务管理的内涵，通常有两种不同的划分思路：一种是类似于高级财务会计的划分思路，即从方法论角度，将复杂的或难度大的财务预测方法或估值方法等界定为高级财务管理的内涵；另一种思路是从管理主体角度划分，高级财务管理的内涵是指高级管理人员所从事的财务管理，如企业的财务总监、总会计师所进行的财务管理，涉及财务治理、财务战略、资本经营和管理控制等领域的管理。

2）高级财务管理的范畴

财务学按照理财主体及其范畴的不同，可以划分成不同的类别。

（1）宏观财务与微观财务

财务学从最广义的财务主体范畴来分类，可以分为宏观财务和微观财务。宏观财务活动是与财政活动或财政运行相关的，宏观财务是整个国民经济运行的一个部分、一个层次或一个侧面，也就是说，国民经济的运行决定宏观财务的运行，前者决定了宏观财务的范围、目标和方式。宏观财务的运行反过来也积极地影响国民经济的运行，直接影响着宏观财务的收支运行。

相比宏观财务，微观财务主要是与国民经济中的微观组织的活动有关。微观经济组织包括企业组织、政府及非营利组织、个人和家庭，微观财务反映的是上述微观经济组织的资金收入与支出的情况。

（2）所有者财务、经营者财务与财务经理财务

所有权与经营权分离是公司制度的一个重要特征。现代公司财务管理形成一种分层管理体制。具体分为所有者财务、经营者财务和财务经理财务三个层次。①

所有者为了实现自己的资本增值目标，减少经营者偏离自己目标导致的代理风险，需要对公司的资金筹集、资金投向、收益分配政策等行为实施管理。这就是所有者财务的主要内容。所有者财务的另一项重要内容是对经营者制定的公司政策和重大决策的执行过程实施监督和调控，对经营者的业绩进行评估，并且确定向投资者支付的报酬。

经营者财务是指经营者为了实现所有者下达的财务目标，贯彻所有者制定的公司政策，执行所有者作出的决策，而科学、合理地使用投资者投入的资金，有效地利用负债，减少财务风险，提高企业资产运营效率。经营者财务的主要内容包括：制定具体财务战略，审批预算方案，对预算的实施进行合理的组织和有效的控制，任命或解聘财务经理等。

财务经理的职责主要是日常财务管理，比经营者财务更具体、更具有操作性。财务经理财务的主要内容包括：处理与银行的关系，现金管理，筹资管理，信用管理，利润分配的实施，进行财务预测、财务计划和财务分析工作等。

（3）高级财务管理的主体

从财务学范畴划分可以看出，无论是在宏观经济还是微观经济中，无论是企业、政府、非营利组织还是个人，都存在着理财问题。如果我们将财务学基础或概论作为所有理财主体进行理财的基础，包括基础理财理论和理财方法，中级财务（管理）学作为各种理财主体进行理财的基本理论和基本技能，高级财务管理则是要对财务管理学中最核心的理财主体，即公司理财中高级管理者的理财理念、理财理论和理财方法进行研究。

高级财务管理主体是一个微观财务管理主体，但其在理财过程中必须考虑宏观财务管理的问题；高级财务管理主体是一个公司财务管理主体，但其在理财过程中必须考虑金融市场、投资领域、政府、非营利组织与个人理财的问题；高级财务管理主体是企业高级管理人员，但其在理财过程中必须考虑企业中层财务管理者及基层员工的理财问题。

3）高级财务管理的目标

（1）企业愿景、使命与战略目标

公司财务管理目标应与公司的愿景、使命和战略目标相协调。

①愿景。愿景指所希望、向往、愿意看到的前景，与“愿望”是近义词。企业愿景（或称企业远景）是对未来的一种憧憬和期望，是企业努力经营想要达到的长期目标；是企业发展的蓝图，体现企业永恒的追求。企业愿景要与社会发展目标相协调，将人民对美

---

① 详细讨论参见：汤谷良．经营者财务论——兼论现代企业财务分层管理架构［J］．会计研究，1997（5）．

好生活的向往作为企业的奋斗目标。企业愿景要解决一个问题，即“我们要成为什么？”反映了管理者对企业与业务的期望，描绘了未来向何处去，旨在为企业未来定位，是引导企业前进的“灯塔”。例如，华为的愿景是“把数字世界带入每个人、每个家庭、每个组织，构建万物互联的智能世界”；比亚迪公司的愿景是“用技术创新，满足人们对美好生活的向往，打造中国自己的新能源汽车品牌”；中国石化的愿景是“打造世界领先洁净能源化工公司”。

②使命。使命又称为宗旨、纲领等。使命表达了“我们要做什么，我们的事业（业务、任务）是什么”。它反映了一个组织存在的理由或价值。

一般来说，绝大多数企业的使命是高度概括和抽象的，企业使命不是对企业经营活动具体结果的表述，而是企业开展活动的方向、原则和哲学。企业使命是对企业“存在理由”的宣言，它要回答“我们的企业为什么要存在”这一问题。例如，福耀玻璃集团创始人、董事长曹德旺认为，企业家的责任有三条：国家因为有你而强大，社会因为有你而进步，人民因为有你而富足。

③战略目标。战略目标是企业愿景与使命的具体化。战略目标反映了企业在一定时期内经营活动的方向和所要达到的水平，如业绩水平、发展速度等。与企业使命不同的是，战略目标要有具体的数量特征和时间界限。战略目标是企业制定战略的基本依据和出发点，是战略实施的指导方针和战略控制的评价标准。在确定战略目标时，通常使用一套被称作SMART的基本原则：S（Specific）——具体——不含糊。M（Measurable）——可计量——可以量化。A（Attainable）——可行——可以达到。R（Relevant）——相关——与使命一致。T（Time bounded）——定时——有完成期限。

（2）财务管理目标界定

一个组织的财务管理目标往往要服从组织的战略目标。企业作为营利组织，其目标是以尽可能少的资源投入，创造出尽可能多的满足消费者需要的产出品。在商品经济条件下，由于企业所有者是资本所有者，这一目标又具体体现为价值目标，即资本的保值与增值。企业的目标从根本上必然与企业的所有者目标相一致。作为一个企业，其生存与发展的基础是拥有一定资源，包括资本资源和劳动力资源。关于谁是企业所有者的问题，有两种不同的观点：企业的所有者是资本资源的所有者还是劳动力资源的所有者。一种观点认为，资本所有者是企业的所有者，即资本所有者以其资本投入为基础，雇用劳动力，这就是所谓资本雇佣劳动制。另一种观点认为，劳动所有者即劳动者是企业的所有者，劳动所有者以劳动为基础，通过雇佣资本进行生产经营，这就是所谓劳动雇佣资本制。经济学研究表明，人们对风险的不同态度可能是决定谁充当监控者（所有者）的决定性因素之一。因为资本所有者通常比劳动所有者对风险的厌恶程度要小，所以，在一般情况下，企业资本所有者成为企业主或企业所有者。另外，在劳动雇佣资本制度下，企业只能盈利，不能亏损，或者说劳动者只能分享收益，不能承担风险。因此，企业所有者是资本所有者，企业目标应与企业资本所有者目标相一致，即资本保值与增值。那么，在现代企业制度下，由于企业财务目标与企业目标具有一致性，资本保值与增值也是企业财务管理的根本目标。

财务管理根本目标应与其所有者目标相一致，即资本的保值与增值。而要实现资本保值增值，除了要明确资本保值增值的内涵外，还应搞清资本保值增值与利润及经济效益的关系。

（3）资本保值增值目标

研究资本保值增值的内涵，关键在于搞清资本的内涵和保值增值的内涵。企业资本从不同角度可界定为财务资本和实物资本。按国际会计准则委员会的界定：财务资本“如同投入的货币或投入的购买力，是企业的净资产或产权的同义词”。实物资本则“如同营运能力，被看作以每日产量等为基础的企业的生产能力”。通常会计上使用的资本是指财务资本。

研究保值增值内涵的关键是保值，因为超过保值的额度就是增值。而进行资本保值内涵研究应以资本保全理论为依据。会计上的资本保全理论是企业收益计量理论的核心，它有两种概念：一是财务资本保全，二是实物资本保全。财务资本保全要求所有者投入资本的价值保持完整，即期末资本价值等于期初资本价值。实物资本保全要求所有者投入资本的实际生产能力保持完整，即期末实际生产能力等于期初实际生产能力。无论何种资本保全，实际上都与货币计量单位有关，由于货币计量单位可分为名义货币单位和一般购买力单位两种，因此，资本保全就由上述两种演变为四种，即名义货币单位财务资本保全、一般购买力单位财务资本保全、名义货币单位实物资本保全和一般购买力单位实物资本保全。与资本保全概念相适应，资本保值概念通常也存在这四种观点。

1-3 知识拓展

关于企业资本保值增值问题的再探讨

目前，值得探讨的问题如下：

第一，资本保值与资本保全是否完全相同呢？我们认为，资本保值与资本保全是紧密联系但又有所区别的。资本保值是以资本保全理论为依据的，资本保全是资本保值的基础，没有资本保全，就谈不上资本保值。但是，资本保全并不是资本保值的全部内涵。资本保值应在资本保全的基础上，进一步考虑货币或资本的时间价值（而会计上的资本保全概念并未考虑货币的时间价值），即在上述四种资本保全的基础上，再考虑期初资本的机会成本或时间价值。因为从资本保值产生的基础看，它主要产生于财产所有权与法人财产权的分离，因此，资本保值的目的除了资本保全外，还有保证所有者投入资本获得正常收益，促进资本增值，评价经营者业绩等目的。而这后几种目的，靠资本保全观是无法实现的。

第二，资本保值增值应指财务资本保值增值，还是实物资本保值增值？财务资本保值和实物资本保值，从不同的资本保全观出发，各有其目的和作用，从理论上来说，分别研究它们是必要的。但是，从现实看，首先，实物资本保全涉及技术进步、资产结构、产品结构及物价变动等诸多因素，可操作性及计量的准确性较差。其次，实物资本保全最终与财务资本保全一样，都要落实在价值保全上，从这个角度看二者是紧密相关的，财务资本保全可取代实物资本保全。①在物价和技术变动不大的情况下，货币财务资本保全与实物资本保全往往是一致的。②在物价变动较大而技术变动不大的情况下，一般购买力财务资本保全往往也可达到实物资本保全的目的。③在技术变动或技术进步的情况下，虽然财务资本保全与实物资本保全可能不同，但是，只要实现了财务资本保全，往往也就实现了实物资本保全，因为技术进步将使生产率提高，一定生产能力的投资减少。最后，在财务资本保全额大于实物资本保全额的情况下，应以财务资本保全为主还是以实物资本保全为主呢？笔者认为应是前者，因为它不仅同时实现了两种保全，而且收益计量也是真实合理的。否则，虽然实现了实物资本保全，但没实现财务资本保全，当期收益中必然存在期初所有者权益的转化因素。一个持续经营的企业，绝不会只为了实物资本保全而将投资资本作为收益分配。因此，研究财务资本保全、保值及增值比研究实物资本更有实际意义。

（4）资本保值增值与利润的关系

要研究二者的关系，在明确资本保值增值内涵的基础上，还要搞清利润的内涵。

利润通常是指收入或产出与成本或投入之间的差额。利润一般可分为会计利润和经济利润两类，其计算公式为：

会计利润=收入-会计成本 （1-1）

经济利润=收入-经济成本 （1-2）

由经济成本与会计成本之间的关系可引出经济利润与会计利润之间的关系：

经济利润=收入-（会计成本+隐含成本或正常利润）

=（收入-会计成本）-隐含成本或正常利润

=会计利润-隐含成本或正常利润 （1-3）

会计上的资本保全理论是企业收益计量理论的核心，因此，资本保值增值与利润是紧密相关的，在不考虑投入资本变动、物价变动及利润分配的情况下，其关系可用下式表示：

期末资本=期初资本+会计利润

资本变动值=期末资本-期初资本=会计利润

当会计利润为零时，即：

资本保全=期末资本-期初资本=0 （1-4）

当会计利润大于零，经济利润为零时，即：

资本保值=期末资本-期初资本×（1+正常利润率）=0 （1-5）

当经济利润大于零时，即：

资本增值=期末资本-期初资本×（1+正常利润率）>0 （1-6）

可见，资本保值增值的关键在于利润，特别是经济利润。

（5）利润与经济效益的关系

研究利润与经济效益的关系，首先应搞清经济效益的内涵。关于经济效益的定义有许多种观点。笔者认为，经济效益是指在社会经济（或社会再生产）活动中产生的经济效率及相应的收益，它反映了投入或所费经济资源与产出或所得的经济成果之间的关系。正确理解经济效益的定义，需要搞清以下几点。

第一，经济效益的实质是经济效率，即：

$$\text{经济效益} = \text{经济效率} = \frac{\sum(\text{产出量} \times \text{产出价格})}{\sum(\text{投入量} \times \text{投入价格})} = \sum\text{技术效率} \times \text{产出与投入价格比} \quad (1\text{-}7)$$

第二，经济效益的收益是有效率或效率提高产生的收益，即：

经济效益=投入值×（实际经济效率-基准经济效率）=效率收益 （1-8）

利润与经济效益是紧密联系的，这可从会计利润和经济利润两方面说明。

第一，会计利润与经济效益。根据会计利润的计算公式，可推导出会计利润与经济效益的关系如下：

会计利润=收入-会计成本

=会计成本×（收入÷会计成本-1） （1-9）

或者：

会计利润=资本×（会计利润÷资本）=资本×净资产利润率

会计利润与经济效益的关系说明，有利润一定有经济效益，但利润增加并不一定说明经济效益提高，有经济效益就一定有会计利润，经济效益提高将引起利润增加。可见，利润只能说明经济效益的有无，不能说明经济效益的高低。

第二，经济利润与经济效益。经济利润与经济效益之间的关系式可通过经济利润的计算公式推出：

经济利润=会计利润-正常利润

=资本×（会计利润÷资本-正常利润÷资本）

=资本×（净资产收益率-正常利润率） （1-10）

从上式可知，经济利润不仅受资本投入和实际的经济效益水平影响，而且受应达到的经济效益水平（正常利润率水平）的影响。根据经济利润与经济效益之间的关系式，可得出以下基本结论：

第一，经济利润可用于判断或评价经济效益（效率）水平。如果将正常利润率看作理想或正常的经济效益水平，那么，当经济利润大于零时，不仅意味着一定有经济效益，而且意味着有较理想的经济效益；当经济利润小于零时，并不一定意味着没有经济效益，但一定意味着没有理想的经济效益。当经济利润等于零时，则意味着达到正常的经济效益水平。

第二，经济利润水平制约着资本投入与经济效益的关系。在经济利润大于零时，即会计利润率大于正常利润率时，资本投入增减变动不仅与经济利润成正比，而且与经济效益成正比。当经济利润小于零时，资本投入的变动则与经济利润和经济效益成反比；当经济利润为零时，资本投入变动与经济利润无关，但与经济效益成正比。

第三，经济利润能体现经济效率与经济收益的统一，微观经济效益与宏观经济效益的统一。从以上两个结论可知：①经济利润的存在（即经济利润大于或等于零），一方面说明有着理想的经济效率，另一方面说明经济收益（会计利润）是有效率的收益，体现了经济效益的两个方面。②依据经济利润的存在与否进行资源配置，不仅有利于微观经济效益的提高，而且有利于宏观经济效益的提高。

以上分析说明，经济利润比会计利润更能准确地反映经济效益。

1-4 明理增信

未来企业发展的新密码

（6）小结

高级财务管理目标从总体目标上必须服从于财务管理的一般目标，即将经济效益作为核心目标，利润作为直接目标，资本增值作为根本目标。然而，由于财务管理主体的不同，以及财务管理目标层次性的客观存在，高级财务管理具体目标有其特殊性。

第一，高级财务管理目标与财务管理根本目标或所有者目标的高度一致性。财务管理的根本目标是资本增值。这一根本目标的确立是由于企业的所有者是资本所有者。高级财务管理主体在企业所有权与经营权统一的情况下就是企业的所有者，因此，其理财根本目标必然是资本增值；在企业所有权与经营权分离的情况下，企业的经营管理者直接受托于企业所有者，企业经营管理者作为高级财务管理的主体，其理财目标也必须与企业所有者的理财目标相一致。更何况即使在两权分离的情况下，企业所有者仍然是高级财务管理的主体之一，高级财务管理目标与财务管理根本目标或所有者目标的高度一致性就成为必然。

第二，高级财务管理目标与企业社会责任目标的协调性。企业将资本增值作为财务管理根本目标的前提是将资本所有者作为企业的所有者，企业的目标与企业所有者的目标相一致。然而，一个企业的生存、发展、增值，离不开员工、供应商、客户、政府等各利益相关者，更离不开社会发展与进步。如何处理企业资本增值目标与企业利益相关者目标、企业的社会责任目标的关系，是高级财务管理主体的重要任务。为了保证高级财务管理目标的实现，高级财务管理主体必须处理好资本增值这一财务管理根本目标与利益相关者目标、社会责任目标的协调问题。

第三，高级财务管理目标对其他财务管理主体目标的统驭性。由于财务管理主体的多元性、财务管理目标的多层次性，协调财务管理主体和财务管理目标之间的关系是高级财务管理的重要任务之一。在财务管理主体和财务管理目标的协调中，高级财务管理主体和高级财务管理目标对其他财务管理主体和目标具有统驭作用。其他财务管理目标必须服从于高级财务管理的目标。

学思践悟

愿景、使命与战略

华为致力于把数字世界带入每个人、每个家庭、每个组织，构建万物互联的智能世界：让无处不在的连接，成为人人平等的权利，成为智能世界的前提和基础；为世界提供多样性算力，让“云”无处不在，让智能无所不及；通过AI重新定义体验，让消费者在家居、出行、办公、影音娱乐、运动健康等全场景获得极致的个性化智慧体验；所有的行业和组织，因强大的数字平台而变得敏捷、高效、生机勃勃。

（1）无处不在的连接。连接是每个人的基本权利，是人类进步和经济增长的基石。网络连接将成为无处不在的自然存在，网络主动感知变化和需求，智能、随需、无缝、安全地连接人与人、物与物、人与物。随着5G到来，新的连接版图正在打开。

（2）无所不及的智能。在数字经济新时代，算力将成为新生产力，数据将变成新生产资料，而云和AI成为新生产工具，AI算力将占据未来计算中心的80%以上，是支撑人工智能走向应用的发动机。世界需要多样性算力，让“云”无处不在，让智能无所不及。

（3）个性化的体验。企业基于AI、云、大数据，深刻洞察客户需求、敏捷创新，提供更加个性化的产品和服务，产业通过整合协同推动规模化创新。随着移动设备和智能终端的不断发展，多场景应用无缝体验成为智慧生活的基石。

（4）数字平台。人类正在经历新一轮的数字化浪潮。政府、企业将因数字化、智能化而变得敏捷、高效、生机勃勃。开放、灵活、易用、安全的数字平台，将成为实现整个社会数字化的基石和土壤，激发行业创新和产业升级。

了解华为的愿景、使命与战略，我们作为学生受到哪些启示及教育？将来作为企业的管理者我们应该怎样做？财务目标与企业的愿景与使命是什么关系？

4）高级财务管理的职能

财务管理的职能是财务管理本身所具备的功能，是由财务管理本质所决定的。财务管理是企业管理的一个组成部分，管理的职能包括计划、组织、指挥、协调与控制，因而财务管理也具备管理的这些职能。但是，由于财务管理有其自身的特殊内容，财务管理的职能也有其特殊性。具体说来，财务管理的职能主要有：财务计划职能、财务组织与指挥职能、财务协调与控制职能以及财务分析与评价职能。

高级财务管理的职能应在财务管理一般职能的基础上，结合高级财务管理主体特征和目标要求而形成具体职能，包括：

（1）公司治理与财务治理。公司治理是公司的外部索取权人为了保障他们在公司的索取权不受侵犯而以契约关系[①]为基础对整个公司进行的控制。公司治理层次上财务方面的事务和运行机制可划入财务治理范畴。财务治理是指公司的各种索取权人为了保障他们在公司的索取权不受侵犯，利用经济激励与约束机制对公司实施的控制。作为高级财务管理者，其在公司治理，特别是在财务治理中将发挥重要职能作用。财务治理是高级财务管理者义不容辞的职责。

（2）战略规划与财务战略。财务战略是公司战略规划的核心。特别是在现代公司管理体制下，财务管理的中心地位决定了高级财务管理者必须突出财务战略在整个公司战略规划中的地位。没有科学的财务战略，就没有科学的公司战略；没有科学的公司战略规划，就没有公司的长期、健康、高效发展。

（3）资本经营与财务决策。公司财务决策主要是资本配置与使用的决策。财务决策质量决定着资本经营的效率及效果。高级财务管理必须充分发挥经营决策职能的作用，提升资本经营决策、资产经营决策、商品经营决策和产品经营决策的科学性。这是保证企业高质量发展的关键。

（4）管理控制与财务控制。在公司战略目标和经营决策目标确定的前提下，管理控制职能便成为保证企业目标实现的关键。高级财务管理者作为企业高层管理团队的核心成员，不仅要协调财务治理与其他治理的关系，财务管理与其他管理的关系，而且要充分发挥管理控制和财务控制职能，保证公司目标和财务目标的实现。

1.3 高级财务管理体系与内容

1）基于价值的管理

1-5 案例分析

财务管理与资本运作案例剖析

财务管理的本质与目标决定了现代公司财务管理，特别是高级财务管理，就是基于价值的管理。财务管理的本质是对资本的运营；财务管理的目标是资本的增值，在现代企业制度下，资本增值也是企业的战略目标；资本的内涵、计量及运营都直接表现为价值形式。因此，基于价值管理是高级财务管理的基本内容与基本要求。基于价值的管理的目标是创造价值。基于价值的管理就是使公司的管理决策要与股东的根本利益协调一致。当然，影响股东价值的因素有许多，要创造价值，就必须明确股东价值创造与各影响因素之间的关系。基

① 在广义上，契约包括人们之间的默契、约定、合同，以及法律、规章、制度等。

于价值的管理正是对影响或决定股东价值的关键因素进行管理。基于价值的管理主要包括基于价值的公司治理、基于价值的经营和基于价值的控制三大部分。

2）基于价值的公司治理——财务治理

公司治理是公司外部索取权人为保障他们在公司的索取权不受侵犯而以契约关系为基础对整个公司进行的控制。

基于价值的公司治理（即财务治理），是基于价值的管理的重要组成部分。公司治理层次上，财务方面的事务和运行机制可划入财务治理范畴。财务治理是财务战略实施的前提。财务战略的制定与执行需要财务治理从制度上保证企业最高决策层有效行使最终决策权，同时，其他部门也能按制度积极配合，共同实现财务战略。

3）基于价值的经营——资本经营

在基于价值的管理中，围绕资本及其增值进行的资本运作或营运，就是资本经营。资本经营是基于价值管理的核心与关键。我国企业经营管理经历了生产经营、商品经营、资产经营和资本经营几个阶段，基于价值的经营决定了资本经营在现代企业经营中的地位。

资本经营从内容上看，包括资本存量经营、资本增量经营、资本配置经营和资本收益经营。这些经营的本质都是以资本增值为目标，以资本运作为手段，通过对资本资源的合理配置与有效利用，实现价值创造，包括股东价值创造和企业价值创造。

资本经营从形式上看，包括资本扩张经营和资本收缩经营，直接体现为企业的重组，如对资产的重组、负债的重组和股权的重组。

4）基于价值的控制——管理控制

“管理可被看成这样一种活动，即它发挥某个职能，以便有效地获取、分配和利用人的努力和物质资源，来实现某个目标。”管理是一种活动，管理控制是一个过程。管理是为有效地实现某个目标的一种活动，管理控制则是为保证这种活动及目标实现的过程。高级财务管理者为了实现公司目标和财务目标，必须进行管理控制。

基于价值的管理控制是公司管理控制的关键。基于价值的管理控制是围绕价值创造与资本经营所进行的控制。管理控制系统的要素包括：控制环境、控制变量、控制标准、信息报告、执行评估、纠正偏差、业绩评价、激励机制、沟通交流、监督控制。管理控制程序通常包括战略目标分解、控制标准制定、内部控制报告、经营业绩评价、管理者报酬五个步骤。管理控制模式通常包括制度控制模式、预算控制模式、评价控制模式和激励控制模式。

5）国际财务与集团财务

现代公司的组织形式日益复杂，公司面临的全球化市场运作和公司发展的集团化特点，使公司财务管理，特别是高级财务管理必须重视国际财务管理和集团财务管理。

国际财务管理与一般公司财务管理一样，都涉及公司的投资、融资以及股利分配决策、公司的日常财务管理等内容。但是，国际财务管理所面临的是一个全球一体化的、具有不完全性特点的国际市场，面临着特殊的政治风险和外汇风险，这些特点决定了国际财务管理有着特殊的研究内容。国际财务管理的对象是跨国资金运动和国际财务关系，内容包括国际筹资管理、外汇风险管理、国际投资管理、跨国公司内部资本转移等。

集团财务管理的特点主要体现在：企业集团的核心层（核心企业或集团公司）有两个

不同范围的管理主体，即集团公司本身的财务管理和集团公司作为母公司或控股公司对所属公司的财务管理；企业集团财务管理体制存在两个层次，即企业集团与其投资者之间的财务关系和企业集团内部财务管理体制；企业集团财务管理模式发生三个转变，即从封闭型管理向开放型管理转变，从生产经营型管理向资本经营型管理转变，从静态管理向动态管理转变。

本章小结

财务学是在探索资本运筹规律、追求资本运筹效率、总结资本运筹观念过程中产生和发展起来的一门科学，或者说财务学是研究资本运筹规律与效率的一门科学。

财务学的理论基础来源于经济学。财务学的方法论基础来源于管理学。财务学是由财务经济学和财务管理学两大分支构成的。将财务经济学与财务管理学分为两部分是理想的，但由于二者的交融，实践中很难完全划分清楚；用财务经济学取代财务学，即将财务管理融入财务经济学中，这对于应用为主的财务学学科而言，可操作性较差；用财务管理学取代财务学，即将财务经济学作为财务管理基本理论融入财务管理学中，这时的财务管理学从广义上讲就是财务学。

财务学按照研究范畴来划分，可以分为企业财务管理、金融市场、投资管理及其他财务管理。企业财务管理是企业管理最重要的组成部分之一，是有关资本的获得和有效使用的管理，而资本是企业的“血液”。金融市场管理是广义“财务管理”的一个重要范畴。投资管理是研究与管理投资者财富的一门学问。政府及非营利组织财务管理和家庭理财可划入其他财务管理。

高级财务管理从管理主体角度看，主要指高级管理人员所从事的财务管理，如企业的财务总监、总会计师所进行的财务管理；从管理的内容角度看，主要指在财务治理、财务战略、资本经营和管理控制层面所进行的管理。

高级财务管理主体是一个微观财务管理主体，但其在理财过程中必须考虑宏观财务管理的问题；高级财务管理主体是一个公司财务管理主体，但其在理财过程中必须考虑金融市场、投资领域、政府、非营利组织与个人理财的问题；高级财务管理主体是企业高级管理人员，但其在理财过程中必须考虑企业中层财务管理者及基层员工的理财问题。

高级财务管理目标从总体目标上必须服从于财务管理的一般目标，即将经济效益作为核心目标，利润作为直接目标，资本增值作为根本目标。然而，由于财务管理主体的不同，以及财务管理目标层次性的客观存在，高级财务管理具体目标有其特殊性：第一，高级财务管理目标与财务管理根本目标或所有者目标的高度一致性；第二，高级财务管理目标与企业社会责任目标的协调性；第三，高级财务管理目标对其他财务管理主体目标的统驭性。

高级财务管理的职能应在财务管理一般职能的基础上，结合高级财务管理主体特征和目标要求而形成具体职能，包括：第一，公司治理与财务治理；第二，战略规划与财务战略；第三，资本经营与财务决策；第四，管理控制与财务控制。

高级财务管理体系与内容包括：第一，基于价值的管理；第二，财务治理与财务战略；第三，资本经营与企业重组；第四，管理控制与财务控制；第五，国际财务与集团财务。

关键概念与主要观念

□ 关键概念

财务　财务学　财务经济学　财务管理学　财务管理　高级财务管理　企业财务管理　宏观财务　微观财务　所有者财务　经营者财务　财务管理目标　经济效益

□ 主要观念

财务是关于资本的科学，财务与资本运作及管理密不可分；财务是研究个人、经济实体和其他组织资本的科学。财务学是研究资本运筹规律与效率的一门科学，其理论基础来源于经济学，方法论基础来源于管理学。

从不同的角度划分，财务学有不同的范畴分类。从财务管理活动内容的角度来划分，财务活动主要分为筹资活动、投资活动和股利分配活动三个方面；从财务学层级的角度来划分，财务学分为财务学基础、中级财务管理学和高级财务管理学三个层次；从财务管理活动地域的角度来划分，可以分为一般财务管理和跨国财务管理；从财务学研究领域的角度来划分，可以分为资本结构、公司治理和公司价值评估三个方面等。财务学按照研究范畴来划分，可以分为企业财务管理、金融市场、投资管理及其他财务管理。

从财务学主体的角度划分可以看出，无论是在宏观经济中还是微观经济中，无论是企业、政府、非营利组织还是个人，都存在着理财问题。如果我们将财务学基础或概论作为所有理财主体进行理财的基础，包括基础理财理论和理财方法，中级财务（管理）学作为各种理财主体进行理财的基本理论和基本技能，高级财务管理则是要对财务管理学中最核心的理财主体，即公司理财中高级管理者的理财理念、理财理论和理财方法进行研究。

高级财务管理主体是一个微观财务管理主体，但其在理财过程中必须考虑宏观财务管理的问题；高级财务管理主体是一个公司财务管理主体，但其在理财过程中必须考虑金融市场、投资领域、政府、非营利组织与个人理财的问题；高级财务管理主体是企业高级管理人员，但其在理财过程中必须考虑企业中层财务管理者及基层员工的理财问题。

高级财务管理目标应与公司的愿景、使命和战略目标相协调，从总体目标上体现财务管理一般目标的本质，即将经济效益作为核心目标，利润作为直接目标，资本增值作为根本目标。然而，由于财务管理主体的不同，以及财务管理目标层次性的客观存在，高级财务管理具体目标有其特殊性：第一，高级财务管理目标与财务管理根本目标或所有者目标的高度一致性；第二，高级财务管理目标与企业社会责任目标的协调性；第三，高级财务管理目标对其他财务管理主体目标的统驭性。

基本训练

□ 知识题

1.1　简答题

（1）什么是财务？什么是财务学？

（2）财务学由哪两大分支构成？它们之间是什么关系？

（3）所有者财务、经营者财务与财务经理财务的主要内容分别是什么？

（4）资本保值与资本保全之间是什么关系？

（5）高级财务管理的职能有哪些？

1.2 思考题

（1）运用财务学基本原理说明高级财务管理的定位。

（2）高级财务管理的目标是什么？它具有哪些特殊性？

（3）试述高级财务管理的体系与内容。

（4）试述高级财务管理的特点。

□ **技能题**

某企业2×22年末和2×23年末的部分财务数据见表1-1。

表1-1 **部分财务数据** 单位：万元

项目	2×22年	2×23年
营业收入	672	670
营业成本	517	516
营业利润	155	154
销售费用	37	35
财务费用	32	32
其中：借款利息（平均利率8%）	6.4	6.4
利润总额	86	87
所得税（假定税率为30%）	25.8	26.1
净利润	60.2	60.9
短期借款	29	30
长期借款	51	50
股东权益	200	200

该企业加权平均资本成本为10%，计算该企业2×23年经济利润。

□ **能力题**

MT企业财务管理目标的演进

MT企业是一家老牌的国有煤矿企业，1960年成立时，国家投入固定资产40万元，流动资金10万元，职工不到200人。企业生产的煤炭属于优质煤，由国家无偿调配，企业所需的生产资料和资金每年均由上级预算下拨。企业主要的任务是完成国家下达的煤炭生产任务，由于MT企业年年超额完成国家下达的生产任务，多次被评为红旗单位。

进入20世纪80年代，经济形势发生了深刻变化，原先长期实行的计划经济体制逐步转轨为市场经济体制。国家一改对国营单位的统管统配统销的政策，对企业拨款实行有偿制，流动资金实行贷款制，产品取消调配制。好在矿长能够解放思想，在企业内实施改革。MT企业成立销售部，健全会计核算机构；引进一批大学毕业生，在社会上招聘专业人才，使企业人员的素质大幅提高，企业职工增加到400人；在人员管理方面引进竞争机制，实行工效挂钩；物资管理实行限额领料、定额储备、定额消耗制度；成本管理方面推行全员负责制；生产管理实行以销定产、三班工作制；销售管理方面实行优质优价、送货上门制度等。矿长认为一切都是为了实现自负盈亏，多创造利润，为国家多作贡献，为企业职工多发奖金，多搞福利。

然而好景不长，进入90年代以后，随着市场竞争的加剧和国家抓大放小政策的实施，MT企业的经营效益快速下滑，濒临破产。企业必须考虑股份制改革，吸收外部资本。1994年10月，国家将MT企业的净资产2 000万元转化为2 000万股，向社会发售，每股面值1元，售价2元。民营企业家石开购得1 000万股，其余股份被50个小股东认购，石开成为新公司的董事长。

新公司成立之后，管理层为实现扭亏为盈，必须调整产品结构，更新设备，引进新产品生产线，召集技术人员和管理人才。为此，公司决定首先进行债务筹资，等新的生产和经营初具规模时再向社会公众发行股票，进一步扩大企业的资本金。董事会决议，利用5年时间，使企业生产技术水平达到同行业一流水平，产品在本地区市场占有率达到50%，在全国达到5%，增发新股并争取股票上市，净资产报酬率达到26%，上市后争取股价达到12元/股。

资料来源　涂必胜．新编财务管理学习题集［M］．上海：立信会计出版社，2005.

【案例分析要求】

（1）分析MT企业财务管理目标的变化过程。

（2）为了实现更好的发展，MT企业还应设立哪些高级财务管理的目标？

（3）MT公司股份制改革之后，为了实现其设定的财务管理目标应从哪些方面入手？

数智能力训练

在数字经济时代，人工智能大模型能够为财务管理提供很多有益的帮助。结合本章学习的内容，我们可运用人工智能大模型，如阿里“通义千问”、百度“文心一言”和科大讯飞“星火”等（当然也可以采用最新推出的其他模型）对高级财务管理中的相关问题进行进一步讨论分析，以提升同学们运用数智模型进行财务管理的能力。

本章的数智能力训练题主要有：

（1）在数字经济时代，财务管理面临哪些挑战？站在企业高级管理者的高度，数字经济时代的财务管理的重点和难点是什么？

（2）我国不同时期财务管理的目标有哪些变化？影响企业财务管理目标的因素主要是什么？新经济、新技术、新环境对企业财务管理目标带来哪些影响？

（3）目前《高级财务管理》教材体系有代表性的有哪几种？不同《高级财务管理》教材体系的主要特点是什么？张先治教授等主编的《高级财务管理》有什么特色？

同学们可以针对这些问题利用大模型进行提问，也可针对本章内容尝试提出不同的问题或以不同方式进行提问，以提升同学们利用人工智能大模型进行财务管理的能力。

互动练习

1-6 即测即评

第1章练习题

第2章 基于价值的管理

学习目标

本章学习目标是使学生掌握价值的基本内涵与基于价值管理的基本原理、基本内容与作用。其具体目标包括：

知识目标：

- 明确什么是企业价值、股东价值、市场价值、账面价值。
- 理解各种价值之间的关系及在财务管理中的作用。
- 掌握基于价值管理的基本原理、基本内容与方法。
- 明确基于价值的经营与传统经营方式的区别。
- 明确基于价值的公司治理、管理控制的地位及相互关系。

技能目标：

- 明确基于价值管理的三个重要方面，并能掌握在这三个方面进行价值管理的基本技能。
- 掌握协调基于价值的公司治理、资本经营和管理控制的关系的技能。

能力目标：

- 能够运用基于价值管理的原理指导公司治理工作。
- 能够运用基于价值管理的原理规划公司资本经营。
- 能够运用基于价值管理的原理搞好公司管理控制。

素养目标：

- 能够树立正确的价值观，构建具有中国特色的价值管理体系。
- 能够对标一流，正视差距，并持续改进，实现高质量发展。

2.1 股东价值与基于价值管理

1）股东价值的内涵

股东价值是指股东在其投资入股企业所拥有的价值，是股东对企业未来收益的所有权。要明确股东价值的内涵，必须明确价值的不同表现形式及其关系。

（1）股东价值与企业价值

股东价值与企业价值是紧密相关的。股东价值是企业价值的重要组成部分。如果将企业价值看成是企业全部资产的价值，那么，股东价值就是指企业净资产价值。从会计等式看，由于“资产=负债+净资产”，因此，企业价值是由股东价值和债权人价值组成的，即股东价值是企业价值与债权人价值之间的差额。

由于企业的所有者是股东，企业是股东的企业，因此，有人将企业价值与股东价值画等号，认为企业价值最大化目标与股东价值最大化目标是相同的。如果企业没有债权人，企业价值与股东价值是相同的；如果把企业理解为股东的企业，企业价值理解为股东在企业中拥有的价值，那么企业价值与股东价值也是相同的。然而，企业通常不可能没有债权人，企业股东不是企业唯一的利益相关者，因此，企业价值与股东价值往往是不同的，有时是不一致的，甚至是矛盾的。

（2）市场价值与账面价值

市场价值，是企业流通在外的普通股的市场价格与企业债务市场价值的总和。市场价值是立足于交易下的计量信号，不但反映了企业资产的经济价值，而且反映了市场对企业管理者利用资产创造收益能力的评价。在市场有效的情况下，市场价值是对企业内在价值的准确反映和估计。

账面价值反映会计账面上列出的投资者对企业的权益贡献，是所有过去投资、财务状况和经营决策的反映，是一种重视过去事件影响而忽视未来前景因素的价值观点。账面价值是根据历史成本记录的，是特定时点会计核算反映的价值。账面价值不考虑现实市场价格的波动，也不考虑资产的收益状况，因此，账面价值很可能不等于市场价值。

例如，2023年，安家公司在怡和小区购买了一处房产，花费了100万元，假设每年的折旧额是5万元。5年后，对于安家公司来说，这个房产的账面价值就是75万元（100−5×5）。但是，由于这个房产所在小区位置非常好，小区周边有医院和学校，并新建了地铁和商场，5年后市场价格直接变为200万元。所以，对于安家公司来说，这个房产在5年后的账面价值是75万元，但是市场价值反而是200万元。

（3）票面价值与账面价值

票面价值是指印在有价证券票面上的价值。发行有价证券是企业筹集资金的主要途径，各种证券一般都有票面价值，票面价值的总数为企业形式上的资本。当企业采用平价方式发行有价证券时，票面价值与账面价值相等。但是很少有企业采用平价方式发行有价证券，普遍采用溢价发行，有时也采用折价发行。在这两种发行方式下，有价证券的票面价值与账面价值并不相等。

以股票为例，当公司采用溢价或折价方式发行时，为了使账面价值能够代表每股股票所拥有的实际资产，真实反映股东的投资，企业在账务处理时需要对票面价值进行会计调整。如果企业仍旧按照票面价值作为公司股本记账，没有将股份溢价或折价部分真实地反映在资产负债表上，将造成形式上的资本即股份的账面价值缺乏真实性。

（4）公允价值与市场价值

公允价值指在公平交易中，熟悉情况的交易双方，自愿进行资产交换或债务清偿的金额。公允价值的确定原则是：如果该资产存在活跃市场，则该资产的市价作为其公允价值；如果该资产不存在活跃市场，但与该资产类似的资产存在活跃市场，则该资产的公允价值应比照相关类似资产的市价确定；如果该资产与类似的资产均不存在活跃市场，则该资产的公允价值可按其所能产生的未来现金流量以适当的折现率折现计算的现值评估确定。

公允价值是指市场参与者普遍认同的、非个别的和特殊的价值，代表一定时间内的市场价值。但是，公允价值并不完全等同于市场价值，其大部分由市场价值组成，以公允价值为计量目的的现值也是公允价值的一种。

（5）价值创造与价值实现

企业的价值包含价值创造和价值实现两个方面：价值创造（value creation）是指企业的内在价值，即企业将要为其权益所有者创造的一系列期望的未来现金流的净现值，是预测期股权现金流的当前价值；价值实现（value materialization）是指通过与股东和外部投资者进行有效沟通，提高价值创造与股票价格之间的相关性，避免管理期望价值与市场预期价值的差异，使经营绩效有效地反映于资本市场的股东投资效益。价值创造过程通常是内部管理的范畴，价值实现过程则是通过对外沟通来完成的，价值创造是价值实现的基础。若公司内在的真实经济价值与外在的市场价值有落差，在市价高估时，对内要进行价值重建，以确保公司价值创造能力的提升；在市值低估时，对外要与股东和投资者作有效的价值沟通，以避免由于资讯的透明度较低及资讯的不对称造成预期落差，导致投资价值减损，阻碍价值实现。

2）基于价值管理的内涵

基于价值的管理（value-based management，VBM），是20世纪90年代兴起的一种企业经营管理理念和管理方式。VBM的目标是为股东创造价值，VBM使公司管理决策的核心与股东的利益协调一致，公司的管理活动创造了股东价值。VBM的真正含义在于：它使组织内每个人的行动与价值创造和股东目标保持一致。因此，VBM是一个以价值创造和股东目标为中心、将所有人的行为联合起来的、综合的、完整的系统。在VBM中，影响股东价值的因素有许多，要为股东创造价值，就必须明确股东价值创造与各影响因素之间的关系。因此，基于价值的管理正是对影响或决定股东价值的关键因素进行管理，图2-1反映了基于价值管理的三个重要方面。

2-1 知识拓展

基于价值的管理与价值管理的比较分析

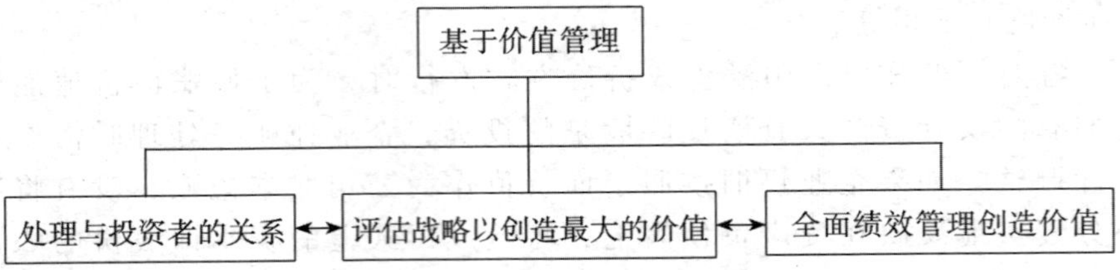

图2-1 基于价值管理的三个重要方面[①]

（1）处理与投资者的关系

①管理外部潜在投资者关系

股东的价值创造可以分为股利和股票价值增值两种形式。在VBM中，为了使投资者支持股票价格，公司需要与投资者保持有效的联系，进行良好的沟通，这就需要投资者对与其关系重大的公司财务业绩和非财务业绩有一个明确的理解。分析师们作出的未来业绩预测构成了资本市场对公司估价的一部分，基金经理的投资决策直接影响甚至决定了公司的股票价格。因此，公司的董事会和管理者必须正确处理与投资者的关系，尽可能使投资者得到相关、可靠的信息，包括财务信息和非财务信息。处理与投资者的关系是全面绩效管理的一个重要环节，它是在资本市场的层面上管理与外部投资者的关系。其目标是：一方面通过资本市场完成价值实现；另一方面通过成功地展示和推销，吸引潜在投资者，扩大公司的资本规模、优化资本结构。

充分认识投资界的复杂性，积极地监控和管理投资界对公司的理解和认识，能够确保公司价值在资本市场中通过股票价格最终实现，并且借助于投资者关系实现更大的股东价值。

②协调投资者与内部管理层的关系

在VBM中，公司的投资者通过契约关系和财务控制手段明确与管理层之间的权利义务关系、对公司的经营活动和过程实施有效的监督和控制，确保他们在公司中的利益索取权不受侵犯，资本价值得以增值。

同时，价值创造又是一个股东与管理层互动和激励的过程。为股东创造价值意味着达到或超过股东们对价值创造的预期，管理者需要引导投资者的预期，使他们对公司的要求不超过公司实际所能达到的业绩。这是因为，首先，公司的战略执行过程需要稳定的治理结构作为保障和支持，如果投资者对公司的价值预期过高，即使管理层创造了股东价值，仍旧会引起投资者的不满，股东就会在资本市场上抛售持有的股票，致使公司的股价下跌。甚至会解雇现有的管理层，导致管理者职业生涯的挫折和公司治理结构的变动，对股东价值产生不良影响。其次，管理者前期的价值创造结果通过提高股票价格得到认可，但是，投资者在认可管理者业绩的同时，给予管理者肯定，也增加了未来在新的盈利水平上进行价值创造的难度。这就需要进行以价值理念为基础的报酬契约的修订和业绩衡量的调整。

可见，处理与投资界的关系这一价值管理技术贯穿于公司治理和公司管理两个不同层次的委托代理关系之中，连接着价值创造和价值实现两个重要的管理过程。

---

① 阿什瓦斯，詹姆斯．基于价值的管理［M］．张先治，主译．大连：东北财经大学出版社，2004.

（2）评估战略以创造最大的价值

在VBM中，为了理解整个公司的业务，需要进行系统性的分析，包括清晰地了解公司所面对的市场、自身的优势与劣势，以及对竞争对手的正确评价。其目的就在于开发最优战略以利于为股东创造价值。正确的战略选择必然提高公司的竞争能力，进而使公司在为股东创造价值方面有持久的、长足的增长。VBM的第二个重要方面，也就是有助于评估战略的、基于价值的计量尺度的运用。

2-2 案例分析

中国石油基于价值的战略管理会计创新实践

股东价值观念鼓励公司在战略计划中采用更多的价值计量尺度，这些计量尺度是评估价值时的通用语言。它们有助于比较企业价值与股票价格、估计不同的战略以及评估远景计划创造的价值。股东总收益（TSR）、经营总收益（TBR）、经济利润等计量工具应该被看作一个组合，是供不同的人为了特定的目的在适当的时间使用的一套工具。同时，有效地运用价值计量工具，能够赢得投资者的信任，对股票价格产生积极的影响。VBM的评估框架如图2-2所示。

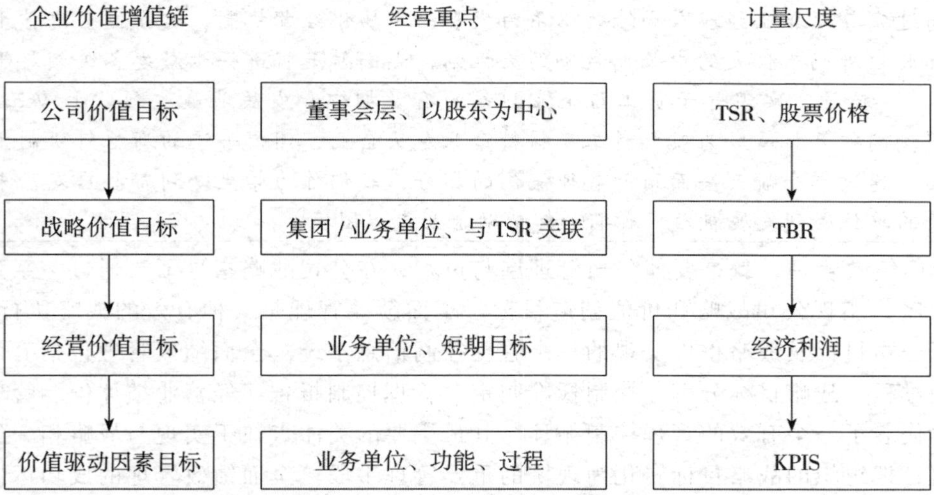

图2-2　价值创造链框架图[①]

（3）全面绩效管理创造价值

VBM的内容包括以下两方面：有效的战略形成和有效的战略执行。为达到创造最大价值的目的而选择公司战略后，接下来的管理程序就是战略的实施，这是VBM的关键一环。国务院国资委在2023年发布的《关于开展对标世界一流企业价值创造行动的通知》中要求企业做好战略实施：企业要强化战略引导作用，健全战略制定、实施、评估、调整闭环体系，制定基于价值提升的战略实施途径、资源配置方案、配套保障措施。历史资料表明，有相当一部分公司就是在实施公司战略这一环节失败了。有效实施战略的关键之处在于贯彻实施全面绩效管理。

① 阿什瓦斯，詹姆斯．基于价值的管理［M］．张先治，主译．大连：东北财经大学出版社，2004.

学思践悟

全面绩效管理使湖南航天走出转型发展路[①]

湖南航天成立于1970年，是航天科工所属的二级公司，也是一家老牌的军工企业。湖南航天历史上经过停缓建、三线调迁，破产企业多、人员身份复杂，积累了较多的历史遗留问题。2015年起，湖南航天通过“自力更生求发展，改革脱困求生存”，重点完善基于实际绩效的分配机制，重点突破中长期激励，自身也走出了一条传统军工企业的转型发展之路。

在完善市场化经营机制和健全激励约束机制方面，湖南航天按照台账节点稳步推进，制定印发了《湖南航天职业经理人管理办法》，各级次职业经理人达到16人。同时，湖南航天引入了全面绩效管理模式，完成了“工资+奖金+额外奖励”一体化激励约束方案制定，设置差异化薪酬项目，并在两级单位推行。目前，湖南航天正在推进以国有控股混合所有制骨干员工持股、科技型企业股权激励和分红激励、科技成果转化为主要方式的中长期激励政策和实施方案制定。

通过完善以职业经理人和绩效体系为代表的市场化经营机制，建立健全以骨干员工持股和股权激励为代表的中长期激励约束机制，湖南航天将进一步激发各级领导干部的“企业家”精神，实现骨干员工与企业利益的有效捆绑和发展共赢。到“十四五”末，努力将湖南航天打造成为航天科工新材料产业龙头企业，国内一流的新材料研制生产企业集团。通过湖南航天全面绩效管理案例的学习，我们作为学生受到哪些启发？未来我们工作的单位遇到发展瓶颈，我们如何帮助企业走出困境？

全面绩效管理，就是要使公司管理层与员工，在公司战略指导下，通过一系列管理控制程序，实现公司战略和价值创造目标。全面绩效管理是一种有效的战略执行方法，是保证公司目标及战略得以实现的一个管理控制信息系统。全面绩效管理包括五个关键的管理过程：战略目标分解、控制标准制定、管理控制报告、经营业绩评价、管理者报酬。它代表了一个有效的管理控制循环。其最主要的关注点在于实现与战略相一致的股东价值，把组织的战略目标转化为现实的重要管理手段。全面绩效管理的成功运用有助于确保以统一的、易于理解的方式把董事会阶层形成的价值创造战略充分转换为增加股东价值的现实。

2-3 案例分析

苏美达公司价值创造型财务管理案例研究

从以上三个方面的分析，我们可以认识到VBM作为一种思想，可以指导那些集中于创造股东价值的工具、技术和管理过程。公司的各种事务和运行机制通常可以分为公司治理和公司管理两个层次。在VBM中，公司治理的核心是财务治理，公司管理的中心是财务管理，财务管理的关键是资本经营与管理控制。

若价值管理理念根植于公司治理、公司经营和管理控制等管理工具和管理过程中，一个有机结合的公司运行机制将在这种整合思想的指导下推动公司价值的实现。通过本章的学习，我们将图2-1扩展为一个完整的基于价值的管理框架图，如图2-3所示。

---

① 原诗萌．锚定新材料 湖南航天走出转型发展路［J］．国资报告，2020（4）：100-103.

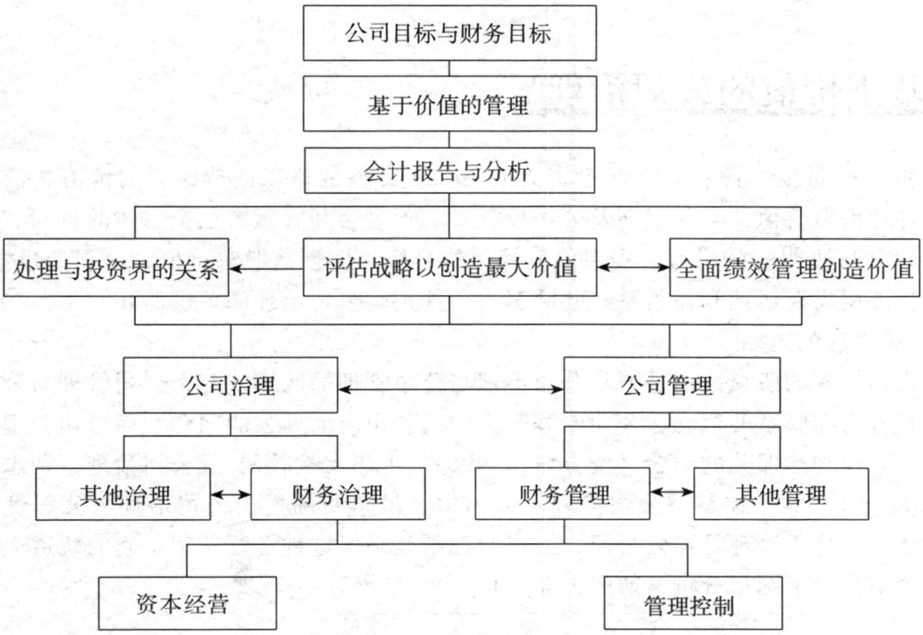

图2-3　基于价值的管理框架图

学思践悟

加快建设世界一流财务管理体系，提升企业价值

财务管理是企业管理的中心环节，是企业实现基业长青的重要基础和保障。近年来，中央企业认真贯彻落实党中央、国务院决策部署，高度重视财务管理工作，持续优化管理手段，不断创新管理模式，有力支撑了中央企业持续健康发展。同时也要看到，部分中央企业集团化财务管控建设不到位、财务管理功能发挥不充分、财务管理手段落后于技术进步，与新时期中央企业高质量发展目标不匹配、不适应。为推动中央企业进一步提升财务管理能力水平，2022年2月18日，国务院国资委发布《关于中央企业加快建设世界一流财务管理体系的指导意见》。意见指出，运用全面预算、成本管控、税务规划等有效工具，通过资金运作、资产管理、资源配置、资本运营等有效手段，主动创造财务价值，促进提升企业价值。同时，要严守财经法纪，确保会计信息真实可靠；严把合规关口，强化经营管理活动监督与控制，促进依法合规经营理念深入人心；坚持底线思维，严控财务边界，有效保障经营稳健、资产安全，牢牢守住不发生重大风险的底线。

请阅读相关材料并思考：如何通过基于价值的管理改变以往部分企业存在的财务管控建设不到位、财务管理功能发挥不充分、财务管理手段落后于技术进步等问题？如何学好财务管理知识成为世界一流的财务从业者？如何树立正确的价值观帮助企业提升价值、防控风险进而创建世界一流企业？

2.2 基于价值的公司治理①

VBM的三个重要方面：处理与投资界的关系、评估战略以创造最大的价值、借助于全面绩效管理创造价值，实际上涉及公司投资者、董事会和管理者三个主体的目标、权利和责任的划分与协调。公司为了实现价值管理的目标，即创造股东价值，公司的投资者、董事会、管理层需要协调利益关系，共同努力，这正是公司治理的关键所在。

1）公司治理的内涵

界定公司治理的研究范围，要从公司治理与公司管理的区别谈起，公司管理与公司治理是一对有着内在联系的概念，公司治理解决的是公司向何处去的问题，而公司管理解决的是使公司怎样到达那儿的问题（费方域，1996）。牛津大学教授、《公司治理》杂志的首任主编Tricker（1984）在其《公司治理》一书中，最早明确提出公司治理与公司管理的关系，他认为，公司管理是运营公司，公司治理则是确保这种运营处于正确的轨道上，他对二者的关系作出了图示分析，如图2-4所示。

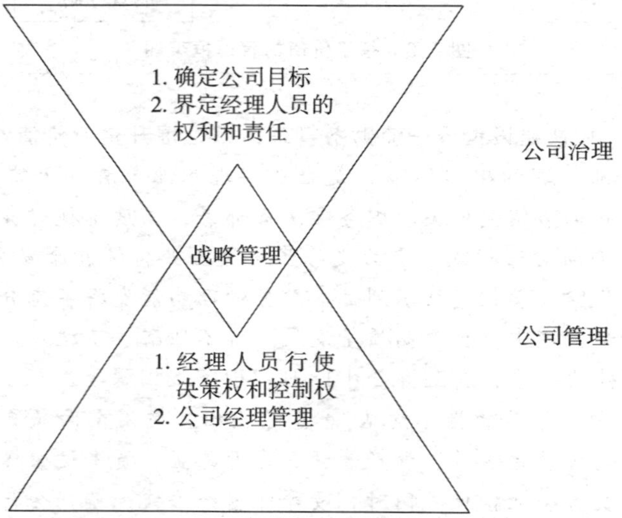

图2-4 公司治理与公司管理的关联（Tricker，1984）

公司治理是一个多角度、多层次的概念，可以从狭义和广义两方面去理解，狭义的公司治理是指所有者，主要是股东对经营者的一种监督与制衡机制。公司治理的目标是保证股东利益的最大化，防止经营者对所有者利益的背离。广义的公司治理是通过一套包括正式及非正式的制度来协调公司与所有利益相关者之间的利益关系，以保证公司决策的科学化，从而最终维护公司各方面的利益。

Shleifer和Vishny（1997）认为，公司治理首先是一个经济问题，其次它还是一个法律问题，甚至是资本社会化后，减少经理人对投资者“剥削”的政治问题。当前，国内外学者从多种角度研究公司治理问题，法律学者从法律角度研究其法律和制度建设问题，人

① 本部分内容详见：张先治，甄红线. 基于价值的公司治理［J］. 财经问题研究，2006（6）.

文学者从文化、哲学的角度研究公司治理体系的意识形态问题，经济学者从经济学的角度研究公司治理结构以及公司治理机制的设计问题，财务学者则从价值的角度研究公司治理问题，基于价值的公司治理就是从价值管理的角度对公司治理问题的探讨。基于价值的公司治理是以创造价值和实现价值增长为目标，使价值增值和实现价值最大化的理念贯穿于公司治理的过程，从而保证基于价值的管理处于正确的运营轨道而进行的公司治理结构设计。从公司治理所包含的具体内容来看，我们可将公司治理分解为：财务治理、业务治理、人事治理、市场治理等几个方面，其中，公司财务治理是公司治理的重要内容和主要方面。基于价值的公司治理的核心问题是财务治理问题。公司财务治理从财务的社会属性（产权契约关系）出发，以财权为主要逻辑线索，研究如何通过财权在企业内部的合理配置，形成一组联系各利益相关主体的正式和非正式的制度安排，以期达到维护投资者或利益相关者利益的根本目的。因此，从本质上说，财务治理是一个关于公司财权配置的合约安排。

2）基于价值的公司治理

基于价值的公司治理以创造价值和实现价值增长为目标，使价值增值和实现价值最大化的理念贯穿于公司治理的过程，从而保证基于价值的管理处于正确的运营轨道。那么，基于价值的公司治理究竟是为了实现谁的价值呢？考虑到当前公司治理结构的主流模式为以英美为代表的股权至上模式和以德日为代表的利益相关者模式，基于价值的公司治理也主要研究基于股东价值的公司治理和基于利益相关者价值的公司治理模式。本书试图通过对这两种公司治理模式的梳理、评述和比较，以期明确两种基于价值公司治理模式的理论基础、治理环境和治理特征，为完善我国国有公司治理模式提供理论支撑和方法保证。

（1）基于股东价值的公司治理

基于股东价值的公司治理就是以实现股东价值最大化为目标，使价值增值和实现价值最大化的理念贯穿于公司治理的过程，从而保证基于价值的管理处于正确运营轨道的一种公司治理结构。

基于股东价值的公司治理遵循的是“资本雇佣劳动”的逻辑，认为物质资本的提供者——股东完全拥有企业所有权。企业所有权在委托代理关系中指的是企业的剩余索取权和剩余控制权，是由于契约的不完备而产生的。基于股东价值的公司治理模式在工业经济时代是比较适合的。在工业经济时代，股东提供的物质资本具有相对稀缺性和专用性，而人力资本对企业财富创造的作用不明显，专用性也相对较弱，使得物质资本所有者在企业的权力博弈中处于有利地位，由于债权人让渡的仅仅是财务资源有限时期的使用权，股东便当仁不让地成为企业的所有者。

这种治理模式的特点在于，公司的利益就是股东的利益，按照标准的新古典微观经济学的解释，即使存在经理人员掌握经营管理权的现象，由于股东拥有经理人员的选聘权力，因此，可以认为二者的决策取向是内在一致的，即企业追求利润最大化也就等同于追求股东的财产价值最大化，这是企业有效的唯一标准。这种以股东利益为唯一标准的看法是基于物的财产权的认识。传统的财产权观念来自罗马法，即所谓财产权就是对所拥有的实物资产具有占有、使用、处置及收益等一系列权能，如果财产所有者把他们的实物财产投入到公司，那么自然公司的财产就等价于这些投资者的财产。所以，有关公司财产的一切权益均属于股东。基于股东价值的公司治理模式如图2-5所示。

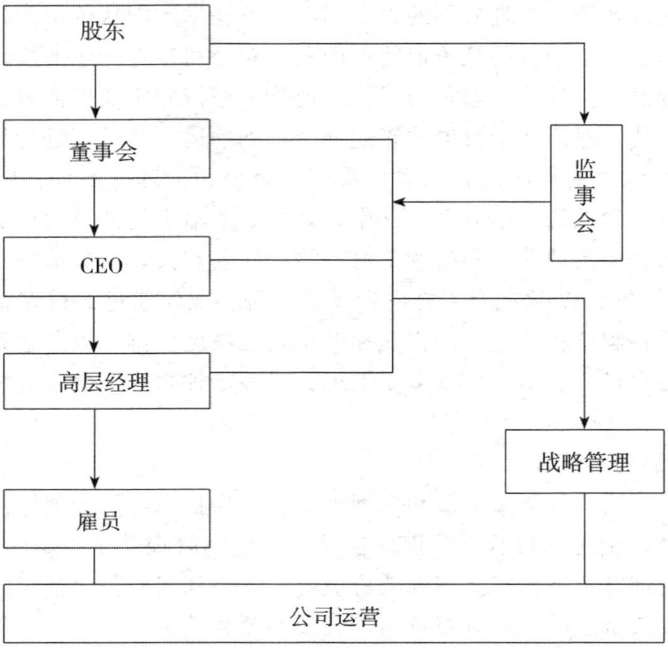

图2-5 基于股东价值的公司治理模式

2-4 案例分析

从非正式契约角度看利益相关者参与现代公司治理的影响

基于股东价值的公司治理模式适用的环境条件是：发达的金融市场，完善的法律机制，股份所有权广泛分散的开放型公司的大量存在，活跃的公司控制权市场和经理人市场。

（2）基于利益相关者价值的公司治理

基于利益相关者价值的公司治理就是以实现利益相关者团体价值最大化为目标，使价值增值和实现价值最大化的理念贯穿于公司治理的过程，从而保证基于价值的管理处于正确运营轨道的一种公司治理模式。

在各种理论纷争和实践发展的背景下，以弗里曼、多纳德逊、布莱尔、米切尔为代表的一批经济学家、管理学家提出了利益相关者理论。在他们看来，任何一个公司的发展都离不开各种利益相关者的投入或参与，这些利益相关者在对企业的生存和发展注入了一定的专用性投资以后，或是为企业的经营活动付出了代价，或是分担了一定的经营风险，制定企业的经营决策和公司治理架构时必须考虑他们的利益，并给予他们相应的发言权，否则他们就会威胁撤出其投资，从而影响企业的生存和发展。因此，所谓利益相关者治理模式就是结合了"共同治理（co-governance）"（不仅要重视股东的利益，强调经营者的权威，还要关注其他利益相关者的实际参与）和"相机治理（contingent governance）"（相对于不同的企业经营状态，对应着不同的企业剩余权安排）的公司治理模式（杨瑞龙、周业安，1998、2001；杨瑞龙、刘刚，2002）。

从治理结构的设置上看，基于利益相关者价值的公司治理模式与基于股东价值的公司治理模式类似，即最高权力机关选举决策者组成董事会，选择监督者组成监事会，再由董事会选聘经理人员负责日常的经营管理工作。两种模式的关键差别在于最高权力机关的构成上，基于股东价值的公司治理模式认为只有股东才能行使最高权力，而基于利益相关者价值的公司治理模式认为凡是利益相关者都能够行使最高权力，而且不同利益相关者的发言权是相对的，不同企业涉及的利益相关者的影响程度不同，其权益分配也不同。基于利益相关者价值的治理模式如图2-6所示。

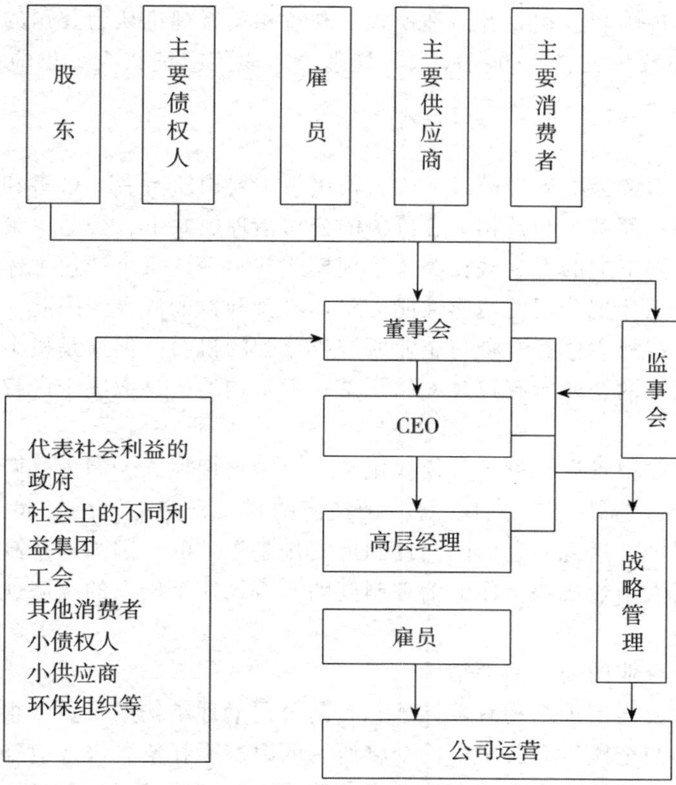

图2-6　基于利益相关者价值的治理模式

（3）两种公司治理模式的比较

基于股东价值的公司治理模式与基于利益相关者价值的治理模式之间的差异主要体现在以下几个方面：

①企业理论假设

基于股东价值的治理模式立足于新古典企业理论假设，认为企业的生产经营目标是一元的，即实现利润最大化，将这一假设延伸到治理过程中，就是股东利益取向是唯一的，是排他的、至高无上的。基于利益相关者价值的治理模式对传统的企业生产经营目标进行了修正，认为企业的行为后果滋生了很多社会问题，企业理应负担起解决这些社会问题的责任，企业的生产经营活动应以广泛的社会责任为己任，而不仅仅是向股东负责。与此同时，要求企业不仅仅关注经济绩效，而且要承担更广泛意义上的社会责任，包括考虑企业产品质量、垄断性、就业、企业经营对环境的影响、社会福利等方面。

②所有者的定位

股东至上理论认为，无论从收益上还是从对公司的控制上，公司剩余索取权的所有者非股东莫属。传统的企业理论认为，提高企业所有权安排效率的出路是让资本所有者拥有剩余索取权和剩余控制权，这就是所谓的“资本雇佣劳动逻辑”或“股东至上主义逻辑”。然而，在当代社会，特别是在知识经济初露端倪的时代，现代企业治理结构的安排越来越偏离仅仅追求资本所有者利益最大化的逻辑，其主要表现就是人力资本所有者开始参与企业治理，体现为利益相关者治理模式。利益相关者理论认为公司的所有者不仅是出资人，而是所有利益相关者，包括股东、管理层、职工、债权人、供应商、顾客、消费者、政府等。

③决策模式

在基于股东价值的公司治理模式下，公司决策主要由所有者、董事和经理作出，其他人的作用相当被动；而基于利益相关者价值的公司治理模式下，公司决策是由多个利益相关者合理参与、共同形成的，利益相关者治理模式并不否认每个产权主体的自利追求，而是强调理性的产权主体把公司的适应性能力看作自身利益的源泉。因此，在这样的利益模式下，必须让每个产权主体都有参与企业所有权分配的机会，但这是机会的均等，而不是权力的平均化。现实的企业所有权分配结构总是不平均的，这取决于产权主体相互之间的谈判。

在理论上，目前很难说一种治理模式优于另一种治理模式，因为这两种治理模式都生存下来了，而且曾经造就了美、日、德三国经济的腾飞，使它们在20世纪80年代共同成为世界三大经济强国。这说明它们的治理制度安排是有效的，因为一个高度发达的经济是不可能拥有束缚其大企业成功运作的治理制度的，否则这个国家的经济就不可能是高度发达的。

（4）中国国有企业的公司治理结构

①国有企业的公司治理结构有着异于私有制公司治理结构的特点。根据公有制经济的特点，公有制财产归全民所有，全部民众将所有的财产委托给各级政府经营管理，各级政府又将该管理权限委托给国有企业具体负责经营管理。如此繁复的委托链条使得公司的股东并不是财产的所有人，继而导致在现实情况下，国有企业所有权存在“缺位”和“内部人控制”问题。国有企业党委会作为内嵌于公司治理结构的重要机关，首先可以代表党组织和出资人行使监督职能，弥补目前普遍存在的监事会监督乏力的问题，并且部分解决国有企业所有权“缺位”的问题。

②国有企业党委会参与公司治理的法律依据。我国《公司法》第一百七十条规定：“国家出资公司中中国共产党的组织，按照中国共产党章程的规定发挥领导作用，研究讨论公司重大经营管理事项，支持公司的组织机构依法行使职权。”《中国共产党章程》第三十三条第二款规定：“国有企业党委（党组）发挥领导作用，把方向、管大局、保落实，依照规定讨论和决定企业重大事项。国有企业和集体企业中党的基层组织，围绕企业生产经营开展工作。保证监督党和国家的方针、政策在本企业的贯彻执行；支持股东会、董事会、监事会和经理（厂长）依法行使职权。”因此，不论是公司法层面还是党章规定，都为党委会参与公司治理提供了法律层面的依据。

③董事会与党委会分工、地位的界定。国有企业董事会与党委会的区别体现在两方面：分工、地位。从分工的角度来看，由于中国特色社会主义制度下国有企业具有特殊性

质，国有企业董事会与党委会需要共同为企业的经营把关。董事会与党委会的分工主要通过重大决策事项来实现。目前，我国国有企业党委会参与企业的重大事项决策主要指“三重一大”，即重大决策事项、重大项目安排事项、重要人事任免事项、大额度资金运作事项。而董事会则依据《公司法》中所界定的相应职责（如召集股东会等）参与到企业的日常经营中。从地位的角度来看，董事会与党委会的地位主要通过组织及人事体系进行区分。目前，国有企业的惯常做法是“双向进入、交叉任职”：党委中2~3人进入董事会，在企业经营过程中将党委会与董事会有机结合，推行市场化企业治理的同时落实“党管干部”，形成良好发展的新局面。

2-5 明理增信

完善中国特色国有企业现代公司治理

3）公司治理、财务治理与财务契约①

公司治理从契约关系角度看，是指公司的外部索取权人为了保障他们在公司的索取权不受侵犯而以契约关系②为基础对整个公司进行的控制。如果我们把公司治理层次上财务方面的事务和运行机制划入财务治理范畴。财务治理是指公司的各种索取权人为了保障他们在公司的索取权不受侵犯，利用经济激励与约束机制对公司实施的控制。财务治理通过一系列财务契约工具来解决公司治理中的代理问题。在基于价值的公司治理中，公司外部索取权人与公司的契约关系，主要是财务契约关系。公司的各种索取权人之间就公司事务签订的财务契约是公司治理的理论基础；而外部索取权人对公司实施的财务控制是他们实现公司治理目标的主要手段，也是财务治理的方法论基础。可见，在公司治理处理契约关系当事人利益过程中，财务关系是各种利益关系的核心，因此，在基于价值的公司治理中，财务治理便成为公司治理的核心。

财务治理是各种索取权人保障其权益的经济激励与约束机制，各种索取权人之间的基本关系、利益冲突及其治理机制是由财务契约确定的。这些契约主要包括股权契约、信贷契约和报酬契约，它们构成了公司治理的结构基础和机制基础。因此，财务契约理论是公司治理，尤其是财务治理的理论基础。财务治理本质上是一种契约治理。无论是股权契约、信贷契约还是薪酬契约都具有一定的治理效应。下面具体分析股权契约、信贷契约和报酬契约中的利益冲突和治理机制。

（1）股权契约的治理效应

股权契约是股东之间就设立公司相关问题签订的契约，用以协调股东内部的利益关系，尤其是大股东与小股东之间的关系。其主要内容通常包含在公司法、公司章程和证券监管法规中。它规定股东投入股权资本后，在公司董事会中有选举权和被选举权，就公司合并、分立、停业等重大决策有投票权，有出售和转让股份的权利，当公司发行新股时，有优先认购权，对公司收益有剩余索取权③。

在股权高度分散的情况下，大部分股东并不直接参与公司事务的管理。这样，公司的控制权就落入少数拥有较多股份的大股东手里，形成他们对公司决策的控制权大于收益权的权利结构。那么，这些大股东就有能力，也有动机，通过直接转移、操纵股价、关联方

① 本部分内容参见：张先治，袁克利．公司治理、财务契约与财务控制［J］．会计研究，2005（11）：21-25．
② 在广义上，契约包括人们之间的默契、约定、合同，以及法律、规章、制度等。
③ 当然，如果企业没有按期偿付债务本息，根据债权人、股东和管理者之间重新协商的结果，公司控制权有可能转移到债权人手中，从而债权人成为剩余索取权人。

交易、关联方融资等方式从其他股东处向自己转移财富。

因此，股权契约除了规定一些决定股权本质特征的条款之外，还需要作出额外规定：①一股一票，不发行没有投票权的股份以避免控制权与收益权不对称性的无限扩大；②规范信息披露，让其他股东能够按照其需要及时转让股份以保护自身权益；③规范关联方交易和融资的会计处理方法，缩小利用关联方交易转移财富的空间；④要求大股东及时披露其持股份额的变动情况，限制大股东的短期交易行为。

（2）信贷契约的治理效应

信贷契约是债权人与股东和管理者之间就债务融资相关问题签订的契约。它一般规定债权人将资金投入企业后，有固定收益索取权（包括本金和利息）；在企业没有按期还本付息的情况下，债权人有清算担保资产，甚至迫使企业破产进而夺取企业控制权的权利。债权人对企业拥有短期的固定索取权，而股东拥有的是涵盖企业生命周期的剩余索取权。因此，债权人与股东之间有潜在的利益冲突。另外，债权人通常迫使企业支出现金，减少了管理者可以用于在职消费、扩建商业帝国以及抵御经营风险的资金。当企业无力偿债时，债权人可能要求企业破产，这对管理者的整个职业生涯来说是一个沉重的打击。因此，债权人与管理者之间也有潜在的利益冲突。

因而股东和管理者有动机采取侵害债权人利益的机会主义行为。具体方式包括资产转换、策略性违约、债权稀释、债务悬置、财富转移等。所以，信贷契约需要一些额外的保护条款。这些条款可以分为承诺条款和否定条款，前者规定债务人必须遵守的行为，后者直接限制债务人损害债权人利益的行为。承诺条款通常包括：①承诺贷款使用与贷款目的相一致；②承诺向债权人报告财务状况，并达到相应的财务标准；③承诺遵守法律；④承诺接受审查；⑤承诺企业会计记录真实、完整。否定条款通常包括：①限制负债总额、投资基金、资本支出、租赁和公司贷款；②限制现金股利支付和股票回购；③限制收购、资产销售和自愿预付；④未经现有债权人同意，债务人不得使用公司资产作为未来借款的担保等。

（3）报酬契约的治理效应

报酬契约是股东与公司高层管理者之间签订的关于高层管理者权利和义务的契约。它一般规定管理者业绩表现良好时将得到的报酬，以及管理者业绩表现很差时将受到的处罚（克扣奖金，削减工资，甚至予以解雇等）。由于信息分布的不对称性和管理者的决断力[①]，管理者对公司决策的控制权大于对收益的索取权。因此，他既不能得到努力工作的全部收益，也不用承担在职消费的全部成本。那么，管理者的努力程度会低于最优水平，而在职消费会高于最优水平，即产生了代理成本[②]。

管理者与股东之间的利益冲突与处于控制地位的大股东与小股东之间的利益冲突相似。在股权高度分散的情况下，管理者能够运用大股东侵占小股东利益的方式侵占所有股东的利益。所以，报酬契约也需要一些保护条款。这些条款也可以分为承诺条款和否定条款。承诺条款通常包括：①承诺履行受托责任，保证公司资产的安全完整，保证不断提高

① 管理者的决断力（managerial discretion），是指管理者自行决定公司某些管理事务，外部人对此进行监督的成本过高因而不值得监督，或者根本没有办法去监督。

② 详细讨论见：JENSEN，MECKLING．Theory of the firm：Managerial behavior，agency cost and ownership structure［J］．Journal of Financial Economics，1976（3）．

公司运营效率；②承诺向股东报告财务状况，并聘请独立的外部专家对提供的财务报告进行审计；③承诺遵守法律；④承诺接受审查等。否定条款通常包括：①限制在职消费额度；②限制持有公司股票的转让权；③限制管理者关联交易等。

2.3　基于价值的经营

基于价值的经营是经济体制和企业制度变革的必然结果。我国的经济体制改革和企业改革，使企业经营方式经历了由产品经营型向商品经营型的转变，由商品经营型向资产经营型的转变，再由资产经营型向资本经营型转变的过程。这种转变的结果，使企业发展目标、发展战略更加清晰，这就是要在企业发展中重视价值创造和价值实现，将追求价值创造和价值实现作为企业发展的目标和企业战略的导向。

1）企业经营方式的演变

（1）产品经营阶段

产品经营是与单纯生产型的企业经营方式紧密相连的。从中华人民共和国成立至1978年改革开放前，中国实行的是计划经济体制或行政命令经济体制。在这种体制下，生产什么、生产多少、怎样生产、从何处取得资源、产品销往何处等都由政府行政命令决定，企业不拥有生产决策的自主权，即企业属于单纯生产型的经营方式。

单纯生产型企业管理的基本目标是完成生产任务，追求产量目标。Lardy（1978）指出，在1953—1957年中国第一个“五年计划”时期，多数工业企业的目标为工业产量总产值、商品产值、总产量等产量指标。同时，企业的业绩以其产量而非盈利性来衡量（杜荣瑞等，2009）。企业管理中也主要重视实物管理，讲求实物生产率或技术效率，而不重视价值管理。企业只管生产，不管供应与销售，更不管筹资、投资、分配等财务活动。此时，企业财务管理在企业管理中处于非常低下的地位，甚至不存在现代意义的财务管理。企业理财的目标是降低成本，成本管理也成为企业理财的唯一内容。

（2）商品经营阶段

商品经营是与生产经营型的企业经营方式紧密相连的。1978年中国改革开放至1991年末，政府的工作重心转移到经济建设上，中国经济改革目标是建立有计划商品经济体制，试图通过计划经济与商品经济的结合，取长补短，解决计划经济体制下存在的诸多问题。

商品经营的基本特点是围绕产品生产进行经营管理，包括供应、生产和销售各环节的管理。商品经营方式下的企业管理目标是追求供产销的衔接及商品的盈利性。因此，商品经营的基本内涵是企业以市场为导向，组织供产销活动，以一定的人力、物力消耗生产与销售尽可能多的社会需要的商品。

商品经营方式下的企业财务管理目标是利润最大化，财务管理内容从产品经营方式下的成本管理扩展到收入管理、利润管理、采购管理及一定程度的分配管理。财务管理在企业管理中的地位有所提高。

（3）资产经营阶段

资产经营是与资产经营型的企业经营方式紧密相连的。20世纪80年代后期，由于重视政企分开及所有权与经营权分离，企业经营者对企业资产的占用、使用、处置等权力增大，同时对资产的责任也加大。1987—1992年间，多数小型国有企业被出售或出租；同时，承包经营责任制被引入大型国企（专家组，1995），这一制度改革使得企业目标已不简单是收入或利润，而是将利润等指标与资产的占用相联系。因此，资产经营取代商品经营成为必然趋势。但是，由于宏观上没能解决计划与市场的关系，企业资产经营只处于初级阶段，企业无法完全按市场规律有效配置与使用资产；同时，由于微观企业产权不清，资产经营缺乏与之相连的资本运作，经营范围与经营方式受到很大限制。

资产经营型企业的基本特点是把资产作为企业资源投入，并围绕资产的配置、重组、使用等进行管理。在资产经营情况下，产品经营或商品经营要以资产经营为基础，即围绕资产经营进行商品经营和产品经营。

资产经营方式下的企业财务管理目标不是单纯追求利润最大化，而是追求资产的增值和资产盈利能力的最大化。企业财务管理的内容除包括收入管理、成本管理、利润管理、分配管理外，还包括投资管理及资产管理等。资产重组、投资组合、资产结构优化都成为企业理财的重点与关键。

（4）资本经营阶段

资本经营是与资本经营型的企业经营方式紧密相连的。1992年初以来，中国改革由政策调整转向制度创新，逐步进入建立社会主义市场经济体制的新阶段。企业改革方向是建立适应市场经济要求的产权清晰、权责明确、政企分开、管理科学的现代企业制度。企业经营方式在由商品经营型向资产经营型转变的基础上，进一步向资本经营型转变。

为什么在市场经济条件下或企业建立现代企业制度的情况下，企业经营方式要转变为资本经营呢？因为企业管理目标应与企业主体目标相一致。计划经济体制和有计划商品经济体制下，企业主体不明，因此，目标混乱；市场经济体制或现代企业制度下，产权清晰，企业主体明确，企业是企业所有者的企业，企业的基本目标应与企业所有者的目标一致。那么，在市场经济体制或现代企业制度下，企业的所有者是谁？其目标又是什么呢？现代企业制度属于资本雇佣劳动制。因此，企业所有者是资本所有者，企业目标应与企业资本所有者目标相一致，即资本的保值与增值。这也正是资本经营产生与发展的理论基础。

资本经营方式的特点是围绕资本保值增值进行经营管理，把资本收益作为管理的核心，资产经营、商品经营和产品经营都服从于资本经营目标。资本经营型企业的目标是资本增值或追求资本盈利能力最大化。因此，资本经营的内涵是指企业以资本为基础，通过优化配置来提高资本经营效益的经营活动，其活动领域包括资本流动、收购、重组、参股和控股等能实现资本增值的领域，从而使企业以一定的资本投入，取得尽可能多的资本收益。资本经营的直接目标虽然也是获取利润，但它是站在所有者立场上，强调一定资本投入的利润最大化，达到资本增值这一根本目标。

2）四种经营方式的关系

现代企业目标决定了现代企业发展的动力在于资本增值。企业的资本增值目标使资本经营成为现代企业经营与发展的主导。由于企业发展的各个环节都需要资本，因此，资本经营又与企业经营的各个环节紧密相关。

资本经营与资产经营是既相互联系又有所区别的。它们之间的区别主要表现在：一是经营内容不同，资产经营主要强调资产的配置、重组及有效使用；资本经营主要强调资本流动、收购、重组、参股和控股等；二是经营出发点不同，资产经营从整个企业出发，强调全部资源的运营，而不考虑资源的产权问题；资本经营则在产权清晰基础上从企业所有者出发，强调资本（主要指自有资本）的运营，把资产经营看作资本经营的环节或组成部分。它们之间的联系主要表现在：一是资本与资产的关系决定了二者之间是相互依存、相互作用的，资本经营要以资产经营为依托，资本经营不能离开资产经营而孤立存在；二是资本经营是企业经营的更高层次，资本经营是对资产经营的进步，因此，资本经营目标必然综合反映了资产经营的目标。

资产经营与商品经营也是既相互联系，又相互区别的。一是资产经营不能离开商品经营而独立存在，没有有效的商品经营是不能取得好的资产经营效果的；二是资产经营是对商品经营的进一步发展，它不仅考虑商品本身的消耗与收益，而且将资产的投入与产出及周转速度作为经营的核心；三是资产经营目标比商品经营目标更综合。商品经营目标是实现资产经营目标的基础，但不是全部。要实现资产经营目标，应在商品经营基础上，进一步搞好资产重组与有效使用，加快资产周转速度。

商品经营与产品经营既相互联系，又相互区别。第一，商品经营是在产品经营基础上实现商品价值的过程，商品经营不能离开产品经营而孤立存在。第二，商品经营是对产品经营的进一步发展，它不仅考虑产品的生产质量与生产成本，而且考虑商品的收益多少，对商品的成本与收益进行比较，计算商品的盈利。第三，商品经营目标比产品经营目标更长远，产品经营的直接目标是保证生产质量、控制生产成本，商品经营的直接目标是追求供产销的衔接及商品的盈利性。要实现商品经营目标，应做好产品经营，提升产品质量，控制产品成本，并进一步拓展商品市场，增加商品销量，提高商品盈利。

从上述分析可以看出，资本经营包含资产经营、商品经营和产品经营；资本经营是相对于资产经营的进步，资产经营是相对于商品经营的进步，而商品经营是相对于产品经营的进步。在VBM中，企业应以资本经营为管理重心，财务管理的对象应是资本经营的各个环节及关键要素。

2.4　基于价值的管理控制

1）管理控制的内涵

2-6 知识拓展

管理控制的理论演变及其与内部控制关系

管理控制是指控制者为保证经营活动的有效性目标所进行的控制过程的总和。如果将管理控制的控制者看作以管理者为主的组织中各类成员，经营活动有效性目标看作组织的战略目标，则管理控制是指管理者影响组织中其他成员以实现组织战略的过程。管理控制的目的是使战略被执行，从而使组织的目标得以实现。

基于价值的管理控制，主要是指从公司目标确定、公司战略选择到战略执行，都以创造股东价值，实现公司价值增值为目标和导向，从而在管理控制全过程实施价值管理。

管理控制从控制职能角度看，是指由确定标准、评价业绩、纠正偏差构成的管理控制系统。因为管理控制强调的是战略执行的控制，而战略执行过程控制是由确定标准、评价业绩、纠正偏差构成的管理控制系统。这种管理控制的特点是强调定量控制，或者说以定量为主的控制。

管理控制从控制主体看，是指管理者及组织中的其他成员对控制对象所进行的控制。管理者是管理控制的主力军，这是不容置疑的，但是，管理控制中的管理者离不开组织中的其他成员而孤立进行控制。管理控制的主体除管理者外，对上包括代表股东利益的董事会，对下包括代表职工利益的全体员工。

管理控制从控制对象或内容看是非常广泛的，企业等组织的各项活动都可通过管理控制进行。在VBM中，资本经营是管理控制的核心内容和主要对象。管理控制只有抓住资本经营这一企业经营的核心，才能保证企业目标的实现；资本经营也只有通过有效地进行管理控制，才能实现资本的增值。因此，资本经营与管理控制成为基于价值的财务管理的重要内容和手段，或者说是财务管理的两大支柱。

2）经营方式与管理控制

我国的经济体制改革和企业改革，使企业经营方式经历了由产品经营型向商品经营型的转变，由商品经营型向资产经营型的转变，再由资产经营型向资本经营型转变的过程。企业经营方式的转变也引起了企业内部管理控制系统的转变。

在企业产品经营阶段，企业管理控制的目标是保证完成生产任务，追求产量目标。管理控制的内容主要是生产控制，重视实物管理，讲求实物生产率或技术效率，忽视价值管理。企业管理控制方式主要是边界控制或制度控制，企业只能按照各种规章制度去经营，弱化了经营者及职工的权力。

在企业商品经营阶段，企业管理控制的目标不再只强调生产及产量，而开始重视价值，重视供、产、销的衔接，追求收入与利润目标。管理控制的内容不再仅仅是生产过程控制，采购过程控制和销售过程控制也成为管理控制的重点。企业管理控制方式不再单一化，企业经营者和员工有一定的控制权力。

在企业资产经营阶段，企业管理控制的目标已经不是简单的收入或利润，而是将利润等指标与资产的占用相联系，追求资产利润率目标。管理控制的内容从对供产销过程的控制扩展到对投资和资产使用的控制。企业管理控制方式多样化，承包、计件工资、作业控制、经营控制等方式被广泛运用。

在企业资本经营阶段，企业管理控制的目标从追求单纯的利润，向一定资本投入的利润最大化方向转变，即追求资本增值这一根本目标。管理控制的内容进一步扩展到资本投入的控制、资本结构的控制、资本成本、资本收益和资本分配的控制。企业管理控制方式正从封闭系统向开放系统转变，授权时代的控制手段被广泛采用，不仅边界控制被采用，诊断控制、信任控制等方式也在一些企业中被推广。

3）管理控制程序

管理控制从程序看主要有五个步骤：战略目标分解、控制标准制定、管理控制报告、经营业绩评价、管理者报酬。在基于价值的管理控制过程中，它们都有着新的内涵。

（1）基于价值的战略目标制定与分解。在基于价值管理的情况下，公司的目标一定是股东价值最大化，公司战略选择将以创造股东价值为导向。为保证战略目标的实现，战略目标分解实际上是根据价值创造环节，或价值链进行的。通过战略目标分解，保证短期价值目标与长期价值目标相协调，局部价值目标与整体价值目标相协调。

（2）基于价值的控制标准制定。在基于价值管理的情况下，控制变量与控制标准的确定必须体现价值创造环节与价值目标。如将资本增值、经济利润、净资产收益率、总资产报酬率、总资产周转率等价值量及效率指标作为控制的最重要的、最关键的指标，将公司资本增值或股东价值创造作为控制的根本标准。在此基础上，以财务预算为中心和导向，制定全面预算体系。

（3）基于价值的管理控制报告。在基于价值管理的情况下，管理控制报告要体现价值管理特点，即以会计报告系统为中心，包括财务会计报告和管理会计报告；经营业务报告作为管理控制报告系统的组成部分，一方面反映各业务的预算执行情况，另一方面是对会计报告的补充与说明。

（4）基于价值的经营业绩评价。在基于价值管理的情况下，公司的经营业绩应主要体现在股东价值创造上，以是否为股东和企业创造价值为评价的根本标准。评价指标主要以价值量指标为主，包括以价值量反映效率指标和效果指标。

（5）基于价值的管理者报酬。在基于价值管理的情况下，对管理者的激励要与价值创造或资本增值相联系，使管理者的收益与资本增值或经济效益挂钩，使股东价值增加与经营者报酬成正比。

4）管理控制模式

管理控制从模式上看，主要有四种：制度控制模式、预算控制模式、评价控制模式和激励控制模式。四种模式虽有所区别，但只是适用不同企业环境下的基于价值的管理控制，其本质都是基于价值的管理控制。

（1）基于价值的制度控制模式。制度控制模式适用于管理基础与环境较差的企业，在基于价值管理的情况下，强调通过规则规范员工行为，实现正确做事的控制目标，优势在于规则明确、易于操作，但也存在缺乏量化与能动性的弊端。

（2）基于价值的预算控制模式。预算控制模式适用于管理基础与环境较好的企业，在基于价值管理的情况下，重点在于过程控制，目标是完成任务，可以量化目标、及时调控，但缺乏变化与能动性。

（3）基于价值的评价控制模式。评价控制模式主要适用于管理基础与环境良好的企业，在基于价值管理的情况下，评价控制模式强调目标控制，挖掘潜能，虽然目标控制能够突出结果、鼓励进取，但缺少相关的过程调控。

（4）基于价值的激励控制模式。激励控制模式主要适用于管理基础与环境优秀的企业，在基于价值管理的情况下，激励控制模式通过利益引导员工的行为，以创造财富为目标，能够实现利益相关、随机应变，但缺少相应的环境与条件。

5）管理控制原则与要求

管理控制的内涵、目标与地位的确定为进行有效管理控制奠定了基础、明确了方向。然而，内部管理控制相对科学技术领域的控制而言，复杂程度高、涉及面广、不确定因素多。因此，进行管理控制必须遵循一定的原则和满足一定的要求。

（1）管理控制原则

目前，关于控制原则、内部控制原则、内部会计控制原则的表述有许多种。内部管理控制，作为一种控制或一种内部控制，控制的一般原则或内部控制原则都应对内部管理控制起作用。当然，管理控制由于与其他控制不同，在管理控制原则方面也应有其特殊性。另外，关于控制原则与控制要求，有时人们将其混用，通称为控制原则或原理，这里我们将原则与要求分开，控制原则更侧重于控制的内在性，而控制要求则侧重于控制的外在性。从这个思路出发，内部管理控制的主要原则有六项：

①计划性原则。计划性原则是指管理控制必须反映计划的要求，完成计划目标。管理的首要职能是计划，管理控制实质上也是要保证计划目标的实现，因此，计划性原则是管理控制的本质要求。计划的水平，包括计划的系统性、全面性、准确性等程度，决定了管理控制的质量与水平。

②适宜性原则。适宜性原则是指管理控制必须考虑组织的环境特征，因地制宜、因人制宜、因事制宜。内部管理控制系统的发展已从封闭型转向开放型，控制环境是管理控制的基本要素。脱离控制环境特点，照抄其他国家或组织的控制模式及方式方法是不会取得理想的成效的。因此，在进行管理控制时，我们一定要结合中国环境特点、各个组织的环境特点，选择适宜的管理控制模式。

③重要性（关键点）原则。重要性原则是指在管理控制中必须抓住关键的控制点进行控制，不能面面俱到。管理控制中坚持重要性原则是因为：第一，有利于控制目标分解与落实；第二，有利于规避财务活动与经营活动风险；第三，有利于提高控制的效率，即以较少的控制投入，取得较大的控制成果。

④趋势控制原则。趋势控制原则是指在管理控制中要善于从历史资料和现状分析中发现规律和倾向，采取纠正措施，以防患于未然。任何事物的发展总有前因后果，任何问题的出现可能都会事前有某种迹象。管理控制中应根据控制对象的现状及变化趋势，及时发现潜在问题及风险，使经济运行按战略目标和规划进行。

⑤例外控制原则。例外控制原则是指在管理控制中要注重对非正常、非常规情况进行控制，这是提高控制效率的基本要求。所谓非正常和非常规的界定要根据组织特点和控制程度要求进行。不同类型的组织、不同的业务，其正常与否的判断标准是不同的；不同的控制程度要求，其例外的判断标准也不同。如在紧控制下，2%以上的变动就属于例外，而在松控制下，4%以下的变动都属于正常。

⑥直接控制原则。直接控制原则是指在管理控制中应通过提高控制主体的素质进行事前预防控制。直接控制原则强调控制主体的重要性或对控制者的培养是控制的关键。因为合格的控制者能够观察到即将出现的问题，并能及时采取措施加以纠正。直接控制克服了间接控制事后纠偏所带来的问题。当然，在一些情况下，直接控制要与间接控制结合，间接控制可解决直接控制不到位所造成的偏差。

（2）管理控制要求

①管理控制要求以人为本。管理控制无论从主体还是从客体看，都是人（管理者）进行的控制和对人（组织中其他成员）进行的控制。管理控制要求以人为本，就是说在管理

控制理论与实务中，必须抓住人这一根本。管理控制理论研究中要强调管理艺术、行为科学、人力资源等；管理控制实务中也要从治理结构、组织结构、领导能力、职责分工等方面充分考虑人的主观能动性。

②管理控制要有客观标准。控制标准确定是管理控制的重点与难点。管理控制中只有运用客观标准，才能既保证控制者的利益与目标实现，又规范了被控制者的行为，调动被控制者的积极性和创造性。管理控制客观标准的制定要考虑历史水平、行业特点、组织目标等因素。

③管理控制要讲成本效益。管理控制要保证控制目标的实现必须投入各种人力、物力和财力，这些投入的货币表现就成为管理控制的成本。管理控制不仅要追求组织的有效性，而且要讲究管理控制本身的有效性，即以尽可能少的投入（成本），取得尽可能多的产出（收益）。防止片面追求控制，盲目加大控制投入，使控制成本大于所得收益的情况发生。

④管理控制要具有灵活性。管理控制的灵活性是指在管理控制过程中要根据控制环境等的变化对控制目标、控制标准及方式等进行适当的调整，以便于抓住机遇，调动组织中各成员积极性与创造性。应当指出，管理控制的灵活性强调的是一种积极的灵活，而不是消极的灵活。所谓积极的灵活是指根据环境变化，放宽某种控制，使其能抓住机遇，从而提高组织目标。而消极的灵活是指遇到环境变化或困难时，要降低控制目标和标准。

⑤管理控制要强调可控性。管理控制的可控性是指管理控制主体与管理控制客体或对象的协调一致，即控制主体有权利和义务对控制客体的行为与结果负责。管理控制中强调可控性，要求一个组织在其机构设置、目标分解、职权划分等方面必须将可控性放在重要位置，以保证整体管理控制系统的有效运作。

⑥管理控制要提倡全局性。管理控制是一个全面综合的系统，管理控制系统的各个要素、各个环节、各项内容、各级组织之间都相互关联、相互作用。因此，无论在管理控制系统的设计，还是在管理控制运行过程中，都必须有全局观念。不能片面追求某个局部目标和利益而牺牲组织整体目标和利益。

本章小结

股东价值是指股东在其投资入股企业所拥有的价值，是股东对企业未来收益的所有权。要明确股东价值的内涵，必须明确企业价值、市场价值、账面价值、公允价值、价值创造、价值实现等价值的不同表现形式及相互之间的关系，以及在财务管理中的作用。

基于价值的管理（VBM），是20世纪90年代兴起的一种企业经营管理理念和管理方式。VBM的目标是为股东创造价值，VBM使公司管理决策的核心与股东的利益协调一致，这样，公司的管理活动自然而然地创造了股东价值。基于价值管理的三个重要方面是：处理与投资界的关系、评估战略以创造最大的价值、借助于整合绩效管理创造价值。

VBM的三个重要方面实际上涉及公司投资者、董事会和管理者三个主体的目标、权利和责任的划分与协调。公司为了实现价值管理的目标，即创造股东价值，公司的投资者、董事会、管理层需要协调利益关系，共同努力，这正是公司治理的关键所在。在基于价值的公司治理中，公司外部索取权人与公司的契约关系，主要是财务契约关系。公司的各种索取权人之间就公司事务签订的财务契约是公司治理的理论基础；而外部索取权人对公司实施的财务控制是他们实现公司治理目标的主要手段，也是财务治理的方法论基础。可见，在公司治理处理契约关系当事人利益过程中，财务关系是各种利益关系的核心，因此，在基于价值的公司治理中，财务治理便成为公司治理的核心。国有企业公司治理有其自身的特色。

基于价值的经营是经济体制和企业制度变革的必然结果。我国的经济体制改革和企业改革，使企业经营方式经历了由产品经营型向商品经营型的转变，由商品经营型向资产经营型的转变，再由资产经营型向资本经营型转变的过程。这种转变的结果，使企业发展目标、发展战略更加清晰，这就是要在企业发展中重视价值创造和价值实现，将追求价值创造和价值实现作为企业发展的目标和企业战略的导向。

管理控制是指控制者为保证经营活动有效性目标所进行的控制过程的总和。基于价值的管理控制，主要是指从公司目标确定、公司战略选择到战略执行，都以创造股东价值、实现公司价值增值为目标和导向，从而在管理控制全过程实施价值管理。具体而言，管理控制程序所包括的五个主要步骤——战略目标分解、控制标准制定、管理控制报告、经营业绩评价、管理者报酬，在基于价值的管理控制过程中，都被赋予了新的内涵。管理控制的四个模式——制度控制模式、预算控制模式、评价控制模式、激励控制模式——是适用于不同企业环境的四种基于价值的管理控制模式。

当价值管理理念根植于公司治理、公司经营和管理控制等管理工具和管理过程中时，一个有机结合的公司运行机制将在这种整合思想的指导下推动公司价值的实现。

关键概念与主要观念

□ 关键概念

企业价值　股东价值　市场价值　账面价值　公允价值　价值创造　价值实现　基于价值的管理　财务契约　公司治理　股权契约　信贷契约　报酬契约

□ 主要观念

VBM的真正含义在于：它使组织内每个人的行动与价值创造和股东目标保持一致。因此，VBM是一个以价值创造和股东目标为中心、将所有人的行为联合起来的、综合的、完整的系统。在VBM中，影响股东价值的因素有许多，要为股东创造价值，就必须明确股东价值创造与各影响因素之间的关系。因此，基于价值的管理正是对影响或决定股东价值的关键因素进行管理。

VBM作为一种思想，用来指导那些集中于创造股东价值的工具、技术和管理过程。公司的各种事务和运行机制通常可以分为公司治理和公司管理两个层次。在VBM中，公司治理的核心是财务治理，公司管理的中心是财务管理，财务管理的关键是资本经营与管理控制。

公司治理是公司的外部索取权人为了保障他们在公司的索取权不受侵犯而以契约关系为基础对整个公司进行的控制。我们把公司治理层次上财务方面的事务和运行机制划入财务治理范畴。财务治理是指公司的各种索取权人为了保障他们在公司的索取权不受侵犯，利用经济激励与约束机制对公司实施的控制。

现代企业目标决定了现代企业发展的动力在于资本增值。企业的资本增值目标使资本经营成为现代企业经营与发展的主导。由于企业发展的各个环节都需要资本，因此，资本经营又与企业经营的各个环节紧密相关。资本经营依托资产经营、商品经营和产品经营；资本经营是资产经营的进步，资产经营是商品经营的进步，而商品经营是产品经营的进步。在VBM中，企业应以资本经营为管理重心，财务管理的对象应是资本经营的各个环节及关键要素。

在VBM中，资本经营是管理控制的核心内容和主要对象。管理控制只有抓住资本经营这一企业经营的核心，才能保证企业目标的实现；资本经营也只有通过有效地进行管理控制，才能实现资本的增值。因此，资本经营与管理控制成为基于价值的财务管理的重要内容和手段，或者说是财务管理的两大支柱。

基本训练

□ 知识题

2.1 简答题

（1）什么是股东价值？股东价值与企业价值是什么关系？

（2）试述全面绩效管理的内涵。

（3）简述财务契约的概念及种类。

（4）试述资本经营与资产经营、商品经营的关系。

（5）简要分析管理控制程序的五个主要步骤。

（6）简要分析管理控制的四大模式。

2.2 思考题

（1）如何理解基于价值的管理首先是一种管理理念？

（2）管理控制报告为什么要以资本经营结果为基础？

（3）如何建立与公司治理相融合的财务控制制度？

（4）分析基于价值的公司治理与管理控制之间的关系。

□ 能力题

英国BAE系统公司基于价值的管理[①]

英国BAE系统公司是欧洲最大的航空和军备公司，到1998年年底，其员工已达48 000人。1998年，该公司的营业额为86亿英镑，其中89%的销售额来自海外，这使BAE成为英国最大的出口商。截止到1999年年底，该公司订单总额已超过280亿英镑。BAE有两个主要的经营领域：全球的军备市场和商用航空市场。

20世纪90年代初，BAE的股价一度跌破1英镑，成为其发展历史上最困难的阶段。此后，BAE在欧洲和全球范围内放弃了一些非核心的业务，改变了民用航空和军备业务混合的状况，因而使整个公司发生了显著的变化，股价上涨了20多倍。此后，公司致力于将业务集中于5种有价值的业务这一变革过程。

BAE基于价值的管理：

① 梅．财务职能转变与公司增值［M］．郑志刚，译．北京：电子工业出版社，2002.

这一变革过程包括实施基于价值的管理方法，这种方法将有助于公司识别、形成优势，并确保公司为发挥优势而采取的措施能带来最大的利润。

BAE基于价值的管理目标包括：

•按照所创造的价值对内部经营目标排序；

•了解创造价值的地方和途径；

•在各个业务层次推动经营绩效的提高；

•仅对重要方面进行衡量，不再衡量不重要的方面。

BAE总裁认为："基于价值的管理方法成为我们在经营中形成优势的基础，并确保价值创造成为我们行动的指南。"

最早的基于价值的管理的尝试是在一家从事飞机维修和清洗业务的分公司进行的。整个项目自1997年2月开始，到1997年5月结束，非常成功，该公司最初亏损50万英镑，后来一举盈利200万英镑。实施基于价值的管理过程需要了解现金流、经营情况和所制定的主要绩效指标之间的关系，以确保将注意力集中于这些影响因素。经过4个月的严格审核，公司从价值影响因素链和运用基于价值的管理方法所做的敏感度分析中识别出主要的绩效指标。此外，能产生高效率的劳动力等影响因素也受到了特别关注。

随着这一项目的成功实施，人们的注意力开始转向地区性的喷气式飞机装配公司。第二个基于价值的管理项目从1997年9月开始，到1997年12月结束，有近10个主要绩效指标被识别出来，并被优先考虑，取代了以往的250多项绩效衡量标准，从而减少甚至完全取消了监督部门。

基于价值的管理过程的主要步骤有：访问；进行财务分析；详细规划价值影响因素，并使之与现金密切相关；建立基于价值的管理经济模型；识别主要的绩效指标，并使之成为管理人员的目标。

地区分公司的成功成为BAE发展史上的里程碑。受到地区分公司成功的鼓舞，其他3个项目也于1999年全面展开。它们包括：销售和市场营销；原材料的采购和结算；零配件。

所有这些项目由地区分公司基于价值的管理经理统一负责，每个项目则由3~4个人组成的小组负责实施。他们还推出了包括6项内容的系列培训计划，旨在促使包括参与项目的小组负责人和专业培训人员在内的员工成为卓有成效的执行者。这些培训计划涵盖了基于价值的管理过程的两个阶段：

•第一阶段的任务是识别经营中的主要绩效指标，这一阶段需要花费4~6个月的时间。

•第二阶段的任务是对所有核心管理过程重新排序并确定主要绩效指标，如财务报表、预算控制及计划过程等。这一阶段预计在12~36个月内完成，并对行为和决策方法的有效转变提出要求。

地区分公司的成功在BAE引起了强烈反响，基于价值的管理正渗透到几乎所有的主要业务中。基于价值的管理为包括合同谈判、对新业务的投标和评估、项目跟踪和管理、生产效率及营运资本管理在内的各种经营活动提供了有价值的思路。

基于价值的管理成为BAE实现客户、员工和股东价值长期持续增长的主要措施。

【案例分析要求】

仔细研读案例，分析BAE基于价值的管理成功的关键因素。

数智能力训练

在数字经济时代，人工智能大模型能够为企业价值管理提供很多有益的帮助。结合本章学习的内容，我们可运用人工智能大模型，如阿里“通义千问”、百度“文心一言”和科大讯飞“星火”等（当然也可以采用最新推出的其他模型）对企业价值管理中的相关问题进行进一步讨论分析，以提升同学们运用数智模型进行价值管理的能力。

本章的数智能力训练题主要有：

（1）基于价值的管理包括基于价值的公司治理和管理控制。在当今的数智时代背景下，数智化如何影响基于价值的公司治理和管理控制？其效率和效果会产生何种变化？

（2）利用人工智能大模型，探索和比较不同治理模式的两家公司，分析其治理模式的异同。

（3）管理控制模式包括制度控制模式、预算控制模式、评价控制模式和激励控制模式，总体分析我国上市公司采用上述不同管理控制模式的情况，并结合某一具体公司进行详细分析。

同学们可以针对这些问题利用大模型进行提问，也可针对本章内容尝试提出不同的问题或以不同方式进行提问，以提升同学们利用人工智能大模型进行财务管理的能力。

互动练习

2-7 即测即评

第2章练习题

第3章 价值创造计量与评估

学习目标

本章学习目标是使学生掌握价值创造计量与评估的基本程序与方法。其具体目标包括：

知识目标：

- 明确价值创造和资本增值的内涵。
- 理解资本增值、现金流量、股票价格和股利与价值和价值创造及价值实现的关系。
- 明确股东总收益率和经营总收益率的内涵与作用。

技能目标：

- 掌握资本增值计量的各种方法。
- 了解股东总收益率计量和经营总收益率计量的方法。
- 掌握价值评估的折现方法和非折现方法。

能力目标：

- 能够运用价值创造计量与评估理论与方法指导企业的价值创造经营与管理。
- 运用价值创造计量的方法进行企业的整体业绩评价和内部经营业绩评价。
- 运用价值评估的方法进行资本经营，并为价值创造指明方向。

素养目标：

- 能够运用正确的方法进行价值评估。
- 能够开展有意义的价值创造活动并提供真实的价值信息。

3.1 价值创造计量

1）价值创造及其表现

3-1 明理增信
以价值创造引领世界一流核技术应用企业建设

创造价值是现代企业在竞争激烈的市场中生存与发展的关键，是企业追求的最终目标。企业要实现价值创造，首先应明确价值创造的表现与计量。企业的价值创造通常主要体现在：资产价值增加、资本增值；股票价格上涨、股利增加；现金净流量增加等方面。

（1）价值创造与资本增值

企业价值创造主要体现为资产价值增加和资本增值，关键在于资本增值。在第1章财务管理目标中我们已经明确：现代企业财务管理的根本目标是资本增值，直接目标是获取会计利润，核心目标是提高经济效益。关于资本增值的内涵及其与利润和经济效益的关系，前面已有论述。实质上，资本增值最大化与企业股东价值最大化和企业价值最大化目标是一致的。因为：第一，从会计角度看资本是企业股东的价值表现，资本增值实质上是股东价值的增加；第二，资本增值与资产增值是紧密相关的，股东价值与企业价值是紧密相关的，追求股东价值与追求企业价值从长远看是一致的。因此，准确计量资本增值是研究企业价值创造的关键。目前，值得研究的不是资本增值是否体现价值创造，而是资本增值应如何计算与评价。因为无论在理论上还是在实践中，无论在经营业绩评价中还是在企业价值评估中，资本增值计算问题都是人们十分关注，但又没有很好解决的问题。正确计算与评价资本增值指标是现代企业理财的客观要求。

（2）价值创造与股票价格及股利

3-2 案例分析
企业财务转型与价值创造影响因素分析

由价值创造的内涵可以得知，股东持股所获得的收益有两个方面：一是特定时间内的股票价格增长；二是特定时间内所获得的股利。股东价值是指公司股东所拥有的普通股权益的价值。随着市场经济的逐步完善，股东价值的重要性也越来越明显。一方面，它是考察公司业绩并据以建立激励机制的重要标准。另一方面，它也是公司控制权市场的重要依据。在任一时点上，股东价值=（当时股票价格+当期每股股利）×持有的股份数。因此，为了使股东价值最大化，企业必须努力保持每股股票价格与每股股利持续增长。

【案例3-1】股价波动与首富“沉浮”①

“谁是首富”一直是人们津津乐道的话题，而“富豪们”掌握资产中的股票价值是衡量其财富的重要指标。当前这个时代，股价的涨跌让首富的轮换变得迅速、充满戏剧性且刺激。

2017年7月27日，电商平台亚马逊的股价盘前达到每股1 071美元，开盘后一度触及每股1 074.68美元，涨幅超过15美元，亚马逊公司市值涨幅超过5 110亿美元，CEO杰

① 搜狐财经．首富沉浮之间全凭股价？[EB/OL]．[2017-07-28]．http：//www.sohu.com/a/160519246_498985．新浪科技．股价暴涨2万倍：浙江老板当8分钟世界首富！[2017-08-13]．http：//tech.sina.com.cn/roll/2017-08-13/doc-ifyixcaw4497695.shtml．

夫·贝佐斯的身价也水涨船高，在周四早些时候超越微软创始人比尔·盖茨，成为新的全球首富。这也是比尔·盖茨4年来首次被夺“世界首富”桂冠！然而，当日亚马逊公布的第二季度财报中，每股收益0.4美元，低于之前华尔街分析师的预期1.42美元，上年同期为1.78美元。因此，亚马逊股价出现了下跌，股价一度跌至每股1 006美元附近，收报1 046美元，盘后跌幅继续扩大至2.8%，报1 017美元，这就加大了贝佐斯与盖茨的净资产差距，让屁股还没坐热的贝佐斯从首富的宝座上又跌了下来，仍位居全球第二大富豪。

一位浙江老板在8月10日这天突然火了，因为他当上了世界首富，虽然只有短短的8分钟。美国当地时间8月10日一早，在纳斯达克上市的中国概念股“海亮教育集团”在开盘后不久，股价就从每股10.19美元暴涨到了199 999.99美元，并成交700股。不过很快，海亮的股票就被纳斯达克以“股价异常波动”的原因停牌，8分钟后才重新复盘，股价也恢复到正常的每股10.26美元。在这8分钟内，海亮的市值达到了5.4万亿美元，成为了美股历史上第一支“万亿股”，相当于6个苹果公司的市值。海亮教育董事局主席、实际控制人冯海良持股超过90%，因此，在那8分钟内，身价超过4.5万亿美元，不但成为世界首富，而且完全碾压比尔·盖茨，后者身价约900亿美元。针对这笔异常交易的真实原因，普遍猜测是“乌龙指”（指股票交易员、操盘手、股民等在交易的时候，不小心敲错了价格、数量、买卖方向等事件的统称）。对于此次疑似“乌龙事件”，冯海良也用“哭笑不得”“国际玩笑”作了回应。然而，在这次罕见的交易中，卖出700股的那个家伙估计做梦都会笑醒，他轻松实现了1.4亿美元净利。

上榜的富豪中有30名是由于IPO带来的持股价值增长而使自己的财富快速增值，进入“富豪俱乐部”的。

股东价值创造的绝大部分来自股票价格的增长，影响股票市场价格的因素主要有宏观因素（包括产业和区域因素）、公司经营业绩因素以及市场因素等，一方面，宏观因素是通过影响企业经营业绩从而与股票价格建立联系的，另一方面，经营业绩当期及预期的变化影响市场上公司股票的供求关系，最终决定了股票价格。但从长远看公司业绩增长是推动股票价格增长的基本动力，企业股票的市场价值越大，表明企业的经营绩效越明显，价值创造能力越强。同时，企业价值创造能力越强，股东投资收益增长的潜力越大，股东和资本市场投资者才会长期支持股票价格，促进公司的健康发展。

股利指股份公司按发行的股份分配给股东的利润。股息、红利亦合称为股利。在股东价值中，股利所占的比例虽然较小，但在最严格的意义上，股东持有公司股份期间，从公司收到的唯一现金流就是股利，并且股利是一种相对稳定的、固定的收益。股利具有独特的信号作用。资本市场实证研究表明，一般来说，股利未预见到的增加会导致股价攀升，未预见到的减少会导致股价下跌。公司也把股利支付额作为其未来发展前景的指引信号，如果公司前景看好，则会增加股利支付额；如果公司前景暗淡，则会降低股利支付额。但是为了避免信号作用对股东价值的影响，一般公司不愿意变动股利支付额，而使股利具有黏性。

（3）价值创造与现金流量

在任何时点，公司的价值是其未来现金流量的现值。在企业价值创造的计量与评估中，我们关注的是企业的自由现金流量。自由现金流量是扣除营运资本投资与资本性支出之后的经营活动所带来的剩余现金流量，这部分现金流量是在不影响公司持续发展的前提下可供分配给企业资本供应者的最大现金额。自由现金流量越大，企业价值越大，股东财富也就越大。

自由现金流量是公司能否顺利支付股利的一个指标，并且，自由现金流量可以弥补股利的不足（黏性、税收影响等）。自由现金流量的使用，使价值创造的评估和计量从股东价值扩展到企业价值。从现金流量的角度来讲，股东与债权人没有性质上的差异，存在的只是索偿权支付顺序上的差异。

价值创造能力和产生自由现金流量的收益能力之间存在着必然联系。自由现金流量是公司价值创造的源泉，在同等风险下，企业产生自由现金流量的能力越强，其价值创造能力越强。企业可能将自由现金流量以股利的形式派发给股东，或者将自由现金流量留在企业中产生更多的自由现金流量。由此推断，具有较高自由现金流量的企业在以后的资本经营中就可以产生更多的自由现金流量，从而使其市场价值逐步提高。

在价值管理的理念下，唯有现金支撑的收益才能带来价值增加。在大多数情况下，现金流量增加（减少）会导致公司价值的增加（减少）。资本市场对于那些牺牲收益来提高现金流量的公司反应积极。在资本市场上，投资者将未来现金流量的现值与股票价格进行比较，为了能够保持股价持续平稳，公司应能够产生足够的未来现金流量来证明股价是合理的，并且，期望创造最大的股东价值的公司必须致力于实现未来现金流量的最大化。

3-3 知识拓展

自由现金流量发展的路径、挑战与机遇

2）资本增值计量

（1）资本增值指标的一般计算与评价

计算资本增值的关键在于搞清什么是资本增值。资本增值的字面意思应当是资本价值增加，其一般计算公式是：

$$资本增值额=期末资本价值-期初资本价值 \tag{3-1}$$

$$资本增值率=\frac{资本增值额}{期初资本价值}\times 100\% \tag{3-2}$$

根据这两个指标的公式可知：如果指标值大于零，反映资本增值；等于零，反映资本保值；小于零，反映资本减值或贬值。评价标准虽然简单，但资本价值内涵的确定却比较复杂。那么，什么是资本价值呢？对资本价值可有不同理解：一是资本的票面价值；二是资本的账面价值；三是资本的市场价值。按不同资本价值计算的资本增值额和增值率的内涵是不同的。

（2）按资本票面价值计算与评价资本增值指标

资本的票面价值在股份制企业中可理解为股票的票面价值，即股本。以此推理，一般企业的资本票面价值可理解为企业实收资本。以资本票面价值内涵为基础，按公式（3-1）和（3-2）可计算实收资本增值额和增值率如下：

$$实收资本增值额=期末股本或实收资本-期初股本或实收资本 \tag{3-3}$$

$$实收资本增值率=\frac{实收资本增值额}{期初股本或实收资本}\times 100\% \tag{3-4}$$

要正确评价这两个指标，关键在于明确实收资本增值额产生的原因。股本或实收资本增减变动的原因主要有三方面：第一，企业外部投入资本增加，如企业本期增加新的投资者或原投资者追加投资；第二，企业注册资本减少，如企业由于种种原因按法定程序报经批准减少注册资本；第三，企业用资本公积转增资本。从实收资本变动的原因看，实收资本增值指标虽然可在一定程度上反映企业的筹资规模、筹资能力和财务状况，但是它存在的明显问题是：第一，它与企业当期经营绩效并不直接相关；第二，它不能正确反映企业所有者的投资收益能力或资本增值能力。因此，运用这一指标，很难达到评价企业经营绩效的目的。

（3）按资本账面价值计算与评价资本增值指标

资本的账面价值在股份制企业中是指股票的账面价值，即股东权益。它也可理解为一般企业的所有者权益或企业净资产。以资本账面价值内涵为基础，按资本增值一般公式可计算账面资本增值额和增值率如下：

$$\text{账面资本增值额}=\text{期末所有者权益}-\text{期初所有者权益} \quad (3\text{-}5)$$

$$\text{账面资本增值率}=\frac{\text{账面资本增值额}}{\text{期初所有者权益}}\times 100\% \quad (3\text{-}6)$$

目前，实践中使用的资本保值增值率的实质与这种资本价值内涵相同，其计算公式是：

$$\text{资本保值增值率}=\frac{\text{期末所有者权益}}{\text{期初所有者权益}}\times 100\% \quad (3\text{-}7)$$

该指标评价标准与前面的指标有所不同，即当资本保值增值率为100%时，意味着资本保值；超过100%，意味着资本增值；低于100%，意味着资本减值或贬值。

要探讨账面资本增值指标对评价企业绩效的科学性，关键仍在搞清产生账面资本增值额的原因。影响账面资本变动的原因是复杂的，归纳起来主要有以下几方面：

第一，投入资本的变动。影响期末所有者权益和期初所有者权益之差额的因素之一是投入资本的变动，如企业本期增加新的投资者或原投资者追加投资，接受有关部门或个人的捐赠等将使期末所有者权益增加。同理，企业按法定程序报经批准减少注册资本，将使期末所有者权益减少。

第二，企业当期净利润。影响期末所有者权益和期初所有者权益之差额的最重要因素应是企业当期净利润。根据会计上资本保全理论，会计净利润应等于期末所有者权益与期初所有者权益之差。或者说在其他因素不变的情况下，期末所有者权益等于期初所有者权益加上当期净利润。

第三，企业利润分配时间。前面谈到净利润对资本增值额的影响，但是，如果当期净利润在期末已经以股利形式分给企业投资者，则期末所有者权益中只包括净利润中未分配给投资者的部分。因此，计算日企业净利润的分配情况直接影响着资本增值额的水平。

第四，物价水平变动。资本增值额计算中是否考虑物价水平变动问题，关键在于对资本价值中资本的界定，即是财务资本还是实物资本，是名义财务资本还是一般购买力财务资本。实物资本是不足取的①，目前会计中采用的资本往往是名义财务资本，即账面资本，它的应用前提假设是币值稳定，以此为基础，资本增值额计算可不考虑物价变动问

① 张先治．国有资本保值增值几个基本理论探讨［J］．财务与会计，1997（8）：41-42．

题。但是，这并不意味着物价变动不影响账面资本增值额。实际上，如果存在物价水平变动，它必然影响账面资本增值额水平。

上述分析说明，账面资本增值额既受企业内部因素变动影响，又受企业外部因素变动影响；既受企业主观经营绩效影响，又受企业客观资本变动影响。要准确评价企业经营绩效，首先要将资本投入变动额扣除掉，因为投入资本的增加与减少并不是企业经营业绩所致，扣除投入资本增减变动才能真正反映经营业绩。其次，应在期末所有者权益中包含当期已分给或应分给投资者的股利，如果是已经分配的股利，则应再加回来。排除这两个客观因素后，可得出两个新的计算公式：

$$账面资本增值额=期初所有者权益\times当期净资产利润率 \tag{3-8}$$

$$账面资本增值率=\frac{账面资本增值额}{期初所有者权益}\times100\% \tag{3-9}$$

或 $$=当期净资产利润率$$

如果再把币值不稳因素考虑进来，物价变动因素调整应在采用物价变动会计核算的基础上进行计算。对于没采用物价变动会计的企业，可按一般物价指数或分行业的物价指数进行调整。此时账面资本增值额和增值率可采用下式计算：

$$账面资本增值额=\frac{期初所有者权益\times当期净资产利润率}{一般物价指数} \tag{3-10}$$

$$账面资本增值率=\frac{当期净资产利润率}{一般物价指数}\times100\% \tag{3-11}$$

应当指出，公式（3-10）和（3-11），是对公式（3-3）、（3-4）、（3-5）、（3-6）、（3-8）、（3-9）的创新与完善。

（4）按资本市场价值计算与评价资本增值指标

资本的市场价值在股份制企业中是指股票的市场价值，即股票市值。一般企业的资本市场价值可理解为企业净资产的现行价值。以此资本市场价值内涵为基础，运用资本增值指标一般计算公式可得：

$$市场资本增值额=期末企业资本市场价值-期初企业资本市场价值 \tag{3-12}$$

$$市场资本增值率=\frac{市场资本增值额}{期初企业资本市场价值}\times100\% \tag{3-13}$$

其中，资本市场价值的计算，根据不同情况可采用不同的计算方法。对于股份制企业，资本市场价值可根据股票价格计算，即：

$$资本市场价值=股份数量\times股票市场价格 \tag{3-14}$$

其中：

$$股票市场价格=每股收益\times市盈率$$

对于非股份制企业，资本市场价值可按资本收益现值法计算，即：

$$资本市场价值=实收资本\times\sum_{t=1}^{\infty}\frac{R_t}{(1+折现率)^t} \tag{3-15}$$

其中，R_t为实收资本收益率。公式（3-15）后一部分实质上也是股票价格计算的一种方法。因此，公式（3-14）和公式（3-15）的实质是相同的。

为了准确评价按资本市场价值计算的资本增值额和增值率，搞清市场资本增值额产生的原因是十分必要的。根据上述公式及有关指标内涵，市场资本增值额主要受以下因素影响：

第一，投入资本变动。这里主要指股本或实收资本的增减变动（它们增减变动的原因前面已谈过，不再赘述）。

第二，每股收益变动。每股收益（或实收资本收益率）是影响股票价格的重要因素，在市盈率或折现率一定的情况下，每股收益与股票市场价格往往成正比变动。

第三，市盈率变动。市盈率变动是影响股票价格变动的另一因素。市盈率水平往往受平均资本成本水平和企业发展潜力大小的影响。通常情况下，资本成本水平与市盈率负相关，而企业发展潜力与市盈率正相关。

第四，宏观经济状况与政策变动。宏观经济状况包括资金流量、通货膨胀率、利率、汇率等；宏观经济政策包括财政政策、货币政策、收入政策等，这些都会给股票价格带来不同程度的影响。例如，如果股票市场资金供应量增加，则股票价格就会上涨；反之，资金供应量减少，则股票价格将下跌。

第五，投机因素影响。股票市场的投机性是很大的。特别是在股票市场不规范和不完善的情况下，股票价格往往受一些投机行为的影响而背离其正常的经济价值，这势必引起股票价格波动和资本市场价值变动。

从以上因素的含义与性质可看出，影响资本市场价值增减变动的主要是投入资本变动和股票价格变动两个因素，因为每股收益、市盈率、宏观经济状况与政策及投机因素等都要通过股票价格影响资本市场价值。要从资本市场价值的角度正确评价企业经营绩效，应该扣除投入资本变动因素和政策及投机因素，但后者难以从股价中扣除，因此，只能在公式（3-12）的基础上扣除投入资本变动因素，得出新的市场资本增值额计算公式：

市场资本增值额=期初股份数量×（期末股票价格-期初股票价格）　　（3-16）

或　　=期初实收资本×（期末单位资本现值-期初单位资本现值）

应当指出，由于股票市场价格不仅受每股收益的影响，而且受资金成本率或利率、通货膨胀率及企业发展潜力的影响，因此，通过股价变动计算的资本市值变动能比较客观、综合、全面地反映企业的经营绩效。但是，同时应看到，股票市场价格也受投机等非经营因素影响，特别在股票市场不规范的情况下，这种影响不仅程度高，而且难以与经营因素影响相区别，这就使人们对按资本市场价值评价企业经营绩效的准确性产生了怀疑。

（5）资本增值指标计算与评价方法选择

①对不同资本增值指标的对比评价

以上分别用三种资本价值观对资本增值指标进行了计算与评价。从评价企业经营绩效这一资本增值指标设置目的看，按资本票面价值计算的资本增值指标，虽然在一定程度上可说明企业股本和实收资本的变动情况，但无法满足评价企业经营绩效的基本要求，而按资本账面价值和资本市场价值计算的资本增值指标，虽然比按资本票面价值计算的资本增值指标有很大进步和积极的评价作用，但也各有优点与不足。

按资本账面价值计算的资本增值指标在评价企业绩效方面的优点主要表现在：第一，突出了企业收益或净利润在企业绩效评价中的核心地位，在不考虑其他因素的情况下，净利润越大，企业资本增值越大；净利润越小，企业资本增值越小。第二，按资本账面价值计算的资本增值指标计算比较客观，它主要依据财务报告数据，不仅资料容易取得，而且相对真实、可靠。但是，按资本账面价值计算的资本增值指标也存在明显的问题：第一，资本账面价值可能严重背离资本市场价值，从而使账面资本增值指标不能准确反映资本实际价值变动。第二，过分依赖企业净利润，把资本增值等同于净利润。其实，净利润指标有时可能受会计政策等因素影响人为增加或减少。另外，净利润指标也难以准确反映企业的发展潜力。

按资本市场价值计算的资本增值指标在企业绩效评价中的优点主要有：第一，把企业绩效评价置于市场这一客观环境中，有利于从企业外部客观反映企业市场价值。第二，通过资本市场价值评价，可揭示企业发展潜力与发展前景。第三，资本市场价值内涵丰富，可综合反映各因素变动对企业资本价值的影响，包括物价变动、利率变动及资本成本水平变动等因素。然而，在资本市场价值诸多优点的背后，也隐含着许多问题：第一，资本市场价值内涵丰富，也说明资本市场价值受许多企业不可控因素的影响，过分依赖用资本市场价值评价企业经营绩效，可能得出错误结论。第二，在资本市场价值客观性的背后，也隐含着股票价格瞬息万变的波动性，用某一时点的股价来评价企业一个时期的业绩，难免失之偏颇。另外，对非股份制企业，包括非上市公司，其资本市场价值按收益法计算时，实收资本收益率预测的准确性将直接影响资本市场价值计算的客观性，而实际上预测的准确性是值得怀疑的。

②资本增值评价的实质与计算方法

从对不同资本增值指标的对比评价中，我们不仅可得出它们各有优缺点的结论，而且从它们优缺点对比中可得到启示，即按资本账面价值计算资本增值指标的优点与缺点基本上是按资本市场价值计算资本增值指标的缺点与优点，因此，将二者结合起来，取长补短或扬长避短，对评价企业经营绩效可能是更有益的。

要将两种方法结合，首先应找出结合点和切入点，在此基础上，抓住资本增值的实质进行计算与评价。从资本增值指标计算看，资本增值额计算是关键，可将其计算作为二者的结合点。至于切入点是账面资本增值额还是市场资本增值额，本书认为可选择前者。因为：第一，账面资本增值额——企业净利润水平也是影响资本市场价值的核心因素；第二，企业净利润比较客观和容易取得。为了便于分析，我们先假定企业投入资本不变、物价水平不变。

按“账面资本增值额=当期企业净利润”计算的资本增值额能否真正反映企业资本增值的实质呢？回答是否定的，因为它忽视了使用资本的机会成本。资本增值的实质应是：

资本增值额=企业净利润-资本机会成本　　(3-17)

资本机会成本是指在资本的选择应用中获得的价值，或者说是资本不按某种选择使用所失去的价值。只有企业净利润大于资本机会成本，才可称为资本增值；等于资本机会成本，则意味着资本保值。由于资本机会成本的计算方法不同，就产生了资本增值额的不同计算方法：

A.按货币时间价值计算资本机会成本。货币时间价值实质上是指在无风险情况下的投资收益。因此，资本时间价值可按无风险投资报酬率计算（通常可按国库券报酬率计算），即：

资本时间价值=资本×无风险投资报酬率

在此基础上可得出资本增值额的计算公式：

资本增值额=企业净利润-资本时间价值 (3-18)

根据公式（3-18）计算的资本增值额指标，可作为评价企业经营绩效的最低要求。当该指标值为零时，说明资本所有者投入资本没有损失，即资本保值；大于零，才说明资本增值。

B.按正常利润计算资本机会成本。正常利润是指可诱使资本所有者投资的最低资本回报。正常利润中除包含资本时间价值（即无风险的投资报酬）之外，还含有资本的风险补偿，即：

正常利润=资本时间价值+资本风险补偿

由于资本风险补偿计算困难，而且通常资本所有者投资至少希望得到社会平均利润率，因此，正常利润可按平均资本利润率计算，即：

正常利润=资本×正常利润率=资本×平均资本利润率

按此方法计算的资本增值额为：

资本增值额=企业净利润-正常利润 (3-19)

可见，按公式（3-19）计算的资本增值额指标可作为评价企业经营绩效的正常要求。因为如果该指标为负值，说明企业经营没有达到社会平均利润率水平或正常利润水平；只有达到正值，才说明企业取得了良好的经营绩效。

C.按资本成本计算资本机会成本。资本成本是与负债成本对称的概念，包括普通股成本、优先股成本和留存收益成本等。资本成本有许多种计算方法。为便于资本成本与市价的紧密结合，我们采用按收益与市价比计算资本成本，其计算公式是：

资本成本=资本×收益与市价比

其中，

$$收益与市价比=\frac{每股收益}{每股市价}=\frac{1}{市盈率}$$

或

$$=\frac{股利}{每股市价}\times\frac{每股收益}{每股股利}=\frac{股利与市价比}{股利支付率}$$

由此可得出，资本增值额的计算公式为：

资本增值额=企业净利润-资本成本 (3-20)

从公式（3-20）可见，由于资本成本是按每股收益和股票市价计算的企业实际资本成本，因此，按此公式计算的资本增值额不仅能准确反映企业资本的实际增值额，而且将资本增值额与市盈率、股利与市价比等能准确体现市场价值的指标直接联系起来。一般地说，市盈率与资本增值额正相关，而股利与市价比与资本增值额是负相关的。

从按以上三种资本成本计算的资本增值额的对比可看出，它们都从一定角度或一定程度反映了资本增值的实质，且都将资本账面价值增值与市场价值进行了结合（虽然按资本时间价值和正常利润计算时没直接涉及股票市价，但资本时间价值和正常利润都在一定程度上反映了资本的市值），对评价企业经营绩效各有不同作用。但以资本成本为基础计算资本增值额更加直观、全面、真实、可行，有利于更准确地评价企业经营绩效。所谓直观是指这种方法直接运用股票市场价格这一最能反映市值的指标来确定资本成本，与我们设想的将资本账面价值与市场价值结合的思想完全相符。所谓全面是指这种方法全面考虑了影响资本增值的各因素，包括企业发展潜力、通货膨胀、货币时间价值等。所谓真实是指按收益与市价比计算的资本成本，真实反映企业实际资本成本水平。所谓可行是指便于计算、分析与评价，而按资本时间价值和正常利润计算资本机会成本，有的难于计算，有的难于分析评价。

3）股东总收益率计量

（1）股东总收益率

从投资者的角度来看，最重要的计量公司价值创造的指标是股东总收益率（TSR）。股东总收益率包括股东持有公司股票所获得的两个方面的收益率：第一，特定估价时间内的股票价格增长的百分比；第二，特定估价时间内所获得的股利，然后表达成股利率的形式（即股利占股票价格的百分比）。

TSR通常是大多数公司采用VBM（Value-based Management，基于价值的管理）的第一步。之所以说它是第一步，是因为公司的财务目标通常可以通过TSR指标表达出来。

TSR衡量的收益不是从公司内部的角度，而是站在股东的角度，也就是衡量持有公司股票能获得多少收益。这是股东所能看到的实实在在的价值。

（2）股东总收益率计量

TSR是股东获得的价值总和，包括股利和资本增长（都以占相应期间股票价格的百分比来表示）。

①1年期的TSR计量

图3-1举例说明了如何计算1年期的TSR。

股票价格数据	
■ 股票开盘价格，2×21年1月1日	$100
■ 年末支付的股票股利	$5
■ 股票收盘价格，2×21年12月31日	$120
TSR计算	
股利收益（股利除以年初股价，5÷100×100%）	5%
股价增长百分比（年末收盘价÷年初开盘价-1，（120÷100-1）×100%）	20%
TSR（股利收益加上股价增长百分比，5%+20%）	25%

图3-1　TSR基本计算举例

对于投资者来说，TSR可以用来在不同的股票和可选的投资品种之间进行比选。当我们在选择投资品种时，同样可以采用这种方法。由此说来，TSR是一种非常简单的衡量方法。

可是，有许多原因说明，TSR并不是如此简单。原因之一是仅仅用1年的数据比较并不合理。从本质上来说，权益投资易变动，且股票价格可能受到暂时的股票市场波动影响而不能真实地反映公司的价值。此外，经济环境会对所有的股票价格产生有利或不利的影响，这可能歪曲公司在这一期间的真实状况。

因此，人们对TSR的计量倾向于采用相对概念，与其他的权益投资在长于1年的期间内进行比较。尽管期限越长越容易得到正确而且合乎逻辑的结果，但却增加了计算TSR和解释TSR的比较结果的难度。如果期限足够长，TSR的计算就与公司进行新项目投资时所做的计算非常相似了。

②长期TSR计量

图3-2表示的是期限长于1年的TSR的计算。在图3-2中，线上的箭头代表股东在不同时点收到的现金或价值量，也就是现金流入；线下的箭头代表股东过去购买股票时所付出的现金，也就是现金流出。

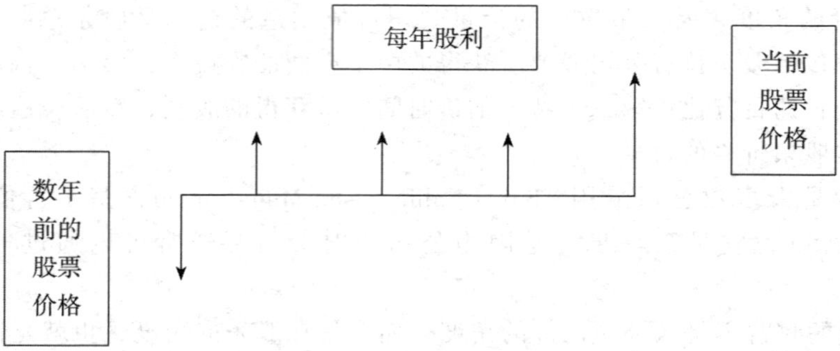

图3-2 TSR模型

如果我们将上述模型赋予一些简单的数字，就可以看出计算和表达TSR遇到的问题了。图3-3表示的就是用一些样本数据表达的TSR模型。

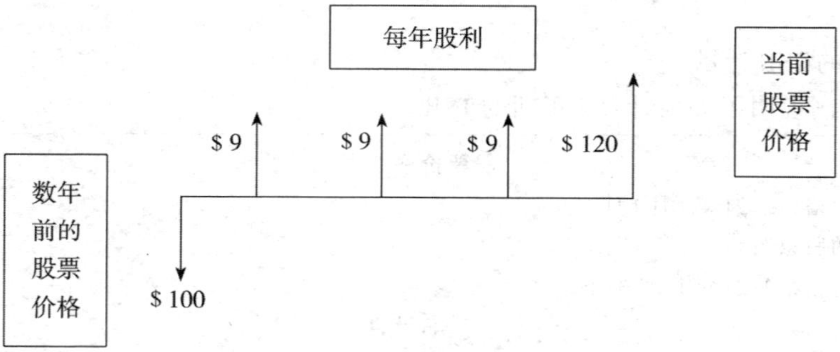

图3-3 TSR计算的难点

下一步就是计算出整个期间TSR的百分比，这样便于与其他股票进行比较，股东也可以知道投资收益是否超出投资成本，即投资收益是否超过最初投入的$100。接下来可以计算出年收益率以便于不同证券投资之间的比较，这一点非常重要。在这里，我们将假定资本成本为10%。

我们来分析一下该交易行为，会发现很多问题。直观来看，我们会认为获得了$20（卖价$120减去买价$100）的资本利得以及$27的股利，但是这种计算过于简单。为了计算出真实的股东收益，我们需要进一步考虑一些基本的问题：

第一，如何处理货币的时间价值，特别是三个主要因素——买价、股利和卖价——均发生在不同的时点？

第二，若将该期间收到的股利进行再投资的话，应该做哪些假设？

第三，当我们计算某种收益百分比或者现值时，应该怎样表达？它与什么相关？

股东可以借助于TSR的历史数据回答如下问题：

第一，在过去几年中，该公司的TSR达到什么水平？

第二，这些TSR数据如何与其他公司比较？

第三，与其他低风险（或者无风险）的证券相比，超过资本成本（本例中是10%）的部分是否补偿了我们购买该股票所承担的特定风险？

我们不必将TSR仅仅局限于衡量历史业绩。TSR可以用来辅助投资决策，但需要将该模型进行改造，以适用于衡量股票的未来业绩。虽然说起来容易，但是由于涉及预测股票未来的增长情况，所以做起来就不那么容易了。通过回答类似于“如果我们以今天的价格购买股票，并获得预期的股利和资本增长，那么应达到什么水平的TSR”的问题，股东就可以借助于TSR进行投资决策了。

最重要的是，无论是对过去的还是对将来的业绩来说，TSR都是比较给定期间内市场上所有证券的全面业绩的一种有效办法。其结果在很大程度上取决于计算的时点（尽管任何一种方法，只要用到变动的市场价值，都是一样的），所以要注意避开那些受短期市场波动严重影响的时间段。比较结果应落在比较长的期间内，这一点也是非常重要的。3至5年是典型的时间段。

确切地说，这就是一些专业人士运用TSR的技巧。他们利用过去的股利和股票价格作出比较TSR业绩的列表。图3-4列出了波士顿咨询公司（Boston Consulting Group）做的个人消费品行业10年期业绩最佳的股票之间的一个典型的比较分析。

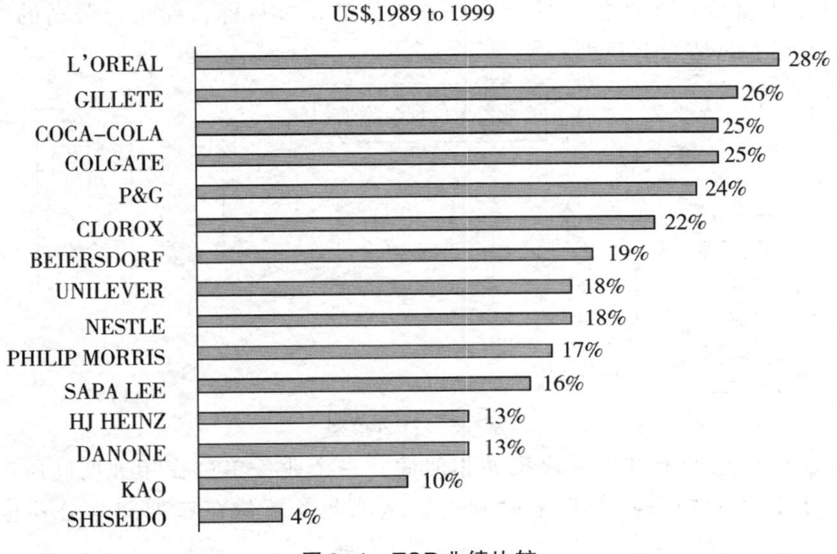

图3-4　TSR业绩比较

资料来源　汤姆森财经数据库。

从很多方面来看，TSR似乎都是股东显而易见的选择。因此，对于那些为股东服务的高级管理层来说，也是如此。现在越来越多享有盛誉的大公司开始采用TSR作为公司层主要的业绩衡量指标。

可是，一旦公司采纳TSR作为公司目标，接下来的一步就是要采用一套合适的内部业绩评价指标，以激励经理们达到这一新的目标。

尽管TSR有诸多优点，且作为关键的、以价值为基础的指标得以广泛运用，但是真正将TSR贯彻运用到公司经营中不是那么容易的。部门经理及其下属职员可能会发现以TSR指标作为主要目标并以此为激励目标是很困难的，因此，大多数公司一直设法在其他指标中找到TSR指标的重要构成因素，以便于在公司中得以灵活运用。在寻找TSR和内部业绩计量尺度之间最好联结点的过程中，产生了许多复杂程度和有效性不同的、其他以价值为基础的指标。

（3）TSR与TBR（经营总收益率）

经营总收益率（TBR）是一种内部业绩计量指标，它既与TSR保持一致，又能被运用于公司内部业绩计量。该指标将公司各级管理层的目标与公司总目标协调起来，并改善了经理们的行为。

TBR指标与TSR相比在形式上有一些变化。它们具有相似的模型，尽管名称各不相同，但原理却是一样的。采用此种办法的公司要求其各个业务单位将长期计划以现金流量来计量，这就像它们在进行重要的项目投资时要编制现金流量预测表一样。接着，要将现金流量折成现值，并用前述TSR举例中的相同的方法计算出经营总收益率。TBR的适用期间需要根据公司的经营周期和经营业务的特征来加以判断。

从原理上讲，这很简单，但在实际运用中，却一点也不容易。然而，将TSR有效地贯彻运用到各个业务单位，是一个非常重要的程序。关键是要明确各个业务单位的利润计划要用占TBR多少百分比来评价，且所有业务单位的认可目标合起来与公司的TSR指标匹配。如图3-5所示的是TBR模型。

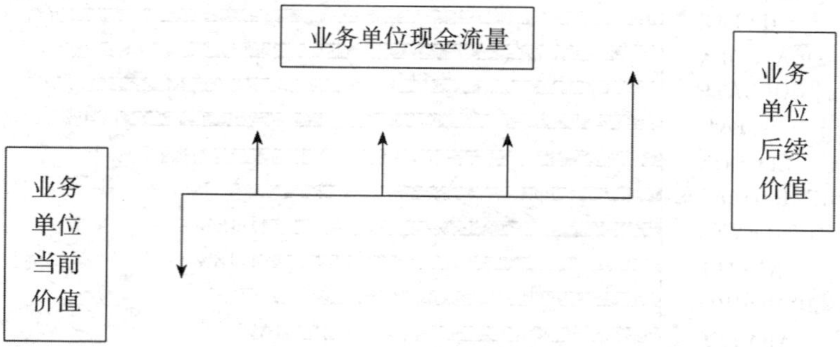

图3-5 TBR模型

在这里，要注意TBR和TSR模型的相似性。一个业务单位在相关期间所产生的现金流量相当于TSR模型中每年的现金股利，它是该业务单位在该期间为公司创造的现金净额。

然而，计算每个业务单位的现值和终值还是有问题的。每个业务单位的现值和终值对应着TSR的期初和期末股票价格。这种计算不但不简单，而且会变得非常复杂。现在有很多可行的计算方法，但没有一种是完美的，所有的方法可能都遭到过质疑。对业务单位进行估价的最简单的方法是利用估计的盈余乘数。相反，也有一些非常复杂的方法用到了数学公式。最终选择哪种方法取决于主观判断。但目标是一样的，即为了得到一个有意义的和实际的业务单位价值，如同在股票市场上市时要确定股票发行价一样。

业务单位现值和终值的计算方法存在着很多技术上的不完善，但这种不完善比我们通常认为的要显得无足轻重一些。究其原因可能有很多种，就像对汽车和房产估价一样不存在唯一的结果，企业估价也是这样的。倘若计算现值和终值时运用相同的方法，那么过分地关注该方法的完善与否总是不必要的。重要的事情在于关注引起价值变化的因素，而不是那些表示价值大小的绝对数字本身。

TBR框架对于长期计划和分析来说是非常有效的，就像所有的现金流量方法和模型一样，TBR框架并不是一种简单的、特定年份的业绩评价方法。它的最有效之处在于，为长期计划设置了具有可操作性的业绩目标。这些业绩目标来自基于TBR的战略计划，且应该与价值创造的主要动因相关。

3.2　价值评估折现法

1）以现金流量为基础的价值评估

（1）以现金流量为基础的价值评估的意义

一般财务理论认为，企业价值应该与企业未来资本收益的现值相等。企业未来资本收益可用股利、净利润、息税前利润和净现金流量等表示。不同的表示方法，反映的企业价值内涵是不同的。利用净现金流量作为资本收益进行折现，被认为是较理想的价值评估方法。因为净现金流量与以会计为基础计算的股利及利润指标相比，更能全面、精确反映所有价值因素。下面以表3-1和表3-2为例，加以说明。

表3-1　**长寿公司与短寿公司预计净收益**　单位：万美元

长寿公司	年度1	年度2	年度3	年度4	年度5	年度6
销售额	1 000	1 050	1 100	1 200	1 300	1 450
现金支出	（700）	（745）	（790）	（880）	（970）	（1 105）
折旧	（200）	（200）	（200）	（200）	（200）	（200）
净收益	100	105	110	120	130	145
短寿公司	年度1	年度2	年度3	年度4	年度5	年度6
销售额	1 000	1 050	1 100	1 200	1 300	1 450
现金支出	（700）	（745）	（790）	（880）	（970）	（1 105）
折旧	（200）	（200）	（200）	（200）	（200）	（200）
净收益	100	105	110	120	130	145

表3-2　**长寿公司与短寿公司预计净现金流量**　单位：万美元

长寿公司	年度1	年度2	年度3	年度4	年度5	年度6	累计
净利润	100	105	110	120	130	145	710
折旧	200	200	200	200	200	200	1 200
资本支出	(600)	0	0	(600)	0	0	(1 200)
应收款增加	(250)	(13)	(13)	35	45	(23)	(219)
净现金流量	(550)	292	297	(245)	375	322	491
短寿公司	年度1	年度2	年度3	年度4	年度5	年度6	累计
净利润	100	105	110	120	130	145	710
折旧	200	200	200	200	200	200	1 200
资本支出	(200)	(200)	(200)	(200)	(200)	(200)	(1 200)
应收款增加	(150)	(8)	(8)	(15)	(15)	(23)	(219)
净现金流量	(50)	97	102	105	115	122	491

资料来源　COPELAND，KOLLER，MURRIN．Valuation：Measuring and managing the value of companies [M]．2nd ed. NewYork，NY：JohnWiley and Sons，Inc.，1995：71.

从表3-1可看出，两个公司各年度无论是销售额还是净利润都完全相等。如果以此资料为基础评估企业股东价值，可得出两个公司股东价值完全相同的结论。但从表3-2可看出，虽然两个公司各年度利润和销售额完全相等，累计资本支出和应收款增加额也相同，但其各年净现金流量及变动趋势却不同。因此，以净现金流量折现法评估的两个公司股东价值就可能不同。显然，以净现金流量为基础的评估方法更科学，它考虑了资本支出时间对资本收益的影响。

（2）以现金流量为基础的价值评估方式

以现金流量为基础的价值评估的基本思路是“现值”规律，任何资产的价值等于其预期未来全部现金流量的现值总和。现金流量贴现法具体又分为两种：①仅对公司股东资本价值进行估价；②对公司全部资本价值进行估价。

如果将企业未来现金流量定义为企业所有者的现金流量，则现金流量的现值实际上反映的是企业股东价值。将企业股东价值加上企业债务价值，可得到企业价值。如果将企业未来现金流量定义为企业所有资本提供者（包括所有者和债权人）的现金流量，则现金流量现值反映的是企业价值。因此，资本经营价值评估，既可评估企业价值，也可评估股东价值。由于资本经营的根本目标是股东资本增值，所以资本经营价值评估通常是评估股东价值。但是，为了全面说明股东价值来源或创造，通常是在评估企业价值的基础上，减去负债价值，得到股东价值。

企业价值、负债价值及股东价值的关系及评估可通过图3-6体现。

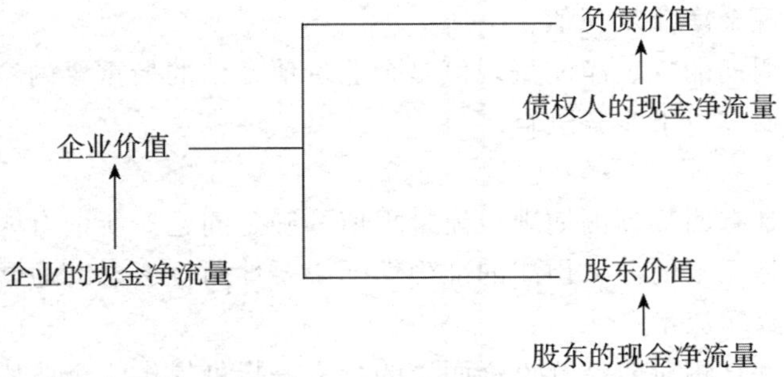

图3-6　各种价值与现金流量的关系

（3）以现金流量为基础的价值评估方法

以现金流量为基础的价值评估的基本程序和公式为：

企业经营价值=明确预测期现金净流量现值+明确预测期后现金净流量现值　（3-21）

企业价值=企业经营价值+非经营投资价值　（3-22）

股东价值=企业价值-负债价值　（3-23）

【案例3-2】以现金流量为基础的价值评估

下面以AAA公司为例，通过表3-3来说明企业价值与股东价值评估方法。

表3-3　**企业价值评估表**　金额单位：万元

年份及项目	企业经营现金净流量	折现系数（10%）	企业经营现金净流量现值
20×0	160	0.909	145.44
20×1	190	0.826	156.94
20×2	220	0.751	165.22
20×3	250	0.683	170.75
20×4	280	0.621	173.88
20×5	310	0.565	175.15
20×6	340	0.513	174.42
20×7	370	0.467	172.79
20×8	400	0.426	169.60
20×9	430	0.386	165.98
连续价值	6 604	0.386	2 549.14
经营价值			4 219.31
非经营投资价值			200.00
企业价值			4 419.31
减：债务价值			（890.31）
股东价值			3 529.00

①明确预测期现金净流量现值

确定有明确预测期的现金净流量现值是企业价值评估的最重要内容。要正确预测其现金净流量现值，需要按以下步骤进行。

A.确定预测期

本部分研究的是有明确预测期现金流量现值的确定问题。所谓有明确预测期是指预测期是有限的，而不是无限的。从预测的准确性、必要性角度考虑，通常预测期为5~10年。

B.预测经营现金净流量

经营现金净流量是相对非经营投资而言的，它是指可提供给企业所有者和债权人的经营现金流量总额。经营现金净流量的计算有两种基本方法。

第一种方法是：

现金净流量=息前税后利润-净投资 （3-24）

其中：

息前税后利润=净利润+利息

净投资=总投资-折旧

上式中的总投资是指企业新的资本投资总额，包括资本支出、流动资产及其他资产投资。折旧包括固定资产折旧和无形资产及递延资产摊销等。

第二种方法是：

现金净流量=毛现金流量-总投资 （3-25）

其中：

毛现金流量=息前税后利润+折旧

进行现金净流量预测，首先应对企业绩效进行分析，将财务分析与产业结构分析结合在一起，并对公司实力和弱点进行质的评估。同时，从信贷角度了解公司的财务状况。

在对企业历史绩效分析之后，便可进行企业未来绩效的预测了。预测绩效的关键是明确影响企业价值或现金净流量的因素，包括时间因素。在预测各种价值影响因素的基础上，可形成预测利润表、资产负债表以及需要的个别项目，然后将这些详细资料综合起来，用以预测现金净流量等价值驱动因素。

C.确定折现率

企业经营现金净流量的折现率的高低，主要取决于企业资本成本的水平。为了与现金流量定义相一致，用于现金净流量折现的折现率应反映所有资本提供者按照各自对企业总资本的相对贡献而加权的资本机会成本，即加权平均的资本成本。由于个别资本成本的高低取决于投资者从其他同等风险投资中可望得到的报酬率，因此，折现率的高低必须能准确反映现金净流量的风险程度。只有折现率准确反映现金净流量的风险，价值评估结果才能准确。否则，不正确的折现率将使价值评估结果偏高或偏低。加权平均资本成本的计算公式是：

$$\text{加权平均资本成本}=\text{平均股权资本成本}\times\frac{\text{股权资本}}{\text{总资本}}+\text{平均负债资本成本}\times\frac{\text{负债资本}}{\text{总资本}} \quad (3\text{-}26)$$

可见，进行加权平均资本成本估算：一要确定资本结构或资本成本加权权数；二要估算股权资本成本；三要估算负债资本成本。

确定进行价值评估的公司的目标资本结构，建议综合采用三种方法：第一，尽量估算以现实市场价值为基础的公司资本结构；第二，考虑可比公司的资本结构；第三，考虑管理层筹资方针及其对目标资本结构的影响。

关于平均股权资本成本和平均负债资本成本的估算方法可在个别股权资本成本和个别负债资本成本估算的基础上采用加权平均方法进行。

D.估算经营现金净流量现值

$$\text{经营现金净流量现值}=\sum_{t=1}^{n}\frac{\text{经营现金净流量}}{(1+\text{折现率})^{t}} \tag{3-27}$$

应当注意，使用现金流量折现法的关键是保持现金流量与贴现率的匹配，用加权平均资本成本贴现股权现金流量会导致股权价值偏高；如果使用股本成本贴现公司现金流量，又会低估公司价值。如果被估价的资产当前的现金流量为正，并且可以比较可靠地估计未来现金流量的发生时间，同时根据现金流量的风险特征又能够确定恰当的贴现率，那么就适合采用现金流量贴现法。但是在现实市场环境中，陷入财务拮据状态的公司，收益呈周期性的公司，拥有未被利用资产的公司，有专利权或产品选择权的公司等，现金流量的预测和贴现率的确定存在一定困难。

②明确预测期后现金净流量现值

有明确预测期以后公司预期现金流量现值估算亦称连续价值估算。使用连续价值公式便不再需要详细预测延长期公司的现金流量。用现金流量折现法进行连续价值估算，可供选择的方法有长期明确预测法、现金净流量恒值增长公式法和价值驱动因素公式法。第一种方法实质与有明确预测期的现金流量现值估算方法相同，只是预测期加长（75年或更长）。这种方法不但麻烦，而且也无必要。通常选择后两种方法。

A.现金净流量恒值增长公式法的估算公式是：

$$\text{连续价值}=\frac{\text{明确预测期后第一年现金净流量正常水平}}{\text{加权平均资本成本}-\text{现金净流量预期增长率恒值}} \tag{3-28}$$

使用这一公式应当注意：第一，这一公式假定企业现金净流量在连续价值期间内的增长率不变；第二，现金净流量预期增长率恒值应小于加权平均资本成本；第三，必须正确估算预测期后第一年的现金净流量正常水平，使之与预测增长率相一致。

B.价值驱动因素公式法的估算公式是：

$$\text{连续价值}=\frac{\begin{matrix}\text{明确预测期后第一年}\\ \text{息前税后利润正常水平}\end{matrix}\times\left(1-\dfrac{\text{息前税后利润预期增长率恒值}}{\text{新投资净额的预期回报率}}\right)}{\text{加权平均资本成本}-\text{息前税后利润预期增长率恒值}} \tag{3-29}$$

在特定情况下，采用这两种方法计算的连续价值结果是相同的。例如，某企业有明确预测期后第一年现金净流量正常水平为330万元，息前税后利润正常水平为660万元，以后每年的增长率均为6%，新投资净额的预期回报率为12%，该企业加权平均资本成本为11%，则采用公式（3-28）计算的连续价值为：

$$\text{连续价值}=\frac{330}{11\%-6\%}=6\,600\text{（万元）}$$

采用公式（3-29）计算的连续价值为：

$$\text{连续价值}=\frac{660\times(1-6\%\div12\%)}{11\%-6\%}=6\,600\text{（万元）}$$

应当注意，此时的连续价值是指明确预测期以后现金流量折现到明确预测期最后一年的现值。而构成企业经营价值的有明确预测期后现金流量现值，应在此基础上进一步折现为明确预测期初的现值。如果其他条件与表3-3资料相同，则：

连续价值现值=6 600×0.386=2 548（万元）

可见，无论采用何种方法，都涉及确定预测期、估计明确预测期后现金流量或利润水平及增长率、加权平均资本成本估算及折现三个问题。

预测期的选择取决于有明确预测期现金流量折现法时选择的期限。应当指出，虽然选择明确预测期十分重要，但它并不影响公司价值，只关系到明确的预测期与以后年份公司的价值如何分配。

息前税后利润、现金净流量、新投资净额预期回报率、息前税后利润和现金净流量的增长率等，是涉及企业价值评估的重要参数，应结合各自特点，采取相应方法进行预测。

加权平均资本成本是进行连续价值折现的基础，资本成本确定可参照前述方法进行。

③明确非经营投资价值和负债价值

企业价值是经营价值与非经营投资价值之和。前面两个问题研究了在现金流量折现法下经营价值的确定。非经营投资价值的确定，也可通过非经营现金流量折现进行。运用现金流量法进行企业价值评估：一要明确企业价值包括非经营投资价值；二要注意正确划分经营现金流量与非经营现金流量。由于非经营投资的特殊性，也可不采用现金流量折现进行估价，而直接用非经营投资额代表非经营投资价值。

为了计算企业股东价值或股本价值，可在企业价值评估基础上减去负债价值。负债价值等于对债权人现金净流量的折现。因此，要评估负债价值：一要确定债权人的现金净流量；二要确定债权人的资本成本或折现率。应当注意，只有在价值评估当日尚未偿还的公司负债才需要估算价值，对于未来借款可以假设其净现值为零，因为这些借款得到的现金流入与未来偿付的现值完全相等。

2）以经济利润为基础的价值评估

（1）以经济利润为基础的价值评估特点与优点

以经济利润为基础的价值评估认为，公司价值等于投资资本额加上相当于未来每年创造超额收益的现值，即：

企业价值=投资资本+预计创造超额收益现值　　(3-30)

3-4 知识拓展

中央企业EVA评价制度实施效果的理论解释

而企业未来每年创造超额收益，实质上反映了企业未来的非正常收益或超额利润。在经济学中通常将这种非正常收益定义为经济利润，而后来人们在以价值为基础的管理中又将其定义为经济增加值（或EVA）。

经济利润或经济增加值=息前税后利润-资本成本　　(3-31)

以经济利润为基础的评估方法优于现金流量贴现法之处在于，经济利润法可以了解公司在单一时期内所创造的价值。经济利润等于投资资本回报率与资本成本之差乘以投资资本，因此，经济利润法将价值驱动因素、投资资本回报率和增长率转化为一个数字（增长率最终关系到投资资本数额或公司规模）。计算经济利润的另一途径是用息前税后利润减去资本成本，这里的资本成本是指全部资本成本，不仅仅是负债利息。以经济利润为基础的方法说明公司价值是投资资本和预计经济利润的现值之和。

只有当公司利润多于或少于加权平均资本成本时，公司价值才多于或少于其投资成本。它与现金流量法的区别就是，折现的是预计的经济利润而不是现金流量。

（2）以经济利润为基础的价值评估方法

①经济利润预测

经济利润实质上是一种超额利润，根据其内涵，经济利润可用公式（3-32）计算：

经济利润=息前税后利润-资本成本

或　　=息前税后利润-投资资本×加权平均资本成本

或　　=投资资本×（投资资本回报率-加权平均资本成本）　（3-32）

上述计算是站在企业角度，考虑全部投资资本所计算的经济利润。如果站在企业所有者角度考虑，经济利润或超额利润是归属于企业所有者的，则经济利润可用公式（3-33）计算：

经济利润=税后利润-股权资本成本

或　　=税后利润-所有者权益×股权资本成本

或　　=所有者权益×（净资产收益率-股权资本成本）　（3-33）

以经济利润为基础的价值评估方法的关键在于经济利润预测。如果明确预测期较长，预测经济利润可直接运用公式（3-33），逐年预测。如果考虑有明确预测期的经济利润和明确预测期以后经济利润预测两个阶段，则前者可逐年采用公式（3-33）测算，后者可采用简化公式确定明确预测期后经济利润现值总额。确定方法可参照公式（3-28），只不过将现金净流量改为经济利润，即：

$$连续价值=\frac{明确预测期后第一年经济利润正常水平}{加权平均资本成本-经济利润预期增长率恒值} \tag{3-34}$$

②经济利润折现

经济利润现值计算的一般公式是：

$$经济利润现值=\sum_{t=1}^{n}\frac{经济利润}{(1+折现率)^t} \tag{3-35}$$

应当注意，由于经济利润是一种超额利润，是归企业所有者所有，因此，经济利润现值应反映对股东价值的增值，从这点考虑，折现率应采用股权资本成本，而不应是加权平均资本成本。另外，这一公式主要用于有明确预测期的经济利润折现，对于明确预测期以后经济利润折现，可直接用公式（3-36）：

$$明确预测期后经济利润现值=\frac{连续价值}{(1+折现率)^n} \tag{3-36}$$

其中，n为有明确预测期的最后一年。

③投资资本确定

企业价值评估中的投资资本是指预测期初的投资资本。由于投资资本于预测期初发生，因此，投资资本本身价值或账面价值与其现值相同，通常可用投资资本的账面价值直接作为以经济利润为基础的价值评估法中企业价值的组成部分。

④企业价值确定

在上述三个步骤基础上，运用公式（3-37）可确定企业价值：

企业价值=投资资本+有明确预测期经济利润现值+明确预测期后经济利润现值　（3-37）

3.3 价值评估其他方法

1）以价格比为基础的价值评估

如果认为价值只能用DCF模型来确定的话，那就大错特错了。长期以来，股东价值是由更多传统方法确定的。如今这些方法仍得到广泛的应用。因此，对那些想弄清楚股票如何估价的公司来说，这些传统方法是同样重要的。例如，以价格比为基础的价值评估就是被广泛采用的价值评估方法。

价格是价值的货币表现。企业价值或股东价值往往可通过企业股票价格来体现，而企业股票价格的高低与企业的收益、销售额和资产账面价值等都直接相关。因此，企业价值可表现为价格比与相关因素的乘积，用公式（3-38）表示：

企业价值=价格比×相关价格比基数 (3-38)

（1）价格比的形式

最常用的价格比有三个，即市盈率或价格与收益比、价格与账面价值比、价格与销售额比。价格与收益比或市盈率的计算公式是：

价格与收益比=每股市价/每股收益 (3-39)

在此情况下，企业价值随预期收益的增长变化而成正比例变化。

价格与账面价值比的计算公式是：

市场价格与账面价值比=每股市价/每股净资产 (3-40)

价格与账面价值比因公司的未来产权收益率、账面价值的增长和风险（决定折现率的差别）的不同而在公司之间有所不同。

价格与销售额比的计算公式是：

价格与销售额比=每股价格/每股销售额 (3-41)

它可以看作价格与收益比和收益与销售额比的乘积。因此，除了解释价格与收益比变化的因素外，价格与销售额比随着预期利润率的变化而成正比例变化。

（2）相关价格比基数

相关价格比基数根据价格比的不同而有所不同。价格比的分母正是相关价格比基数。例如，价格与收益比的相关价格比基数就是企业的收益；而价格与账面价值比的相关价格比基数，则是企业的账面净资产；价格与销售额比的相关价格比基数是销售额。进行价值评估时，必须保证价格比和相关价格比基数的一致性。

（3）选择价格比

在明确价格比主要有价格与收益比、价格与账面价值比、价格与销售额比的基础上，进行价值评估，首先要选择适当的价格比。因为对于同一评估对象，选择不同的价格比所评估的结果可能是不同的。选择何种价格比要与被评估企业的基本信息联系起来。这些基本信息主要指与股票价格相关的信息，特别是构成相关价格比基数的信息，如收益信息、账面价值信息、销售额信息等。选择时，第一要考虑相关性程度，通常应选择与股票价格相关程度最强的价格比；第二要考虑相关价格比基数信息的可靠性。例如，如果被评估企业的股票价格与其收益相关度最强，而该企业的收益预测也比较可靠，则选择价格与收益比进行评估将会比较准确、可行。

（4）选择该价格比的可比或类似公司

在选择价格比的基础上，还应确定可用于评估的价格比的比值。由于价值评估在很大程度上取决于对未来几年的运作情况的预测，评估人员可能会对价格比的估算信心不足。一个可以替代的方法是根据类似公司的价格比评价公司，利用价格比的主要困难在于确定真正类似的公司。

所谓类似公司是指那些具有最相似的经营和财务特征的公司。同一行业内部的企业是最佳的选择对象。但是，应当注意，并非同行业所有企业都是可比的，不同的企业有不同的特点。在选择类似公司时，通常有两种选择方法：一是将同行业中所有企业的该价格比进行平均，这种做法是通过平均数将各企业的非可比因素抵销掉，而被评估企业成为该行业最具代表性的企业；二是选择行业中最相似的企业，但如何判断相似性是根据运用的价格比的不同而不同的。

（5）确定价格比值

在选择可比公司的基础上，价格比的确定可以历史状况为标准，也可以预期未来状况为标准。当以历史的价格比为标准时，其前提是历史数据能准确反映未来价格比状况。

另外，价格比的确定或计算应保持分子与分母的一致性。例如，价格与收益比的分母应该是每股净收益；价格与销售比的分子，在存在负债的情况下，应做如下调整：

$$\text{价格与销售额比}=\frac{\text{股权市场价值}+\text{负债}}{\text{销售额}}=\frac{\text{股票价格}\times\text{股数}+\text{负债}}{\text{销售额}} \tag{3-42}$$

（6）预测价格比基数

所谓价格比基数是指与价格比相对应的相关价格比基数，即价格比的分母。要准确进行价值评估，在确定价格比的基础上，须准确预测价格比基数。例如，如果选择的价格比为价格与收益比，要评估企业股东价值，则要对企业的未来净收益进行准确预测；如果选择的价格比为价格与销售额比，要评估企业股东价值，则要对企业的未来销售额进行准确预测；如果选择的价格比为价格与账面价值比，要评估企业股东价值，则要对企业的账面净资产价值进行准确预测。

最后，将确定的价格比值与预测的价格比基数代入公式（3-38），即可得到评估价值。

2）EV、EVA和EBITDA

（1）EV（企业价值）

EV是企业价值（enterprise value）的简称，是不考虑资本结构的一种表示企业全部市场价值的指标。它包括股票的现行市场价值和公司负债的市场价值。一些EV指标的倡导者为了计算出经营业务的市场价值，而对非经营资产做各种各样的调整。

因为EV是以市场价值为基础的指标，所以它直接用来进行公司间比较。因此，正如股票价格可以直接用来进行不同公司之间的比较一样，若一个公司的EV值比另外一个公司高，那就可以确切地说，该公司更值钱。

（2）EVA（企业增加值）

EVA是企业增加值（enterprise value added）的简称。从某些角度来说，它用的是与经济利润相同的计算方法。可是，EVA在两个重要方面有所不同：

第一，EVA只关注未来。EVA以分析师们作出的利润预测和现金流量预测为基础，因为预期的利润和现金流量是股价的主要决定因素和DCF股票估价模型中最重要的变量。

第二，EVA采用日益被广泛接受的企业价值（EV）为资本费用的基础。EV是负债和所有者权益资本的市场价值，因此，它代表了投资者眼中的公司价值。在计算EVA时采用EV，使得EVA方法能够计算出在真实企业价值基础上的报酬。其他的经济利润计量尺度以资产负债表上的历史价值作为资本成本的计算基础。而资产负债表上的历史价值信息并不总是与投资者决策相关的，或者反映不出企业的真实价值。EVA实现了计量指标与投资者眼中的价值在实质上和内在的相互对应。

作为一种剩余收益技术，EVA计量的是在预测期内每一年度为股东创造的价值。从长期来看，如果结果为负，表明股价被高估了；如果结果为正，表明股价被低估了。由于EVA方法能够识别出股价错估的组成要素及错估的时间，因此，常被投资者和分析师所利用。

EVA方法能够计算出以DCF为基础的、公司的目标价值，并使之与TSR（需要说明的是，TSR包括公司的目标价值和股东收益预测）的预期值协调一致。因此，EVA方法使得投资者能够根据不同的投资项目可能创造的TSR值大小进行项目比选。这一点与经济利润指标不同，因为经济利润指标表示的是过去创造的价值，将来未必能够创造同样的经济利润。

因此，我们可以看出EVA方法不是指一个单个的、以价值为基础的方法。它实际上是一个模型，由此能够衍生出许多不同的计量尺度。这些计量尺度衡量的是以真实的企业价值为基础的收益，因此，符合现代估价原理。

自2010年起，国务院国资委全面推行EVA考核。2010至2022年间，央企EVA从714亿元增长到8 420亿元，可见，采用EVA进行考核较好地提升了企业价值创造能力。

学思践悟

应用EVA对国有企业的现实意义①

2006年末，国资委修订的《中央企业负责人经营业绩考核暂行办法》提出，从2007年起，中央企业经营业绩考核“使用经济增加值指标且经济增加值比上一年有改善和提高的，给予奖励”，鼓励中央企业使用EVA考核经营业绩。EVA考核对于国有企业来讲有着重要的现实意义。

1.约束“内部人控制”，完善公司治理结构

“内部人控制”是公司治理中的一个难题，我国上市公司更为严重，国家股代表事实上的缺位造成严重的“内部人控制”。公司治理结构的首要职责是确保股东利益，而国有企业的所有者是国家，股东价值最大化也就是国家价值最大化。EVA的引入使管理层意识到任何资金都有使用成本，并通过EVA奖金制与他们的薪酬挂钩，促使经营者像所有者那样采取行动，将其工作重点转移到增加股东财富和实现企业战略目标上来，从而也使自己获得较高的收入。这为解决“委托-代理”问题提供了良好的思路，大大降低了代理成本，促进我国国有企业治理结构的完善。

---

① 雷莉萍．EVA业绩考核指标在国有企业应用的思考［J］．商场现代化，2008（1）：117-118.

2.遏制盲目增资扩股，规范上市公司股利分配

部分国有上市公司内源融资能力较低，大多有股权融资偏好。造成这种情况的不可忽视的原因是对资本成本的误解和在业绩评价上的失误。我国没有法律规定上市公司必须派发现金股利，股东和管理层错误地认为债务融资需要还本付息，而股权融资不必偿还，将股本资本视为免费的资本。因此，盲目增资扩股，而筹到的资金未按预定用途使用，或利用率不高，加剧了投资者的风险。用EVA来评价公司的业绩，经营者不得不考虑股本资本成本，这不仅能正确地引导管理者在市场上的融资行为，对企业理性选择融资结构也有所帮助。按照EVA理论，现金余额包含在资本范畴内，必须计算成本，如果多余的现金没有更好的投资渠道，就应该把现金作为红利分配给股东以降低企业的资金成本，规范股利分配行为。

3.规范投资行为，实现国有资产的保值增值

从EVA的计算公式中可以看出，国有资产不是无偿使用的，应综合考虑收益与风险，规范投资行为，避免风险投资的盲目性：使国有上市公司在增资扩股上项目时考虑该项目的投资回报是否高于资本的机会成本，从而维护国家的利益，实现国有资产的保值增值，这样管理层的努力才能得到认可，否则就要承担离职风险。

综合而言，EVA有助于引导国有企业更加注重“先算再投”，关注债务资本和股权资本在内的“完全成本”，优化资本投向和布局，减少低效无效资本占用，产生真正的经济利润，提升长期价值创造能力。

（3）EBITDA

EBITDA代表息、税、折旧、摊销前利润。它是衡量公司业绩的一种有用指标。因为运用该指标，不但增加了公司之间的可比性，而且与其他以会计为基础的指标相比，该指标与现金流量间有更紧密的联系。EBITDA将许多降低不同公司间可比性的项目加回到利润当中去，这些项目包括：

第一，利息——随着公司资本结构的不同而不同；

第二，税负——随所在国税收体制的不同而不同；

第三，折旧和摊销——二者均是主观的、非现金流量的利润调整项目。

EBITDA也可以用销售额的百分比来表示，通常称为边际EBITDA。边际EBITDA更有利于不同公司之间的比较。

可将EV和EBITDA结合在一起使用，如EV/EBITDA指标，则无论是EV还是EBITDA，都代表了更多的含义，因为EV/EBITDA指标可以衡量出公司价值与盈余（用EBITDA表示）之间的关系。

EV估价法通常被表达成EBITDA的倍数，以便于同行业不同企业之间的价值比较，其他以EV为基础的比率，如EV/销售额，也经常出现在股票市场分析师的报告中，被用来进行不同规模企业间的比较。

学思践悟

提升五方面价值 推动中央企业高质量发展①

2023年12月25日至26日，国务院国资委召开中央企业负责人会议，国务院国资委党委书记、主任张玉卓在讲话中提出，中央企业要更加注重提升增加值、功能价值、经济增加值、战略性新兴产业收入和增加值占比以及品牌价值五个方面的价值。

（1）更加注重提升增加值，提高中央企业对国民经济增长的贡献度。企业增加值不仅能够反映生产过程中新创造的价值，也能直观体现企业对国民经济的增量贡献。高水平的增加值可以带动相关行业的发展，提高就业率和人均收入水平，也是衡量企业竞争力的重要指标。

（2）更加注重提升功能价值，更好地体现在服务国家战略目标和现代化建设全局中的地位作用。功能价值主要反映企业在自身经营创造的经济价值外，对经济社会发展各方面所产生的效用。中央企业的功能定位就是积极服务国家重大战略，自觉服务党和国家工作大局，坚定当好中国特色社会主义经济的“顶梁柱”。

（3）更加注重提升经济增加值，提高企业经营效率和质量。经济增加值是一个基于价值的经济方法，用于计算企业真实经济利润，通过税后营运净利润减去资本的机会成本计算。与利润总额、净利润等指标相比，经济增加值能够更加客观真实反映企业的价值创造能力。

（4）更加注重提升战略性新兴产业收入和增加值占比，加大力度发展新质生产力。加快形成新质生产力，是2023年9月习近平总书记在黑龙江考察调研期间提出的新要求，强调整合科技创新资源，引领发展战略性新兴产业和未来产业。

（5）更加注重提升品牌价值，增强企业可持续发展能力。品牌是企业重要的无形资产，是体现国家核心竞争力的名片。面对国际经济合作和竞争的新变化，党和国家不断提高对品牌的重视，将品牌建设上升为国家战略。

请阅读相关材料并思考：国务院国资委首提“五个价值”，有何深意？如何通过“五个价值”的引导，推动企业提升价值创造能力，加快实现从数量型规模型向质量型效益效率型转变，从注重短期绩效向注重长期价值转变，从单一价值视角向整体价值理念转变？

本章小结

创造价值是现代企业生存与发展的关键，是企业追求的最终目标。企业要实现价值创造，首先应明确价值创造的表现与计量。企业的价值创造通常主要体现在：资产价值增加、资本增值；股票价格上涨、股利增加；现金净流量增加等方面。

按不同资本价值观计算的资本增值额和增值率的内涵是不同的。对资本价值有三种不同理解：一是资本的票面价值；二是资本的账面价值；三是资本的市场价值。

从投资者的角度来看，最重要的计量公司价值创造的方法是股东总收益率（TSR），

① 衣学东．提升五方面价值 推动中央企业高质量发展［EB/OL］．［2024-01-03］．http：//www.sasac.gov.cn/n4470048/n26915116/n29653709/n29653750/c29728676/content.html.

股东总收益率包括股东持有公司股票所获得的两个方面的收益率：第一，特定估价时间内的股票价格增长的百分比；第二，特定估价时间内所获得的股利，然后表达成股利率的形式（即股利占股票价格的百分比）。

对TSR的计量可分为1年期和长期TSR两种形式。人们对TSR的计量倾向于采用相对概念，与其他的权益投资在长于1年的期间内进行比较。如果期限足够长，TSR的计算就与公司进行新项目投资时所做的计算非常相似。

价值评估折现法主要包括以现金流量为基础的价值评估和以经济利润为基础的价值评估。

以现金流量折现为基础的价值评估的基本程序和公式是：

企业经营价值=明确预测期现金净流量现值+明确预测期后现金净流量现值

企业价值=企业经营价值+非经营投资价值

股东价值=企业价值-债务价值

以经济利润为基础的价值评估认为，公司价值等于投资资本额加上相当于未来每年创造超额收益的现值，即：

企业价值=投资资本+预计创造超额收益现值

而企业未来每年创造超额收益，实质上反映了企业未来的非正常收益或超额利润。在经济学中通常将这种非正常收益定义为经济利润，而后来人们在以价值为基础的管理中又将其定义为附加经济价值（或EVA）。

经济利润或附加经济价值=息前税后利润-资本费用

价值评估其他方法包括以价格比为基础的价值评估、EV、EVA和EBITDA。

企业价值或股东价值往往可通过企业股票价格来体现，而企业股票价格的高低与企业的收益、销售额和资产账面价值等都直接相关。因此，企业价值可表现为价格比与相关因素的乘积。最常用的价格比有三个，即市盈率或价格与收益比、市场价格与账面价值比、价格与销售额比。

EV是企业价值的简称，是不考虑资本结构的一种表示企业全部市场价值的指标。它包括股票的现行市场价值加上公司债务的市场价值。一些EV指标的倡导者为了计算出经营业务的市场价值，而对非经营资产作各种各样的调整。

EVA是企业增加值的简称。从某些角度来说，它用的是与经济利润相同的计算方法。可是，EVA在两个重要方面有所不同：第一，EVA只关注未来。第二，EVA采用日益被广泛接受的企业价值（EV）为资本费用的基础。

EBITDA代表息、税、折旧、摊销前利润。它是衡量公司业绩的一种有用指标。因为运用该指标，不但增加了公司之间的可比性，而且与其他以会计为基础的指标相比，该指标与现金流量间有更紧密的联系。

关键概念与主要观念

□ 关键概念

资本增值　股东总收益率　经营总收益率　现金流量贴现法　经营现金净流量　经济利润　价格比　EV　EVA　EBITDA

□ 主要观念

企业价值创造主要体现为资产价值增加和资本增值，关键在于资本增值。现代企业财务管理的根本目标是资本增值，直接目标是会计利润，核心目标是经济效益。实质上，资本增值最大化与企业股东价值最大化和企业价值最大化目标是一致的。因为：第一，从会计角度看资本是企业股东的价值表现，资本增值实质上是股东价值的增加；第二，资本增值与资产增值是紧密相关的，股东价值与企业价值是紧密相关的，追求股东价值与追求企业价值从长远看是一致的。因此，准确计量资本增值是研究企业价值创造的关键。

按资本票面价值计算的资本增值指标，虽然在一定程度上可说明企业股本和实收资本的变动情况，但无法满足评价企业经营绩效的基本要求；而按资本账面价值和资本市场价值计算的资本增值指标，虽然比按资本票面价值计算的资本增值指标有很大进步和积极的评价作用，但也各有优点与不足。如果将二者结合起来，取长补短，扬长避短，对评价企业经营绩效可能更为有益。

TSR衡量的收益不是从公司内部的角度，而是站在股东的角度，也就是衡量持有公司股票能获得多少收益，这是股东所能看到的实实在在的价值。经营总收益率（TBR）是一种内部业绩计量指标，它既与TSR保持一致，又能被运用于公司内部业绩计量。该指标将公司各级管理层的目标与公司总目标协调起来，并改善了经理们的行为。

以现金流量为基础的价值评估的基本思路是“现值”规律，任何资产的价值等于其预期未来全部现金流量的现值总和。现金流量贴现法具体又分为两种：①仅对公司股东资本价值进行估价；②对公司全部资本价值进行估价。

以经济利润为基础的评估方法优于现金流量贴现法之处在于，经济利润法可以了解公司在单一时期内所创造的价值。经济利润等于投资资本回报率与资本成本之差乘以投资资本，因此，经济利润法将价值驱动因素、投资资本回报率和增长率转化为一个数字。

基本训练

□ 知识题

3.1 简答题

（1）简述账面资本增值额的影响因素。

（2）股东总收益率的内涵及作用是什么？

（3）简析以现金流量为基础的价值评估方式。

（4）价格比的形式有哪几种？如何选择价格比？

（5）简析EVA与经济利润的区别。

3.2 思考题

（1）试分析企业的价值创造的具体表现形式。

（2）试评价分别用三种资本价值观计算的资本增值指标各自的优缺点。

（3）以经济利润为基础的价值评估特点是什么？

（4）试述价值评估的非DCF计量方法及其应用。

□　技能题

1）分析资料

（1）表3-4显示了某公司未来5年的经营现金净流量预测。

表3-4　**预测经营现金净流量**　单位：万元

项目	20×4年	20×5年	20×6年	20×7年	20×8年
利润调整为经营活动的现金流量净利润	6 945	8 934	8 561	9 462	10 469
加：固定资产折旧	4 647	5 409	5 813	4 326	5 890
财务费用	488	479	501	523	545
存货的减少（减：增加）	−2 689	−4 615	−4 989	−5 211	−5 214
经营性应收项目减少（减：增加）	−2 589	−5 874	−5 773	−6 544	−6 209
经营性应付项目增加（减：减少）	5 256	2 121	2 952	2 689	3 245
经营活动产生的现金流量净额	12 058	6 454	7 065	5 245	8 726

（2）假设公司从20×9年开始，每年经济利润比上年增长3%。

（3）该公司加权平均资本成本为10%，非经营投资价值为6 549.14万元，负债价值为38 546.11万元。

（4）其他资料见表3-5。

表3-5　**其他相关资料**　单位：万元

项目	20×4年	20×5年	20×6年	20×7年	20×8年
净利润	6 945	8 934	8 561	9 462	10 469
利息支出	1 755	1 880	1 889	2 012	2 123
投入资本	70 786	89 542	95 193	104 090	113 839

2）分析要求

预测各年经济利润。

□　能力题

比较DDM和FCFE模型：Coca-Cola公司[①]

全世界最有价值的品牌所有者——Coca-Cola公司，根据Interbrand公司（一家咨询公司）预期，能够在20世纪80—90年代把它的市场价值增加10倍。在过去数年中，它的增长率已逐渐趋于平缓，但公司依然被预期能够在其他产品和其他市场方面进行扩充。（DDM为股息贴现模型，FCFE为股权资本自由现金流量模型）

三阶段DDM模型见表3-6。

① DAMODARAN．投资估价——确定任何资产价值的工具和技术［M］．林谦，译．北京：清华大学出版社，2004.

表3-6 **Coca-Cola公司DDM和FCFE模型**

时期	股权资本成本	预期增长率	股利支付率
高速增长时期	9.88%	13.03%	44.23%
转换时期		5.5%	
稳定增长时期	9.40%	5%	72.5%

背景信息：

现行盈利/股利为：

2000年的每股盈利=1.56美元

2000年的每股股利=0.69美元

2000年的股利支付率=44.23%

股权资本报酬=23.37%

各种估计数：

Coca-Cola公司仍然处于高速增长之中，但它的规模和占主导性的市场使得它的增长下滑到高速增长期的第二阶段。高速增长时期预期会持续5年，转换时期预期会持续5年（见表3-7）。

表3-7 **对价值的估计**

年度	预期增长率	EPS	股利支付率	DPS	股权资本成本	现值
高速增长阶段						
1	13.03%	$1.76	44.23%	$0.78	9.88%	$0.71
2	13.03%	$1.99	44.23%	$0.88	9.88%	$0.73
3	13.03%	$2.25	44.23%	$1.00	9.88%	$0.75
4	13.03%	$2.55	44.23%	$1.13	9.88%	$0.77
5	13.03%	$2.88	44.23%	$1.27	9.88%	$0.79
转换阶段						
6	11.52%	$3.21	49.88%	$1.62	9.78%	$0.91
7	10.02%	$3.53	55.54%	$1.96	9.69%	$1.02
8	8.51%	$3.83	61.19%	$2.34	9.59%	$1.11
9	7.01%	$4.10	66.85%	$2.74	9.50%	$1.18
10	5.50%	$4.33	72.50%	$3.14	9.40%	$1.24

第10年的终值=84.83美元

价值的各要素如下：

高速增长阶段的股利现值为3.76美元；

转换阶段的股息现值为5.46美元；

转换阶段末期的终值折现为33.50美元；

Coca-Cola股权资本价值为42.47美元；

Coca-Cola在2001年5月21日的交易价格是每股46.29美元。

三阶段FCFE模型。

背景信息：

净收入=38.7977亿美元

流通中的股份数=24.8703亿股

现行资本支出=9.92亿美元

现行折旧=7.73亿美元

最近年份中非现金性流动资本的增加=8.52亿美元

同年发行（偿还）的净债务=-5.85亿美元

以这些信息为基础，我们可估计最近年份的股权资本自由现金流如下（见表3-8，表3-9）：

表3-8　**各种估计数**

时期	股权资本成本	股权资本报酬	预期增长率	股权资本再投资率
高速增长时期	9.99%	27.83%	10.94%	39.3%
稳定增长时期	9.40%	20%	5.5%	27.5%

表3-9　**对价值的估计**　金额单位:百万美元

年度	预期增长率	净收入	股权资本再投资率	FCFE	股权资本成本	现值
1	10.94%	\$4 203.28	39.32%	\$2 550.42	9.99%	\$2 318.73
2	10.94%	\$4 663.28	39.32%	\$2 829.53	9.99%	\$2 338.80
3	10.94%	\$5 173.61	39.32%	\$3 139.18	9.99%	\$2 359.03
4	10.94%	\$5 739.79	39.32%	\$3 482.72	9.99%	\$2 379.44
5	10.94%	\$6 367.93	39.32%	\$3 863.86	9.99%	\$2 400.03
6	9.85%	\$6 995.48	36.96%	\$4 410.06	9.87%	\$2 493.13
7	8.77%	\$7 608.71	34.59%	\$4 976.57	9.76%	\$2 563.34
8	7.68%	\$8 192.87	32.23%	\$5 552.37	9.64%	\$2 608.54
9	6.59%	\$8 732.68	29.86%	\$6 124.69	9.52%	\$2 627.34
10	5.50%	\$9 212.97	27.50%	\$6 679.40	9.40%	\$2 619.11
高速增长时期的FCFE现值之和						\$24 707.49

股权资本自由现金流=净收入-（资本支出-折旧）-非现金性流动资本的变化+净债务发行

=38.80-（9.92-7.73）-8.52+（-5.85）

=22.24（亿美元）

根据股息贴现模型，最近年份的股权资本报酬被估计为23.37%。

$$\text{经过调整的股权资本报酬} = \left(\text{净收入} - \frac{\text{出自现金的}}{\text{税后利息收入}}\right) \div \left(\frac{\text{股权资本的}}{\text{账面价值}} - \frac{\text{现金和}}{\text{上市证券}}\right) \times 100\%$$

$$= (21.77 - 0.91) \div (93.17 - 18.22) \times 100\%$$

$$= 27.83\%$$

第11年的预期FCFE=70.47亿美元

股权资本第10年的值=1 806.86亿美元

股权资本的现值=高速增长时期的FCFE现值+终值折现

=955.58亿美元

包括现金的股权资本价值=974.50亿美元

每股的股权资本价值=39.18美元

FCFE模型产生了略低于每股42.72美元的股息贴现模型的价值。

【案例分析要求】

（1）分析本案例中产生相异价值的原因。

（2）运用股利贴现模型与FCFE模型进行价值评估，何时价值相似？

（3）运用股利贴现模型与FCFE模型进行价值评估，何时价值相异？两个模型的相异说明了什么？在进行价值评估时，哪一个更合适？

数智能力训练

在数字经济时代，人工智能大模型能够为企业价值评估提供很多有益的帮助。结合本章学习的内容，我们可运用人工智能大模型，如阿里“通义千问”、百度“文心一言”和科大讯飞“星火”等（当然也可以采用最新推出的其他模型）对企业价值评估中的相关问题进行进一步讨论分析，以提升同学们运用数智模型进行价值评估的能力。

本章的数智能力训练题主要有：

（1）党的二十大报告中提出，“完善中国特色现代企业制度，弘扬企业家精神，加快建设世界一流企业”。比较我国中央企业与世界一流企业在价值评估方法上有何差异，原因是什么？

（2）有效的价值评估是提升新质生产力，实现高质量发展的重要手段。分析价值评估与新质生产力之间的关系以及作用路径。

（3）EVA是价值评估的一种方法，也是国有企业进行价值评估的主要指标。分析国有企业如何应用EVA指导企业的经营活动。

同学们可以针对这些问题利用大模型进行提问，也可针对本章内容尝试提出不同的问题或以不同方式进行提问，以提升同学们利用人工智能大模型进行财务管理的能力。

互动练习

3-5 即测即评

第3章练习题

第2篇

财务治理与财务战略

引例：厦门钨业股份有限公司财务治理与财务战略

厦门钨业股份有限公司（以下简称“厦门钨业”或“公司”）是福建省属国有控股上市公司，国家火炬钨材料特色产业基地、国务院批准设立的大型稀土企业集团牵头企业之一。公司2020年初被国务院列入国企改革“双百行动”企业名单，2022年7月在“双百企业”2021年度评估结果中获评“优秀”等级。

厦门钨业坚持以习近平新时代中国特色社会主义思想为引领，深入学习贯彻习总书记关于国有企业改革发展重要讲话精神，围绕国企改革三年行动重点任务，坚持聚焦主业，切实构建完善的公司财务治理体系。厦门钨业在财务治理和财务战略方面的做法和经验主要体现在以下几个方面：

（1）财务治理结构优化：厦门钨业通过建立完善的财务治理结构，明确了各级管理层的财务职责和权力，确保了财务决策的科学性和合理性。这有助于提高公司的财务管理效率，降低财务风险。

（2）财务战略制定与执行：厦门钨业根据市场环境和公司发展战略，制定了符合公司实际的财务战略。在执行过程中，注重财务战略与业务战略的结合，确保财务战略能够为公司的发展提供有力支持。

（3）资金管理与风险控制：厦门钨业注重资金的有效管理，通过严格的资金计划、监控和调度，确保资金的合理配置和高效利用。同时，加强风险控制，防范财务风险，保障公司资产安全。

（4）成本控制与效益提升：厦门钨业通过精细化成本管理，降低生产成本，提高产品竞争力。同时，注重提高财务管理效益，通过优化财务流程、提高财务人员素质等措施，提升财务管理水平。

（5）信息披露与透明度：厦门钨业重视信息披露工作，确保财务报告的真实性、准确性和完整性。通过提高信息披露质量，增强公司透明度，树立良好的企业形象。

（6）创新与持续发展：厦门钨业在财务治理和财务战略方面不断进行创新，以适应不断变化的市场环境。通过持续改进财务管理体系，提高财务管理水平，为公司的可持续发展提供保障。

需要注意的是，每个企业的情况都是独特的，具体的启示和经验需要根据具体案例进行分析。此外，财务治理是复杂的过程，需要综合考虑多方面的因素，并谨慎决策。

在实施过程中，还需要有效的管理和执行，以确保达到预期的效果。如果你对财务治理和财务战略有更具体的问题或需要更详细的分析，建议咨询专业的金融、法律和管理顾问。

通过本篇的学习，我们将了解财务治理和财务战略，对一个企业而言，只有构建规范健康的财务治理结构，正确选择与实施财务战略，才能实现股东价值最大化这一目标。

第 4 章 财务治理

学习目标

本章的学习目标是使学生了解财务治理的内涵、主体、客体和目标，掌握股权治理和债权治理的内容。具体目标包括：

知识目标：

- 明确财务治理的内涵、财务治理与公司治理、财务管理以及财务战略之间的关系。
- 理解财务管理的主体、客体和目标。
- 掌握股权结构治理，债权治理以及债权结构的治理。

技能目标：

- 掌握股权治理中股权分布状况以及股权属性的财务治理效应。
- 掌握债务融资的治理效应以及不同的债权结构的财务治理效应。

能力目标：

- 能够运用股权治理以及债权治理相关原理分析我国上市公司财务治理中存在的问题，结合中国企业的特点，采取有效的方法指导企业的财务治理工作。

素养目标：

- 培养经世济民、德法兼修的职业素养。
- 树立将职业道德与职业理想同中国实践需求相联系的观念。
- 增强创新意识和长期、总体的发展观。

4.1 财务治理概述

1）财务治理的概念

财务治理是以财务关系为逻辑线索，通过财权的合理配置，形成有效的财务激励和约束机制，协调股东、债权人和经营者之间的财务冲突和矛盾，建立合理的利益制衡机制，提高治理效率的一系列财务制度安排。

财务治理的概念可以从两个层面理解：

其一，财务治理是进行公司财务权利配置的一系列制度安排。首先，公司财务治理是一种契约安排。由于经济人的有限理性和对自身利益最大化的追求可能导致机会主义倾向，契约的事先安排和事后监督执行都有成本，因而需要进行一系列制度安排以节约成本，确保在制度规定范围内准许各方利益最大化。其次，财务治理问题的产生源于所有权和经营权的分离，涉及委托代理关系和代理成本等问题。在所有权和经营权相分离的条件下，股东作为出资人为了保证其利益目标的实现，必然会参与公司管理与监督，在财务上形成了第一层次的以出资者管理为主体的所有者财务行为。同样，经营者行使上市公司法人权力和直接经营权，必须全面而直接地参与对公司重大财务事项的决策和管理，从而在实质上形成了以经营者为财务治理主体的经营者财务治理层次。这两个层次的公司财务治理，说明所有者财务和经营者财务有不同的利益主体，其财务目标不同，权力与责任不同。最后，财务治理是权、责、利的配置。财务治理的这层含义说明了财务治理中的控制权配置：控制权是财务治理的基础，财务治理是控制权的实现。

其二，财务治理是各权利主体之间财务关系的行为规范。财务治理致力于解决股东、债权人、经营者之间的财务冲突和矛盾，而这三者之间的冲突和矛盾在公司财务治理中又具体表现为公司财务目标的确立、公司控制权与索取权的配置以及对控股股东、小股东、债权人等公司财务关系的相机治理和解决经营者的财务激励与约束问题等。只有正确处理三者之间的关系，才能恰当协调财务委托人和财务代理人的利益矛盾，充分调动上市公司内部各权利主体的积极性，从制度上保证公司财务活动的正常进行，促进公司财务目标的实现。

2）财务治理与相关范畴的辨析

（1）财务治理与公司治理

要科学地界定和把握财务治理的内涵，首先要正确理解财务治理与公司治理之间的关系。

公司治理与财务治理的联系主要有：

①两权分离是二者产生的共同原因。没有财产终极所有权与法人财产所有权的分离、法人财产所有权与经营权的分离，就不会产生代理问题，也就不会产生公司治理与财务治理问题。

②财务治理是公司治理的核心。公司治理实质是一种解决代理问题的企业所有权安排机制，而代理问题的出现很大程度上源于公司利益相关者之间的利益冲突。公司治理从其

包含的内容来看，包括财务治理、生产治理、人事治理、市场治理等几个方面（如图 4-1 所示）。财务治理作为公司治理的一个重要组成部分，其目的就是解决利益相关者之间的利益冲突，而且，公司治理其他方面的治理效果最终要通过财务利益体现出来。因此，财务治理是公司治理的核心。

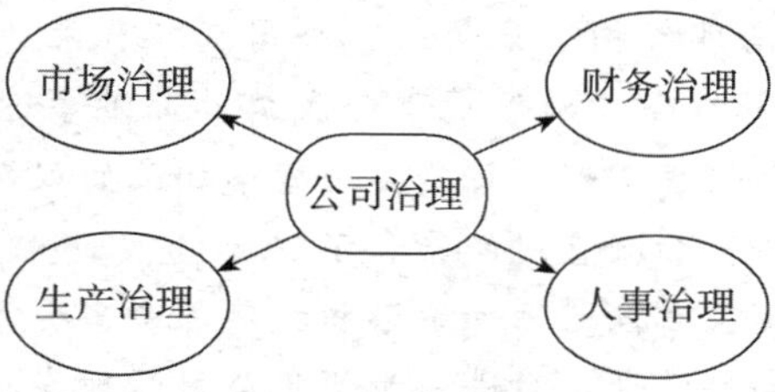

图 4-1　公司治理与财务治理

③公司治理是财务治理的基础，财务治理是公司治理的发展和深化。财务治理作为一种控制的制度安排体系，在很多方面要根据公司治理的规则和程序来制定自己的制度安排，要根据公司治理的目标来确定财务治理的目标，要根据公司治理的权责划分来决定权责，从财务的角度对公司的发展作出规划。

公司治理与财务治理的区别主要有：

①治理的重点不同。公司治理是以产权为核心和纽带的，治理的重点在于产权配置，侧重于公司内部组织制度及由此产生的经济利益、剩余索取权和监督权力的分配，经营管理运行机制的设计、构建与调整，以及由此产生的激励约束问题；而财务治理是以企业财权为核心和纽带的，治理重点自然是财权配置问题，即股东、经营者和债权人之间的财务分配问题和由此产生的融资问题。

②运行方式不同。公司治理的运行方式主要是通过确定董事会、监事会和经理的人选，规定各自的权责，形成制衡关系；财务治理的运行方式主要是通过财权在各利益相关者之间的合理配置，形成财务活动管理权限上的责权关系。

③激励的侧重点不同。公司治理的激励形式主要侧重对经营管理者的职位提升、预期收入增加、薪酬或期权、期股的确定，以及非薪酬方面的奖励，如带薪休假等形式；而财务治理侧重用货币形式实行的薪酬、期权或期股的激励。

4-1 案例分析

国美电器控制权之争

④约束的侧重点不同。公司治理的约束制度偏重行政、人事、经济和法律等方面；财务治理的约束制度侧重于以财务方法和手段来进行约束。

【案例 4-1】宝钢股份的公司治理实践①

1.公司基本情况

宝山钢铁股份有限公司（以下称“宝钢股份”或“公司”）于 2000 年 12 月 12 日在上海证券交易所上市，并于 2017 年 2 月完成吸收合并武钢股份。宝钢股份目前拥有上海宝山、武汉青山、湛江东山、南京梅山等四大制造基地，在全球上市钢铁企业中粗钢产量排名第二、汽车板产量排名第一、硅钢产量排名第一，是全球碳钢品种最为齐全的钢铁企业

① 宝山钢铁股份有限公司. 2023 年公司治理最佳实践案例分享——宝钢股份［EB/OL］.［2023-12-04］. https: //www.capco.org.cn/hyzl/zthd/2023nzjsjal/202312/20231204/j_2023120413380100017016684020114172.html.

之一。

2.公司治理的经验做法

（1）决策机制

宝钢股份上市以来，建立了符合钢铁行业特点、支撑公司战略发展、适应公司生产经营的具有宝钢特色的公司治理架构。多年来，公司在“背景、性别、国内国外、境内境外”等多方位实践多元化董事会，确保董事会成员外部董事过半、新老结合、各专业组合；合理规划、安排董事会议程，侧重讨论公司战略相关的议题；安排外部董事对各主要生产基地和子公司实地调研，加深直观印象和了解。

公司董事会具有较大的独立性。独立董事积极参加董事会和专门委员会议事决策，提高了董事会决策的独立性和科学性，对进一步优化公司治理发挥着重要作用。此外，国资委委派的宝武集团外部董事同时担任宝钢股份董事，相对也具有较大的独立性。多年实践中，公司形成了在董事会前由上述外部董事轮流担任召集人，召开外部董事沟通会的创新机制。这种机制有助于外部董事更加无拘无束地交流，更好地理解彼此的观点和共同的感受，从而促进了外部董事之间信息的交流互动，为独立董事有效履职、充分发挥独立性提供支撑和保障。

为了帮助外部董事充分了解公司重要项目信息，公司创新实施董事会预报告模式，即在项目还未达到提交董事会审议的阶段，就先以报告形式向董事会汇报，方便外部董事及时掌握项目进展情况，提出建设性指导意见，从而在最终审议议案的时候，作出客观、独立的决策。

2021年开始，公司董事会开始执行“观察员制度”，邀请纪委书记、审计部、纪检监督部列席董事会，全程监督和监察董事会各项议案的审议决策过程，充分发挥了纪检监察、内控的监督作用，有效保证了董事会运作依法合规。

（2）业绩说明会

宝钢股份一直以来重视业绩说明会，打造公司在资本市场的名片。2022年共召开2场业绩说明会，特色如下：

①指向性强。年初发布调查问卷，收集资本市场关注点，策划了《宝钢股份战略规划》《宝钢低碳汽车板路线图与零碳示范产线》两份专题报告，回应市场诉求。

②高层挂帅。管理层高度重视，全程参与业绩说明会始终，同时，还邀请独立董事参会并与投资者展开互动。此外，汽车板首席王利也现场发布零碳产线专题，向市场分享公司低碳发展的最新成果。

③覆盖面广。业绩说明会延续中英文同步发布，并首次对全资本市场直播，覆盖所有投资者，进一步体现对股东的一视同仁。合作方也由全景网拓展到上证路演中心、Wind等多个平台同步发布。

④快速总结。会议结束后IR团队快速梳理会议精华，在微信公众号“宝钢股份董秘室”推送，方便未参会的投资者快速阅览，“中国宝武”“宝钢股份直通车”公众号同步转载，在员工层面进一步深入宣传。

（3）回报投资者

上市以来，宝钢股份通过将分红政策制度化、规范化来确保股东回报的持续稳定。

《公司章程》明确规定，公司年度现金股利不低于当年度经审计合并报表归属于母公司净利润的50%。通过承诺最低现金分红比例，稳定了投资者的预期，保障投资者得到稳健的回报。截至2022年11月底，宝钢股份累计分红1 154亿元（含2012年50亿元回购，不含2021年回购），在所有A股上市公司中排名第18位。

在实践工作中，公司充分维护中小股东表达意见和诉求的权益，积极听取投资者对分红政策的意见和建议。2021年，公司了解到不少投资者对缩短分红周期持欢迎态度，同时考虑到国际头部钢企也多采用半年度或季度分红策略，因而优化了分红方案，缩短2021—2023年现金分红周期至6个月，得到了投资者的一致好评。2022年6月，公司入选中国上市公司协会“2021年度A股上市公司现金分红榜单丰厚回报榜”。

现金分红是投资者回报的最重要组成部分，是决定公司股票价值的重大影响因素，给予股东持续稳定的分红也是彰显公司资本市场形象的最佳途径之一。公司将结合广大投资者的分红需求，进一步优化和完善公司分红政策和流程，持续地回馈投资者。

（2）财务治理与财务管理

财务治理与财务管理的区别主要体现在对象的差异性。财务管理从财务的经济属性出发，重点从数量和技术层面研究企业资金运动，如何通过技术手段和有效的组织实施，确保企业资金有序、持续、快速地流动和周转，属于价值管理范畴。而财务治理则从财务的社会属性出发，研究如何通过财权的合理配置，形成一套联合各利益相关者的制度安排，以维护利益相关者的利益，属于财权管理范畴。从企业财富创造性来看，财务管理是解决怎样产出较多财富的问题，财务治理是确保这种财富创造是合乎各方对利益的要求的一种制度安排。

财务治理与财务管理的联系主要表现在：①体系的统一性。财务治理和财务管理同属财务范畴，共同构成了完整的财务体系，二者共同作用于企业这一主体，统一协调，各司其职，缺一不可，共同保证了企业财务的有效和规范运作。②作用的互补性。财务治理侧重于公司宏观支配与协调，而财务管理侧重于微观经营层面的操作与控制。财务治理规定了整个企业财务运作的基本网络框架，财务管理则是在这个既定的框架下驾驭企业奔向财务目标。③目标的一致性。从终极目标来看，财务治理和财务管理均是为了实现财富的有效创造，只是各自扮演不同层次的角色而已。财务治理主要考查的是构成财务利益主体之间的责、权、利关系，以及采取什么手段实现相互间的制衡，它是企业财富创造的基础和保障；财务管理则是在既定的治理模式下，财务管理者为实现财务目标而采取的行动，这是财富创造的源泉和动力。

（3）财务治理与财务战略

财务治理是财务战略实施的前提。财务战略的制定与执行是一项牵涉面甚广的工作，财务管理部门乃至财务总监往往组织而非完全独立地承担企业的财务管理任务，这就需要财务治理从制度上保证企业最高决策层有效行使最终决策权，同时其他部门也能按制度积极配合，共同实现财务战略。若没有好的财务治理，在制定和实施财务战略的过程中，投资能力、成本核算、融资体系、财务控制等问题很可能会逐步恶化，严重影响企业的财务水平和决策水平。财务治理与财务战略的比较见表4-1。

表4-1 **财务治理与财务战略之间的比较**

项目比较	财务治理	财务战略
焦点	风险管理与利益匹配	企业资本流动
目标	企业价值最大化，同时兼顾各方利益	谋求企业资本的均衡和有效的流动
环境	重视环境，但更注重人与人的关系	重视环境
内容	有关财务的一切活动	战略规划
时间	兼顾长期和短期	长期
研究对象	以本金为外在表现的企业内外部关系	财务资源、财务能力

3）财务治理的主体

财务治理主体，即谁参与财务治理，是指在企业中投入要素资本的具有独立财务权力、责任和利益的团体或个人。作为资本组织形式，企业是由股东、经营者和债权人分别投入资本要素形成的，因此，财务治理主体便由股东、经营者和债权人构成。

股东是向企业投入永久性资本或权益资本的团体或个人，正是因为股东的投资才使得公司与股东之间产生了相应的关系，股东拥有公司的决策权和监督权。因此，股东当然是财务治理主体。经营者是伴随着公司的发展，企业的所有权与经营权分离以及现代企业制度产生而产生的财务治理参与者，经营者在企业中居于重要地位，有权参与企业的经营与财务决策，且凭借其在信息占有上的绝对优势，成为企业经营与财务决策的主要控制者。债权人是向企业提供债务资本的团体或个人，作为企业资金的供给者，债权人承担了企业风险，由此介入企业的财务治理，成为财务治理主体。另根据《中国共产党国有企业基层组织工作条例》《公司法》《关于开展落实中央企业董事会职权试点工作的意见》等政策法规形成科学有效的公司治理机制。坚持“两个一以贯之”原则，建立中国特色现代企业制度，把加强党的领导和完善公司治理统一起来，把党的领导融入公司治理各环节实现制度化、规范化、程序化。使党委真正发挥把方向、管大局、促（保）落实作用。国有企业党委（党组）发挥领导作用，把方向、管大局、保落实，依照规定讨论和决定企业重大事项。国有企业重大经营管理事项必须经党委（党组）研究讨论后，再由董事会或者经理层作出决定。

4-2 明理增信

在完善公司治理中加强党的领导

财务治理主体的需求各不相同：股东一般关注红利和资本利得，而且股东之间也存在着差别，大股东更关心控制权收益等长期收益，中小股东则偏向于短期利益；债权人主要关心公司的偿债能力，债券安全性良好的公司更容易获得债权人更多的支持；经营者则是财务激励的重点，激励效果事关经营者的积极性与创造性的发掘，对公司价值具有决定作用。由此，在财务主体之间产生了三类最基本的财务冲突：股东与经营者之间的财务冲突、大股东与小股东之间的财务冲突和股东与债权人之间的财务冲突，如图

4-2所示。

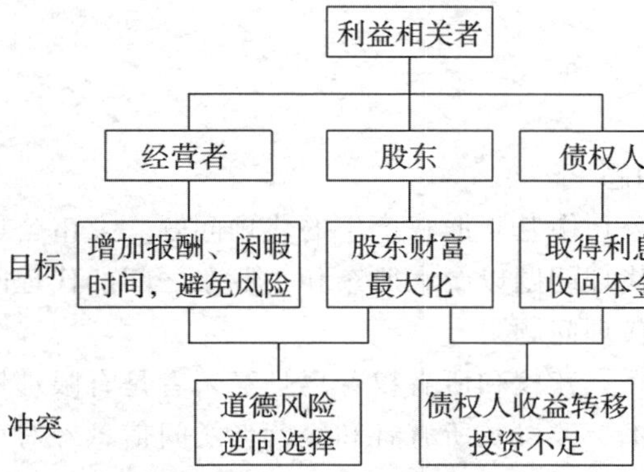

图4-2 利益相关者目标冲突

4）财务治理的客体

财务治理的客体是财务治理主体为了追求自身利益最大化而产生的财务冲突，即在企业委托代理关系中各财务主体所表现出的利益矛盾。原因有三：首先，财务冲突协调是公司财务治理的核心。依据财务二重性理论，财务治理主要是对财务关系的处理，即委托人和代理人、所有者与经营者、债权人与债务人、控股股东与非控股股东之间的互动与博弈，亦即他们之间的财务冲突和解决利益冲突途径的演进过程。因此，财务治理主体之间的财务冲突及协调是公司财务治理的核心问题。其次，财务冲突影响企业资金的流动，而资金的流动影响企业的发展。最后，财务冲突是现代企业必须解决的难题。在现代企业理论中，企业是一个讲求效率的组织，是各要素主体投入者联合起来达成的一种具有法人资格和地位的契约关系网络。企业的发展依赖于有效率的利益相关者支持网络，这个网络内部的财务冲突直接影响着企业的发展。

5）财务治理的目标

基于上述对财务治理主客体的分析，可以把财务治理的目标概括为：协调财务主体之间的财务冲突和矛盾，合理分配剩余索取权和控制权，提高财务治理效率，促使利益相关者利益最大化，为顺利实现企业目标提供基础。

从利益相关者角度来说，企业是一系列契约的集合体，各利益相关者——股东、经营者、债权人都是企业契约网络的参与者，各方都在企业中投入了自己的资源，目的是实现各自的利益最大化。因此，就需要企业有一套制衡机制来规范利益相关者的行为，保障利益相关者在企业中应享有的权利，促使利益相关者利益最大化。如果片面追求某一方利益最大化必然会损害其他方的利益，如果该利益相关方因此减少或停止对企业的支持，最终可能会导致各方的利益均受到损害。因此，只有各方利益相关者利益均衡，达成共赢的局面，才能实现各利益方的长期合作，从而使利益相关者能够获得比各自独立经营更多的利益。

4.2 股权治理

1）基于股权的代理问题

股权治理致力于解决公司中基于股权产生的代理问题。上市公司的两大主要代理问题包括股东和经营者之间的代理问题以及大股东和小股东之间的代理问题。

（1）股东和经营者的代理问题

根据委托代理理论，在经营权和所有权分离且经营者是有限理性经济人的前提下，由于所有者和经营者的目标不一致以及所有者和经营者之间信息不对称，导致经营者利用自己的信息优势损害股东的利益，导致股东与经营者之间产生委托代理问题，主要包括道德风险和逆向选择。

①道德风险

道德风险是指经营者为了自己的目标，不尽最大努力去实现企业的目标。主要包括以下几个方面：

A.经营者的努力不足行为。一般地，经营者的努力水平取决于两个方面，一方面是经营者为此多付出的成本，另一方面是经营者得到的收益。这样，最优的经营努力水平将取决于二者的均衡。但一般来说，经营者为达到企业财务业绩的提高而努力经营的成本是由经营者独自负担的，而经营者努力得到的收益是由股东享有或由股东和经营者共同享有的，这样在二者之间就存在不对称，这种不对称必然导致经营者努力不足。

B.经营者的在职消费行为。经营者的在职消费主要是指那些非生产性的消费，包括装修豪华办公室、乘坐高级轿车等。从经营者角度来说，非生产性消费的成本是由股东负担的，而非生产性消费的收益则归其所有。因而这种收益和成本的不对称使得经营者容易产生在职消费的动机。

C.经营者的短视行为。从财务角度来讲，经营者的收益更多地取决于他们在职期间的财务绩效，所以经营者更多地关心其在职期间的财务绩效，而较少关心企业以后的发展。在这种情况下，经营者自然就有作出牺牲股东长期利益使其在职期间财务绩效增加的短视行为的动机。

②逆向选择

逆向选择是指经营者为了自己的目标而背离了股东的目标，主要是经营者的过度投资行为。一般来说，与股东相比，经营者更多地关心企业的经营问题，特别是企业的规模扩大和业绩增长问题。规模越大，业绩增长越快，经营者晋升的机会就越大，经营者的收益也就越大。在这种利益驱使下，经营者就会有较大的动机去扩大企业规模。詹森提出，当企业拥有大量闲余现金流量时，企业的经营者就有动机将这部分剩余现金流量投资到并非有利于股东利益的企业规模扩大的新项目上，以满足获取企业规模扩大的各种经营者自身收益的欲望。

（2）大股东和小股东的代理问题

大股东和小股东之间的代理问题主要表现为掏空现象。“掏空”是指大股东侵占中小股东的利益，将财产和利润转移出去的行为。“掏空”大大侵害了中小股东的利益，打击了中小投资者的积极性，同时，也不利于金融市场的发展，降低了会计盈余质量。自Johnson等研究证明了1997—1998年亚洲金融危机的主要原因是控股股东的“掏空”行为以来，又有研究发现控制性家族的“掏空”行为加剧了公司内部人与外部投资者之间的信息不对称，降低了会计盈余的可靠性和价值相关性。在我国资本市场上也出现了大量触目惊心的“掏空”事件，如2007年上海庆安利用自己对安徽省应用技术研究所、*ST科苑的控制权，与关联公司上海亚安、上海润安、上海翰亚进行了一系列造假交易，以拆借、受让委托资产等形式，形成了对科苑集团的欠款，后逐步计提坏账，疯狂“掏空”科苑。2008年光明集团董事长冯永明“掏空”公司行为曝光。其将有效资产的控股权转变到个人控股公司名下，虚设了上百家公司，将优良的资产转移后，多次行文欲将空壳的光明集团“赠予”市政府。“掏空”的主要方式包括关联交易、担保、并购和股利政策等。“掏空”反映了大股东和中小股东的冲突，“掏空”行为不仅对中小投资者和公司不利，而且影响了整个资本市场的正常运行。

4-3 案例分析

大族激光再起分红之争
大股东侵占小股东权益

【案例4-2】关联关系下控制人对上市公司的掏空行为——以亚星化学为例[1]

事发前，亚星化学的经营状况良好，其主导产品的生产规模位列世界第一。2003年公司的CPE产值突破了7万吨，世界排名第一。2005年公司CPE年产能达到11万吨，2008年更是增至17万吨，水平居于世界前列。然而，这一经营良好的态势没能持续下去。从亚星化学2004年至2011年这8年的财务报表可以看出，公司的业绩规模虽然不断扩大，销售收入由之前的9.9亿元增至21.1亿元，但净利润并没有随着销售收入的增长而增长，反而持续下降，从0.4亿元一直降至-1.11亿元。亚星化学对此所作的解释是成本压力不断加大，但是销售收入与净利润差距太过明显，因此，这样的解释难以让人信服。

2010年，亚星化学勉强赚取700万元净收益，这是由于年底公司获得了1.12亿元的财政补助，才扭亏为盈，是典型的年底盈余管理，并非亚星化学自身经营状况转好。此后的两年公司也继续亏损，2011年净利润为-0.56亿元，2012年净利润为-4.77亿元，2008年之后净资产收益率也逐渐下降，直到2012年跌至-77.69%的极低水平。

通观亚星化学历年资产负债数据，原本经营状况良好的亚星化学2009年出现净利润断崖式下跌、财务状况突然恶化的不正常现象，究其原因，从其年报中得到两条关键信息。从披露的股东名册看，2003—2011年，亚星集团的持股比例在35%至45%之间变动，表明亚星集团一直是亚星化学的第一大股东，处于绝对控股地位，其他股东持股比例较低，但控股股东持股比例并未达到一个极高的水平，而是未超半数的水平。根据“掏空”理论，控股股东的持股比例越低，其掏空公司的动机越大。也就是说，如果控股股东控制了公司的决策和行为，但占有公司的资产比例不高，则其就有很强的意愿将公司“掏空”。结合流动资产大幅减少等不合理的财务数据，亚星化学被大股东掏空的可能性很大。在亚星化学利润断崖式下跌的2009年，从亚星化学的董事会及其高管层的任职情况表可以看出，亚星集团许多主要的领导均在亚星化学中担任执行董事。除了亚星集团对于

① 谢铭祺. 关联关系下控制人对上市公司的掏空行为——以亚星化学为例［J］. 经济论坛，2017.

亚星化学持股比例较高之外，这也促成了亚星集团对亚星化学的实际控制。由于董事会在公司日常决策中的重要性，这种高层人员的混同无疑也为利用关联交易进行掏空提供了有利条件。

因此，综上来看，亚星化学极可能存在被大股东掏空的问题，结合证券市场相关资料，可以确认亚星集团主要通过以下手段有预谋地掏空亚星化学：

（1）以管理层收购为铺垫。2004年，潍坊市国资委批准将亚星集团49%的国有资产转让给“亚星投资”。因为亚星集团持有上市公司亚星化学44.87%的股权，产权转让完成后，“亚星投资”就间接持有“亚星化学”22%的股权。

（2）利用关联交易输送利益。2005年，亚星化学购买了潍坊第二热电公司的设备，购买价格为2.65亿元，但设备的账面价值却为2.53亿元，二者相差0.12亿元。2010年，亚星化学又以超出评估价0.025亿元的价格购买了其另一热电装置。从中我们可以看到，通过转让手段，亚星化学输送给潍坊第二热电公司超过0.14亿元的利益。主要原因就是亚星集团是潍坊第二热电公司的实际控股股东，亚星投资则是第二大股东。

（3）利用关联租赁转移盈余。亚星化学在2009年时，以每年2 500万元的价格，将其热电设备及附属资产出租给亚星集团使用，租期定为5年。《公司章程》要求，进行关联交易时需经股东大会批准，但是以上业务只是通过了董事会批准，没有股东大会审批程序，亚星化学仅凭借董事会名义进行审议，此种行为属于明显的违规行为。

（4）利用关联担保占用资金。2004年，亚星集团为亚星化学4亿元的债务进行担保，但亚星化学2008年才进行披露。2010年，亚星化学反过来为亚星集团提供了7亿元债务的担保。2010年，亚星集团从深圳市百丽投资公司（百丽投资）借款1亿元，亚星化学提供担保，借款期限为2010年8月到2011年2月。但此次担保没有经过相应的审批程序，是亚星化学董事长的违规操作，并且担保信息也没有公开。

亚星化学被掏空的原因是：股权结构缺乏制衡；公司治理结构存在缺陷；外部监管不完善等。这些都为控股股东实施掏空行为提供了条件。

2）股权结构的治理效应

股权治理体现于股权结构之中，股权结构是在股权融资过程中形成的各类股东持有公司股份的比例，是财务治理机制的基础。股权融资契约界定了股东与经营者之间的委托代理关系，股权结构直接影响着股东行使权利的方式和效果。不同的股权结构下，委托人因代理人行为而承担的风险和获得的收益是不同的，因而委托人对代理人的监督能力和积极性也不同。

从财务治理角度来看，股权结构主要是指两方面内容：股权分布状况与股权属性（如图4-3所示）。股权分布状况从量的规定性考察股东因持股比例不同表现出来的股权是集中还是分散，从而决定了治理中各个股东权利分配状况和权利实现难易程度；股权属性从质的规定性方面考察股权所有者的经济属性，决定了股东权利的行使动机和实现程度。

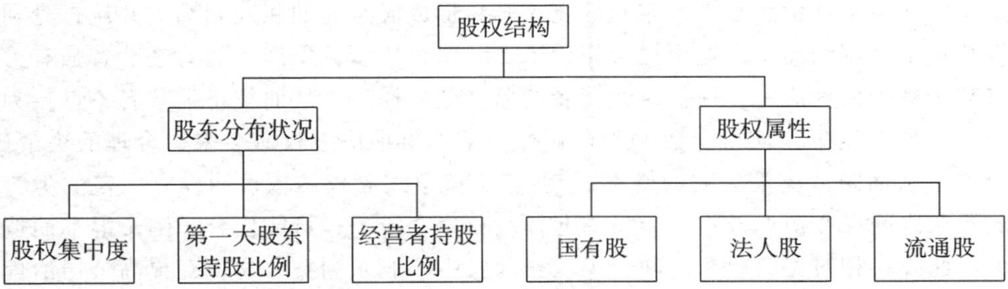

图4-3　股权结构

股权结构安排要达到的财务治理目标比较明确，就是要通过股权结构调整保证股东权利的正常发挥，使股东可以充分利用用手、用脚投票机制确保自身权益：一方面防止大股东操纵公司，侵害小股东利益，另一方面要防止董事会、经营层形成内部控制，侵害公司股东权益。在加强财务权力制衡的同时，提高公司财务决策效率，最终提高公司总体价值。

（1）股权分布状况与治理效应

股权分布状况实质上体现了股东之间的权利分布状态，首先股权集中度能够很好地体现股权实际分布状况，特别是第一大股东持股比例对分析股权状况分布很有意义。此外，经营者持股治理又从另外的角度对股权分布状况进行了表述，对最终的治理效应影响很大。下面将从股权集中度、第一大股东以及经营者持股比例及治理效应三个方面阐述股权分布治理状况。

①股权集中度及治理效应

股权集中度是指全部股东因持股比例不同所表现出来的股权集中还是分散的数量化指标，也是衡量公司股权分布状况的主要指标。股权结构分为集中型、分散型和中间型三种类型。集中型股权结构是指公司大部分股权集中掌握在极少数股东手中，并存在强力控制能力的控股股东的股权结构；分散型股权结构是指公司股东十分分散，各个股东对公司影响力有限，并不存在控股股东的股权结构；中间型股权结构则介于两者之间，是一种较为均衡的股权结构，一般存在几个相对控股股东。

股权结构不同的集中程度会产生不同的治理效应。股权过于集中时，大股东和小股东之间的代理成本较高，前者容易侵犯后者利益；股权过于分散时，公司股东与经营者之间代理成本较高，后者容易形成“内部人控制”而侵害前者利益。因此，股权集中度不同，两类代理成本也各不相同，此消彼长形成均衡状态，最终会带来不同的治理效应。具体而言，集中型股权治理结构的优势在于权责对应性强、决议效率高，劣势在于股东内部没有形成很好的制衡机制，大股东容易侵害小股东利益，即大股东与中小股东之间代理成本高；分散型股权治理结构的优势在于集体决策优点的发挥使公司决策更为科学合理，并加强了对大股东的制衡作用，劣势在于股东之间利益难以协调，“搭便车”现象严重，容易形成“内部人控制”。

理论上，寡头竞争式股权结构（中间型股权结构）一般被认为是较为理想的股权结构，其主要特点是：有几个相对控股的股东存在，相对控股股东之间存在合作竞争关系，股权集中度介于集中型与分散型之间。寡头竞争式股权结构治理优势主要体现在三个方面：第一，在董事会中少数大股东间的竞争容易形成股东间的相互制约，并从自身利益角度出发从竞争性制约而走向竞争性合作；第二，由合作型竞争产生的对经营者强有力的监督，有利于减少代理成本，使得对经营者的监督效应提高，从而校正经营者不良行为；第三，由于合作型竞争，使得少数大股东在行使重点事项决策权时会采用合理的决策机制，谨慎决策，从而降低决策失败的概率。[①]但寡头竞争式股权结构也同样有一定的劣势，相对控股股东之间存在协调成本，容易引起控股权争夺纷争，可能使公司陷于混乱而造成一定损失。此外，相对控股股东之间合谋也会侵害中小股东利益，这将对提高公司治理效率非常不利。

②第一大股东持股比例及治理效应

第一大股东持股比例不同，对公司控制权实际占有状况也就不同，并会带来不同的治理效应。当第一大股东持股比例较低、处于相对控股地位时，其通常对公司没有绝对控制能力，在重大财务决策等方面，股东间制衡作用体现得较为明显，理论上可以发挥其他股东的集体力量，但也可能因股东间协调成本高而造成决策效率低下。同时，由于第一大股东处于相对控股地位，并没有把握应付其他股东联合抵制。因此，其对中小股东的侵害可能性相对较小。当然，第一大股东持股比例较低的股权结构也有其明显的治理弊端，如果第一大股东控制能力较弱，也容易造成经理层的"内部人控制"现象，这对于公司发展非常不利。

当第一大股东持股比例很高，处于绝对控股地位时，即"一股独大"状态，其通常对公司具有绝对控制能力，一般能够有效激励和监督经营者，减少股东与经营者之间的代理成本。同时，由于第一大股东持股比例高，与公司利益高度相关，更关注公司经营状况，这对于提高治理效率和经营绩效具有重要意义。此外，第一大股东利用其控制能力，可以减少决策时股东之间的协调成本，提高决策效率。当然，上述"一股独大"的股权结构也有其治理弊端，大股东非常容易利用其控制地位侵害中小股东利益，中小股东会因为监督成本过高而缺乏对大股东监督的积极性。此外，因为股权高度集中而可能使并购机制难以发挥应有的治理作用，这对有效相机转移企业控制权、提高公司治理效率非常不利。

学思践悟

福耀玻璃的公司治理[②]

福耀玻璃工业集团股份有限公司（以下简称公司）于1987年在中国福州注册成立，是专注于汽车安全玻璃的大型跨国工业集团。1993年，公司股票在上海证券交易所挂牌，成为中国同行业首家上市公司，股票简称：福耀玻璃，股票代码：600660。2015年，福耀玻璃H股成功上市，股票代码：3606，形成了兼跨境内外两大资本平台的"A+H"模式。

自成立以来，公司严格加强内部控制制度的建设，完善公司治理结构，规范公司运作，加强公司内幕信息管理，强化公司信息披露工作，切实提升公司透明度，维护公司及全体股东利益。

① 于斌．股权结构论［M］．北京：中国财政经济出版社，2001.

② 福耀玻璃工业集团股份有限公司．2023年公司治理最佳实践案例分享——福耀玻璃［EB/OL］．［2023-10-19］．https：//www.capco.org.cn/hyzl/zthd/2023nzjsjal/202310/20231020/j_2023102017150700016977934283547345.html.

公司自2012年起持续完善、优化公司经营管理中各环节的内部控制机制，显著提高了企业风险防控能力，确保了信息披露机制有效运转。同时，公司建立完善的组织系统确保内部控制制度的运行：董事局负责并每年检查内部控制的建立健全和有效实施；董事局下设审计委员会和审计部，公司审计部受董事局领导、审计委员会督导，监督、审查、评价公司及下属各控股子公司内部控制的实施情况，协调内部控制审计及其他相关事宜；公司管理层严格执行公司内部控制各项规定。

福耀玻璃严格规范约束控股股东及其关联方行为。一是公司建立防范大股东占用的专项制度。公司董事会建立对大股东所持股份“占用即冻结”的机制，即发现控股股东侵占资产的立即申请司法冻结，凡不能以现金清偿的，通过变现股权偿还侵占资产。为保障这一制度执行，公司设立专人专岗负责申请对股东股权的司法冻结，并对该岗位的履职设定了处罚条款，即该工作人员未按照要求在发现占用后及时申请冻结控股股东股权的，将被处以大额罚款等措施。二是公司与控股股东在人员、资产、财务、机构和业务方面严格做到了“五分开”，各自独立核算，独立承担责任和风险，并创新探索定期对“五分开”情况开展检查和巡检。多年来，控股股东严格按照《公司法》与《公司章程》的规定依法行使出资人的权利并承担义务，行为规范，控股股东与公司不存在同业竞争。

党的二十大报告提出“完善中国特色现代企业制度”“加快建设世界一流企业”等重要任务，世界一流企业具有丰富的内涵，治理现代化是其关键要素。全面推进公司治理现代化、提升公司治理效能，是建设世界一流企业的基础性工作。通过福耀玻璃公司治理实践案例的学习，我们作为学生受到哪些启示及教育？将来作为企业的管理者我们应该怎样做？如何进行财务治理？

③经营者持股比例及治理效应[①]

经营者持股是使经营者对其行为承担风险的一种重要制度安排。在股东与经营者的委托代理关系中，经营者不完全拥有公司的剩余索取权、信息的不对称性和契约的不完备性，会导致经营者的逆向选择和道德风险。要抑制这两种行为，就必须建立一套有效的制度安排，使经营者对其行为后果承担风险。关于经营者持股在治理中的作用，主要有两个方面：“利益收敛”效应和“堑壕效应”。

“利益收敛”效应是指当经营者股权比例足够大时，经营者的利益和外部股东的利益可能收敛于一点，从而使经营者与股东之间的冲突得以缓解。Jensen和Meckling（1976）在代理理论框架下，建立了一系列严格的假设条件，如所得税为零、所有外部股东均无表决权等，探讨经营者持股比例与公司市场价值之间的关系，发现“利益收敛”效应能够削弱经营者攫取非货币性消费动机、降低代理成本、提升公司市场价值，经营者股权激励具有提高公司绩效的“利益收敛”效应。其一，经营者持股有助于缓解代理问题。这一方面表现为经营者持股可以促进经营者努力工作，抑制经营者的道德风险，减少股权融资的代理成本。另一方面表现为经营者持股有助于抑制经营者的逆向选择行为，便于投资者对企业的经营状况和投资项目质量作出正确判断。其二，经营者持股有助于鼓励经营者承担必

① 白俊．中国上市公司财务治理效率研究［M］．北京：中国财政经济出版社，2009.

要的风险，为企业的持续发展进行长期投入。如果计划失败，就会导致企业业绩下滑，股价下跌，经营者蒙受损失；如果计划成功，经营者可以从中获益。经营者持股能够将经营者未来的报酬与企业未来经营业绩相联系，有助于激励经营者为实现企业价值最大化而长期努力。

经营者股权激励具有降低公司绩效的“堑壕效应”。Fama和Jensen（1983）认为，经营者持股比例增加到一定程度会减少公司股份的市场流动性，减少投资者分散化的机会，导致资本成本的提高，从而对公司价值产生负面影响。Jensen和Warner（1988）的研究进一步指出，若公司经营者持股比例过高，就有可能控制董事会，侵占其他投资者财富，而且经营者不必努力工作，其支出偏好或怠惰行为也会得到保障，即产生对公司价值有负面影响的“堑壕效应”。

可见，经营者持股比例也存在最优化问题。若经营者持股比例过低，经营者股权激励便无法显示“利益收敛”效应，表现为经营者持股与公司绩效负相关，当经营者持股比例上升到适当程度，对经营者实施股权激励方能够发挥“利益收敛”效应。但是，当经营者持股比例超过一定界限，“堑壕效应”开始占据优势，对公司绩效有负面影响。因此，经营者的最优持股比例是对以上两方面进行权衡的结果。

（2）股权性质及治理效应

①国有股股东的治理作用

关于国有股股东的治理作用，主要有两种观点：攫取之手和帮助之手。

攫取之手认为，相对于私有企业，政府所有企业存在着复杂的委托代理关系，容易导致企业内部人控制，降低企业绩效。作为国有资本实际产权主体的各级政府、主管部门及代理各级政府及主管部门行使股东权利的国有资产管理部门（或公司）等机构，由于控制权与剩余索取权不匹配，不能从改善公司治理而使业绩提升中获取与努力水平相匹配的经济利益，因而缺乏足够的动机有效控制和监督公司经营者，从而使经营者利用政府在产权上的超弱控制，形成事实上的“内部人控制”。内部人控制将带来严重的代理问题，主要表现有：过度在职消费，行为短期化，过度投资，工资、奖金等收入增长过快，侵蚀利润等。另外，除了经济目标外，作为国有股东的政府还有政治目标，因而国有股权会带来严重的政府行政干预，歪曲资源利用的最优配置。私人所有者追求其经济收益最大化，然而，政府的效用目标函数是社会利益最大化，既包括经济诉求，也包括政治诉求。

帮助之手则认为，国有股权可以帮助企业发展，即国有股权有积极作用。第一，拥有混合所有制公司的政府作为税收征集者，发挥着大股东的作用，可以监督经营者，防止内部人控制现象。因此，国有股权带来的政府监督，是公司治理结构不完善、对经营者缺乏有效外部监管机制的次优选择。第二，国有股权的引入可以保护公司免遭政府的恶意侵害。转型经济中的法律法规不健全，公司的政府股东，特别是地方政府股东，会防止一些不合理的法律纠纷，甚至可以预防政府对公司的恶意掠夺。

②法人股股东的治理作用

相对而言，法人股股东对公司的治理作用较强，对促进公司持续发展有着一定的稳定作用。法人进行股权投资的动机在于获得投资收益、跨行业经营和实现规模经济等，倾向于长期投资而非投机。因此，与流通股股东在监督经营方面存在“搭便车”行为不同，法人股股东不仅有动机，而且有能力监督和控制公司经营者，他们更倾向于通过股东大会投票、在董事会中占有一席之地等方式，直接参与公司决策。在国有股东缺位严重，流通股股东又难以参与企业管理的情况下，法人大股东可能成为实际上的经营者和内部人。他们既有任命、选择公司经营者和控制股息、分配股票股利的权力，又拥有公司的内部信息。因此，法人股股东持股比例越高，其利益与公司利益越趋于一致，因而越有动力监督经营者，而且愿意为此付出较高的监督成本和激励成本。但是，法人股股东持股比例过大也存在着“失灵”问题：法人股股东持股比例过大，可能会造成股东大会“一言堂”的局面；法人股股东相互持股所形成的合作关系可能取代股东大会上各股东之间的正常争论；法人股股东可能凭借其优越地位牟取私利，而牺牲小股东的利益。

③流通股股东的治理效应

流通股股东对财务治理的影响主要表现在对上市公司经营者的监督和对外部接管市场的影响上。从监督股东的角度来看，流通股股东可以通过参加股东大会投票选举和更换董事会成员，对公司经营者实施监督。从外部接管市场来看，流通股股东“用脚投票”的威胁可以增强接管市场的有效性。流通股相对于非流通股而言，具有更好的流通性，且在我国，两者具有相同的权力。

3）我国企业股权结构症结及治理建议

（1）我国企业股权结构症结

长期以来，我国企业的股权结构都比较复杂，主要有以下几个方面：

①股权集中和股权分散现象并存，并由此产生了“双代理问题”。一方面，股权高度集中，大股东侵害小股东利益的现象时有发生，第一大股东利用控股地位几乎完全支配了公司董事会和监事会，从而导致公司治理结构的不平衡，此时，控股股东很容易为了自己的特殊利益而去损害中小股东的利益。另一方面，高度分散的中小股东，导致“搭便车”行为盛行，证券市场对管理者的压力传导机制作用有限，从而导致对管理层的监督不足，经理人道德风险十分严重。

②国有股比重大。我国上市公司股权结构呈现出国家股占绝对优势的状况。一开始，我国的大部分上市公司都是国有企业改制而来的，为突出公有制的主导地位，国有股在上市公司股权结构中占主导地位。国有股比重过大的股权结构对上市公司造成了非常不良的治理效应，国有股权的有效持有主体严重缺位，致使国有产权主体虚置，这种制度的缺陷很容易衍生经营者道德风险，产生内部人控制。而股权分置改革之后，由于国有股和法人股等非流通股向流通股转化，已较大地改变了国有股“一股独大”的现象，但是，考虑到这些国有股并不是平均分配到各家公司里的，有些新上市公司发行的全是流通股，而一些上市较早的公司的国有股比例相对较高，同时由于国有股天生带有行政色彩，“内部人控制”问题仍较为明显。

③管理层持股比例低。高管持股比例增加对上市公司的公司治理有正向促进作用，这是由于高管持股有利于构建一个建立在财产所有权与法人所有权基础上的所有者与经营者的委托代理关系，这将有利于降低代理成本，提高内部公司治理效应。而当前我国上市公司特殊股权结构的一个显著特征是高管持股比例较低，高管持股比例过低的直接后果就是公司高管人员的积极性得不到充分发挥，公司绩效很难提高。这种现象显然既不能适应我

国国企改革和证券市场发展的需要，也很难实现社会资源的合理有效配置和国有资产的有效保值增值。

（2）优化股权结构的建议

①积极推进国有股减持

我国上市公司国有股比重过高、股权过度集中，由此形成的一股独大的股权结构，不仅与现代股份公司产权主体多元化的基本原则相背离，而且也使产权多元化的股权制衡机制和完善的资本市场体系难以形成。因此，降低国有股比重，引入其他股权制衡，有利于提高上市公司的股权治理效率。

国有股减持是打破国有股东、社会法人股东和流通股股东的对比关系以优化上市公司股权结构的核心和突破口。近几年来，我国通过实施股权分置改革以及混合所有制改革以达到国有股减持的目的，从而提升了国有企业财务治理的效率。

A.混合所有制改革。我国国有企业上市公司“一股独大”的问题，导致企业经营效率低，经济缺乏活力。新一轮国企改革强调发展混合所有制经济，将给国企注入新的动力。党的十八届三中全会审议通过的《中共中央关于全面深化改革若干重大问题的决定》中表示，要允许更多国有经济和其他所有制经济发展成为混合所有制经济，国有资本投资项目允许非国有资本参股，鼓励非公有制企业参与国有企业改革，鼓励发展非公有资本控股的混合所有制企业。对于那些处于非国民经济命脉行业的上市公司，国有股权应逐步退出，以此来降低国有股权的集中程度和增加非国有股权比重，实现上市公司投资主体多元化。第一大股东与其他股东的股权差距缩小，可以形成股东之间互相制约的局面，可以事先预防大股东侵权行为的发生。积极发展混合所有制，能使国有资本更好地流动起来，促使产权多元化，从而有效发挥股权的制衡作用，提升企业的财务治理效率。

4-4 知识拓展

国企混改第四批试点160家多地扩范围降门槛

B.优先股改革。中国股市主要以国企为主，而国企不可回避的是产权虚置问题，即存在产权与经营管理权的双重委托代理风险，且行政化架构较浓，现代企业制度文化匮乏。通过发行优先股，把大部分国有股权由普通股变成优先股，强化国有股权的分红权，将为国企注入较强的财务硬约束，即庞大的国有优先股基数预示着每年将从国企分到巨额股息，促使国企经营更市场化、商业化，进而督促国有企业现代企业制度和文化重塑，使国企更像市场主体。同时，一旦国有股份逐渐转为优先股，对整个国内股市来说，就有助于内生出有效的市场机制，进而改变融资市场的不利格局。中国证监会于2014年公布了《优先股试点管理办法》，银行等部分企业率先成为试点，为国企改革带来了新曙光。然而优先股的诸多条例限制了优先股的融资、发行和使用范围，只是给追求低风险、稳定收益的资金提供了一个投资机会，其出发点仍然是一个融资工具，并没有充分发挥优先股的主要功能。因此，应该继续深化优先股改革，逐步放开优先股条例限制，充分发挥优先股对上市公司的治理功能。

【案例4-3】中石化试水混合所有制①

2014年2月19日，中石化发布公告称，中石化董事会同意对中石化油品销售业务板

① 梁薇薇．中石化试水混合所有制［EB/OL］．［2014-03-03］．http：//news.hexun.com/2014-03-03/162646835.html.

块现有资产、负债进行审计、评估的基础上进行重组，同时引入社会和民营资本参股，实现混合所有制经营。对此，股市迅速作出了回应。2月20日开盘即封至涨停，而这距离中石化上次涨停将近5年之久。

中石化成为“第一个吃螃蟹”的人，率先在石化行业启动混合所有制改革，打破“3桶油”长期以来垄断油品销售的局面。值得注意的是，在即将开放的油品销售业务板块，中石化表示，社会和民营资本持股比例将根据市场情况厘定，但持股比例不能超过30%。如果按照30%的比例计算，意味着中石化将拿出4 415亿元营业收入和126亿元利润与社会和民营资本分享。

但是，民企资本貌似不太感兴趣。有民企加油站人员表示，自己经营，资源可以更灵活，利润空间也很可观。所以也不会特别有意向和中石化合作。毕竟合作的话，中石化是控股70%，参股进来还是中石化说了算，民企的话语权不是很大。

此外，也有一些民企表示了这是否是对民营资本“招安”的担忧。过去一般采取的是收购民营加油站的办法，现在是不是就只是换了一种方式而已呢？

金银岛分析师王延婷表示，民企参股只占到30%，也就是投资，民企是不是具有参与经营的权利，是不是有一定的话语权等这些具体的细节目前都没有确定。所以近期民企基本上都处于观望的态势。怎样“取信于民（民企）”是中石化面临的一个比较关键的问题。

林伯强认为，这种混合所有制改革让民营参与肯定是有好处的，反过来也有它的弊端。既有是否吞并民营资本的担忧，也有国有资产是否会流失的顾虑。因此，关键是建立透明的监管机制。林伯强强调，其实目前这种方式并不是最好的方式。民企和社会愿意看到的方式应该是开放成品油的油源，让民企和国企竞争，这才是真正地让民企参与其中。

②积极发展和激励机构投资者

机构投资者一般是指集中一定社会资本进行专业投资的法人机构，主要包括证券投资基金、证券公司、保险公司等。西方发达国家公司治理实践中越来越显示出机构投资者的重要性。国外的经验表明，机构投资者能够借助投票机制参与甚至主导公司的决策，以保证其利益不受侵害。一方面，机构投资者比中小股东更有能力、更有动力关注所投资公司的治理结构等问题，对大股东操纵行为可以起到一定的威慑和约束作用；另一方面，机构投资者一般具有一定投资理念，重视对所投资公司经营管理和公司治理的积极参与，其规模优势和专业优势减少了参与上市公司财务治理的成本，有较强的能力对大股东进行有效制衡。

但应当看到，机构投资者对公司治理、财务治理的作用也存在一定局限性：一方面，机构投资者毕竟不是大股东，在我国国有股一股独大的现状下，其对公司的影响力毕竟有限，而且在公司具体经营方面不一定很有经验；另一方面，机构投资者并不是天然的公司治理积极参与者，“搭便车”现象使单一外部股东缺乏公司治理的积极性，他们自身也会进行参与治理的成本和效益分析，在流动变现——“用脚投票”和积极参与治理——“用手投票”之间存在机会主义选择。

4-5 案例分析

养老金入市破冰
广东千亿资金
获准入市

近年来，我国A股投资者结构发生了较大变化，机构投资者逐渐成为我国资本市场的主导力量，其投资动向成为市场的“风向标”。同时，机构投资者呈现多样化的趋势，各类投资者资金特性不同，收益要求不同，股权配置方式多样。随着A股市场的开放程度逐渐加深、投资限制的变化、制度的完善和市场环境的优化驱动，机构投资者规模的扩大将会进一步提高市场整体资金配置效率，发挥金融服务实体经济的功能。因此，当前应当大力发展开放式基金，积极培育中国的养老、保险基金，进一步提高机构投资者在我国证券市场中的比重，形成一种能与国有大股东相互制衡、相互竞争的多元股权结构，发挥机构投资者在财务治理中的积极作用。

③鼓励管理层和员工持股

一方面，通过建立股票期权等制度实现对经理层的激励。管理层收购下，管理者拥有企业的大部分股权，其经营业绩与其报酬直接挂钩，实现所有权与经营权的统一，管理人员将会致力于引进创新，挖掘企业潜力，注重用长远的眼光进行投资，大幅降低代理成本。此外，管理层收购还会对管理者产生债务约束行为，管理层收购是利用内部人持股提高上市公司绩效的一种尝试。

另一方面，通过发展职工持股实现对职工的激励。员工持股计划在理论上是为了解决代理人问题而出现的，公司所有者和代理人之间存在严重的信息不对称，代理人对其自身的工作状况、努力程度的了解要高于公司所有者，其个人目标和公司目标通常难以统一，因而在履行代理职责时可能不会作出对公司股东最有利的决策，从而产生所谓的“代理人风险”。而员工持股计划，通过实现经营目标的统一，价值取向的统一，激励与约束的统一，长期利益与短期利益相统一，从而尽可能地消除这种风险。2014年6月，证监会公布《关于上市公司实施员工持股计划试点的指导意见》后，中国上市公司迎来了一波员工持股潮，实践结果表明短期内，上市国企通过实施员工持股计划对提升经营能力乃至改善公司内部治理的效果较为明显。

学思践悟

在探索中立规范 在规范中求创新——徐工机械公司治理实践①

2017年12月12日，习近平总书记视察徐工，勉励徐工集团着眼世界前沿，努力探索创新发展的好模式、好经验。公司原控股股东徐工集团工程机械有限公司（简称“徐工有限”）作为徐工集团混合所有制改革的主体，2018年正式启动混改，先后被纳入国务院国企改革“双百行动”、江苏省首批混改试点企业和国家发改委第四批混改试点企业。2020年徐工有限混改取得关键性重大突破，当年10月成功引入16家新股东（含1个员工持股平台），募资210.56亿元，成为近年全国装备制造业混改第一大单，形成了“光荣传统+国企优势+先进机制”新模式，为新一轮高质量发展夯实基础，并入选国务院国企改革领导小组办公室国企改革典型案例、获评国务院国资委“双百企业”标杆。

① 徐工集团工程机械股份有限公司．2023年公司治理最佳实践案例分享——徐工机械［EB/OL］．［2023-10-16］．https：//www.capco.org.cn/hyzl/zthd/2023nzjsjal/202310/20231018/j_2023101809405400016975933752691397.html.

2021年4月7日，作为徐工有限混改的延续，徐工机械启动重大资产重组吸收合并徐工有限；2022年8月29日，徐工机械新增股份发行上市，标志着徐工有限整体上市圆满成功。徐工有限整体上市是装备制造业至今最大规模的吸收合并案例。本次重组完成后，实现了上市公司利益与股东利益的统一，挖掘机械、混凝土机械、矿业机械、塔式起重机等优质资产注入上市公司，消除公司潜在同业竞争，助力徐工机械优化产业结构、完善产业布局，为公司建设现代化世界一流企业奠定了"治理"基础。

整体上市后的"新徐工"擘画了"两步走"的战略新蓝图，以"一二三三四四"战略指导思想体系为指引，扎实推进"智改数转"董事长一号工程，全面贯彻"高质量、控风险、世界级、稳增长"经营发展方针，坚定不移推进产业"高端化、智能化、绿色化、服务化、国际化"转型升级，以技术及管理创新、国际化双轮驱动，淬炼五化核心能力，系统构建"5+1"现代化产业体系，打造徐工内涵式高质量增长模式。在研发体系方面，形成了"1+6+N"的创新体系，构建由徐工研究总院牵总、总部研发机构与各产业研发机构协同的两级研发体系架构，全力推进核心技术自主可控，攻坚零部件"卡脖子"难题；在国际化方面，推进实施总部抓总、区域主战、产品线主建的"1+11+N"国际化管控模式，在"深度本地化、率先服务化、业务合规化和IT全球化"上狠下功夫，全面提升国际竞争力。

徐工机械优化股东和治理结构，形成有效制衡。一是积极引入机构投资者，前十大股东中有7家为机构投资者，合计持股比例超过22%，高于控股股东20%的持股，并且充分保障机构投资者的董事、监事职位，机构投资者在公司拥有1名董事和3名监事席位，机构投资者监事占比40%。公司定期组织投资者交流会，加强机构投资者与公司董事会、经营层的沟通交流和意见互换。二是董事会构成合理，且严格控制董事与高管的交叉，公司董事会9人中大部分为外部董事，仅有1名董事兼任公司高管，并且董事长未兼任总经理。三是董事高管每年签"军令状"，董事每年签订忠实履职状，以保护公司利益为根本；高管每年签订经营责任状，落实各单位年度经营任务，同时，签署安全责任状，防止重大问题。

通过对徐工机械公司治理实践的学习，我们作为学生如何理解完善上市公司财务治理和财务战略的意义？如何培养创新意识和长期、总体的发展观？

4.3 债权治理

1）股东与债权人的代理问题

债权人与股东之间的代理问题主要是在债务契约签订之后，股东可能从事各种损害债权人利益的行为，主要表现为以下几点：

（1）债权人收益的转移

股东转移债权人的财富的主要手段有三种：股利政策的分配、现有债券价值的稀释以及资产替代行为。

①股利政策的分配。企业利用负债融资后，股东可以在不改变投资项目计划的前提下将负债筹到的资金用作股利分配的来源，直接分配给股东。在投资项目可以改变的前提下，股东和经营管理者有可能通过投资支出减少等方式来增加股东股利的分配，是股东的利益增加。在财务状况恶化时，股东有可能将负债资产采取股利的方式直接分配给股东。

②现有债券价值的稀释。在现有市场价值不变的情况下，企业可能通过发行与现有债权同等重要的优先权益的证券，使现有的债权人债权价值稀释，达到转移现有债权人权益的目的。

③资产替代。资产替代是指企业在负债融资后，股东在投资决策时，放弃低风险低收益的项目，而将负债资金转移向高风险高收益的项目。如果成功，债权人只是获得负债契约中固定的收益，超过低风险投资项目的超额部分全部归股东所有；如果失败，股东应该承担投资决策失误的全部损失，但是超出股东出资额的部分将由债权人承担。这种机制使得债权人容易受到损失。

（2）投资不足

企业利用负债融资还有可能使企业股东放弃对债权人而言有利的投资项目，这将导致投资不足。而这种投资不足大体上可以分为两类：一种是被动放弃投资项目，另一种是主动放弃投资项目。

①被动放弃投资项目。当企业拥有较多的负债余额而又缺乏偿债基金时，企业可能会因此而导致融资能力降低，从而被动地放弃预期收益较高的投资项目，因而出现投资不足的问题。

②主动放弃投资项目。当企业拥有净现值为正的投资项目时，尽管对于债权人来说，这是一个有利的投资项目，但是这时股东可能放弃该投资项目，因为股东认为此时实施该项目的收益将归债权人所有，股东自身得不到什么好处。

2）债务融资的治理效应

债务具有约束作用和激励作用，债务的约束作用主要表现在两方面：一是债务要求定期支付一定的现金流，从而减少了公司经营者可以随意支配的现金流，在一定程度上阻止了经营者的在职消费和过度投资行为；二是债务的破产威胁给经营者带来了压力，在公司经营不善时，债权人可以强制公司破产。因此，债务作为一种担保机制，可以促使经营者作出更好的投资决策，缓和经营者和股东之间的利益冲突。债务的激励作用表现在：债务放大了经营者的持股比例，对经营者具有激励作用。

（1）债务融资的约束效应

在一套有效的债务约束机制下，债务具有积极的治理效应，其对经营者的约束功能表现在硬预算约束、担保机制、信号机制等方面（如图4-4所示）。

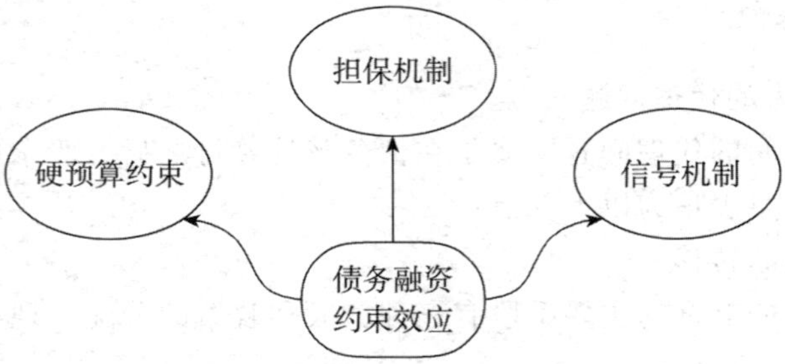

图4-4 债务融资的约束效应

首先，债务是一种硬预算约束，从理论上讲，企业所有权是一种“状态依存所有权”，即当企业有偿债能力时，股东拥有企业的剩余索取权和控制权，而债权人则是利益合同的要求者；当企业没有偿债能力时，由于破产机制的作用，债权人拥有企业的剩余索取权和控制权，债务能更好地约束经营者。债务对经营者的约束功能主要表现在到期债务的清偿对经营者支出自由现金流量具有硬约束。企业通过负债方式取得的现金是需要偿还的，企业经营者必须在债务到期时，以一定的现金偿还债务本息，否则将面临诉讼与破产。

其次，负债作为一种担保机制，可以促使经营者努力工作，并作出更好的投资决策。经营者的效用依赖于其职位，从而依赖于企业的生存，一旦企业破产，经营者将失去任职的一切好处，对经营者而言，存在较高的私人收益与较高的因破产而丧失其所有任职好处的风险之间的权衡。如果公司没有负债，就不会有破产风险，经营者所受约束减少，因而提高绩效的积极性降低，其结果是市场对公司的评价降低，公司的融资成本提高。因此，负债可以作为一种缓和股东与经营者冲突的激励机制。

最后，债务作为一种向市场传递企业经营业绩的信号机制，有助于外部投资者对企业未来经营状况作出正确的判断，从而作出正确的投资决策。信息不对称条件下的资本结构理论假设公司内部人和外部投资者之间存在信息不对称，即经营者或内部人拥有公司收益流和投资机会的私人信息，而外部投资者不知情。公司债务水平的选择成为向外部投资者传递有关公司价值的信号。在公司有负债的情况下，如果经营者不积极提高公司绩效，其自身也要以如果失去职位而丧失所有任职好处为代价，在此情况下，市场意识到公司绩效会上升，公司价值将提高。投资者将高杠杆比率作为公司高质量的信号。

（2）债务融资的激励效应

经营者拥有公司股权或股票期权是激励经营者的重要方法。债权对经营者的持股比例有放大作用，因而相应增加了股权对经营者的激励效应。如果企业的融资总额不变而企业的资产收益率大于债务利息率，则随着债务融资量的增加，经营者的持股份额所占比例增大，其股权收益也趋于增加。如果公司能够获得足够多的债务融资，以支持公司运作或项目开发经营，经营者则可以直接减少其他股东的股权投资金额，或者以举债融资回购股份的方式减少其他股东的股权投资份额，则债务比例的增加与其他股东所持份额减少的双重作用可以较大地增加经营者的股东权益。由此可见，随着公司负债水平的提高，经营者拥有的股权比例相应增加，其剩余索取权的比例将提高，经营者偷懒、从事在职消费和过度投资的可能性则降低，因而有助于降低股权资本的代理成本。

3）债权结构的治理效应

（1）债权结构的含义与分类

债权结构是指企业各种债权比例关系和具体构成。也有部分学者认为，债权结构是指企业长期债务资金的构成及相互之间的比例关系。

债权按照不同标准有多种分类方式，同时也构成了复杂的债权结构。按照债权形式的不同，企业债权可分为银行贷款债权、企业债券债权和其他债权；按照期限结构的不同，企业债权可分为长期债权和短期债权等。不同的债权种类组合构成了不同的债权结构，同时也带来了不同的治理效应。作为企业最为主要的融资方式，债权融资与股权融资相比在权利要求、利益分配等方面具有明显差异，其取得的治理效应也与之大不相同。同时债权组成内部结构不同，也会对公司治理产生重要影响，带来不同的治理效应。

（2）债权结构及其治理效应

债权融资内部不同的结构安排也会产生不同的治理效应。债权期限、限制条款等组成结构的不同，取得的治理效应也不尽相同。

①限制性条款方面

西方财务学家认为，引入财务契约（限制条款）会改变企业总价值。通过财务契约来控制债权人和股东之间的冲突能够提高企业的总价值。事实上，债权契约中的限制条款改变了股东与债权人之间的权利配置，能够缓和两者之间的矛盾，减少部分代理成本，即有积极的治理效应，能够相应提高企业总价值。财务契约是有成本的，企业在资本结构中引进风险债务必有利益可言，存在一个最优资本结构，风险债务可以通过财务契约进行控制，存在一个最优财务契约问题。限制性条款有四类：限制生产或投资条款、限制股利支付条款、限制融资条款和约束条款。债权人可以通过限制条款控制债务风险，并通过引入该风险债务取得企业最优资本结构。由此，债权结构中限制性条款的引入和合理设计，会优化企业融资结构，取得良好的财务治理效应。

②债务的期限结构方面

债权按期限不同可分为长期债权和短期债权，长短期债权不同比例搭配所组成的债券期限结构会产生不同的治理效应。长期负债能够影响企业未来的融资能力，如果长期负债比例过低，企业经营者很容易对净现值为负的项目融资，产生“过度投资”现象；如果长期负债过高，企业经营者很容易发现很难为净现值为正的项目融资，会产生“投资不足”现象。知道项目可以盈利的企业家，将用短期负债来为项目融资，而知道项目不能盈利的企业家将会利用长期负债。原因是，“高素质的”企业家准备承担这样的风险：关于项目盈利情况的新消息是不利的，因而将不会对项目进行再融资；而低素质企业家不准备承担这种风险。[①]可见，债券期限结构的决定受到资产期限结构的影响，企业长期债权比例不当会产生“投资过度”或“投资不足”的治理效应。同时，基于对投资项目盈利性预期，企业一般采用不同期限的债务进行融资，会产生不同的治理效应。

短期负债占绝大多数不一定是件好事，毕竟公司短期内要面对偿债压力，如果处理不当便面临破产还债的风险，很容易促使企业采取短期行为，拆东墙补西墙，不利于企业长期稳定发展。长期债务作为企业长期资金来源，并没有短期债务那样的紧迫还款压力，这便使得公司财务安排更具灵活性，将对公司发展非常有利。同时，长期债务也是企业信用的一种标志，对企业再融资及业务发展非常重要。特别是，长期债权的持有者通常与企业有比较长期稳定的关系，并面临着长期借贷风险，因此，更有动机、更有时间积极参与公司治理。而短期借款的债权人由于期限短、参与成本高等因素影响，并不具备积极参与公司治理的动机和能力。因此，从治理角度来看，长期债权更有利于优化财务治理结构，提高财务治理效率。

（3）债权工具形式及治理效应

债权工具形式主要有银行借款、企业债券和商业信用等形式，债权工具形式不同，其

---

① 哈特. 企业、合同与财务结构［M］. 费方城，译. 上海：上海人民出版社，1998.

持有主体参与公司治理的权利要求也不同，会给企业带来不同的治理效应。

①银行借款。理论上，银行是企业最重要的债权人，其不仅有监督控制企业的动力，也具备监督控制的条件，与其他债权工具形式相比较，银行借款形式治理效应是最为重要、最为显著的。为保证借贷资金安全，银行一般会积极参与公司治理，对企业行为进行监控。由于银行经常与贷款企业进行业务往来，能够较为全面地掌握企业经营情况、现金流量状况，并可利用其网络优势对企业资金运用状况进行跟踪监督，因而其更有信息优势监控企业行为，有效参与财务治理。

②企业债券。企业债券通常向社会公开发行，购买者主要为机构投资者或社会个人。企业债券具有明确的利率和还款日期，企业到期日必须偿债，否则将面临巨大信用风险乃至法律制裁。由于债券持有人为机构投资者和数目众多的社会个人，为维护市场秩序，到期偿还具有相当程度的强制性。同时，由于公开发行企业债券一般要通过有关部门对其资信状况进行审核，能够控制部分风险，因此，企业债券持有人通常不会关注企业经营状况并过多参与公司治理，但在企业债券硬性的偿债约束条件下，企业要面临巨大的破产偿债风险，控制权转移的相机治理机制约束效应则更为显著。此外，可转换债券等特殊类型企业债券设计较为复杂，各种权利实现和转换具有相当大的不确定性，从而对企业治理效应的最终影响也具有相当大的不确定性。

③应付账款等商业信用。应付账款等商业信用一般被认为是一种较为灵活的负债方式，企业通过策略性推迟、延期偿付货款等方式，可以得到事实上的短期债券融资效果。应付账款等债权由于偿付方式等因素影响，一般对企业强制偿还性约束相对较小，债权人参与公司治理的可能性也较小。但长期采用此种方式，特别是蓄意拖延付款，会对企业信用、形象产生非常不好的影响，这对企业长远发展非常不利。

4）提高债权治理效率的建议

为强化债务治理的治理效应，提高企业债务效率，应着重做好以下几方面的工作。

（1）健全破产机制，强化债务约束功能

债务融资的破产效应是债务治理各项功能效应发挥的基本前提，而企业破产法能否有效保护债权人的利益又取决于是否存在有效的破产机制或程序。完善的破产制度必须在以下两个方面有效：一是破产能给经营者一定的惩罚，实现债务的约束作用；二是能有效保护债权人的利益。通过破产机制实现控制权的转移，能有效强化自动履约机制，又能在出现偿债危机时保护债权人收益。2006年，中国最高立法机构高票表决通过企业企业破产法。该法重新界定了企业破产清偿顺序，平衡了劳动债权与担保债权的权益。企业破产法的出台对债权人权益的保护与市场经济的健康有序发展起到巨大的推动作用。

（2）加快国有银行的商业化改革，发挥银行在债务治理中的作用

目前，我国上市公司债务比例中银行借款的比重很大，加强银行对企业的监督显得尤为重要。在当前企业内源融资和债券市场发展规模有限的情况下，银行贷款仍是企业债务融资方式的首选。银行作为企业最大的债权人，理应有监督贷款企业的动力和激励，银行可以凭借自己在信息收集、传递与人才、资金、监督手段等方面的优势，承担对贷款企业事前、事中和事后监督的责任，以节约使用稀缺的监督资源，降低监督成本，并通过对企业进行监督以约束其经营和决策行为，真正发挥银行债务对企业的治理功能。强化银行对

公司的约束功能，需要把银行的约束作用引入公司治理机制，深化国有银行的商业化改革，提高银行债权人的质量和参与公司治理的能力。在所有者不能有效监督企业经营者的情况下，银行以其严厉的债务条款、充分的信息优势和专业化的监督，可以比国家派出的委托人更有效地监督控制经营者。

（3）大力发展债券市场，优化上市公司的债务结构

在中国资本市场上，上市公司偏好股权融资，导致债券市场发展滞后；而债券市场发展滞后又使得上市公司在债务融资中只能采用银行贷款方式。因此，发展公司债券市场，逐渐加大公司债务的融资比例，是强化上市公司融资约束、提高财务治理效率的一种理性选择。

从目前来看，中国债券市场已经形成了包括银行间市场、交易所市场和商业银行柜台市场三个基本子市场在内，以国债、金融债、企业债等为主的综合分层市场体系，但是，相对于内生性多层次债券市场的经济弹性而言，中国债券市场仍是较为初级的债券市场，存在诸多问题：国内债券市场监管体系存在多头管理问题，发展协同与监管协调难度较大；债券市场品种中，主要以国债、政策性金融债、普通金融债券、企业债等为主，而公司债券、集合票据、非公开定向债务融资工具、中小企业私募债等品种有限、规模较小。

①统一监管框架。一是彻底打破多头管理的混乱格局，成立国家层面的债券市场监管实体机构，整合目前相关监管主体的监督职能。二是强化监管主体的内部协调机制，坚持统一化、整体化和标准化监管标准，建立全面、严格、清晰的监管制度和指标体系。三是中央政府应该尽快出台债券市场发展的相关规划、目标指引、监管基准以及相关监管机构的职能。

4-6 知识拓展

国资委多举措助推国企去杠杆处理“僵尸企业”成突破口

②加快债券市场建设。一是纵向上，建立以市场化机制为基础，以统一互联共融市场为突破口，以完善市场组织体系、健全市场参与主体、拓展债券市场品种、发展债市交易工具以及加强市场监管体制为抓手，深化债券发行制度、市场监督机制建设、定价机制、登记托管机制、交易清算体系、破产偿债机制以及资信评价、社会监督及信息披露等制度的改革，以建立一个完善的债券市场基础设施和生态环境。二是横向上，构建一个以国债市场为核心，以公司债券为重点，以金融债、地方债、私募债等为重要支撑，资产证券化创新发展和债券衍生品适度发展的市场格局。

本章小结

财务治理是以财务关系为逻辑线索，通过财权的合理配置，形成有效的财务激励和约束机制，协调股东、债权人和经营者之间的财务冲突和矛盾，建立合理的利益制衡机制，提高治理效率的一系列财务制度安排。要明确财务治理的内涵，必须明确财务治理与公司治理、财务管理以及财务战略之间的关系。财务治理主体由股东、经营者和债权人构成；财务治理的客体是协调财务治理主体为了追求自身利益最大化而产生的财务冲突；财务治理的目标是协调财务主体之间的财务冲突和矛盾，合理分配剩余索取权和控制权，提高财务治理效率，促使利益相关者利益最大化，为顺利实现企业目标提供基础。

财务治理的内容包括股权治理与债权治理两个方面。

股权治理体现于股权结构之中，股权结构是在股权融资过程中形成的各类股东持有公司股份的比例，是财务治理机制的基础。从财务治理角度来看，股权结构主要是指两方面内容：股权分布状况与股权属性。股权分布状况实质上体现了股东之间的权利分布状态，其治理效应包括股权集中度、第一大股东以及经营者持股比例的治理效应三个方面。股权性质的治理效应包括国有股股东的治理作用、法人股股东的治理作用以及流通股股东的治理效应。

长期以来，我国企业的股权结构都比较复杂，主要有以下几个方面：股权集中与股权分散并存；国有股比重大；管理层持股比例低。优化我国企业股权结构的建议主要包括：第一，积极推进国有股减持。其中包括混合所有制改革和优先股改革。第二，积极发展和激励机构投资者。第三，完善经营者股权激励机制，鼓励管理层和员工持股。

债务融资的治理效应包括约束作用和激励作用。债务的约束作用主要表现在两方面：一是债务要求定期支付一定的现金流，从而减少了公司经营者可以随意支配的现金流，在一定程度上阻止了经营者的在职消费和过度投资行为；二是债务作为一种担保机制，可以促使经营者作出更好的投资决策，缓和经营者和股东之间的利益冲突。债务的激励作用表现在：债务放大了经营者的持股比例，对经营者具有激励作用。

债权融资内部不同的结构安排也会产生不同的治理效应。债权期限、限制条款等组成结构的不同，取得的治理效应也不尽相同。为强化债务的治理效应，提高企业债务效率，应着重做好以下几方面的工作。第一，健全破产机制，强化债务约束功能；第二，加快国有银行的商业化改革，发挥银行在债务治理中的作用；第三，大力发展债券市场，优化上市公司的债务结构。

关键概念与主要观念

□ 关键概念

财务治理　公司治理　财务主体　财务客体　财务冲突　股权治理　股权结构　股权分布　股权集中度　股权性质　混合所有制改革　优先股改革　债权治理　债权结构　限制性条款　债务期限结构　债权工具

□ 主要观念

财务治理的概念可以从两个层面理解：其一，财务治理是进行公司财务权利配置的一系列制度安排。其二，财务治理是各权利主体之间财务关系的行为规范。财务治理致力于解决股东、债权人、经营者之间的财务冲突和矛盾，只有正确处理三者之间的关系，才能恰当协调财务委托人和财务代理人的利益矛盾，从制度上保证公司财务活动的正常进行，促进公司财务目标的实现。

公司治理与财务治理既有联系，也有区别。联系主要有：两权分离是二者产生的共同原因；财务治理是公司治理的核心；公司治理是财务治理的基础，财务治理是公司治理的发展和深化。两者的区别主要在于：治理的侧重点不同，运行方式不同，激励的侧重点不同以及约束的侧重点不同。

财务治理与财务管理的区别主要体现为对象的差异性。财务治理与财务管理的联系主要表现在：体系的统一性；作用的互补性；目标的一致性。

财务治理是财务战略实施的前提。财务管理部门乃至财务总监往往是组织而非完全独立地承担企业的财务管理任务，这就需要财务治理从制度上保证企业最高决策层有效行使最终决策权，同时其他部门也能按制度积极配合，共同实现财务战略。若没有好的财务治理，在制定和实施财务战略的过程中，投资能力、成本核算、融资体系、财务控制等问题很可能会逐步恶化，严重影响到企业的财务水平和决策水平。

股权结构集中程度的不同会产生不同的治理效应。股权过于集中时，大股东和小股东之间的代理成本较高，前者容易侵犯后者利益；股权过于分散时，公司股东与经营者之间代理成本较高，后者容易形成“内部人控制”而侵害前者利益。理论上，寡头竞争式股权结构（中间型股权结构）一般被认为是较为理想的股权结构。第一大股东持股比例不同，对公司控制权实际占有状况也就不同，并会带来不同的治理效应。经营者持股在治理中的作用，主要有两个方面：“利益收敛”效应和“堑壕效应”。关于国有股的治理作用，主要有两种观点：攫取之手和帮助之手。相对而言，法人股股东对公司的治理作用较强，对促进公司持续发展有着一定的稳定作用。从外部接管市场来看，流通股股东“用脚投票”的威胁可以增强接管市场的有效性。

债务具有约束作用和激励作用，其对经营者的约束功能表现在硬预算约束、担保机制、信号机制等方面。债权对经营者的持股比例有放大作用，因而相应增加了股权对经营者的激励效应。债权融资内部不同的结构安排也会产生不同的治理效应。债权期限、限制条款等组成结构的不同，取得的治理效应也不尽相同。

基本训练

□ 知识题

4.1 简答题

(1) 什么是财务治理？财务治理和公司治理的联系和区别是什么？

(2) 财务治理的主体、客体、目标是什么？

(3) 股权结构治理包括哪几个方面？

(4) 我国股权结构存在的问题有哪些？

(5) 债务融资有哪两方面的治理效应？

(6) 债权结构治理包括哪几个方面？

4.2 思考题

(1) 分析财务治理与财务管理之间的关系。

(2) 如何理解股权集中度的治理作用？

(3) 为什么说国有股的减持有助于优化股权结构，提高企业的股权治理效率？

(4) 简述机构投资者在财务治理中的意义。

(5) 债权融资的约束效应和激励效应分别体现在哪些方面？

□ 能力题

陆家嘴现代企业制度的发展历程[①]

上海陆家嘴金融贸易区开发股份有限公司（以下简称“陆家嘴”）致力于中国最具影

① 本案例资料改编自：佚名．陆家嘴：“三一考核”兼顾党建与企业发展［J］．董事会，2019（12）：43.

响力的“上海陆家嘴金融贸易区”的重点功能区域土地开发和城市功能开发，是陆家嘴金融贸易区最初的开发建设者。二十多年的发展使陆家嘴成为涵盖城市功能开发、商业地产经营、金融产业服务、会展规划咨询的综合性投资控股公司。

陆家嘴始终秉持“永续经营、持续发展”的理念，将经济发展、环保运营和社会和谐三者合一的标准贯彻到公司各项工作中，实现公司和利益相关方的共同发展。2018年，公司实现营业收入126.39亿元，较2017年度增长35.54%；实现归属于上市公司股东的净利润33.50亿元，较2017年度增长7.04%。截至2018年年末，公司总资产达到781亿元，2018年营业收入126亿元，净利润超过33亿元。公司高度关注对全体股东的稳定、均衡、持续回报，持续秉承效益优先和股东利益最大化的宗旨，自2002年以来，坚持每年现金分红。公司不仅严格按照股东回报规划，且近年来连续五年现金分红达到净利润的50%，成立至今，对股东的现金分红金额达87亿元。

陆家嘴以建立现代企业制度为目标，不断完善公司治理结构，规范公司日常运作，防范公司经营风险，加强公司信息披露。目前，公司已经形成权责分明、各司其职、有效制衡、协调运作的法人治理结构。公司通过董事会决策、管理层执行和监事会监督三位一体的管理模式，确保其运行的独立性、规范性和有效性，切实维护广大投资者和公司的利益。

陆家嘴发挥党组织的政治核心作用，将党的领导和完善公司治理统一起来。2018年，公司将党建工作纳入公司章程，明确党组织在公司法人治理结构中的法定地位，深入挖掘党组织发挥政治核心作用的途径和方式，在公司发展中坚持党的建设同步谋划、党务工作者队伍稳定、党组织和党员作用有效发挥，坚持和完善双向进入、交叉任职的领导体制，贯彻“三重一大”决策制度，董事会决定公司重大问题时，由公司党委会先进行研究讨论或作出决策。董事会中的党员成员按照党委会的决定或意见发表意见，行使表决权，落实党委的决定。加强党建工作有利于加强对公司董事会的监督，有利于完善国有资产管理体制，有利于实现国有企业可持续发展的目标。

【案例分析要求】

（1）结合该案例，试述陆家嘴的公司治理目标。

（2）结合该案例，分析陆家嘴如何发挥党组织在公司治理中的作用。

数智能力训练

在数字经济时代，人工智能大模型能够为财务治理提供很多有益的帮助。结合本章学习的内容，我们可运用人工智能大模型，如阿里“通义千问”、百度“文心一言”和科大讯飞“星火”等（当然也可以采用最新推出的其他模型）对财务治理中的相关问题进行进一步讨论分析，以提升同学们运用数智模型进行财务治理的能力。

本章的数智能力训练题主要有：

（1）财务治理的目标是协调财务主体之间的财务冲突和矛盾，合理分配剩余索取权和控制权。在企业财务活动各个环节存在哪些财务治理问题？如何提升企业财务治理效率？

（2）利用人工智能大模型，探索优化我国企业股权结构的途径和措施。

（3）从利益相关者利益最大化角度看，我国上市公司财务治理现状如何？存在哪些问题？如何通过财务治理提升企业的财务水平和决策水平？

同学们可以针对这些问题利用大模型进行提问，也可针对本章内容尝试提出不同的问题或以不同方式进行提问，以提升同学们利用人工智能大模型进行财务管理的能力。

互动练习

4-7 即测即评

第4章练习题

第 5 章

财务战略

学习目标

本章学习目标是使学生掌握财务战略的概念、地位、内容和类型；财务战略规划的概念、程序与方法；财务战略控制的程序与方法。其具体目标包括：

知识目标：

- 掌握财务战略的概念，明确财务战略与公司战略、经营战略的关系，明确财务战略在管理控制中的地位。
- 了解制定与实施财务战略的作用。
- 了解财务战略管理的过程，掌握财务战略规划的概念。
- 掌握财务战略环境的概念，了解环境分析对财务战略的意义。
- 明确财务战略的内容，掌握筹资战略、投资战略和分配战略的概念。

技能目标：

- 掌握财务战略规划的程序。
- 掌握财务战略控制的程序。
- 理解财务战略控制的方法。

能力目标：

- 掌握投资战略、融资战略和分配战略的内涵以及战略的选择。
- 掌握快速扩张型、稳健发展型和防御收缩型三种类型的财务战略及其运用。
- 能够运用财务战略规划的理论与方法进行企业战略规划。

素养目标：

- 能够将公司财务战略与公司战略和国家战略相结合，以促进经济发展为己任。
- 通过财务战略学习，树立服务社会、造福人类的观念。

5.1 企业战略与财务战略概述

1）企业战略管理体系

企业战略是指企业为了实现长期的生存和发展，在综合分析企业内部条件和外部环境的基础上作出的一系列带有全局性和长远性的谋划。企业战略管理是在分析企业内外部环境的基础上，确定和选择达到企业目标的有效战略，并将战略付诸实施、进行控制和评价的一个动态管理过程。企业战略管理体系是由公司战略、经营战略和职能战略三个层次构成的。

公司战略处于最广泛的层面，又称为企业总体战略，一般由公司董事会制定。公司战略通常可分为成长型战略、稳定型战略和收缩型战略。

经营战略，亦称业务单位战略、竞争战略、事业部战略，是指在公司战略指导下，各战略业务单位所制定的部门战略，包括对特定产品、市场、客户或地理区域作出战略决策。经营战略通常包括成本领先战略、差异化战略和集中化战略等。

职能战略是指为实施和支持公司战略及经营战略，企业根据特定管理职能制定的战略。如研究与开发战略、生产战略、人力资源战略、财务战略、市场营销战略等。

企业战略管理体系可用图5-1表示。

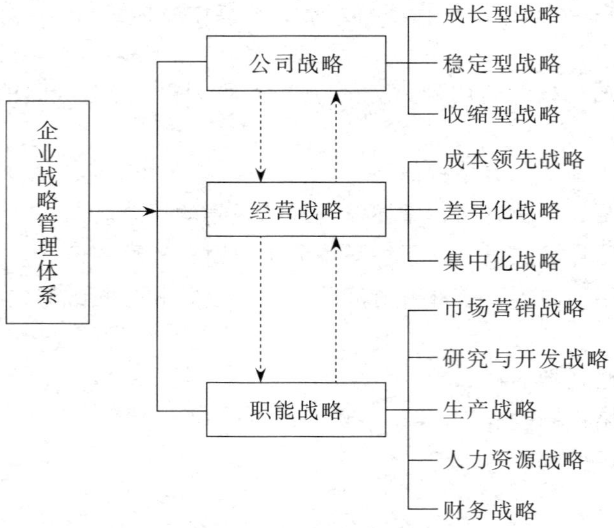

图5-1 企业战略管理体系

2）财务战略的内涵

财务战略是企业职能战略的有机组成部分。明确企业战略体系的内涵为弄清楚财务战略地位和内涵奠定了基础。

财务战略属于企业战略体系的一个分支，属于职能战略。财务战略关注的焦点是企业资本资源的合理配置与有效使用，这是财务战略不同于其他各种战略的本质性特征。因此，财务战略既是公司总体战略的重要组成部分，也是公司经营战略具体层次的延伸。公司总体战略与财务战略之间存在一种辩证的关系，即一方面公司总体战略居于主导地位，对财务战略有指导作用；另一方面，财务战略又具有相对独立性，对公司总体战略和经营战略起着支持作用。财务战略管理是对战略性财务活动的管理，它既是公司战略管理一个不可或缺的环节和组成部分，也是公司财务管理的一个十分重要的方面。财务战略定位的准确与否和财务战略实施的效果如何，直接决定了公司整体资源配置的有序性、资源利用的高效性和生产经营的效益性，对企业的持续发展有着至关重要的影响。财务战略与公司总体战略、经营战略及其他职能战略的关系如图5-2所示。

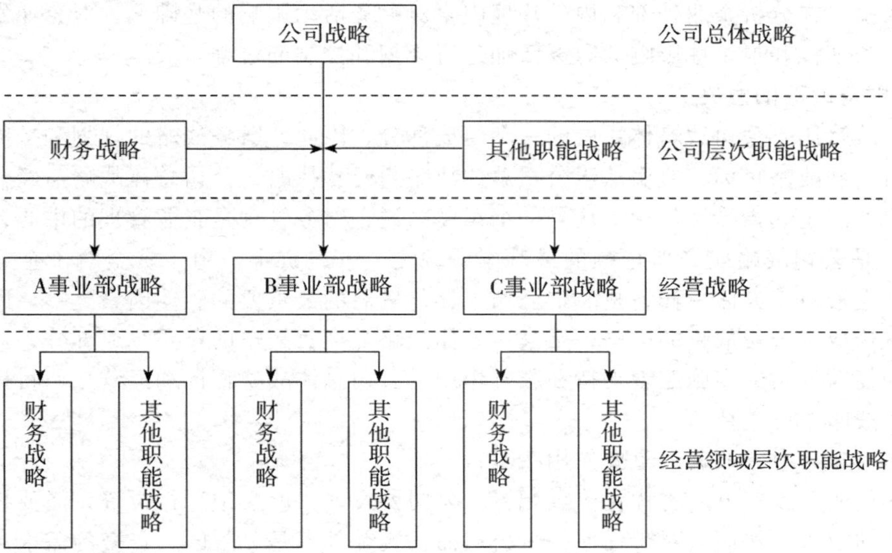

图5-2 财务战略在公司战略体系中的地位

可见，财务战略对公司总体战略和经营战略的实现具有支持作用。如果没有财务战略的制定，就无法形成财务战略规划，更谈不上财务战略计划的形成。因为财务战略规划是关于财务资源配置和使用的长远计划，财务战略计划又是为实现财务战略规划在短期内（通常为1年）所应采取的资源配置方案，是财务战略规划的分解，是财务战略得以落实的保证，通常以预算的形式反映，如筹资预算、投资预算和股利分配预算等。因此，没有财务战略制定，也就无法编制筹资预算、投资预算和股利分配预算等；如果没有上述预算的编制及落实，那么财务战略的执行也只能是一句空话。

在明确以上三种关系的基础上，我们可以界定财务战略的概念。企业财务战略是企业财务管理与战略管理相融合的产物。自Harrison等人在《组织战略管理》一书中明确提出财务战略是指“企业为配合其发展与竞争战略的实施而须提供的资本结构与资金的计划”后，Pearce和Robinson等又指出企业财务战略包括资金筹集、资金分配（投资）与分红、营运资金管理三大方面内容，之后David、Allen等国外学者以及ACCA等组织都对财务战略的定义进行了界定，尽管各有特色，但基本体现了“为配合企业战略而实施的资本结构与资金计划”的思想。而国内学者的相关研究则呈现多元化的状况。如南开大学刘志远教授认为财务战略是指“为谋求企业资金均衡有效地流动和实现企业战略，为增强企业财务竞争优势，在分析企业内外部环境因素对资金流动影响的基础上，对企业资金流动进行全局性、长期性和创造性的谋划，并确保其执行的过程”；北京大学陆正飞教授认为，财务战略是对企业长期发展有重大影响的财务活动的指导性思想和原则；厦门大学傅元略教授则认为，“财务战略是基于公司战略及其目标而对财务资源进行优化配置的复杂决策过程”。我国学者杨学义、武笑坷进一步指出，财务战略有广义和狭义之分，广义的财务战略包括资金的筹集战略和所筹资金的管理战略，狭义的财务战略仅指筹资战略，包括资本结构、筹资来源和股利分配等政策。

综上所述，我们认为财务战略是为实现公司目标和战略目标，提高财务活动效率，控制财务风险，在分析企业外部和内部环境因素对财务活动影响的基础上，对企业发展具有全局性、长期性和根本性影响的财务活动进行规划和控制的过程。

3）财务战略的意义

财务战略属于公司战略体系中的一个组成部分，因此，财务战略的规划和控制要服从于公司目标和战略目标，要服从于公司总体战略与经营战略，公司总体战略与经营战略对财务战略的制定起指导性作用。从另一个角度来说，财务管理是企业管理的中心，财务战略关注的是公司战略实施所依赖的最基本资源之一——资金。由于资金对于企业的重要性，正如血液对于人体一样，是决定公司生存与发展的最重要的驱动因素之一，因此，财务战略就构成了公司战略的中坚，是公司总体战略与经营战略的重要组成部分，对公司总体战略和经营战略的实施起着支持和服务作用。公司总体战略目标和经营战略目标的实现需要财务战略予以支持。

制定与实施财务战略的重要作用在于：

第一，明确投资方向，优化资金配置。公司要发展，就必须进行投资，而要投资，就需要资金的投入。然而，对于任何一个公司而言资金都不是无限的，资金的需求和供给永远是一对需要谨慎平衡的矛盾。通过财务战略的制定，可以使公司把有限的资金合理配置，优先保障符合公司总体战略和经营战略方向的投资项目，从而提高资金的利用效率。

第二，谋划资金筹措，支持公司战略实施。筹措必要的资金是公司总体战略和经营战略实施的前提，而且筹资渠道和方式的不同选择会给公司带来不同的财务影响。因此，通过财务战略的制定与实施，不仅可以为公司总体战略的实施提供可靠的资金支持，而且可以通过对筹资渠道和方式的系统谋划提高公司的筹资效益。

第三，改善财务现状，适应环境变化。现代企业的市场竞争更激烈、客户需求更多样化、社会环境更多变、经济全球化加剧，企业所面临的风险也更大，财务风险给企业带来的危害更是触目惊心。为此，公司要在剧烈变动的市场中生存和发展，就必须控制财务风险，从长远的观点制定财务战略，规划公司的各种财务活动，有效改善财务现状，努力适应环境变化，从而实现公司股东价值最大化。

第四，发挥财务功能，确立财务优势。现代企业要获得竞争优势，就必须比竞争对手更有效、更快速地培育、积蓄和更新资源。因此，建立合理的公司战略是公司形成核心竞争力，提高价值管理能力的前提条件。而对于财务总监来说，战略与公司财务相融合，已成为战略实施和公司价值创造的内在需要。财务战略规划与实施，有利于控制财务活动，发挥财务功能，从而建立起相对于竞争对手的财务优势，为公司股东价值最大化目标的实现提供有力支持。

4）财务战略的特征

（1）从属性。财务战略应体现企业整体战略的要求，为其筹集到适度的资金并有效合理投放，以实现企业整体战略。

（2）系统性。财务战略应当始终保持与企业其他战略之间的动态联系，并努力使财务战略能够支持其他子战略。

（3）指导性。财务战略应对企业资金运筹进行总体谋划，规定企业资金运筹的总方向、总方针、总目标等重大财务问题。财务战略一经制定便应具有相对稳定性，成为企业所有财务活动的行动指南。

（4）复杂性。财务战略的制定与实施较企业整体战略下的其他子战略而言，复杂程度更高。

5）财务战略的目标

财务战略目标是公司战略目标中的核心目标。财务战略目标的本质是通过资本的配置与使用为企业创造价值并实现价值。

创造价值是指企业的内在价值，即企业将要为其权益所有者创造的一系列期望的未来现金流的净现值，是预测股权现金流的当前价值。

价值实现是通过与股东和外部投资者进行有效沟通，提高价值创造与股票价格之间的相关性，避免管理期望价值与市场预期价值的差异，使经营绩效有效地反映于资本市场的股东投资效益。

价值创造与价值实现的计量可通过资本增值来体现。由于价值计量标准不同，产生的价值计量也不同，资本增值可表现为经济增加值和市场增加值。

作为财务战略的两个方面，价值创造过程通常是企业内部管理的范畴，价值实现过程则是通过对外沟通来完成的。若公司内在的真实经济价值与外在的市场价值有落差，在市价被高估时，对内要进行价值重建，以确保公司价值创造能力的提升；在市价被低估时，对外要与股东和投资者做有效的价值沟通，以避免由于欠缺资讯的透明度及资讯的不对称造成预期落差，导致投资价值减损，阻碍价值实现。这里所说的“价值重建”，是指基于企业价值创造目标对影响价值创造的业务进行重新组建，以提升企业价值创造能力。进行价值重建的方式有多种，如企业重组、资产重组、业务重组等都会影响企业的价值创造能力，因此，都属于价值重建。

6）财务战略管理过程

动态的战略管理过程一般可以分为战略规划、战略执行、战略控制和战略调整四个阶段，每一个阶段又各自包括了若干个不同的步骤。因此，财务战略管理过程一般也分为财务战略规划、财务战略执行、财务战略控制和财务战略调整四个阶段。图5-3列示了财务战略管理过程模型。

同一般战略规划原理一样，财务战略规划实际上就是财务战略方案设计，它在审视公司以往财务战略和进一步的公司环境分析的基础上，着重分析公司内外部环境因素对财务活动的影响，并根据公司在未来发展阶段的目标定位、总体战略和经营战略，进一步解决财务战略选择路径、拓展方向、目标体系和保证措施等问题，对公司未来发展阶段的筹资、投资和分配等财务活动进行全局性、长期性和创造性的谋划。

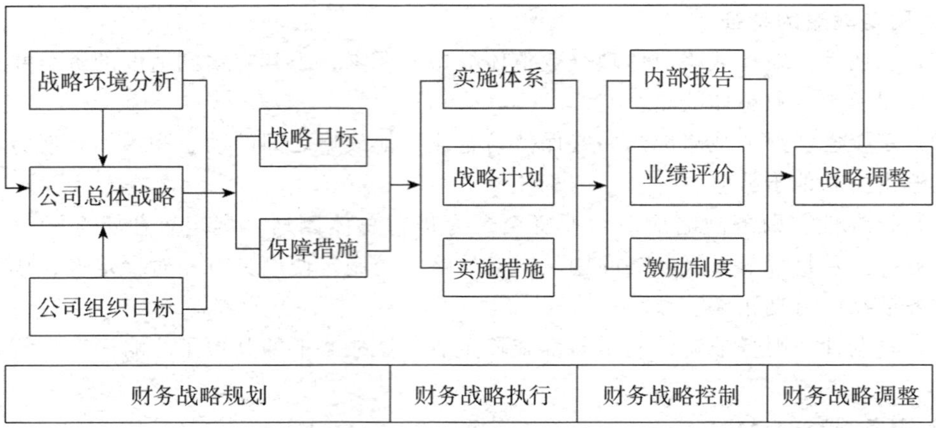

图5-3 财务战略管理过程模型

财务战略的实施不仅需要与之相配套的实施体系和实施措施，而且需要分阶段、分步骤地实施战略。财务战略反映的是未来较长时期的重大财务活动的策划和安排，要使之在现实中能够执行，需要将其转变为年度的经营活动，因此，为了保障财务战略的最终实现，需要将其进一步分解和落实，转变为单一经营年度的战略计划。可见，战略计划是战略规划的分解，是战略规划得以实施的保证，实际上这也是对战略实施的一种控制措施。

财务战略在实施的过程中会出现各种偏差，因此，需要对战略实施的整个过程进行跟踪分析，需要检查公司内部各有关部门和员工为达到战略目标所进行的各项财务活动的进展情况，评价实施战略后所取得的效果效率，并把它与预定的战略目标进行比较，分析产生偏差的原因并采取措施纠正偏差，使财务战略的实施能够更好地与公司当前所处的内外环境协调一致，从而最终实现战略目标。这就是财务战略控制环节，包括内部报告、业绩评价和激励制度等步骤。

财务战略在实施过程中如果出现实际结果与预定目标有明显差距，则需要对财务战略进行必要的修正与调整。公司进行财务战略调整的原因有很多，比如战略长期稳定性与战略环境的多变性之间发生矛盾，如果不对战略方案进行调整，就会严重脱离实际，从而带来不良后果，再比如由于战略制定本身就不符合客观发展规律，甚至本身就是错误的，在执行一段时间后发现了制定的失误之处，因此，必须进行修订。总之，战略调整既是由客观因素所决定的，又是由主观因素所决定的。进行战略调整是更好地实现公司目标和战略目标的一个重要程序。

无论是在公司战略的规划当中，还是在公司战略的实施和控制过程中，财务总监都扮演着重要的角色，财务总监领导的财务部门也在战略规划、战略实施和战略控制的不同阶段起着重要的支持作用。在资源管理和核心竞争力管理中，财务总监要积极参与，并使之成为公司价值管理的一个有机组成部分；在战略管理过程中，财务总监履行支持性职责，协助董事会或总经理完成战略环境分析、战略规划和实施控制；而在财务战略规划、实施和控制中，财务总监的作用逐渐加大，起着支持甚至主导性作用。公司的财务部门则承担制定并实施与公司战略相配套的财务战略的具体工作。这意味着作为公司财务部门的高级管理者，财务总监首先需要理解和阐述公司战略和经营战略，特别是对现有的或未来的投资者。其次，高级财务管理者必须保证现金能够满足公司可预见的资金需求，同时应该保留一定的盈余。最后，也是最重要的，高级财务管理者必须理解什么创造了价值，并且以其他部门管理者也能理解的方式加以衡量和解释。

7）财务战略的类型

筹资战略、投资战略和分配战略共同组成了财务战略，不同时期不同环境中的公司在筹资活动、投资活动和分配活动方面有不同的侧重点，这就构成了不同类型的财务战略。尽管我们说战略应该着眼于企业未来长期稳定的发展，但这并不意味着战略是一成不变的，同样，财务战略的选择必须考虑企业不同发展阶段的经营风险和财务特征，并随着企业环境的变化及时进行调整，以保持其旺盛的生命力。

从资金筹措与使用特征的角度，可以将财务战略划分为快速扩张型、稳健发展型和防御收缩型三种类型，它们的特征见表5-1。

表5-1 **公司财务战略类型**

类型	目的	资金来源	资产报酬率	分配政策	财务特征
快速扩张型	追求规模、快速扩张	主要是负债	较低	较少分配	高负债、低收益、较少分配
稳健发展型	稳定增长、平稳扩张	利润积累	较高	适度分配	低负债、高收益、适度分配
防御收缩型	预防危机、求得生存	低负债	提高	较少分配	低负债、高收益、较少分配

快速扩张型战略也称为进攻型的财务战略，它是配合公司的一体化战略和多元化战略而展开的。这种财务战略是以实现公司资产规模的扩张为目的的。为了实施这种战略，公司往往需要在将绝大部分乃至全部利润留存的同时，大量地进行外部筹资，更多地利用负债。公司资产规模的快速扩张，也往往会使公司的资产报酬率在一个较长时期表现为相对的低水平。因此，这种财务战略的特点是公司对外投资规模不断扩大，现金流出量不断增多，资产报酬率下降，债务负担增加。它的优点是新的产品或市场发展空间，可能会给公司未来带来新的利润增长点和现金净流量，其成功案例如日本的松下公司和我国的海尔集团；它的缺点是一旦投资失误，公司财务状况可能恶化，甚至导致公司破产，其典型案例如东亚金融危机后陷入困境的韩国大宇集团和我国的巨人集团。

5-1 明理增信

新时代中国经济从高速增长转向高质量发展

稳健发展型的财务战略也称为加强型或平衡型财务战略。它是为配合公司实施对现有产品或服务的开发或市场渗透战略而展开的。它是以实现公司财务业绩稳定增长和资产规模平稳扩张为目的的一种财务战略。实施这种战略的公司，一般尽可能优化现有资源的配置和提高现有资源的使用效率，将利润积累作为实现资产规模扩张的基本资金来源，且对利用负债来实现资产增长往往持十分谨慎的态度。因此，这种财务战略的特点是充分利用现有资源，对外集中竞争优势，兼有战略防御和战略进攻的双重特点，通常是一种过渡性战略。其典型的成功案例如日本的佳能公司，它通过不断加强其在精密机器、精密光学、微电子与激光方面的核心技术能力，使其产品在激烈的市场竞争中一直处于不败之地。但是，当公司现有产品或服务本身已属夕阳产业，发展前景暗淡时，如果仍然实行这种财务战略，则可能会给公司带来财务危机，影响公司未来盈利能力和现金流量。

防御收缩型战略也称作防御型的财务战略。它主要是为配合公司的收缩、剥离、清算等活动展开的。这种财务战略是以预防出现财务危机和求得生存及新的发展为目的的。实施这种财务战略的公司，一般将尽可能减少现金流出和尽可能增加现金流入作为首要任务，通过采取削减业务和精简机构等措施，盘活存量资产，节约资本支出，集中一切可以集中的财力，用于公司核心业务，以增强公司核心业务的市场竞争力。因此，这种财务战略的特点是公司规模迅速缩小，现金流入量增加，资产报酬率提高，债务负担减轻。它的优点是公司财务状况稳健，为将来选择其他财务战略积聚了大量现金资源，其成功案例如美国克莱斯勒公司在20世纪80年代末实行的管理变革和我国的TCL集团出售盈利的非核心业务；它的缺点是公司会因此而失去一部分产品领域和市场空间，若不能及时创造机会调整战略则会影响公司未来的盈利增长和现金流量，目前，我国有相当一部分企业不景气就是这一原因造成的。

财务战略的选择必须与经济周期相适应。从财务的观点看，经济的周期性波动要求企业顺应经济周期的过程和阶段，通过制定和选择富有弹性的财务战略，来抵御大起大落的经济震荡，以减少它对财务活动的影响，抑制财务活动的负效应。经济周期通常需要经历经济复苏期、经济繁荣期和经济衰退期，企业在不同的经济周期应选择不同的财务战略。在经济复苏阶段应采取扩张型财务战略，增加厂房设备，采用融资租赁方式，增加存货，开发新产品，增加劳动力。在经济繁荣阶段应采取扩张型财务战略和稳健型财务战略相结合的方式。繁荣初期继续扩充厂房设备，采用融资租赁方式，继续增加存货，提高产品价格，开展营销筹划，增加劳动力。繁荣后期采取稳健型财务战略。在经济衰退阶段应采取防御型和扩张型衔接的财务战略。在初期，特别是在经济处于低谷时期，继续采取防御型财务战略，建立投资标准，保持市场份额，压缩管理费用，放弃次要的财务利益，削减存货，减少临时性雇员。后期为转向扩张型财务战略作准备，迎接下一轮经济周期的到来。总之，企业财务管理人员要跟踪时局的变化，对经济的发展阶段作出恰当的反应，要关注经济形势和经济政策，深刻领会国家的经济政策，特别是产业政策、投资政策等对企业财务活动可能造成的影响。

【案例5-1】华为集团和恒大集团在公司发展战略和财务战略方面的特点

1.发展战略

华为的发展战略：华为采取了多元化的发展战略，不仅在电信领域取得了巨大的成功，还在企业业务、消费者业务和云计算等领域积极拓展。这种战略使华为能够在不同的市场领域中寻找机会，降低了对单一业务的依赖风险。此外，华为还注重技术创新和研发投入，通过不断推出新产品和服务来满足客户需求，提高自身的竞争力。

恒大的发展战略：恒大集团主要专注于房地产和相关产业的发展。恒大通过大规模拿地、快速开发和高周转的模式，实现了企业的快速扩张。然而，这种战略也使恒大面临着较大的市场风险和政策风险，一旦房地产市场出现波动或政策调整，可能会对其业务产生较大的影响。

2.财务战略

华为的财务战略：华为在财务战略上相对稳健，注重长期稳健的发展。华为保持了较高的现金储备，并通过多种融资渠道来支持公司的发展。此外，华为还注重成本控制和效率提升，通过精细化管理来提高盈利能力。

恒大的财务战略：恒大在财务战略上较为激进，采取了高负债、高杠杆的发展模式。这种模式在一定程度上帮助恒大实现了快速扩张，但也使其面临着较高的财务风险。一旦市场环境或政策发生变化，可能会对其现金流和偿债能力产生较大的压力。

需要注意的是，每个公司的发展战略和财务战略都需要根据自身的情况进行制定和调整。

3.恒大集团面临的危机与它的发展战略和财务战略可能存在的联系

从发展战略角度看，恒大集团过去可能采取了较为激进的扩张策略，过度依赖房地产市场的增长，大量投资和扩张项目。这种扩张可能导致资金压力增加，负债水平上升，一旦市场环境发生变化或项目进展不如预期，就容易引发财务危机。

从财务战略角度看，恒大集团的财务战略可能存在一些问题，如高负债经营、过度依赖外部融资、资金回笼困难等。高负债水平可能使公司面临偿债压力，而过度依赖外部融资可能使公司在市场环境变化或融资渠道受限时面临资金链断裂的风险。

从市场环境变化看，房地产市场的宏观环境变化，如政策调控、市场需求下降等，可能对恒大集团的业务和财务状况产生重大影响。无法及时适应市场变化并调整发展战略可能导致公司面临困境。

从风险管理角度看，恒大集团可能在风险管理方面存在不足，未能有效识别和应对潜在的风险。对市场风险、信用风险、流动性风险等缺乏有效的监控和管理，可能导致危机的发生和加剧。

需要指出的是，企业面临的危机往往是多种因素相互作用的结果，不仅仅局限于发展战略和财务战略。其他因素，如管理不善、内部控制漏洞、市场竞争等也可能对企业的稳定和可持续发展产生影响。对于企业来说，制定合理的发展战略和财务战略至关重要。这包括合理规划扩张速度、控制负债水平、优化资金结构、加强风险管理等方面。同时，及时适应市场变化、提升运营效率、加强内部管理也是保持企业健康发展的关键要素。

5.2　财务战略内容

财务战略的内容确定是与其本身特征相适应的。现代战略思想体现在财务管理上，形成了公司的财务战略。因此，财务战略涉及公司战略和财务管理两大领域。一方面，财务战略在公司战略体系中属于职能战略之一，描述的是财务活动在未来一定时期的发展目标、发展方向和实施途径，因此，财务战略内容以公司财务活动为重点。另一方面，财务战略与其他战略一样，其关注的是那些具有全局性和长远性特征的方面，而不是局部的或者无关紧要的具体事务，因此，财务战略应该对那些会对公司未来价值创造产生影响的重要财务活动作出规划。

公司目标和公司财务目标是一致的，追求股东价值最大化是公司财务的根本目标。公司追求财务目标的过程也正是公司进行财务活动的过程，这个过程包括筹资活动、投资活动和分配活动。因此，一个公司的财务战略，其内容一般包括融资战略、投资战略和分配战略三个方面。

1）融资战略

融资战略，即反映公司资金筹集的战略，主要解决长期内与公司战略有关的公司资金筹集的目标、原则、方向、规模、结构、渠道和方式等重大问题。融资战略是根据公司内外理财环境的状况和趋势，对公司资金筹措的目标、结构、渠道和方式等进行长期和系统的谋划，旨在为公司经营的实施和提高公司的长期竞争力提供可靠的资金保证，并不断提高公司的筹资效益。它是为了适应未来环境和公司战略的要求，对公司资金筹措的一种长期的、系统的构想，融资战略的直接目的就是，既要使公司资本成本最小化，又要确保公司财务风险最小化。

一般来说，企业的融资方式有：内部融资、债权融资、股权融资和销售资产融资。因此，基于融资方式的融资战略有四种，即内部融资战略、股权融资战略、债权融资战略和销售资产融资战略。

（1）内部融资战略。企业可以选择以内部留存利润进行再投资。留存利润是指企业分配给股东红利后剩余的利润。这种融资方式是企业最普遍采用的方式。但在企业的快速扩张等阶段，仅依靠内部融资是远远不够的，还需要其他的资金来源。内部融资的优点在于管理层在做此融资决策时，不需要向外部披露公司的信息，比如不需要像债权融资那样向银行披露自身的战略计划或者像股权融资那样向资本市场披露相关信息，从而可以节省融资成本。其缺点在于股东会根据企业的留存利润预期下一期或将来的红利，这就要求企业有足够的盈利能力，而对于那些陷入财务危机的企业来说压力是很大的，因而这些企业就没有太大的内部融资空间。

（2）股权融资战略。股权融资是指企业为了新的项目而向现在的股东和新股东发行股票来筹集资金。这种融资经常面对的是企业现在的股东，按照现有股东的投票权比例进行新股发行，新股发行能否成功取决于现有股东是否对企业前景具有较好预期。当企业需要的资金量比较大时（比如并购），股权融资就具有很大优势，因为它不像债权融资那样需要定期支付利息和本金，而仅仅需要在企业盈利时向股东支付股利。不足之处在于，股份容易被恶意收购从而引起控制权的变更，而且股权融资的成本也比较高。

（3）债权融资战略。债权融资主要分为贷款和租赁两类。

贷款又可分为短期贷款和长期贷款。债权融资方式与股权融资方式相比，融资成本较低、融资的速度较快，而且方式也较为隐蔽。不足之处是，当企业陷入财务危机或者企业的战略不具竞争优势时，还款的压力会增加企业的经营风险。

租赁是指企业租用资产一定时期的债务形式，可能拥有在期末的购买期权。比如，运输行业比较倾向于租赁运输工具而不是购买。租赁的优点在于企业可以不需要为购买资产进行融资，缓解资金压力，并可在一定程度上避免长期资产的无形损失。此外，租赁很有可能使企业享有更多的税收优惠。不足之处在于，企业使用租赁资产的权利是有限的，因为资产的所有权不属于企业。

（4）销售资产融资战略。企业还可以选择销售其部分有价值的资产进行融资，这也被证明是企业进行融资的主要战略。从资源观的角度来讲，这种融资方式显然会给企业带来许多切实的利益。销售资产的优点是简单易行，并且不用稀释股东权益。不足之处在于，这种融资方式比较激进，一旦操作了就无回旋余地，而且如果销售的时机选择不准，销售的价格就会低于资产本身的价值。

【案例5-2】ZH集团不同阶段的融资方式

ZH集团成立于1950年，经过半个多世纪的发展，现已成为世界上具有相当高信誉的综合型国际企业集团，业务涵盖石油、化肥、橡胶、塑料、化工品、金融、保险、物流和高科技产业投资等领域。1997年发生的亚洲金融危机使得公司的现金流急剧恶化，境外信用额度大幅下跌，公司75%的资产被不良资产和长期资产所占压，最终引发了ZH集团1998年的支付危机。危机之后，ZH集团主动适应外部经营环境的剧烈变化，优化资源配置。自2003年起，ZH集团由于经营战略的推进，产生大量的资金需求。针对这一需求，ZH集团明确这一阶段的融资目标是：根据资金需求的特点，选择期限匹配、币种匹配、成本最优的融资方式，在满足资金需求的同时，尽可能降低融资成本并保持稳健的资本结构。也是在这一时期，ZH集团正式提出融资战略，即深化集团融资集中管理，以直接融资为主，银行间接融资为必要补充，以结构性融资方式优化资产负债结构，扩大内源融资，提高了集团长期资金融资能力。ZH集团不同阶段融资方式的情况如图5-4所示。

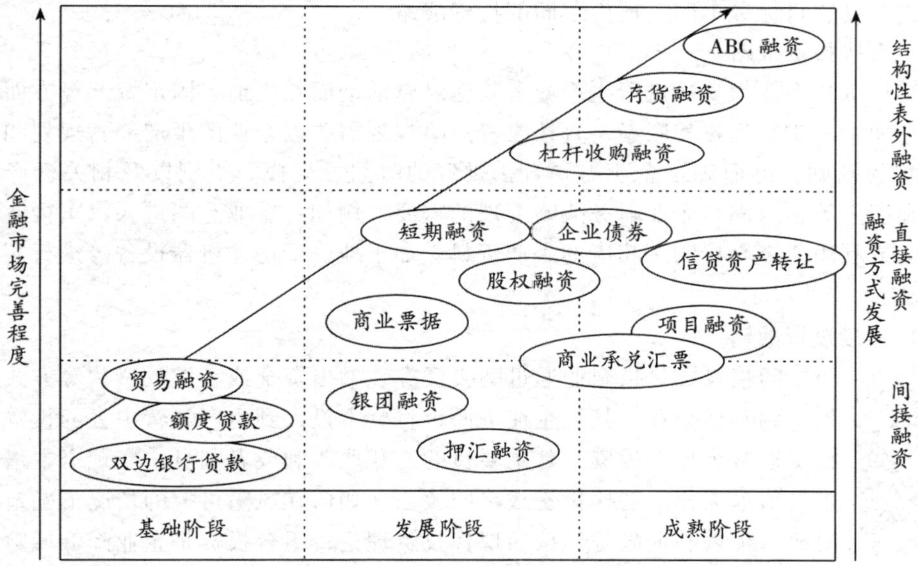

图5-4 ZH集团不同阶段融资方式

从融资方式的角度来看，融资战略分为内部融资战略、股权融资战略、债权融资战略和销售资产融资战略。本例中，ZH集团在不同阶段实施了不同的融资战略。在基础阶段，ZH集团以间接融资为主，主要采取的是债权融资战略。在发展阶段，ZH集团采用直接和间接相结合的方式融资，采用了多种债务融资方式，并新增了股权融资。在该阶段，ZH集团实施的是债权融资与股权融资相结合的方式。在成熟阶段，ZH集团综合利用了直接、间接和结构性表外融资的方式，其融资战略表现为债权融资、股权融资、内部融资和销售资产融资相结合的战略。

ZH集团融资战略的主导思想逐步从间接融资向直接融资转变，同时从直接融资逐步向结构性融资转变。这样一方面降低了企业融资成本，另一方面通过结构性表外融资产品的选择，将具备融资能力的项目进行结构性融资，不仅隔离了项目的经营风险，而且释放了集团的债权融资能力，从而不断优化企业的财务结构。此外，ZH集团在融资的过程中，充分考虑外部金融市场环境及政策环境等因素，并据此灵活调整其融资手段，切实实现企业融资效率及效益最大化。

2）投资战略

投资战略，即反映公司资金投放的战略，主要解决长期内与公司战略有关的公司资金投放的目标、原则、方向、规模、方式和时机等重大问题。投资战略是公司财务战略管理的核心内容，决定着公司能否对有限的资金和资源加以合理配置和有效利用。投资战略目标是企业战略目标的直接体现。企业战略目标中的收益性目标、发展性目标和工艺性目标都是投资战略所追求的目标。从财务战略目标出发，收益性目标是投资战略最直接与重要的目标，即投资效率和资本增值。

投资战略选择应考虑企业对投资规模和投资方式等作出恰当安排，确保投资规模与企业发展需要相适应，投资方式与企业风险管理能力相协调。投资战略选择根据投资方式、投资时机、投资目标等不同可产生不同的投资战略。

（1）直接投资战略

直接投资是企业为直接进行生产或者其他经营活动而在土地、固定资产等方面进行的投资，它通常与实物投资相联系。直接投资战略规划需要以企业的生产经营规划和资产需要量预测为基础，继而确定企业需要直接投资的时间、规模、类别以及相关资产的产出量、盈利能力等，以满足企业财务战略管理的需要。例如：企业意图进入汽车行业，从而通过并购或利用资金直接购买相应的生产资料，如土地、厂房、机器设备等进行实体经济经营活动。

（2）间接投资战略

5-2 案例分析

X集团的投资战略选择

间接投资是指企业通过购买证券、融出资金或者发放贷款等方式将资本投入到其他企业，其他企业进而再将资本投入到生产经营中去的投资。间接投资通常为证券投资，其主要目的是获取股利或者利息，实现资本增值和股东价值最大化。间接投资战略的核心是如何在风险可控的情况下确定投资的时机、金额和期限等。按照现代投资理论，组合投资是企业降低风险、科学投资的最佳选择，即企业并不只是投资一种证券（或者一种金融资产），而是寻求多种证券（或者金融资产）组合的最优投资策略，以寻求在风险既定情况下投资收益最高，或者在投资收益一定情况下风险最小的投资策略。

【案例5-3】S集团的投资战略选择

新疆S集团前身为新疆生产建设兵团下的一家棉花企业，成立于1998年10月，是隶属于兵团的国有大型龙头企业，现有注册资金10亿元。S集团在成立后的前十年发展速度相对较慢，2010年前集团还是单一专业的棉花购销企业，但自2010年以来随着中央新疆工作座谈会带来的机遇和集团业务竞争环境的变化，集团公司业务开始延伸到棉纺织、棉机及农机配件、果业、商贸、酒店服务业、矿业、金融业等行业，走上了多元化发展的道路。集团公司目前是南疆地区规模较大、资金实力雄厚的集团化公司。近年来，集团利用本区域特色资源，加快实现资源优势向产业优势的战略性转化。截至2016年底，集团公司实现营业收入40亿元，实现利润总额3 447万元。集团取得的丰硕的成果离不开集团有效的投资战略。

本例中，S集团在不同的发展阶段根据投资方式、投资时机、投资目标等实施了不同的投资战略。

第一，提高规模效益的直接投资战略（2008—2010年）。在过去粗放型的经济条件下，S集团在2008—2010年连续3年扩建厂房，扩大公司规模，提高规模效益，这是典型的直接投资战略的表现。从表5-2也可以看出，S集团固定资产和在建工程增长迅速，主要由于集团加大了对基建和技术改造的投入、大量收购加工厂和棉纺织厂，增大规模，追求规模效益。

表5-2　**S集团各项资产2008—2010年数据**　单位：万元

资产	2008年	2009年	2010年
固定资产	11 187.61	16 165.74	20 148.89
在建工程	1 515.30	3 446.45	8 409.06
无形资产	618.49	1 137.46	1 805.66
长期股权投资	1 593.65	1 835.07	2 057.98

第二，直接投资和间接投资相结合的整合投资战略（2011—2016年）。随着我国金融市场的不断完善、市场经济环境优化，S集团开始涉足金融业，选择了直接投资和间接投资相结合的战略。该战略选择包括通过对产业结构进行调整，维持或相机退出棉机销售业务；在棉业、果业、矿业、物流等业务领域进行区域占位性扩张；大力发展了金融产业，例如S集团2011年以来购入多处投资性房地产，并直接和间接持有房地产、金融、钢铁等多个行业公司股份。集团旨在用资本化的运作方式，采用直接投资和间接投资相结合的方式盘活整个集团，打造集团内部的生态系统。

3）分配战略

分配战略，即反映公司利润分配的战略，主要解决长期内与公司战略有关的公司收益特别是股利的分配与发放等重大问题。股利分配是现代公司理财活动的三大核心内容之一。一方面，它是公司筹资、投资活动的逻辑延续，是其理财行为的必然结果；另一方面，恰当的股利分配政策，不仅可以树立良好的公司形象，而且能激发广大投资者对公司持续投资的热情，从而能使公司获得长期、稳定的发展条件和机会。分配战略的内容主要涉及资本收益的管理、股利分配政策的制定等。

股利分配战略选择包括以下类型：

（1）剩余股利战略

剩余股利战略在发放股利时，优先考虑投资的需要，如果投资过后还有剩余则发放股利，如果没有剩余则不发放。这种战略的核心思想是以公司的投资为先、发展为重。

（2）稳定或持续增加的股利战略

稳定的股利战略是指公司的股利分配在一段时间里维持不变；而持续增加的股利战略

则是指公司的股利分配每年按一个固定增长率持续增加。

（3）固定股利支付率战略

公司将每年盈利的某一固定百分比作为股利分配给股东。它与剩余股利战略正好相反，优先考虑的是股利，后考虑保留盈余。

（4）低正常股利加额外股利战略

公司事先设定一个较低的经常性股利额，一般情况下，公司都按此金额发放股利，只有当累积的盈余和资金相对较多时，才向股东支付正常股利以外的额外股利。

（5）零股利战略

这种股利战略是将企业所有剩余盈余都投资回本企业中。在企业成长阶段通常会使用这种股利政策，并将其反映在股价的增长中。但是，当成长阶段已经结束，并且项目不再有正的现金流量时，就需要积累现金和制定新的股利分配战略。

【案例5-4】A上市公司的分配战略

A股份有限公司属工业企业，已在深圳证券交易所挂牌交易17年，公开发行社会公众股（A股）1 930万股。公司以生产制造各种电光源产品为核心，40%的产品出口到20多个国家和地区，在国内大多数省份及地县级城市已设立销售网点2 000多家。

自上市以来，公司的主营业务突出且每年都有稳定的增长，年增长率为11%~29%。主营业务盈利能力强，近2年主业对利润的贡献超过100%，且净利润增长率保持在5%以上。

该公司上市17年来，每年均发放现金股利，创造了一个长期持续分红的新的历史纪录，公司的年平均红利支付率高达60%~80%，使一些稳健的投资者获利颇多，投资者通过现金分红可以长期稳定地获取远高于银行定期储蓄的收益率。该公司因17年连续分配高额的现金股利，被称为"现金奶牛"，为深市中稳健并坚持长期价值投资的投资者所青睐。

探究A公司优厚分红背后的原因，有以下几点影响其分配战略：

首先，与其董事长发放股利的承诺有直接关系。在第一次股东大会上，董事长就承诺要给投资者一个好的回报。

其次，从公司现有的股东构成来看，控股公司及第二大股东都是外资公司，都赞成并倾向于长期现金分红。该股票持有期收益率短期波动大，但是长期持有（8年及8年以上），投资者所获得的股利收益（股票投资效益）均远高于同期银行存款利率，公司的股利政策是使长期持有股东获得较大收益。

最后，通过派发高额现金股利"自然选择"出符合公司战略的股东，其实也是一个向投资者传递信号的过程。选择出与公司的发展目标一致的股东，自然避免了不必要的分歧，减少了可能发生的代理成本，也起到了提高公司价值的作用。

本例中，A公司的股利分配战略目标是促进公司长远发展，保障股东权益，稳定股价、保证公司股价在较长时期内基本稳定。

A公司的股利分配战略类型属于"稳定或持续增加的股利战略"。主要理由在于：A公司上市17年来，每年均发放现金股利且平均红利支付率高达60%~80%。

稳定的股利向市场传递公司正常发展的信息，树立公司的良好形象；持续增加的股利，代表公司未来有良好的发展前景，有利于保障股东权益，增强投资者对公司的信心，稳定股票的价格。

学思践悟

公司战略应以国家战略为导向

公司发展战略只有以国家战略为导向才能取得好的效果。因为公司战略与国家战略结合具有以下优势：

第一，政策支持：与国家战略相结合的公司可能会获得政府在政策、资源和资金等方面的支持，有助于公司的发展和成长。

第二，市场机会：国家战略通常涉及国家重点发展的领域和行业，与之结合可以使公司更好地把握市场机会，获得更多的商业机会和竞争优势。

第三，资源协同：公司战略与国家战略的一致性可以促进资源的协同利用，包括人力资源、技术资源和市场资源等，提高公司的运营效率和竞争力。

第四，社会责任感：与国家战略相结合可以体现公司的社会责任感，为国家的发展和社会的进步作出贡献，提升公司的形象和声誉。

需要注意的是，具体情况因公司和国家战略的特点而异。在制定公司战略时，需要综合考虑自身的优势、市场需求、行业趋势和风险因素等，权衡利弊，作出明智的决策。同时，公司也应该保持灵活性，及时调整战略以适应变化的环境。

将公司战略与国家战略相结合，可以保证国家发展战略和行业发展战略的有效实施，同时，使企业高质量发展。从这个角度出发，我们可通过一个正面的案例和一个负面的案例来说明。

正面案例：华为的发展与国家战略相吻合。华为是一家全球领先的ICT基础设施和智能终端提供商，在5G技术、人工智能等领域取得了显著的成就。华为的发展紧密结合国家的发展战略，通过技术创新和全球布局，推动了国家的数字化转型和科技发展。

负面案例：恒大集团的发展与国家战略相违背。恒大集团是一家房地产企业，在过去几年中，恒大集团采取了高负债、高杠杆的发展模式，大量举债扩张。这种战略与国家房地产调控政策相违背，加之对市场趋势的误判，导致了恒大集团面临严重的财务危机。

作为企业战略制定和实施的决策者和管理者，应将公司财务战略与公司战略和国家战略相结合，以促进经济发展为己任。通过财务战略学习，树立服务社会、造福人类的观念。

5.3 财务战略规划

1）财务战略规划程序

公司在进行财务战略规划时首先需要明确公司组织目标（包括财务目标），进行公司的外部环境和内部环境分析，结合公司总体战略，在此基础上分析公司战略性财务活动，对公司未来时期的筹资、投资和分配等财务活动作出战略性和系统性的规划，明确财务战略目标，设计战略保障措施，从而形成与公司内外部环境相协调的财务战略方案。

财务战略规划在财务战略管理过程中居于核心地位，如果没有形成财务战略，那么财务战略实施就无从谈起。财务战略规划的结果是形成了财务战略，为财务战略实施提供了依据。财务战略规划的意义还在于它在相当长的时期内将与特定的财务资源相联系，指导对公司总体的长期的发展产生重大影响的财务活动，从而决定了公司能否营造财务竞争长期优势，为公司目标和战略目标的实现提供支持。

环境分析是财务战略管理的起点，也是财务战略规划的起点。“求木之长者，必固其根本；欲流之远者，必浚其泉源。”在战略管理实践中，并不存在一成不变的、普遍适用的财务战略，也就是说公司需要根据内部环境和外部环境制定与控制财务战略。

对于财务战略管理而言，环境分析有其特殊性。首先，这种特殊性表现在财务战略的相对稳定性，即在规划财务战略时，其环境分析应该是面向未来，并且往往需要尽可能延伸至较为长远的未来。其次，财务战略需要保持相对稳定的实施环境，而环境的多变性往往又迫使企业动态地调整财务战略。如何恰当地处理环境的多变性与财务战略的相对稳定性之间的关系，是财务战略管理环境分析的难题之一。再次，这种环境分析不应该只是单项环境分析，还必须是综合环境分析；不仅要分析诸如政治、法律、经济、产业等宏观环境，而且必须分析供应商、客户、竞争者以及企业内部因素等微观环境。最后，这种环境要特别强调动态分析，它虽然也关心某一时点的环境特征，但更要关心环境因素的动态变化趋势。如果缺乏动态分析，财务战略的调整就会变得非常被动。

财务战略环境是指财务战略规划和实施时企业所处的环境，包括外部环境和内部环境。外部环境是指存在于企业外部的影响企业资金流动的客观条件和因素的总和，即影响企业财务活动的宏观环境，范围较广，主要包括政治法律环境、经济环境、社会文化环境、产业环境、金融环境等；内部环境是指存在于企业内部的影响资金流动的条件和因素的总和，即与公司财务活动密切相关的微观环境，范围较窄，主要包括组织架构、发展战略、人力资源、社会责任、企业文化等。具体分类如图5-5所示。

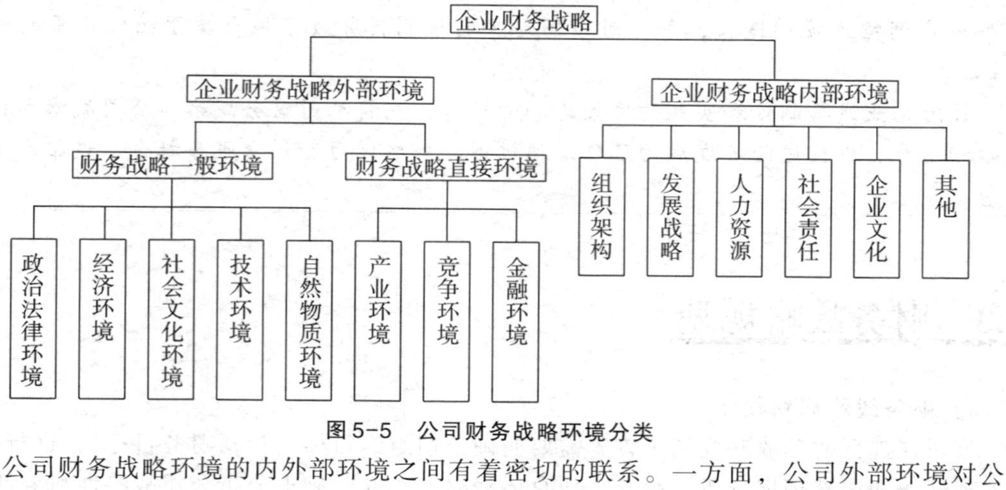

图5-5 公司财务战略环境分类

公司财务战略环境的内外部环境之间有着密切的联系。一方面，公司外部环境对公司内部条件起着制约作用；另一方面，改善公司内部理财条件，可以增强公司实力，又将反作用于外部环境。全面了解公司外部环境和内部环境是确立财务战略目标并保证财务战略顺利实施的前提。分析、预测这些因素对公司资金运动的长期影响，是进行财务战略规划的出发点和重要依据。

2）财务战略规划方法

用于财务战略规划的方法通常包括SWOT矩阵分析法、生命周期矩阵分析法、波士顿矩阵法和战略地图。这四种方法共同的特点就是都需要进行战略环境分析，都需要考虑公司目标。当然，就原理而言，这四种方法也有相似的地方。

（1）SWOT矩阵分析法

SWOT矩阵分析法源自SWOT矩阵。SWOT矩阵是优势-弱点-机会-威胁矩阵（strengths-weaknesses-opportunities-threats matrix）的缩写。它是帮助公司制定战略的重要工具。

利用这一工具可以形成SO战略、WO战略、ST战略和WT战略四种类型的战略。优势-机会（SO）战略是一种充分发挥公司内部优势并利用公司外部机会的战略。所有公司都希望自己处于这样一种状况，即可以利用自己的内部优势去抓住和利用外部所提供的机会。弱点-机会（WO）战略的目标是通过利用外部机会来弥补内部弱点。优势-威胁（ST）战略是用一种利用本公司的优势回避或减轻威胁的影响的战略。弱点-威胁（WT）战略是一种旨在减少内部弱点同时回避外部环境威胁的防御性战略。一个面对大量外部威胁和具有众多内部弱点的公司总是处于不安全和不确定的境地。实际上，这样的公司正面临着被兼并、收购、破产或清算的处境，因而不得不为自己的生存而奋斗。

利用SWOT矩阵表（见表5-3）形成战略的过程包括以下步骤：

表5-3 **SWOT矩阵表**

优势——strengths 弱点——weaknesses 机会——opportunities 威胁——threats	优势——S 列出优势	弱点——W 列出弱点
机会——O 列出机会	SO战略 发挥优势，利用机会	WO战略 利用机会，克服弱点
威胁——T 列出威胁	ST战略 利用优势，回避威胁	WT战略 克服弱点，回避威胁

①列出公司的关键内部优势和关键内部弱点；

②列出公司的重大外部机会和重大外部威胁；

③将内部优势和外部机会相匹配，形成SO战略；

④将内部弱点和外部机会相匹配，形成WO战略；

⑤将内部优势和外部威胁相匹配，形成ST战略；

⑥将内部弱点与外部威胁相匹配，形成WT战略。

需要指出的是，SWOT分析的目的在于产生可行的备选战略，而不是选择或确定最佳战略，公司需要根据自身实际情况从备选战略中选择或确定适合于公司的某一战略类型。

在SWOT分析的基础上可以形成公司特定的财务战略：①在存在良好外部机会和显著内部优势的情况下，公司可以通过增加投资实施横向并购，并实施激进型筹资战略；②在存在巨大外部威胁和明显内部弱点的情况下，公司通过撤出资本、转让股权等方式实行防御收缩型战略是明智的选择；③在存在显著内部优势但又面临巨大外部威胁的情况下，公司可以将已有的优势转移到其他相关行业中，即实施相关多元化投资战略，既发挥了公司优势又规避了风险；④在面临良好外部机会但又存在明显内部弱点的情况下，公司可以通过合作、合资或纵向一体化等方式增强优势，或实施无关多元化投资战略，从而寻找新的利润增长点。

（2）生命周期矩阵分析法

从企业生命周期角度划分，一个公司的财务战略可分为初创期财务战略、成长期财务战略、成熟期财务战略和衰退期财务战略。处于不同生命周期阶段的企业所面临的风险类型和风险水平不同，同时具有不同的财务特征和价值驱动因素，因此，需要有所侧重，采取不同类型的财务战略与公司不同阶段不同环境特征相适应，从而尽可能地给予公司价值创造活动以最合适的支持。

不同生命周期阶段的公司财务战略见表5-4。

表5-4 **不同生命周期阶段的公司财务战略**

发展阶段 表现特征	初创期	成长期	成熟期	衰退期
竞争对手	少数	增多	开始达到稳定	数量继续减少
风险特征	经营风险较大，表现为：生产规模较小，产品需要市场认可，管理无序，基础薄弱，要求降低财务风险与之相适应	经营风险程度降低，财务风险增大，表现为：生产和销售规模不断扩大，引发强烈投资冲动，资本不足的矛盾尤其突出，负债节税效应较差	经营风险和财务风险都较以前有降低，表现为：市场增长趋缓，产品价格难以提升，市场机会相对缺乏，可利用融资渠道增加，负债杠杆效应明显	经营风险和财务风险进一步降低，表现为：市场开始萎缩，原有行业已成夕阳产业，需要进行结构调整，而进入新行业将面临竞争加剧，财务实力有待提高
销售收入	较少	高增长	开始饱和	增长有限甚至出现负增长
收益情况	负数	较低	增长	较高
投资回报	无	较低	较高	较高
资金需求	较小	较大	较小	很小
现金流量	有现金流入，但较少且不稳定，不足以提供足够的现金流量	销售导致的现金流入增加，但需要大量投资支出，净现金流量为负数	销售提供的现金流量大且稳定，投资支出减少，净现金流量为正数	现金进一步剩余，净现金流量为正数，现金较为充裕
财务战略	稳健型财务战略，采取权益资本型筹资战略，实施一体化投资战略，实行零分配政策	适中型财务战略，采取相对稳健的筹资战略，实施适度分权投资战略，实行低股利或股票股利政策	激进型财务战略，采取负债资本型筹资战略，实施尝试型投资战略，实行高股利、现金股利政策	调整型财务战略，采取高负债型筹资战略，建立进退结合的投资战略，实行现金股利分配政策

（3）波士顿矩阵分析法

波士顿矩阵是美国波士顿咨询集团（BCG）提出的一种产品结构分析的方法，也是一种用于评估公司投资组合的有效模式。这种方法是把企业生产经营的全部产品或业务的组合作为一个整体进行分析，常常用来分析企业相关经营业务之间现金流量的平衡问题。

波士顿矩阵（如图5-6所示），也称为“市场增长率-相对市场份额矩阵”。矩阵横轴表示企业在行业中的相对市场份额地位（与其最大竞争对手比较），用数字0.1~1.0表示，并以相对市场份额1.0为分界线；纵轴表示市场增长率，是指企业所在的行业某项业务最近2年的销售增长率，通常用8%的增长率作为增长高低的界限。由此，矩阵分为4个方格，每个方格代表不同类型的业务，也就是说，通过波士顿矩阵法可将一个公司的业务分成以下四种类型：

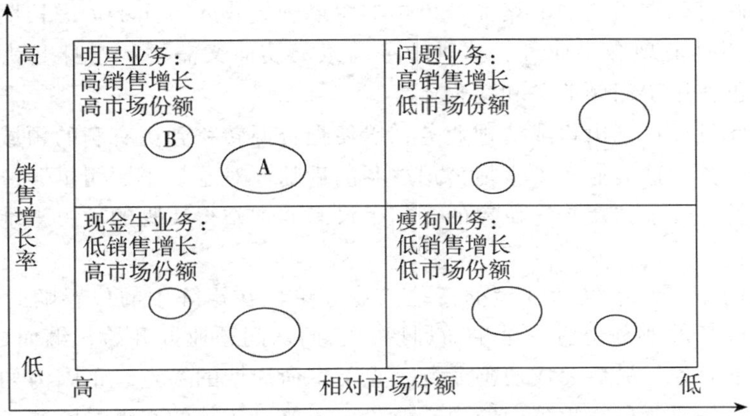

图5-6　波士顿矩阵图

①问题业务。问题业务是指高销售增长率、低市场份额的公司业务。大多数业务都是从问题业务开始的，即公司力图进入一个已有市场领先者占据的高速增长的市场。这类业务通常处于最差的现金流状态。一方面由于公司必须增加工厂、设备和人员，以跟上迅速发展的市场，因此，需要大量的投资支持其生产经营活动；另一方面，该业务市场份额较低，能够产生的现金较少。

②明星业务。如果问题业务成功了，它就变成了一项明星业务。明星业务是高速增长市场中的市场领导者。但这并不必然意味着明星业务一定会给公司带来滚滚财源。为了保护或拓展“明星”业务在增长的市场中占主导地位，公司必须花费大量资金以跟上高速增长的市场，并击退竞争者。明星业务常常是有利可图的，并且是公司未来的现金牛业务。

③现金牛业务。当销售的年增长率下降到一定比率以下，但公司继续保持较大的市场份额时，那么前面的明星业务就成了现金牛业务。现金牛业务为公司带来了大量财源。由于市场增长率下降，公司不必大量投资扩展市场规模，同时也因为该业务是市场领先者，它还享有规模经济和高边际利润的优势。公司用现金牛业务支付所需要的资金支出并支持明星类、问题类和瘦狗类业务，因为这些业务常常需要大量的资金支持。

④瘦狗业务。瘦狗业务是指市场增长率低缓、市场份额也低的公司业务。一般来说，这类业务处于饱和的市场当中，竞争激烈，可获利润极小，不能成为公司主要的资金来

源。如果这类业务还能自我维持，则应缩小经营范围，加强内部管理；如果这类业务已彻底失败，公司应当及时采取措施，清理业务或退出经营领域。

利用波士顿矩阵分析方法，公司可以进行财务战略的选择。面对矩阵中不同类型的业务单位，公司可有以下选择：

①发展。目的是扩大战略业务单位的市场份额，甚至不惜放弃近期收入来达到这一目标。这一战略特别适用于问题业务，如果它们要成为明星业务，其市场份额必须有较大增长。为此，公司应尽财力之可能扩大投资。财务部门应进一步分析，判断使其转移到“明星”业务所需要的投资资金量，分析其未来是否盈利，研究是否值得投资的问题。

②维持。此目标是要保持战略业务单位的市场份额。这一战略适用于强大的现金牛业务，如果公司需要它们继续产生大量的现金流量的话。

③收获。此目标在于增加战略业务单位的短期现金收入，而不考虑长期影响。这一战略适用于处境不佳的现金牛业务，这种业务前景黯淡而又需要从它身上获得大量现金收入。收获战略也适用于问题业务和瘦狗业务。

④放弃。此目标在于出售或清理业务，以便把资源转移到更有利的领域。它适用于瘦狗业务和问题业务，这类业务常常拖公司盈利的后腿。对于处于“明星”位置的，应珍惜机会，加强力量；处于“瘦狗”位置的，如果没有非常站得住脚的理由来维持，就必须坚决放弃。

需要指出的是，由于经营环境的变化，业务单位在矩阵中的位置随时间的变化而变化。即使非常成功的业务也有一个生命周期，它们从问题业务开始，继而成为明星业务，然后成为现金牛业务，最后变成瘦狗业务，直至生命周期的终点。正因为如此，企业经营者不仅要考察其各项业务在矩阵中的现有位置，还要以运动的观点看问题，不断检查其动态位置。不但要立足每项业务过去的情况，还要观察其未来可能的发展趋势。如果发现某项业务的发展趋势不尽如人意，公司应要求管理人员提出新的战略选择。在各种战略选择中经营者常犯的错误是要求所有的战略业务单位都达到同样的增长率或利润回报水平，忽视了各项业务不同的发展潜力和不同的市场目标的把握。其他错误还有：一是留给现金牛业务的资金太少，其结果是业务发展乏力；或者留给它们的资金过多，结果是公司无法向新增长的业务投入足够的资金。二是在瘦狗业务上投入大量资金，寄希望于扭转乾坤，但每次都失败。三是问题业务保留得太多，并且对每项业务都投资不足。正确的做法是对于问题业务要么给予充足的支持使之在市场竞争中变劣势为优势，要么坚决予以放弃。

（4）战略地图

战略地图是在平衡计分卡的基础上演变而来的，通过分析平衡计分卡四个层面目标的相互关系而绘制的因果关系图。它的有效性取决于指标的数量、分布比例以及性质比例，与价值链有着一定的可比性。战略地图的核心内容包括：企业通过对人力资本、信息资本和组织资本等无形资产（学习与成长）的使用，才能不断创新和建立自身的战略优势和效率（内部流程），进而使公司把特定价值带给市场（客户），从而实现股东价值（财务）。

战略地图的标准框架和平衡计分卡的四个层面一一对应（如图5-7所示）。根据该战略地图模板，不同的企业可以根据自身情况选择相关要素建立本企业的战略地图，并实施相应的战略计划。战略地图在财务层面有生产率战略和增长战略主题；客户层面表现的是客户的价值主张，具体化指标包括产品的价格、质量、可用性、选择性、功能、服务、伙伴关系和品牌等；而内部流程层面，包括运营管理流程、客户管理流程、创新流程、法规与社会流程这些模块；学习与成长层面包括人力资本、信息技术和组织资本，其中组织资本又涵盖了企业文化、领导力、协调一致、团队工作等具体指标。

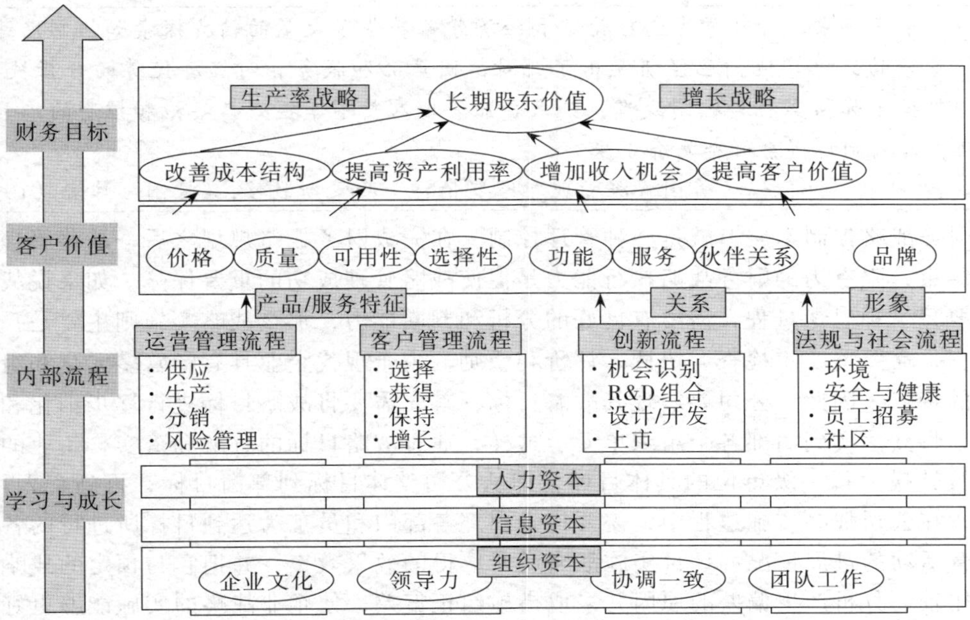

图5-7　战略地图模板

战略地图还将支持内部流程的无形资产以及无形资产与其他层面、战略目标的关联性也清晰地描述出来。战略地图继承了平衡计分卡的优点，摒弃了缺点，能够在平衡企业长、短期目标的基础上，指明企业未来的发展方向，引导企业卓越地完成战略目标和主题，圆满实现企业愿景。

科学合理的战略地图应该根据KPI的数量及分布比例和KPI的性质比例进行判别。绘制企业战略地图的步骤如下：第一步，确定股东价值差距（财务层面）；第二步，调整客户价值主张（客户层面）；第三步，确定价值提升时间表；第四步，确定战略主题（内部流程层面），找出关键的流程；第五步，提升战略准备度（学习和成长层面）；第六步，形成行动方案等。

5.4　财务战略控制

1）财务战略控制的内涵

有明确的战略规划，并不一定等于能够取得良好的组织业绩，因为财务战略目标能否实现还取决于战略的实施。同样，财务战略也是如此。通常会出现公司财务战略实施的效果并不与预先设定的财务战略目标相一致的情形。产生这种偏差的原因，既有可能是公司财务战略制定本身不合理，也有可能是财务战略实施过程存在问题。对于后一个原因应该更值得公司经营者和管理者重视，因为无论财务战略本身的意图多么切实可行，只要不能变为现实，那么这种财务战略就是毫无意义的。因此，要使企业财务战略目标能够实现，就必须对财务战略实施的过程进行控制。这就是财务战略控制的重要性所在。

> 二十多年来，管理学界的理论家和经济学家花费了大量的精力探索如何制定适应市场竞争的战略。他们已经研究出了针对不同产品和服务相对经济优势的分析技巧，但却忽视了如何实施和控制战略，如果企业管理人员不掌握战略实施和控制的工具及技巧，计划制订得再好都无济于事。
>
> ——美国资深管理学家罗伯特·西蒙斯教授，《控制》作者（1995）

财务战略控制本质上就是一种管理控制。在完成财务战略规划之后，战略管理过程并未结束，强有力的财务战略执行能力是促使战略管理成功的重要保障。如果说战略规划主要是一种思考过程，需要有良好的分析和判断能力，那么战略实施则主要是一种行动过程，需要落实、检查、协调、评价和激励。由于现代企业具有经营多元化和组织层级制的特点，因此，公司要实现其战略目标，首先需要将战略目标进行逐步细化和层层分解，将其落实到内部各个组织单元。这样，通过战略目标的分解和落实，企业的整体目标被转换为每一级单位的具体目标，即从公司整体目标到部门目标，再到个人目标。之后，在公司战略实施过程中，需要检查内部各部门和员工为达到目标所进行的各项生产经营活动的进展情况，评价实施战略后所取得的效果效率，并把它与预定的战略目标进行比较，分析产生偏差的原因并采取措施纠正偏差，使企业战略的实施能够更好地与企业当前所处的内外环境协调一致，从而最终实现战略目标。以上所有程序就形成了管理控制的一个完整的循环。可见，财务战略控制的功能就在于引导和控制公司财务战略的实施，最终目的是使财务战略被执行，从而使财务战略目标得以实现，为公司股东价值创造提供支持。

2）财务战略控制程序

5-3 知识拓展

管理会计基本指引

财务战略的形成并不意味着财务战略管理流程的终结，财务战略最终能否完成还有赖于财务战略的实施、控制与调整。财务战略控制程序本质上就是管理控制的循环流程。一般而言，财务战略控制程序包括战略管理、预算管理、成本管理、营运管理、投融资管理、绩效管理等几个环节的内容，这些环节相互支持、相互配合，共同控制财务战略的实施，共同促进财务战略的实现。

（1）战略管理，是指对企业全局的、长远的发展方向、目标、任务和政策，以及资源配置作出决策和管理的过程。企业应用战略管理一般按照战略分析、战略制定、战略实施、战略评价和控制、战略调整等程序进行。

①战略分析一般包括外部环境分析和内部环境分析。

②战略制定，是指企业根据确定的愿景、使命和环境分析情况，选择和设定战略目标的过程。企业设定战略目标后，各部门需要结合企业战略目标设定本部门战略目标，并将其具体化为一套关键财务及非财务指标的预测值。

③战略实施，是指将企业的战略目标变成现实的管理过程。

④战略评价和控制，是指企业在战略实施过程中，通过检测战略实施进展情况，评价战略执行效果，审视战略的科学性和有效性，不断调整战略举措，以达到预期目标。

⑤战略调整，是指根据企业情况的发展变化和战略评价结果，对所制定的战略及时进行调整，以保证战略有效指导企业经营管理活动。

5-4 知识拓展

管理会计应用指引第100号——战略管理

（2）预算管理，是指企业以战略目标为导向，通过对未来一定期间内的经营活动和相应的财务结果进行全面预测和筹划，科学、合理配置企业各项财务和非财务资源，并对执行过程进行监督和分析，对执行结果进行评价和反馈，指导经营活动的改善和调整，进而推动企业战略目标实现的管理活动。企业应用预算管理一般按照预算编制、预算控制、预算调整、预算考核等程序进行：

①预算编制一般应按照分级编制、逐级汇总的方式，采用自上而下、自下而上、上下结合或多维度相协调的流程编制。

②预算控制，是指企业以预算为标准，通过预算分解、过程监督、差异分析等促使日常经营不偏离预算标准的管理活动。

③预算调整是指企业应通过信息系统展示、会议、报告、调研等多种途径及形式，及时监督、分析预算执行情况，分析预算执行差异的原因，提出对策建议，进行调整，但年度预算经批准后，原则上不做调整，除非预算编制的基本假设发生重大变化。

④预算考核以预算完成情况为考核核心，通过预算执行情况与预算目标的比较，确定差异并查明产生差异的原因，进而据以评价各责任中心的工作业绩，并通过与相应的激励制度挂钩，促进其与预算目标相一致。

（3）成本管理，是指企业在营运过程中实施成本预测、成本决策、成本计划、成本控制、成本核算、成本分析和成本考核等一系列管理活动的总称。企业应用成本管理一般按照事前管理、事中管理、事后管理等程序进行：

①事前成本管理阶段，主要是对未来的成本水平及发展趋势所进行的预测与规划，一般包括成本预测、成本决策和成本计划等步骤。

②事中成本管理阶段，主要是对营运过程中发生的成本进行监督和控制，并根据实际情况对成本预算进行必要的修正，即成本控制步骤。

③事后成本管理阶段，主要是在成本发生之后进行的核算、分析和考核，一般包括成本核算、成本分析和成本考核等步骤。

（4）营运管理，是指为了实现企业战略和营运目标，各级管理者通过计划、组织、指挥、协调、控制、激励等活动，实现对企业生产经营过程中的物料供应、产品生产和销售等环节的价值增值管理。企业应用营运管理一般按照营运计划的制订、营运计划的执行、营运计划的调整、营运监控分析与报告、营运绩效管理等程序进行：

①营运计划制订，是指企业根据战略决策和营运目标的要求，从时间和空间上对营运过程中各种资源所作出的统筹安排，主要作用是分解营运目标，分配企业资源，安排营运过程中的各项活动。

②企业应逐级分解营运计划，按照横向到边、纵向到底的要求分解落实到各所属企

业、部门、岗位或员工，确保营运计划得到充分落实。

③营运计划一旦批准下达，一般不予调整。宏观经济形势、市场竞争形势等发生重大变化，导致企业营运状况与预期出现较大偏差的，企业可以适时对营运计划作出调整，使营运目标更加切合实际。

④为了强化营运监控，确保企业营运目标的顺利完成，企业应结合自身实际情况，按照日、周、月、季、年等频率建立营运监控体系，并按照PDCA管理原则，不断优化营运监控体系的各项机制，做好营运监控分析工作，同时，企业应将营运监控分析的对象、目的、程序、评价及改进建议形成书面分析报告。分析报告按照分析的范围及内容可以分为综合分析报告、专题分析报告和简要分析报告；按照分析的时间分为定期分析报告和不定期分析报告。

⑤企业可以营运计划为基础，制定绩效管理指标体系，明确绩效指标的定义、计算口径、统计范围、绩效目标、评价标准、评价周期、评价流程等内容，确保绩效指标具体、可衡量、可实现、相关以及具有明确期限。

（5）投资管理，是指企业根据自身战略发展规划，以企业价值最大化为目标，对资金投入营运进行的管理活动。融资管理，是指企业为实现既定的战略目标，在风险匹配的原则下，对通过一定的融资方式和渠道筹集资金进行的管理活动。企业应用投资管理一般按照制订投资计划、进行可行性分析、实施过程控制和投资后评价等程序进行：

①企业投资管理机构应根据战略需要，定期编制中长期投资规划，并据此编制年度投资计划。

②投资可行性分析的内容一般包括该投资在技术和经济上的可行性、可能产生的经济效益和社会效益、可以预测的投资风险、投资落实的各项保障条件等。

③企业进行投资管理，应当将投资控制贯穿于投资的实施全过程。投资控制的主要内容一般包括进度控制、财务控制、变更控制等。

④投资项目实施完成后，企业应对照项目可行性分析和投资计划组织开展投资后评价。投资后评价的主要内容一般包括投资过程回顾、投资绩效和影响评价、投资目标实现程度和持续能力评价、经验教训和对策建议等。

（6）绩效管理，是指企业与所属单位（部门）、员工之间就绩效目标及如何实现绩效目标达成共识，并帮助和激励员工取得优异绩效，从而实现企业目标的管理过程。绩效管理的核心是绩效评价和激励管理。企业应用绩效管理工具方法，一般按照制订绩效计划与激励计划、执行绩效计划与激励计划、实施绩效评价与激励、编制绩效评价与激励管理报告等程序进行：

①企业应根据战略目标，综合考虑绩效评价期间宏观经济政策、外部市场环境、内部管理需要等因素，结合业务计划与预算，按照上下结合、分级编制、逐级分解的程序，在沟通反馈的基础上，编制各层级的绩效计划与激励计划。

②绩效计划与激励计划下达后，各计划执行单位（部门）应认真组织实施，从横向和纵向两方面落实到各所属单位（部门）、各岗位员工，形成全方位的绩效计划与激励计划执行责任体系。

③绩效管理工作机构应根据计划的执行情况定期实施绩效评价与激励，按照绩效计划

与激励计划的约定，对被评价对象的绩效表现进行系统、全面、公正、客观的评价，并根据评价结果实施相应的激励。

④绩效管理工作机构应定期或根据需要编制绩效评价与激励管理报告，对绩效评价和激励管理的结果进行反映。

3）财务战略控制方法

财务战略控制的方法是与财务战略控制的程序相适应的，即战略管理、预算管理、成本管理、营运管理、投融资管理、绩效管理等各个环节都有其对应的控制方法。

预算管理的方法主要是指预算编制的方法和预算控制的方法，一般包括滚动预算、零基预算、弹性预算、作业预算等。

成本管理的方法，一般包括目标成本法、标准成本法、变动成本法、作业成本法等。

营运管理的方法，一般包括本量利分析、敏感性分析、边际分析和标杆管理等。

投融资管理的方法，一般包括贴现现金流法、项目管理、情景分析、约束资源优化等。

绩效管理的方法，一般包括关键绩效指标法、经济增加值法、平衡计分卡、股权激励等。

【案例5-5】国网××公司的“多层次”战略目标管理和“全闭环”绩效过程管理①

为适应新的战略目标要求，××公司对公司战略进行横向与纵向分解，制定部门及下属企业的战略目标，形成多层次战略目标，并以全员目标责任体系为中心，以全闭环绩效过程管理体系为主线，以全面综合保障体系为基础支撑，逐步实施绩效管理变革，实现二者的有机统一，共筑多位一体的绩效管理体系，确保企业经营目标顺利实现。

（1）多层次的战略目标管理

在整个企业战略目标中，不同内部组织单元在整个企业的战略部署中发挥不同的作用，因此，公司在内部组织单元内构建多层次平衡计分卡评价指标体系，形成多层次的战略目标体系。

具体是，内部组织单元根据其自身特点，将本组织较为模糊的战略目标具体分解到内部平衡计分卡的不同维度中，建立适合本组织的平衡计分卡维度。各维度（一级评价指标）下的KPI指标（二级评价指标）的具体选择要借鉴企业整体平衡计分卡的指标评价体系，并挖掘出不同部门及下属企业中真正驱动公司战略目标实现的具体因素，体现公司战略对各个部门及下属企业工作绩效的具体要求，增强、提高指标选择的针对性和正确性。根据各部门及下属企业平衡计分卡的构建，将企业整体的战略目标及平衡计分卡维度向下进行纵向分解，并在不同部门及下属企业间进行横向分解，使企业的绩效管理体系发展为多层次的立体平衡计分卡体系。在使用平衡计分卡对部门及下属企业绩效进行考核评价时，不同部门及下属企业，应根据其自身的具体情况及其与企业整体的关系，设计出适合自身的平衡计分卡维度，并参考企业整体平衡计分卡的评价指标体系，有差别地对组织内部的指标进行选择，使部门及下属企业的平衡计分卡体系更具针对性，能更加准确地对企业级平衡计分卡进行横向分解（如图5-8所示）。

① 刘祥龙．基于平衡计分卡的国网集体企业绩效管理体系研究［J］．财会月刊，2016（10）：78-83.

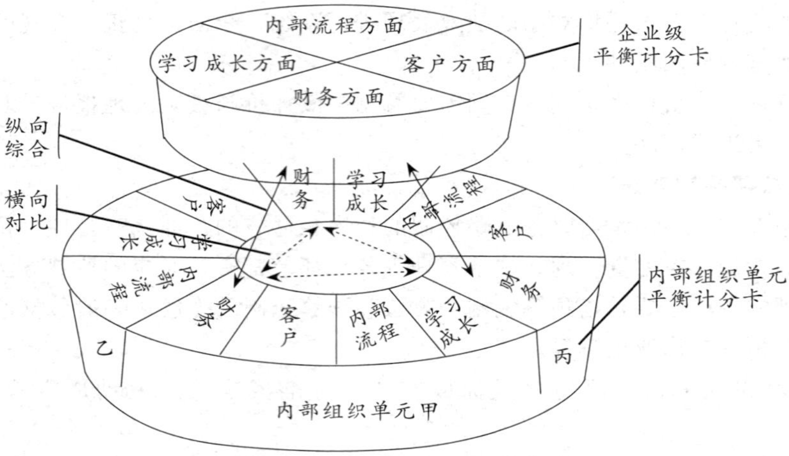

图5-8 多层次平衡计分卡评价指标体系

(2) 全闭环绩效过程管理体系

××公司绩效过程管理体系实行全闭环管理，始于绩效合约签订（双定）之日，历经一年绩效过程管理（铁篦梳理），终于绩效评价与绩效兑现，且在每个绩效周期内均实行PDCA（计划、实施、检查、行动）循环管理，对公司经营目标进行跟踪、辅导、评估与纠偏，从而有效保障公司经营目标的实现：

①绩效承诺。绩效承诺是指签订绩效合约，又称为“双定”，即“定任务、定报酬”。公司于每年年初召开“双定”会议，对各经营单位绩效指标进行严格质询，确定科学、合理的年度经营目标和关键举措。公司通过“双定”会议，签订公司级KPI考核责任书，并将公司级关键绩效指标层层分解至各部门及全体员工。

②绩效过程管理。绩效过程运用“铁篦梳理”来管理，即在“双定”过程中将年度目标从远到近进行分解，最终细化到每日的工作计划；与此同时，针对从远到近的各级目标或工作计划，对应实施绩效改进循环的管理方式，将年度绩效考核细化到日常工作的日清月结。

③年度绩效评价和绩效结果应用。每年年末、季末运用公司综合评价模型对各单位、各部门及其负责人进行年度、季度考核，计算出各单位、各部门及其负责人的年度、季度绩效考核结果。公司坚持将“说到做到，兑现承诺”作为绩效考核的重要理念，并且在每年年末按照考核结果兑现对被考核者的奖惩承诺。绩效考核的结果可以用于四个方面：一是薪酬分配，二是职位调整，三是业务组合与调整，四是绩效改进。

本章小结

公司战略是实施管理控制的依据和前提，如果公司战略不明确或者公司战略不正确，那么管理控制也难以获得好的效果；而公司战略制定得再完善，如果缺乏科学有效的管理控制，那么公司战略也难以得到有效的执行，即使执行，其实现的效果也无法达到预期的目的。

财务战略的思想起源于公司战略。财务战略属于公司战略体系的一个分支，属于职能战略，区分公司和战略经营单位两个层级。公司总体战略居于主导地位，对财务战略有指导作用；而财务战略又具有相对独立性，对公司总体战略和经营战略起着支持作用。

如果没有财务战略的制定，就无法形成财务战略规划，更谈不上财务战略计划的形成，即无法编制筹资预算、投资预算和股利分配预算等；如果没有上述预算的编制及落实，那么财务战略的执行也只能是一句空话。

制定与实施财务战略的重要作用在于：第一，明确投资方向，优化资金配置；第二，谋划资金筹集，支持公司战略实施；第三，改善财务现状，适应环境变化；第四，发挥财务功能，确立财务优势。

财务战略的特征包括从属性、系统性、指导性和复杂性。财务战略目标的根本是通过资本的配置与使用为企业创造价值并实现价值。

财务战略管理过程一般也分为财务战略规划、财务战略执行、财务战略控制和财务战略调整四个阶段。

财务战略的内容确定是与其本身特征相适应的，其内容一般包括融资战略、投资战略和分配战略三个方面。融资战略、投资战略和分配战略共同组成了财务战略，不同时期不同环境中的公司在筹资活动、投资活动和分配活动方面有不同的侧重点，这就构成了不同类型的财务战略。基于融资方式的融资战略有四种，即内部融资战略、股权融资战略、债权融资战略和销售资产融资战略。投资战略选择根据投资方式、投资时机、投资目标等不同可产生不同的投资战略，主要包括直接投资战略、间接投资战略、投资时机战略和投资期限战略。股利分配战略选择的类型主要有：剩余股利战略、稳定或持续增加的股利战略、固定股利支付率战略、低正常股利加额外股利战略和零股利战略。

从资金筹措与使用特征的角度，可以将财务战略划分为快速扩张型、稳健发展型和防御收缩型三种类型。

公司在进行财务战略规划时首先需要明确公司组织目标（包括财务目标），进行公司的外部环境和内部环境分析，结合公司总体战略，在此基础上分析公司战略性财务活动，对公司未来时期的筹资、投资和分配等财务活动作出战略性和系统性的规划，明确财务战略目标，设计战略保障措施，从而形成与公司内外部环境相协调的财务战略方案。财务战略环境是进行财务战略规划的出发点和重要依据，一般分为外部环境和内部环境。

用于财务战略规划的方法通常包括SWOT矩阵分析法、生命周期矩阵分析法、波士顿矩阵法和战略地图。这四种方法的共同特点就是都需要进行战略环境分析，都需要考虑公司目标。

要使企业财务战略目标能够实现，就必须对财务战略实施的过程进行控制。财务战略控制程序本质上就是管理控制的循环流程。一般而言，财务战略控制程序包括战略管理、预算管理、成本管理、营运管理、投融资管理、绩效管理等环节。这些环节相互支持、相互配合，共同控制财务战略的实施，共同促进财务战略的实现。

财务战略控制的方法是与财务战略控制的程序相适应的，即战略管理、预算管理、成本管理、营运管理、投融资管理、绩效管理等环节分别具有各自的方法。

关键概念与主要观念

□ 关键概念

企业战略　财务战略　财务战略规划　融资战略　投资战略　分配战略　快速扩张型财务战略　稳健发展型财务战略　防御收缩型财务战略　财务战略环境　SWOT矩阵分析法　生命周期矩阵分析法　波士顿矩阵法　战略地图　财务战略控制程序　财务战略控制方法

□ 主要观念

公司战略具有多元结构特征。从战略的层次性分析，战略可以分为公司总体战略、经营战略和职能战略三个层次。财务战略属于公司战略体系的一个分支，属于职能战略，区分公司和战略经营单位两个层级，公司总体战略包含之，经营战略中亦有之。

财务战略属于公司战略体系中的一个组成部分，财务战略的规划和控制要服从于公司目标，要服从于公司总体战略与经营战略，财务战略关注的焦点是企业资本资源的合理配置与有效使用，这是财务战略同其他各种战略的本质区别。

公司总体战略与财务战略之间存在一种辩证的关系，即一方面公司总体战略居于主导地位，对财务战略有指导作用，另一方面，财务战略又具有相对独立性，对公司总体战略和经营战略起着支持作用。

作为财务战略的两个方面，价值创造过程通常是企业内部管理的范畴，价值实现过程则是通过对外沟通来完成的。

财务战略的选择必须与经济周期相适应。从财务的观点看，经济的周期性波动要求企业顺应经济周期的过程和阶段，通过制定和选择富有弹性的财务战略，来抵御大起大落的经济震荡，以减少它对财务活动的影响，抑制财务活动的负效应。

财务战略涉及公司战略和财务管理两大领域。一方面，财务战略内容以公司财务活动为重点。另一方面，财务战略与其他战略一样，其关注的是那些具有全局性和长远性特征的方面，而不是局部的或者无关紧要的具体事务，因此，财务战略应该对那些会对公司未来价值创造产生影响的重要财务活动作出规划。

环境分析是财务战略管理的起点。在战略管理实践中，并不存在一成不变的、普遍适用的财务战略，也就是说公司需要根据内部环境和外部环境制定和控制财务战略。

财务战略规划在财务战略管理过程中居于核心地位，如果没有形成财务战略，那么财务战略实施就无从谈起。

财务战略的形成并不意味着财务战略管理流程的终结，财务战略的最终完成还要有赖于财务战略的实施、控制与调整。

基本训练

□ 知识题

5.1　简答题

（1）什么是公司战略？什么是财务战略？两者之间有何联系与区别？

（2）财务战略管理过程包含哪些阶段？

（3）财务战略的目标是什么？

（4）财务战略的内容包含哪些方面？

（5）财务战略分为哪几种类型？各种类型的财务战略分别具有哪些优缺点？

（6）财务战略环境分析的特殊性体现在哪些方面？

（7）财务战略控制程序包括哪些内容？战略管理的定义及包含的程序是什么？

（8）营运管理的控制方法包括哪些？

5.2 思考题

（1）如何认识财务战略制定对于管理控制的意义？

（2）在既定的公司战略和经营战略前提下，如何进行财务战略规划？

（3）应该如何选择财务战略类型？

（4）存在哪些可用于财务战略规划的方法？各种方法的基本原理是否都一样？

（5）基于融资方式的融资战略有哪几种类型？各种类型的优缺点分别是什么？

□ 能力题

巨人集团的兴衰史

1989年8月，在深圳大学软件科学管理系硕士毕业的史玉柱和三个伙伴，用借来的4 000元钱承包了天津大学深圳科技工贸发展公司电脑部，并用手头仅有的4 000元钱在《计算机世界》利用先打广告后付款的方式做了8 400元的广告，将其开发的M-6401桌面排版印刷系统推向市场。广告打出后13天，史玉柱的银行账户第一次收到三笔汇款共15 820元。巨人事业由此起步。到9月下旬，史玉柱将收到的款项全部再次投入广告。4个月后，M-6401桌面排版印刷系统的销售额一举突破百万元大关，从而奠定了巨人集团创业的基石。

1991年，史玉柱投资80万元，组织8个专家开发出M-6401汉卡，同年M-6401汉卡销售量跃居全国同类产品之首，获纯利达800万元。1992年，巨人公司实行战略转移，将管理机构和开发基地由深圳迁往珠海，并成立巨人集团。巨人集团主推的M-6401汉卡年销售量2.8万套，销售产值共1.6亿元，实现纯利3 500万元，年增长速度达500%。1993年1月，巨人集团在北京、深圳、上海等地成立了8家全资子公司，之后巨人集团在全国各地又成立了30家全资子公司。集团在1年之内推出中文手写电脑、中文笔记本电脑、巨人传真卡、巨人中文电子收款机、巨人钻石财务软件、巨人防病毒卡、巨人加密卡等产品。同年，巨人集团销量比上年增长了300%，每年回报有3 000多万元，成为中国极具实力的计算机企业。

然而，由于国际电脑公司的进入，国内电脑业于1993年步入低谷，巨人集团也受到重创。1993、1994年，全国兴起房地产和生物保健品热，为寻找新的产业支柱，巨人集团开始迈向多元化经营之路——计算机、生物工程和房地产。在1993年开始的生物工程刚刚打开局面但尚未巩固的情况下，巨人集团毅然向房地产这一完全陌生的领域发起了进军。欲想在房地产业中大展宏图的巨人集团一改初衷，拟建的巨人科技大厦设计一变再变，楼层节节拔高，从最初的18层一直增加到70层，投资也从2亿元涨到12亿元，于1994年2月破土动工。对于当时仅有1亿元资产规模的巨人集团来说，单凭巨人集团的实力，根本无法承担这项浩大的工程。对此，史玉柱的想法是：1/3靠卖楼花，1/3靠贷款，

1/3靠自有资金。但令人惊奇的是，大厦从1994年2月破土动工到1996年7月巨人集团未申请过一分钱的银行贷款，全凭自有资金和卖楼花的钱支撑。

1994年，史玉柱提出“巨人集团第二次创业的总体构想”，其总目标是：跳出电脑产业，走产业多元化的扩张之路，以发展寻求解决矛盾的出路。1995年2月，巨人集团隆重召开表彰大会，对在巨人脑黄金战役第一阶段作出重大贡献的一批“销售功臣”予以重奖。5月18日，巨人集团在全国发动促销电脑、保健品、药品的“二大战役”。霎时间，巨人集团以集中轰炸的方式，一次性推出电脑、保健品、药品三大系列的三十余种产品。巨人产品广告同时以整版篇幅跃然于全国各大报。不到半年，巨人集团的子公司就从38个发展到228个，人员也从200人发展到2 000人。多元化的快速发展使得巨人集团自身的弊端一下子暴露无遗。1995年7月8日，史玉柱在提出第二次创业的1年后，不得不再次宣布进行整顿，在集团内部进行了一次干部大换血。8月，集团向各大销售区派驻财务和监察审计总监，财务和监察审计总监直接对总部负责，同时，两者又各自独立，相互监控。但是，整顿并没有从根本上扭转局面。1995年9月，巨人的发展形势急转直下，步入低潮。伴随着8月发动的“秋季战役”的黯然落幕，1995年底，巨人集团面临着前所未有的严峻考验，财务状况进一步恶化。1996年初，史玉柱为挽回局面，将公司重点转向减肥食品“巨不肥”，3月份，“巨不肥”营销计划顺利展开，销售量大幅上升，公司情况有所好转。可是，一种产品销售得好并不代表公司整体状况好转，公司旧的制度弊端、管理缺陷并没有得到解决。相反“巨不肥”带来的利润还被一些人私分了。集团公司内各种违规违纪、挪用贪污事件层出不穷。而此时更让史玉柱焦急的是预计投资12亿元的巨人大厦。他决定将生物工程的流动资金抽出投入大厦的建设，而不是停工。进入7月份，全国保健品市场销量普遍下滑，巨人保健品的销量也急剧下滑，维持生物工程正常运作的基本费用和广告费用不足，生物产业的发展受到了极大的影响。

按原合同，大厦施工3年盖到20层，1996年底兑现，但由于施工不顺利而没有完工。大厦动工时为了筹措资金，巨人集团在香港地区卖楼花拿到了6 000万元港币，内地卖了4 000万元人民币，在内地签订的楼花买卖协议规定，3年大楼一期工程（盖20层）完工后履约，如未能如期完工，应退还定金并给予经济补偿。而1996年底大楼一期工程未能完成，建大厦时在内地取得的4 000万元楼花就成了导致巨人集团财务危机的导火索。巨人集团终因财务状况不良而陷入了破产的危机之中。

【案例分析要求】

（1）请判断巨人集团所采取的财务战略类型，并指出根据。

（2）请分析导致巨人集团陷入财务危机的直接原因和根本原因。

（3）请结合巨人集团案例谈谈你对这句话的理解：“从财务角度看，快速增长会使一个企业的资金变得相当紧张，因此，除非管理层意识到这一结果并采取积极措施加以控制，否则，快速增长可能导致公司破产。”

（4）假设你是巨人集团的财务总监，在多元化投资的前提下，你会为史玉柱提供什么样的财务战略规划和控制措施？

数智能力训练

在数字经济时代，人工智能大模型能够为企业战略选择、战略制定和战略实施提供很多有益的帮助。结合本章学习的内容，我们可运用人工智能大模型，如阿里“通义千问”、百度“文心一言”和科大讯飞“星火”等（当然也可以采用最新推出的其他模型）对公司财务战略管理中的相关问题进行进一步讨论分析，以提升同学们运用数智模型进行战略管理的能力。

本章的数智能力训练题主要有：

（1）现代企业管理强调以财务管理为中心，那么，财务战略在企业战略中处于何种地位？财务战略与企业经营战略和其他职能战略是什么关系？

（2）在新时代、新环境、新经济背景下，企业的整体发展战略方向是什么？财务战略如何适应企业整体发展战略的要求？

（3）财务战略选择与企业发展周期相关，企业应如何根据企业发展周期选择、制定与实施不同的财务战略？

同学们可以针对这些问题利用大模型进行提问，也可针对本章内容尝试提出不同的问题或以不同方式进行提问，以提升同学们利用人工智能大模型进行财务管理的能力。

互动练习

5-5 即测即评

第5章练习题

第3篇

资本经营与企业重组

引例：华为技术有限公司收购鼎桥通信技术有限公司股权案

2024年1月19日，国家市场监督管理总局公示了“华为技术有限公司与成都高新投资集团有限公司等经营者收购鼎桥通信技术有限公司股权案”。根据公示内容，华为、成都高投集团、成都高新集萃科技有限公司和华盖资本将共同设立持股公司，100%收购鼎桥通信。

华为收购鼎桥通信的案例对企业重组和资本运作可能有以下启示：

（1）战略规划。收购应与企业的长期战略相契合。华为的收购决策可能是基于其在通信行业的战略布局，以增强技术能力、扩大市场份额或进入新的业务领域。

（2）技术和创新。收购可以获取目标公司的核心技术和研发能力，加速企业的技术创新和产品升级。鼎桥通信的技术优势可能对华为的发展具有重要意义。

（3）资源整合。成功的收购需要对双方的资源进行有效整合，包括人力资源、财务资源和技术资源等。这需要企业在收购后进行精细的规划和管理。

（4）风险评估。在进行企业重组和资本运作时，需要充分评估各种风险，如市场风险、技术风险和整合风险等。华为可能在收购前对鼎桥通信进行了深入的尽职调查和风险评估。

（5）合作伙伴选择。选择合适的合作伙伴对于收购的成功至关重要。华为与其他投资方共同设立持股公司进行收购，可能意味着各方在资源、经验和能力上的互补。

（6）资本运作策略。资本运作的方式和时机需要根据企业的具体情况和市场环境进行选择。华为可能根据自身的资金状况和战略目标，制定了合适的收购方案和资本运作策略。

需要注意的是，每个企业的情况都是独特的，具体的启示和经验教训需要根据具体案例进行分析。此外，企业重组和资本运作是复杂的过程，需要综合考虑多方面的因素，并谨慎决策。在实施过程中，还需要有效的管理和执行，以确保达到预期的效果。

通过本篇的学习，我们将了解资本经营、企业重组、借壳上市在创造价值中的具体运用，掌握如何利用这些策略实现企业的成长，其中还将涉及企业竞争战略、资本经营战略中的价值评估、融资技巧等。

第6章

资本经营内容

学习目标

本章学习目标是使学生掌握资本经营的基本内容，即资本存量经营、资本增量经营、资本配置经营和资本收益经营。其具体目标包括：

知识目标：

● 明确什么是资本存量经营，资本存量经营的目标是什么。

● 明确什么是资本增量经营，资本增量经营的目标是什么。

● 明确什么是资本配置经营，资本配置经营的目标是什么。

● 明确什么是资本收益经营，资本收益经营的目标是什么。

● 理解与掌握各种资本经营的理论基础。

技能目标：

● 掌握资本存量经营的方法，探索资本存量经营的途径。

● 掌握资本增量经营的方法，围绕资本增量经营目标搞好资本增量决策。

● 掌握资本配置经营的原理与方法，优化资本结构与资产结构。

● 掌握资本收益经营的方法，搞好资本收益及分配管理。

能力目标：

● 能够运用资本经营的基本原理和方法，指导企业的财务管理和经营管理工作。

● 能够结合中国企业的特点，采取正确的方法进行资本经营。

素养目标：

● 理解效率与公平的关系，正确处理资本经营中的风险与收益的关系，保证经济高质量发展。

● 树立社会主义法治观念，抵制资本经营过程中的违法行为。

6.1　资本存量经营

1）资本存量经营内涵与目标

（1）资本存量经营内涵

资本存量经营是企业资本经营的重要组成部分。所谓资本存量或存量资本，从企业资本经营角度看，是指企业现存的全部资本资源。从资本使用或占用形态看，资本存量表现为企业现存的全部资产，包括流动资产、长期投资、固定资产、无形资产及递延资产等。从资本的来源看，资本存量也可表现为企业的现有负债和所有者权益，或称他人资本和自有资本。资本存量是相对资本增量而言的。资本存量经营是指在不增加资本投入（或不考虑资本增量）的情况下，对企业现存资本（或存量资本）的经营。

从资本经营的目标，即资本增值出发，资本存量经营，就是要充分、有效地利用现有资本，提高资本使用效率与效益，使现有资本不断增值。在企业存量资本中，有使用中的资本，也有未使用或闲置资本；在使用资本中，有使用效率高的资本，也有使用效率低的资本；在资本使用效率一定的情况下，由于资本投向不同，有资本增值率高的资本，也有资本增值率低的资本。因此，进行资本存量经营，从广义上说包括：第一，盘活资本存量，使闲置资本充分发挥作用；第二，提高资本使用效率，使效率低的资本提高利用率；第三，重组或重新配置存量资本，使低增值率资本向高增值率转移。前两项内容属于纯粹的盘活用好存量资本，不涉及存量资本结构调整，后一项内容实际上属于存量资本重新配置。狭义的资本存量经营，主要指前者，而后者的存量结构调整，可划归到资本配置经营中去。本部分资本存量经营主要采用狭义的概念。

进行资本存量经营，应围绕资本存量经营目标，进行资本存量预算、控制、营运、考核与评价。

（2）资本存量经营目标

明确了资本存量经营的内涵，为确定资本存量经营目标奠定了基础。资本存量经营，从提高经济效益这一资本经营根本目标看，主要是通过对闲置资本和使用效率低的资本的运作，挖掘潜在经济效益，使一定的资本存量，取得尽可能大的产出。因此，挖掘潜在经济效益是资本存量经营的根本目标所在。

①潜在经济效益的一般含义

潜在经济效益，是指在一定技术水平和资源投入情况下的实际经济效益水平与最大可能经济效益水平之间的差异。实际经济效益水平是指实际产出或所得与实际投入或所费之间的比率；最大可能经济效益水平是指在技术水平一定的情况下可能达到的最大产出水平与投入之间的比率。在资源投入一定的情况下，它也可用实际产出与生产可能性边界上的产出之差来表示。图6-1反映了在技术水平一定和资源投入一定的情况下的潜在经济效益状况。图中的PPF曲线是微观经济中的生产可能性边界线（或宏观经济中的潜在产出线），是最大可能产出水平。如果实际产出量在曲线PPF之上，如在F点，说明资源得以充分利用，实际经济效益与最大可能经济效益相同，没有潜在经济效益；当产出量在生产可能性边界线内，如E点，说明资源没得到充分利用，实际经济效益将小于最大可能经济效益，反映存在着潜在经济效益。应当指出，上述所谓资源投入一定，包括资源投入数量一定和资源投入结构（或资源配置）一定。在资源投入数量一定时，最大可能产出是整个PPF曲线，而如果资源投入结构（或资源配置）也一定，则最大可能产出是PPF曲线上的一点。因此，可以说，潜在经济效益只反映资源利用程度对提高经济效益的潜力，而不反映提高资源配置经济效益、规模经济效益和技术进步经济效益的潜力。同理，图6-2中，在资源投入一定（假定为1）时，最大可能产出在F点，如果实际产出在E点，则E与F之间的垂直距离反映了潜在经济效益。

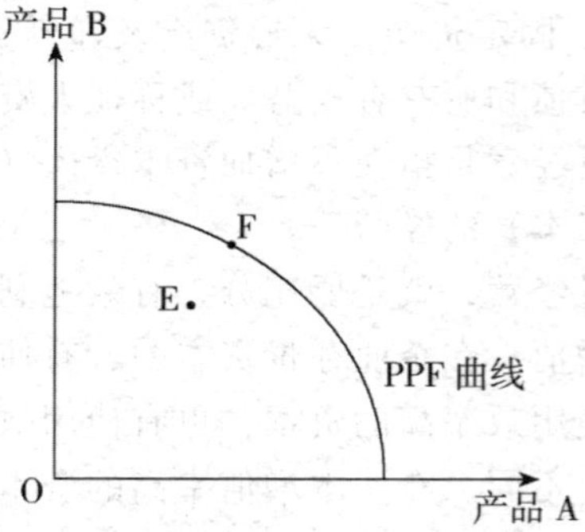

图6-1 潜在经济效益状况

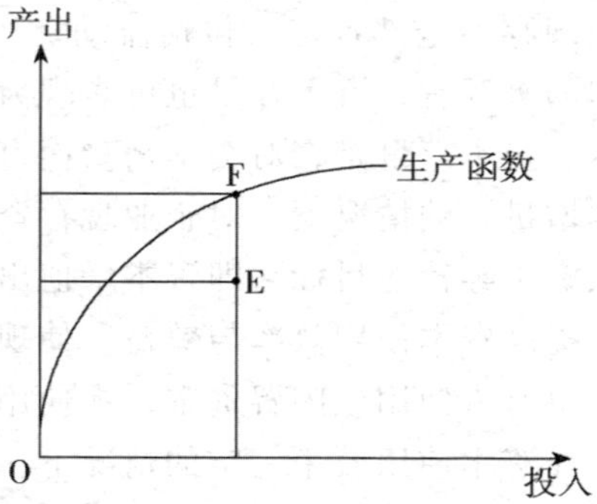

图6-2 潜在经济效益

潜在经济效益相对实际经济效益水平而言是一种负效益，从静态角度看，潜在经济效益越高，说明实际经济效益水平越低；反之，潜在经济效益越低，说明实际经济效益水平越高。从动态角度看，提高经济效益，就是要降低潜在经济效益。

研究潜在经济效益的内涵，关键在于搞清实际经济效益水平与最大可能经济效益水平之间差异的产生原因，即潜在经济效益产生的原因。研究潜在经济效益产生的原因的关键，在于研究最大可能产出与实际产出之间差异产生的原因。

②企业潜在经济效益内涵

企业经济效益是指企业的产出与投入之间的比率，企业潜在经济效益是指在现有技术水平条件下，企业实际经济效益与最大可能经济效益之间的差异，在资源（或生产要素）投入一定的条件下，主要表现为实际产出与最大可能产出之间的差异（如图6-1和图6-2所示）。企业潜在经济效益存在的原因主要是企业资源没有充分利用，如劳动者行为不规范、出工不出力、厂房和设备闲置、原材料积压浪费及利用率低、产成品积压等。按经济学原理来解释，潜在企业经济效益实质上就是低效率的反映，如果企业各种资源都得以充分利用，即不存在低效率问题，也就不存在企业潜在经济效益问题。

③资本潜在经济效益

资本潜在经济效益是指企业资本资源利用不充分所引起的经济效益损失。资本资源利用不充分必然使一定资本资源投入的实际产出与最大可能产出不一致。例如，图6-2中的投入假设是资本投入，则潜在资本资源利用经济效益是指E与F之间的差异。企业中资本资源投入应指生产经营过程中使用和占用的各种资本，既包括已经形成生产能力或用于生产活动的各种设备、建筑物及存货，即在用的固定资产和存货，还包括封存、未使用、不需用的固定资产、积压的存货、在建工程等。

资本潜在经济效益的存在主要是资本资源利用率低下所致。资本资源利用率是指资本资源使用率和资本利用系数之积。资本资源使用率是指使用中的资本与资本资源投入量之比，反映全部资本资源的使用程度。资本利用系数是指有效利用资本与使用中的资本之比，反映在用资本的利用程度。资本存量经营，一方面要充分使用资本资源，避免资源的闲置与浪费，提高资本使用率；另一方面要有效利用资本，避免开工不足等，提高资本利用系数。

上述分析说明，所谓潜在经济效益，实质上是资源利用不充分对经济效益所带来的不利影响。提高经济效益，从潜在经济效益角度看，就是要提高资源利用率。这样做的静态结果是实际经济效益与最大可能经济效益之间的差距缩小，即潜在经济效益降低，动态结果是实际经济效益水平得以提高。

2）资本存量预算与控制

（1）资本存量预算

资本存量预算是资本存量经营的基础。资本存量经营如果没有资本存量预算为依据，就无法进行有效的控制、经营与考评。根据资本存量经营目标，资本存量经营关键在于解决资本闲置，挖掘潜在经济效益。资本闲置实际上主要可分为总量性闲置和结构性闲置两种情况。所谓资本总量性闲置是指企业资本占用量超过合理需要量产生的资本闲置。所谓资本结构性闲置则是指由于企业资产使用结构不合理造成的某种资产占用过多引起的资本闲置。资本存量预算要为资本存量控制、经营与考核奠定基础，应分别从资本总量预算和资本存量结构预算两方面进行。

①资本总量预算

A.资本总量预算影响因素

资本总量预算就是要确定企业资本的合理需要总量。影响企业资本合理需要量的因素有很多，归纳起来主要有以下影响因素。

第一，企业经济规模。企业规模通常是以资本规模来确定的。因此，企业规模大小与资本需要量是直接相关的。资本存量总量是否合理，实际上取决于企业规模是否经济，即是否处于最佳经济规模。从这个角度看，在产品市场需求和资本使用效率一定的情况下，企业经济规模决定资本的合理需要量。

第二，产品市场需求。企业资本需要量从短期看受产品市场需求影响较大。在市场经济条件下，企业生产什么、生产多少主要取决于市场的需要。当企业规模（或生产能力）与市场需求相一致时，企业资本可得到充分有效使用。当企业的产品市场需求小于企业规模（或生产能力）时，企业资本必然有所闲置。因此，在短期企业规模一定的情况下，产品市场需求决定着企业资本合理需要量。

第三，资本经营效率。资本需要量与资本的经营或使用效率呈负相关，即在产出量一定的情况下：资本经营效率越高，资本需要量越少；反之，资本经营效率越低，资本需要量越多。在资本总量预算中，正确测定效率目标，挖掘效率潜力，对准确测算资本需要量是非常重要的。

B.资本总量预算方法

资本总量预算是企业全面预算的有机组成部分。资本总量预算涉及企业经营预算和财务预算各个方面。资本总量预算可采用的方法也有很多。从资本存量经营目标与内容出发，考虑影响资本总量预算的因素，进行资本总量预算，主要应采用零基预算方法和回归分析方法。

a.零基预算方法

零基预算法是相对于传统的调整预算法而言的。它们是按预算编制程序不同所划分的预算方法。调整预算法通常是以企业现有资本及财务收支为基础，考虑未来有关因素变化，预测未来资本增减量，以确定资本需要总量预算数的一种方法。零基预算法则不同，它不是以企业现有资本及财务收支水平为基础，而是如同创办一个新企业，一切从零开始，按照现实条件和各种影响因素，确定资本需要总量。

运用零基预算法进行资本总量预算，应包括以下步骤：

第一，提出企业总体目标并分解落实到各部门单位。企业总体目标的确定应考虑资本存量的特点，尽可能地将目标与现有资本的充分利用相结合。

第二，明确企业目标及部门单位目标与资本需要量的关系，测算各部门单位资本需要量。

6-1 知识拓展

零基预算编制方法模式及发展概况

第三，综合平衡，落实资本总量预算。

b.回归分析方法

回归分析方法是假设企业资本需要量与企业经营业务量之间存在一定的关系而建立数学模型，然后根据历史有关资料，运用回归方程确定参数，预测资本需要量的方法。如果假设资本需要量与业务量之间存在的关系是线性关系，则回归方程为回归直线方程，回归分析法也称为线性回归分析法。线性回归分析法的预测模型是：

$$y=a+bx$$

其中，y为资本需要量，a为不变资本，b为单位业务量所需要的变动资本，x为业务量。

运用回归分析法，首先应根据模型，利用历史资料确定a与b的数值，然后预测业务量x，最后测算一定业务量所需要的资本量y。

②资本存量结构预算及其影响因素

A.资本存量结构预算影响因素

资本存量结构预算，目的在于确定企业全部资本中各项资产，特别是固定资产和流动资产，所占的比重为多少，才能避免资本的结构性闲置。影响资本存量结构的因素有许多，如风险偏好程度、利息率水平及其变动、行业特点和经营规模等。

风险偏好程度和利息率水平对资本结构的影响，对于不同行业和不同规模的企业是具有共性的。通常风险偏好强的企业或经营者，在资本结构预算中可能流动资产比重较小，固定资产比重较大；反之，则会出现流动资产比重较大，而固定资产比重较小的现象。在利息率水平较高的情况下，企业为了减少利息支出，将减少流动资产在全部资产中的比重；反之，当利息率下降时，则会向相反的方向变化。

在资本存量结构预算中，行业因素是一个不容忽视的重要因素。不同的行业，流动资产在全部资产中的比重有较大不同。表6-1反映了美国不同行业的流动资产在全部资产中的比重情况。

表6-1　**不同行业流动资产比重**

项目 \ 行业比重（%）	医药行业	非耐用品制造业	石油和煤炭业	有色金属行业	电力设备行业	飞机和航空制造业	矿产行业	批发行业
现金	1.5	2.1	0.8	2.5	3.8	2.0	2.4	3.5
有价证券	2.6	2.6	2.1	0.9	4.1	1.8	2.2	4.2
应收账款	14.2	13.7	8.4	14.4	20.7	12.4	8.5	25.3
存货	14.0	13.0	8.0	15.2	24.0	49.5	4.1	27.9
其他	4.1	3.0	1.9	1.9	4.5	1.1	2.0	4.1
流动资产合计	36.4	34.4	21.2	34.9	57.1	66.8	19.2	65.0

资料来源　GITMAN，JOEHNK，PINCHES. Managerial finance［M］. Harper & Row Publishers，1985：322.

可见，不同的行业，流动资产占全部资产的比重有较大差异。如矿产行业、石油及煤炭行业的比重分别仅占19.2%、21.2%，而飞机和航空制造业的比重却高达66.8%。

另外，企业规模对资本结构也有重要影响。通常随着企业规模增大，流动资产占全部资产的比重逐步下降，见表6-2。

表6-2　**不同规模企业流动资产比重**　资产规模单位：百万美元

项目 \ 资产规模比重（%）	10以下	10~20	50~100	250~1 000	1 000以上
现金	7.6	6.3	7.1	3.5	1.8
有价证券	3.8	3.8	4.4	3.1	3.2
应收账款	26.0	24.7	21.9	18.7	11.9
存货	25.1	25.7	23.8	19.0	14.5
其他	2.9	3.4	2.6	2.6	3.1
流动资产合计	65.4	63.9	59.8	46.9	34.5

资料来源　同上。

B.资本存量结构预算

a.固定资产与流动资产存量结构预算

从固定资产与流动资产存量角度进行资本结构优化预算，应从两个方面着手。一是从短期考虑，当企业的生产技术不变，生产要素可分为变动和固定两部分时，如何确定固定资产与流动资产的合理结构。下面举例加以说明。

某企业拥有固定资产500万元，流动资产占用量与产品总产量、平均产量和边际产量的关系见表6-3。

表6-3 **短期固定资产与流动资产结构预算** 单位：万元

流动资产	总产量	平均产量	边际产量
100	600	6.00	—
200	1 350	6.75	7.5
300	2 100	7.00	7.5
400	2 800	7.00	7
500	3 400	6.8	6
600	3 800	6.33	4
700	3 800	5.43	0
800	3 700	4.63	−1
900	3 500	3.89	−2

根据短期生产理论，企业最佳流动资产是400万元，因为此时单位资产的平均产量最高，或者说此时的流动资产增长速度（33.3%≈100÷300×100%）正好等于总产量的增长速度（33.3%≈（2 800−2 100）÷2 100×100%），如果流动资产继续增加，则产量的增长速度将会低于资产的增长速度，这就会造成经济效益下降。因此，该企业的最佳资产结构是固定资产构成率为55.6%（500÷900×100%），流动资产构成率为44.4%（400÷900×100%）。

二是从长期考虑，企业的生产技术和投入要素都是可变的，即固定资产占用量和流动资产占用量都是可变的。在这种情况下，如何确定最佳资产结构呢？由于长期生产技术和投入要素都可变动，因此，生产相同产量的资产结构可有不同的组合。根据长期生产理论，当每元流动资产的边际产量与每元固定资产的边际产量相等时，资产结构最佳，因为在资金投入一定的情况下，此时的产出最大，或在产出一定的情况下此时的投入量最小，经济效益最好。下面举例加以说明。假如某企业共有资金1 500万元，固定资产和流动资产可有不同的组合方式，表6-4列示了两种资产的各种组合及相应的边际产量。

表6-4 **固定资产与流动资产结构预算** 金额单位：万元

固定资产（X）	流动资产（Y）	X边际产量	Y边际产量
1 350	150	−100	700
1 200	300	0	600
1 050	450	100	500
900	600	200	400
750	750	300	300
600	900	400	200
450	1 050	500	100
300	1 200	600	0
150	1 350	700	−100

从上表可以看出，当固定资产和流动资产各占750万元时，它们的边际产量相等，此时产出最大，经济效益最好，因为如果采用固定资产900万元，流动资产600万元的组合，固定资产增加150万元，产量增加30 000单位（150×200），流动资产减少150万元，产量减少45 000单位（150×300）。综合看，产量减少了15 000单位。同样，将固定资产减少到600万元，流动资产增加到900万元，也会同样得出产量减少的结论，这证明了当每元固定资产和每元流动资产的边际产量相等时，经济效益最好。

b.各项资产内部结构预算

各项资产内部结构预算，主要指流动资产内部结构预算和固定资产内部结构预算。流动资产内部结构预算，主要应确定在流动资产中，各项流动资产的合理结构。前面谈到，不同行业、不同规模的企业，其流动资产与固定资产的比重有所不同。然而，值得注意的是，不同行业、不同规模企业的流动资产内部结构差异却较小。如通过对表6-1和表6-2资料的简单分析计算可知，应收账款和存货在流动资产中所占的比重，在各行业和各种规模企业中都是比较大的，它们占流动资产的比重大约为80%，而且它们（除飞机和航空制造业外）各自占流动资产的比重都在40%左右。这并不是简单的巧合，而是应值得借鉴的经验标准。

固定资产内部结构预算，应合理确定生产用固定资产与非生产用固定资产的比例；房屋建筑物与机器设备的比例；未使用、不需用、封存固定资产占全部固定资产的比重等。

（2）资本存量控制

资本存量控制，就是以资本存量预算为依据或基础，对企业现存资本总量与结构的合理性与有效性进行检验，对出现的资本闲置，包括总量性闲置与结构性闲置，及时进行处理，以保证资本存量经营目标的实现。

①资本存量控制程序

第一，资本存量控制标准的确定，即资本存量预算，包括资本总量预算和资本存量结构预算。

第二，资本存量差异的确定，即将实际资本存量与资本存量预算进行比较。对出现的资本存量差异进行原因分析，并明确是总量性闲置差异，还是结构性闲置差异。

第三，对闲置资本进行处理，盘活存量资本。对总量性闲置，通常可采取资产剥离、分立、出售等方式进行处理；对于结构性闲置，则可通过资产重组来解决。

②资本存量控制系统

资本存量控制系统是资本存量控制组织系统与信息系统的统一。

进行资本存量控制必须有健全的组织保证。企业各级组织都应有相应的资本存量控制目标。企业财务部门应对企业资本存量总量和结构进行全面控制，而各部门、车间也应对各自占用的资本总量与结构进行控制。例如，存货资本控制应由供应部门、生产部门和销售部门共同负责；而相应的，材料资本的控制主要由供应部门负责，产成品资本的控制主要由销售部门负责，在产品资本的控制由车间负责，应收账款的控制则由财务部门和销售部门共同负责。总之通过严密的资本存量控制组织系统，使所有的存量资本都有人负责，同时，所有的部门和单位也都有自己的资本控制目标。

资本存量控制组织系统的运作，离不开信息系统的支持。资本存量控制必须以组织系统为依托，通过资本存量预算、资本存量差异及资本存量分析报告，反映各部门、单位的资本存量控制业绩，以及整个企业的资本存量控制业绩。

③闲置资本处置方式

6-2 案例分析

请供应商打理库存 联想实现现金负周期

对企业资本存量控制中揭露出的闲置资本应及时进行处置，即通过存量调整使现有的存量资本在各个产业部门、地区之间合理流动，实现要素的合理配置和优化组合，以达到调整和优化产业结构的目的。资本存量调整或闲置资本处置方式往往根据闲置资本产生的原因不同而有所不同。对于总量性闲置资本，通常可采取资产剥离、分立、出售、托管等方式进行处置，盘活企业闲置资本，使企业闲置资本得以充分利用。对于结构性闲置资本，可采用资产重组、产品重组等方式进行处置，提高资本利用率和使用效率。

【案例6-1】破局老旧厂房闲置浪费 河南洛阳“变废为宝”打造产业园区

老旧厂区记录了老工业基地河南洛阳的发展印记，随着洛阳产业结构调整升级，一些昔日热火朝天的工业厂区变成冷清寂寥的闲置空间，如何发掘旧厂房的新价值成为新课题。洛阳利用闲置厂房，打造特色鲜明、业态丰富的产业园区，从工业建筑中发掘创意经济。

一、古今交融 工业遗迹“变身”创意园区

十三朝古都洛阳是历史文化名城，也是工业重镇，“一五”期间，全国156项重点工程有7项落户洛阳。洛阳市涧西区是工程集聚地，60余年前，一座座厂房在庄稼地里拔地而起，一批批技术工人“千军万马会洛阳”。60余年后，随着国企改制和产业结构调整，一些厂房停产闲置，老旧厂房转化利用，涧西先行先试。

“仅企业有转化利用意向的闲置厂区就有1 269亩。”涧西区文旅局副局长武傚说，在寸土寸金的市区，这些都是埋没的“宝藏”。

东方文创园创始人闵晓冰是废旧厂房里的“掘金人”。2017年，他在涧西发现一块遮掩于荒草杂木中的“宝地”——原洛阳一拖建机厂旧址。“环境好，空间大，租金低，自带历史文化气息，适合我们的产业定位。”闵晓冰改造时保留了红砖、钢结构等工业遗迹的鲜明特色，再让入驻的影城等商户自主添加创意元素。2019年开业后，2.4万平方米厂房出租率达90%以上，预计园区当年净收益150万元左右。

旧仓库改造的钢琴文化艺术馆、半成品库改造的文艺书店……在洛阳老城区，180亩老旧厂区改造的天心文化产业园已变成“网红”打卡地，邻近隋唐洛阳城宫城遗址，这里最能体现洛阳的文脉传承。

“我想做有浓浓洛阳味的书店，这里有历史遗迹，也有工业印记，和我的愿景高度契合。”园区内“澄明之境”书店的老板谭俊梅保留了旧厂房屋顶的木制框架、外部的红色砖墙，甚至廊檐下的搪瓷灯，将书店打造成2年举办300余场活动的热门店铺，古今交融的文化园区成为洛阳的活力新坐标。

二、腾笼换鸟 老旧厂区“装入”高新企业

“无工不强，无商不活。”洛阳在探索老旧厂房转化利用时不拘一格，既“退二进三”

发展文化创意产业，也“腾笼换鸟”引入高新技术企业。

利用原洛阳起重机厂的老旧厂房，老城区打造占地190亩的科技型中小企业孵化基地——古都科创园。“起重机厂改制外迁后，少量厂房出租，大部分闲置下来。”园区运营经理杨琳见证了老旧厂房的“华丽转身”，“厂房在老城区中心，各类设施便利，闲置很可惜，但又不适合发展重工业，因此，‘腾笼换鸟’，引入科技型企业”。

特富特电磁科技（洛阳）有限公司2017年被引入古都科创园，如今已是年产值近亿元的国家高新技术企业。“我们有技术、客户，老城区投了4 000万元发展资金。”公司总经理周永亮说，“科创园位置优越，厂房主体结构很好，空间充足，装修后就能用，每年租金比新建的厂房便宜100多万元，园区还有配套的税务、法务等服务”。入驻2年，该公司的产能和产值均扩大3倍。

老城区发改委主任徐锡胜说，借助古都科创园，老城区形成“股权投资引入+园区孵化成长+外围基地承接”的产业培育模式，为企业提供跟进式服务，当年签约，当年投产，当年见效。

目前，古都科创园共引进中小微企业100余家，其中，国家高新技术企业4家，国家级科技型中小企业14家，河南省科技型中小企业16家。达到设计产能后，预计园区年产值30亿元，利税5亿元，解决就业1 000余人。

节选自：韩朝阳，冯碧箫．破局老旧厂房闲置浪费 河南洛阳“变废为宝”打造产业园区［EB/OL］．［2019-12-11］．https：//www.gov.cn/xinwen/2019-12/11/content_5460381.htm.

6.2 资本增量经营

1）资本增量经营的内涵与目标

（1）资本增量经营的内涵

一个持续经营发展的企业，仅有资本存量经营是不够的，必然涉及资本增量经营问题。资本增量是相对资本存量而言的。前面谈到，所谓资本存量，从企业资本经营角度看，是指企业现存的全部资本资源，它通常可反映企业现有生产经营规模和技术水平。资本增量是指企业在资本存量基础上增加的资本投入量，它一方面表现为企业资产的增加，另一方面也表现为企业权益（负债或所有者权益）的增加。资本增量经营正是研究在企业资本增加过程中的资本运作及其效果。

从资本经营的目标，即资本增值出发，进行资本增量经营，涉及增量资本如何取得和增量资本投向何处的问题。在当代资本市场发达，企业经营方式多样化的今天，资本的筹资渠道和筹资方式较以前有了很大发展，这既对企业筹资提供了便利与机遇，也增加了筹资的复杂性与风险性。同样，在投资方面，投资领域、投资方式也发生了重大变化，增量资本如何使用才能产生更大效益成为关注的要点。因此，进行资本增量经营，第一，要以最低的筹资成本取得企业所需要的增量资本。第二，要以资本增值为目标，充分有效使用增量资本。增量资本的有效使用表现在：第一，以增量资本盘活存量资本；第二，以增量资本推进企业扩张，优化企业规模；第三，以增量资本提高企业技术水平。

资本增量经营直接表现为企业资本扩张。资本扩张作为现代财务管理的重要内容，应讲究成本效益原则，即以较低的资本扩张成本，取得尽可能大的资本扩张效益。在现代企业的重组中，企业合并、合资、兼并、收购等都是资本低成本扩张的主要形式，因此，也是资本增量经营的主要形式。另外，资本扩张将引起企业组织形式的变化，即从独资企业、合伙企业发展为公司制企业，或从公司制企业发展为集团企业或控股公司等。因此，资本增量经营还应结合企业的组织形式进行研究。有关资本增量的方式与组织形式将在第7章论述，本部分主要研究资本增量经营目标以及增量资本的筹集与使用。

（2）资本增量经营目标

资本增量经营的内涵为明确资本增量经营目标奠定了基础。资本增量经营的目标具体地说有：第一，通过资本增量经营，扩大企业规模，提高规模经济效益；第二，通过资本增量经营，加快技术进步步伐，提高技术进步经济效益；第三，通过资本增量经营，盘活存量资本，挖掘潜在经济效益。关于潜在经济效益内涵，我们在上一节已有论述，这里主要研究规模经济效益和技术进步经济效益。

①规模经济效益

A.经济规模、规模经济与规模收益

关于经济规模的内涵，理论上及实践中都存在不同的认识。本书认为，经济规模的内涵可从三方面表述：第一，经济规模主要是研究生产力诸因素的集约程度。第二，经济规模主要指微观经济规模。微观经济规模通常指企业经济规模，它可进一步分为企业总体规模、工厂规模及生产线规模等。第三，衡量经济规模的指标可分为资源投入指标和产出指标两类，资源投入指标包括劳动力投入量、资本投入量和自然资源投入量；产出指标包括国内生产总值、工业附加值、净产值、销售收入等。一般地说，衡量经济规模应以资源投入指标为主，当然，在其他条件不变的情况下，一定的产出与一定的投入是相对应的，即产出规模实际上也反映了一定的投入规模。

规模经济（economies of scale）或规模不经济（diseconomies of scale），主要是研究在既定技术条件下产量与成本水平之间的关系。规模经济是指在既定技术条件下，生产一个（单一的或复合的）产量的单位成本的降低。与规模经济相对应的概念是规模不经济，指在既定技术条件下，生产一个产量的单位成本上升。我国有些学者认为，规模经济主要研究经济规模与经济效益之间的关系。其实，这与前一种观点的实质是一致的，因为随着经济规模的扩大和单位产品成本的降低，经济效益也就自然提高，成本降低与经济效益提高是一致的。

规模收益（returns to scale）是指企业收益与企业规模的比较，或者说企业在所有生产要素同比例增减变动时的收益与规模的对比。规模收益存在着不变、递增和递减三种情况。规模收益不变是指所有投入品同比例增长情况下，产出增长速度等于投入增长速度；规模收益递增是指产出的增长速度快于投入的增长速度；规模收益递减是指产出的增长速度慢于投入的增长速度。

应当指出，规模收益与规模经济是两个既相互区别又相互联系的概念。规模经济和规模收益之间的区别主要是：规模经济，一方面要求多品种生产时，各种产品之间的比例保持不变；另一方面，为了使支出最小，必须调整投入比例。而规模收益思想是指在产出比例和投入比例都固定不变的情况下，研究经济规模与经济收益之间的关系。规模收益和规模经济之间的联系表现为：第一，它们实质上都研究经济规模与经济效益之间的关系；第二，规模经济中含有规模收益之意，或规模收益是规模经济的一种特殊情况。在多品种生产时，如果投入比例和产出比例不变，规模收益递增（或递减）可等同于规模经济（或规模不经济）。

B.经济规模与经济效益

研究规模经济效益的关键，应在明确经济规模与规模经济、规模经济与规模收益的基础上，进一步搞清经济规模与经济效益之间的关系。经济规模与经济效益的关系可用图6-3反映。

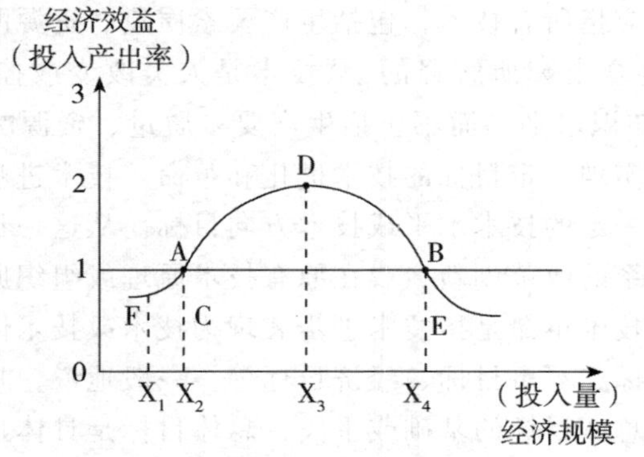

图6-3　经济规模与经济效益的关系

从图6-3可看出，当企业的经济规模在X_2~X_4之间时，企业投入产出率大于或等于1，说明在此经济规模范围，企业有经济效益；当经济规模低于X_2或高于X_4时，企业投入产出率小于1，说明在此经济规模范围，企业无经济效益。因此，我们可把X_2~X_4之间的经济规模称为可行或合理经济规模，D点是经济效益最高点，与D点相对应的经济规模X_3是最佳经济规模；而低于X_2或高于X_4的经济规模为不可行或不合理经济规模。总之，最佳经济规模是指在其他条件一定的情况下，使经济效益最大化的经济规模。最佳经济规模的任何变动都将使经济效益下降。合理经济规模则是指在其他条件一定的情况下，能取得经济效益的经济规模。

C.规模经济效益的内涵

明确经济规模与规模经济、规模经济与规模收益以及经济规模与经济效益之间的关系，为我们确定规模经济效益的内涵奠定了基础。所谓规模经济效益，一般是指由于经济规模的变动所引起的经济效益的提高。具体地说，规模经济效益是指由于生产力诸因素集约度的变动所引起的投入产出率的提高。正确理解规模经济效益要抓住以下几点：

第一，规模经济效益是经济效益的组成部分，因此，其内涵应与经济效益的一般内涵相一致，即反映经济规模引起的投入与产出比率的变动，而不是仅指成本的降低。

第二，规模经济效益是一种动态经济效益，它是指经济规模变动所产生的经济效益。

在图6-3中，经济规模从X_2向X_3或从X_4向X_3变动将产生经济效益，使规模经济效益提高。如果经济规模从X_3向X_2变动，或从X_3向X_4变动，虽然经济规模处于有经济效益范围，但规模经济效益是下降的。

第三，规模经济效益提高只是相对自身而言在不同时期的经济规模改善。对于不同的分析对象，如不同的企业，规模经济效益高的企业的经济规模并不一定就优于规模经济效益低的企业。例如，当某企业已经达到最佳经济规模，在技术条件不变的情况下，它的规模经济效益只能等于或小于零。

②技术进步经济效益

A.技术进步的内涵

技术进步的内涵在理论界和实践中有许多种不同的解释，差异主要产生于对技术的内涵理解不同。要搞清技术进步的内涵，首先必须正确理解技术的内涵。技术应做广义和狭义两种解释。广义技术应指所有技术，包括生产要素质量、资源配置、经济规模、知识水平等。正如《大英百科全书》所解释的："技术是人类改变或控制客观环境的手段或活动。"狭义技术主要指知识水平，而不包括生产要素质量、资源配置和经济规模等。技术进步中所说的进步是指实现一定目标的技术进化和革命。技术进步的目标有具体目标和总体目标。具体目标是指一定的技术水平或技术方向目标。从这一目标出发，技术进化表现为对原有技术或技术体系的改革创新，或在原有技术原理或组织原则的范围内发明创造新技术和新的技术体系。技术革命是指技术进步表现为技术或技术体系发生质的变革。技术进步总体目标有政治目标、军事目标、经济目标等。一般地说，具体目标要与总体目标相一致，具体目标是实现总体目标的基础或手段，总体目标是具体目标的方向。但总体目标之间的关系如何处理呢？作者觉得应将经济目标作为基本的和最终的目标，因为：第一，这是从经济学角度研究技术进步的客观需要；第二，经济目标是社会发展目标实现的基础和保证。

在明确上述问题的基础上，我们可给技术进步以科学定义：技术进步是指为实现一定目标的技术进化和革命。这个目标通常是指经济目标，即生产率的提高。著名经济学家萨缪尔森将技术进步表述为："引进新的生产方法，改进产品或降低成本，从而使生产率提高。其结果是生产可能性曲线向外移动。"经济学家索洛把技术进步等同于任何引起生产函数变动的事件。由于生产函数反映一定资源投入与其最大产出量之间的关系，因此，生产函数变动实际上引起生产率变动或生产可能性边界线移动。可见，萨缪尔森和索洛的技术进步内涵都含有经济目标。下面用图6-4和图6-5来说明技术进步内涵与性质。

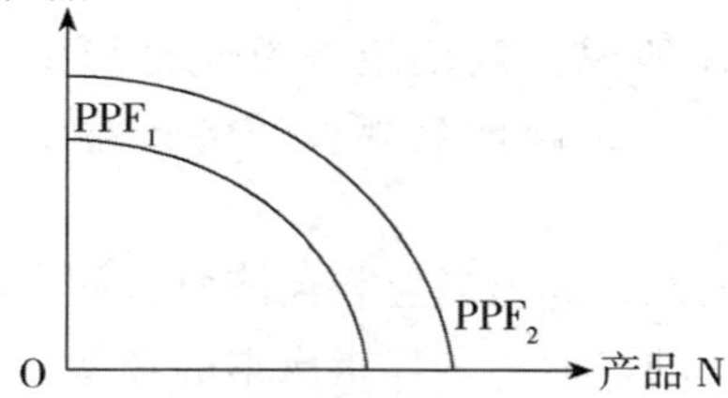

图6-4 技术进步内涵与性质（1）

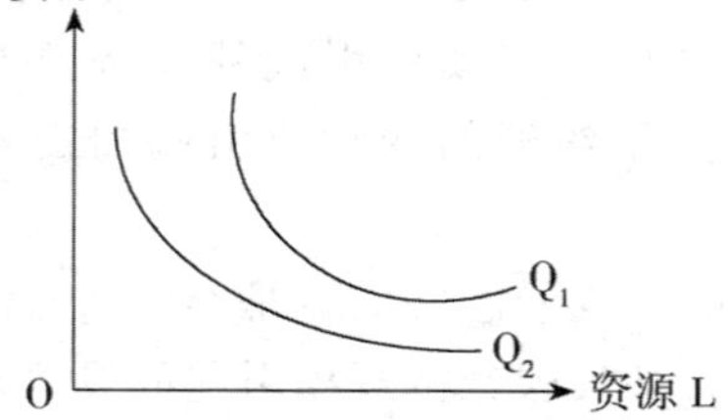

图6-5 技术进步内涵与性质（2）

图6-4中的PPF_1表示在资源总投入、技术一定情况下的生产可能性边界线，PPF_2表示资源总投入不变、技术变动情况下的生产可能性边界线。PPF_2与PPF_1之间的距离，即生产可能性边界线向外移动的距离反映了技术进步对产出或生产率的影响。图6-5中的曲线Q_1、Q_2是等产量曲线，或生产函数，且假设两条曲线的产量相等。Q_1代表了在一定技术水平和资源投入情况下的最大等产量曲线，或在技术水平和产出一定情况下的最小资源投入组合线；Q_2反映了在产出一定情况下，技术变动后的等产量曲线。Q_1与Q_2之间的距离反映了技术进步状况，说明由于技术进步使生产相同产量的资源投入减少。图6-6中曲线1代表在技术水平一定情况下，每一资源投入量相对应的最大可能产出量；曲线2代表在技术水平变动情况下，每一资源投入量相对应的最大可能产出量。可见，由于技术进步，一定资源投入的产出量增加，两条曲线之间的垂直距离可反映技术进步的状况。

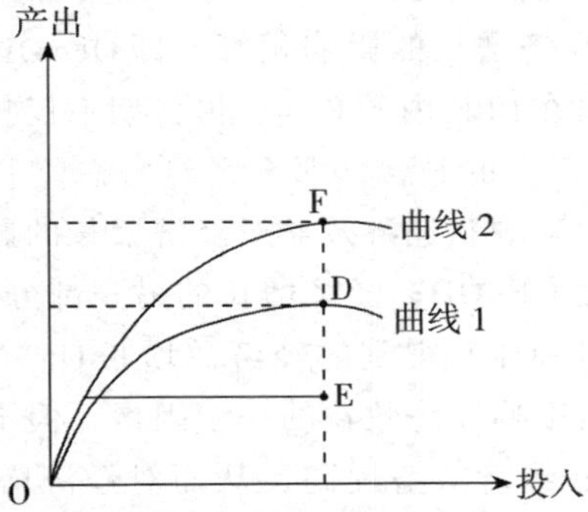

图6-6　技术进步对经济增长的影响

B.技术进步与经济效益

研究技术进步与经济效益的关系，首先应明确技术进步与经济增长的关系。根据上述广义技术进步的内涵，通常认为经济增长主要受劳动力投入量、资本投入量和技术进步三大因素影响。在图6-4中，在资源投入和技术水平一定时的最大产出量是PPF_1曲线；技术变动后（其他因素不变）的最大产出量是PPF_2曲线；PPF_2曲线与PPF_1曲线之间的距离反映了技术进步引起的经济增长。前面已指出，经济效益是指产出与投入之间的比率，假设资源投入为1，则PPF_1反映了技术进步前的经济效益水平，PPF_2反映了技术进步后的经济效益水平，两条曲线之间的距离则反映了技术进步对经济效益水平的影响程度，或者反映了技术进步对产出或经济增长的影响。由于此时技术进步对经济效益的影响和对经济增长的影响具有一致性，因此，有人认为，技术进步对经济增长的影响和经济效益对经济增长的影响是相等的，或者说经济效益的变动完全是由技术进步引起的。有人将广义技术进步定义为：产出增长中扣除劳动力和资金投入数量增长的因素后，所有其他产生作用的因素之和。这实际上是全要素生产率增长率或动态经济效益的定义，可见持这种观点的人是把技术进步与经济效益等同起来。应当注意，上述结论成立的前提是：假定资源投入一定，且投入资源得到充分利用，不存在资源闲置浪费。但是，实际并非总是如此，资源不充分利用的现象是普遍存在的，生产产出经常在生产可能性边界线之内，此时技术进步对经济增长的贡献与经济效益对经济增长的贡献是不同的，可用图6-7加以说明。

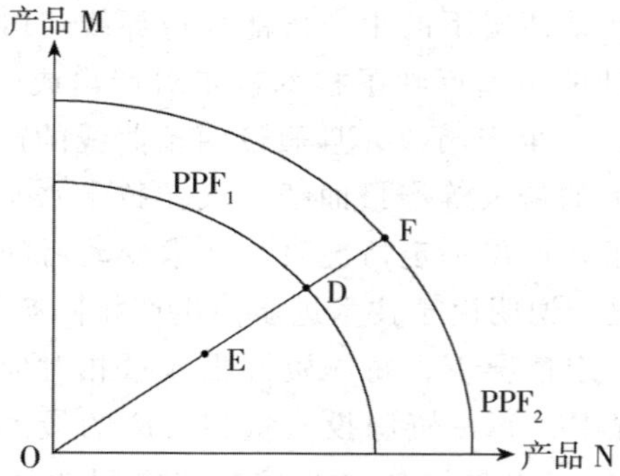

图6-7 资源利用不充分时技术进步对经济增长的影响

图6-7中的资源与技术状况假设与图6-4相同。在资源充分利用时，其技术进步对经济增长的影响和经济效益对经济增长的影响相等，即OF=OD。如果在原有技术水平上资源实际并没有充分利用，产出在PPF_1内的E点；报告期不仅技术发生了变动，而且资源也得到了充分利用，产出在PPF_2上的F点，那么，经济总增长为OF-OE，是谁影响的呢？此时的技术进步对经济增长的影响和经济效益对经济增长的影响相等吗？不是！其实，技术进步对经济增长的影响还是OF-OD；经济增长的另一部分OD-OE是由于资源充分利用引起的；将（OF-OD）+（OD-OE）得到的经济总增长OF-OE是由于经济效益提高引起的。因此可得出，技术进步是影响经济效益的一个因素，但不是影响经济效益的全部因素或唯一因素；技术进步将引起经济效益提高，从而对经济增长产生积极影响。同理，图6-6中相应各点也可说明这个道理。

2）资本增量经营与提高规模经济效益

要提高规模经济效益，关键在于优化经济规模。所谓经济规模优化，概括地说，是指以经济效益为目标，通过调整经济规模，实现规模经济效益和最佳经济规模的过程。提高经济效益是经济规模优化的目标，经济规模调整是经济规模优化的核心。经济规模调整，一般地说，是指全部资源或生产要素投入规模的调整，即全部资源或生产要素投入量都是可变的。严格地说，经济规模调整是指在各种资源或生产要素投入比例不变情况下的资源或生产要素投入量的调整。从狭义规模经济效益定义出发，经济规模调整应做后一种解释。

（1）经济规模优化一般方法

要以经济效益为目标进行经济规模调整，首先应明确经济规模（或投入）变动与经济收益（或产出）之间关系的三种情况。下面用图6-8、图6-9和图6-10加以说明。假设生产中只使用两种生产要素，如图中的资本（K）和劳动（L），产品产量如图中的等产量曲线Q。在技术一定条件下，生产要素投入（相同比例）与产品产出之间的关系，将会出现规模收益递增、规模收益递减和规模收益不变三种情况（如前面规模收益所述）。

图6-8中等产量曲线之间的距离，随着投入的增加，越来越近，说明产出增长速度快于生产要素投入增长速度，即规模收益递增；图6-9中等产量曲线之间的距离相等，说明

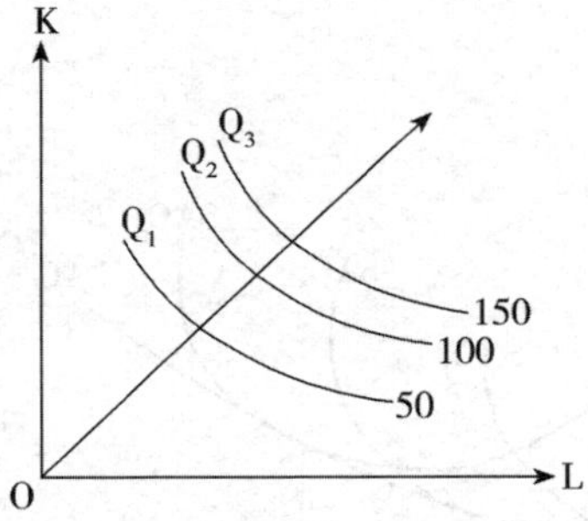

图6-8　经济规模变动与经济收益的关系（1）

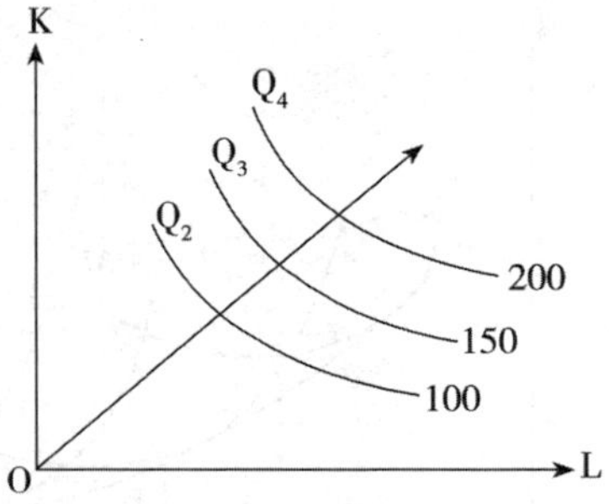

图6-9　经济规模变动与经济收益的关系（2）

生产要素投入增长速度与产出增长速度相同，即规模收益不变；图6-10中的等产量曲线之间的距离，随着投入的增加，越来越远，说明产出增长速度慢于生产要素投入增长速度，即规模收益下降。将图6-8至图6-10放入一个图（如图6-11所示）中，可反映规模收益的总体变动情况，为经济规模优化指明方向。在经济规模处于规模收益递增阶段和规模收益不变阶段，企业应扩大经济规模，这将使规模经济效益提高，经济规模向最佳经济规模变动；在经济规模处于规模收益递减阶段，企业应缩小经济规模，这实质上也使规模经济效益提高，经济规模向最佳经济规模变动。

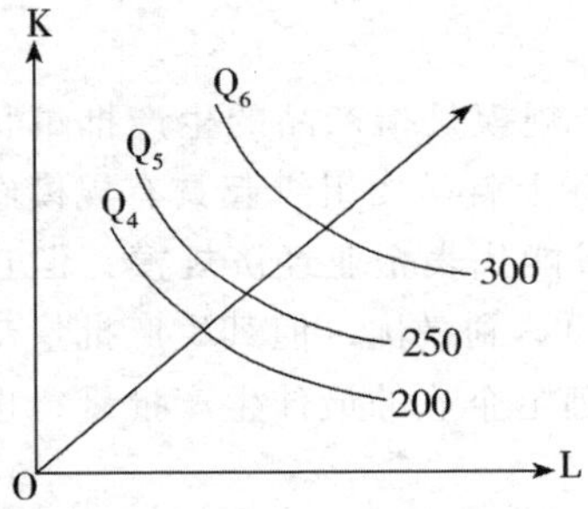

图6-10　经济规模变动与经济收益的关系（3）

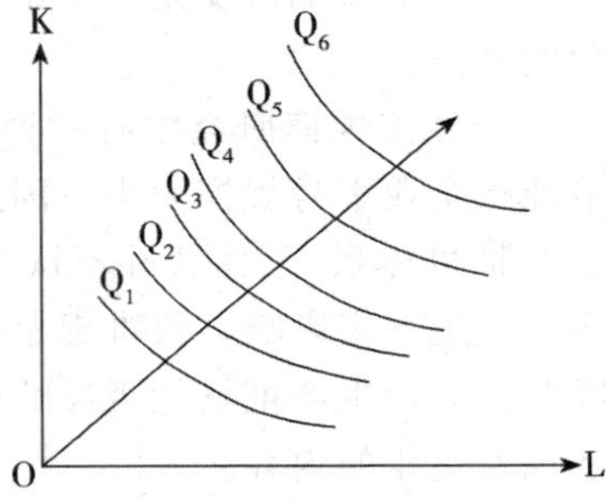

图6-11　规模收益的总体变动情况

与图6-11经济规模变动过程相对应，从长期成本函数角度也可说明经济规模优化状况（如图6-12所示）。

其中，SAC为短期平均成本曲线，LAC为长期平均成本曲线。

从图6-12长期成本函数可看出：从O至Q_3，随经济规模扩大，长期平均成本明显下降，反映规模收益递增；从Q_3至Q_4，随着经济规模扩大，长期平均成本变动不明显，反映规模收益不变；从Q_4至Q_6，随经济规模扩大，长期平均成本上升，规模收益递减。经济规模优化，就是要在规模收益递增或不变情况下尽量加大经济规模；在规模收益递减时，尽量缩减经济规模；最终达到经济效益最优的经济规模。Q_4对应的经济规模，其长期平均成本处于最低点，是最佳经济规模。

在经济规模优化研究中需要说明以下问题：

第一，上述经济规模的优化只是经济规模优化的一般方法，即只是从经济规模与经济效益关系角度考虑的，而没考虑不同类型企业的特殊性，即没考虑其生产技术特点，而实践中应结合企业生产技术特点，将工程技术法与成本函数方法结合运用。

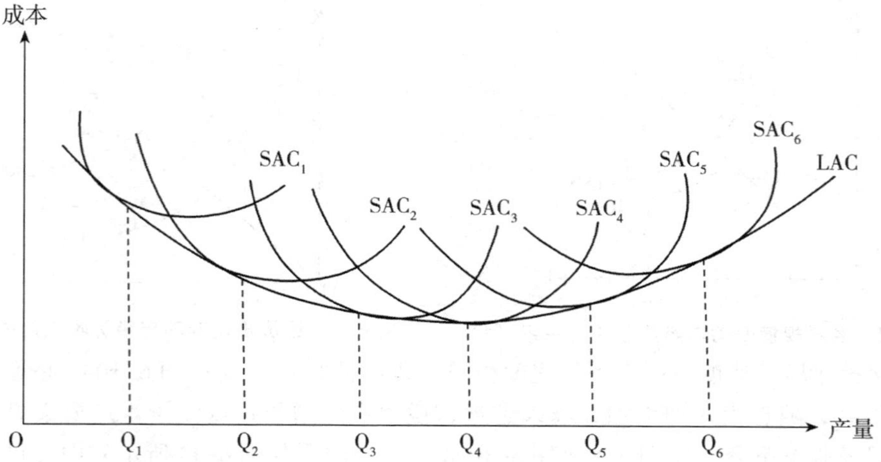

图 6-12 长期成本函数下的经济规模优化状况

第二，研究经济规模优化从狭义上说只应指长期经济规模优化。从短期看，固定生产要素投入规模一定，只有可变生产要素投入规模变动，这种规模变动所产生的经济效益包含资源配置经济效益在内，并非真正意义上的规模经济效益。但是，要达到长期经济规模优化，有必要考虑短期可变生产要素规模的变化，因为短期可变要素规模优化是长期经济规模优化的基础。

第三，在经济规模研究中有一种观点认为："生产规模是指产品的生产批量状况，而并不是单纯指企业本身规模大小。因此，产业政策实际上就是要组织起具有规模经济效益的产品生产批量体系。"作者并不认为生产批量就是或能代表企业经济规模，但它对企业规模确实会产生一定影响，很难想象一个企业经济规模达到最优，但其生产批量却不是最佳的。因此，无论生产批量能否反映企业经济规模，确定企业的最佳生产批量，也可作为研究经济规模优化的内容之一。

（2）影响规模经济效益的因素

研究提高规模经济效益的途径，首先应明确影响规模经济效益的因素。由于规模经济效益是指由于经济规模变动所产生的经济效益，而合理或最佳经济规模的实现必然是规模经济效益的存在或增长，因此，经济规模与规模经济效益是相互影响、相互作用的。从这点看，经济规模是影响规模经济效益的根本因素。而经济规模的变动又受许多因素影响，影响经济规模的因素必然是影响规模经济效益的因素。那么，经济规模受哪些因素影响呢？为什么经济规模变动会影响规模经济效益呢？这需要从以下几方面加以说明：

①生产技术特点

部门、行业或企业生产技术特点对经济规模及规模经济效益有着先天的影响。生产技术特点可从以下几方面来考虑：

第一，从生产工艺特点看，有些部门、企业的产品生产工艺复杂，需要若干工序才能完成，其经济规模通常就比较大，因为经济规模加大有利于劳动力使用的专门化，提高劳动生产率，降低产品单位成本，产生规模经济效益。例如，汽车、电视机等的生产工艺特点决定其应具有较大规模，这些部门或企业通常表现为规模收益递增；而生产工艺简单、工序较少的部门或企业则可能经济规模较小，规模经济效益不明显，如纺织厂、服装厂等。

第二，从投入的不可分看，有些资本品如果将它们在物质上进行分割，就变得毫无用处。因此，它们存在一定的最大生产能力或最佳生产规模，低于这个能力或规模就会有资本品的浪费。图6-13可反映由于资本品投入的不可分性所出现的规模经济情况。

从图6-13可看出，在O至Q_1区间（不含O）的成本是相同的，即C_1，最佳经济规模为Q_1，此时，单位成本最低，经济效益最好。超过Q_1后，资本品投入增加，成本上升为C_2，产量在Q_1至Q_2区间成本不变，此时最佳规模为Q_2。同理可得出Q_3为资本品投入成本为C_3时的最佳经济规模。

第三，从设置成本看，许多生产过程在开始前都需要做一些准备工作，如知识准备、设备调试准备等，为此所付出的代价可称为设置成本。设置成本一旦发生，产量便与额外花费（可变成本）成正比，如图6-14所示，在产量为O至Q_1时，其设置成本为C_0，尽管可变总成本随产量增加而增加，但平均设置成本在产量为Q_1时最低，此时规模为最佳规模；当产量超过Q_1时，其设置成本为C_1，最佳规模也将随之发生变化。以上分析说明，在设置成本所允许的范围内，存在着规模经济性或规模经济效益。

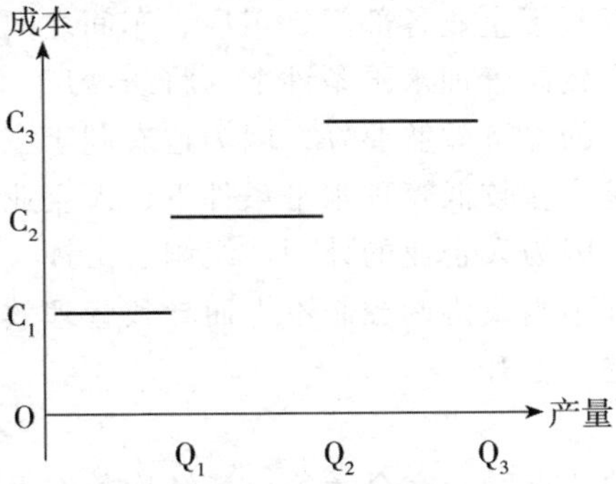

图6-13　成本与产量对经济效益的影响（1）

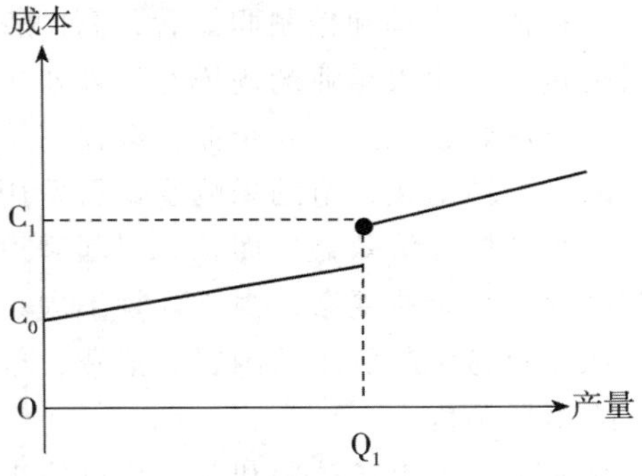

图6-14　成本与产量对经济效益的影响（2）

第四，从产品技术特点看，有的产品体积越大，单位体积成本越低。例如，一条管道的容量可定义为其横断面的面积πr^2，而横断面的周长为$2\pi r$，如果可能增大其容量的话，只要扩大管道周长即可。或者说，如果简单地将生产管道材料投入翻一番，管道容量将是原来的4倍。还有一些资本品（固定资产），在一定范围内其规模越大，效率越高，如炼钢炉等，这些都决定其存在规模经济效益。

②产品市场需求

市场需求相对于供给的关系是影响企业经济规模的一个重要因素。一般地说，如果产品供不应求，则企业经济规模较大，可能会超过最佳经济规模；如果产品供过于求，则企业经济规模较小，可能低于最佳经济规模。换一角度说，当企业处于规模收益递增阶段，但产品市场供求平衡或供过于求，则该企业很难实现最佳经济规模；而如果产品供不应求，则很容易达到最佳经济规模。

③经济资源状况

经济规模与资源状况关系很大。资源状况既包含资本资源、劳动力资源，又包括自然资源，缺少任何一种资源都不能达到合理规模和最佳规模。另外，这里所说的资源状况不仅包括资源的数量，而且包括资源的质量。如果资源的数量和质量都能达到实现最佳经济规模的要求，则能够产生规模经济效益；否则，如果资源的数量和质量达不到要求，则不能产生规模经济效益。资源状况对规模经济效益的影响具体表现为以下两个方面：

第一，规模大、质量高、技术复杂的机器设备往往适合经济规模较大的企业或工厂，从而产生高的规模经济效益。否则，不与这种规模大、质量高、技术先进的资源相结合，规模再大，可能也不会产生规模经济效益。

第二，大规模企业可大量采购原材料、零部件和其他生产要素，从而得到折扣数，降低采购成本。另外，大规模企业由于经济实力较强，容易进入资本市场，得到低息借款，降低资本成本，这些都将产生规模经济效益。

④管理水平

经济规模和规模经济效益与管理水平关系紧密。规模经济性与规模不经济性的产生都与管理水平有关。管理水平为什么能产生规模经济性或规模经济效益呢？从管理的计划、组织、指挥、协调和控制职能看，高的管理水平有利于企业各部门、工厂、车间之间的协调或衔接，产生大企业的规模经济效益。例如，在较高管理水平条件下，将纺纱厂、织布厂、印染厂联合成一个大企业，会比三个独立工厂的经济效益要好，因为这有利于三个工厂间的供产销衔接，节约采购及销售费用等。但是，在较低管理水平条件下，大企业不仅不会产生规模经济效益，而且会引起规模不经济，因为大企业的计划、组织、指挥、协调及控制都比小企业复杂，由于计划不周、组织指挥不当或协调控制不力而导致管理效率下降，从而容易引起资源的闲置与浪费，单位成本趋于上升。

⑤市场结构

从完全竞争市场结构和非完全竞争市场结构的特点看，完全竞争市场结构条件下的企业经济规模，在长期总是处于平均成本曲线的最低点，即处于最佳经济规模，而且从理论上说，所有企业都处于最佳经济规模，实现了经济效益最大化。垄断市场结构条件下的企业经济规模，在长期往往处于成本下降的点，而不在最低点，此时，垄断企业有较高的经济效益，但其技术效率和社会经济效益并不是理想的。

3）资本增量经营与提高技术进步经济效益

提高技术进步经济效益的核心在于加快技术进步，技术进步的前提在于正确的技术选择，技术进步的根本在于技术创新和技术扩散，技术进步的捷径在于技术改造和技术引进，技术进步的保证在于经济体制改革。

（1）技术选择是提高技术进步经济效益的基本前提

①技术选择的类型

进行技术选择首先应明确可供选择的技术类型，而技术选择的类型从不同角度看是不同的。

A.从影响经济增长的因素角度看技术进步类型，存在的技术选择有：a.劳动密集型技术。这种技术的特点是劳动占用和消耗比较多，单位劳动占用的资本较少，技术装备较低。它适用于劳动力资源丰富、资本资源紧张、技术水平不高的国家和地区。b.资本密集型技术。这种技术的特点是资本占用与消耗较多，技术装备程度较高，容纳劳动力较少。它适用于劳动力资源不足、资本资源充裕、自然资源缺乏的国家和地区。c.技术或知识密集型技术。这种技术的特点是机械化、自动化程度高，技术装备复杂，投资费用高，劳动力占用较少。它适用于资本资源充足、劳动力素质高、人工成本高的国家或地区。

B.从技术进步的水平看技术进步类型，存在的技术选择有：a.高、精、尖技术或世界先进水平技术；b.先进适用技术；c.中间适用技术等。

C.从技术进步结果看技术进步类型，存在的技术选择有：a.提高质量技术；b.增加品种技术；c.扩大能力技术；d.生产安全技术；e.提高生态效益技术；f.提高社会效益技术等。

②技术选择的原则

A.技术进步原则。技术进步是技术选择的首要原则。技术进步的重要性已越来越引起人们的注意，它对经济增长和经济发展的贡献越来越大，成为经济持续、快速、稳定发展的关键。因此，技术选择应以技术进步为首要依据，选择有利于技术进步的技术，淘汰不利于技术进步的技术。

B.经济效益原则。经济效益是技术选择的基本原则。由于从技术进步、经济效益的内涵及技术进步与经济效益的关系可知，技术进步是提高经济效益的重要手段或途径，提高经济效益是技术进步的基本目标，因此，技术选择不仅应考虑技术进步，关键应看是否有利于经济效益的提高。一般地说，技术进步与经济效益是成正比的，没有技术进步就没有经济效益（其他条件不变），但并非技术越先进，经济效益就越高。当二者不一致时，应以经济效益高低为基本判断原则。当然，这个经济效益的提高应是宏观经济效益与微观经济效益的统一、近期经济效益与长期经济效益的统一。

C.社会效益原则。社会效益原则也是技术选择应遵循的原则。在技术选择中只考虑技术进步和经济效益是不够的，因为一些技术虽然水平较高、效益较好，但会对人类健康、生态环境、资源质量等产生不利的影响，即产生负的社会效益，这样的技术是不应该选择的。

D.因地、因时、因人、因事制宜原则。技术类型是多种多样的，不同技术类型的特点及适用范围是不同的，因此，在技术选择中必须遵循因地、因时、因人、因事制宜原则。否则，不考虑现有技术水平和人员素质盲目选择高精尖技术，不考虑人力资源充裕的特点盲目选择人力节约型技术等，是不会取得好的技术进步效益的。

③技术选择的目标

技术选择的目标受资源条件、现有技术水平、经济发展趋势等诸多因素影响。在不同时间、不同空间，由于其资源、技术、经济等方面的条件不同，技术选择目标也有所不同。我国技术选择的长期目标是技术密集型技术、自然资源节约型技术、高精尖技术及提高生态效益和社会效益的技术。因为地球上的资源是有限的，而人们的需求是无限的，所以要使有限的资源满足无限的人类需求，必须依靠技术进步或知识进展，必须选用高、精、尖技术。

技术选择的近期目标是劳动密集型技术、资本节约型技术、适用先进技术、安全生产技术及提高质量、增加品种、扩大能力的技术等。这是由我国目前的劳动力资源丰富、资本资源不足、技术水平较低、经济发展速度要求较高所决定的。进行技术选择首先应明确可供选择的技术类型，而技术选择的类型从不同角度看是不同的。

（2）技术创新与技术扩散是提高技术进步经济效益的有效途径

①技术创新与技术进步经济效益

创新理论是经济学家熊彼特提出的，他认为创新的内容包括产品创新、工艺创新、开辟新市场、利用和开发新资源及组织体制和管理的创新。由于创新是以产品创新和工艺创新为主要内容和基础的，因此，后来的经济学家将创新称为技术创新。

技术创新是技术进步的第一推动力，是提高技术进步经济效益的关键。虽然技术改造、技术引进和技术推广都能促进技术进步和经济效益的提高，但任何技术改造、引进或推广都离不开技术创新。尤其是在新技术革命的今天，技术创新在经济发展中的作用更大。一个国家产业和产品在国际市场的竞争力或贸易地位主要取决于其技术创新能力，许多成功国家和企业的经验都说明了这一点。

在商品经济条件下，经济效益才是技术创新的真正原动力，同时，它也是技术创新的最终目标。如果创新得不到应有的高效益，它就不会有生命力。因此，要搞好技术创新：第一，必须以提高经济效益为基本出发点和落脚点；第二，适应市场需求确定技术创新方向，积极诱导创新；第三，发挥现有技术优势推动技术创新。

关于企业规模和市场结构对技术创新的影响问题：第一，应结合企业规模及生产技术特点，加强技术研究与开发，只要树立了技术创新对经济效益的决定性影响地位，任何规模的企业都能搞出技术创新；第二，建立健全适应技术创新和技术进步要求的市场结构，搞好经济体制改革，这个市场结构和经济体制要有利于诱导创新、促进创新，而我们正在建立的社会主义市场经济体制正体现了这一要求。

②技术扩散与技术进步经济效益

技术创新是技术进步的第一推动力，在一定程度上，没有技术创新就没有技术进步。但技术创新并非技术进步的全部含义，技术进步是一个总体的和综合的概念，它不是指某项技术水平的提高，而是指总体技术水平的进步或提高。因此，只有技术创新是不够的，还必须进行技术扩散。从这个意义上讲，没有技术扩散，就没有总体技术水平的提高，就没有技术进步，也就没有总体技术进步经济效益的提高。另外，技术扩散不仅使总体技术进步经济效益提高，而且使技术创新者和技术采用者双方经济效益都有所提高。技术创新者通过技术扩散取得技术转让费及专利费等，经济效益得以提高；新技术采用者由于采用了新技术，提高了生产率，也可提高其经济效益。

技术扩散通常有三种途径或方式：一是技术在本部门内的扩散；二是技术在部门间的扩散；三是技术在国际上的扩散。

影响技术在部门内各企业间扩散的基本因素有：一是扩散比例，即部门中采用新技术的企业占企业总数的比例，比例越大，说明采用新技术风险越小，对未采用新技术企业的压力和推动力就越大；二是相对利润率，新技术的相对利润率越高，愿意接受新技术的企业越多，技术扩散越快；三是新技术投资额，投资额越小，技术扩散越快。影响技术在部门间扩散的因素有利润率因素、投资额因素、制度因素，另外一个重要因素是新技术的可分解性。如果一项技术便于分解，它的扩散就快，因为可采用其技术的某一部分，节约投资。技术在国际上的扩散除受经济方面影响、制度方面影响外，还受观念影响。

技术扩散一般可分为三个阶段：开始时技术扩散较慢，只有少数企业采用；然后这些企业再将技术传送给其他企业，扩散速度加快；最后随着需求下降，潜在采用者减少，技术扩散速度减慢直至停止。

（3）技术改造和技术引进是技术创新和技术扩散的有效手段

提高技术进步经济效益的关键在于技术创新和技术扩散，而技术创新和技术扩散的有效手段或途径是技术改造和技术引进。

①技术改造与技术创新和技术扩散

关于技术改造对技术进步和提高技术进步经济效益的作用，主要表现在：第一，技术改造投资少、见效快，技术进步本身经济效益较高；第二，技术改造能使现有技术和设备得以充分利用，减少资源的闲置与浪费，提高潜在经济效益；第三，技术改造与技术创新相结合，能产生较高的技术进步经济效益；第四，技术改造与技术扩散相结合，有利于总体技术水平的提高和技术进步经济效益的全面提高。

搞好技术改造与技术创新和技术扩散的结合应关注以下方面：第一，要制定科学完善的技术改造规划，规划中应规定与技术改造相结合的技术创新和技术扩散目标；第二，要进行技术改造的可行性研究，包括技术创新和技术扩散的可行性研究，即技术上是否先进可行，经济上是否合理有益；第三，要对技术改造过程实施科学管理，以技术创新和技术扩散目标为依据，加强对技术改造的控制。

②技术引进与技术创新和技术扩散

技术引进，从原始意义上讲，应为某一方通过技术转让和技术交流等方式取得另一方的技术，技术转让和交流的双方可以是两个企业、两个地区或两个国家。但人们目前所说的技术引进只是指某一国家通过技术转让和交流等方式从另一国家取得技术。技术引进的意义或作用主要表现在：

第一，技术引进是经济发展的捷径。经济发展离不开技术进步。而技术进步又有多条途径，其中技术引进通过直接利用国际先进技术，节约了自行研制创新的时间和费用，是技术进步的捷径，也是经济发展的捷径。

第二，技术引进是引进外资的手段。技术引进的途径有多种，其中许多途径在引进技术的同时，也利用了国外资金，如合资经营、合作经营、补偿贸易、商业信用等。这对劳动力充裕而资本不足的发展中国家是有益的，它既可解决技术落后问题，也可解决资金不足问题。

第三，技术引进是技术创新的基础。技术引进必须与本国实际情况相结合才能实现技术进步、取得好的经济效益，这就要求对引进技术必须进行消化和创新。从这点看，技术引进是技术创新的基础，而且通常引进带来的创新是高水平的创新。

第四，技术引进是技术扩散的方式。技术引进实质上就是技术在国家间的扩散。通过技术引进，使技术扩散的范围更加广泛，技术扩散的受益面加大。这对推动世界范围内的技术进步和技术进步经济效益的提高有重要意义。

在技术引进过程中，我们一定要注意发挥技术引进的上述作用，特别是对技术创新和技术扩散的作用：第一，应搞好宏观技术引进规划，确定技术引进的重点，包括重点技术、重点行业、重点地区等；第二，加强技术引进决策，增加科学性，减少盲目性；第三，控制技术引进的方向、规模和速度；第四，注意国内技术创新和技术扩散，减少重复引进。

4）资本增量经营与资本筹集及应用管理

（1）资本增量预算

①资本增量预算制定基础

资本增量预算就是要根据资本增量经营的目标，结合企业资本存量状况，预测所需要的资本增量额度。合理的资本增量额度，是资本筹集和使用的依据和标准。因此，资本增量预算可规范企业资本增量经营行为，对保证资本增量经营目标的实现有重要作用。

资本增量预算的关键在于资本增量额度的确定，而资本增量额度大小主要取决于增量资本的用途及额度。从资本增量经营内涵与目标出发，资本增量预算主要应考虑以下几个方面的问题。

A.盘活资本存量所需要的资本增量

资本经营的目的在于充分有效地使用全部资本（包括存量资本），实现资本的增值。第3章谈到资本存量经营的内容及方式方法，资本增量经营也是搞好资本存量经营的重要方式之一。资本增量经营与资本存量经营是紧密相关的，在一定情况和条件下，离开资本增量，盘活存量是十分困难的。同时，通过资本增量盘活资本存量的效果，比单纯资本扩张效果要好。据有关专家（潘岳，1997）计算，增量投入与存量重组之间的相关比例平均不少于1∶8，即每1元的增量资本可盘活8元的存量资本。但是，不同的产业、行业或地区可能有所区别。

B.实现规模经济所需要的资本增量

从上述资本增量经营与提高规模经济效益的研究可知，优化经济规模是提高经济效益的重要途径。要优化经济规模，特别是具有规模经济性的企业规模普遍较小的情况下，通过资本扩张实现规模经济是企业发展的理想选择。国际国内的资本扩张浪潮也充分说明了大规模、集约化经营的重要性。扩大企业规模必然涉及对资本增量的需求。如何在企业现有规模基础上，确定最佳企业规模资本需要量，是进行资本增量预算的重要内容。

C.技术进步目标所需要的资本增量

企业发展的根本在于技术进步，而技术进步离不开技术创新、技术引进和技术改造。无论技术创新、技术改造，还是技术引进，都需要资本。因此，进行资本增量预算，必须充分考虑技术进步的资本需要量。

D.资本增量的筹集渠道与方式

前三个方面主要从资本增量经营的用途方面考虑资本增量预算的影响因素。资本增量预算还涉及资本增量的来源问题，即在明确资本增量需要总量的基础上，对资本的来源渠道进行规划，在总量上、结构上、时间上保证资本增量的需要。

②资本增量预算内容与结构

明确资本增量预算的基础，为确定资本增量预算内容和结构指明了方向。资本增量预算内容与结构可通过表6-5来说明。

表6-5 **资本增量预算表**

项目＼时期	第1期	第2期	……	第n期	总计
资本使用					
盘活存量					
扩大规模					
技术进步					
合计					
资本筹措					
直接融资					
间接融资					
合计					
备注					

资本增量预算的项目反映了资本增量的用途和来源，通常在预算中，资本增量使用与资本增量筹措的金额应相等，即做到预算平衡。备注是对可能存在的差异及问题进行说明或注解。

资本增量预算的时期，可根据预算期长短及需要，分年度、季度或月度进行。预算时期的细化，有利于加强对资本经营的控制与管理。

③资本增量预算程序与方法

A.资本增量预算程序

进行资本增量预算应考虑资本增量特点有步骤地进行：

首先，应搞好资本存量预算，即明确企业在现有规模、技术和管理水平基础上的资本需要总量与结构。

其次，结合企业资本增量应用目标，在进行可行性研究的基础上，确定各项资本增量数额。

再次，根据资本增量需要量，选择资本融资方式与渠道，确定各种筹资方式的时间与金额。

最后，综合平衡预算。

B.资本增量预算方法

资本增量预算的技术方法有多种，如可采用预算的一般方法，包括增量预算法、弹性预算法、零基预算法等。在资本增量预算中，关键是结合预算内容特点进行，搞好资本使用预算，准确测算资本增量需要量。

a.资本存量盘活所需资本增量预算。资本存量盘活所需要的增量应该包括两个方面的内容：一是用于支付资产重组成本所需要的费用，其中主要是用于剥离重组中的债务、富余人员及企业所承担的社会职能（企业办社会与退休金）；二是用于带动存量的必要投入，主要指用于产品开发与技术提高等方面的投入。有关专家（潘岳，1997）对我国国有企业资本重组、资产重组中所需增量数额进行测算得出：①用于支付资产重组成本的费用。支付剥离债务的费用为6 000亿元左右，支付剥离富余人员的费用为3 000亿元左右，剥离社会职能的费用3 000亿元左右，共1.2万亿元左右。②用于带动存量的必要投入。现有国有经济法人财产约为11万亿元左右，带动存量的必要投入最少需要2万亿元左右。当然这2万亿元并不都需要由国有资本所有者投入，国有经济应该支付的投入约为4 000亿元左右。

b.扩大规模所需资本增量预算。这项内容的预算应结合企业现有规模和目标或最佳企业规模的确定，测算增量资本需要量。企业规模扩大所需资本增量预算，具体应根据企业规模扩大的方式进行。例如，有的可通过实现最佳生产批量所需要的资本来测算，有的通过新的生产线所需要的资本投入来测算，有的通过购建分厂所需要的资本来测算，还有的可通过组建集团所需要的资本来测算等。测算时可分别按项目单独立项，也可进行总体测算。

c.技术进步所需资本增量预算。这项资本增量测算，可根据技术进步的方式进行，即按技术创新、技术引进和技术改造所需要的资本增量测算，将各技术进步项目的资本需要量合计得出企业技术进步所需要的资本增量。

应当指出，实践中这三种情况的资本增量往往同时存在，并相互融合。例如，盘活存量与增加规模融合在一起，增加规模与技术进步也融合在一起。在进行资本增量预算时，首先应尽可能从理论界定出发，划分不同资本增量；对融合在一起难以划分的以资本增量主要使用目的为主。

（2）资本增量筹措

①资本筹措渠道

资本筹措渠道随着经济体制的变化和资本市场的完善而不断扩大。目前，筹资渠道主要有国家财政资本、银行信贷资本、非银行金融机构资本、其他企业资本、民间资本、企业自留资本、国外资本、共同基金、养老基金等。

这些筹资渠道，有的是传统方式，有的是现代方式；有的我国已经应用，有的还没有应用。在资本增量筹集中，我们应利用各种渠道，特别是对非银行金融机构资本、其他企业资本、民间资本及国外资本、共同基金等要敢于和善于利用，而不能过多依赖国家财政资本和银行信贷资本。

②资本筹集方式

目前，资本筹集方式主要有发行股票、发行债券、银行借款、商业信用、融资租赁、经营租赁、吸收直接投资、联营投资、保留盈余、财政贷款等。

在资本增量经营中，应根据企业财务状况与资本增量用途，选择适当的筹资方式。从低成本扩张角度看，通过合并、合营、兼并及收购等方式进行控股、参股组建企业集团、股份公司等，能以较少的增量资本，获取较大的控制权，是目前许多企业资本扩张的主要选择。

③资本筹措成本

资本筹措成本是选择筹资渠道和筹资方式的关键。资本经营的目标在于资本增值，从资本筹措角度看，资本增值就是要以比企业现有资本成本更低的成本进行筹资。因此，从总体上说，假定增量资本收益率与现有企业资本收益率相同，资本增量筹措渠道或方式的取舍标准就是资本增量筹措成本应小于或等于企业现有资本成本。资本筹措成本的重要性不仅在于选择筹资渠道和筹资方式，而且对选择投资项目也是十分重要的，因为只有投资项目的收益率高于筹措资本成本，才能使企业价值和股东价值增加。因此，正确计算资本成本是资本经营的关键问题。

6-3 知识拓展

几种筹资方式的资金成本分析

6-4 明理增信

企业发展中的资本经营问题

6.3　资本配置经营

1）资本配置经营的内涵与目标

（1）资本配置经营的内涵

资本配置是资源配置的重要组成部分。从经济学角度看，资源主要分为资本资源、人力资源和自然资源。资源配置主要是研究在全部资源中各种资源如何配置，使总产出最大化。资本配置，从广义上说，应既研究资本资源本身的配置，又研究资本资源与人力资源、自然资源的配置；从狭义上说，主要研究资本在不同来源或用途之间的配置。这个配置既包括空间上的配置，即资本在不同产品、不同行业、不同产业、不同地区间的配置等，又包括时间上的配置，即资本在不同时期的配置。我们这里采用资本配置的狭义解释。资本配置状况可用资本配置结构或资本结构来表示。所谓资本结构，一般地说，是指在全部资本中各种资本所占的比重。它通常可用两种方式来表示：一是资本的使用结构，是指在总资产中各项资产所占的比重，即资产结构；二是资本的来源结构，是指在全部资本来源中各种资本的来源比重，如负债占总资本的结构、所有者权益占总资本的结构等。

资本配置经营就是要通过营运资本，使资本配置结构优化，实现资本增值目标。资本结构优化是资本配置经营的核心内容。资本结构优化可从资本使用结构优化和资本来源结构优化两方面进行。资本使用结构优化，有利于促进企业资产结构、产品结构优化，也可促进行业结构、地区结构优化，使资本发挥最大使用效率和效益，实现企业价值最大化。资本来源结构优化，通过调整负债与所有者权益结构以及负债与所有者权益内部结构，均衡风险与收益，使自有资本发挥最大控制力和效率，实现所有者价值最大化。因此，资本配置结构优化是资本使用结构优化和资本来源结构优化的统一。

要实现资本结构优化，离不开资本营运。目前，实践中采用的各种资本营运方式都与资本结构优化相关。因为无论是合并、联合、兼并、收购等资本扩张方式，还是分立、出售、破产等资本收缩方式，从总体看都要以资本结构优化为基础。

(2) 资本配置经营的目标

资本配置经营目标从总体看当然与资本经营目标，即资本增值目标相一致。要实现资本增值，从资本配置角度看，就是要通过资本配置经营，提高资本配置经济效益。

①资本配置经济效益

资本配置经济效益是指由于资本配置结构变动所产生的经济效益。研究资本配置经济效益的内涵可从两方面进行：一是研究在资本投入一定的情况下，如何配置资本使产出最大；二是研究在产出一定情况下，如何配置资本使投入最小。根据图6-15和图6-16可分别说明这两种情况。在图6-15中，产品转换曲线（PTC）上的所有点，反映了在资本充分利用条件下，资本在不同产品A和产品B之间的各种可能配置。例如，在G点生产A产品M单位，B产品N单位；而在PTC曲线上的S点，生产A产品U单位，B产品V单位。虽然各种配置都是有效率的，但不同点的产出可能不同，因此，其资本配置经济效益也可能不同。最佳配置经济效益是指在资本投入一定的情况下，使产品A和产品B的组合产出最大的点，这一点应是产品转换曲线与等收入曲线的切点，即G点。在图6-16中，曲线Q是等产出曲线，在一定技术水平条件下，为实现这一定的产出量，资本A和资本B可有不同的组合，即有不同的资本配置结构。例如，在E点的资本配置结构是B资本X单位，A资本Y单位；在F点的资本配置结构是B资本J单位，A资本H单位。由于不同点的资本配置结构不同，资本投入成本不同，因此，资本配置经济效益也不同。最佳资本配置经济效益应是为达到一定产出的资本投入成本最小的点，这一点是等产出曲线与等成本曲线的切点，即F点。

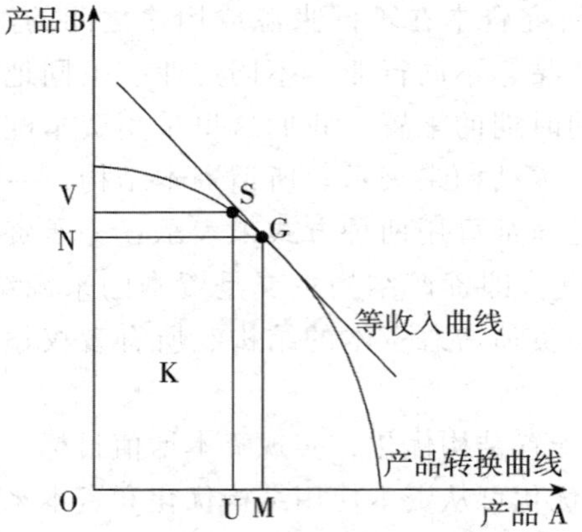

图6-15 资本配置经济效益的内涵（1）

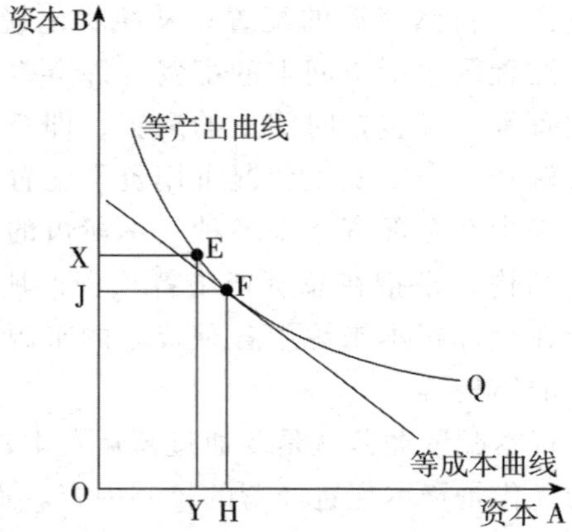

图6-16 资本配置经济效益的内涵（2）

②资本配置与各种经济效益的关系

A.资本配置与企业经济效益的关系。企业的资本配置问题，从资本使用角度看，包括固定资产与流动资产的配置结构、固定资产内部配置结构、流动资产内部配置结构等；从资本来源角度看，包括负债与所有者权益结构、负债内部结构和所有者权益内部结构等；从产品角度看，包括产品品种结构等。企业资本配置结构合理，会使一定的资本投入产出增多或使一定的产出资本投入减少，企业经济效益得以提高。

B.资本配置与社会经济效益的关系。要提高社会经济效益，必须搞好全社会范围内的资本配置。全社会的合理资本配置包括产业结构的协调、地区结构的协调、生产结构与消费结构的协调，这样才能使一定的资本投入产生较大的产出，取得最大的效用或使用价值，或为取得一定效用的资本消耗最少，社会经济效益最高。

2）资本配置经营理论基础——资源优化配置

资本是三大生产要素资源之一，资本配置经营要以资源优化配置理论为基础。资源优化配置从生产经营领域看主要解决两方面问题：一方面从资源角度研究如何将各种资源在各产品、各行业、各产业之间进行分配使经济效益最优；另一方面从产出角度研究如何确定产品结构、行业结构及产业结构使经济效益最优。其实，这是一个问题的两个方面，即如果资源在各产品、各行业、各产业的配置实现了优化，那么也说明产品结构、行业结构和产业结构实现了优化，因此，这里我们仅从资源角度研究资源优化配置。

资源配置与资源的种类和数量直接相关，而产品生产使用的资源的种类和数量，又与一定时期的科技进步程度有关，与一定的生产工艺和生产方法的采用有关，与各种资源的价格及边际产量有关，与产品的价格有关。研究生产领域的资源优化配置首先应明确三个假定条件：一是假定科技进步水平一定；二是假定产品生产工艺和方法不止一种；三是假定采用不同工艺方法生产的产品价值相同。在此基础上可分三种情况进行：一是一种资源如何在不同产品或不同用途之间进行配置；二是生产一种产品如何配置各种资源的使用量或结构；三是多种资源在多种产品或用途之间的配置。

（1）一种资源在不同用途间的最优配置

资源配置中所说的资源或经济资源都有不止一种用途。同时，同一资源的不同用途所创造的价值也可能不同。例如，1992年，南京路最好的黄金地段每平方米年经商利润高达1万元。若用于工业，每平方米平均利润仅400元或500元。若用于建造民用住宅楼，每平方米还得补贴3元。因此，对于资源的配置，应考虑资源的各种用途及其相应的边际生产价值，在完全竞争市场条件下，资源必然从边际生产价值低的用途向边际生产价值高的用途转移，使经济效益得以提高。一种资源在不同用途之间进行最优配置的条件是：

$$MRP_{ax}=MRP_{ay}=MRP_{az}=\cdots$$

其中，MRP为边际生产价值或边际收入；a为某种资源；x、y、z等为资源的不同用途。这个条件说明了在资源投入量一定的条件下，资源配置取得了最佳经济效益。如果没有资源投入量的限制，企业要取得最大利润的资源配置条件是：

$$MRP_{ax}=MRP_{ay}=MRP_{az}=\cdots=P_a$$

其中，P_a为资源a的价格。公式说明，如果资源各种用途的边际生产价值等于资源的价格，企业无论如何改变资源配置（包括增加资源的投入总量）都不会使利润增加。从这个角度看，此时的资源使用量是该资源的最大使用量，此时的产出量也是该资源的最大产出量。

（2）一种产品生产中各种资源的最优配置

任何一种产品的生产都需要两种或两种以上的资源。从短期看，这些资源可分为固定资源和可变资源。实现资源优化配置，关键是进行各种可变资源优化配置。运用成本最低规则，可实现各可变资源配置结构最优化；运用利润最大化规则，不仅可使各可变资源配置结构最优化，而且可确定可变资源正确使用量，实现资源最优配置。下面可用图6-17说明某企业生产X产品的资源优化配置过程。

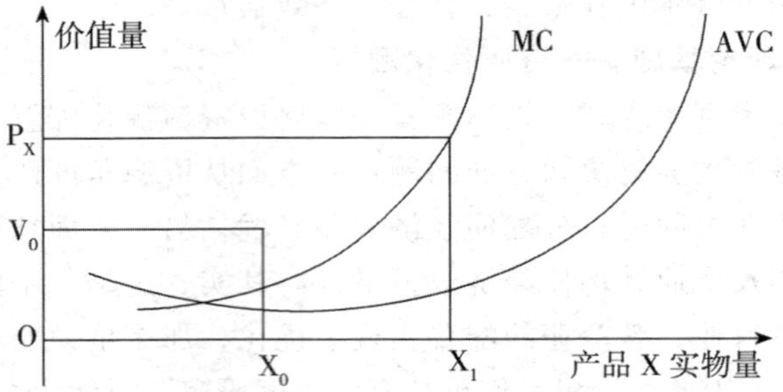

图6-17 X产品的资源优化过程

假设图6-17中X产品生产需要A和B两种可变资源。在各产量水平上两种可变资源的最优配置都必须满足成本最低规则的要求，即：

$$\frac{MPP_a}{P_a}=\frac{MPP_b}{P_b}=\frac{1}{MC_x} \tag{6-1}$$

其中，MPP_a为使用资源A的边际产量；MPP_b为使用资源B的边际产量；P_a为资源A的价格；P_b为资源B的价格；MC_x为生产X产品的边际成本。这个规则说明，当各种资源的边际产量与资源的价格之比相等，且等于产品边际成本的倒数时，可变资源配置达到优化。图6-17中的平均可变成本曲线AVC上的各点都可满足这一要求，反映了可变资源在各产量水平上的最优配置。如果可变资源没达到最优配置，则变动成本一定在MC曲线的上方。例如，当企业生产的产量为X_0时，资源A和B的最优配置成本为V_0，这是产量为X_0时的最低可变成本。但是在X_0点的可变资源使用量却是偏低的。因为从图6-17可看出，此时的产品价格大于其边际成本，企业要追求利润最大化，可通过追加资源A和B的投入而增加产量。随着可变资源投入的增加，资源的MPP将下降，在资源价格不变（在完全竞争条件下）情况下，产品边际成本必然提高。直至产品价格P_x等于其边际成本MC_x，即产量为X_1时资源配置达到最优，因为此时正好满足利润最大化规则：

$$\frac{MPP_a}{P_a}=\frac{MPP_b}{P_b}=\frac{1}{MC_x}=\frac{1}{P_x} \tag{6-2}$$

这个规则说明，如果各种资源配置不仅满足成本最低规则，而且产品价格与产品边际成本相等时，则利润达到最大化，资源配置实现最优化。因此可以说，在产量为X_1时，不仅两种可变资源配置结构达到优化，而且可变资源使用量也是最佳的。

（3）多种资源在多种用途之间的最优配置

研究多种资源在多种用途之间的配置，通常首先研究两种资源在两处用途之间最优配置的条件，然后将它扩展到多种资源在多种用途间的优化配置问题。假设两种资源为劳动力（用L表示）和资本（用K表示）；两种用途为生产两种产品A和B；在技术水平一定和各资源投入总量一定的情况下，A和B两种产品与使用的两种资源之间的关系可用图6-18表示。

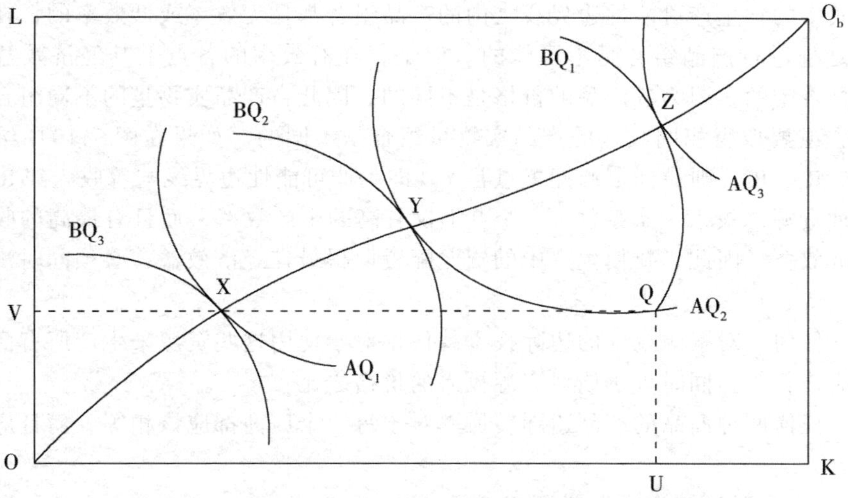

图6-18　A和B两种产品与使用的两种资源之间的关系

从图6-18可看出，全部劳动力为L，全部资本为K；在Q点，A产品使用V劳动力和U资本，B产品使用L-V劳动力和K-U资本。那么，Q点所反映的L和K两种资源在A和B两种产品之间的配置是否合理呢？这还需结合各产品的等产量曲线来研究。假设产品A的等产量曲线由小到大分别为AQ_1、AQ_2和AQ_3；产品B的等产量曲线由小到大分别为BQ_1、BQ_2和BQ_3。将这些等产量曲线置入图6-18中可看出，Q点是BQ_1和AQ_2曲线的交点，这一点并没达到资源最佳配置，因为此点的A产品产量是AQ_2，B产品产量是BQ_1，当资源配置从Q点移动到Y点时，A产品产量仍是AQ_2，但B产品产量却从BQ_1上升到BQ_2；如果资源配置从Q点移动到Z点，则B产品产量仍是BQ_1，但A产品产量却从AQ_2上升为AQ_3。可见，按帕累托效率标准，Q点并非资源最佳配置，而Y点和Z点的资源配置是有效率的。因为在Y点和Z点（还有X点及所有等产量曲线的切点），各产品的资源对劳动力的边际技术替代率是相等的，资源配置结构的任何改变，必然使某产品产量下降，而不能增加另一产品产量。因此，使生产高效率的资源配置条件是：各种产品的边际技术替代率应相等。而图6-18中等产量曲线的切点正好满足这个条件。这些等产量曲线切点的连线在经济学上称为合同曲线（图6-18中XYZ曲线），合同曲线上的点实际上又对应着生产可能性边界线上的点，如图6-19所示。

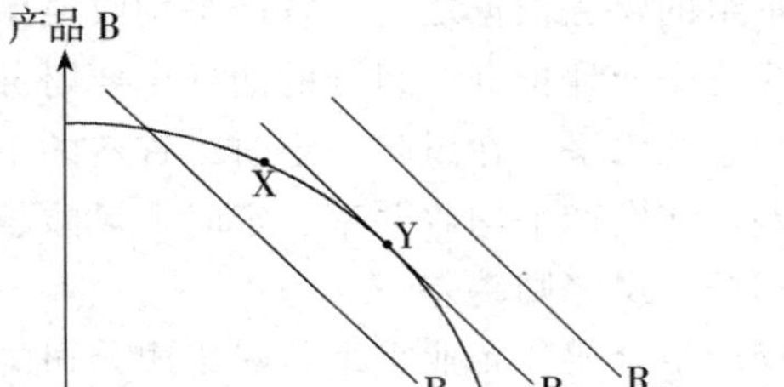

图6-19　合同曲线与生产可能性边界线的关系

根据合同曲线与生产可能性边界线的关系可得出，生产可能性边界线上各点的产品组合都是有效率的；生产可能性边界线之内的产品组合都是无效率或低效率的；在生产可能性边界线之外进行产品组合是不可能的。但是，在有效率的各点上其经济效益是否相同呢？回答是否定的，因为各产品的价格是不同的，因此，产品实物量的不同组合所得收入是不同的，或要取得相同收入的产品实物量组合是不同的。如果在图6-19中给出三条等收入线R_1、R_2、R_3，则最佳资源配置点是Y（即生产可能性边界线与等收入线R_2的切点）。因为在各种资源总投入一定条件下，Y点不仅有高的生产效率，而且有最高的收入，所以有最佳经济效益。因此，要使生产中的资源配置取得最佳经济效益，必须同时满足以下两个条件：

第一，任何一对资源投入的边际技术替代率对于使用这些资源来生产所有商品的全部厂商来说应该相等，同时等于该对资源投入的价格之比；

第二，任何两种商品的产品边际转换率对于每一个厂商都应该相等，而且应等于商品价格之比。

3）资产组合理论与资本配置经营

（1）资产组合基础

资产组合是由两个或两个以上的资产，按照一定的比例，结合在一起构成的一个资产集合体。投资者在进行投资时，既可把资金全部投放在某项资产上，即单项投资，也可把资金按不同比例分成许多份额，再把每一份资金投向不同的资产，这样得到的就是一个资产组合，或称为组合投资。企业资产组合实际上是指企业总资产中流动资产、固定资产、无形资产及对外投资的比例，特别是指流动资产与非流动资产的比例。组合投资与单项投资相比，在收益和风险特征等方面有许多不同之处。

在市场经济中，企业之间的竞争通过其收益和承担风险的能力体现出来。通常，将收益与风险均衡作为理财与资本经营的重要原则。对于单项资产投资，一般地说，收益与风险为正相关，即收益率越低，风险就越小；收益率越高，风险就越大。对于资产组合投资，在同等风险或同等收益条件下，资产组合方式可能有所不同。因此，在同等风险条件下，不同的资产组合，平均收益率可能不同；在同等收益条件下，不同的资产组合，其风险也有所不同。在同样风险条件下收益率最高的资产组合，或者在同样收益条件下风险最小的资产组合，才是最优的资产组合。可见，优化资产组合可使一定风险条件下的收益提高，或使一定收益条件下的风险下降。

资产组合理论是企业重组的财务依据之一。资产平均收益率和各个可能收益结果围绕平均收益率的波动幅度就成为企业评价资产组合的两项主要财务指标。企业收益状况和风险状况共同构成资产组合的总体水平。在风险一定时，资产的平均收益率越高，其资产组合业绩就越好，反之则越差；在资产平均收益率一定时，风险越小，资产收益的波动幅度越小，其资产组合业绩就越好，反之则越差。

资产组合理论认为，资产组合或各企业重组新建集团公司的风险量（标准离差）总是小于单个企业的风险的加权平均值。当资产组合中各项资产之间或各企业之间不存在完全的正相关关系时，其资产组合的风险总是会减少的。企业存量资产的流动、调整或组建集团公司便具备了财务上的可能性和可行性。这一结论是财务学资产组合理论的基石。至于风险减少程度的大小，则取决于资产组合中各项资产或各个企业之间的相关情况。当然，资产风险下降程度除受相关系数制约外，还受各企业资产自身风险大小及投入资金比例等因素的影响。在一般情况下，单个企业各资产的风险和它们之间的相关系数会在较长时期内基本保持不变，组合企业或集团公司所要调整的就是各单个企业资产间的比例或集团公司内企业个数的多少，使集团公司资产重组的风险达到最小、资产规模效益达到最大。这是现代财务学资产组合理论的精髓。

（2）资产组合经营策略

企业资本经营中的资产组合策略可分为适中型资产组合、保守型资产组合和冒险型资产组合三种。采用适中型资产组合，往往在风险与收益的权衡上选择风险与收益都适中的资产组合，既不期望最高收益，也可避免冒大的风险。采用保守型资产组合，在风险与收益的权衡上则选择风险小的资产组合，此时，其对收益的要求较低，因此，承担风险也较小。采用冒险型资产组合，其在收益与风险的权衡上往往选择高风险的资产组合。只有勇于冒高风险，才能追求高的收益。从企业资产组合经营看，如果将投资的资产分为流动资产与非流动资产两类，则不同的资产组合策略的资产组合特征将有所不同。

①适中型资产组合策略

在选择适中型资产组合的情况下，流动资产对非流动资产的比例，以保证生产经营正常需要，再适当留有一定保险储备为标准。采用这种策略，企业风险与收益都将处于一般水平。因为流动资产保险储备的存在，在正常情况下实际上是资本的闲置，这必然影响企业资本收益的提高。但同时应看到正是由于流动资产保险储备的存在，往往可避免由于流动资产供应不足产生的停产损失，减少了经营风险。适中型资产组合选择了风险与收益都较适中的状况，即一般的收益和一般的风险，这也是大部分企业所采用的策略。

②保守型资产组合策略

在选择保守型资产组合的情况下，流动资产对非流动资产的比例，以保证生产经营正常需要，正常储备需要，再加上非正常或额外储备需要为标准。采用这种策略，企业风险与收益都将处于较低水平。因为流动资产保险储备的存在，在正常情况下实际上是资本的闲置，再加上非正常储备，使资本闲置增加，这必然对企业资本收益的提高带来不利影响。但同时应看到正是由于流动资产保险储备，特别是非正常保险储备的存在，往往可避免由于各种原因造成的流动资产供应不足产生的停产损失，减少了经营风险。保守型资产组合选择了风险与收益都较低的状况，即较低的收益和较低的风险。通常，不愿冒险、偏好安全第一的经营者往往采用这种策略。

③冒险型资产组合策略

在选择冒险型资产组合的情况下，流动资产对非流动资产的比例，以保证生产经营正常需要为标准，通常不留有或留有较低的保险储备。采用这种策略，企业风险与收益都将处于较高水平。因为流动资产保险储备不存在或较低，企业资本的闲置较少，这必然促使总资产一定情况下企业资本收益的提高。但同时应看到正是由于流动资产保险储备不存在，往往不可避免由于流动资产供应不足产生的停产损失，增加了经营风险。冒险型资产组合选择了风险与收益都较高的状况，敢于或愿意冒风险的企业往往采用这种策略。

确定合理的资产组合，关键是在一定的企业规模条件下寻求一个高效低险并有一定变现能力的最佳资产结构，即以流动性、安全性和盈利性为原则，合理安排流动资产、固定资产、长期投资等各项资产间的比例关系。一般认为，工业企业流动资产若能占资产总额的40%~50%，商业企业能达到80%，企业就具有较强的营运能力和获利能力。在各项资产内部，也应不断优化结构。例如在流动资产中，应保持适量的货币资金、应收账款和存货，其中存货占流动资产的比重，工业企业保持在40%~60%，商业企业为80%左右比较理想。从“总资产利润率=销售利润率×流动资产周转次数×流动资产占资产总额的百分比”的关系式中可以看出，即使维持现有销售利润率和流动资产周转率水平，只要能有效提高流动资产占资产总额的比重，总资产利润率就会有可观的提高。企业管理者往往把流动资金紧缺归咎于国家紧缩银根等外部因素，殊不知，只要安排好企业内部固定资产与流动资产的比例，把固定资产（尤其是其中的非生产用固定资产）和其他长期资产压缩到占资产总额的50%左右，企业就会拥有足够的营运资金了。

4）资本结构优化与资本配置经营

（1）资本结构内涵与优化

①资本结构内涵

资本结构是指企业各种资本的构成及其比例关系。资本结构有广义和狭义之分。广义资本结构，亦称财务结构，是指企业全部资本的构成，既包括长期资本，也包括短期资本（主要指短期债务资本）。狭义资本结构，主要是指企业长期资本的构成，而不包括短期资本。通常人们将资本结构表示为债务资本与权益资本的比例关系或债务资本在总资本中的构成。资本结构是由企业采用各种筹资方式筹集资本形成的。筹资方式的选择及组合决定着企业资本结构及其变化。确定资本结构是企业筹资决策的核心问题。企业应综合考虑影响资本结构的因素，运用适当方法优化资本结构，从而实现最佳资本结构。资本结构优化有利于降低资本成本，获取财务杠杆利益。

②资本结构优化

资本结构优化是指根据资本结构优化理论与运作，实现最优资本结构的过程。最优资本结构是指企业在一定时期最适宜条件下，使其综合资本成本最低、企业价值最大的资本结构。根据现代资本结构理论，最佳资本结构是存在的。通常可采用的最优资本结构决策方法有每股利润分析法和比较资本成本法。

A.每股利润分析法是指利用每股利润无差别点来进行资本结构决策的方法。每股利润无差别点是指在两种筹资方式下，每股股利相等时的息税前利润点。根据每股利润无差别点，可分析判断在什么情况下资本结构达到最优。

B.比较资本成本法是指通过计算不同资本结构下的综合资本成本，并根据其高低确定最优资本结构的方法。

应当指出，由于企业经营环境和经营条件的变化及复杂性，进行最优资本结构决策是比较困难的。应在明确理论方法的基础上，考虑变化因素，结合实际综合判断，才能作出正确决策。

（2）资本结构经营策略

①资本结构经营策略选择基础

要搞好资本结构经营策略选择，首先必须搞清财务风险与财务杠杆作用等基本问题。

财务风险，亦称筹资风险，是指由于举债经营而给企业收益带来不确定性的风险。企业举债经营，一方面无论经营好坏，都必须按时偿还债务本息；另一方面，在全部资本中存在借入资本和自有资本两部分，资本结构科学性将影响企业收益。由于企业经营风险的存在，总资产报酬率与负债利息率之差是不确定的，即它们可能为正值、负值或零。当总资产报酬率与负债利息率之差为正值时，负债经营将使资本收益率增加；当总资产报酬率与负债利息率之差为负值时，负债经营将使资本收益率降低；当总资产报酬率与负债利息率之差为零时，负债经营不影响资本收益率。因此，也可以说，财务风险正是指由于总资产报酬率与负债利息率之差的不确定性而引起的资本收益率不确定性的风险。财务风险的大小受负债与资本的比例影响。负债与资本比例越大，财务风险越大；反之，负债与资本比例越小，财务风险越小。

财务杠杆，亦称融资杠杆，是指企业在资本结构决策中对债务资本的利用。债务资本与权益资本构成企业的总资本。债务资本的成本是事先固定的，不随企业的盈利变动而变动。权益资本的成本是变动的，将随企业盈利的变动而变动。因此，在总资本一定的情况下，债务资本的利用，可能给企业所有者带来额外收益，即财务杠杆利益，同时也承受相应的风险，即财务风险。财务杠杆的作用程度，可用财务杠杆系数来反映。财务杠杆系数是指普通股每股税后利润变动率相当于息税前利润变动率的倍数。其计算公式是：

$$\text{财务杠杆系数}=\frac{\text{普通股每股税后利润变动率}}{\text{息税前利润变动率}}$$

或

$$=\frac{\text{息税前利润}}{\text{息税前利润}-\text{利息}}$$

如果考虑优先股股利的固定性特点，财务杠杆系数可用下式计算：

$$\text{财务杠杆系数}=\frac{\text{息税前利润}}{\text{息税前利润}-\text{利息}-\text{优先股股利}/(1-\text{所得税税率})}$$

由此可见，财务杠杆系数越高，财务杠杆收益越强，但财务风险也越大。

②资本结构经营策略

实际上，根据资产组合策略划分思路，资本结构经营策略也可分为适中型资本结构、保守型资本结构和冒险型资本结构。适中型资本结构是指负债与资本比例适中，此时其财务风险及期望收益率也将适中。保守型资本结构是指负债与资本的比例或资产负债率较低，此时财务风险与期望收益率都较低。冒险型资本结构则是指负债与资本的比例或资产负债率较高，此时财务风险和期望收益率都较高。企业选择何种资本结构经营策略，与企业对风险的偏好以及对企业经营风险的预期有关。

学思践悟

企业资本经营过程中可能存在的违法违规行为

在企业资本经营过程中，可能存在以下类型的违法违规行为：

（1）财务造假：包括虚假财务报告、虚报业绩、隐瞒重要信息等，旨在误导投资者或监管机构。

（2）内幕交易：利用内幕信息进行股票买卖，获取不正当利益，损害其他投资者的权益。

（3）操纵市场：通过操纵股价、虚假交易等手段，扰乱市场秩序，影响证券价格的公正性。

（4）违规披露：未按照规定披露重要信息，如重大诉讼、关联交易等，影响投资者的决策。

（5）欺诈行为：如欺骗投资者、虚假宣传、误导性陈述等，以获取不当利益。

（6）利益输送：通过不正当手段将企业资产或利益转移给特定个人或团体，损害公司和股东的利益。

（7）违反证券法规定：如违反上市公司的信息披露要求、违反并购重组的规定等。

（8）非法集资：以虚假项目或高额回报为诱饵，非法筹集资金，损害投资者的利益。

（9）税务违规：在重组过程中逃避税收义务，或进行虚假的税务申报。

（10）反垄断违规：在企业重组中形成垄断地位，限制竞争，违反反垄断法规定。

这些违法违规行为不仅损害了投资者的利益，也破坏了市场的公平竞争环境，可能导致法律责任和监管处罚。监管机构通常会加强对企业重组和资本运作的监管，以防止此类行为的发生。同时，投资者也应该保持警惕，加强对投资对象的调查和分析，以降低风险。合法合规的企业重组和资本运作对于企业的健康发展和市场的稳定运行至关重要。

6.4 资本收益经营

1）资本收益经营的内涵与目标

（1）资本收益经营的内涵

资本经营从一个周期看，往往始于资本筹集与投放，终于资本收益及分配。资本经营要实现资本增值，就是要取得资本收益。资本收益是资本经营的所得或成果，它既可表示为当期收入与成本费用之差，也可表示为期末回收资本与期初投入资本之差。资本收益的实质是利润。从持续经营的角度看，企业的资本收益既可继续留在企业用于经营，也可以分配给企业所有者或股东，退出企业经营。因此，资本收益经营包括资本收益形成管理与资本收益分配管理两部分。

资本收益形成涉及企业资本经营的方方面面，前面所论述的资本存量经营、资本增量经营和资本配置经营都与资本收益相关，其经营效果最终都可通过资本收益来体现。因此，对于资本收益形成管理，我们不按资本经营方式和内容进行研究，而是从资本收益的构成和管理的职能角度进行研究，即资本收益形成管理包括营业利润管理、投资收益管理和营业外收支管理。

资本收益分配从持续经营角度看，既是资本经营的终点，也是资本经营的始点。因此，资本收益分配管理是资本经营不可缺少的重要环节。资本收益分配管理主要包括收益分配程序、股利分配理论、股利分配政策和股利分配种类及选择的管理。资本收益分配管理效果的好坏，直接影响着资本经营的持续、健康运行。例如，资本收益分配政策与分配方式选择，对持续经营企业的资本经营、筹资、股票市场价值等都是十分重要的。

（2）资本收益经营的目标

资本收益经营作为资本经营的重要内容和环节，其具体目标更接近于资本经营根本目标，即增值目标。然而，资本收益经营是通过何种方式或途径提高经济效益，实现资本增值呢？应当讲，资本收益经营既涉及资本存量经营、增量经营和配置经营，又不等同于资本存量经营、增量经营和配置经营。因此，潜在经济效益、规模经济效益、技术进步经济效益和配置经济效益，既与资本收益经营有一定关系，又不能涵盖资本收益经营的效果。为了将资本收益经营目标与资本存量经营、增量经营和配置经营目标相区别，我们将由于资本收益经营产生的经济效益称为管理经济效益。

研究管理经济效益的内涵，关键应明确管理的内涵。关于管理的定义有许多，我们倾向于管理是一种活动的观点。持这种观点的一种定义是："管理可被看成是这样一种活动，即它发挥某个职能，以便有效地获取、分配和利用人的努力和物质资源，来实现某个目标。"（D.A.雷恩，1986）管理的这一定义概括地将管理的特征、职能、目标统一起来。按照这一定义，资本的取得、配置、使用过程都属于管理的范畴，管理经济效益应涵盖潜在经济效益、规模经济效益、技术进步经济效益和配置经济效益。另一种定义是"现代管理之父"法约尔提出的，他认为管理是一种活动，企业的活动可分为六大类：①技术活动，即生产和制造；②商业活动，即购买、销售和交换；③财务活动，即寻找资本及最适当地利用资本；④安全活动，即保护财产和人员；⑤会计活动，即盘存、编制资产负债表、成本统计；⑥管理活动，即计划、组织、指挥、协调和控制（H.法约尔，1987）。在上述六类活动中，管理活动是基础，它寓于前五种活动之中。因此，从广义上说，企业一切活动中都存在着管理活动。从狭义看，管理活动就是发挥管理职能的活动，包括计划、组织、指挥、协调与控制。从广义的管理定义出发，管理经济效益应是一种综合的经济效益；从狭义的管理定义出发，管理经济效益应是由于狭义管理活动产生的经济效益，而不应包括其他活动的经济效益。

从资本经营内容与环节看，我们试图将管理经济效益界定为除潜在经济效益、规模经济效益、技术进步经济效益和配置经济效益以外的所有经济效益的总和。从定量角度看，管理经济效益等于综合经济效益与潜在经济效益、规模经济效益、技术进步经济效益和配置经济效益之差。从定性角度看，管理活动或资本收益经营，包括除资本存量经营、增量经营和配置经营之外的全部资本经营活动。管理经济效益，实际上就是指由于管理水平的提高而产生的经济效益。管理经济效益的提高，在资源投入一定的情况下，可使生产可能性边界线向外移动，即产出增加；或者说在产出一定的情况下，使等产量曲线向靠近原点方向移动，即资源投入减少。当然，管理经济效益作为独立概念的提出，必将有其特定的内涵，它至少应包括管理体制经济效益和管理职能经济效益两方面。理论界与实践中提出的抓制度效益和抓管理效益，与管理经济效益的内涵是一致的。

2）资本经营收益管理

资本经营内涵告诉我们，资本经营是企业产品经营、商品经营和资产经营的更高层次，资本经营包含资产经营、商品经营和产品经营。因此，资本经营收益是指企业各种经营收益之和。依据现行会计制度，资本经营收益就是指企业的净收益，即净利润。根据企业净利润的计算公式，我们可知资本经营收益受营业利润、营业外收支差额和企业所得税的影响，即：

净利润=利润总额－所得税费用=营业利润+（-）营业外收支差额-所得税费用

其中：

营业利润=营业收入-营业成本-税金及附加-销售费用-管理费用-财务费用-资产减值损失+公允价值变动收益（-公允价值变动损失）+投资收益（-投资损失）

营业外收支差额=营业外收入-营业外支出

所得税费用=应交所得税+递延所得税负债-递延所得税资产

资本经营收益的内涵为进行资本经营收益管理奠定了基础，而进行资本经营收益管理则主要根据企业资本经营目标对资本经营收益进行科学预测、决策、预算与控制。

（1）资本经营收益预测

资本经营收益预测，是资本经营收益决策和计划的基础。资本经营收益预测的方法有许多。例如，从大的分类看，有趋势外推预测法、因果关系预测法；从具体预测方法看，有量本利分析预测法、比例计算预测法、回归预测法等。进行资本经营收益预测，这些方法都是可选用的。但问题的关键不是预测的技术方法问题，而是预测指标与内容的选择问题。资本经营收益预测，一定要以资本的占用量及资本经营的目标为基础。

对于营业利润和投资收益的预测，无论采用何种方法，最终必须归结到资本（产）占用量预测和资本（产）收益率预测两个方面，即：

预测营业利润=预测营业资本占用量×预测营业资本收益率

预测投资收益=预测对外投资总量×预测投资收益率

对于净利润的预测，最后还应落实到净资产的预测和净资产收益率的预测上来，即：

预测净利润=预测净资产×预测净资产收益率

（2）资本经营收益决策

资本经营收益决策是在资本经营收益预测的基础上，结合企业资本经营目标，综合平衡影响净利润目标的因素，最后确定资本经营收益目标的过程。资本经营收益决策可根据决策的项目或内容的特点，采用确定性决策方法、风险性决策方法或非确定性决策方法。

资本经营收益决策的关键是确定企业的资本收益率目标或标准，因为资本经营目标是使企业价值和所有者价值最大化。在企业总资产和所有者权益一定的情况下，企业价值或所有者价值的增加，取决于总资产报酬率或资本收益率。当企业预测总资产报酬率（或资本收益率）高于企业现在的总资产报酬率（或资本收益率）时，才能使企业资本（或所有者权益）增值。资本收益率标准的确定要考虑社会平均资本收益水平和企业目前资本收益水平两方面。当企业资本收益率低于社会平均资本收益率时，应尽可能以社会平均资本收益率为标准进行项目选择，这既可增加企业及股东价值，也使企业资本经营水平达到社会平均水平，保证企业资本不流失。当企业现有资本收益率高于社会平均资本收益率水平时，应以企业资本收益率为标准，这样才能保证企业价值和股东价值增加。当选择的标准低于企业现有资本收益率水平，高于社会平均资本收益率水平时，原有的股东市场价值将受到影响，不符合股东价值最大化的要求。

有了合理的资本经营收益决策标准，决策中应将资本收益率的预测值与标准值比较，对达不到标准要求的预测值，要进行修正。在此基础上，再综合平衡各资本投向及其额度，保证以尽可能少的资本投入，实现资本经营收益目标。

（3）资本经营收益预算

在资本经营收益决策的基础上，应分解资本经营收益目标，形成全面、系统、完善的资本经营收益预算。

资本经营收益预算从项目上至少应包括利润表的所有项目，即营业收入、营业成本、税金及附加、销售费用、管理费用、财务费用、资产减值损失、公允价值变动损益、投资收益、营业外收入、营业外支出、所得税费用。除此之外，还应包括总资产、负债、所有者权益以及资本收益率、总资产报酬率和销售利润率的预算数。

资本经营收益预算从时间上应包括年度预算、季度预算和月度预算。

资本经营收益预算从编制单位上应包括整个企业、各独立资本经营单位和资产经营单位的预算。

（4）资本经营收益控制

资本经营收益控制是资本经营收益管理的重要环节。资本经营收益控制是指在企业资本收益经营过程中，以资本经营收益预算为依据，对资本收益经营的各个环节和各项内容进行日常核算与考核，及时发现偏差与消除偏差，保证资本经营收益预算目标的实现。

资本经营收益控制的程序为：首先确定资本经营收益目标与标准，即进行资本收益预算；其次进行资本经营收益预算执行情况核算；再次以资本经营收益标准为依据进行差异分析，发现偏差与消除偏差；最后进行考核奖惩。资本经营收益控制的内容根据资本经营收益的内涵主要包括：营业利润控制和营业外收支控制。

营业利润是企业利润的主要来源。营业利润的实现直接反映了企业产品经营和商品经营的效果，也是企业资产经营和资本经营综合效果的体现。因此，进行营业利润控制涉及许多领域和环节。从营业利润的直接影响因素看，涉及对营业收入的控制、营业成本的控制、销售费用的控制、管理费用的控制及财务费用的控制等。从营业利润的间接影响因素看，涉及对资本使用量控制、资本使用效率控制、资产结构控制、资本结构控制、行业结构控制和产品结构控制等。

营业外收支是指与企业经营活动没有直接联系的收入与支出。虽然其与生产经营无直接关系且在利润总额中所占比重较小，但由于其在一定程度上可反映企业的管理水平并对企业利润总额和净利润都会产生影响，因此，也应将其纳入资本经营收益控制的范围。特别对于那些与资产经营和资本经营相关的固定资产盘盈、盘亏、出售及非季节性和非修理期间的停工损失等的控制，对提高资本经营收益是十分必要和有益的。

3）资本经营收益分配

（1）股利分配理论

股利分配是企业收益分配的重要内容。股利如何分配、分配方式如何选择、股利分配是否影响公司价值等问题一直是股利分配问题研究的重点，因此，也形成了不同的股利分配理论。

①股利无关理论

股利无关理论的主要观点是股利的支付和分配对公司价值没有影响，与股票价格没有关系。这种观点的代表米勒和莫迪格利尼在1961年所发表的论文中指出，在完善市场和没有政府税收条件下，股利政策对公司价值不产生影响。这一理论的前提是：A.公司的投资政策已确定并且已经为投资者所理解；B.不存在股票的发行和交易费用（即不存在股票筹资费用）；C.不存在个人或公司所得税；D.不存在信息不对称；E.经理与外部投资者之间不存在代理成本。在这些前提下，两位经济学家认为：投资者并不关心股利政策，如果股利支付率太低，可以出售一部分股票，以弥补股利支付的不足。如果股利支付率太高，可以再购入一些股票，以扩充投资。股利支付率并不影响公司的价值。公司的价值完全由公司资产的盈利能力或其投资政策所决定。公司的盈余在股利与保留盈余之间的分配，并不影响公司的价值。此外，股利分配不受保留盈余影响和制约。

股利支付与股票价格也无关。公司的股利支付是由公司有无投资机会和盈余剩余所决定的，而公司的股利政策应由其投资计划的报酬率来决定。如果一个公司有较多有利可图的投资机会，则不应发放现金股利，而采用保留盈余的形式来满足投资所需要的资金；反之，如果一个公司没有有利可图的投资机会，则应将所有盈余分配给股东。如果公司的盈余满足了所有有利可图的投资机会后还有剩余，则可把剩余的盈余以现金股利的形式分配给股东。

②股利相关理论

股利无关理论是在完美资本市场的一系列假设下提出的，如果放松这些假设条件，股利政策就会显现出对公司价值（或股票价格）产生的影响。股利相关理论认为，股利政策与股票市场并不是无关的，而是有较大的相关性。股利相关理论具体包括税差理论、客户效用理论、“一鸟在手”理论、代理理论、信号理论。税差理论认为如果不考虑股票交易成本，分配股利的比率越高，股东的股利收益纳税负担会明显高于资本利得纳税负担，企业应采取低现金股利比率的分配政策；如果存在股票的交易成本，甚至当资本利得税与交易成本之和大于股利收益税时，偏好取得定期现金股利收益的股东自然会倾向于企业采用高现金股利支付率政策。客户效应理论认为，边际税率较高的投资者（高收入阶层和风险偏好的投资人，税负高，偏好资本利得）偏好低现金股利支付率的股票，偏好少分现金股利、多留存；边际税率较低的投资者（低收入阶层和风险厌恶的投资人，税负低，偏好现金股利）偏好高现金股利支付率的股票。“一鸟在手”理论认为一鸟在手，强于二鸟在林，股东更偏好于现金股利而非资本利得，倾向于选择股利支付率高的股票。基于代理理论对股利分配政策选择的分析将是多种因素权衡的复杂过程，股东与债权人之间的代理冲突，债权人为保护自身利益，希望企业采取低股利支付率；经理人与股东之间的代理冲突，高股利支付率政策，有利于抑制经理人员随意支配自由现金流的代理成本，也有利于满足股东取得股利收益的愿望；控股股东与中小股东之间的代理冲突，对处于外部投资者保护程度较弱环境的中小股东希望企业采用高股利支付率政策，多分配少留存，以防控股股东的利益侵害。信号理论认为在信息不对称的情况下，公司可以通过股利政策向市场传递有关公司未来盈利能力的信息，股利政策所产生的信息效应会影响股票的价格。

（2）股利分配政策

股利分配政策是关于公司是否发放股利、发放比率和发放时机等方面的政策与策略。要确定合理的股利分配政策，首先应明确影响股利政策的因素。

①影响股利政策的因素

A.股利分配理论的影响

因为不同的股利支付理论产生不同的股利政策，所以股利理论是影响股利政策最重要的因素。

B.各种约束的影响

公司股利支付的约束因素包括：a.法律因素的约束，包括会计法、公司法、证券法、税法等的约束。例如，法律规定的资本保全的限制，公司不能用资本（包括股本和资本公积）发放股利；企业积累的限制，按照法律规定，公司税后利润必须先提取法定公积金，此外还鼓励公司提取任意公积金，只有当提取的法定公积金达到注册资本的50%时，才可以不再提取；净利润的限制，规定公司年度累计净利润必须为正数时才可发放股利，以前年度亏损必须足额弥补；超额累积利润的限制，许多国家规定公司不得超额累积利润，一旦公司的保留盈余超过法律认可的水平，将被加征额外税额；无力偿付的限制，基于对债权人的利益保护，如果一个公司已经无力偿付负债，或股利支付会导致公司失去偿债能力，则不能支付股利。b.合同因素的约束，如债务合同。对外借债时，债权人为防止公司以发放股利为名，私自减少股东资本的数额，增大债权的风险，通常要对企业股利支付加以限制，如规定每股股利的最高限额等，这是债务约束。

C.投资机会的影响

企业的股利政策与公司的资金需求量密切相关。如果企业有良好的发展前景和众多的投资机会，企业将倾向于减少股利支付。将大部分利润用于再投资，以充分利用目前的投资机会，加速企业发展；如果企业目前缺乏良好的投资机会，企业将倾向于适当增加股利发放以增加股东的股利收入。

D.资本成本的影响

股利是否发放受投资机会影响的关键在于留用利润的资本成本与其他筹资方式的资本成本的比较。如果企业可以取得比留用利润更低的资本成本的筹资方式，那么企业将选择发放股利，而不是留用利润进行再投资；否则，企业将会少发或不发股利，以留用利润进行再投资。通常，利用留用利润筹资具有成本低和隐蔽性好等优点。

E.股东对企业控制程度的影响

股东对企业控制程度的强弱取决于其持有公司股票份额的多少。当企业需要增加投资，公司大股东既要保持对企业的控制力，又不愿以现金认购新股时，他们往往选择不分配股利的政策，以保证自己在公司的控制地位。

②股利分配政策种类与选择

股利政策是管理当局对股利有关的事项所采取的方针策略。其内容包括：股利的宣布日、股权登记日和发放日的选择；股利支付比率的确定；发放现金股利所需资金的筹集方式等。通常所说的股利政策主要指股利支付比率的确定策略。由于企业在经营管理、市场环境、发展规划和股东要求等方面的不同，各企业的股利政策亦不相同。从股利支付比率的高低看，公司股利政策有以下四种：

A.全部发放股利的政策。它是指企业在依法提取资本公积和盈余公积的基础上，将全部剩余净利润都分配给股东的政策。除非公司现金非常充裕而又没有可行的投资机会，或董事会已决定在近期内解散公司，才把公司的盈余全部支付给股东。一般地说，采取这种股利政策的公司很少。

B.剩余股利政策。它是指企业在考虑投资机会和资本成本的基础上，测算企业留用利润额度，将剩余部分作为股利分配给股东。采取这种股利政策的公司，一般是正在成长中的公司，其扩张需要较多的现金，但其现金不能满足所有可行的投资项目，因而需要保留较多的盈余以利于公司成长。剩余股利政策的极端是不支付股利政策。

C.固定股利政策。这种政策可分为固定股利额政策和固定股利率政策。固定股利额政策是指企业在较长时期内向股东支付固定的股利额。这一政策有利于公司股价稳定，同时要求企业有较稳定的收益。固定股利率政策是指公司按股利与占净利润的固定比率向股东支付股利。采用这一政策，股利发放额与公司收益正相关。这种政策对企业财务压力较小，但可能导致股票价格波动较大。

D.固定股利加增长股利政策。采用这一政策，公司将正常发放的固定股利确定在一个较低的水平上，根据企业的经营情况再临时确定额外的增长股利。这种政策给企业带来了较大灵活性。

（3）股利支付及其种类

①股利支付种类

公司股利支付种类包括现金股利、股票股利、财产股利和负债股利。现金股利是以现金支付的股利，它是股利支付的主要方式。公司支付现金股利除了要有累计盈余外，还要有足够的现金。股票股利是公司以增发的股票作为股利的支付方式。发放股票股利后，如果盈利总额与市盈率不变，会由于普通股股数增加而引起每股收益和每股市价的下降，但由于股东所持股份的比例不变，每位股东所持有的股票的市场价值总额仍保持不变，因而股票股利不涉及公司的现金流。股票股利并不直接增加股东的财富，不导致公司资产的流出或负债的增加，同时也并不因此而增加公司的财产，但会引起所有者权益各项目的结构发生变化。对于发放股票股利对所有者权益的内部结构的影响，我国公司的做法是：股票股利按面值确定，未分配利润按面值减少（增加的股数×每股面值），股本按面值增加（增加的股数×每股面值），资本公积不变。财产股利是以现金以外的资产支付的股利，主要是以公司所拥有的其他企业的有价证券，如债券、股票，作为股利支付给股东。负债股利是公司以负债支付的股利，通常以公司的应付票据支付给股东，不得已情况下也有发行公司债券抵付股利的。财产股利和负债股利实际上是现金股利的替代，这两种股利方式目前在我国公司实务中很少使用，但并非法律所禁止的。

6-5 案例分析

公司治理与现金股利：基于佛山照明的案例研究

②股利支付

公司向股东支付股利的时间在不同国家、不同的公司有所不同。在美国，各公司一般每季度发放一次股利。目前，我国的股份制企业一般为一年发放一次股利，也有在年中派发中期股利的。股利发放基本经历以下几个阶段：

A.宣布支付股利及日期

公司董事会将股东大会通过本年度利润分配方案的情况以及股利支付情况予以公告。公告中将宣布每股派发股利、股权登记日、除息日、股利支付日以及派发对象等事项。

B.股权登记日

股权登记日是指有权领取本期股利的股东资格登记截止日期。只有在股权登记日这一天登记在册的股东才有资格领取本期股利，而在这一天以后登记在册的股东，即使是在股利支付日之前买入的股票，也无权领取本期分配的股利。

C.除息日

除息日也称除权日，是指股利所有权与股票本身分离的日期，将股票中含有的股利分配权予以解除，即在除息日当日及以后买入的股票不再享有本次股利分配的权利。我国上市公司的除息日通常是在登记日的下一个交易日。

D.发放日

发放日是指股利正式发放给股东的日期。在发放日这一天，公司通过资金清算系统或其他方式将股利支付给股东。

本章小结

资本经营的内容包括资本存量经营、资本增量经营、资本配置经营和资本收益经营。

资本存量经营就是要充分、有效地利用现有资本，提高资本使用效率与效益，使现有资本不断增值。所谓资本存量或存量资本，从企业资本经营角度看，是指企业现存的全部资本资源。从资本使用或占用形态看，资本存量表现为企业现存的全部资产。从资本的来源看，资本存量也可表现为企业的现有负债和所有者权益。

资本存量经营，从提高经济效益这一资本经营根本目标看，主要是通过对闲置资本和使用效率低的资本的运作，挖掘潜在经济效益，使一定的资本存量取得尽可能多的产出。

进行资本增量经营，涉及增量资本如何取得和增量资本投向何处的问题。资本增量是指企业在资本存量基础上增加的资本投入量，它一方面表现为企业资产的增加，另一方面也表现为企业权益（负债或所有者权益）的增加。资本增量经营正是研究在企业资本增加过程中的资本运作及效果。

资本增量经营的目标具体地说有：第一，通过资本增量经营，扩大企业规模，提高规模经济效益；第二，通过资本增量经营，加快技术进步步伐，提高技术进步经济效益；第三，通过资本增量经营，盘活存量资本，挖掘潜在经济效益。

资本配置经营就是要通过营运资本，使资本配置结构优化，实现资本增值目标。资本结构优化是资本配置经营的核心内容。资本结构优化可从资本使用结构优化和资本来源结构优化两方面进行。

资本配置经营目标从总体看当然与资本经营目标，即资本增值目标相一致。要实现资本增值，从资本配置角度看，就是要通过资本配置经营，提高资本配置经济效益。资本配置经济效益是指由于资本配置结构变动所产生的经济效益。研究资本配置经济效益的内涵可从两方面进行：一是研究在资本投入一定情况下，如何配置资本使产出最大；二是研究在产出一定情况下，如何配置资本使投入最小。

资本经营要实现资本增值，就是要取得资本收益。资本收益是资本经营的所得或成果。资本收益经营包括资本收益形成管理与资本收益分配管理两部分。资本收益形成涉及企业资本经营的方方面面，资本收益形成的管理从资本收益的构成和管理的职能角度进行研究，即资本收益形成管理包括营业利润管理、投资收益管理和营业外收支管理。资本收益分配从持续经营角度看，既是资本经营的终点，也是资本经营的始点。资本收益分配管理主要包括收益分配程序、股利分配理论、股利分配政策和股利分配种类及选择的管理。

资本收益经营的目标是提高资本收益经营的管理经济效益。

关键概念与主要观念

□ 关键概念

资本存量　潜在经济效益　资本增量　经济规模　规模经济　规模经济效益　技术进步　资本配置　资本配置经济效益　资产组合　资本结构　资本收益　管理经济效益

□ 主要观念

进行资本存量经营，从广义上说包括：第一，盘活资本存量，使闲置资本充分发挥作用；第二，提高资本使用效率，使效率低的资本提高利用率；第三，重组或重新配置存量资本，使低增值率资本向高增值率资本转移。前两项内容属于纯粹的盘活、用好存量资本，不涉及存量资本结构调整；后一项内容实际上属于存量资本重新配置。狭义的资本存量经营，主要指前者，而后者的存量结构调整，可划归到资本配置经营中去。

进行资本增量经营：第一，要以最低的筹资成本取得企业所需要的增量资本；第二，要以资本增值为目标，充分有效使用增量资本。增量资本的有效使用表现在：第一，以增量资本盘活存量资本；第二，以增量资本推进企业扩张，优化企业规模；第三，以增量资本提高企业技术水平。

资本配置，从广义上说，既应研究资本资源本身的配置，又应研究资本资源与人力资源、自然资源的配置；从狭义说，主要研究资本在不同来源或用途之间的配置。这个配置既包括空间上的配置，即资本在不同产品、不同行业、不同产业、不同地区间的配置等，又包括时间上的配置，即资本在不同时期的配置。我们这里采用资本配置的狭义解释。

资本收益是资本经营的所得或成果，它既可表示为当期收入与成本费用之差，也可表示为期末回收资本与期初投入资本之差。资本收益的实质是利润。从持续经营角度看，企业的资本收益既可继续留在企业用于经营，也可以分配给企业所有者或股东，退出企业经营。因此，资本收益经营包括资本收益形成管理与资本收益分配管理两部分。

基本训练

□ 知识题

6.1　简答题

（1）简述资本增量预算的程序。

（2）资产组合经营策略有哪几种？各有什么特点？

（3）简述资本总量预算的影响因素。

（4）简述资本存量结构预算的影响因素。

（5）简述资本经营收益管理的内容。

（6）如何正确理解规模经济效益？

6.2　思考题

（1）潜在经济效益，规模经济效益，技术进步经济效益各自的内涵是什么？三者之间有何区别和联系？现实中企业可以做到三者的统一吗？

（2）企业怎样协调资本存量经营、资本增量经营、资本配置经营、资本收益经营四者之间的关系？

（3）试述资本经营收益形成管理和资本经营收益分配管理的关系。

（4）资本配置经营的理论基础是什么？企业如何根据实际情况选择适合自己的资产组合经营策略？

□ 技能题

6.1　某公司目前发行在外普通股200万股（每股1元），已发行15%利率的债券400万元，该公司打算为一个新的投资项目融资600万元，新项目投产后公司每年息税前盈余增加到300万元，现有两个方案，方案1，按15%的利率发行债券，方案2，按每股30元发行新股。假定公司适用所得税税率40%。

要求：（计算结果保留两位小数）

（1）计算两个方案的每股收益；

（2）计算两个方案的每股收益无差别点息税前利润；

（3）计算两个方案的财务杠杆系数；

（4）判断哪个方案更好。

6.2　A公司拥有固定资产1 000万元，流动资产占用量与产品总产量、平均产量和边际产量的关系见表6-6。试将表中空白处补齐（结果保留一位小数），并指出企业的最佳流动资产持有量。

表6-6　**流动资产占用量与产品总产量、平均产量和边际产量的关系**

流动资产（万元）	总产量	平均产量	边际产量
200	800		—
300		4.5	5.5
400	2 000	5	
500		6	10
600	4 200		12
700	4 900	7	
800	4 900		0
900	4 800	5.3	
	4 600	4.6	−2

6.3 B企业拥有长期资金500万元，其中长期借款150万元，普通股250万元，长期债券100万元，长期借款的资本成本为5.5%，普通股的资本成本为10%，长期债券的资本成本为6%。

要求：

（1）计算B企业的综合资本成本。

（2）若某投资项目的收益率为7%，则应否投资于该项目？为什么？

□ **能力题**

清华同方用资本解答三大命题①

仅仅5年的时间，清华同方（以下简称同方）从一家校办高科技企业，发展为具有现代企业建制与管理制度的现代化企业集团。其中最大的奥秘在于，同方充分发挥了资本运作的力量。

然而资本运作的道路并非一帆风顺，资本本身必须和企业技术、业务，乃至企业文化和管理有机地融合起来，并由此去解答企业成长过程中所带来的多元化、主业不清晰、大企业通病等问题。而就在这一系列融合与解答中清华同方给业界交上了一份精彩的答卷，成为资本运作的高手。

同方董事长荣泳霖不无感慨地说，上年股市低迷，同方也受到了一定的冲击。很多人对高校产业开始质疑，每天都有股民打电话询问同方的高层是否还在，甚至有人传总裁陆致成已经“进去了”。如果要在中国的上市公司中找出几个最让人关注的公司，清华同方无疑是其中之一。

资本：融入企业运营

不断创新，不墨守成规，立足自身的技术、实业、管理、文化的优势，借助资本运营的力量，在市场上执着前行，清华同方演绎了一场“资本+知本”的故事。

融入一：资本融入技术。同方始终坚持“技术+资本”的发展战略，通过在资本市场中的融资，积极筹措资金，不断投入到高新技术成果的产业化、规模化，通过企业的兼并、收购、控股与参股等多种形式，使高科技产业与资本市场相结合。同方的技术资源优势正在向独立的自主性技术创新能力与产业化的方向转换——以技术为核心，以资本为手段，这将使两者在更高的层面上融合。而同方在如何解决高端技术市场与产品规模化普及之间的矛盾方面的探索，也将为中国的高科技企业的规模化道路作出积极而重要的尝试与开拓。

同方的成立历史虽然只有5年，但实际上其打基础的历史应当追溯到十几年前了。同方以高新技术产业为先导，以科技成果产业化为经营宗旨，紧密依托清华大学的人才、科技优势，通过“清华同方研究开发中心”的孵化和二次开发，把大批科技成果推向市场。它凭借依托清华大学所取得的技术创新能力和作为一个上市公司所拥有的资本运营能力，在信息技术、能源与环境、核技术等产业领域动作很大。

“技术+资本”的战略方针，促成了同方特有的以核心技术为基础的科技成果转化模式。一项项技术在同方实现转化。5年中，同方孵化出一系列企业，并于1997年6月27日

---

① 本案例资料改编自中国证券从业资格考试网。

在上海证券交易所敲响了同方上市的钟声，公司的产业化工作已经从最初的以一项自主技术的培养为起点，到现在的以在一个产业领域内的大规模建设为起点。

融入二：资本融入实业。“高新科技实业+创新孵化”是同方的一大特色。热衷于资本运营的企业有时难免走入一种误区，即认为业务经营是企业经营的低级形态，资本运营才是企业经营的高级形态，如此就会本末倒置。引入资本是为了更好地孕育实业，毕竟大多数企业不是风险投资商。资本运营的本质目的是对资源重新进行配置，达到效应的最大化。

其实资本运营是一个很艰难的过程，处理不好成本会很高。而同方的资本运营体现了四两拨千斤的技巧。陆致成说，此前清华同方并购的目标主要是扩大规模，并购的基本是闲置资产、未开发资产，收购活动是低成本的。而今后5年，同方并购对象将考虑有利于公司主营业务的良性公司。此前5年，支撑同方保持高速成长的核心竞争力的主要要素是“技术+资本”的企业发展战略。而此后5年，同方的企业战略将调整为“合作与发展”。

同方以不花钱或少花钱的方式孵化创新来进行资本运作，得到了许多潜在的市场，这比自己直接进入的风险要小得多。正是这个创新孵化体系使同方保持持续高速的成长，正是这样一条高科技实业和创新孵化并行的主线，使同方在能源环境、信息产业、精细化工、核电子技术应用四个方面取得了一定发展，支撑着同方的高科技产业。

融入三：资本融入管理与文化。“同方”二字源于《礼记·儒行》，书中有“儒有合志同方”，其中方乃“道义”之意。清华园最早的建筑——同方部，历史上曾作为每年8月27日祭奠孔子的地方，其意为“志同道合者相聚的地方”。“企业文化”是企业生存和发展的“元气”，是企业核心竞争力的活力之根和动力之源，其在本质上所反映的则是企业生产力成果的进步程度。“理念”是一个企业所秉持的信念，它一经“内化”，必会产生一种强大的规范力，从而成为人们行动的准则；也必会产生一种持久的推动力，促使人们积极地去达成既定目标。

同方在5年中的一个收获，是培养和凝聚了一支认同同方管理文化的团队。同方的宝贵优势就在于有许多富有激情、全身心投入的人，他们是公司的资产、公司的财富、公司的价值。

在总裁陆致成眼里，清华同方就像一个五年级的小学生，但作为一个真正的高科技上市公司，它已经可以熟练地驾驭资本运作的游戏了。

在管理文化上，同方有“资产授权管理、投资回报考核、公司监督执行”这样一个管理方针，它的内涵在5年的实践中不断丰富。例如，加强了集中与分散的管理，建立了授权与监督的体系，不断强调公司利益与团队利益间的关系。

企业管理的最终目的是让每一个员工都能发挥自己的能力，而一个优秀的企业文化能让每一个员工都能在自己的岗位上自觉承担起企业的一份责任，能够自觉将自己的事业与企业的发展融为一体。同方的企业文化是“承担、超越、探索”和“忠诚、责任、价值”。

【案例分析要求】

(1) 清华同方通过什么样的方式实现了技术创新？技术在清华同方的发展过程中扮演了什么角色？

（2）清华同方怎样做到了资本和技术的合理结合？

（3）资本经营与业务经营是怎样的关系？

（4）清华同方怎样实现低成本的资本运营？

（5）清华同方的企业文化体现了什么样的社会主义核心价值观？与企业发展有什么联系？

数智能力训练

在数字经济时代，人工智能大模型能够为资本经营决策提供很多有益的帮助。结合本章学习的内容，我们可运用人工智能大模型，如阿里“通义千问”、百度“文心一言”和科大讯飞“星火”等（当然也可以采用最新推出的其他模型）对资本经营中的相关问题进行进一步讨论分析，以提升同学们运用数智模型进行资本经营的能力。

本章的数智能力训练题主要有：

（1）资本存量经营的目标是要提升资本资源的利用效率，减少资本的闲置和浪费。在企业财务活动各个环节存在哪些资本资源的闲置浪费现象？如何提升资本资源的利用效率？

（2）利用人工智能大模型，探索我国资本增量经营和配置经营中存在的主要问题，寻找提升资本增量经营和配置经营效率的途径和措施。

（3）从资本收益经营角度看，我国上市公司股利分配现状如何？存在哪些问题？如何通过资本收益经营提升资本经营效率，保护中小投资者利益？

同学们可以针对这些问题利用大模型进行提问，也可针对本章内容尝试提出不同的问题或以不同方式进行提问，以提升同学们利用人工智能大模型进行财务管理的能力。

互动练习

6-6 即测即评

第6章练习题

第7章 资本经营方式

学习目标

本章学习目标是使学生掌握资本经营方式的内涵、价值创造和决策方法。其具体目标包括：

知识目标：

- 明确什么是资本扩张经营，什么是资本收缩经营。
- 理解资本扩张经营有哪几种形式，资本收缩经营有哪几种形式。
- 了解企业扩张重组中的几种特殊方式。
- 掌握资本扩张经营的价值来源和资本收缩经营的价值来源。
- 理解企业破产重组应注意的财务问题。
- 理解国有资本授权经营的内涵与目标。

技能目标：

- 掌握资本扩张经营的价值创造分析方法，作出正确的资本扩张经营决策。
- 掌握企业并购支付方式决策的方法。
- 理解企业并购价格决策思路与要点。
- 掌握企业出售的程序与方法。

能力目标：

- 能够灵活运用资本经营方式进行资本运作，为企业创造更大价值。
- 能够理解与掌握资本经营方式及相应理论，作出正确的资本经营决策。

素养目标：

- 正确理解资本经营的目的，能够运用资本经营方式为企业创造价值，为社会创造价值。
- 提升风险意识，特别是避免在资本经营过程中转嫁风险，侵害中小投资者利益行为。

7.1 资本经营方式与价值创造

1）企业资本经营方式的类型

企业资本经营方式有多种。从不同角度划分，资本经营的方式所体现的类型就有所不同。通常人们将资本经营方式划分为资本扩张经营方式和资本收缩经营方式两种，每种资本经营方式中又存在不同的形式。

（1）企业资本扩张经营方式的种类

企业资本扩张经营，亦称企业资本扩张重组，是指企业在原实体的基础上，通过合并、兼并、收购等方式吸收了一些经济实体后进行重组的行为。企业资本扩张经营的具体形式或种类包括：

①合并（consolidation），是指两个或更多企业组合在一起，原有所有企业都不以法律实体形式存在，而建立一个新的公司。例如，将A公司与B公司合并成为C公司。但根据2023年新修订的《中华人民共和国公司法》第二百一十八条的规定，公司合并可以采取吸收合并或者新设合并。一个公司吸收其他公司为吸收合并，被吸收的公司解散；两个以上公司合并设立一个新的公司为新设合并，合并各方解散。吸收合并类似于“merger”，而新设合并则类似于“consolidation”。因此，从广义上说，合并包括兼并。

②兼并（merger），是指两个或更多企业组合在一起，其中一个企业保持其原有名称，而其他企业不再以法律实体形式存在。例如，中国财政部在1996年8月20日印发的《企业兼并有关财务问题的暂行规定》中指出，兼并是指一个企业通过购买等有偿方式取得其他企业的产权，使其失去法人资格或虽保留法人资格但变更投资主体的一种行为。

③收购（acquisition），是指一个企业以购买全部或部分股票（或称股份收购）的方式购买了另一企业的全部或部分所有权，或者以购买全部或部分资产（或称资产收购）的方式购买另一企业的全部或部分所有权。股票收购可通过兼并（merger）或标购（tender offer）来实现。兼并的特点是与目标企业管理者直接谈判，或以交换股票的方式进行购买；目标企业董事会的认可通常发生在兼并出价获得目标企业所有者认同之前。使用标购方式，购买股票的出价直接面向目标企业所有者。收购其他企业部分与全部资产，通常是直接与目标企业管理者谈判。收购的目的是获得对目标企业的控制权，目标企业的法人地位并不消失。

④接管或接收（take over），是指某公司原具有控股地位的股东（通常是该公司最大的股东）由于出售或转让股权，或者股权持有量被他人超过而控股地位旁落的情况。

⑤标购（tender off），是指一个企业直接向另一个企业的股东提出购买他们所持有的该企业股份的要约，达到控制该企业目的的行为。这发生在该企业为上市公司的情况下。

在上述各种企业扩张重组方式的界定中，以合并、兼并和收购方式运用得较多，而且可将合并、兼并和收购作为一个固定的词组来使用，简称并购。但企业合并、兼并和收购的形式和特征还是有区别的，在上述合并定义中我们已明确了合并与兼并的区别，这里再对兼并和收购的区别进行如下分析：

第一，兼并是兼并企业获得被兼并企业的全部业务和资产，并承担全部债务和责任。被兼并企业作为经济实体不复存在。而收购企业则是通过购买被收购企业的股票达到控股，对被收购企业的原有债务不负连带责任，只以控股出资的股金为限承担风险，被收购企业的经济实体依然存在。

第二，兼并是以现金购买、债务转移为主要交易条件的；而收购则是以所占有企业股份份额达到控股为依据来实现对被收购企业的产权占有的。

第三，兼并范围较广，任何企业都可以自愿进入兼并交易市场；而收购一般只发生在股票市场中，被收购的目标企业一般是上市公司。

第四，兼并发生后，其资产一般需要重新组合、调整；而收购是以股票市场为中介的，收购发生后，企业变化比较平和。

兼并和收购实际上都是企业产权的交易，它们产生的动因以及在经济运行中所产生的作用基本是一致的。而且，在许多企业兼并收购的实际操作过程中，它们是很难区分的，做决策所考虑的因素也基本是相同的。

（2）企业资本收缩经营方式的种类

企业资本收缩经营，亦称资本收缩重组，是指企业在原实体的基础上，通过剥离、售卖、分立、分拆、破产等形式进行重组的行为。企业资本收缩重组的具体形式包括：

①剥离。“剥离”一词的理论定义目前主要来自对英文“divestiture”的翻译，是指一个企业出售它的下属部门（独立部门或生产线）资产给另一企业的交易。具体说是指企业将其部分闲置的不良资产、无利可图的资产或产品生产线、子公司或部门出售给其他企业以获得现金或有价证券。剥离的这一定义与我国目前的企业或资产售卖的含义基本相同。作者认为将“divestiture”翻译为售卖更准确。那么，剥离是否等于售卖呢？不完全相同。剥离是指企业根据资本经营的要求，以出售或分立的方式，将企业的部分资产、子公司、生产线等与企业分离的过程。因此，剥离应含有售卖、分立和分拆三种方式。

②售卖。根据上述剥离的含义，售卖是剥离的一种方式。售卖是指企业将其所属的资产（包括子公司、生产线等）出售给其他企业，以获取现金和有价证券的交易。在国有企业改制中，国有资本所有者根据资本经营总体目标要求，将小型国有企业整体出售，也属于售卖范畴。

③分立。分立从英文“spin-offs”本义看，是指公司将其在子公司中拥有的全部股份按比例分配给公司的股东，从而形成两家相互独立的股权结构相同的公司。这一定义实质上与我国国有企业股份制改造中的资产剥离含义基本相同。我国国有企业改制中的资产剥离往往是指将国有企业非经营资产或非主营资产，以无偿划拨的方式，与企业经营资产或主营资产分离的过程。通过资产剥离，可分立出不同的法人实体，而国家拥有这些法人实体的股权。分立是剥离的形式之一。

④分拆。分拆是指企业将部分业务或资产从企业中分立出来组成新的公司。企业与新公司间是投资与被投资关系。我国企业改制中通过对经营资产的剥离，特别是通过对主营资产剥离组建成有限责任公司和股份有限公司。该公司与原企业之间实际上是投资与被投资关系。因此，这是一种典型的分拆形式。

7-1 案例分析

企业集团资本经营案例分析

⑤破产。破产简单地说是无力偿付到期债务。具体地说，破产是指企业长期处于亏损状态，不能扭亏为盈，并逐渐发展为无力偿付到期债务的一种企业失败形式。企业失败可分为经营失败和财务失败两种类型。财务失败又分为技术上无力偿债和破产。破产是财务失败的极端形式。国有企业改制中的破产，实际上是企业改组的法律程序，也是社会资产重组的形式。

2）企业资本经营的价值创造

（1）企业资本扩张经营的价值来源

企业资本扩张重组的目标与企业的目标应该是一致的，即为企业创造价值。企业扩张重组为什么会创造价值？它的价值来源于何处呢？明确这一问题，对进行企业扩张重组决策是至关重要的。企业扩张重组的价值来源主要体现在以下几方面：

①获取战略机会

兼并者的动机之一是要购买未来的发展机会。当一家企业决定扩大其在某一特定行业的经营时，一个重要战略是兼并在那个行业中的现有企业，而不是依靠自身内部发展。其原因在于：第一，直接获得正在经营的发展研究部门；第二，获得时间优势，避免了工厂建设延误的时间；第三，减少一个竞争者，并直接获得其在行业中的位置。

企业合并型重组的另一战略机会是市场力的运用。两个企业采用同一价格政策，可使它们得到的收益高于竞争收益率。大量信息资源可能用于披露战略机会。财务信息可能起到关键作用。例如，会计收益数据可被用于评价行业内各个企业的盈利能力以及行业盈利能力的变化等。这对企业重组是十分有意义的。

学思践悟

中国需要更多像华为一样的世界级品牌

2018年初以来，中国品牌“华为”被推到了全球瞩目的位置。美国等国家以安全为由抵制华为5G，全力打压和遏制华为，妄图像以前对付法国的阿尔斯通一样，将华为消灭并将其最先进的科技成果和开拓的广阔市场据为己有，在由此获得巨大经济收益的同时，全力打压中国的民族企业，迟滞中国的发展。可是让美国意想不到、让全世界大跌眼镜的是，6年时间，华为不仅没有倒下，反而发展得越来越好，其研发的芯片由于完美绕过了美国掌握的技术，而让其百思不得其解！美国打压华为已成为21世纪最大的一个笑话！

在中美贸易关系角力的微妙时刻，华为这样的世界级品牌愈发显示出了其举足轻重的影响力。欧美对中国企业的打压，也恰恰暴露了他们对中国企业快速成长的畏惧。

可以从华为面对挑战的发展战略视角进行如下思政分析。

（1）创新精神：华为的成功离不开其持续的创新精神。这鼓励人们在面对挑战时，勇于探索和尝试新的方法和技术。

（2）科技驱动发展：华为通过科技创新推动了行业的发展，展示了科技在经济和社会发展中的重要作用。

（3）国际竞争力：华为在全球市场的竞争中取得优势，体现了中国企业在国际舞台上的竞争力和影响力。

（4）人才培养：华为对研发的投入也培养了大量的科技人才，为国家的科技发展作出了贡献。

②产生协同效应或合成力

企业资本扩张或合并型重组的协同效应是指并购等行为可产生1+1>2的效果。产生这种效果的原因主要来自以下几个领域：

A.在生产领域，通过重组：第一，可产生规模经济性；第二，可接受新的技术；第三，可减少供给短缺的可能性；第四，可充分利用未使用生产能力。

B.在市场及分配领域，通过重组：第一，可产生规模经济性；第二，是进入新市场的捷径；第三，扩展现存分布网；第四，增加产品市场的控制力。

C.在财务领域，通过重组：第一，充分利用未使用的税收利益；第二，开发未使用的债务能力；第三，减少破产的可能性；第四，减少资本供给量。

D.在人事领域，通过重组：第一，吸收关键的管理技能；第二，使多种研究与开发部门融合。

在各个领域中要通过各种方式实现重组效果，都离不开财务分析。例如，当要估计更好地利用生产能力的收益时，分析师要检验行业中其他企业的盈利能力与生产能力利用率之间的关系；要估计融合各研究与开发部门的收益，则应包括对这些部门的成本分析。

③提高管理效率

企业并购的另一价值来源是提高管理效率。提高管理效率的一种情况是，现在的管理者以非标准方式经营，因此，当其被更有效率的企业收购后，现在的管理者将被替换，从而使管理效率提高。要做到这一点，财务分析有着重要作用。在财务分析中要观察：第一，兼并对象的预期会计收益率在行业分布中所处的位置；第二，分布的发散程度。企业在分布中的位置越低，分布越发散，新的管理者的收益越大。

企业并购提高管理效率的另一情况是，管理者的自身利益与现有股东的利益更好地协调。例如，采用杠杆购买后，现有管理者的财富构成取决于企业的财务成功，这时管理者将把注意力集中于怎样使公司市场价值最大化。

④发现资本市场错误定价

如果一个个体能发现资本市场证券的错误定价，他将从中获益。财务出版物经常刊登一些报道，介绍某单位兼并一个公司，然后出售部分资产就收回其全部购买价格，结果以零成本取得剩余资产。投资银行家在这个领域的活动很活跃。投资银行家在咨询管理与依据管理者的重组决策收取费用之间存在冲突，重要的问题是投资银行家的咨询往往是值得怀疑的。

总之，企业并购或扩张重组的根本动因在于价值创造，在市场经济条件下，“拉郎配”等政府行为并不可取，企业重组中必须根据实际情况结合企业的发展战略与资本运营战略对并购行为进行正确决策。

（2）企业资本收缩经营的价值来源

①消除负协同效应，使5-2≥3

兼并和收购一家公司的目的常常是为了增加它与本公司之间的协同效应，但实际上要真正实现协同效应往往是很困难的。管理效率假说认为，当其所控制的资产规模和差异性增加时，即使是最好的管理队伍也会达到一个报酬递减的临界点。该问题的产生部分是因为高层管理者没有注意到一个从事不同业务类型的子公司所面临的独特的问题与机会。这样，通过剥离或分立出与母公司其余经营活动不相适应的部分，就可以使母公司将注意力更加集中于其优势业务，从而提高管理的效率。

在这种情况下，财务决策要解决的主要问题就是判断是否存在负协同效应及其大小。这时就要测算剥离或分立后的两部分的独立价值之和是否比它们作为一个整体时大。具体分析应结合各企业的实际情况进行。比如，可以从分析规模经济入手，看其是否超过了最佳经济规模；也可以从分析决策流程和各部门之间的配合入手，看其是否因为环节太多而造成了重复劳动和人才、物力的浪费；或从考察管理部门所控制资产或业务的差异性出发，看这种差异性是否在很大程度上造成了管理效率的下降，并在管理费用和所管理资产或业务的收益方面带来了损失等。如果测算的结果表明的确存在负协同效应，并且这种效应不是通过内部调整就可以解决的，这时就需要将该部分产生负协同效应的资产或业务剥离或分立出去。当然，剥离不应使企业产生价格方面的额外损失。

②满足企业现金需求

有时企业出于继续经营或业务扩张的需要会面临大量的现金需求，这时企业就有可能将其部分不重要的，或者与其他部分不相适应的，有时甚至是能盈利的主要业务或资产剥离出去。有时这种剥离是作为企业并购战略的一部分而有计划地进行的，其决策是在并购的同时作出的。但有时企业则是在破产的压力下被迫作出剥离的决策以取得现金渡过难关，这时企业就要测算其需要的资金量和各种剥离方案的净现值和变现速度，争取在维持企业生存的条件下最大限度地保存企业的实力。

③改变企业市场形象，提高企业股票市场价值

信息假说认为，企业的资产或其子公司的资产的真实价值会由于其所属公司的结构复杂而难以判断。尽管考虑到公开上市公司的信息披露的要求和证券分析的性质和范围，公司各部分的价值似乎不太可能被低估，但证券分析趋向于专业化。例如，一个石油工业的分析家可能会低估一家石油公司中的化学与不动产业务的价值，因为他不熟悉这些产业。因此，一些实行多元化经营的企业，尤其是集团公司，由于其业务范围涉及广泛的领域而使其股票的市场价值被低估，产生了不利的影响。当一家公司由于这种原因而被低估时，就会产生被其他公司接管的危险。这时，其管理人员就需要确定是哪些资产被低估了以及其程度。一般说来，由于企业的管理人员掌握企业的实际情况，可以运用常规的方法来评估企业各部分的真实价值并与股票市值相比较。如果企业的价值被低估很多，也就意味着其他公司通过资本市场对其进行接管的收益很高，这时作出剥离或分立的决策就是可行的。

④取得额外收益

一种情况是，由于各企业的情况不同，同样的资产或业务在不同的企业内可能具有不同的价值，其原因可能是存在协同效应等，因此，买卖双方有可能找到使彼此都能产生收益的价格。在这种情况下，持有这类资产的企业就可能为了取得额外的收益而将该资产剥离出去。

另一种情况是，分立有利于公司更好地适应和利用有关法规和税收条款以产生额外收益。例如，美国南方电力公司发现其在新墨西哥的煤气公司由于经营亏损，成为整个公司的一个包袱。煤气公司亏损的主要原因是它属于受政府管制的业务，其收益水平受到有关

法规的限制，结果使公司的其他业务为其亏损提供补贴。为避免上述问题，南方电力公司决定将煤气公司从母公司中分立出去，这样煤气公司就可以得到政府的补贴，从而给股东带来额外的收益。

⑤剥离不良资产、闲置资产及债务，以提高经济效益

我国国有企业长期以来形成了大量不良资产、不良债权债务、闲置资产，同时也存在大量冗员和“企业办社会”职能，在国有企业股份制改组过程中，有效地将其剥离或分立，可以提高改组后企业的经营效率，提高资产利润率及经济效益，促进国有资产的保值增值。

在美国，有关剥离和分立的实证研究表明，剥离和分立企业的股东均能在证券市场上获得较大的超常收益，而且收益的大小与出售的比例或分立出的子公司相对于母公司的规模大小呈正相关。超常收益率的存在说明了公众对于这种经营方式的资本保值增值效果的肯定。但是，由于市场经济中不确定性的普遍存在，任何一种经营方式都不可避免地存在风险，剥离与分立也不例外。当企业出于种种动因需要进行剥离或分立时，我们最关注的财务问题就是如何恰当地进行财务决策以保证资本最大限度地保值增值。

学思践悟

恒大集团盲目扩张的危害与教训

恒大集团作为中国最大的民营上市房地产企业，曾一度成为世界500强企业，但由于其盲目扩张和大规模的多元化发展战略，最终要为过去的激进买单。这一事件引发了人们对于多元化、跨行业发展对企业的危害的深思。

盲目扩张是企业追求规模和利润最大化的一种表现，但如果没有合适的战略规划和风险控制，往往会带来严重的后果。除了地产以外，恒大集团旗下的多个产业都面临着巨额亏损。这是因为这些产业与恒大地产的主营业务并不相关，缺乏所谓的“核心竞争力”，导致资源的长期浪费和资金的无底洞。在多元化和跨行业发展领域，公司需要充分评估市场需求和行业竞争情况，确保能够适应和应对各种挑战。

另外，恒大集团的例子也提醒了企业不能仅仅依靠一个成功的项目或领域来支撑整个企业。恒大集团在足球领域的成功曾经为其带来了源源不断的客户，但随着足球产业的衰落，恒大并没有及时调整战略，而是投身于风险更大的汽车行业。然而，与“金元足球”不同，汽车行业需要大量的资金投入和技术支持，并且竞争激烈。恒大集团在进入汽车行业后，投入了数百亿元资金，但最终却遭遇了巨额亏损。这表明企业应该在多元化发展时审时度势，避免过于冒进和过度投资。

恒大集团的例子给企业带来了许多有益的教训和启示。首先，企业应该慎重选择多元化发展的方向和产业。不同的产业领域存在着巨大的差异性，企业应该根据自身的核心竞争力和战略目标，选择与自身主营业务相关并有发展潜力的领域。这样的选择才能更好地实现资源共享和协同发展，避免因为盲目扩张而引发的资源浪费和经营困难。

其次，企业在追求多元化发展时应注重风险管理和资金控制。多元化发展虽然可以为企业带来更多的机会和利润，但也伴随着更大的风险和投资的不确定性。企业应该做好充分的市场调研和风险评估，确保所投资的产业具有较高的盈利能力和回本期较短的特点。同时，企业也要注重资金的有效运作和合理利用，防止因为大规模投入而导致的财务危机。

最后，企业在发展多元化业务时要注重建立和改善内部管理体系。多元化发展往往需要企业具备跨领域的知识和技能，因此，企业需要建立强大的团队和专业的管理体系，以确保各个业务板块的顺利运作和协同发展。同时，企业也要注重创新和科技研发，提升核心竞争力和战略布局，以应对不断变化的市场环境和竞争压力。

通过对恒大集团多元化发展失败的分析可看出，企业在拓展业务时应该审慎而谨慎，避免盲目扩张和过度投资。企业要根据自身的核心竞争力和市场需求，选择合适的多元化发展方向，并制定详细的战略规划和目标。同时，企业也要注重风险管理和资金控制，做好充分的市场调研和风险评估，以降低投资风险和提高投资回报。此外，企业还应注重内部管理体系的规范和改善，建立强大的团队和专业的管理系统，提升核心竞争力和创新能力。

资料来源：佚名. 恒大集团盲目扩张的危害与教训［EB/OL］.［2023-10-06］. https：//baijiahao.baidu.com/s?id=1778976892459516640.

7.2 资本扩张经营

1）企业资本扩张重组价值创造分析

企业并购通常涉及买卖双方。企业并购的价值创造也涉及对并购双方的价值评估。为了评估重组对购买公司股东的价值创造潜力，必须评估卖方价值、收购获益价值以及控制卖方所要求的价格。各个部分的作用可从以下公式中反映：

并购价值创造=合并后公司的价值-（买方自身价值+卖方自身价值） （7-1）

支付卖者的最大可接受价格=卖方自身价值+收购价值创造 （7-2）

买者价值创造=支付卖者最大可接受价格-控制卖者的要求价格 （7-3）

公式（7-1）反映的并购价值创造，是兼并后公司价值与兼并前买卖双方独立价值之和的差异。这个差异代表了通过经营、筹资和税金所得到的收购利益。这些或者增加现金流入量，或者减少现金流出风险。应当强调，这是合并两个公司的总价值，而不是买者创造的价值。

卖方公司的独立价值是卖方的最低接受价格或底价，因为它存在持续经营的选择。在这种情况下，卖方期望以高于其持续经营的现值出售是合理的。在大多数案例中，卖方所得大于其独立价值。收购价值创造更多地流向卖方所有者。因此，有两个问题需要回答：第一，用什么样的计量方法去估计卖方独立价值？第二，在什么情况下，卖方放弃独立价值作为底价？

当卖方是上市公司时，市场价值是最好的独立价值评估基础。对于一些公司，市场价值可能不是替代独立价值的最好方法。例如，有些公司其股票价格已经被兼并投标所抬高，因此，估计独立价值时应将这部分兼并利益从现行市价中扣除。

对于第二个问题，卖方的底价是由它可供选择的机会决定的。如果卖方已得到一个出价高于其市价的价值，这个出价就是它的底价。相反，如果卖者对其实现公司未来经营前景的潜力不乐观，底价可能低于市价。要有效谈判，买者应认识到，底价取决于卖者的感觉，而不是买者。

公式（7-2）定义支付给卖方最大可接受价格为卖方独立价值加上收购价值创造。最大价格也可看作是合并企业的兼并后价值与兼并前买方独立价值之差。如果最大价格被实际支付，那么，所有的兼并价值创造都归属于卖方。因此，从买方观点看，最大价格是其损益平衡价格。通常，这个价格真实反映其最大出价。然而，在一些情况下，买者可能愿意支付更多，而在另一些情况下，买方将最大可接受价格定在一个较低的水平上。

有些时候，收购可能仅仅是作为全球长期战略投资的一部分，重要的是总体战略创造价值。在这种情况下，一项收购可能不满足通常的折现控制率，而只是实施长期战略。这样的收购并不以其本身结束而结束，而要看它提供了参与未来不确定机会的作用。

在有些情况下，买方公司的最大可接受价格可能低于卖方独立价值和收购价值创造。所有这些都涉及低成本选择的应用。另外，管理者还要在内部发展与外部发展之间作出选择。目前，对收购（外部发展）的倾向性，反映了收购较之内部发展的几个重要优点：

第一，通过收购进入产品市场需要几周或几个月，而通过内部发展则需要几年；

第二，兼并一个拥有较强市场位置的企业比通过市场竞争战取得市场所使用的成本要低；

第三，战略资产，如商标、分配渠道、专有技术、专利等，通过内部发展是困难的；

第四，兼并一个现存的并被检验了的企业显然比发展新企业风险低。

公式（7-3）将买者的价值创造定义为最大可接受价格与取得卖方企业要求的实际价格之间的差异。考虑公司控制市场的竞争性质，只有买者有特殊能力通过组合去创造明显经济效益时，收购才可能为买方创造价值。

重要的是证实公司控制市场的价值一直高于每日股票市场价值。这种情况的大部分证据是支付给卖方股票所有者的高收益（平均50%）。一个公司的股票价格在信息充分情况下为50分，如何在出现兼并时突然上升为75分呢？一种可能是，公司买者高估价值而多支付，现实中有很多这样的情况。另一种可能是，每股50分反映投资者不控制公司时的价格，而75分是以未来控制公司经营为依据的。每股25分的额外费用被支付，因为买者要寻求多数股权。当一个投资者购买小部分股票时，他对公司股票供求平衡不产生多少影响。相反，当所有股票或大量股票被需求，人们就将提高股票价格。只要收购创造价值高于支付的额外费用，买方就可能愿意支付市场超额费用。

如果兼并没创造价值，那么对买者是否有价值呢？可能有价值，条件是买者确信市场低估了卖者的独立价值。例如，买方公司每股独立价值为60元，卖方公司每股独立价值为25元，合并公司每股价值为85元。买方如以最大可接受价格25元购买，这个兼并没创造价值。然而假设卖方现在每段市场价格是18元，低于买方的估价25元。如果买方成功地以23元购买，尽管兼并本身没创造价值，但它将创造每股2元价值。

2）企业并购类型

企业并购可以按照不同的标准进行分类。

（1）按照并购后双方法人地位的变化情况划分

按照并购后双方法人地位的变化情况，可将企业并购划分为收购控股、吸收合并和新设合并。收购控股是指并购后并购双方都不解散，并购企业收购目标企业至控股地位。吸收合并是指并购后并购企业存续，并购对象解散。

新设合并是指并购后并购双方都解散，重新成立一个具有法人地位的企业。

（2）按照并购双方行业相关性划分

按照并购双方所处行业相关性，企业并购可以分为横向并购、纵向并购和混合并购。

横向并购是指生产同类产品或生产工艺相近的企业之间的并购，实质上是竞争对手之间的合并。例如，石油行业内的原油开采、石油精炼、化工与石油制品的销售企业之间的并购。横向并购的优点在于：可以迅速扩大生产规模，节约共同费用，便于提高通用设备的使用效率；便于在更大范围内实现专业分工协作；便于统一技术标准，加强技术管理和进行技术改造；便于统一销售产品和采购原材料等，形成产销的规模经济。横向并购的缺点在于：减少了竞争对手，容易破坏竞争，形成垄断的局面，因此，横向并购常常被严格限制和监控。

纵向并购是指与企业的供应商或客户的合并，即优势企业将同本企业生产紧密相关的生产、营销企业并购过来，形成纵向生产一体化。纵向并购实质上是处于生产同一种产品、不同生产阶段的企业间的并购，并购双方往往是原材料供应者或产品购买者，对彼此的生产状况比较熟悉，有利于并购后的整合。纵向并购的优点在于：能够扩大生产经营规模，节约通用的设备费用等；可以加强生产过程各环节的配合，有利于协作化生产；可以加速生产流程，缩短生产周期，节约运输、仓储和能源消耗水平等。

混合并购是指既非竞争对手又非现实中或潜在的客户或供应商的企业之间的并购，如一家企业为扩大竞争领域而对尚未渗透的地区与本企业生产同类产品的企业进行并购，或对生产和经营与本企业毫无关联度的企业进行的并购。混合并购包括：产品扩张性并购，即生产相关产品的企业间的并购。例如，轿车生产企业并购运输卡车或客车生产企业。市场扩张型并购，即一家企业为了扩大竞争地盘而对其他地区生产同类产品的企业进行的并购。例如，白酒生产企业并购啤酒生产企业。纯粹的并购，即生产和经营彼此毫无关系的若干企业之间的并购。混合并购兼有横向并购和纵向并购的优点，而且有利于经营多元化和减轻经济危机对企业的影响，有利于调整企业自身产业结构，增强控制市场的能力，降低经营风险。

（3）其他并购形式

按照并购是否取得被并购企业即目标企业同意划分，企业并购可以分为善意并购和敌意并购。按照并购的形式划分，企业并购可以分为间接收购、要约收购、二级市场收购、协议收购、股权拍卖收购等。按照并购支付的方式划分，企业并购可以分为现金支付式并购、股权支付式并购和混合支付式并购等。

3）企业并购价格决策

并购的根本目标是企业价值创造，因此，企业并购的成功与否不在于是否最终完成了并购、掌握了目标企业的控制权，而在于并购是否能使企业保值增值。在很多情况下，在竞价中胜利的企业高估了目标企业的价值，使自己遭受了损失，这就是所谓的“胜利者的祸根”。因此，企业并购中财务管理的目标就是努力防止出现“胜利者的祸根”，保证企业资本的保值增值。而要达到这一目标所要解决的主要问题就是如何正确评估目标企业的价值，即并购价格的确定。

并购价格的确定就是在收购方所愿意出的最高价和被收购方所愿意接受的最低价之间，双方谈判、讨价还价的过程。主并购公司在确定并购价格的过程中，一方面要确定己方所能接受的最高价格，另一方面也要了解对方所能接受的最低价格，这样才能在谈判中知己知彼，尽量争取到有利的并购条件。下面分别按现金收购和换股收购两种方式，就如何确定并购方所愿意接受的最高价和被并购方所愿意接受的最低价进行一些探讨。

（1）现金收购

这是指由收购公司支付现金来购买被收购公司的股票，从而取得被收购公司所有权的收购行为。本书提出了一种修正的现金流量折现法。该方法的基本思路是：首先，计算目标企业作为一个独立企业时的评估价值，评估时使用目标企业自身的现金流量和资金成本。这样计算出来的目标企业价值可以看作是目标企业所有权转让的最低价格；另外，将它与其股票的市值相比较，也可以看出该企业的市场价值是否被低估。其次，再用并购方影响对目标企业的评估值进行修正，从而得出目标企业在被并购后对并购方现金流量的贡献，即目标企业对于并购方来讲存在的价值。当并购价格高于这一数额时，并购将变得无利可图，因此，它也是并购方报价的上限。在对目标企业的评估价值进行修正时：一方面，应该修正其各期的现金流量，这可以根据并购的动机有侧重点地进行；另一方面，当并购不会对并购方的资金成本造成较大影响时，还应当以并购方的资金成本替代被并购方的资金成本对现金流量进行折现。修正的现金流量折现法与原方法相比，可以提供更多的有用信息，不但可以提供并购方报价的上下限，还可以直接根据它判断目标企业的股票市值是否被低估了。

根据上面介绍的基本思路，用该方法确定并购价格分为以下几个步骤：

①确定被并购方可接受的最低价格

被并购方可接受的最低价格是指被并购方现在的市场价值，即不进行并购，被并购方继续由自己经营时，被并购方的市场价值。关于公司价值的评估方法，目前大多数专业文献都认为现金流量折现法是最科学、最成熟的方法，即预测公司未来5~10年的现金流量并用一定的折现率折现，其计算公式如下：

$$PV = \sum_{t=0}^{n} \frac{CF_t}{(1+K)^t} + \frac{TV}{(1+K)^n} - D \qquad (7-4)$$

其中，PV为现值，即目标企业作为一个独立企业时的价值；CF_t为第t期的现金流量；K为折现率；TV为被并购方在第n年末的价值；D为被并购方的债务总额（假定在并购时一次偿付）。

折现率的确定有以下几种方法：一是选择被并购公司所在行业的基准收益率为折现率；二是利用对未来预期利率的估计作为基准折现率，然后根据行业、公司和财务结构等风险因素对其做适当调整；三是根据公开数据，利用对同行业企业的加权平均资本成本的估计值作为基准折现率，然后根据以上因素加以调整。

使用的现金流量可根据被并购方的发展和未来规划进行合理预测，预测期一般为5~10年。

计算现值比较科学的方法就是采用永续增长模型，该方法假定从计算现值的那一年开始，现金流量是以固定的比例g增长的，因此，只需将以后各年的现金流量资本化即可，即：

$$TV=\frac{CF_n}{K-g} \tag{7-5}$$

②确定并购方可接受的最高价格

并购方可接受的最高价格是指并购完成后，被并购企业的市场价值。并购方可接受的最高价格可以在上述评估价值的基础上，根据并购行为对被并购企业现金流量的影响修正得出。

A.经营协同作用对并购企业现金流量的影响

经营协同作用是指兼并给企业生产经营活动在效率方面带来的变化及效率的提高所产生的效益。经营协同理论假定在行业中存在规模经济，并且在合并之前，公司的经营规模达不到实现规模经济的潜在要求。规模经济给并购企业现金流量带来的影响可以通过比较并购前后的单位产品生产成本、管理费用、科研费用和销售费用的方法求出。比如，生产上的规模经济对并购企业现金流量的影响可表示如下：

$$\begin{matrix}\text{现金流量}\\\text{变化额}\end{matrix}=\left(\begin{matrix}\text{并购前两企业的加权}\\\text{平均单位生产成本}\end{matrix}-\begin{matrix}\text{并购后企业的}\\\text{平均单位生产成本}\end{matrix}\right)\times\begin{matrix}\text{并购后(两)}\\\text{企业的销售量}\end{matrix}\times\left(1-\begin{matrix}\text{所得税}\\\text{税率}\end{matrix}\right) \tag{7-6}$$

在企业零增长的情况下，也可以通过比较并购前固定费用之和与并购后企业的固定费用数额来得到规模经济对并购企业现金流量的影响。

另一个可获得经营协同作用的领域是纵向联合。将同行业中处于不同发展阶段的公司联合在一起，可能会在不同的水平之间获得更有效的协同效应。其理由是通过纵向联合可以避免相关的联络费用和各种形式的交易费用。显然，这时只要将与被并购企业有关的联络费用和交易费用从总的费用中分离出来便可得到经营协同效应对并购企业现金流量的影响额。其计算如下：

$$\text{现金流量变化额}=\text{节约的联络费用和交易费用}\times(1-\text{所得税税率}) \tag{7-7}$$

B.财务协同作用对并购企业价值的影响

关于财务的协同作用的理论认为在不相关行业的企业兼并中，推动收购企业采取兼并的动因并不是收购企业发现其内部存在利用不充分的专属资源，而是由于它们意识到在现有的经营领域中的投资机会实在有限，因此，要通过兼并和使用收购企业较低成本的内部资金以降低合并企业的生产成本，从而抓住被收购企业所在行业中可以获得的投资机会。该理论的一个重要的内容是，当被收购企业兼并前的资本成本较高，并且从有限的意义上说收购企业的资本（即内部现金流量）成本较低时，那么降低资本成本的可能性就较大。如果被收购企业的成本较高是由它的下述理由造成的，那么这种观点可能就是合理的：a.破产风险较大；b.内部资金数额较少；c.规模较小。这时就应该用并购企业的资本成本和由增加的投资机会所带来的现金流量或净现值对目标企业的评估价值进行修正，并且，由于资本成本（即评估所使用的折现率）的变动将影响到所有相关现金流量的现值，所以对它的修正应贯彻到整个评估过程之中。

关于财务协同效应的另一个重要内容就是利用税法中亏损递延条款来达到合理避税的目的。所谓亏损递延指的是，如果某公司在某一年中出现了亏损，该企业不但可以免付当年的所得税，而且其亏损还可以向后递延，以抵销以后几年的盈余。如果目标企业存在严重亏损而在目前或未来几年内不能产生较多的盈余，那么该规定的当前价值就很小。但如果损失转移给一个有足够利润、可以在目前或近几年内利用亏损递延避税的收购企业的话，这种递延规定的价值就会提高。我们可以用公式（7-8）计算出亏损递延对并购企业现金流量的影响：

现金流量变化额=当年以税前收益弥补的亏损额×所得税税率　（7-8）

亏损递延的影响一直持续到亏损弥补完或超过税法规定的弥补期限为止。

（2）换股并购

用换股方式进行并购时，支付价格的确定实际上就是换股比例的确定问题。在确定换股比例时，要考虑到对股东所拥有的股票价值的影响。

公司并购的目的在于最大限度地增加股东的长期财富，因此，采用换股收购的方式进行公司并购时，必须兼顾并购双方的利益。无论是并购公司股东，还是被并购公司股东，只有并购后他们拥有的公司价值大于并购前的价值时，他们才会接受并购。但是能否做到这一点，取决于并购公司发行多少新股来换取被并购公司的股票。在并购中，如果并购公司新股发行得多（即用较高比率换取对方股票），则对并购公司不利，对被并购公司有利；如果并购公司新股发行得少（即用较低比率换取对方股票），则对并购公司有利，对被并购公司不利。为使并购实现，必须使新股发行量为双方同时接受。同样，国有控股公司在决定换股比率时，不仅要知道已方所能接受的新股最高发行量，还要了解对方所能接受的新股最低发行量，这样才能在谈判中处于有利地位。

假定，并购前，并购公司股票发行量为Q_a，公司价值为V_a，被并购公司股票发行量为Q_b，公司价值为V_b。并购后，并购公司价值为V_a'，被并购公司价值为V_b'。并购方可接受的最高换股比例为K_a，被并购方可接受的最低换股比例为K_b，则并购公司可接受的最高换股比例是使并购后并购方股东所拥有的股票价值等于并购前公司的市场价值的比例，即：

$$V_a=\frac{Q_a}{Q_a+Q_bK_a}(V_a'+V_b') \tag{7-9}$$

同样，被并购公司可接受的最低换股比例是使并购后被并购方股东所拥有的股票价值等于被并购前的价值的比例，即：

$$V_b=\frac{Q_bK_b}{Q_a+Q_bK_b}(V_a'+V_b') \tag{7-10}$$

根据公式（7-9）和公式（7-10），可分别计算出并购公司可接受的最高换股比例K_a和被并购公司可接受的最低换股比例K_b。

4）企业并购支付方式决策

一般说来，并购支付方式主要有现金支付、股票支付和综合证券支付三种。不同的支付方式会对主并公司未来的财务状况、资本结构产生重大影响，从而影响到并购企业的资本保值增值，因此，应综合考虑、权衡利弊。

（1）选择支付方式应考虑的一般因素

并购企业选择支付方式一般要考虑如下因素的影响：

①并购方股票的流动性对支付方式的影响

如果并购方股权分散且股票交易频繁、流动性好，那么该公司在选择并购的支付方式时就将具有很大的灵活性，它可以方便地选择现金、股票、债券或其他支付方式，因为此时各种支付方式对于目标企业股东财富的流动性、收益性等没有太大的影响。相反，如果并购企业股票并未上市或者虽然上市但股权集中程度较高、交易量很小、流动性不强，那么目标企业的股东就不希望并购企业以股票支付的方式进行并购，而更愿意选择现金或其他支付方式。

②不同支付方式对并购企业股本结构的影响

采用现金和企业债券方式支付并购，不会影响并购企业的股本结构，也就不会影响原企业股东对并购企业的控制权。采用股票方式支付并购必然使并购企业的股本结构受到影响，原企业股东的控制权受到稀释，这是有的大股东不愿意见到的。而采用可转换债券或认股权证的方式进行支付，则会对并购企业的股权结构形成不确定性的影响，因为上述证券的持有者在将来可视实际情况选择转换或认购该企业的股票，或者选择放弃转换或认购。如果并购企业的股东认为以股票方式支付会对其控制权产生较大影响，则并购企业会倾向于选择对股本结构没有影响的现金方式和企业债券方式，或者选择影响相对较小的可转换债券方式或认股权证方式。我国国有企业股权结构的最大特点就是国有股权比重过高，采用股票支付方式不仅不能分散其控制权，相反还能改善国有企业的资本结构、股权分布，盘活国有资本，将资金用于更有价值的地方。

③并购双方财务状况对支付方式的影响

以股票方式支付并购由于不涉及现金，不会对企业财务状况产生影响。而以现金方式支付并购则对并购方的财务状况有较高的要求，它要求并购方有能力获得足够的现金。并购属于吸收合并，即在并购后被并购企业法人资格消失，成为并购方内部的一部分，或并购后对其资金实行集中管理，这时并购方在选择支付方式时，还要考虑目标企业的财务状况。

④目标企业股东的税收负担

由于世界上绝大多数国家都把股票出售视作一项潜在的应税事项，所以尽管我国尚未对此征收资本收益税，但只要并购涉及外国的股东或在外国注册的企业，就有可能涉及资本收益税的问题。这时目标企业的资本收益税负担将会对并购方的现金出价产生重要影响。

（2）并购支付方式决策

①现金支付

一般而言，凡不涉及发行新股票的并购活动，都可视为是以现金支付的。有的时候，尽管目标企业的股东取得了某种形式的票据，但其中丝毫不含有股东权益，只表明是对某种固定的现金支付所做的特殊安排，是以某种形式推迟了的现金支付。从并购方的资本使用角度看，可以认为这是一种由目标企业的股东提供的卖方融资。使用现金支付方式进行并购的主要特点是不会影响并购企业的股本结构，不会淡化现有股东对并购企业的控制权。使用这种支付方式主要应考虑如下因素：

A.为并购所能获得的最大资金数量。这是采用现金支付方式所要考虑的首要因素。当目标企业的并购价格低于并购方为并购所能获得的最大资金数量时，以现金支付才具有可行性。这时并购企业能否利用目标企业的变现能力，对其能获得的最大资金数量有较大影响：

第一，当并购方能利用目标企业的变现能力时（例如，以吸收合并为结果的非敌意并购），则：

$$\text{并购方为并购所能获得的最大资金数量}=\text{并购前并购方总负债能力}-\text{并购前两公司的债务总和}+\text{并购前两公司的现金和有价证券之和} \tag{7-11}$$

其中，并购前并购方总负债能力可根据并购方的股东权益总额和该企业确定的目标债务/股东权益来确定。

第二，当并购方不能利用目标企业的变现能力时（例如，在证券市场上进行敌意收购时，目标企业一般都有较好的经营业绩和财务状况，一旦并购成功，并购方并不用为目标企业自身的偿债能力担心，但在此之前并购方必须以自己的变现能力进行支付），则：

$$\text{并购方为并购所能获得的最大资金数量}=\text{并购前并购方总负债能力}-\text{并购前并购方的债务}+\text{并购前并购方的现金和有价证券} \tag{7-12}$$

B.目标企业股东的资本收益税负担。由于目标企业的股东会将其股票出售的资本收益税负担向后转嫁给并购方，从而使并购方承受额外的损失。因此，并购方在以现金支付时应首先了解目标企业的股东是否会面临课征资本收益税的问题。如果并购方确认现金支付会导致卖方承担资本收益税，而又不愿以股票支付等会淡化并购方股东权益的方式进行支付，那么分期支付就是一个值得考虑的选择，因为即使资本收益税不能免除，卖方也可以在支付期限内得到年度减让的好处，从而减轻了其纳税负担；同时，这样还可使并购方减轻短期内支付大量现金的压力，并可在以后年度使用目标企业的现金流进行支付。

C.现金支付对并购后企业未来财务状况的影响。由于并购支付大量现金会使企业未来财务状况恶化，造成财务拮据，成本增加，破产风险上升，从而使以现金支付的成本增大，所以并购企业在选择此种支付方式时，应认真考虑现金的回收率及回收年限等。

②股票支付

股票支付是指并购方通过增发本公司股票，以新发行的股票替换目标企业的股票达到并购目的的一种支付方式。这种支付方式的特点是不必动用现金，因而不会对并购企业的财务状况形成较大影响，但它会对并购企业的股本结构造成较大影响。在采用这种支付方式时，主要应考虑如下因素：

A.并购方股东对股权淡化的承受能力。本企业的主要大股东能够接受发行新股带来的股权的淡化，是选择以股票支付并购款项的前提条件。一般说来，如果并购企业的股权结构比较集中，那么其股东对股权淡化的承受能力就较强；反之，则承受能力较弱。我国国有企业股权比较集中，国有股权比重较大，因此，采用股票支付方式进行并购对现有国有企业比较适合。

B.股票支付对并购方股东持有的股票价值的影响。不同的股票交换比率对并购方股东的损益影响是不同的。要确定并购对并购方股东损益的影响，首先，要对并购企业的价值进行评估，以确定并购前并购企业股东权益的公允价值；其次，根据并购所支付的股票数计算并购方原股东的损益。如果并购前企业发行在外的股票为M股，评估价值为V_a，目标企业在并购方控制下的评估价值为V_b，并购方发行新股N股用以交换目标企业的股票，则并购方股东的损益可计算如下：

并购方股东损益=得到的目标企业价值部分-损失的本公司价值部分

$$=V_b \times M/(M+N)-V_a \times N/(M+N) \tag{7-13}$$

如果结果小于零，则表示并购方股东在股票交换中遭受了损失。实际上这也就为双方的换股比率提供了一个标准。就并购方而言，用于交换的股票数量最大不能超过MV_b/V_a股，否则本企业股东就会遭受损失。

C.股票支付对并购方每股收益和每股净资产的影响。每股收益和每股净资产都是影响股票价格的重要财务指标，如果并购使企业的每股收益和每股净资产下降，则会在短期内对企业股票价格造成不利影响。

D.并购双方当前的股价水平。就并购方而言，如果本企业股票目前被市场低估，则会使之在股票交换中处于不利地位；而且如果目标企业股东不愿持有并购方股票而在换股后立即出售或抛空套现，又会使并购方股价进一步下跌，从而使情况恶化。目标企业的股价水平对并购方的影响则恰好相反。

E.其他因素。例如，当收购涉及多个国家时，应考虑到有关国家法律、政策对发行股票、支付股息等方面的限制。

③综合证券支付

综合证券支付，是指并购公司不仅采用现金、股票作为支付方式，而且采用认股权证、可转换债券等多种形式的证券作为支付方式。

A.认股权证。它是由上市公司发行的、允许持有者在将来一段时间内以既定价格买进一定数量的股票的证明文件。认股权证本身不是股票，其持有人不能被视为股东，因此，不能享受股东的权益。对并购方而言，发行认股权证的好处是可以因此而延期支付股利，从而为公司提供额外的股本基础。但它会影响公司未来的股权结构，并且由于持有者拥有是否行使认股权的选择权，它对公司未来股权结构的影响是不确定的。

B.可转换债券。可转换债券的持有者可以在某一给定的时间内用某一特定的价格将债券转换成股票。可转换债券对股东有很大的吸引力，尤其是对于冒险意识不强的人，他们可能愿意放弃股票的一些上涨机会，转而收取每年固定的利息，以及持有赎回或转换股票的权利。这样，可转换债券持有者既能获取稳定的收益，又可分享股价上升的成果。

对并购公司来说，用可转换债券并购有以下好处：第一，可以降低并购成本。可转换债券由于给予持有者赎回或换取股票的权利，其利息较一般公司债券低。第二，采用可转换债券可延迟新股东的加入而使旧股东的权力和收益降低。第三，可转换债券的利息可在税前列支，能抵减所得税。第四，公司可以保留这些债券的资本收益直到这些债券转化为股票为止，由于资本收益的延期支付，公司可以少付资本收益税。

但是，可转换债券会对公司未来的股权结构产生不确定的影响，此外，可转换债券的利率虽然低于一般债券，但只有高于被并购公司的普通股股息才能吸引被并购公司将股票换成并购公司的可转换债券，这对于持有者来说风险较小，但实际上是转移到了公司身上。

C.其他方式。并购公司还可以发行无表决权的优先股来支付价款。优先股虽在股利方面享有优先权，但不会影响原股东对公司的控制权，这是这种支付方式的一个突出特点。

综合起来看，并购公司在并购目标企业时采用综合证券支付方式，既可以避免支付更多的现金，造成公司财务状况恶化，又可以防止控制权的转移。由于这两大优点，综合证券支付在各种出资方式中的比例近年来出现逐年上升的趋势。

5）企业扩张重组中几种特殊方式

上面讲述的是并购基本方式的决策问题，除此之外，还有“买壳上市”“借壳上市”“杠杆收购”“无形资产运作”等一些特殊的并购方式，其基本决策与上面讲述的内容相同，但同时还有一些特殊的决策内容。

（1）买壳上市

企业上市，不仅可以通过发行股票筹集大量资金为企业竞争取胜提供坚实的后盾，或者通过配股筹资，股份回购与出售方式来动态调整企业结构，而且可以通过股票在交易所挂牌上市，提高知名度，确立企业形象，从而提高企业的无形资产价值，还可以通过向公众筹资，改变企业产权制度安排，形成有效的公司治理结构等。诸多优点使众多公司竞相上市。但资本市场是有限的，无论从政策上还是从法规上企业上市都有太多的环节，在我国上市额度已成为一种稀缺资源的情形下，“买壳上市”，因其运作极为精巧，而备受企业家们关注。尤其是我国国有企业股权结构中国有股比重过大，股权单一，占用国有资本较多，既不利于形成有效的公司治理结构，也不利于国有资本的有效利用，投资于更需要国有资本的行业和产业。买壳上市不失为一种改善国有资本结构的良方。

所谓买壳上市，是指非上市公司通过证券市场收购并控股上市公司，然后利用反向收购的方式或注入自己的有关业务和资产，从而达到间接上市的目的。典型的买壳上市是由以下两个交易组成的：一是买壳交易，即非上市公司通过股票二级市场或内部协议转让的方式取得上市公司的控股权；二是资产转让交易，是指上市公司反向收购非上市公司的资产，一般应为有发展潜力和很强获利能力的优质资产，即非上市公司将自己的有关业务和资产注入上市公司。这种并购方式的操作关键在于：一是购买一个上市公司的控股权；二是在非上市公司与壳公司之间建立某种资产关系，进行资产重组。

买壳上市的运作概括来说，主要包括以下三个步骤：

①选壳，是企业买壳上市的第一步，也是比较关键的一步，是“买壳”和“用壳”的基础。对“壳”公司的选择标准有两种看法：一种认为，可供选择的“壳”公司应是具有发展潜力的上市公司。另一种认为，最好实力不强，股票交换不理想，甚至可以没有净资产，可以没有业务，但是不能有债务和法律诉讼，即必须是所谓干净的公司，否则对买壳公司不利。如果股票在市场上流通量大，最好股东比较分散，购买者只需较少股份便可控股。这时买方大多是为了获得上市资格，买壳成功后，将“壳”公司资产处理干净，只留下现金和上市公司资格，再注入非上市公司实体资产。

②买壳，是买壳上市的关键一步，即企业注入一定的资金用适当的方法将所选的

“壳”公司买下。买壳的方法有两种：一是在二级市场上公开收购，只要达到控股的股权即视为买壳成功。这对于股权分散、市场流通量大的目标“壳”公司比较适用。二是协议转让，达到控股比例即为买壳成功。这对于股权比较集中，尤其是国有股、法人股控股的企业比较适用。如果选择的是没有上市的“壳”公司，只有通过产权市场来购买了。无论如何，买壳都是企业进行先期投资的过程，其目的是实现下一步本企业的上市筹资。

③用壳，即注资，是买壳的目的。通过所购的“壳”公司筹集资金才是买壳的真正目的。当购买到“壳”公司之后，要对该公司扩股，通过扩股将非上市的资产注入上市公司，从而为本企业筹措资金。

（2）借壳上市

与买壳上市相对应，近期我国又出现了借壳上市这一股市新生物。借壳上市是指上市公司的母公司（集团公司）通过将主要资产售予（注入）上市的子公司中去，从而实现母公司间接上市的目的。

借壳上市与买壳上市的决策内容类似，主要区别就在于：买壳上市一般发生在无关系的企业之间，而借壳上市一般发生在母子公司之间，即母公司通过将优质资产注入上市的子公司以达到“搭船出海”的目的，但因涉及关联方交易而容易受到限制。同时，借壳上市也可以看作是买壳上市后用壳的这一环节，因为买壳之后，“壳”公司就成为主并公司的控股子公司，主并公司是“壳”公司的母公司，主并公司用壳就要向“壳”公司注入优质资产从而实现间接上市，这种行为就是借壳上市。与一般的并购相比，买壳上市和借壳上市更看重目标企业的壳资源，并购动机不包括规模经济等常规动机；在决策的成本效益分析时考虑的成本也比一般并购低，因为买壳的直接成本要比一般并购的直接成本低得多，其收益也多是从改善资本结构、扩大融资渠道、扩大自身经营的角度来考虑的，更加难以量化。

（3）杠杆收购

杠杆收购是指一个公司进行结构调整和资产重组时，运用财务杠杆，主要通过借款筹集资金，并用并购后目标企业的资产和未来现金收入来担保和偿还收购中的借款而进行收购的一种资本营运活动。杠杆收购的理论基础就是财务杠杆作用，即当公司的资产报酬率高于借入资金的资本成本时，举借债务可以提高普通股收益率；当公司经营不善，资产报酬率低于借入资金的资本成本时，举借债务则会使普通股收益率下降。杠杆收购按照杠杆原理，主要通过举借债务解决收购中的资金问题，并期望在并购过程中，甚至并购之后获得财务杠杆收益。

杠杆收购与一般收购的区别在于：一般收购中的负债主要由收购方的资金或其他资产偿还，而杠杆收购中产生的负债主要依靠被收购企业今后内部产生的经营效益并结合有选择地出售一些原有资产进行偿还，投资者的资金只在其中占很小的部分，通常为10%~30%。杠杆收购特点主要表现在：①收购者只需要投入少量的自有资金便可获得较大金额的银行贷款用以收购目标企业。②收购者可以通过杠杆收购取得税收利益。资本的利息支出可在税前扣除。此外，对于目标企业，被购进前若有亏损，可递延冲抵收购后的盈利，从而减低应纳税所得额基数。③高比例的负债给经营者、投资者以鞭策，促使其改善经营管理，提高经济效益。

杠杆收购在具体运用时，有以下几种策略方式可供选择：①负债控股。主并公司与银行议定自己偿还目标企业的长期债务，作为自己的实际投资，其中一部分银行贷款作为主并方的资本划到目标企业的股本之中，其数额足以达到控股地位。②连续抵押。并购交易时以收购方的资产作抵押，向银行争取相当数量的贷款，并购成功后，再以目标企业的资产作抵押向银行贷款以收购新的企业，如此连续抵押下去。③合资加兼并。此种情况适用于收购企业势单力孤，但有自己的经营优势和信誉，可借此先与别家企业合资形成较大资本，然后再去兼并比自己大的企业。④甜头加时间差。在向金融机构借款以收购目标企业时，可在利率等方面给金融机构更大的让步，但交换条件是在较长时间内还款。⑤以目标企业作抵押发行垃圾债券。主并企业以目标企业的重要资产作抵押，发行垃圾债券，所筹资金用于支付给目标企业的产权所有者。⑥分期付款。根据目标企业的资产评估值，收购方收购其51%的股份，并以分期付款的方式在若干年内陆续将款项付清。

（4）无形资产经营

企业重组中的无形资产运作主要包括：利用无形资产进行股权筹资与投资、利用无形资产进行债权筹资、利用无形资产进行资本扩张。

①利用无形资产进行股权筹资与投资

利用无形资产进行股权筹资与投资，可有如下做法：

第一，吸收无形资产作为资本金。根据《中华人民共和国公司法》（2023年修订）第四十八条的规定，股东可以用货币出资，也可以用实物、知识产权、土地使用权、股权、债权等可以用货币估价并可以依法转让的非货币财产作价出资。这说明无形资产可以成为企业资本金的重要组成部分。在考察过一项无形资产技术上的先进性和来源上的可靠性之后，企业可吸纳其入股，既为企业带来了先进的技术，又充实了企业的资本金。在国有企业改组过程中，以国有企业拥有的专利、商标、土地使用权等无形资产入股，既可以保持国有股的份额，又可以防止国有资产流失。

第二，利用无形资产，广泛吸引外资。改革开放以来，我国在引进外资实行合资、合作以及建立外商独资企业方面取得了很大成就。外商在选择合作伙伴时，常常考虑企业在长期经营中创造的品牌、销售网络及在用户中的信誉。一般而言，外商资本都会慕无形资产之名而来，向优势企业集聚。我国国有企业在改组过程中应利用长期经营中形成的无形资产吸引外资，既节省货币资金，又增强国有股本的作用。

②利用无形资产进行债权筹资

企业进行负债筹资往往需要有较好的信誉，而企业无形资产的高低，特别是商誉等无形资产的高低，直接反映企业信誉的好坏。企业可利用自身的无形资产，优先取得银行贷款和发行债券。

7-2 案例分析

捐弃前嫌
上汽牵手南汽

③利用无形资产进行资本扩张

无形资产能在扩张中优化资源配置，盘活存量资产，带动资本的保值增值。其扩张方式主要有以下三种：吸纳式扩张，主要是利用企业知名的无形资产，吸引雄厚的社会资金，达到资本扩张、增值的目的。扩散式扩张，即企业通过输出知名度较高的无形资产向外投资或施加影响，充分发挥无形资产的放大效应，迅速扩大企业的规模，达到资本扩张、增值目的的一种运营方式。集散式扩张，即以品牌、企业的优势（管理、技术、人才、市场等方面）无形资产为基础，以资本为纽带，组建以品牌命名的企业集团，促使现有的生产要素向企业集中，使集团资本迅速扩张的一种运营方式。

7.3 资本收缩经营

1）企业分拆与分立重组

（1）企业分拆与分立重组类型

企业重组中无论是企业分拆还是企业分立，都必然涉及企业资产剥离和股权调整。因此，研究企业分拆与分立类型，可从企业资产剥离角度出发进行。

①剥离非经营资产情况下的分拆与分立

在进行国有企业重组过程中，为转换企业经营机制，通常将为职工生活服务等非经营资产剥离出来，然后将生产经营部分改造成股份制企业和其他类型企业。

剥离企业“办社会”职能要区别不同情况采取不同的办法：属于应该由政府负责的，如学校、医院等，可划给当地政府，由它们来统一组织；纯粹为企业服务的，可以组成服务性的经济实体，进行独立核算，成为股份公司的分公司或集团的子公司；既为企业服务，又为社会服务的，可以组成独立的经济实体，赋予它们法人地位，让它们自主经营，逐步做到自负盈亏；有的可以改为非营利的事业法人，通过政府资助、社会赞助和服务收费等方式弥补开支。企业还要积极进行住房制度的改革，向住房社会化、商品化的方向过渡。有条件的地方和企业还可以将辅助生产部门独立出来，自主经营，在为本企业服务的基础上，为社会提供服务，充分发挥它们的生产服务能力。

非经营资产剥离后的企业重组方式属于分拆重组还是分立重组，可视具体情况而定：第一，如果企业非经营资产剥离后交给政府管理，属于分立重组；第二，如果企业非经营资产剥离后组成新的经济实体，该经济实体与原企业或新组建的经营企业之间无产权关系，属于分立重组；第三，如果企业非经营资产剥离后组成新的经济实体，该经济实体与原企业或新组建的经营企业之间有产权关系，即原企业的或新组建企业的子公司，这种情况属于分拆重组。

如果将非经营性资产剥离的模式归纳为独立实体模式、代管模式、控股公司管理模式和政府接管模式[①]，那么，独立实体模式和政府接管模式属于企业分立，代管模式和控股公司管理模式属于企业分拆。

②剥离非主营资产情况下的分拆与分立

国家直接投资设立的国有企业，根据生产经营和改制的需要，只将原企业的部分主要生产经营资产（连同部分负债）整体改组为股份制企业，而将企业相当数量的生产经营性资产与主营资产剥离出来，在这种情况下，根据其股权设置情况可分别形成企业分立和分拆两种形式：

第一，剥离非主营资产后，撤销原企业法人单位，原企业进入股份制改组范围的国家

---

① 宋献中，等．企业重组财务［M］．北京：高等教育出版社，2000：137.

净资产形成的股份设置为国家股，未进入部分则与股份公司实行分立，独立经营，二者无产权关系，这种情况属于企业分立。

第二，剥离非主营资产后，保留原企业法人单位，原企业进入股份公司范围的净资产折成的股份设置为法人股，归原企业法人单位持有并行使股权；未进入股份公司部分，其产权归原企业法人单位持有，可以成为原企业的组成部分或原企业的下属企业，这种情况属于企业分拆。

（2）企业分拆或分立重组与关联方交易问题

根据财政部2006年颁布的《企业会计准则第36号——关联方披露》的规定，在企业财务和经营决策中，如果一方控制、共同控制另一方或对另一方施加重大影响，以及两方或两方以上同受一方控制、共同控制或重大影响的，构成关联方。这里的控制，是指有权决定一个企业的财务和经营政策，并能据以从该企业的经营活动中获取利益。所谓重大影响，是指对一个企业的财务和经营政策有参与决策的权力，但并不决定这些政策。参与决策的途径主要包括：在董事会或类似的权力机构中派有代表，参与政策的制定过程，互相交换管理人员等。凡以上关联方之间发生转移资源或义务的事项，不论是否收取价款，均被视为关联方交易。

关联方交易是一种独特的交易形式，具有两面性，具体表现在：从制度经济学角度看，与遵循市场竞争原则的独立交易相比较，关联方之间进行交易的信息成本、监督成本和管理成本要少，交易成本可得到节约，故关联方交易可作为公司集团实现利润最大化的基本手段；从法律角度看，关联方交易的双方尽管在法律上是平等的，但在事实上却不平等，关联人在利己动机的诱导下，往往滥用对公司的控制权，使关联方交易违背了等价有偿的商业条款，导致不公平、不公正的关联方交易的发生，进而损害了公司及其他利益相关者的合法权益。

我国2023年修订的《中华人民共和国公司法》，对关联方交易问题增加了许多规定。例如，第二十二条规定："公司的控股股东、实际控制人、董事、监事、高级管理人员不得利用关联关系损害公司利益。违反前款规定，给公司造成损失的，应当承担赔偿责任。"这一规定加强了对滥用关联关系的法律限制。又如，第一百三十九条规定："上市公司董事与董事会会议决议事项所涉及的企业或者个人有关联关系的，该董事应当及时向董事会书面报告。有关联关系的董事不得对该项决议行使表决权，也不得代理其他董事行使表决权。该董事会会议由过半数的无关联关系董事出席即可举行，董事会会议所作决议须经无关联关系董事过半数通过。出席董事会会议的无关联关系董事人数不足三人的，应当将该事项提交上市公司股东会审议。"这一规定明确了关联交易的生效条件。再如，第二百六十五条规定："关联关系，是指公司控股股东、实际控制人、董事、监事、高级管理人员与其直接或者间接控制的企业之间的关系，以及可能导致公司利益转移的其他关系。但是，国家控股的企业之间不仅因为同受国家控股而具有关联关系。"这一规定明确界定了关联关系的含义。我国企业制度改革的方向是建立现代企业制度，股份公司是现代企业制度的基本形式。在国有企业改制或改组为股份公司时，由于资产重组、资产剥离及股权设置中存在的问题，往往使改制后的股份公司与改制前企业有着千丝万缕的联系，即产生关联关系。因为不同的资产重组及股权设置方式使关联方交易的程度有所不同，所以国有企业改制中的资产重组与股权设置主要有以下几种情况。

①整体改组是拟改组企业将其全部经营性资产投入股份有限公司，根据计算出的净资产折算为股本，再向社会或其他法人发行股票增资扩股，原企业不复存在，代之以按照公司法设立的上市公司。生产经营资产整体改组时，由于原法人单位撤销，或与改制后企业无经济关系，因此，虽然存在资产重组与剥离，但并不能产生关联方交易。如果保留原企业法人单位并委托其代行股份公司国家股权，则在一定程度上可能存在关联方交易，但由于只存在与经营无关的交易，因此，关联方交易程度较低。

②部分生产经营资产整体改组时，其股权设置有两种方法：第一，撤销原企业法人单位，原企业进入股份制改组范围的国家净资产形成的股份设置为国家股，未进入部分则与股份公司实行分立，独立经营，二者无产权关系。在这种情况下，即使股份公司与分立企业存在较强的业务联系，但由于无关联人士，通常不会产生关联方交易。第二，保留原企业法人单位，原企业进入股份公司范围的净资产折成的股份设置为法人股，归原企业法人单位持有并行使股权；未进入股份公司部分，其产权归原企业法人单位持有，可以成为原企业的组成部分或原企业的下属企业。在这种企业分拆情况下，由于原企业持有股份公司股份，必然存在关联人士。如果资产重组与剥离中没能很好地解决业务上的联系问题，势必产生关联方交易。

③非国家直接投资企业整体改组时，无论是全部资产还是部分资产整体改组，都将存在关联人士问题。如果股份公司与原企业有交易，就必然产生关联方交易。当然，如果股份公司与原企业无经营往来与交易，即使存在关联人士，也不会产生关联方交易。

目前，在我国国有企业改制中，上述几种形式都存在。但是，人们在重组中往往过多注重资产剥离，使改制后企业扔掉包袱、轻装上阵，而忽视关联方交易问题。随着我国企业改制与上市公司的增多，特别是到境外上市以及向境外发行股票的企业日益增多，在企业资产重组、资产剥离与股权设置中，除了要依据有关政策法规进行资产剥离改组以外，还需特别注意有关关联方交易问题，因为此类问题直接关系到企业是否符合上市条件以及吸引投资者，特别是境外投资者的问题。

在企业改制过程中，根据有关规定，国家出资企业与关联方的交易应当遵守下列规定：

①国家出资企业的关联方不得利用与国家出资企业之间的交易谋取不当利益，损害国家出资企业利益。

②国有独资企业、国有独资公司、国有资本控股公司不得无偿向关联方提供资金、商品、服务或者其他资产，不得以不公平的价格与关联方进行交易。

7-3 知识拓展

关联交易、公司治理与国有股改革

③未经履行出资人职责的机构同意，国有独资企业、国有独资公司不得有下列行为：与关联方订立财产转让、借款的协议；为关联方提供担保；与关联方共同出资设立企业，或者向董事、监事、高级管理人员或其近亲属所有或实际控制的企业投资。

④国有资本控股公司、国有资本参股公司与关联方的交易，依照《公司法》和有关行政法规以及公司章程的规定，由公司股东会、股东大会或者董事会决定。由公司股东会、股东大会决定的，履行出资人职责的机构委派的股东代表，应当按照委派机构的指示提出提案、发表意见、行使表决权，并将其履行职责的情况和结果

及时报告委派机构。公司董事会对公司与关联方的交易作出决议时，该交易涉及的董事不得行使表决权，也不得代理其他董事行使表决权。

⑤在涉及关联方交易活动中，当事人恶意串通，损害国有资产权益的，该交易行为无效。

2）企业出售重组

（1）企业出售方式

企业出售从一般意义看应包括企业整体出售和企业资产出售。近年来，我国企业改制中的企业出售，主要以出售国有小企业为主。实质上改制中剥离资产或分立出小企业的出售也应属于这一范畴。从不同角度出发，企业出售有许多方式：

①内部出售与对外出售。内部出售是指在国有企业改制中将企业部分或全部国有净资产出售给企业内部职工（包括企业经营者）。对外出售则是指在国有企业改制中将企业部分或全部国有净资产出售给企业外部（包括国内与国外）法人或个人。

②协议转让、竞价拍卖、招标出售。协议转让是指买卖双方在成交前就知道对方开价并就交易条件讨价还价，最后达成产权转让协议的出售方式。这种出售方式属于定向出售，即成交前购买方就是特定的，并不是在成交过程中通过竞争确定一个购买者。竞价拍卖是指卖方将企业产权卖给出价最高的买主。在这种情况下，卖方考虑的唯一因素就是价格。招标出售则是指将企业产权卖给向卖主提出最好条件的买主。在这种情况下，买主必须从社会和经济方面提供今后使用者购买产权的一定条件（例如，保证职工就业，不改变企业经营范围，制订振兴企业的最佳方案等）。招标出售和竞价拍卖的成交过程就是确定购买者的过程。

③整体出售与分割出售。整体出售是指购买方一次性付款购买企业全部净资产。分割出售是指按购买者的意愿和企业实际，剥离企业部分资产出售。

④重组出售、先破后售、先租后售。重组出售是指对企业资产、负债、人员等进行重组后再出售。先破后售是指对资不抵债、难以维系的企业实施先破产后出售。先租后售通常是指对净资产数额较大、购买者无力一次性购买的企业采取以租抵卖的形式出售。

（2）企业出售程序

国有企业改制中企业出售是处于探索性的资本营运方式，其程序与方法尚不规范与统一。据我们对鞍山市国有企业出售的调研，结合相关理论与有关资料，可将企业出售程序表述为以下几个步骤：

①企业出售申报与审批。企业出售应由改制企业提出申请，由企业所有权归属部门及政府有关部门进行审批。

②出售企业审计、资产评估和产权界定。企业出售申请批准后，应对出售企业进行审计、资产评估和产权界定，以确定企业净资产的价值。

③确定出售底价。根据评估后企业净资产的价值，由国有资本所有者及政府有关部门共同确定企业出售底价。

④企业出售招标及购买者资格审查。企业出售通常应采取公开招标、竞价拍卖方式进行。根据企业出售价格及特点，对购买者的资格进行审查。

⑤对购买者出价及综合情况进行评定，确定中标者。例如，职工评议满分为30分，

公开报价满分为25分，近期技改投入满分为10分，评审小组审议满分为25分，市领导小组审定满分为30分，外商购买加分15分，最后以总分最高者中标。

⑥办理资产转让及有关手续。

（3）企业出售中应注意的财务问题

①企业出售的价值评估问题。

出售企业的价值与企业出售的原因相关。企业可能由于经营不善，无法经营而出售，也可能由于战略转移或转产而出售等。由于企业的持续经营价值与清算价值可能是不同的，因此，在企业出售价值评估时，应根据评估对象的具体情况，考虑应选择的价值。有的企业清算价值高于持续经营价值，有的企业持续经营价值高于清算价值，而企业公允的市场价值应是持续经营价值和清算价值中较高的一个。

②企业出售（分立及分拆）中与冗员剥离相关的财务问题。

国有企业改制，特别是企业出售，剥离企业冗员成为重要内容。从理论上说，企业可采用的剥离方法有许多，但实施起来有较多困难。实践中，一些企业在改制中对剥离企业冗员采取许多变通做法，主要有：

第一，买断工龄法。具体说来就是当企业重组、剥离、分立时，由企业或其主管部门出资，按职工的工龄支付一定额度的补偿费，使职工能自谋出路。工龄被买断后，职工的全民企业劳动者的身份也随之消失。买断工龄难度在于按工龄支付的补偿费如何确定。例如，对于国有企业职工，不同行业、不同地区其补偿额差距较大。

第二，接受安置法。它是指产权收购方把被收购企业的职工接收下来，接收一个职工视同给国家作出一份贡献，然后再从企业应上缴国家的土地使用费或其他税费中予以核减。从财务角度看，接收一名职工应给予多少补偿，也是一个难题。

第三，提前退休法。例如，规定女工45岁即可提前退休，享受原体制规定的一切退休待遇，但管理关系与原企业完全脱钩，不受原企业效益与资产重组过程中的各种变动因素的影响。这一措施解除了下岗职工的后顾之忧，调动了他们自寻门路和依靠市场就业的积极性，是一项有重要实际意义的举措。

据我们对鞍山市国有企业改制中职工安置的调研，他们采取的是“刚柔并济”的安置方法。对在职职工，采取“柔性安置”：一是投保续约；二是放假待岗；三是自动离岗，保留身份；四是托管；五是解除身份。对离退休职工，采取“刚性安置”，确保其老有所养。离休职工由企业和社保各按1.5万元托管费的50%出资进行托管。退休职工由购买者按每人1.5万元托管费标准交社保部门负责，其养老金、医疗费由社保部门支付，其他费用仍由企业支付。

3）企业破产重组[①]

（1）企业破产重组的特点

国有企业股份制改造中的破产与一般意义上的破产有些不同，它发生在企业进行股份制改造的过程中，即企业进行资产重组、剥离、分立之后，是对长期处于亏损状况、生存无望、无力清偿到期债务的企业采取的措施。破产对象不再是集体或小型国有企

① 张先治．国有资本管理、监督与运营机制研究［M］．北京：中国财政经济出版社，2001.

业，而已转变为国有大中型企业。此类企业破产涉及面广，关系到结构调整、资产处置、债务清偿、劳动就业和社会救济等一系列深层次问题。考虑到国家对国有大中型企业实施破产的根本目的在于搞活企业，因此，从实际运作来看，为将破产影响程度降到最低限度，除真正意义上的破产清算外，企业改制中常常还伴有其他形式的破产，主要有以下几种形式：

①先破后并。它是指先对破产企业进行破产清算，再运用兼并方式救活破产企业。对于破产企业来讲，这是一种最为理想的选择，破产企业可以被整体收购，从而使其与优势企业相结合，达到搞活的目的。国家对此持鼓励态度，有关文件明确规定：国有或国有控股企业兼并连续3年亏损的国有企业，免收被兼并企业原欠贷款利息，从兼并后的第1年或第2年开始偿还被兼并企业贷款本金，5年还清，在计划还款期内，对被兼并企业原贷款本金停息挂息（免息）。对免利息造成的利息损失，在银行提取的呆、坏账准备中核销。

②兼破结合。它是指优势企业兼并处于破产整顿中的企业。破产从其程序来看属于法律范畴，包括和解整顿和破产清算两个阶段。国家建立企业破产法的目的在于挽救企业，因此，破产的第一阶段定为和解整顿。这等于给企业出示了“黄牌”，为其敲响警钟，希望其通过有效的整顿达到复苏的目的。通常处于此阶段的企业，多为领导不力，产品销路不畅，需调整领导班子，改变产品的经营方向。如果优势企业此时对其实施兼并，则无疑为企业的发展指明了方向。

③先破后租。它是指在对破产企业清算的基础上，以租赁形式搞活破产企业。通常租赁者无力一次性购买，因此，以租赁形式取得破产企业的整体财产或部分财产的使用权，这是一种分期产权交易形式，租赁期满，租赁者可拥有破产企业的所有权。

④先破后包。它是指在对破产企业进行破产清算的基础上，以承包形式搞活破产企业。承包形式只涉及破产企业的使用权，而不涉及其所有权。这种形式与其他形式的显著不同在于它不发生实际的交易行为，而是以企业的价值为基础确定其“承包基数”，因而是一种表面上的产权交易形式，但这种形式可使破产企业摘掉“红牌”，尽快活化生产要素，恢复生产。

⑤先破后售。这是一个较为宽泛的概念，出售是指出售破产企业的产权，从这点来看，上述四种情况都可称为先破后售。虽然承包不属于实质上的产权转移，但毕竟在承包期内观念上产权有所属。

(2) 企业破产重组应注意的财务问题

①破产企业资产价值评估问题

从企业破产的实施来看，破产企业的资产评估存在问题，应引起国家重视。实际中，企业的破产财产评估带有一定的随意性或偏差性，这主要表现在：一是评估机构的公正性缺少法律监督，评估过程受到较强行政意志的干预而有意低估破产企业资产，致使国有资产大量流失。二是为达到整体接收破产企业的目的，对破产企业的资产评估使用倒算法，即以一般债权人分配资产数量为零为前提，根据安置职工费用、破产费用、税款、欠职工工资等倒算出破产财产的数量，严重损害了债权人的利益[①]。三是目前我国的拍卖行业刚刚起步，使得资产的拍卖不规范。扭转这种状况可采取的措施如下：A.资产评估机构对于其出具的资产评估报告应负有法律责任，一旦发现其缺乏公正性，应取消相应评估人员的评估资格。B.按照我国企业破产法的规定，依破产程序清产还债后，未清偿的部分债务可以依法免责。这对于实施破产的变通方法（先破后并等）来说，无疑等于代为偿还了与其被接收企业现有财产相同数额的债务，接收代价大大降低。但这种降低，应建立在正确的资产评估基础上，绝不能采用倒算法，更不能不评估。C.完善拍卖行业。对破产财产的拍卖是一种强制性的行为。在拍卖之前，清算组应发布公告，通知拍卖的时间和地点，在拍卖时应以破产财产的评估值为起始价格，但出售的价格应通过公开竞卖的方式最终确定。拍卖固定资产时，一般应考虑整体出售；对破产企业的有价证券，应在法定场所进行交易；对无形资产的变卖，应到有关的技术市场进行。

7-4 知识拓展

破产财产的清偿顺序

②企业破产的财务界限

我国国有企业股份制改造中的企业破产应防止以行政命令的方式来决定淘汰哪个企业。企业破产应由改制中的企业主动申请提出或由债权人提出。企业破产应有明确的财务界限。目前，《中华人民共和国企业破产法》（简称《企业破产法》）第二条规定，“企业法人不能清偿到期债务，并且资产不足以清偿全部债务或者明显缺乏清偿能力的”，应依法宣告其破产。破产原因包括两种情况：A.不能清偿+资不抵债；B.不能清偿+明显缺乏清偿能力。债务人账面资产虽大于负债，但存在下列情形之一的，人民法院应当认定其明显缺乏清偿能力：A.因资金严重不足或者财产不能变现等原因，无法清偿债务；B.法定代表人下落不明且无其他人员负责管理财产，无法清偿债务；C.经人民法院强制执行，无法清偿债务；D.长期亏损且经营扭亏困难，无法清偿债务；E.导致债务人丧失清偿能力的其他情形。我国《企业破产法》第一百二十五条规定，企业董事、监事或者高级管理人员违反忠实义务、勤勉义务，致使所在企业破产的，依法承担民事责任。有前款规定情形的人员，自破产程序终结之日起三年内不得担任任何企业的董事、监事、高级管理人员。

7-5 案例分析

联想并购IBM PC

③尽量减少直接的破产清算

从我国目前状况来看，任何一个国有大中型企业的破产清算都不可避免地会带来大量失业，从而激化社会矛盾，导致社会不稳定，进而影响整个国民经济的发展。因此，寻求实施企业破产的可行方法，理想的选择是采取先破后并、兼破结合、先破后租或先破后包等方式。这些方法的实施较之企业的直接破产清算问题会少得多，从职工的心理状态来看也较易接受。为了促使企业的破产向这一方向发展，国有资产管理部门必须随时向企业集团、控股公司、社会发布有关企业破产的事实，以便为有意向的单位及时提供信息。

另外，如果采取先破后包形式，由于承包时并不发生实际的交易行为，只是通过承包协议，确定承包基数，从而形成观念上的产权交易，因此，应要求承包人预先交纳风险保证金，以防国有资产再度损失，其数额可结合实际情况予以确定。

---

① 王守安．兼并、破产、再就业［M］．北京：企业管理出版社，1998.

7.4 国有资本授权经营

1）国有资本授权经营的内涵与目标

国有资本授权经营是指国务院授权国资委、财政部及其他部门、机构作为出资人代表机构，对国家出资企业履行出资人职责。出资人代表机构对国有资本投资、运营公司及其他商业类企业、公益类企业等不同类型企业给予不同范围、不同程度的授权放权。国有资本投资、运营公司作为国有资本市场化运作的专业平台，以资本为纽带、以产权为基础开展国有资本运作。在所出资企业积极发展混合所有制，鼓励有条件的企业上市，引进战略投资者，提高资本流动性，放大国有资本功能。增强股权运作、价值管理等能力，通过清理退出一批、重组整合一批、创新发展一批，实现国有资本形态转换，变现后投向更需要国有资本集中的行业和领域。

国有资本授权经营的主要目标为：出资人代表机构加快转变职能和履职方式，切实减少对国有企业的行政干预。国有企业依法建立规范的董事会，董事会职权得到有效落实。将更多具备条件的中央企业纳入国有资本投资、运营公司试点范围，赋予企业更多经营自主权。建成与中国特色现代国有企业制度相适应的国有资本授权经营体制，出资人代表机构与国家出资企业的权责边界界定清晰，授权放权机制运行有效，国有资产监管实现制度完备、标准统一、管理规范、实时在线、精准有力，国有企业的活力、创造力、市场竞争力和风险防控能力明显增强。

2）国有资本授权经营分类及内容

出资人代表机构对国有资本投资、运营公司及其他商业类企业、公益类企业等不同类型企业给予不同范围、不同程度的授权放权，定期评估效果，采取扩大、调整或收回等措施动态调整。

（1）国有资本投资、运营公司

授权放权内容主要包括战略规划和主业管理、选人用人和股权激励、工资总额和重大财务事项管理等，亦可根据企业实际情况增加其他方面授权放权内容。

①战略规划和主业管理

授权国有资本投资、运营公司根据出资人代表机构的战略引领，自主决定发展规划和年度投资计划。国有资本投资公司围绕主业开展的商业模式创新业务可视同主业投资。授权国有资本投资、运营公司依法依规审核国有资本投资、运营公司之间的非上市公司产权无偿划转、非公开协议转让、非公开协议增资、产权置换等事项。

②选人用人和股权激励

授权国有资本投资、运营公司董事会负责经理层选聘、业绩考核和薪酬管理（不含中管企业），积极探索董事会通过差额方式选聘经理层成员，推行职业经理人制度，对市场化选聘的职业经理人实行市场化薪酬分配制度，完善中长期激励机制。授权国有资本投资、运营公司董事会审批子企业股权激励方案，支持所出资企业依法合规采用股票期权、股票增值权、限制性股票、分红权、员工持股以及其他方式开展股权激励，股权激励预期收益作为投资性收入，不与其薪酬总水平挂钩。支持国有创业投资企业、创业投资管理企业等新产业、新业态、新商业模式类企业的核心团队持股和跟投。

③工资总额和重大财务事项管理

国有资本投资、运营公司可以实行工资总额预算备案制，根据企业发展战略和薪酬策略、年度生产经营目标和经济效益，综合考虑劳动生产率提高和人工成本投入产出率、职工工资水平市场对标等情况，结合政府职能部门发布的工资指导线，编制年度工资总额预算。授权国有资本投资、运营公司自主决策重大担保管理、债务风险管控和部分债券类融资事项。

政府直接授权的国有资本投资、运营公司按照有关规定对授权范围内的国有资本履行出资人职责，遵循有关法律和证券市场监管规定开展国有资本运作。

（2）其他商业类企业和公益类企业

对未纳入国有资本投资、运营公司试点的其他商业类企业和公益类企业，要充分落实企业的经营自主权，出资人代表机构主要对集团公司层面实施监管或依据股权关系参与公司治理，不干预集团公司以下各级企业生产经营具体事项。对其中已完成公司制改革、董事会建设较规范的企业，要逐步落实董事会职权，维护董事会依法行使重大决策、选人用人、薪酬分配等权利，明确由董事会自主决定公司内部管理机构设置、基本管理制度制定、风险内控和法律合规管理体系建设以及履行对所出资企业的股东职责等事项。

7-6 明理增信

资本运营中的六大误区

本章小结

企业资本经营方式有多种。从不同角度划分，资本经营的方式所体现的类型就有所不同。通常人们将资本经营方式划分为资本扩张经营方式和资本收缩经营方式两种，每种资本经营方式中又存在不同的形式。

企业资本扩张经营，是指企业在原实体的基础上，通过合并、兼并、收购等方式吸收了一些经济实体后进行重组的行为。企业资本扩张经营的具体形式或种类包括合并、兼并、收购、接管和标购等。企业资本收缩经营，是指企业在原实体的基础上，通过剥离、售卖、分立、分拆、破产等形式进行重组的行为。企业资本收缩重组的具体形式包括剥离、售卖、分立、分拆和破产等。

资本扩张经营的价值来源包括获取战略机会、产生协同效应或合成力、提高管理效率、发现资本市场错误定价等。资本收缩经营的价值来源包括：消除负协同效应、满足企业现金需求、改变企业市场形象、提高企业股票市场价值、取得额外收益、剥离不良资产等。

企业资本扩张重组的价值创造分析涉及对并购双方的价值评估。为了评估重组对购买公司股东的价值创造潜力，必须评估卖方价值、收购获益价值以及控制卖方所要求的价格。并购价格的确定就是在收购方所愿意出的最高价和被收购方所愿意接受的最低价之间，双方谈判、讨价还价的过程。主并购公司在确定并购价格的过程中，一方面要确定己方所能接受的最高价格，另一方面也要了解对方所能接受的最低价格，这样才能在谈判中知己知彼，尽量争取到有利的并购条件。

一般说来，并购支付方式主要有现金支付、股票支付和综合证券支付三种。不同的支付方式会对主并公司未来的财务状况、资本结构产生重大影响，从而影响到并购企业的资本保值增值，因此，应综合考虑、权衡利弊。

企业重组中无论是企业分拆还是企业分立，都必然涉及企业资产剥离和股权调整。因此，研究企业分拆与分立类型，可从企业资产剥离角度出发。企业出售从一般意义上看应包括企业整体出售和企业资产出售。近年来，我国企业改制中的企业出售，主要以出售国有小企业为主。实质上改制中剥离资产或分立出小企业的出售也应属于这一范畴。企业出售中应注意的财务问题包括企业出售的价值评估问题、企业出售（分立及分拆）中与冗员剥离相关的财务问题等。企业破产重组应注意的财务问题包括破产企业资产价值评估问题、企业破产的财务界限等问题。

国有资本授权经营是指国务院授权国资委、财政部及其他部门、机构作为出资人代表机构，对国家出资企业履行出资人职责。出资人代表机构对国有资本投资、运营公司及其他商业类企业、公益类企业等不同类型企业给予不同范围、不同程度的授权放权。国有资本授权经营的目标是建成与中国特色现代国有企业制度相适应的国有资本授权经营体制，出资人代表机构与国家出资企业的权责边界界定清晰，授权放权机制运行有效，国有资产监管实现制度完备、标准统一、管理规范、实时在线、精准有力，国有企业的活力、创造力、市场竞争力和风险防控能力明显增强。

关键概念与主要观念

□ 关键概念

资本扩张经营　资本收缩经营　兼并　合并　标购　协同效应　剥离　售卖　分立　分拆　破产　买壳上市　借壳上市　杠杆收购　国有资本　授权经营

□ 主要观念

企业资本扩张经营，亦称企业资本扩张重组，是指企业在原实体的基础上，通过合并、兼并、收购等方式吸收了一些经济实体后进行重组的行为。其具体形式包括合并、兼并、收购、接管或接收、标购。合并、兼并和收购简称并购，三者既有区别又有联系。

并购的根本目标是企业创造价值，一般采取现金收购和换股收购的方式。现金收购用修正的折现现金流量法来确定并购方所愿意接受的最高价值和被并购方所愿意接受的最低价值，而换股收购的关键是确定换股比例问题。

企业扩张重组还包括一些特殊的并购方式，如“买壳上市”“借壳上市”“杠杆收购”“无形资产运作”等。

企业资本收缩经营，亦称资本收缩重组，是指企业在原实体的基础上，通过剥离、售卖、分立、分拆、破产等形式进行的重组行为。

基本训练

□ 知识题

7.1　简答题

（1）简述企业资本扩张经营及企业资本收缩经营的含义及形式。

（2）简述企业合并、兼并、收购的区别与联系。

（3）简述企业资本扩张经营和企业资本收缩经营的价值来源。

（4）简述企业出售程序及方法。

（5）简述企业破产重组的特点和主要形式。

7.2 思考题

（1）如何选定目标公司进行并购？

（2）企业如何规避并购带来的风险？

（3）现金支付和股票支付对公司收益的影响如何？

（4）企业并购后一般采取哪些人事策略？

（5）关联方交易对企业分拆或分立重组有何影响？

□ 技能题

7.1 换股并购分析

资料：A、B两个公司均为上市公司，现在A公司拟收购B公司，收购方式为增发普通股，相关信息见表7-1。

表7-1 **A、B两公司基本信息表**

数据	A公司	B公司
现有收益（万元）	4 000	1 000
发行在外的普通股（万股）	2 000	800
每股收益（元/股）	2.00	1.25
市盈率（倍）	12	8

A公司计划给B公司高于其市价20%的溢价。

要求：

（1）股票交换率为多少？需要增发多少股票？

（2）收购后新A公司的每股收益是多少？

（3）收购后新A公司市盈率若为15，则每股市价是多少？

7.2 综合分析题

A公司拟兼并与其经营范围相近的B公司，有关材料如下：

（1）经资产评估公司评估，B公司的资产总额为5 500万元，负债总额为3 500万元，所有者权益总额为2 000万元。

（2）经双方协商，A公司为收购B公司的资产，在兼并时向B公司所有者支付现金2 000万元，以后分期代偿3 500万元的债务（其中2 000万元在2年后到期，利率12%，另1 000万元在1年后到期，利率10%，500万元在半年内到期，年利率6%，以上长期负债均半年付息一次，到期还本）。

（3）A公司预测，若兼并B公司，前3年可使全公司每年增加现金流入量1 200万元，以后3年可使全公司每年增加现金流入量1 000万元，第6年年末将重组后的B公司出售，估计售后流入现金4 800万元。

（4）兼并过程中需支付的可行性咨询费和法律等费用为30万元。

（5）当年市场平均基准利率为15%。

要求：根据上述资料，评价此兼并的可行性。

□　能力题

中石油构建完整产业链[①]

2005年6月10日，中国石油天然气股份有限公司（以下简称中石油）宣布出资207.4125亿元人民币用于收购母公司中国石油天然气集团公司的相关海外资产。根据收购协议，中石油将向母公司旗下中油勘探开发有限公司（以下简称中油勘探）以现金方式注资并获得其50%的股权，收购完成后，中石油将相应拥有中油勘探分布在10个国家的多项油气资产。

同时，为了整合中石油现有的海外业务，与即将收购的海外资产形成协同效应，中石油将向中油勘探同时转让其旗下全资附属公司中国石油天然气国际事业有限公司（以下简称中油国际）。中油国际主要在印度尼西亚从事油气勘探和生产业务。中油勘探将向中国石油支付5.79355亿元人民币用于收购中油国际的全部已发行股本。转让后，中油国际将成为中油勘探的全资附属公司。中石油和中油勘探的资产收购和转让协议预计将分别于2005年年内和2006年2月末完成。

交易完成后，中石油的海外探明净储量和净资产都将有较大程度的提高，其中海外储量将由0.885亿桶油当量增加到8.866亿桶油当量，增幅达902%。同时，也将使中国石油油气总储量增加4.31%，油气总产量增长5.41%。

2005年10月30日，中石油又宣布出资约62亿元，回购旗下辽河油田、锦州石化和吉林化工的流通A股、H股和美国存托股份。同时，这三家公司将终止上市地位，这是近年来国内A股市场上首次以终止上市为目的的要约收购。

根据协议，中石油将以每股8.80元价格全面要约吸收辽河油田所有2亿股流通A股，该收购价比其最后一个交易日10月26日的股价7.42元溢价19%，收购资金总额为17.6亿元；收购锦州石化1.50亿股流通A股的价格为每股4.25元，该收购价比其最后一个交易日10月26日的股价3.86元溢价10%，收购资金总额为6.375亿元。

对在深圳证券交易所、香港联合交易所和纽约证券交易所三地上市的吉林化工的回购则相对复杂些，但溢价幅度也不低。对其2亿股流通A股的回购价格为每股5.25元，比其最后一个交易日10月26日的股价溢价6.9%，回购资金总额为10.5亿元；H股的回购价格为每股2.80港元，比其最后一个交易日10月26日的股价溢价15.5%；美国存托股份每股回购价格为280港元，比其最后一个交易日10月26日的股价溢价13.5%，回购其全部境外上市外资普通股共需要资金27.01亿港元。

据介绍，中石油H股上市之初，旗下已有数家上市公司，且涉及的关联方交易众多，这在香港联交所是不允许的，中石油作出了将回购三家公司股票的承诺才得以发行上市。

对于中石油集团来说，收购与回购的最大目的在于迅速扩张，以形成能与世界石油巨头抗衡的实力。石油工业是一个完整的产业链，其主要产品价格具有较好的联动性。辽河

① 本案例资料改编自：佚名．2005年度盘点：国内十大并购［J］．中国投资，2006（1）：86-90．

油田、锦州石化、吉林化工是相近地域的三个相近产业链（石油开采、炼制、化工）的公司，如果将其整合为一家公司，辽河油田就可以为锦州石化生产原料，锦州石化为吉林化工生产原料，中石油集团范围内的统一采购与销售的实现能使从原材料采购到成品油销售的整个产业链得到整合和优化，子公司内部的竞争由此得到避免，利润率提高，保证盈利。

【案例分析要求】

（1）中石油构建完整产业链的根本目的是什么？

（2）财务协同效应对中石油企业价值的影响何在？

（3）中石油收购母公司资产说明了什么？

（4）你是如何看待中石油的回购与收购举措的？

数智能力训练

在数字经济时代，人工智能大模型能够为资本经营方式选择及应用提供很多有益的帮助。结合本章学习的内容，我们可运用人工智能大模型，如阿里“通义千问”、百度“文心一言”和科大讯飞“星火”等（当然也可以采用最新推出的其他模型）对资本经营方式选择及应用中的相关问题进行进一步讨论分析，以提升同学们运用数智模型进行资本经营的能力。

本章的数智能力训练题主要有：

（1）在资本经营方式选择中，扩张经营方式和收缩经营方式都可能创造价值，也可能损失价值。在企业资本经营中如何正确选择资本经营方式？从我国一些资本经营失败的案例看，在资本经营方式选择上主要存在哪些问题？

（2）利用人工智能大模型，探索企业重组中价值创造的来源是什么？实践中（或通过案例分析）我国企业重组中的价值创造主要来源是什么？

（3）从资本经营方式角度看，分析一个我国上市公司资本经营失败的案例，总结其失败的主要教训是什么。

同学们可以针对这些问题利用大模型进行提问，也可针对本章内容尝试提出不同的问题或以不同方式进行提问，以提升同学们利用人工智能大模型进行财务管理的能力。

互动练习

7-7 即测即评

第7章练习题

第8章 企业重组财务

学习目标

本章学习目标是使学生掌握企业重组的基本内涵、企业重组财务涉及的基本内容与基本方法。其具体目标包括：

知识目标：

- 明确什么是企业重组，什么是企业重组财务。
- 理解与掌握企业重组的模式有哪几种，企业重组有哪几种方式。
- 明确产权重组的内涵和股权设置的方式，掌握净资产折股标准。
- 理解企业产权重组中应注意的问题。

技能目标：

- 能够掌握净资产折股方法。
- 能够计算净资产折股标准、净资产折股比率。

能力目标：

- 能够灵活运用企业重组方式与方法进行企业重组。
- 能够理解与掌握企业重组理论，解决企业重组中的疑难问题。

素养目标：

- 培养爱国主义精神和社会责任感。
- 树立诚实守信的职业道德观念。

8.1 企业重组概述

1）企业重组内涵与理论基础

（1）企业重组与企业重组财务的内涵

企业重组通常有广义和狭义之分。广义企业重组包括企业业务重组、资产重组、负债重组、股权重组、职员重组和管理体制重组等。[①]狭义企业重组主要指企业资产重组，但是，这种资产重组从内涵上看，实质上已经远远超出了资产重组本身的含义，而包含了与资产重组相关的业务重组及产权重组等。本章研究的企业重组财务主要是指企业在改制、改组、改造过程中，对与企业财务活动相关的资产、负债和产权的重新组合。

资产重组是指企业在改制、改组和改造过程中将原企业的存量资产，经过剥离、分立和合并等方式，对企业的资产和组织重新组合及设置，确定合理资产结构的行为。

负债重组通常是指债权人按照其与债务人达成的协议或法院的裁决同意债务人修改债务条件的事项。在企业改制、改组中的负债重组，除包括上述定义的含义外，还包括根据企业重组及优化资本结构的总体要求，将企业的负债通过债权债务责任转移等方式，合理确定企业负债规模及结构的重组行为。

产权重组是指在对企业产权重新界定的基础上，对股权规模和结构的重新设置，经过股权调整与转让流通等方式，确定合理的股权规模与结构的重组行为。

现代企业的目标是资本增值，企业重组是实现企业资本增值的重要手段或措施。因此，企业重组财务就是要以资本保值增值为目标，运用资产重组、负债重组和产权重组方式，优化企业资产结构、负债结构和产权结构，以充分利用现有资源，实现资源优化配置。

（2）企业重组的理论基础[②]

企业重组有以下理论基础：

①效率理论

企业重组要实现企业资本增值目标，效率是基础。企业重组可提高企业管理效率，特别是可提高企业经营上和财务上的综合效率。

②信息理论

企业重组使投资人得到了企业价值新的信息，这种信息不仅使投资者重新评估企业是否值得投资，同时，企业重组信息也会通过资本市场反映到企业的股票价格上，影响股东价值和企业价值。

③代理理论

企业重组可能使企业股权结构发生变化，当企业经营者拥有企业部分股权时，重组产生的股权结构变动将影响经理人的利益，经理人将权衡在职消费与股权利益的关系，由此产生代理问题。

---

① 王文立，等．企业重组导论［M］．北京：中国经济出版社，1996.
② 黄德舜．企业财务分析［M］．北京：华泰文化事业公司，1998.

④市场力理论

企业重组使企业规模和市场占有率扩大，同时可增强产业集中度，提高市场主宰力，这对提高企业价值将产生有利影响。

⑤节税报酬理论

为了鼓励企业重组，往往给重组企业税收上的利益，如企业合并纳税、税收减免等。税收报酬也是企业重组的动因之一。

2）企业重组模式与方式

（1）企业重组模式

企业重组，根据企业改制和资本营运总体战略及企业自身特点，可采取不同的重组模式。

①原续型企业重组模式

原续型企业重组模式是指被改组企业整体改组为股份有限公司或有限责任公司。这种模式的特点是在重组过程中企业的资产、负债及其他生产要素变化不大，一般不存在对部分资产的剥离。

原续型企业重组模式的优点是：企业重组相对比较简单；企业重组矛盾较小；关联方交易较少。其缺点是：不利于资产剥离和减员增效；不适用于较大规模企业集团重组；不利于转换企业经营机制。

这种模式比较适用于新建企业或“企业办社会”较少且资本结构较合理、效益较好的中型企业，而大型企业、老企业、企业集团等不宜采取这种重组模式。

②合并型企业重组模式

合并型企业重组模式是指两个或更多企业组合在一起，形成一个新的公司或实体。这种重组模式通常涉及企业之间的资产、负债、业务、人员等方面的整合和优化，以达到提高经济效益、增强市场竞争力、实现规模经济等目的。合并型企业重组模式有多种形式，包括吸收合并、新设合并等。吸收合并是指一个公司吸收其他公司，被吸收的公司解散，其资产、负债、业务等由吸收方承接。新设合并则是指两个或多个公司合并设立一个新的公司，原有的公司都解散，新公司承接原有公司的资产、负债、业务等。

合并型企业重组由于属于原企业整体改组，因此，其基本保持了原续型企业重组模式的优点，同时，比原续型企业重组模式更有利于完善公司治理结构、扩大股份公司规模和竞争力。但合并型企业重组模式的缺点是：没有克服原续型企业重组的缺点；合并型重组工作量和难度都较大。

这种模式主要适用于：改组企业本身条件较好，不需要进行剥离，同时，有较好的合并对象，有利于企业综合经营发展战略的实施。

③分立型企业重组模式

分立型企业重组模式是一种将企业拆分成两个或多个独立实体，以实现企业重组的方式。分立型企业重组模式的具体操作包括业务的划分、资产及负债的划分、人员的划分以及连带责任的划分等。

分立型企业重组模式的优点是：有利于企业不良资产的剥离和债务重组，使企业真正按市场规律进行企业运作，消除预算软约束问题。其缺点是：由于社会保障体系等不健全，企业重组难度大；关联方交易复杂。

这种模式主要适用于较老的国有大型企业，通常这种类型企业社会负担较大、不良资产较多、债务较重。

企业重组无论采用何种模式，都涉及对企业资产、负债和权益的重组问题。资产重组、负债重组和产权重组是企业重组的基本形式。

（2）企业重组方式

企业重组的方式是多种多样的。目前，我国企业重组实践中通常存在两个问题：一是片面地将企业重组理解为公司兼并或扩张，而忽视其售卖与分解；二是混淆兼并与收购、剥离与售卖等各种方式。进行企业重组财务分析，首先界定企业重组方式是必要的。企业重组方式可以分为整合重组、分拆重组和内部优化重组。

①企业整合重组

企业整合重组，或称企业资本扩张重组，是指企业在原实体的基础上，通过合并、兼并、收购等方式吸收了一些经济实体后进行重组的行为。

②企业分拆重组

企业分拆重组，或称企业资本收缩重组，是指企业在原实体的基础上，通过剥离、分立、售卖、破产等形式进行重组的行为。

③企业内部优化重组

企业内部优化重组，是指在企业或集团内部，通过资产结构优化、资本结构优化对存量资产和资本进行重组的行为。企业内部优化重组主要包括：

A.资产结构优化重组。资产结构优化重组就是根据资源合理配置原则，重组企业各项资产，合理确定各项资产的数量与结构，保证企业资产充分利用并创造最大价值。

B.资本结构优化重组。资本结构优化重组就是根据风险与收益均衡原则，重组企业各项资本，即通过对企业负债与所有者权益结构，负债内部结构和所有者权益内部结构的优化，为股东创造最大价值。

C.资产结构与资本结构适应程度优化重组。企业资产结构的合理性与资本结构的合理性在一定程度上是相互制约的。企业内部优化重组必须将资本结构和资产结构结合起来考虑，以保证企业重组目标的实现。

国外企业重组及国有企业改组

企业重组与国有企业改组不是中国经济改革与发展现阶段所特有的，它是世界经济发展的大趋势。无论发达国家还是发展中国家，在企业重组及国有企业改组方面都有许多经验与教训。了解国外企业重组及国有企业改组状况，对我国企业重组将有所借鉴。

一、美国企业兼并浪潮

美国企业兼并浪潮已有五次。

第一次兼并浪潮始于1897年，结束于1904年。这次兼并浪潮是在美国经济基础和生产技术发生重大变革之后出现的，其特征是横向兼并。此次兼并由于主要是生产相同产品的企业兼并，对提高新产品开发能力、产品质量、技术水平和管理水平等起了重要作用，构成了美国工业的雏形。但是由于兼并法规不健全，没能起到阻止垄断的作用，破坏了市场经济的基本规律，兼并经济效益并不理想。

第二次兼并浪潮始于1916年美国经济复苏时期，结束于1929年经济萧条时期。此次兼并形式呈现出多样化的特点，如横向兼并、纵向兼并、产品扩张型兼并、市场扩张型兼并等。同时，这次兼并浪潮以一些较小企业联合为特征，加剧了美国经济市场的竞争程度。

第三次兼并浪潮始于第二次世界大战结束，其高潮在20世纪60年代。这次兼并的最大特点是跨行业兼并，即混合兼并。推动这次兼并浪潮的主要是管理科学的发展、反垄断的加强、会计方法的改变和资本市场的作用。此次兼并浪潮促进了企业管理的发展与现代化的进程，但由于不同行业管理的复杂性及20世纪60年代末期税收政策的变化，兼并效果下降。

第四次兼并浪潮始于20世纪70年代中期并延续到整个80年代。此次兼并浪潮的特点是敌意兼并，且目标公司的规模较大。兼并效果是：使美国跨国公司规模日益加大；使很多公司重新审慎对待公司战略，认识到多角化经营并不是一种十分明智的战略；使美国公司国际市场竞争力加强。

第五次兼并浪潮始于20世纪90年代初期并一直延续至今。此次兼并浪潮的特点是强强联合增加，敌意兼并减少，兼并交易额巨大，企业间兼并更注重战略性和长远利益。

二、英国国有企业改组

推进以民营化为目标的国有企业改组是英国国有企业改革的方向。英国的国有企业改组分为两个阶段：

第一阶段是1979年至1983年。其主要做法就是出售政府在国有企业中的股份，使国有企业逐步转变为私人企业。由于政府要照顾国有企业的承受力和对市场的应变能力，因此，这个阶段的私有化改革是慎重的。政府同时积极推进各种配套改革，如减税、减少行政干预、出台竞争法等。

第二阶段是从1983年至1990年。其做法是将国有企业转卖或承租给私人资本家或财团，以此提高市场竞争力。这一阶段英国国有企业向民营化转轨进程加快，国有企业在更大规模上转为私人企业或公私混合企业。

英国的国有企业改组采取了先易后难、先盈后转的推进方式，属于稳妥和温和模式。虽然改革历程较短，但效果较好，促进了政企分开和国民经济运行，整体效率明显提高。

英国及一些西方发达国家国有企业改组主要目的和做法归纳起来有以下几点：第一，国有企业改组的动因是减轻政府负担，提高企业效率；第二，国有企业改组的基本原则是引入市场机制，政企分开；第三，国有企业改组的基本形式是公司制，实现多元股权结构；第四，国有企业改组的程序是议会立法，梯次推进；第五，国有企业改组的前提是资本市场发达；第六，国有企业改组的障碍是企业债务和冗员负担。

三、俄罗斯国有企业改制

俄罗斯的国有企业改制主要始于1992年，主要形式是对国有企业进行股份制改造。

俄罗斯国有企业改制经历了从无偿大众股份化到有偿个案股份制改造的转变。在转轨经济初期，俄罗斯政府采取“休克疗法”的方式向市场经济过渡，在大型国有企业改革上掀起了以行政手段大规模推进股份化的运动。这一阶段的政策主要有：

第一，以自愿和强制结合的方式把一定数量的大型国有企业改组为股份公司；

第二，向每个公民发放1万卢布的私有化证券，共发放15万亿卢布，相当于国有资产的35%；

第三，在拍卖市场上出售改组为股份公司的国有企业的股票，有偿转让国有企业股份。

国有企业改组后的股份公司的股份比例是：国家占1/3，本企业职工优惠配售1/3，市场自由出售1/3。

截至1996年年底，俄罗斯已对12.64万个国有企业进行了以股份制为主要内容的改革，共组建约2.7万家股份公司，其中国有控股公司占18%，国家参股公司占37.6%，完全私有化的公司占44.4%。

俄罗斯的国有企业股份制改组产生了一系列的问题：提高企业效率的目标没有实现；国有资产大量流失；社会两极分化日益严重；经济处于危机之中。

俄罗斯政府从1996年开始逐步调整私有化和股份制政策，1997年停止大规模股份化，转入个案股份化阶段。这一阶段的政策变化主要有：

第一，停止大规模股份化，转为按个案进行国有企业股份制改造；

第二，强调股份制改造的中心是增加投资和提高企业效率；

第三，不再把股份化作为预算收入的补充手段；

第四，把私有化对象扩大到不动产范围，包括股份制改造企业所占用的土地；

第五，扩大黄金股的权限；

第六，加强国家对股份制改造过程的监督。

这些改革政策措施本应停止国有资产流失，并将股份化与投资过程结合。但是，在缺乏原始资本的条件下，政府为了继续推行股份化，采取了国有股权抵押贷款的办法，使国有企业的资产甚至大型企业的控股权直接落入私人大银行手中。因此，俄罗斯的私有化被称为“官员的私有化”、“经理的私有化”和“掠夺的私有化”。可以说俄罗斯的国有企业股份制改组是不成功的。

俄罗斯国有企业股份制改造的教训告诉我们，在幅员辽阔、人口众多、民族多元化的国家，国有企业改革必须有序进行，不能急于求成。

学思践悟

中直股份收购昌飞集团、哈飞集团整体上市①

中航工业是我国主要的直升机制造商，直升机板块主要包括中直股份、哈飞集团、昌飞集团和中航直升机设计研究所四个部分。

① 白佳馨．2023年度盘点：国企整合重组10大经典案例［EB/OL］．［2023-12-19］．https：//weibo.com/ttarticle/p/show?id=2309404980599327686663.

其中，中直股份最为年轻，在2013年时由中航工业将旗下民用直升机资产整合设立，其中大部分来自哈飞集团和昌飞集团。资产置出后，哈飞集团和昌飞集团仍拥有一部分直升机资产，主要涉及军用直升机生产。

这样的资产分布能够实现军民分开，但不利于中航工业直升机业务的协同发展，也为后来的整合重组埋下了伏笔。

2023年1月7日，中直股份发布公告称，拟向中航科工和中航工业发行股份购买其持有哈飞集团、昌飞集团的股权。

交易完成后，哈飞集团、昌飞集团将成为中直股份的全资子公司。中直股份获得直升机领域优质资产注入后，能够实现中航工业直升机业务的整合，提升自身综合实力，进一步做强做精主业，打造专业化上市公司。

重组后的中直股份资产规模和盈利能力也将获得提升，哈飞集团和昌飞集团的军工背景能够进一步扩展中直股份未来发展空间，增强抗风险能力。

对于国有企业来说，一方面，是通过重组优化关键领域布局，推动国资向重要领域集中，稳步提升支撑保障能力；另一方面，是要通过重组整合发掘产业布局优化的潜力，整合同行业或相关行业的优质资产和资源，形成更大的规模优势和协同效应，提高行业集中度和竞争力。

通过中直股份收购昌飞集团、哈飞集团整体上市案例的学习，我们作为学生受到哪些启示及教育？如何理解兼并与收购的意义和价值？如何理解重组财务与企业的发展的关系？

3）国有企业混合所有制改革

混合所有制改革是20世纪90年代提出的改革方案，目的是引入民资促进生产力发展。20世纪90年代开始，我国允许国内民间资本和外资参与国有企业改组改革，经济改革的实践证明，混合所有制能够有效促进生产力发展。1992年中国正式引入民资。党的十八届三中全会通过的《中共中央关于全面深化改革若干重大问题的决定》提出“积极发展混合所有制经济”。2014年《政府工作报告》进一步提出“加快发展混合所有制经济”。国企民企融合成为新一轮国资国企改革重头戏。混合所有制经济在我国的出现和发展，主要源于国有企业改革，源于寻找国有制同市场经济相结合的形式和途径。其有利于国有资本放大功能、保值增值、提高竞争力，有助于“走出去”，是国资国企改革的重要支撑。经过多年股份制改造，虽然很多国企早已变成混合所有制，国资占比已较低，但政府干预仍无处不在，公司治理尚不达标。行政化垄断体制未真正打破，准入限制未真正放开。2015年8月24日中共中央、国务院发布《中共中央、国务院关于深化国有企业改革的指导意见》（中发〔2015〕22号）。2015年9月24日国务院发布《国务院关于国有企业发展混合所有制经济的意见》（国发〔2015〕54号），对推进国有企业混合所有制改革作出规定。2019年10月31日国资委按照《中共中央、国务院关于深化国有企业改革的指导意见》《国务院关于国有企业发展混合所有制经济的意见》等文件精神和有关政策规定，结合中央企业混合所有制改革实践，总结中央企业混合所有制改革工作经验，制定了《中央企业混合所有制改革操作指引》（国资产权〔2019〕653号）。2020年10月党的十九届五中全会公报，深化国资国企改革，做强做优做大国有资本和国有企业。党的十九届六中全会支持国有资本和国有企业做强做优做大，建立中国特色现代企业制度。党的二十大报告在党的十九大报告“做强做优做大国有企业”的基础上提出“推动国有资本和国有企业做强做优做大”。国有资本是国家对国有独资、国有全资、国有控股或国有参股公司的出资所形成的权益。国有资本是资本形态的国有资产，是一种价值存在。国有资本一般不具备法人资格，不是独立的社会经济组织，但国有资本一般建立在公司制基础上。在有限责任公司中，国有资本仅以出资额为限对公司承担责任。做强做优做大国有资本，要在生产资料全民所有制的基础上，进一步完善国有资产管理体制。国有企业是国家所有、经营或控制的生产经营单位，是一种实体存在。国有企业依法取得法人资格，以国家授予其经营管理的财产承担民事责任。在外延上，国有企业包含了全民所有制企业、国有独资公司、国有控股企业和国有控股公司，是一种社会经济组织。推动国有资本和国有企业做强做优做大为中央企业所属各级子企业通过产权转让、增资扩股、首发上市（IPO）、上市公司资产重组等方式，引入非公有资本、集体资本，入股民营企业，实施混合所有制改革的相关工作提供了参考。

8-1 明理增信

国资国企改革重点内容

（1）基本操作流程

中央企业所属各级子企业实施混合所有制改革，一般应履行以下基本操作流程：可行性研究、制定混合所有制改革方案、履行决策审批程序、开展审计评估、引进非公有资本投资者、推进企业运营机制改革。以新设企业、对外投资并购、投资入股等方式实施混合所有制改革的，履行中央企业投资管理有关程序。

①可行性研究

拟实施混合所有制改革的企业（以下简称拟混改企业）要按照“完善治理、强化激励、突出主业、提高效率”的总体要求，坚持“因地施策、因业施策、因企施策，宜独则独、宜控则控、宜参则参，不搞拉郎配，不搞全覆盖，不设时间表”的原则，依据相关政策规定对混合所有制改革的必要性和可行性进行充分研究，一企一策，成熟一个推进一个。

积极稳妥推进主业处于充分竞争行业和领域的商业类国有企业混合所有制改革，国有资本宜控则控、宜参则参；探索主业处于重要行业和关键领域的商业类国有企业混合所有制改革，保持国有资本控股地位，支持非公有资本参股；根据不同业务特点，有序推进具备条件的公益类国有企业混合所有制改革；充分发挥国有资本投资、运营公司市场化运作专业平台作用，积极推进所属企业混合所有制改革。

可行性研究阶段，企业应按照有关文件规定，对实施混合所有制改革的社会稳定风险作出评估。

②制定混合所有制改革方案

拟混改企业应制定混合所有制改革方案，方案一般包括以下内容：企业基本情况，混合所有制改革必要性和可行性分析，改革基本原则和思路，改革后企业股权结构设置，转变运营机制的主要举措，引进非公有资本的条件要求、方式、定价办法，员工激励计划，债权债务处置方案，职工安置方案，历史遗留问题解决方案，改革风险评估与防范措施，违反相关规定的追责措施，改革组织保障和进度安排等。

制定方案过程中，要科学设计混合所有制企业股权结构，充分向非公有资本释放股权，尽可能使非公有资本能够派出董事或监事；注重保障企业职工对混合所有制改革的知情权和参与权，涉及职工切身利益的要做好评估工作，职工安置方案应经职工大会或者职工代表大会审议通过；科学设计改革路径，用好用足国家相关税收优惠政策，降低改革成本。必要时可聘请外部专家、中介机构等参与。

③履行决策审批程序

混合所有制改革方案制定后，中央企业应按照“三重一大”决策机制，履行企业内部决策程序。拟混改企业属于主业处于关系国家安全、国民经济命脉的重要行业和关键领域、主要承担重大专项任务子企业的，其混合所有制改革方案由中央企业审核后报国资委批准，其中需报国务院批准的，由国资委按照有关法律、行政法规和国务院文件规定履行相应程序；拟混改企业属于其他功能定位子企业的，其混合所有制改革方案由中央企业批准。

④开展审计评估

企业实施混合所有制改革，应合理确定纳入改革的资产范围，需要对资产、业务进行调整的，可按照相关规定选择无偿划转、产权转让、产权置换等方式。企业混合所有制改革前如确有必要开展清产核资工作的，按照有关规定履行程序。

拟混改企业的资产范围确定后，由企业或产权持有单位选聘具备相应资质的中介机构开展财务审计、资产评估工作，履行资产评估项目备案程序，以经备案的资产评估结果作为资产交易定价的参考依据。

⑤引进非公有资本投资者

拟混改企业引进非公有资本投资者，主要通过产权市场、股票市场等市场化平台，以公开、公平、公正的方式进行。通过产权市场引进非公有资本投资者，主要方式包括增资扩股和转让部分国有股权。通过股票市场引进非公有资本投资者，主要方式包括首发上市（IPO）和上市公司股份转让、发行证券、资产重组等。中央企业通过市场平台引进非公有资本投资者过程中，要注重保障各类社会资本平等参与的权利，对拟参与方的条件要求不得有明确指向性或违反公平竞争原则的内容。

⑥推进运营机制改革

混合所有制企业要完善现代企业制度，健全法人治理结构，充分发挥公司章程在公司治理中的基础性作用，各方股东共同制定章程，规范企业股东（大）会、董事会、监事会、经理层和党组织的权责关系，落实董事会职权，深化三项制度改革；用足用好用活各种正向激励工具，构建多元化、系统化的激励约束体系，充分调动企业职工积极性。转变混合所有制企业管控模式，根据国有资本与非公有资本的不同比例结构协商确定具体管控方式，国有出资方强化以出资额和出资比例为限、以派出股权董事为依托的管控方式，明确监管边界，股东不干预企业日常经营。

（2）“混资本”相关环节操作要点

①资产审计评估

A.财务审计。实施混合所有制改革，应当按照《国务院办公厅转发国务院国有资产监督管理委员会关于规范国有企业改制工作意见的通知》（国办发〔2003〕96号）《国务院办公厅转发国务院国有资产监督管理委员会关于进一步规范国有企业改制工作实施意见的通知》（国办发〔2005〕60号）等规定，开展财务审计工作。

a.关于选聘审计机构。选聘审计机构应采取差额竞争方式，综合考察和了解其资质、信誉及能力。选聘的审计机构近2年内在企业财务审计中没有违法、违规记录，未承担同一混合所有制改革项目的评估业务，与企业不存在经济利益关系。

b.关于审计报告。审计报告应为无保留意见的标准审计报告。拟上市项目或上市公司的重大资产重组项目，评估基准日在6月30日（含）之前的，需出具最近三个完整会计年度和本年度截至评估基准日的审计报告；评估基准日在6月30日之后的，需出具最近两个完整会计年度和本年度截至评估基准日的审计报告。其他经济行为需出具最近一个完整会计年度和本年度截至评估基准日的审计报告。

B.资产评估。实施混合所有制改革，应当按照2016年12月1日起施行的《中华人民共和国资产评估法》《企业国有资产评估管理暂行办法》（国务院国资委令第12号）等规定，开展资产评估工作。

a.评估机构选聘及委托。中央企业应当采取差额竞争方式在本企业评估机构备选库内选聘评估机构。选聘的评估机构应具有与企业评估需求相适应的资质条件、专业人员和专业特长，近3年内没有违法、违规执业国有资产评估项目记录；掌握企业及所在行业相关的法律法规、政策、经济行为特点和相关市场信息；与混合所有制改革相关方无经济利益关系。评估对象为企业股权的资产评估项目，由产权持有单位委托，其中涉及增资扩股事项的，可由产权持有单位和增资企业共同委托。

b.评估备案管理权限。经国资委批准的混合所有制改革涉及的资产评估项目，由国资委负责备案；经中央企业批准的混合所有制改革涉及的资产评估项目，由中央企业负责备案；被评估企业涉及多个国有股东的，经协商一致，可以由持股比例最大的国有股东办理备案手续。

c.重点关注事项。一是评估基准日选取应尽量接近混合所有制改革的实施日期。如果期后发生对评估结果产生重大影响的事项，应调整评估基准日或评估结果。二是评估范围应与混合所有制改革方案、决策文件、评估业务委托约定书等确定的范围一致。三是纳入评估的房产、土地、矿产资源等资产应当权属明晰、证照齐全。符合划拨用地条件的国有划拨土地使用权，经所在地县级以上人民政府批准可继续以划拨方式使用。四是涉及企业价值的资产评估项目，原则上应当采用两种以上评估方法。五是资产评估项目备案前，应当按照资产评估项目公示制度履行公示程序。

②通过产权市场实施混合所有制改革

A.产权交易机构选择。非上市企业通过产权转让、增资扩股方式实施混合所有制改革应按照《企业国有资产交易监督管理办法》（国务院国资委 财政部令第32号）《关于印发〈企业国有产权交易操作规则〉的通知》（国资发产权〔2009〕120号）等有关规定，在国资委确定的可以从事相关业务的产权交易机构中公开进行。从事中央企业产权转让、企业增资业务的机构有北京产权交易所有限公司、上海联合产权交易所有限公司、重庆联合产权交易所集团股份有限公司、广东联合产权交易中心有限公司、山东产权交易中心有限公司。

B.信息披露。进场交易项目要严格按照规定在产权交易机构进行信息披露。企业混合所有制改革方案确定后，可合理选择信息发布时机，及早披露相关信息。产权转让项目正式信息披露时间不少于20个工作日，涉及企业实际控制权转移的应进行信息预披露，时间不少于20个工作日。增资扩股项目信息披露时间不少于40个工作日。

C.投资人遴选。拟混改企业要合理确定投资人的遴选方式。产权转让项目可采取拍卖、招投标、网络竞价等方式，增资扩股项目可采取竞价、竞争性谈判、综合评议等方式。投资人遴选过程中，对战略投资人主要关注与企业发展战略、经营目标、主营业务等方面的匹配和协同情况，对财务投资人主要关注资金实力和财务状况等。

D.重点关注事项。

a.企业增资与产权转让同步进行。企业混合所有制改革后继续保持国有控股地位的，如增资过程中国有股东拟同步转让其所持有的少部分企业产权，统一按照增资流程操作，产权转让价格应与增资价格保持一致。

b.商业秘密保护。在配合意向投资人尽职调查过程中，如涉及拟混改企业商业秘密，应按照《关于印发〈中央企业商业秘密保护暂行规定〉的通知》（国资发〔2010〕41号）要求，与相关方签订保密协议，保护自身权益。

c.交易价格。产权转让项目首次正式挂牌底价不得低于经备案的评估结果，信息披露期满未征集到受让方拟降价的，新的挂牌底价低于评估结果90%时，应经混合所有制改革批准单位同意；交易价格确定后，交易双方不得以期间损益等理由对交易价格进行调整。增资扩股项目的交易价格以评估结果为基础，结合意向投资人的条件和报价等因素综合确定，并经企业董事会或股东会审议通过。

③通过股票市场实施混合所有制改革

通过股票市场发行证券、转让上市公司股份、国有股东与上市公司资产重组等方式实施混合所有制改革，应按照《上市公司国有股权监督管理办法》（国务院国资委 财政部 证监会令第36号）及证券监管的有关规定履行程序。

A.发行证券。通过发行证券的形式实施混合所有制改革，可以采取首发上市（IPO）、国有股东以所持上市公司股票发行可交换公司债券、上市公司发行股份购买非国有股东所持股权、增发和发行可转换公司债券等方式。采取首发上市（IPO）方式的，应当按照要求履行国有股东标识管理程序。符合国家战略、拥有关键核心技术、科技创新能力突出、主要依靠核心技术开展生产经营、具有稳定商业模式、市场认可度高、社会形象良好、具有较强成长性的企业，可积极申请在科创板上市。

B.上市公司股份转让。应坚持公开、公平、公正原则，一般采取公开征集方式进行。国有股东履行内部决策程序后，书面通知上市公司，由其依法披露、进行提示性公告。国有股东将转让方案、可行性研究报告、内部决策文件、拟发布的公开征集信息等内容通过国资委产权管理综合信息系统报国资委同意后，书面通知上市公司发布公开征集信息，内容主要包括拟转让股份权属情况和数量、受让方应当具备的资格条件、受让方的选择规则、公开征集期限等。公开征集信息中对受让方资格条件不得设定指向性或违反公平竞争要求的条款。收到拟受让方提交的受让申请和受让方案后，国有股东成立由内部职能部门及独立外部专家组成的工作小组，严格按照已公告的规则选择确定受让方。转让价格不低于上市公司提示性公告日前30个交易日的每日加权平均价格的算术平均值及最近一个会计年度经审计的每股净资产值中的较高者。

C.国有股东与上市公司资产重组。国有股东应按照符合国有股东发展战略及有利于提高上市公司质量和核心竞争力等原则，在与上市公司充分协商的基础上，科学策划重组方案，合理选择重组时机。国有股东履行内部决策程序后，书面通知上市公司，由其依法披露并申请停牌，按照相关规定履行国资委预审核、上市公司董事会审议预案、对外披露预案、复牌、资产评估及备案、董事会审议草案、对外披露草案、集团公司或国资委审批重组方案、股东大会审议重组方案、报送证券监管机构审核等程序。资产重组发行股份价格在符合证券监管规则的基础上，按照有利于维护包括国有股东在内的全体股东权益的原则确定。

通过股票市场实施混合所有制改革应做好信息披露工作，切实防控内幕交易，其中涉及的投资人遴选、商业秘密保护等事项按照“通过产权市场实施混合所有制改革”中明确的原则操作。

（3）“改机制”相关环节操作要点

①关于混合所有制企业公司治理和管控方式

A.混合所有制企业法人治理结构。混合所有制企业要建立健全现代企业制度，坚持以资本为纽带、以产权为基础完善治理结构，根据股权结构合理设置股东（大）会、董事会、监事会，规范股东会、董事会、监事会、经理层和党组织的权责关系，按章程行权、依规则运行，形成定位清晰、权责对等、运转协调、制衡有效的法人治理结构。充分发挥公司章程在公司治理中的基础性作用，国有股东根据法律法规和公司实际情况，与其他股东充分协商，合理制定章程条款，切实维护各方股东权利。充分发挥非公有资本股东的积极作用，依法确定非公有资本股东提名和委派董事、监事的规则，建立各方参与、有效制衡的董事会，促进非公有资本股东代表能够有效参与公司治理。

B.混合所有制企业管控方式。中央企业要科学合理界定与混合所有制企业的权责边界，避免“行政化”“机关化”管控，加快实现从“控制”到“配置”的转变。国有股东要在现代企业制度框架下按照市场化规则，以股东角色和身份参与企业决策和经营管理，不干预企业日常经营。通过股东（大）会表决、推荐董事和监事等方式行使股东权利，实施以股权关系为基础、以派出股权董事为依托的治理型管控，加强股权董事履职支撑服务和监督管理，确保国有股权董事行权履职体现出资人意志。依法保障混合所有制企业自主经营权，落实董事会对经理层成员选聘、业绩考核和薪酬管理等职权。对于国有参股的混合所有制企业，结合实际健全完善管理体制、落实董事会职责权限、加强经理层成员和国有股权董事监督管理，并在公司章程中予以明确。

C.混合所有制企业党的建设。中央企业混合所有制改革要把建立党的组织、开展党的工作作为必要前提。根据不同类型混合所有制企业特点，明确党组织的设置方式、职责定位和管理模式。按照党章及党内法规制度要求，结合实际，推动混合所有制企业党组织和工作有效覆盖，设置党的工作机构，配齐配强专兼职党务工作人员，保证必需的党建工作经费，确保党的活动能够正常开展。

②关于三项制度改革

A.建立市场化选人用人机制，实现管理人员能上能下。推动混合所有制企业在更大范围实行经理层成员任期制和契约化管理，具备条件的建立职业经理人制度，积极探索建立与市场接轨的经理层激励制度。树立正确的选人用人导向，建立健全内部管理人员考核评价机制，实现“能者上、庸者下、平者让”。完善职业发展通道，为内部管理人员搭建能上能下平台。

B.健全市场化用工制度，实现员工能进能出。建立健全以合同管理为核心、以岗位管理为基础的市场化用工制度。拓宽人才引进渠道，严格招聘管理，严把人员入口，不断提升引进人员质量。合理确定用工总量，盘活用工存量，畅通进出渠道，构建正常流动机制，不断提升用工效率和劳动生产率。

C.建立市场化薪酬分配机制，实现收入能增能减。落实中央企业工资总额管理制度改革要求，建立健全与劳动力市场基本适应、与企业经济效益和劳动生产率挂钩的工资决定和正常增长机制。完善市场化薪酬分配制度，优化薪酬结构，坚持向关键岗位和核心骨干倾斜，坚持与绩效考核紧密挂钩，合理拉开收入分配差距，打破高水平“大锅饭”。统筹推进上市公司股权激励、科技型企业股权分红、员工持股等中长期激励措施，用好用足相关政策，不断增强关键核心人才的获得感、责任感、荣誉感。

③关于激励约束机制

鼓励混合所有制企业综合运用国有控股混合所有制企业员工持股、国有控股上市公司股权激励、国有科技型企业股权和分红激励等中长期激励政策，探索超额利润分享、项目跟投、虚拟股权等中长期激励方式，注重发挥好非物质激励的积极作用，系统提升正向激励的综合效果。

A.混合所有制企业员工持股。员工持股应按照《关于印发〈关于国有控股混合所有制企业开展员工持股试点的意见〉的通知》（国资发改革〔2016〕133号）稳慎开展。坚持依法合规、公开透明，增量引入、利益绑定，以岗定股、动态调整，严控范围、强化监督等原则。优先支持人才资本和技术要素贡献占比较高的科技型企业开展员工持股。员工持股企业应当具备以下条件：主业处于充分竞争行业和领域的商业类企业；股权结构合理，非公有资本股东所持股份应达到一定比例，公司董事会中有非公有资本股东推荐的董事；公司治理结构健全，建立市场化的劳动人事分配制度和业绩考核评价体系，形成管理人员能上能下、员工能进能出、收入能增能减的市场化机制，营业收入和利润90%以上来源于所在企业集团外部市场。员工持股总量原则上不高于公司总股本的30%，单一员工持股比例原则上不高于公司总股本的1%。

B.中央企业控股上市公司股权激励。中央企业控股上市公司应按照证监会和国资委有关规定规范实施股权激励，建立健全长效激励约束机制，充分调动核心骨干人才创新创业的积极性。股权激励对象要聚焦核心骨干人才队伍，结合企业高质量发展需要、行业竞争特点、关键岗位职责、绩效考核评价等因素综合确定。股权激励方式一般为股票期权、股票增值权、限制性股票等方式，也可以探索试行法律、行政法规允许的其他激励方式。中小市值上市公司及科技创新型上市公司，首次实施股权激励计划授予的权益数量占公司股本总额的比重，最高可以由1%上浮至3%。上市公司两个完整会计年度内累计授予的权益数量一般在公司总股本的3%以内，公司重大战略转型等特殊需要的可以适当放宽至总股本的5%以内。股权激励对象实际获得的收益不再设置调控上限。中央企业控股上市公司根据有关政策规定，制订股权激励计划，在股东大会审议之前，国有控股股东按照公司治理和股权关系，经中央企业审核同意，并报国资委批准。除主营业务整体上市公司外，国资委不再审核上市公司股权激励分期实施方案，上市公司依据股权激励计划制定的分期实施方案，国有控股股东应当在董事会审议决定前，报中央企业审核同意。

C.国有科技型企业股权和分红激励。鼓励符合条件的国有科技型企业按照国家相关规定，实施股权和分红激励，充分调动科研骨干和关键人才的积极性和创造性。明确激励政策导向，以推动形成有利于自主创新和科技成果转化的激励机制为主要目标，根据科技人才资本和技术要素贡献占比及投入产出效率等情况，合理确定实施企业范围和激励对象，建立导向清晰、层次分明、重点突出的中长期激励体系。优先支持符合《"十四五"国家科技创新规划》战略布局和中央企业"十四五"科技创新重点研发方向，创新能力较强、成果技术水平较高、市场前景较好的企业或项目实施股权和分红激励。综合考虑职工岗位价值、实际贡献、承担风险和服务年限等因素，重点激励在自主创新和科技成果转化中发挥主要作用的关键核心技术、管理人员。科学选择激励方式，鼓励符合条件的企业优先开展岗位分红激励，科技成果转化和项目收支明确的企业可选择项目分红激励，在积累试点经验的基础上稳妥实施、逐步推进股权激励。合理确定总体激励水平，从经营发展战略以及自身经济效益状况出发，分类分步推进股权和分红激励工作，坚持效益导向和增量激励原则，根据企业人工成本承受能力和经营业绩状况，合理确定激励水平。规范制度执行，中央企业开展股权和分红激励要按照《关于做好中央科技型企业股权和分红激励工作的通知》(国资发分配〔2016〕274号）等有关规定，不得随意降低资格条件。

（4）相关支持政策

①关于财税支持政策

国家发展改革委、国资委会同有关部门共同制定出台了《关于深化混合所有制改革试点若干政策的意见》(发改经体〔2017〕2057号)《国家发展改革委办公厅关于印发〈国有企业混合所有制改革相关税收政策文件汇编〉的通知》(发改办经体〔2018〕947号)，对混合所有制改革过程中符合税法规定条件的有关情形，可享受相应的财税政策支持，主要包括：股权（资产）收购、合并、分立、债务重组、债转股等，可享受企业所得税递延纳税优惠政策；涉及以非货币性资产对外投资确认的非货币性资产转让所得，可享受5年内分期缴纳企业所得税政策；符合税法规定条件的债权损失在计算企业所得税应纳税所得额时扣除；通过合并、分立、出售、置换等方式，将全部或者部分实物资产以及与其相关联的债权、负债和劳动力，一并转让给其他单位和个人，其中涉及的货物、不动产、土地使用权转让，不征收增值税；符合条件的股权收购、资产收购、按账面净值划转股权或资产等，可适用特殊性税务处理政策；混合所有制改革涉及的土地增值税、契税、印花税，可享受相关优惠政策。

②关于土地处置支持政策

企业推进混合所有制改革过程中涉及的土地处置事项，按照《国务院关于促进企业兼并重组的意见》(国发〔2010〕27号)《国务院关于进一步优化企业兼并重组市场环境的意见》(国发〔2014〕14号)《国务院关于全民所有自然资源资产有偿使用制度改革的指导意见》（国发〔2016〕82号）等相关规定办理，主管部门对拟混改企业提出的土地使用权转让、改变用途等申请，将依法依规加快办理相关用地和规划手续。拟混改企业拥有国有划拨土地使用权的，经主管部门批准，可根据行业和改革需要，分别采取出让、租赁、国家作价出资（入股）、授权经营和保留规划用地等方式进行处置；重点产业调整和振兴规划确定的混合所有制改革事项涉及的国有划拨土地使用权，经省级以上主管部门批准，可以国家作价出资（入股）方式处置；涉及因实施城市规划需要搬迁的工业项目，经主管部门审核批准，可收回原国有土地使用权，并以协议出让或租赁方式为原土地使用权人重新安排工业用地；涉及事业单位等改制为企业的，允许实行国有企业改制土地资产处置政策。

混合所有制改革具有较强探索性和挑战性，涉及面广、政策性强、影响广泛、社会关注度高。中央企业要坚持解放思想、实事求是，积极稳妥统筹推进，鼓励探索、勇于实践，建立健全容错纠错机制，宽容在改革创新中的失误。要坚持依法合规操作，注重发挥内外部监督合力，做到规则公开、过程公开、结果公开，防止暗箱操作、低价贱卖、利益输送、化公为私、逃废债务，杜绝国有资产流失。要及时跟踪改革进展，评估改革成效，推广改革经验，加快形成可复制、可推广的模式和经验。

学思践悟

渝富控股吸收水务环境、轻纺控股，拓展资本实力①

2023年8月14日，重庆水务发布公告称，为深化国有企业改革，重庆市国有资产监督管理委员会拟将其持有的水务环境集团80%股权无偿划转给渝富控股。

渝富控股为国资运营平台，在重庆市委、市政府及市国资委部署要求下，着力发挥国有资本市场化运营平台、战新产业投资引领平台、国企改革专业化重组平台“三大平台”功能，助力构建重庆现代产业体系，助推国资国企高质量发展，推动国有资本做大做优做强。而水务环境集团，则是经重庆市人民政府整合国有水务资产批复同意，在2011年成立的统筹城乡水务一体化经营和管理的新型集团公司。

该公司注册资金高达60.65亿元，总资产规模600亿元，主要承担国有水务和生态环境产业投资运营职能，从事供排水、固废处置、危废处置、环境治理等业务。同一时间，轻纺控股也发布公告称，为深化国有企业改革，重庆市国资委拟将其持有的轻纺集团80%股权无偿划转给渝富控股。

渝富控股是重庆市产业投资及资产管理的重要实体，此次重组使得渝富控股业务范围进一步拓展，有助于扩充公司资本实力，增强盈利能力。

通过并购重组，推进混合所有制改革，通过引入多元化股东、建立现代企业制度、完善激励约束机制等增强企业活力，提高资本使用效率，发掘资本效率提升的潜力，提高资产质量。另外，还可以通过并购重组，剥离非主业资产或低效资产，减少负债和成本，提高资产质量和盈利水平。

通过渝富控股吸收水务环境、轻纺控股案例的学习，我们作为学生受到哪些启示及教育？如何理解深化混改提效能的意义？将来作为企业的管理者我们应该怎样做？

① 白佳馨．2023年度盘点：国企整合重组10大经典案例［EB/OL］．［2023-12-19］．https：//weibo.com/ttarticle/p/show?id=2309404980599327686663.

8.2 企业资产重组

1）资产重组的内涵与作用

（1）资产重组的内涵

资产重组的定义有很多。广义资产重组是指通过不同法人主体的法人财产权、出资人所有权及债权人进行符合资本最大增值目的的相互调整与改变，对实业资本、金融资本、产权资本和无形资本的重新组合[①]。广义资产重组既包括对会计学意义上的资产的重组，又包括对债权、产权的重组（实际上属于企业重组）。狭义资产重组，是指对企业会计学意义上的资产的重组，即资产重组是指企业股份制改造过程中将原企业的存量资产，经过剥离、分立和合并等方式，对企业的资产和组织重新组合及设置，确定合理资产结构的行为。资产重组的目的是提高资产的配置效率及资产利用率，提高企业的经济效益，保证资产的保值增值。我们将资产重组做狭义解释。狭义资产重组的关键在于确定企业合理的资产结构，在保证资产一定的流动性、盈利性和安全性的基础上，配置合理的流动资产、固定资产和长期投资结构。

（2）资产重组的作用

①资产重组是实现资本增值目标的根本保证

企业要实现资本增值目标，必须进行资本存量、资本增量、资本配置与资本收益的经营，并通过资本经营，盘活存量资产、扩大资产规模、优化资产结构。企业资产重组，既是资本经营各项内容的有机结合，又可促进资本经营综合目标的实现。企业资产重组是通过对企业资产结构的重新组织以推动企业规模和效益迅速成长的一种增长方式。资产重组从本质上说是企业经营战略的一次变革。在市场经济条件下，企业为了适应市场竞争的需要，并能在市场竞争中取得成功，必须对现有资产从规模到结构进行全面改组，使资产规模和结构达到最优化。目前，我国企业存在的一个重要问题是资产结构不合理、资产质量差。我国工业企业资产中固定资产所占比重过大，且周转缓慢，而经过周转能直接带来利润的流动资金所占的比重太小，从而导致企业资产从总体上周转缓慢，盈利能力低下。所谓资产质量差，就是资产结构中优质资产的比重不足。一般说来，闲置的、半闲置的、不获利的资产大多为不良资产。我国有大量的存量资产处于闲置、半闲置状态。例如，棉、毛纺生产设备利用率只有75%，彩色电视机、电冰箱、洗衣机三大家用电器生产行业有50%左右的生产能力过剩，空调器、卷烟、汽车和普通机械等生产能力闲置约1/3至1/2。存量资产闲置不用，不仅不能实现其资本价值的增值，而且还会随着时间的推移逐渐丧失其价值。存量资产闲置无疑是一种巨大的浪费。

---

① 陈维政，等. 资产重组［M］. 成都：西南财经大学出版社，1998.

②资产重组是政企分开、转换企业经营机制的重要途径

8-2 案例分析

国有企业集团资产重组和资本经营案例研究

资产重组作用的另一方面与企业社会负担过重有关。在“大而全”“小而全”的思想指导下，企业还承担着“办社会”的功能，一些本应由政府或社会完成的职能由企业承担下来。企业除了自建食堂、职工家属宿舍、托儿所外，甚至小学、中学、大学、医院也一应俱全。“企业办社会”的结果是企业存在大量的非经营性资产，从而导致企业总体资产结构不合理、预算约束力减弱、自主经营的动力与压力小。这些大大影响了企业的正常生产经营和企业资本经营的积极性，降低了企业的经济效益。资产重组，正是要通过对企业非经营资产的剥离，使企业真正转换机制，成为自主经营、自负盈亏的法人实体。

2）资产重组决策的影响因素

（1）企业规模

企业的规模不是越大越好，更不是越小越好，这里有一个规模经济的问题。在一定的规模条件下，企业的生产效率最高，成本最低，管理效率最高，经济效益也最好，这个规模就可以说是一个经济规模。企业应该在这个规模条件下进行生产，即使还有机会扩大规模或缩小规模，也不应该去扩大或缩小规模。企业的生产经营规模受制于资本的投入规模，而资本的投入规模则要考虑企业内部或外部的各种因素。就企业内部来看，包括经营管理人员及职工素质、企业已具备的技术能力和可调整的技术结构。就企业外部来看，包括市场容量与需求潜力、交易成本的大小、资本等要素市场的发育程度以及企业所在的地区的科学文化水平、交通、通信等基础设施状况等。同时，资本的规模往往是依资本投资的产业而确定的，不能一概而论。但要注意，企业的经济规模应该是动态，因为影响企业经济规模的因素是不断变化的，企业的经济规模也应该是一个随之不断变化的规模，企业要随时根据内外环境等因素的变化来不断调整自己的经济规模。资产重组方式与内容选择应根据企业规模来确定。如果增大企业规模，则应采用资本扩张型的资产重组；如果缩小企业规模，则应采取资本收缩型的资产重组。

（2）资产重组策略

企业资产重组决策与企业采取的资产重组策略直接相关。前面谈到的资产重组策略可分为适中型资产重组、保守型资产重组和冒险型资产重组三种。企业选择不同的资产重组策略，其资产结构的优化标准就会不同。同时，即使选择相同的资产重组策略，不同行业的资产重组优化标准也可能不同。

（3）行业特点

不同行业的资产重组优化标准是不同的，这是由不同行业的特点所决定的。通常商业企业的流动资产占全部资产的比重要高于工业企业，重工业的流动资产占全部资产的比重要低于轻工业。因此，在资产重组决策中，应结合企业所处行业的特点进行资产重组。一般认为，工业企业流动资产若能占资产总额的40%~50%，商业企业能达到80%，企业就具有较强的营运能力和获利能力。在各项资产内部，也应不断优化结构。例如，在流动资产中应保持适量的货币资金、应收账款和存货，其中，存货占流动资产的比重，工业企业保持在40%~60%，商业企业为80%左右比较理想。企业管理者往往把流动资金紧缺归咎于国家紧缩银根等外部因素，殊不知，只要安排好企业内部固定资产与流动资产的比例，

把固定资产（尤其是其中的非生产用固定资产）和其他长期资产压缩到占资产总额的50%左右，企业就会拥有足够的营运资金了。

（4）资产结构与负债结构的协调

资产重组还应注意资产与负债项目之间的比例协调。国际经验认为，当流动资产相当于流动负债的2倍，速动资产（即流动资产与存货之差）与流动负债相当时，企业既具有较强的短期偿债能力，又有充足的营运资金。负债总额则应安排在占资产总额的一半左右，不宜过高或过低。过高的负债比率，虽可能增加企业财务杠杆收益，但也增大了偿本付息的压力；负债比率过低，一方面说明企业长期偿债能力强，另一方面也反映出企业不能有效地利用负债增加权益资本收益。企业的长期资产（包括固定资产与长期投资）与长期资本（包括负债与权益资本）来源应该是适合的，企业的流动资产与营运资本来源也应该是适合的。这里的比例协调和适合的程度应该是由企业所在的行业、市场销售情况和当时的筹资与投资环境等因素决定的。当然也与企业管理层的风险偏好和管理能力相关。但无论如何，确定合理的资产结构和资产与负债之间的关系应从确保资产保值增值和提高经济效益出发。

3）资产重组的程序与方式

（1）资产重组的程序

研究企业资产重组程序，首先应明确资产重组与企业重组程序的关系。资产重组是企业重组的最基本内容，是企业重组程序的一个重要环节。企业重组在进行财产清查和资产评估的基础上，关键是重组现有资产，进行资产优化组合，以有利于盘活存量资本、吸收增量资本、转换企业经营机制。企业重组，特别是企业股份制改造的全过程都涉及资产重组问题。例如，从企业改制总体方案的制订，到资产评估、产权界定、认缴股份、注册建账等全过程，都与企业资产重组有关。因此，有必要明确资产重组本身的程序与内容。

①资产重组准备阶段

A.制订资产重组方案。企业资产重组方案，特别是企业股份制改造中资产重组方案的制订，应与企业改制或重组总体方案相一致。制订资产重组方案是企业资产重组的关键步骤，它对资产重组各环节与内容进行初步规划，以保证资产重组有序进行。

B.财产清查。财产清查是资产重组的基础，因为要进行资产重组，首先应摸清家底，搞清资产的存量结构与质量。

C.企业价值评估与产权界定。资本经营中的资产重组，不仅涉及资产使用价值问题，而且涉及资产的价值问题；不仅涉及资产价值问题，而且涉及资产的所有权问题。因此，进行价值评估与产权界定是资产重组不可缺少的基础环节。只有进行正确的资产评估与产权界定，才有利于进行正确的资产剥离与重组。

②资产重组实施阶段

A.资产剥离。在企业股份制改造中进行资产重组，关键问题是进行资产剥离。其包括：将非经营资产从企业总资产中剥离出去；将企业不良资产从经营资产中剥离出去；将不符合企业发展战略的经营资产或非主营资产从企业经营资产中剥离出去等。通过资产剥离，使企业以优质的经营资产投入到改制后企业，以提高资产经营质量与效益。

B.资产重组。企业股份制改造中的资产重组，通常是在资产剥离的基础上，根据企业重组目标的需要，进行资产存量结构调整、并购相关企业或资产、吸收外部投资等。资产重组的目标在于资产规模与资产结构的优化，资产重组决策的关键在于以低成本方式实现资产重组目标。

③资产重组完成阶段

A.产权转让与交易。产权转让与交易包括：一是剥离出来的资产的处理。例如，非经营资产上交政府过程的产权转让，剥离出来的非主营资产的分立、出售或破产处理中的产权转让与交易。二是资产重组中的处理，如兼并中的产权交易、收购中的产权交易等。

B.会计建账核算。资产重组完成以企业重组的完成为标志。企业重组的完成，从资本经营角度看，应在企业资产负债表上体现出新的资产规模、资产结构及资本结构，而这些都需要以会计建账与核算为基础。从这一点看，只有会计建账核算对资产重组进行了全面反映，才标志着资产重组的完成。

（2）资产重组的方式

①不涉及资产所有权的资产重组

所谓不涉及资产所有权的资产重组，是指资产重组只考虑资产规模与结构，不涉及或不考虑资本所有权变动的资产重组。在这种情况下，资产重组方式主要有以下几种情况：

A.固定资产与流动资产重组。这种资产重组方式是资产重组最基本的方式，因为固定资产与流动资产结构是决定资产运行速度与质量的关键。合理的固定资产与流动资产结构能够保证资产充分使用，提高资产经营效益。

B.有形资产与无形资产重组。无形资产经营是现代企业资本经营的重要方式之一，因此，企业资产重组应充分考虑无形资产的价值。但是，无形资产与非无形资产结构的合理性，是资产重组中必须考虑的问题。过高或过低的无形资产结构都会给企业资本经营带来不利影响。过高的无形资产结构将加大企业的风险，包括经营风险和财务风险（如果存在负债筹资）。过低的无形资产结构，在一定程度上反映了企业无形资产经营效果不理想。

C.金融资产与非金融资产重组。企业的金融资产主要包括货币资金和各种有价证券。在市场经济条件下，特别是在资本市场比较发达与完善的情况下，企业的金融资产比重往往相对较高。从资产组合理论出发，企业拥有一定比重的金融资产是可行的，它对分散企业风险是有益的。但作为一般生产经营型企业，金融资产与非金融资产的结构应保持适当比例，过高的金融资产结构说明企业自身的生产经营方向和状况不够理想。

②涉及资产所有权的资产重组

所谓涉及资产所有权的资产重组，是指伴随企业资产剥离或重组，企业的债权或产权也同时发生变动的资产重组。在此情况下，企业资产重组方式主要有以下几种：

A.扩张型资产重组。扩张型资产重组是指企业为扩大经营规模而进行的重组。合并、兼并、收购等方式是扩张型资产重组的基本形式。采用扩张型资产重组，必然涉及增量资本来源问题，资产所有权也将随之变动。

B.收缩型资产重组。收缩型资产重组与扩张型资产重组相反，通常是为缩小经营规模而进行的重组。分立、出售、破产等方式是经常采用的收缩型资产重组形式。收缩型资产重组也会涉及负债与产权规模或结构的变动。

C.混合型资产重组。混合型资产重组是指企业同时采用资产重组扩张形式和收缩形式的资产重组。在这种情况下，企业为实现重组目标，一方面，将与经营方向不一致的资产以收缩方式剥离出去；另一方面，采取扩张方式将实现经营目标需要的资产并购进来。混合型资产重组不一定引起资产规模的变动，但必然引起资产结构的变动，并有可能引起资本结构变动。

应当指出，从狭义资产重组角度出发，资产重组的基础或关键是不涉及资产所有权的资产重组，因为所有的资产重组最终目的都是确定合理的资产规模与资产结构。无论是扩张型资产重组、收缩型资产重组，还是混合型资产重组都不例外。但资产重组往往不能孤立进行，大部分资产重组将涉及资产所有权问题。

4）资产重组中应注意的问题

企业资产重组中应注意的问题主要涉及资产剥离问题，特别是在国有企业改制中资产剥离更是资产重组的关键与难点。实践中关于资产剥离主要涉及两个有争议的问题：第一，非经营资产剥离问题。第二，非主营资产剥离与利润分割问题。

（1）非经营资产剥离问题

非经营资产是否全部剥离，从理论上说是应该的，但由于非经营资产剥离后存在的社会问题应与宏观改革配套解决，因此，实践中可根据改制形式而定。

①对于采取整体改建的，即由国有企业改建为国有独资公司，非经营资产不一定全部剥离，或改制时可以不剥离。但从转换经营机制出发，企业非经营部门应独立核算，条件成熟后，与公司分离成为实体。

②对于分立式改建的，应进行经营资产与非经营资产、主营资产与非主营资产的剥离，但剥离程度应视各分立企业的实际情况而定，其基本原则是平等性，即各发起人投入的经营资产与非经营资产、主营资产与非主营资产的比例应相同。至于股份公司是否全是经营资产或者是否全是主营资产，应根据具体问题具体对待，有些非经营资产是改制后企业必需的，则不必剥离。

③对于合并式改建，与整体改建类似，非经营资产也无法马上剥离出去，可在合并改建后，将非经营部门独立核算，逐步分离出去。但是，应当注意，由于各合并企业的经营资产与非经营资产比例不同，对折股结果将会产生影响。

（2）非主营资产剥离与利润分割问题

利润分割问题主要产生于对改组前企业经营资产的剥离。在企业整体改建和合并改建时一般不存在利润分割问题，因为它只涉及经营资产与非经营资产剥离，而非经营资产不能带来利润。在企业分立改建时，如果将全部经营资产投入改建，也不存在利润分割问题；如果主营资产与非主营资产剥离，将部分主营资产投入改建，则存在利润分割问题。但对于如何分割争议较大，有的用利润表复原法，有的按剥离资产的比例分割利润，有的按剥离资产相应的销售收入比例进行分割。我们认为，从理论上说，在主营资产与非主营资产剥离时进行利润分割，以确定进入改制范围资产的效益或盈利状况，是正确的。但是，从现实看，进行利润分割意义不大：第一，利润分割的理论依据、政策依据、方法依据、事实依据都不充分，利润分割的准确性或可信度较差；第二，进入改制部分资产的效益情况与改制企业的总体效益状况往往是一致的。因此，可直接审计改制企业前3年的盈利情况，而不需要进行利润分割。

8.3　企业负债重组

1）企业负债重组的内涵与方式

（1）负债重组的内涵

负债重组，亦称债务重组，在《企业会计准则第12号——债务重组》（2019年修订）中的定义是：在不改变交易对手方的情况下，经债权人和债务人协定或法院裁定，就清偿债务的时间、金额或方式等重新达成协议的交易。企业改制中的负债重组，其内涵中除包括上述定义的含义外，还包括根据企业改制及优化资本结构的总体要求，将企业的负债通过债权债务责任转移等方式，合理确定企业负债规模及结构的重组行为。负债重组可外延至负债与产权结构的重组。负债重组的目的是通过合理的债务规模与结构，提高企业的财务杠杆效应，进而提高企业的经济效益，实现资本增值目标。

（2）负债重组的方式

①以资产清偿债务

债务人以资产清偿债务，是债务人转让其资产给债权人以清偿债务的债务重组方式。债务人用于偿债的资产通常是已经在资产负债表中确认的资产，例如，现金、应收账款、长期股权投资、投资性房地产、固定资产、在建工程、生物资产、无形资产等。债务人以日常活动产出的商品或服务清偿债务的，用于偿债的资产可能体现为存货等资产。

除上述已经在资产负债表中确认的资产外，债务人也可能以不符合确认条件而未予确认的资产清偿债务。例如，债务人以未确认的内部品牌清偿债务，债权人在获得的商标权符合无形资产确认条件的前提下作为无形资产核算。在少数情况下，债务人还可能以处置组（即一组资产和与这些资产直接相关的负债）清偿债务。

②债务人将债务转为权益工具（会计处理体现为股本、实收资本、资本公积等科目）

实务中，有些债务重组名义上采用“债转股”的方式，但同时附加相关条款，如约定债务人在未来某个时点有义务以某一金额回购股权，或债权人持有的股份享有强制分红等，对债务人，这些“股权”可能并不是根据《企业会计准则第37号——金融工具列报》分类为权益工具的金融工具，从而不属于债务人将债务转为权益工具的债务重组方式。债权人和债务人还能协商以一项同时包含金融负债成分和权益工具成分的复合金融工具替换原债权债务，这类交易也不属于债务人将债务转为权益工具的债务重组方式。一定意义上，债务转为权益工具也可以说是债权转股权。

③修改其他条款

除①和②以外，还可以采用调整债务本金、改变债务利息、变更还款期限等方式修改债权和债务的其他条款，形成重组债权和重组债务。

④组合方式

组合方式，是采用债务人以资产清偿债务、债务人将债务转为权益工具、修改其他条

8-3 知识拓展

近代中国家族企业债务重组制度思想及其现实镜鉴

款三种方式中一种以上方式的组合清偿债务的债务重组方式。例如，债权人和债务人约定，由债务人以机器设备清偿部分债务，将另一部分债务转为权益工具，调减剩余债务的本金，但利率和还款期限不变；再如，债务人以现金清偿部分债务，同时将剩余债务展期等。

2）负债重组的目的与意义

（1）负债重组的目的

负债重组包括负债与所有者权益的重组以及负债内部重组。负债重组的目的，从负债与所有者权益关系角度出发，关键在于优化资本结构；从负债重组与企业重组关系出发，则在于完成优质企业重组。

①优化资本结构

资本结构优化对于企业增加收益、降低风险有着重要意义。由于负债与所有者权益性质不同，以及企业中控制权、获取收益及承担风险程度不同，因此，企业负债重组的目的就在于通过各种负债重组方式，使负债与所有者权益在数量上和结构上保持合理状态。一方面，通过负债重组，提高企业资本经营能力或财务杠杆作用；另一方面，通过负债重组，权衡收益与风险，保证企业目标实现。

②完成企业重组

负债重组是企业重组的重要组成部分。企业重组是一个有机整体，资产重组、负债重组与产权重组交织在一起并相互影响与作用。因此，搞好负债重组是完成企业重组的基本任务和重要内容之一。

（2）负债重组的意义

企业负债重组效果如何对企业自身（债务人）、债权人和投资者都将产生重要影响。

①对债务人的意义

负债重组的最直接目的是为企业创造价值，这显然对企业自身或债务人有益或有利。通过各种形式的负债重组，对高负债企业可降低负债率和风险、提高支付能力；对低负债企业则可加大财务杠杆作用效果。因此，重组企业或债务人通过负债重组将有利于增加收益、降低风险。

②对债权人的意义

企业负债重组过程也是债权人权衡收益与风险的过程。债权人通过不同的负债重组方式的比较将选择最有利于自身风险与收益均衡的方式。企业负债重组中如果没有债权人的配合或参与是不可能进行下去的。债权人的利益在负债重组中是首先要得到保障的。

③对投资人的意义

企业负债重组无论对企业的所有者还是潜在投资者同样有着重要意义。对已投资的企业所有者，企业债务重组优化了资本结构，必将对其收益和风险都带来有利的影响。对潜在投资者，债务重组将增强其对企业的投资信心。

3）债权变股权问题的探讨

（1）债转股可行性研究

对于债权变股权问题，应具体情况具体分析。对于银行债权中由于“拨改贷”形成的债权，如果在产权界定时已将其变为所有者权益，那么股权设置时自然就成为股权。

其他银行债权如何处理？应在平等互利的基础上进行解决。解决时应考虑的因素主要有：

第一，企业的盈利能力与经营风险。企业盈利能力是最关键的因素，如果企业有较高的盈利能力，且盈利能力超过银行贷款利率，则银行将债权变股权的可能性是存在的。但是，此时企业往往要均衡其收益与风险。在经营风险较小时，企业希望获得财务杠杆收益，银行债权变股权的可能性小；反之则可能性大。

第二，企业的发展规模与潜力。从银行角度看，企业发展潜力大，则债权变股权是有益的；反之则将受损。从企业角度看，企业处于规模收益递增时，往往希望加大股权，扩大规模，此时，银行债权变股权的可能是存在的，否则将是困难的。

第三，债权债务的金额和构成。从银行角度看，当银行对企业的债权比例大，且长期债权构成比例大，企业处于发展期，可将银行债权变股权；从企业角度看，企业债务负担重，改制时资本不足，就会希望银行债权变股权。

从我国目前实际情况看，解决问题的关键还在于银行。我们认为，虽然我国目前企业经济效益不高是较普遍现象，但一定规模的银行债权变股权还是可行和有利的。第一，银行债权是对改制前企业而言的，而股权是对改制后企业而言的。改制的目的是提高经济效益，资产剥离和债务重组正是要企业轻装上阵，增强盈利能力。在改制后企业经济效益提高的情况下，股权比债权更有利。第二，银行在权衡理论上风险小的债权与风险大的股权时，应当明确，实际上收不回的债权比股权的风险更大。与其将债权放在改制前企业，长期无法收回，倒不如将其投入改制后企业，这样还有可能得到收益。鉴于目前银行债权变股权的主要目的并不是为了控股或参与企业决策，因此，可将其变为优先股权。这样银行可减少风险，获得稳定收益；同时，企业扩大了股本，并可获得财务杠杆收益。另外，在债权变股权时，其折股比例可适当高于正常折股比例。

2016年10月10日，国务院发布了《关于积极稳妥降低企业杠杆率的意见》，同时以附件的形式发布了《关于市场化银行债权转股权的指导意见》，明确规定债转股的实施主体包括国有资本投资运营公司。

①债转股对象企业——三鼓励四禁止

8-4 知识拓展

企业重组中的商业银行债转股

债转股的企业由各市场主体自主协商确定，鼓励面向发展前景良好但遇到暂时困难的优质企业开展市场化债转股，包括因行业周期性波动导致困难但仍有望逆转的企业；因高负债而财务负担过重的成长型企业，特别是战略性新兴产业领域的成长型企业；高负债居于产能过剩行业前列的关键性企业以及关系国家安全的战略性企业。同时规定禁止以下企业参与债转股：扭亏无望、已失去生存发展前景的“僵尸企业”；有恶意逃废债行为的企业；债权债务关系复杂且不明晰的企业；有可能助长过剩产能扩张和增加库存的企业。

②债转股的债权范围——以银行债权为主，适当考虑其他债权

债转股的债权范围以银行对企业发放贷款形成的债权为主，适当考虑其他类型债权。转股债权质量类型由债权人、企业和实施机构自主协商确定。

③债转股的实施机构

除国家另有规定外，银行不得直接将债权转为股权。银行将债权转为股权，应通过向

实施机构转让债权、由实施机构将债权转为对象企业股权的方式实现。鼓励金融资产管理公司、保险资产管理机构、国有资本投资运营公司等多种类型实施机构参与开展市场化债转股；支持银行充分利用现有符合条件的所属机构，或允许申请设立符合规定的新机构开展市场化债转股；鼓励实施机构引入社会资本，发展混合所有制，增强资本实力。鼓励银行向非本行所属实施机构转让债权实施转股，支持不同银行通过所属实施机构交叉实施市场化债转股。银行所属实施机构面向本行债权开展市场化债转股应当符合相关监管要求。鼓励各类实施机构公开、公平、公正竞争，开展市场化债转股，支持各类实施机构之间以及实施机构与私募股权投资基金等股权投资机构之间开展合作。

对于其他企业债权变股权，其原则与方法可参照银行债权变股权进行。如果改制企业债务负担过重，而债权人又不愿变股权，可考虑通过债权转移方式间接变为股权，即债权人A将其拥有的改制企业债权以一定的折扣转移给B，债权人B将拥有的债权变为股权。

（2）债转股中转股价格的确定

①转股价格的确定原则

银行、企业和实施机构自主协商确定债权转让、转股价格和条件。对于涉及多个债权人的，可以由最大债权人或主动发起市场化债转股的债权人牵头成立债权人委员会进行协调。

②转股价格具体的确定方式

A.经批准，允许参考股票二级市场交易价格确定国有上市公司转股价格。

B.允许参考竞争性市场报价或其他公允价格确定国有非上市公司转股价格。

《企业会计准则第12号——债务重组》规定：将债务转为资本的，对债务人而言，债务人应当将债权人放弃债权而享有股份的面值总额确认为股本（或者实收资本），股权的公允价值与股本（或者实收资本）之间的差额确认为资本公积，重组债务的账面价值与股权的公允价值总额之间的差额，计入当期损益；对债权人而言，债权人应当将享有股份的公允价值确认为对债务人的投资，重组债权的账面余额与股份的公允价值之间的差额，如果债权人已对债权计提减值准备的，应当先将该差额冲减减值准备，减值准备不足以冲减的部分，计入当期损益。从以上规定可以看出，不论债务企业是上市公司还是非上市公司，债转股时均应以公允价值来反映。公允价值是指市场参与者在计量日发生的有序交易中，出售一项资产所能收到或者转移一项负债所需支付的价格。在企业股份制改组过程中，股票还没有公开上市，属于其他企业。虽然企业改组属于债务重组准则界定的非持续经营条件下的债务重组，但在企业债转股时，可以参照债务重组准则的规定确定股份的公允价值。

8.4 企业产权重组

1）企业产权重组内涵

产权重组亦称股权重组，是指对企业所有者权益的重新组合。企业重组过程中的产权重组，是指在对企业产权重新界定的基础上，对企业股权规模和结构的重新设置，经过股权调整与转让流通等方式，确定合理的股权规模与结构的重组行为。产权重组从广义上也可外延至产权与负债结构的重组，即资本结构重组，从这一角度看，产权重组的目的是确定合理的资本结构，合理利用不同性质的资本来源，促使企业价值和所有者价值最大化，确保资本保值增值目标实现。产权重组从狭义看，其目的主要是优化股本结构、完善公司治理结构、确保股东权益最大化。

进行企业产权重组，关键在于搞好股权设置。根据投资主体不同，股权设置主要有国有股、法人股、个人股和外资股四种形式。

（1）国有股

国有股是指归国家拥有和归国有企业拥有的股份的统称，包括国家股和国有法人股两种形式。

国家股是指有权代表国家投资的政府部门或机构，向股份制企业出资形成或依法定程序取得的股份，即国家拥有的股份，简称国家股。

国有法人股是指国家投资设立的国有企业以其依法占用的法人资产向独立于自己的股份制企业出资形成或依法定程序取得的股份。国有法人股的股权归该国有企业所有。

原则上说，产权界定中属国家所有的资产都应折为国有股，但应列明国家股和国有法人股，不得笼统地设置为国有股。国家股由国务院授权的部门或机构，或根据国务院的决定，由地方人民政府授权的部门和机构持有，并委派股权代表。被委派的股权代表要有很强的责任心、较高的业务素质和管理能力，并经过必要的培训。股权代表对国有资产的保值增值承担明确的责任。

国家股一般应为普通股，即国家股应具有与普通股相对应的经济管理权利。国家股的分红收入由国有资产管理部门组织收取，并解缴国库。国家授权投资的机构可以依法转让其持有的股份，也可购买其他股东持有的股份。折股出售的收入由国有资产管理部门按国家的规定收取，并解缴国库。股份制企业破产或终止时，国家股权分得的资产由国有资产管理部门掌管处理，变现收入解缴国库。因国家股权代表渎职、失职导致国有资产损失的，必须追究其责任。

（2）法人股

法人股是指具有法人资格的企业以其依法占用的法人资产向独立于自己的股份制企业出资形成或依法定程序取得的股份，即法人拥有的股份。法人股包括国有法人股和其他法人股两种形式。前面谈到，国有法人股是指国家直接投资设立的国有企业以其依法占用的法人资产向独立于自己的股份制企业出资形成或依法定程序取得的股份；其他法人股则指非国有企业以其依法占用的法人资产向独立于自己的股份制企业出资形成或依法定程序取得的股份。

法人包括取得法人资格的企业、事业单位、基金会及各种社团组织或企业法人。这就是说，法人股的前提是公司的出资人必须具有独立的法人资格，而非自然人。所谓法人是指以具有一定目的的个人的集合（即组织）为基础，具有自主权，独立承担民事责任，享有法律上独立人格的组织。法人作为公司的股东，以其依法可支配和国家允许用于经营的资产投入股为限。目前，法人股主要有以下形式：

①由法人作为公司发起人认购的股份；

②联营企业转化为股份公司时，原企业资产和投资折算分别归联营各方持有的股份；

③具有法人资格的企业运用其自有资金（不得超过其总额的20%），或其他方式筹集的资金进行入股投资；

④股份公司运用经营利润增加资本时，分配给公司法人股东的股份；

⑤各股份制企业相互参股，持有对方股份公司的法人股；

⑥企业兼并时，被兼并方以其企业实际资产，或者是出售资产作为投资形成的股份（需经兼并公司同意）；

⑦向投资性金融机构贷款，在双方同意下，可将债权变为股权；

⑧外国公司、企业和其他各类基金会等经济组织和社会团体对公司的投资。

（3）个人股

个人股也可以称为公众股，它是指社会个人或股份公司内部职工以个人合法财产投入公司形成的股份。公众股有两种基本形式：公司职工股和社会公众股。

①公司职工股，是本公司职工在公司公开向社会发行股票时按发行价格所认购的股份。按照《股票发行与交易管理暂行条例》规定，公司职工股的股本数额不得超过拟向社会公众发行股本总额的10%。内部职工股和公司职工股是两个完全不同的概念。在我国进行股份制试点初期，出现了一批不向社会公开发行股票，只对法人和公司内部职工募集股份的股份有限公司，被称为定向募集公司，内部职工作为投资者所持有的公司发行的股份被称为内部职工股。1993年，国务院正式发文明确规定停止内部职工股的审批和发行。

②社会公众股，是指股份公司采用募集设立方式设立时向社会公众（非公司内部职工）募集的股份。在采用社会募集方式的情况下，股份公司发行的股份，除了由发起人认购一部分外，其余部分应该向社会公众公开发行。因此，公司内部职工以外的个人认购的股份，就构成了社会公众股，其数量不得少于公司股份总数的25%。公司股本总额超过人民币4亿元的，向社会公开发行股份的比例为15%以上。

（4）外资股

外资股是指外国和我国港、澳、台地区投资者以购买人民币特种股票形式向公司投资形成的股份。外资股可分为境内上市外资股（俗称B股）和境外上市外资股（俗称H股及N股等）。B种股票是指采用记名形式，以人民币标明股票面值，以外币认购、买卖，在境内证券交易所上市交易，专供外国和我国港、澳、台地区投资者买卖。外国及我国港、澳、台投资者一旦认购B种股票并交割完毕，即作为出资并相应认定为外资股。H种股票是指获香港联合交易所批准上市的境外上市外资股，以人民币标明面值，以港币认购和进行交易。N种股票是指获准在纽约证券交易所上市的境外上市外资股，以人民币标明面值，以外币认购和进行交易。

公司股权设置形式可用图8-1表示。

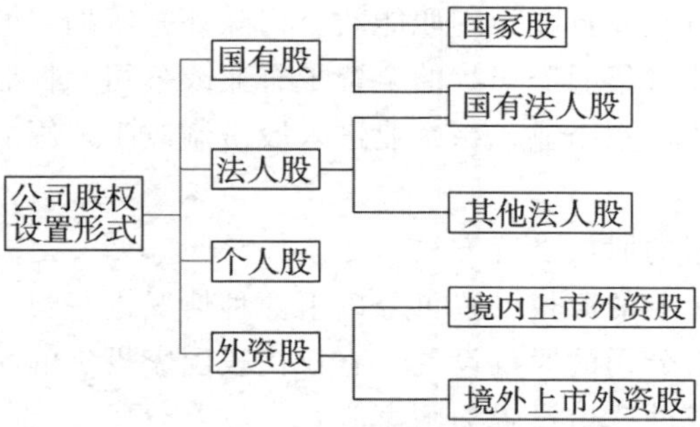

图8-1　公司股权设置形式

将国有股分为国家股和国有法人股，将法人股分为国有法人股和其他法人股，是国有企业进行股份制改组明确产权归属和产权管理主体的需要，是国有股权管理的内部事务，其差别在于持股单位的性质和管理方式不同。对于证券交易与证券市场管理而言，国家股、法人股与其他类别股应当享有同等权利。

2）股权设置方法

股权设置方法根据股份公司设立情况不同而有所区别。股份公司设立可分为改组设立和新设立两种情况。

（1）改组设立股份公司的股权设置方法

改组设立通常是指国有企业改组为股份制企业，其股权设置根据改组情况不同又有所不同：

①全部资产整体改组。国家直接投资设立的国有企业以其全部资产整体改组为股份制企业，原企业法人单位应予以撤销，原企业的国家净资产折成的股份设置为国家股。

②部分资产整体改组。国家直接投资设立的国有企业以其部分资产（连同部分负债）整体改组为股份制企业，未进入股份公司的部分只限于少量与生产经营活动无关的生活性、服务性资产（如托儿所、医院等），原企业法人单位应予撤销，原企业进行股份制改组范围的国家净资产折成的股份设置为国家股；未进入股份制改组范围的部分则可实行分立，独立经营，或者以租赁、托管等方式暂交股份制企业有偿使用。必要时，可保留原企业法人单位，由国有资产管理部门或经国有资产管理部门核准后，委托原企业法人单位在一定时期内，依预定条件代行股份公司国家股权管理职能或持有股权。条件成熟时，原法人单位消失或改变为实体，股份公司国家股权转归政府授权的部门或机构直接持有。

③部分生产经营资产整体改组。国家直接投资设立的国有企业，根据生产经营的需要，只将原企业的部分生产经营资产（连同部分负债）整体改组为股份制企业，未进入股份公司部分包括相当数量的生产经营性资产。其股权设置有两种方法：第一，撤销原企业法人单位，原企业进入股份制改造范围的国家净资产形成的股份设置为国家股，未进入部分则与股份公司实行分立，独立经营，二者无产权关系。第二，保留原企业法人单位，原企业进入股份公司范围的净资产折成的股份设置为法人股，归原企业法人单位持有并行使股权；未进入股份公司部分，其产权归原企业法人单位持有，可以成为原企业的组成部分或原企业的下属企业。

④非国家直接投资企业整体改组。资本金属于独立于该企业的其他国有企业、事业单

位（行业性总公司和具有政府行政管理职能的公司除外）所拥有的企业，包括产权关系经过界定和确认的国有企业（集团公司）的全资子企业或公司，控股子企业或公司，以其全部或部分资产整体改为股份制企业，该企业进入股份制改组范围的净资产折成的股份设置为国有法人股。

（2）新设立股份公司的股权设置方法

新设成立的股份制企业的股权设置可分以下两种情况进行：

①国家直接投资股份公司的股权设置。有权代表国家投资的政府部门或机构直接向新设立的股份公司投资形成的股份设置为国家股。

②国有企业投资股份公司的股权设置。国有企业（行业性总公司和具有行政管理职能的公司除外）或国有企业（企业集团）的全资子企业（全资子公司）和控股子企业（控股子公司）以其依法占用的法人资产直接向新设立的股份公司投资入股形成的股份设置为国有法人股。

3）净资产折股方法与标准

（1）净资产折股方法

净资产折股对股权设置结构有着重要影响。所谓净资产折股，是指重组企业在企业价值评估和产权界定的基础上，将企业净资产（或所有者权益）折成股本（或实收资本）的行为。净资产折股是企业重组或改制股权设置中的一个关键问题，因为在净资产一定的情况下，折股问题的科学性与公正性直接影响折股企业股东的权益（国有企业改制中直接影响国有资本权益）和其他股东权益。

净资产折股可通过折股率和折股倍数两个指标来进行评价。

折股率是指企业净资产所折股本额与评估后净资产之比，其计算公式为：

$$折股率=\frac{所折股本额}{净资产评估确认值} \tag{8-1}$$

折股倍数是指原企业净资产评估确认值与所折股本额之比，其计算公式为：

$$折股倍数=\frac{净资产评估确认值}{所折股本额} \tag{8-2}$$

在折股过程中，净资产可以全部折成股份，即折股率为100%或折股倍数为1，也可部分折成股份，即折股率低于100%，折股倍数大于1。折股率越高，一定净资产的权益就越大；反之，折股率越低，则净资产权益越小。在改组后企业权益一定的情况下，国有净资产权益与其他股东权益是负相关的。可见，正确进行净资产折股至关重要。

（2）净资产折股标准

现行对净资产折股进行评价的指标及标准主要有：

①股票溢价倍率至少应等于折股倍数。股票溢价倍率是指新股发行价格与股票面值之比，其计算公式是：

$$股票溢价倍率=\frac{新股发行价格}{股票面值} \tag{8-3}$$

这一标准保证了国有股权益不至于因新股发行而受损失。因为如果股票溢价倍率低于折股倍数，假设前者为1，后者为2，那么当企业进行收益分配时，新股东每元投资的收益将是原企业每元净资产收益的2倍。

②原国有股与新股之比至少应等于净资产评估确认值与新股东总出资额之比。这两个指标的计算公式是：

$$原国有股与新股之比=\frac{原国有股所折股本额}{发行新股股本额} \tag{8-4}$$

$$净资产评估值与新股东出资额之比=\frac{净资产评估确认值}{新股东出资总额} \tag{8-5}$$

这一标准保证了股本结构与出资额结构的一致性，如果前者低于后者，那么说明国有股的股本结构低于其出资结构，这将引起原国有股权的损失。

③原国有股东股份当量市场价值至少应等于净资产评估价值。原国有股当量市价的计算公式是：

$$原国有股当量市值=\frac{新股东总出资额}{新股东股权比例}\times原国有股东股权比例 \tag{8-6}$$

或 $$=预计股票发行市盈率\times预计税后利润\times原国有股东股权比例$$

如果原国有股当量市值低于原国有企业净资产评估值，则说明由于净资产折股和发行价格存在的问题使国有资产权益受到损失。

4）企业产权重组中的股权调整

企业产权重组中的股权调整主要涉及公司股本数量、资本结构、股权分布的变化。在我国股权调整的主要形式有股权置换、股票回购、股票分割与股票合并。企业股权调整的目的在于优化股权结构，完善公司治理结构，保障股东的利益。

（1）股权置换

股权置换又称换股并购，就是主并公司将目标公司的股票按一定比例换成本公司股票以达到控制目标公司的行为。与股票支付并购相同，根据具体情况，换股一般有三种方式：

①增资换股，即主并公司采用发行新股的方式，包括普通股和优先股，来替换目标公司原有股票，从而达到并购的目的。

②母公司与子公司交叉换股，其特点是主并公司本身、其母公司和目标公司之间都存在换股的三角关系。通常在换股之后，目标公司或者消亡，或者成为主并公司的子公司或其母公司的子公司。

③库藏股换股，即在换股并购之前，主并公司回购一定数量的股份作为库藏股，再将其库藏股用来替换目标公司的股票。

采用这种方式并购，最大的优点就是主并方可以避免收购所需要的巨大的现金流量，减轻主并方的资金负担，有利于并购的顺利进行，而且这种方式调整了主并方的资本结构、股本数量和股权分布，有利于优化资本结构。

（2）股票回购

股票回购是指公司出资回购其本身发行在外的股票。股票回购的方式有两种：①公开市场购买，是指公司通过经纪人，在公开的证券市场购回自身发行的股票。当公司在市场回购股票时，需披露回购股票的意图、数量等信息，并遵从证券交易管理机构的有关规定。②投票出价购买，是指公司按某一收购价格向股东提出回购若干股份。这种收购价一般也高于当时市价。采用这种方式回购股票，也需要披露有关信息。股票回购，使流通在外的股份减少，每股股利增加，从而可使股价上升，股东能因此获得资本利得，这相当于公司支付给股东股利。因此，股票回购也可看作是一种现金股利的替代方式，二者对股东通常有同等效用。但由于股票回购后股东所得属于资本利得，需缴纳资本利得税，而现金股利属于股利收益，需缴纳一般所得税。当资本利得税低于一般所得税时，股票回购将得到纳税好处。

（3）股票分割与股票合并

股票分割是指将证券市场上发行的面值较大的股票，分割成多股较小面值股票的行为，以促进股票的发行和流通。股票分割时，发行在外的股数增加，使得每股面额降低，每股盈余下降，但股东价值不变，股东权益总额、股东权益各项目的金额及其相互间的比例也不改变。股票分割可使股票价格水平下跌，从而能吸引更多的投资者购买股票，使股票价格上升，进而增加股东财富，这也是运用股票分割所期望达到的目的。另外，股票分割往往是成长中公司的行为，因此，宣布股票分割容易给人一种公司处于发展中的表象，这对企业是有利的。

股票合并亦称股票反分割，是指股票分割的相反行为，即将数股面额较低的股票合并为一股面额较高的股票。当公司认为自己的股票价格过低时，为了提高股价，将采取股票合并措施。股票合并后，会使每股面额提高、每股盈余上升，从而使股票价格提高、股东财富增加。

5）企业产权重组中应注意的问题

产权重组中应注意的问题主要涉及产权重组中，特别是企业改制中的股权设置方式、净资产折股的方法与标准、股权结构优化决策等问题。

（1）国有企业改制中的股权设置

关于国有企业改制中的股权设置，在国有企业改制之初主要涉及的问题有：第一，企业法人股与企业股是否相同？应否设置企业股？第二，如不设置企业股，改制前企业的自有资金如何处理？第三，实践中存在科技股的提法，应不应设科技股？

企业法人股与企业股是不同的。企业法人股是指企业法人以其法人财产权为基础，向其他股份制企业投资所形成的股份。企业法人股的股权表面看属于企业法人，实际上属于法人企业的所有者。企业股是指企业以自己的资产为基础，向本企业投资所形成的股份。企业股的所有者是企业法人本身，而不是法人企业的所有者。

设置企业法人股对股份制企业有效筹资、股份制企业间相互持股、相互控制都是有利的，也符合产权清晰这一现代企业制度的核心要求。设置企业股无论从理论上还是实践上都是不可行的。首先，设置企业股的前提是要有企业自己的财产，而在规范情况下，企业除了法人财产并无其他资产。如果将法人资产说成是企业自己的资产，那么企业股就等同于企业全体股东的股份，这显然是不能成立的。其次，如果考虑我国国有企业由于传统体制影响，在会计处理上确实存在部分自有资金的问题，那么，应具体分析这些自有资金来源或真正的所有者。其实，从“谁投资，谁所有，谁受益”的原则出发，企业不可能生成自己所有的资金。所谓企业自有资金，一部分实际上是国家原始投资增值用于增资部分，其所有权仍属于国家；另一部分是企业用于职工福利和奖励部分，它是劳动者劳动报酬的部分，其所有权属于职工。因此，企业股也不能成立。

在不存在企业股的情况下，对于自有资金中属于国家原始投资增值部分，产权应归国家，设为国家股或国有法人股。至于自有资金中属于劳动者报酬或福利的部分，产权应归劳动者个人，在改制中，一可将其作为债权处理；二可将其作为个人股；三可作为职工集体股向外投资。我们认为将其作为债权比较合理可行：第一，它有利于经营资产与非经营资产剥离，而设置职工福利与奖励基金的目的是提高职工福利，将其用于投资则混淆了经营与非经营的界限；第二，有利于克服“鞭打快牛”倾向，避免福利费超支者受益、节约者受损的不正常情况发生；第三，有利于防止国有资产流失，实践中大部分企业这部分资金超支，作为债权处理可保证国有资产不受损失。

关于科技股，主要是指科技人员（包括管理人员）以其技术入股。科技股的特点是：第一，它实际上属于个人股；第二，它是以科技人员的技术含量或价值为依据折股，而不是以投资额折股。设置科技股是否合理合法，对此应具体分析。从理论上说，无论是股权还是债权，都对企业资产有要求权，但在我国现行会计核算体系下，科技股却没有相应的资产要求权。可能有人认为它对应的是无形资产，其实不然，因为，无形资产中，无论是知识产权、专有技术，还是商誉等，在企业改制的资产评估和产权界定过程中都已界定给相应的所有者，即使将某项知识产权界定给个人，它也与科技股的含义不同，知识产权实际上也是一项投资，而不反映某个人的技术含量或价值。从现实看，设置科技股确实可调动科技人员积极性，科技人员以其自身技术含量或价值也确实能为企业带来更大财富。从这点看，科技股可能比其他投资更有益于企业发展。如何解决理论与现实的矛盾？是站在现实立场上完善理论，还是以现有理论为依据，规范实践？我们认为应是前者。解决的方法是进行人力资本核算。人力资本是企业资产的组成部分，科技股对应的资产要求权应是人力资本（当然，人力资本并不一定都是科技股）。

(2) 股权设置中的净资产折股

在净资产折股中值得研究的问题主要有：第一，在折股比率的确定问题上，应考虑哪些因素？第二，现行折股标准及其存在的问题如何解决？折股比率不得低于65%的规定有何理论依据？第三，经营资产折股比例与非经营资产折股比例是否应相同？第四，非折股资产如何处理？非折股资产租赁给改制企业的租赁费如何确定？

①影响净资产折股的因素

影响净资产折股的因素有许多，主要因素有改制后企业国有股股权结构、自有资金需要量、批准的股票发行额度、企业效益水平、企业净资产价值等。

A.企业净资产价值。企业净资产的价值是决定折股的重要因素，通常净资产价值与所折股份成正比例关系。在每股面值和折股比率一定的情况下，净资产价值越大，所折股份就越多。

B.企业效益预测情况。企业效益情况是影响股票发行价格的重要因素，而股票发行价格又决定着股票溢价倍率，股票溢价倍率则制约着折股倍数，从而影响净资产的折股。一般地说，企业效益越好，股票发行价格越高，折股倍数越高，折股比率越低，在净资产一定的情况下，所折股份越少。因此，企业效益与净资产折股成反比。

C.预计发行市盈率。市盈率是指股票每股市价与每股税后收益之间的比率，其计算公式为：

$$市盈率=\frac{每股市价}{每股税后收益} \tag{8-7}$$

从公式（8-7）可以看出，市盈率反映了股票市场价值与企业税后收益之间的关系。在企业税后利润一定的情况下，市盈率越高，股票市场价值越大，股东持有股份当量市值或权益也越大。因此，在净资产一定的情况下，市盈率越高，折股比率越低。

D.国有股权结构。在其他条件一定的情况下，国有股权结构决定着国有净资产的折股比率。例如，某改组企业的国有净资产为3 500万元，股份公司的注册资本为5 000万元。如果国有股权结构为50%，则国有净资产的折股比率为0.71（5 000×50%÷3 500）；如果股权结构为55%，则国有净资产折股比率为0.79（5 000×55%÷3 500）。

E.企业筹资需要量。一般地说，企业筹资需要量与折股比率是负相关的，在国有净资产和股本总额一定的情况下，资金需要量越多，净资产折股比率就要求越低；反之，则折股比率可提高。如上例，在折股比率为0.71时，预计企业股权筹资总额为7 042万元（5 000÷0.71）；在折股比率为0.79时，预计企业股权筹资总额为6 329万元（5 000÷0.79）。

F.批准发行额度。股票发行额度制约着股本总额，在净资产和股权结构大体确定的情况下，发行额度与折股比率为正相关关系，即发行额度越大，净资产折股比率越大。假设上例的股票发行额度为1 250万元，则其股本总额最高为5 000万元（1 250÷0.25），在国有净资产为3 500万元、股权结构为55%的情况下，其折股比率只能为0.79。如果上例股票发行额度为1 500万元，则股本总额最高可为6 000万元（1 500÷0.25），在国有净资产为3 500万元、股权结构为55%的情况下，其折股比率将变为0.94（6 000×55%÷3 500）。

②净资产折股标准

如何判断和评价净资产折股的合理性呢？关键看是否能保障股东各方的权益不受侵犯，包括国有资产的权益和非国有资产的权益。

应当指出，运用这三个标准应明确以下问题：

第一，虽然这三个标准分别从股票溢价、股本结构和股本当量市值三个角度对净资产折股比率或折股倍数进行了规范，但其实质是相同的。只要符合一个标准，必然符合另两个标准。

第二，这三个标准都是要求前一个指标至少要等于后一个指标，就是说前者可大于后者。实际上，当前者大于后者时，国有股权益没受到损害，但其他股权却受到损害，这显然是不公平的。因此，应将标准改为二者相等。

第三，在折股过程中，如果各标准的前者与后者不一致，例如当股票溢价倍率和折股倍数不一致时，是溢价倍率服从折股倍数，还是相反呢？我们认为应根据影响折股比率的因素，首先确定折股倍数，再根据折股倍数，确定股票溢价发行倍率。

关于折股比率不得低于65%或折股倍数不得高于1.54的问题。这一规定从现实看，对防止国有资产折股过低，保障国有资产权益不受损害是有利的，但从理论看，由于折股倍数不得高于1.54，股票溢价倍率也只能是154%左右。否则，过高的股票溢价倍率将使股民权益受损。然而，从我国目前上市公司股票发行状况看，股票溢价倍率往往高于这一标准，这显然不妥。解决这一问题的方法有二：一是取消折股倍数不得低于65%的标准，只要符合上述三个标准之一，就认为折股是合理的；二是保留这一标准，但规定股票溢价倍率应与折股倍数相一致，这样既符合前三个折股标准，又符合折股比率不低于65%的规定。

③经营资产与非经营资产折股比例

关于经营资产折股比例与非经营资产折股比例是否应相同的问题，我们认为应根据改制情况区别对待。在分立改制情况下，由于非经营资产剥离，实质上不存在非经营资产折股问题；在企业整体改制和合并改制时，如果非经营资产没能完全剥离出去，可能存在非经营资产折股问题。至于如何折股，应视具体情况而定。当国有企业整体改制为国有独资公司时，经营资产与非经营资产的折股比例可相同。当几个企业合并改制为有限责任公司或股份有限公司（发起设立）时，由于各企业的经营资产与非经营资产结构不同，非经营资产与经营资产的折股比例也不应相同，非经营资产的折股比例应低于经营资产的折股比例；否则，非经营资产结构大的企业受益，而非经营资产结构小的企业受损。当几个企业合并改制为股份有限公司（募集设立）时，非经营资产不应折股；否则，股民利益将受损害。

（3）关于土地是否作价入股的问题

土地是国家的重要资源和资产，也是重要的生产资料。随着经济体制改革的深入发展，土地使用制度将逐步由划拨供应方式转化为有偿供应的资产化管理方式。我国的土地制度改革是从农村开始的，是在坚持公有制基础上着重改革土地使用制度和土地管理制度。城镇土地使用制度改革，是在城镇土地全民所有制性质不变的情况下，明确将土地使用权确定给企业、机关、团体等单位和个人使用，并依法实行有偿使用，保护土地使用者的合法权利。这项改革自1987年起，经国务院批准率先在深圳进行有偿转让的试点工作。1990年5月，国务院颁布了《中华人民共和国城镇国有土地使用权出让和转让暂行条例》，对城镇国有土地在所有权和使用权分离的前提下，对使用权的各种职能做了详细的规定，以适应改革开放和新的经济发展形势。近些年来，根据上述文件的规定，通过拍卖、招标、协议等形式，并规定好一定的价格，逐步将土地使用权推向了市场。

对于股份制企业土地资产的管理，1992年7月9日原国家土地管理局和国家体改委曾联合发布《股份制试点企业土地资产管理暂行规定》，对股份制企业土地资产的土地使用权的处置方案、评估及确认等问题做了统一规定，并于1993年10月9日发布《关于到境外上市的股份制试点企业土地资产管理的若干问题的通知》。1995年1月6日原国家土地管理局、国家体改委对上述“规定”及“通知”又做了进一步的补充修改和完善，联合发布了《股份有限公司土地使用权管理暂行规定》，1992年的“暂行规定”及1993年的“通知”同时废止。2003年2月20日，原国土资源部发布关于停止执行部分规范性文件的通知，决定停止执行《股份有限公司土地使用权管理暂行规定》。

根据2021年7月2日修订的《中华人民共和国土地管理法实施条例》第十七条规定，国有土地有偿使用的方式包括：①国有土地使用权出让，是指国家以土地所有者的身份将土地使用权在一定年限内让与土地使用者，并由土地使用者向国家支付土地使用权出让金的行为。②国有土地租赁，是指土地使用者将土地使用权单独或者随同地上建筑物、其他附着物租赁给他人使用，由他人向其支付租金的行为。原拥有土地使用权的一方称为出租人，承担土地使用权的一方称为承租人。③国有土地使用权作价出资或者入股，是指国家以一定年期的国有土地使用权作价，作为出资投入改组后的新设企业，该土地使用权由新设企业持有，可以依照土地管理法律、法规关于出让土地使用权的规定转让、出租、抵押。土地使用权作价出资（入股）形成的国家股股权，按照国有资产投资主体由有批准权的人民政府土地管理部门委托有资格的国有股权持股单位统一持有。由此可见，国有土地使用权作价出资或入股与出让一样都是国有土地有偿使用的方式。按照2019年8月26日修订的《中华人民共和国城市房地产管理法》第八条规定："土地使用权出让，是指国家将国有土地使用权（以下简称土地使用权）在一定年限内出让给土地使用者，由土地使用者向国家支付土地使用权出让金的行为。"出让土地使用权需要向国家缴纳土地出让金。按照1999年11月25日发布并实施的《国土资源部关于加强土地资产管理促进国有企业改革和发展的若干意见》规定，"土地资产处置时，要考虑划拨土地使用权的平均取得和开发投入成本，合理确定土地作价水平。采用授权经营、作价出资（入股）方式处置土地资产的，按政府应收取的土地出让金额计作国家资本金或股本金"。由此可见，以国有土地使用权作价出资或者入股的，国有土地使用权已经被作价，作为出资投入企业，相应的土地使用权也转化为国家对企业出资的国家资本金或股本金。国有土地使用权作价出资或者入股的，应当视同已经缴纳了土地出让金。

2016年12月31日原国土资源部、发改委、财政部、住建部等八部门联合印发的《关于扩大国有土地有偿使用范围的意见》再次明确规定，"作价出资或者入股土地使用权实行与出让土地使用权同权同价管理制度，依据不动产登记确认权属，可以转让、出租、抵押"。同权同价意味着作价出资或者入股国有土地使用权与出让国有土地使用权权能相同。出让国有土地使用权不用补缴出让金，那么作价出资或者入股国有土地使用权转让也不用补缴土地出让金。

（4）国有股权转让时应注意的政策问题

①审核批准

A.国有资产监督管理机构负责审核国家出资企业的产权转让事项。其中，因产权转让致使国家不再拥有所出资企业控股权的，须由国有资产监督管理机构报本级人民政府批准。

B.对主业处于关系国家安全、国民经济命脉的重要行业和关键领域，主要承担重大专项任务国家出资企业子企业的产权转让，须由国家出资企业报同级国有资产监督管理机构批准。

C.转让方为多家国有股东共同持股的企业，由其中持股比例最大的国有股东负责履行相关批准程序；各国有股东持股比例相同的，由相关股东协商后确定其中一家股东负责履行相关批准程序。

②审计评估

产权转让事项经批准后，由转让方委托会计师事务所对转让标的企业进行审计。涉及参股权转让不宜单独进行专项审计的，转让方应当取得转让标的企业最近一期年度审计报告。

③确定受让方

A.产权转让原则上通过产权市场公开进行，通过产权交易机构网站分阶段对外披露产权转让信息，公开征集受让方。

B.转让方应当按照要求向产权交易机构提供披露信息内容的纸质文档材料，并对披露内容和所提供材料的真实性、完整性、准确性负责。产权交易机构应当对信息披露的规范性负责。

C.产权转让项目首次正式信息披露的转让底价，不得低于经核准或备案的转让标的评估结果。

D.信息披露期满未征集到意向受让方的，可以延期或在降低转让底价、变更受让条件后重新进行信息披露。

E.产权转让信息披露期满、产生符合条件的意向受让方的，按照披露的竞价方式组织竞价。竞价可以采取拍卖、招投标、网络竞价以及其他竞价方式，且不得违反国家法律法规的规定。

F.受让方确定后，转让方与受让方应当签订产权交易合同，交易双方不得以交易期间企业经营性损益等理由对已达成的交易条件和交易价格进行调整。

④结算交易价款

A.交易价款应当以人民币计价，通过产权交易机构以货币进行结算。

B.交易价款原则上应当自合同生效之日起5个工作日内一次付清。

C.交易价款金额较大、一次付清确有困难的，可以采取分期付款方式。采用分期付款方式的，首期付款不得低于总价款的30%，并在合同生效之日起5个工作日内支付；其余款项应当提供转让方认可的合法有效担保，并按同期银行贷款利率支付延期付款期间的利息，付款期限不得超过1年。

D.产权交易合同生效后，产权交易机构应当将交易结果通过交易机构网站对外公告，公告内容包括交易标的名称、转让标的评估结果、转让底价、交易价格，公告期不少于5个工作日。

涉及主业处于关系国家安全、国民经济命脉的重要行业和关键领域企业的重组整合，对受让方有特殊要求，企业产权需要在国有及国有控股企业之间转让的，经国资监管机构批准，可以采取非公开协议转让方式；同一国家出资企业及其各级控股企业或实际控制企业之间因实施内部重组整合进行产权转让的，经该国家出资企业审议决策，可以采取非公开协议转让方式。采取非公开协议转让方式转让企业产权，转让价格不得低于经核准或备案的评估结果。

（5）国有股股东行使股权行为应注意的政策问题

①国有股股东与其他股东同股、同权、同利，依法享有所有者资产受益、重大决策和选择管理者等权利，如委派股东代表出席股东大会并行使表决权，享有公司选举权和被选举权，查阅公司章程和股东大会会议记录及公司财务会计报告，监督公司生产、经营和管理等权利。

②国有股股东须委托股东代表参加股份公司股东大会。股东代表应具备以下条件：熟悉和了解公司经营管理及财务状况；能够依法维护国有股股东的权益，正确行使表决权；

掌握金融知识，了解资本市场。

③国有股股东对股份公司应履行如下义务：遵守公司章程；依其所认购的股份和入股方式出资；维护股东大会决议；关心公司经营管理，促进公司健康发展，维护公司合法利益。

④一个国有股股东持有的国有股权，不得分割为若干部分委派一个以上的股东代理人分别行使。

⑤国有股股东应按时足额收缴国有股应得红利，不得以任何方式放弃国有股的收益权。

⑥国有股股东在股东大会决定送配股等事宜时，须从维护国有股利益出发，不得盲目赞成配股或放弃配股权。

⑦国有股增购股份公司股票时，须符合国家的产业政策，根据自身的发展需要及股份公司的发展前景确定。

本章小结

企业重组有广义和狭义之分。广义企业重组包括企业业务重组、资产重组、负债重组、股权重组、职员重组和管理体制重组等。狭义企业重组主要指企业资产重组。企业重组财务是指在企业在改制、改组、改造过程中，对与企业财务活动相关的资产、负债和产权的重新组合。

企业重组的模式包括原续型企业重组、合并型企业重组和分立型企业重组三种模式。企业重组的方式包括整合重组、分拆重组和内部优化重组。

资产重组是指企业改制、改组和改造过程中将原企业的存量资产，经过剥离、分立和合并等方式，对企业的资产和组织重新组合及设置，确定合理资产结构的行为。资产重组的目的是提高资产的配置效率及资产利用率，提高企业的经济效益，保证资产的保值增值。资产重组的影响因素包括企业规模、资产重组策略、行业特点、资产结构与负债结构的协调等。资产重组应注意的问题包括非经营资产剥离问题、非主营资产剥离与利润分割等问题。

负债重组是指在不改变交易对手方的情况下，经债权人和债务人协定或法院裁定，就清偿债务的时间、金额或方式等重新达成协议的交易。企业改制中的负债重组，其内涵中还包括企业改制及优化资本结构的总体要求，将企业的负债通过债权债务责任转移等方式，合理确定企业负债规模与结构的重组行为。负债重组的目的在于通过合理确定债务规模与结构，提高企业的财务杠杆效应，进而提高企业的经济效益，实现资本增值的目标。负债重组的方式包括以资产清偿债务、将债务转为权益工具、修改其他条款、组合方式。

8-5 案例分析

中核钛白：一家僵尸国企如何绝境逢生

产权重组是指在对产权重新界定基础上，对股权规模和结构的重新设置，经过股权调整与转让流通等方式，确定合理的股权规模与结构的重组行为。进行产权重组的关键在于搞好股权设置。其形式有国有股、法人股、个人股和外资股。企业改组设立股份公司的股权设置方法可分为全部资产整体改组的股权设置方法、部分资产整体改组的股权设置方法、部分生产经营资产整体改组的股权设置方法。企业产权重组中应注意的问题包括：国有企业改制中的股权设置问题、股权设置中的净资产折股问题和土地入股问题。

关键概念与主要观念

□ 关键概念

企业重组 企业重组财务 资产重组 债务重组 债权转股权 产权重组 折股率 折股倍数 股票溢价倍率 股权置换 股票回购 股票分割 股票反分割 市盈率

□ 主要观念

企业重组财务问题主要是指企业在改制、改组、改造过程中，对与企业财务活动相关的资产、负债和产权的重新组合。

企业重组财务就是要以资本保值增值为目标，运用资产重组、负债重组和产权重组方式，优化企业资产结构、负债结构和产权结构，以充分利用现有资源，实现资源优化配置。

广义资产重组既包括对会计学意义上的资产的重组，又包括对债权、产权的重组，实际上属于企业重组。狭义资产重组，是指对企业会计学意义上的资产的重组，即资产重组是指企业股份制改造过程中将原企业的存量资产，经过剥离、分立和合并等方式，对企业的资产和组织重新组合及设置，确定合理资产结构的行为。

从理论上说，主营资产与非主营资产剥离时进行利润分割，以确定进入改制范围资产的效益或盈利状况，是正确的。但是，从现实看，进行利润分割意义不大：第一，利润分割的理论依据、政策依据、方法依据、事实依据都不充分，利润分割的准确性或可信度较差；第二，进入改制部分资产的效益情况与改制企业的总体效益状况往往是一致的。因此，可直接审计改制企业前3年的盈利情况，而不需要进行利润分割。

在净资产折股中值得研究的问题主要有：第一，在折股比率的确定问题上，应考虑哪些因素？第二，现行折股标准及其存在的问题如何解决？ 折股比率不得低于65%的规定有何理论依据？第三，经营资产折股比例与非经营资产折股比例是否应相同？第四，非折股资产如何处理？非折股资产租赁给改制企业的租赁费如何确定？

基本训练

□ 知识题

8.1 简答题

（1）简述企业重组的内涵。

（2）对不同重组模式的优缺点进行比较。

（3）债转股中公允价值是如何确定的？

（4）如何判断和评价净资产折股的合理性？

（5）简述国有土地有偿使用的方式。

（6）分类推进国有企业混合所有制改革包括哪些内容？

8.2 思考题

（1）上市公司进行资产重组有什么意义？

（2）何为“债务重组”？引起企业债务重组的原因有哪些？

（3）分析股票回购的意义及对上市公司的影响。

（4）在国有企业改制中，股权是怎么设置的？

（5）分析管理人收购（MBO）关注现金流量的原因。

□ **技能题**

8.1 股权重组

A公司和B公司流通在外普通股股数分别为3 000万股和600万股，现有净利分别为6 000万元和900万元，市盈率分别为15和10。A公司拟采用增发普通股的方式收购B公司，并计划支付给B公司高于其市场价值20%的溢价。

要求：

（1）计算普通股交换率和该公司需增发的普通股股数。

（2）若两公司合并后的收益能力不变，新公司市盈率上升为16，则每股市价为多少？

8.2 企业并购

甲公司经营发展，需要并购乙公司，甲公司目前资产总额为50 000万元，负债与权益之比为2∶3，息税前利润为8 000万元，股票市价为72元，发行在外的股数为1 000万股；乙公司的资产总额为30 000万元，息税前利润为3 500万元，负债与权益之比为1∶1，股票市价为12元，发行在外的股数为1 000万股。两公司的所得税税率均为25%，两公司的负债均为长期银行借款，银行借款利率为10%，预计并购后乙公司能获得与甲公司相同水平的权益净利率和市盈率。

要求：

（1）计算甲、乙两公司并购前各自的权益净利率和市盈率。

（2）计算目标企业乙公司的并购价值。

□ **能力题**

并购重组还是利益输送①

2023年9月7日华东重机发布公告称，将以9.37亿元的挂牌价格转让全资子公司润星科技全部股权，而6年前该资产被华东重机以29.5亿元的价格收购。9月13日，公司收到深交所问询函。

2017年华东重机高价收购润星科技，当时以2016年年底为评估基准日，采用收益法评估，润星科技股东全部权益的市场价值为29.53亿元，评估增值率达到624.98%。而本次交易以2023年6月30日为基准日，润星科技账面净资产77 365万元，以资产基础法评估价值为9.37亿元，增值率21.14%；以收益法评估价值为9.35亿元，增值率20.86%。深交所要求公司说明本次估值与前次估值差异大的原因。

上市公司收购时，润星科技原股东承诺，2017—2019年度扣非后净利润分别为不低于2.5亿元、3亿元和3.6亿元，实际上三年累计完成率108.83%。然而业绩对赌期一过，润星科技业绩就走下坡路，2020—2022年度分别亏损23 576.06万元、15 826.83万元、140 39.74万元，2023年上半年亏损6 702.73万元。

《上市公司重大资产重组管理办法》第三十五条规定了交易对手业绩承诺与补偿制度，上市公司向控股股东、实控人或其控制的关联人之外的特定对象购买资产且未导致控

① 本案例资料改编自：熊锦秋．并购重组尤须紧盯“关键少数”［J］．董事会，2023（9）：10-11．

制权发生变更的，无须适用该制度。从上市公司并购实践来看，业绩承诺制度实施效果并不太好。

不少上市公司并购重组的动机是基于协同效应和长期发展，但也有部分上市公司并购重组是为了打造所谓双主业，或迎合市场炒作，甚至作为利益输送渠道。并购目的一旦不单纯，上市公司董监高对于标的资产估值高低就不会太在乎。虽然交易对手对标的资产未来业绩作出承诺，但有些案例未能如期完成业绩承诺，业绩补偿承诺难以落实；即便业绩承诺如期实现，但其中也可能存在一定水分，承诺期一过，资产垃圾、出现亏损等情形就暴露出来。

【案例分析要求】

（1）为什么并购重组会成为企业的利益输送的渠道？

（2）本案例引发什么启示？

数智能力训练

在数字经济时代，人工智能大模型能够为企业重组财务提供很多有益的帮助。结合本章学习的内容，我们可运用人工智能大模型，如阿里“通义千问”、百度“文心一言”和科大讯飞“星火”等（当然也可以采用最新推出的其他模型）对企业重组财务中的相关问题进行进一步讨论分析，以提升同学们运用数智模型进行企业重组财务的能力。

本章的数智能力训练题主要有：

（1）现代企业的目标是资本增值，企业重组是实现企业资本增值的重要手段。如何通过企业重组财务实现优化企业资产结构、负债结构和产权结构？如何提升企业重组财务的效率？

（2）利用人工智能大模型，探索我国企业重组中存在的主要问题，寻找提升资源优化配置的途径和措施。

（3）从混合所有制改革角度看，我国上市公司混合所有制改革现状如何？存在哪些问题？如何通过混合所有制改革推动国有资本和国有企业做强做优做大？

同学们可以针对这些问题利用大模型进行提问，也可针对本章内容尝试提出不同的问题或以不同方式进行提问，以提升同学们利用人工智能大模型进行财务管理的能力。

互动练习

8-6 即测即评

第8章练习题

第4篇

管理控制与财务控制

引例：华润集团的6S管理体系

华润集团公司自2000年以来，经过两次“再造华润”，现已发展成为业务涵盖大消费、综合能源、城市建设运营、大健康、产业金融、科技及新兴产业6大领域，下设25个业务单元，两家直属机构，实体企业3 077家，在职员工约39万人，位列2023年《财富》世界500强第74位。所属企业中有8家在香港地区上市，9家在内地上市，其中，华润置地、华润啤酒、华润万象生活和华润电力位列香港恒生指数成分股。

面对这样一个跨国、跨地区、跨行业经营的组织结构如此复杂、管理跨度如此之大的企业集团，华润集团总部又是如何实施管理的呢？华润集团之所以取得成功，得益于建立并应用了一整套管理方法，这就是已为人们所熟知的6S管理体系。正是6S的实施和不断完善，管理人员特别是财务人员的专业构成和专业水平明显改进，经理人员的管理意识和管理技能相应提高，企业管理随之规范，业务经营趋于透明。更为重要的是，集团能够获得相对明晰和准确的管理信息，从而使管理决策更具针对性和有效性，由此才有了后来“集团多元化、利润中心专业化”的整体战略。而利润中心专业化就要求整个利润中心的专注和投入，也就是需要更加明确和细化的竞争战略，以确定业务长远发展目标以及实现战略目标的途径。

华润集团6S管理体系的建立绝不是一朝一夕的事情，它经过了不同的发展阶段：1999年，华润集团提出6S的制度化构想，开启了华润的6S管理时代，从而带来华润企业管理的历史性转折，并在运行几年后持续完善，历久弥新；2003年，华润集团倡导6S的战略化导向，促成了6S的开放式变革，同时，6S的信息化方向也开始明确，这使得华润的战略管理得到了制度性保障和技术性支持；2004年，华润集团强调建立找差距的企业文化，引发了6S的全面检讨，6S一体化、综合化和层次化的理性认识必将引导6S在华润进一步落实和深入推进。

华润6S管理体系是战略规划体系、业绩评价体系、内部审计体系、经理人考评体系、管理报告体系和商业计划体系等6个System的简称，是华润从自身特点出发探索的多元化控股企业管理模式，是华润的核心管理体系（如图1所示）。6S使华润集团多元化企业管理模式更科学有序，整体管理架构变得更加扁平，管理层可以及时、准确地获取管理信息，有力地促进了总部战略管理能力的提升和战略导向型组织的形成。

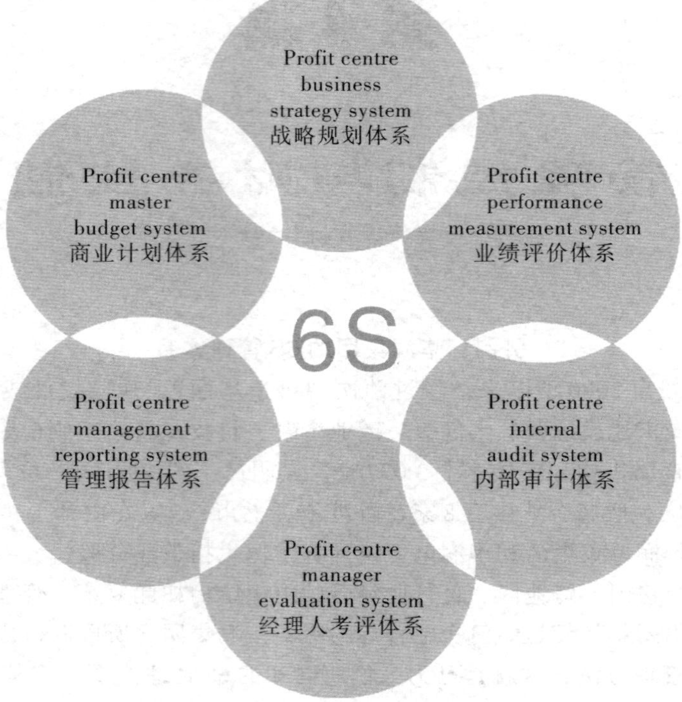

图1 华润集团6S管理体系图

6S管理体系传递了这样一种理念，即单项体系的孤立存在通常导致匹配问题，或者说缺乏一致性，甚至出现这样那样的不协调，形不成管理合力，而6S不是单项职能的简单汇总和无序集合，其独特之处正在于形成了一个紧密连接、环环相扣的管理链条，是个一体化的有机组合。如果借用战略的语言来说，其竞争优势正是来自各项S的相互适应（fit）和支持，来自各项S组成的整体系统（entire system），因而6S比单项S更有效。管理控制系统的应用能否成功，依靠的不仅是实施某一项管理控制子系统，而是实施一体化的管理控制系统，形成系统组合优势；反之，如果各项管理控制子系统缺乏配合，那么就无法形成一致性的协同管理，实际作用也难免大打折扣。

透过华润集团6S的一体化案例，反映出6S是个有机集成的整体系统，而不是简单罗列的单项系统。

通过本篇的学习，我们将理解和掌握企业管理控制系统的内涵、要素、程序和模式，重点掌握管理控制过程中预算控制、评价控制和激励控制的内容与方法，能够根据企业管理控制环境选择合适的管理控制模式。

第9章 管理控制概论

学习目标

本章学习目标是使学生掌握管理控制的内涵、要素、环境和程序。其具体目标包括：

知识目标：

● 明确什么是管理控制，管理控制如何进行分类。

● 理解管理控制与内部控制的关系，管理控制在财务管理中的作用。

● 理解管理控制要素的内涵，明确管理控制十要素及相互关系。

● 明确管理控制环境分类，理解管理控制环境对管理控制的影响。

技能目标：

● 理解与掌握管理控制的基本程序。

● 掌握与运用管理控制各程序中的具体控制方法。

能力目标：

● 能够运用管理控制基本原理，结合各企业管理控制环境变化，设计管理控制模式与方案。

● 能够运用管理控制程序与方法进行财务管理，做好财务控制、财务评价、财务激励等。

素养目标：

● 正确理解管理控制环境的重要性，弘扬健康、积极、向上的企业文化和价值观。

● 基于企业管理控制理念，明确人生目标，做好人生规划。

9.1 管理控制内涵

1）内部控制与管理控制

内部控制是指控制者来自组织（企业）内部，或者说控制主体与控制客体处于同一组织。如COSO报告将内部控制定义为："内部控制是由企业董事会、管理层，以及其他员工为达到财务报告的可靠性、经营活动的效率和效果、遵循相关法律法规等三个目标而提供合理保证的过程。"可见，企业内部控制的主体是包括企业董事会、管理层在内的全体员工；内部控制客体是企业各层次的经营管理活动；内部控制目标是财务报告的可靠性、经营活动的效率和效果、遵循相关法律法规；内部控制过程是为实现内部控制目标提供合理保证的过程。

内部控制从控制目标角度可分为达到财务报告可靠性的控制、实现经营活动效率和效果的控制和遵循相关法规的控制。在这三种控制中，财务报告可靠性控制属于内部会计控制，经营活动有效性控制属于内部管理控制，遵循相关法规的控制属于法规控制。

会计控制的目标是财务报告的可靠性。这一控制目标决定了内部会计控制实际上是财务会计控制。第一，它强调的是财务报告，即对外报告，而不是内部报告；第二，它强调的是可靠性，而没强调相关性，因为财务会计信息的相关性是由会计准则和制度决定的，不是内部控制所能决定的。内部会计控制目标还有另一种观点是保证会计信息质量，这一目标既包括保证会计信息的相关性与可靠性两方面，又包括保证财务会计信息质量和管理会计信息质量两方面。但由于财务会计与管理会计的服务对象不同，管理会计信息质量与经营活动有效性目标更相关，因此，内部会计控制目标强调的是财务报告可靠性。它是内部控制的基础（或前提）。

管理控制的目标是正确选择战略并使战略被执行，从而使组织的目标得以实现，使经营活动具有有效性。经营活动的有效性包括经营活动的效率和效果两方面。效率是经济学的核心，也是经营活动的基本目标，效果（或绩效）是管理学的核心，也是经营管理的基本目标。内部管理控制将效率与效果作为目标，是内部控制的主导和关键，也是组织内部控制的核心与目标。

法规控制虽然与会计控制和管理控制相比有其特殊性，但实际上法规控制不能孤立于会计控制与管理控制而存在。因为财务报告的可靠性和经营活动的有效性都不能离开法律法规的遵循，法规控制是内部会计控制和内部管理控制的保证。

2）管理控制的内涵

要探讨管理控制的内涵，可从管理控制职能范围和管理控制主体几个方面展开，这有利于全面理解与掌握管理控制内涵的本质和范畴。

（1）从管理控制职能范围看管理控制内涵

从这个角度看，管理控制有广义、中义和狭义三种解释。

广义的管理控制是指发挥管理的职能，特别是控制职能。管理控制的内涵包括战略控制和经营控制。因为管理控制与被用于驾驭组织以实现其目标的管理系统设计相关，因此，管理控制还包括计划、组织和领导这些管理的职能。[①]威廉·纽曼认为，管理控制系统的内涵是管理的控制职能，控制是管理的基础，管理控制涉及管理的全部领域。这种管理控制的特点是既包括定量控制又包括非定量控制，或者说是定量控制与非定量控制并重。

中义的管理控制是指由确定标准、评价业绩、纠正偏差构成的管理控制系统。因为管理控制强调的是战略执行的控制，而战略执行过程控制是由确定标准、评价业绩、纠正偏差构成的管理控制系统。这种管理控制的特点是强调定量控制，或者说是以定量为主的控制。

狭义的管理控制是指管理会计中的责任会计。这种管理控制的特点是货币计量控制，或者说是以货币计量为主的控制。

目前，管理控制的三种内涵从三种控制职能手段或三种研究领域角度都有专业学者在研究。通常广义内涵由管理学学者研究居多；中义内涵由战略及财务学学者研究居多；狭义内涵由会计学学者研究居多。

我们认为，从管理控制的研究目的和应用目标看，广义内涵太宽，而狭义内涵太窄。结合我们自身财务与会计专业优势及特点，本书将管理控制作中义解释。

（2）从管理控制主体看管理控制的内涵

管理控制的主体是管理者及组织中的其他成员。管理控制亦可称为管理者对组织中各项管理活动的控制，管理者是管理控制的主力军。但是，管理控制中的管理者离不开组织中的其他成员而孤立进行控制。管理控制的主体除管理者外，对上包括代表股东利益的董事会，对下包括代表职工利益的全体员工。从这个角度看，管理控制也可分为广义管理控制、狭义管理控制和中义管理控制。

广义的管理控制包括：以董事会为主体的公司治理控制或战略计划；以管理者为主体的管理控制；以员工为主体的任务控制或作业控制。三种控制各发挥不同的作用，共同为实现组织战略目标服务。

狭义的管理控制是指以管理者为主体的管理控制，不包括作业控制及战略控制等。

中义的管理控制是指管理者影响组织中其他成员以实现组织战略目标的过程。中义的管理控制以管理者控制为主，兼顾董事会控制及员工的控制。

本书将管理控制作中义解释。

9.2　管理控制要素

1）管理控制要素确定的理论基础

关于管理控制要素的内涵，学术界已经存在诸多不同的观点。在论述管理控制要素的内涵之前，我们首先介绍目前国内外普遍存在的关于管理控制要素的几种观点，以此为后

① MACIARIELLO，KIRBY.Management control systems［M］．2nd ed.NJ：Prentice Hall，1994.

续管理控制要素系统创新与具体创新做铺垫；然后从要素内涵入手，明确管理控制要素的内涵，并明确管理控制要素在管理控制系统中的地位。

(1) 管理控制要素的几种观点

①三要素观点

关于管理控制三要素观点或提法有许多，归纳起来主要有两种思路：

第一种是从管理的控制职能角度出发，将管理控制的要素根据管理程序进行界定，一般包括：控制标准；评价绩效；纠正偏差。持这种观点的学者非常多，只是表述略有差异，如Robinson提出了控制的三要素：预测结果；记录结果；指出偏差及责任。Newman界定了控制过程的三个关键步骤（要素）：依据战略目标设置标准；检验和报告业绩；采取纠偏行动。

第二种是从内部控制结构角度出发，将内部控制要素根据制度结构进行界定，具体包括：控制环境；会计制度；控制程序。这种观点显然已经将控制环境纳入了控制要素之中，并充分重视了会计信息系统在管理控制中的核心地位。然而，这种划分依然过于宽泛：作为管理控制重要的实施步骤，控制程序被简单地归纳为一个要素，显然不利于管理控制的具体落实。

②四要素观点

在三要素的基础上，四要素的观点从更加全面的角度考虑要素的完整性。例如，彼得·罗伦基和麦克尔·S.斯科特在其"管理控制系统框架"（Lorange and Scott Morton，1974）一文中认为，管理控制系统的根本目标是帮助管理部门完成组织目标，这要通过以下几点（要素）为管理控制提供一个规范化的框架来实现：相关控制变量的鉴别；良好的短期计划的设计；整套控制变量中短期计划实际完成程度的记录；偏差的分析。

此外，罗伯特·安东尼在其《管理控制系统》（Robert N.Anthony，1998）一书中认为，内部管理控制系统包括计量、评估、执行与沟通四个要素，即计量用于确认被控制过程中发生的事件，即如实反映实际状况；评估用于比较实际发生事件偏离标准的程度，即将实际与标准比较；执行用于纠正实际与标准之间的差异，即纠正偏差；沟通用于在计量、评估与执行间的信息及时传递或交流。

③五要素观点

在三要素与四要素的基础上，五要素是广为接受的管理控制要素框架。Gutenberg教授给出了管理控制系统的五个要素：标准，进行控制首先必须有控制标准，否则将使判断没有依据；信息系统，可提供管理控制过程中实际发生的各种事件的信息；评估能力，能够依据标准对控制中发生的情况进行分析判断；执行矫正的能力，能够根据判断结果纠正偏差，使其符合标准；联系能力，能够及时将标准、信息系统、评估能力和执行矫正能力联系起来，形成一个有机整体。

COSO报告归纳出内部控制的五大要素：控制环境；风险评估；控制活动；信息与沟通；监督控制。

④八要素观点

在多年的管理实践中，人们意识到一个企业内部不同部门或不同业务的风险，有的会相互叠加放大，有的则相互抵消减少。因此，风险的考虑不能仅仅从某项业务、某个部门的角度出发，必须根据风险组合的观点，从贯穿整个企业的角度看风险，即要实行全面风险管理。

依据COSO委员会2003年7月完成的《全面风险管理框架》定义：企业风险管理是一个过程，是由企业的董事会、管理层以及其他人员共同实施的，应用于战略制定及企业各个层次的活动，旨在识别可能影响企业的各种潜在事件，并按照企业的风险偏好管理风险，为企业目标的实现提供合理的保证。COSO风险管理框架把风险管理的要素分为八个：内部环境、目标制定、事件识别、风险评估、风险反应、控制活动、信息与沟通、监督。

上述四类观点既有共性，也有差异。共性主要表现在都强调计量、评估、纠偏是管理控制的基本要素，差异则没有表现出统一的规律。现在的问题在于，为什么管理控制要素观点会出现明显的个性或差异？根本原因是对要素的内涵理解不同。如果没有明确把握要素的内涵，就不可能准确地认识要素的特征。在不同的要素特征下，会产生不同的管理控制要素体系。如有的将评估要素分为标准、报告、评价，而有的将标准、报告、评价看成三个要素；有的将控制标准分为控制变量、标准确定，而有的将控制变量和标准确定看成是两个因素。总之，科学地界定管理控制要素系统，问题的核心应该回归到概念本身，即明确界定管理控制要素的内涵。

（2）要素的内涵与管理控制系统要素

要素（essential factor，key point）是指事物必须具有的实质或本质、组成部分。或者说，要素是构成事物的最重要和必要的因素，缺少了任何一个因素，事物的本质将发生变化。管理控制系统要素是指能反映管理控制本质和管理控制系统组成部分的各个因素。管理控制要素应反映管理控制的目的、实质、程序；管理控制系统要素应反映管理控制的系统特征。从这个角度看，管理控制要素与管理控制系统要素是不同的。

（3）要素的特性与管理控制系统要素

前面谈到，由于人们对要素项目范畴界定的差异，有的将一个要素分成几个要素，有的将几个要素界定为一个要素。如何界定要素的范畴是个十分复杂的问题，本研究为界定要素范畴，首先界定了要素至少应有的两个基本特性：

一是要素的不可缺少性，即缺少了这个要素，事物的本质将发生变化，如控制标准是控制的一个要素，如果没有控制标准就没有控制或不能称为控制。

二是要素的不可再分性，要素应是反映某个事物的最基本的因素，应具有独立的、明确的界限范畴，如将控制标准看成是既包含控制点（变量），又包含控制水平两项内容的一个要素，就不如将其界定为控制变量与控制标准两个要素。

（4）管理控制系统内涵与要素的范围

管理控制系统要素的范围与人们对管理控制系统内涵的理解紧密相关，如果将管理控制系统理解为一个开放系统，则控制环境因素、监督因素都将成为管理控制系统要素；如果将管理控制系统理解为一个封闭系统，则控制环境和监督因素就不是管理控制系统的要素。

2）管理控制系统的十要素

上面总结了关于管理控制要素的几种观点，并明确了要素与管理控制要素的内涵与范围。依据管理控制系统确立理论基础和管理控制系统内涵，我们认为管理控制要素可归纳为控制环境、控制变量、控制标准、信息报告、执行评估、纠正偏差、业绩评价、激励机制、沟通交流和监督控制十个基本要素。

（1）控制环境

控制环境，是指一个组织进行管理控制所面临的环境，包括组织外部环境和内部环境。外部环境由国际环境，国家政治、经济、社会发展环境，行业环境，地区环境等组成；内部环境包括组织信奉的诚信原则和道德价值观，组织的战略选择，组织结构与职权划分，责任中心建立，人力资源政策与实务等。从内部控制角度看，内部管理控制环境对不同组织控制方式和手段的影响极大。不考虑控制环境将不可能实施有效的内部管理控制。

（2）控制变量

控制变量，是指影响一个组织战略目标的关键因素和风险因素。组织目标能否顺利实现主要在于对风险因素、价值驱动因素等影响组织目标的关键因素的控制。因此，要搞好内部管理控制，找出关键控制变量因素，特别是风险控制变量因素是至关重要的。例如，企业可将资产负债率作为筹资控制变量，将无形资产与总资产的比率作为投资控制变量，将净资产收益率作为资本经营中心的控制变量，将成本降低率作为成本中心控制变量等。

（3）控制标准

控制标准，是指对一个组织进行管理控制的依据或准绳，它是对控制变量的量化。控制标准规划了组织应该怎么做及程度。控制标准是组织战略控制目标的分解。从控制对象划分，控制标准可分为投入控制标准、过程控制标准和结果控制标准。从控制依据划分，控制标准可分为预算控制标准、行业控制标准、历史控制标准等。从控制标准形式划分，控制标准可分为比率控制标准和总量控制标准。控制标准正确与否将直接影响管理控制的成效。

（4）信息报告

信息报告，是指对组织中的各项活动的信息进行计量、记录与报告。信息报告反映了组织正在做什么。信息报告的相关性、可靠性是管理控制对信息报告最基本的质量要求。管理控制中的信息报告相关性主要体现在与控制变量及控制标准相关的方面；管理控制中的信息报告可靠性体现在对组织活动的真实反映。信息报告主要包括会计信息报告、统计信息报告和业务信息报告。

（5）执行评估

执行评估，是指对一个组织的活动状况进行评定与估价。执行评估的过程实际上是将信息报告与控制标准进行比较、分析的过程。因此，执行评估的状况既取决于控制标准和信息报告的质量，又决定着纠正偏差的效果。执行评估中关键要区分实际与标准产生差异的主观因素与客观因素，可控制因素与不可控制因素，以保证业绩评价的准确性、及时性。

（6）纠正偏差

纠正偏差，是指对评估过程中发现的实际执行情况与控制标准之间的不利差异进行及时矫正或纠正。控制的本质在于纠正偏差，这是保证控制标准和管理控制目标实现的关键，也是决定管理控制质量的根本要素。纠正偏差根据控制程度要求可分为“松控制”与“紧控制”。“松控制”通常是指允许实际报告与控制标准之间有较大不利偏差（如5%）才进行纠正；“紧控制”则是指当实际报告与控制标准之间有较小不利偏差（如2%）就进行纠正。

（7）业绩评价

业绩评价，是指对一个组织的管理者的管理控制结果或业绩进行评价。一个组织的业绩与组织中管理者的业绩可能是不同的。管理控制中的经营业绩评价更侧重于对管理者或控制者业绩的评价。业绩评价的原则主要有：第一，经营成果指标评价与驱动因素指标评价相结合；第二，组织内部评价与组织外部评价相结合；第三，财务指标评价与非财务指标评价相结合。

（8）激励机制

激励机制，是指根据业绩评价结果对管理者进行奖励与惩罚。管理控制的效果只有与管理者的报酬相衔接才能保证管理控制的长期有效运行。管理者报酬的构成主要有工资、福利和激励三部分。激励往往是根据管理者当期对组织的贡献大小确定。激励是管理者贡献价值的体现，管理控制水平高低或效果如何主要应与对管理者激励相结合。从控制角度看，激励机制是管理者报酬的关键。

（9）沟通交流

沟通交流，是指上述管理控制要素之间的信息及时传递或交流。这是管理控制的基础与保证。不明确控制环境和控制变量，就无法确定控制标准；没有控制标准与信息报告的沟通，就无法执行评估和纠正偏差。因此，没有各要素之间信息的及时、准确交流与沟通，就没有有效的管理控制系统。在管理控制中要做到信息沟通交流准确、及时，因此，建立管理信息系统是十分必要的。

（10）监督控制

监督控制，是指对执行管理控制过程的质量进行监督。管理控制者本身也需要被控制或监督，这是一个完善的控制系统的必备要素。如果对管理控制水平高低没有监督与评价，或者说控制好坏对控制者都一样，势必影响管理控制的水平与效果。如内部审计在内部控制系统中的功能就是要对管理控制者控制过程进行监督控制。

上述十个管理控制系统要素构成了完善的管理控制系统，任何一个组织在构建管理控制系统时必须全面系统考虑这十个方面的要素，缺少任何一个要素都将影响管理控制的质量。

9.3　管理控制环境

1）控制环境的内涵与分类

内部管理系统要素界定了管理控制要素系统的一般框架。这个框架表明，管理控制系统是一个开放性系统，控制环境作为建立管理控制系统的第一要素，对管理控制系统模式建立有着重要影响。控制环境对管理控制系统的建立与应用起着至关重要的作用。本章将重点研究控制环境的内涵及对建立管理控制系统的影响。

（1）环境与管理控制环境

环境是指周围的境况，如自然环境，社会环境。[①]环境具有区域性和相对性，如企业环境、行业环境、国家环境、国际环境等。行业环境是企业环境的决定因素，国家环境又是行业环境的决定因素。从系统论的观点看，所谓环境，就是指被研究系统之外、对被研究系统有影响作用的一切系统的总和。[②]

管理控制系统的环境，从系统角度看是指管理控制系统之外的、对管理控制系统有影响作用的一切系统的总和。应当指出，这里所说的管理控制系统是一个封闭系统，控制环境是这个封闭系统之外的，对封闭系统有重要影响的各个因素之和。其实，当一个封闭系统随着环境因素变化而变化时，或封闭系统在考虑环境因素时，则形成了一个开放系统。管理控制系统从本质上看是一个开放系统，这正是我们研究环境对管理控制系统影响的基本前提。

（2）管理控制环境分类

由于某一个系统的环境往往又是以其他系统为环境的，因此，对企业管理控制环境的分类有许多方法。

美国COSO报告中关于内部控制环境的分类主要包括：诚信原则和道德价值观；执行与技能；董事会与监事会；管理哲学与经营风格；组织结构；责任分配与授权；人力资源政策与实施。

罗伯特·安东尼在其《管理控制系统》一书中将管理控制环境分类为：理解战略、组织结构、责任中心、企业文化、人力资源。[③]

我国一些学者对内部控制环境问题也有探讨，但总体上主要以COSO报告为基本框架。

应当看到，上述两种关于内部控制环境的分类抓住了影响内部控制的关键因素，但是，从环境的区域性与相对性角度出发，这两种关于控制环境的分类似乎缺乏全面性、系统性。我们认为，将管理控制环境分为管理控制的企业外部环境和管理控制的企业内部环境可能更有利于系统地说明这一问题。

（3）外部环境与管理控制系统

管理控制系统作为执行企业战略、保证组织战略目标实施的重要系统，其作用的发挥，离不开对决定组织战略目标的外部环境的理解与把握。以企业为例，企业外部环境包括社会环境、政治环境、技术环境、经营环境、行业竞争环境、供应商与客户环境等，如图9-1所示。

图9-1中列示的企业外部环境在某种程度上都影响着企业管理控制系统的选择与运行，因此，也可以说它们都是企业管理控制系统的外部环境。应当注意，每一种环境其实又包含许多影响因素，如社会与政治气候中包括道德、文化、宗教、生态等，政府活动中包括体制、法律、规章制度等，国际经营环境中包括汇率、国际资本市场、通货膨胀等。

---

① 辞海编辑委员会．辞海（缩印本）［M］．上海：上海辞书出版社，1980：1205.
② 周首华，陆正飞，汤谷良．现代财务理论前沿专题［M］．大连：东北财经大学出版社，2000.
③ ANTHONY.Management control systems［M］．9th ed.Boston：McGraw-Hill，1998.

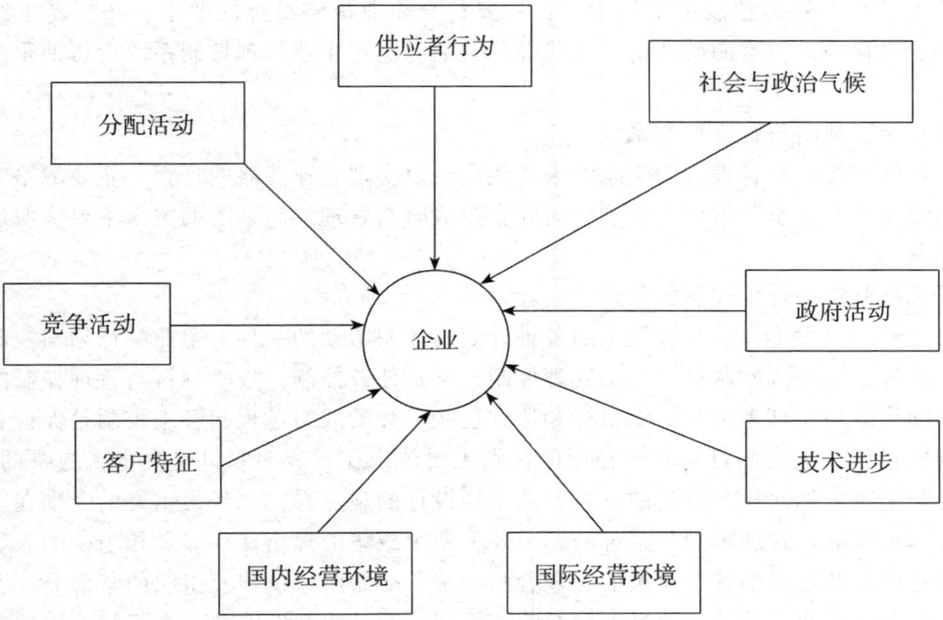

图 9-1　管理控制外部环境[①]

企业管理控制必须与外部环境相协调，特别是与国家的国民经济发展目标相协调。例如，“创新、协调、绿色、开放、共享”五大发展理念是我国宏观经济目标与政策的集中反映，它不仅影响着我国宏观经济的总体走向，更直接或间接地影响着企业的管理控制行为。本章主要研究企业管理控制，因此，对管理控制的外部环境不做详细论述，主要研究内部环境与管理控制系统。

2）内部环境与管理控制系统

管理控制的外部环境是将企业整体作为一个管理控制系统考虑的。如果我们将企业管理控制系统看作是企业管理系统中的一部分，那么，企业管理控制系统运行还必然涉及企业内部环境问题。图 9-2 反映了企业管理控制系统与企业其他系统之间的关系。

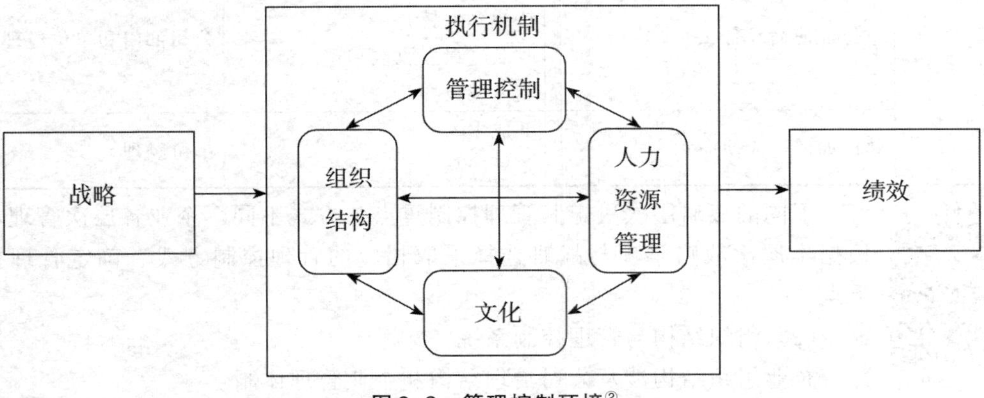

图 9-2　管理控制环境[②]

① 威尔逊．实用成本控制指南［M］．苏通，等译编．北京：北京大学出版社，1988：116.
② ANTHONY.Management control systems［M］．9th ed.Boston：McGraw-Hill，1998.

可见，企业管理控制系统的运行：一要符合企业战略目标的要求；二要考虑组织结构、企业文化、人力资源的状况。这些都是影响与决定企业管理控制系统运行的重要内部环境。

（1）企业战略与管理控制系统

企业管理控制是管理者影响企业中其他成员以实现企业战略的过程。企业战略对管理控制系统建立有着至关重要的影响。研究企业战略与管理控制系统的关系主要应明确以下两个问题。

①战略制定与管理控制的关系

管理控制是发生在一个组织中的各种计划与控制活动的一种。企业的计划与控制活动至少有三种：一是战略制订；二是管理控制；三是任务控制。战略制订与管理控制的联系十分明确：战略制订是决定组织目标和达到这些目标的战略过程；管理控制是保证企业战略实现的过程。战略制订与管理控制的区别主要体现在：战略制订是决定新战略的过程；管理控制是决定如何执行战略的过程。从系统设计的观点看，二者最重要的区别在于战略制订是非系统的，管理控制是系统的。另外，一个战略的提出往往涉及相当少的人，而管理控制过程涉及组织中各个层次的管理者和职工。战略制订仅涉及组织的某部分，引起某一战略的变化，而许多其他战略不受影响；管理控制过程必然涉及整个组织，以使管理控制的各部分相互协调。

②战略层次与管理控制的关系

企业战略通常包括两个层次：企业整体战略；企业内部单位战略。表9-1反映了各战略层次的战略事项、战略选择和组织层次。

表9-1 **企业战略层次**

战略层次	关键战略事项	一般战略选择	涉及主要组织层次
公司层次	公司是否处于合适的行业组合？ 什么行业是公司的正确选择？	单一行业 相关多样化 不相关多样化	公司部门
企业单位	单位的使命是什么？	建设（扩大） 持续（保持） 收获（最大收益和现金流） 剥离或放弃	公司部门和单位经理
	单位如何完成使命？	低成本 差异产品	单位经理

9-1 案例分析

SBU：战略执行与管理控制系统在中国的实践与创新

不同的战略层次决定其管理控制重点与方式不同。企业各层次管理者应根据本层次战略事项与战略选择采取相应的管理控制方式、确定管理控制重点。

（2）组织结构与管理控制系统

企业组织结构涉及公司治理结构和企业管理体制。

①公司治理结构对管理控制系统的影响

美国商业圆桌会议1997年发表的《公司治理结构说明》对于公司治理

结构的定义已经指出了其对管理控制系统的影响。他们认为“公司治理结构不是抽象的目标，而是在股东、董事会成员、管理团队最有效地追求公司运行目标的过程中，为公司追求其目标提供一套结构或称制度安排”[①]。既然公司治理结构的选择是为了迎合公司的目标，或是为了有效地实现公司的目标，而管理控制系统又是落实战略——组织目标具体体现的工具，那么必然会对管理控制系统产生影响。

董事会中有无独立董事、独立董事与非独立董事的比例对管理控制系统的效率和效果有重要影响。虽然管理控制系统是经营管理者为确保组织目标而实施的管理控制，但在推进经营活动的进展、改善公司的名誉和提高公司的价值等方面，独立董事有责任和义务协助公司的管理层。已经有实证研究表明：a.最佳的董事会趋于由独立董事占据支配地位；b.这类公司的年度平均收益比同一产业的其他公司更高。米尔斯坦因和马克埃沃耶（Millstein & MacAvoy，1998）分析了154个美国大型的公共交易公司的样本，他们发现，在20世纪90年代具有积极的独立董事的公司比那些具有被动的非独立董事的公司运行得更好。

9-2 知识拓展

公司治理、内部控制、风险管理的关系框架

董事会中有无审计委员会、审计委员会的实质作用如何对管理控制系统也有显著影响。由审计委员会对企业管理控制的效率、效果与财务报告的可靠性进行监督，是企业内部的一种监督，包括事前、事中与事后三个时间段的监督。若没有审计委员会，则无论是注册会计师还是证券监管部门的监管，更多的是一种事后监督，而事后监督与事前、事中监督相比，对管理控制系统的作用要小很多，影响管理控制系统的效率。同时，审计委员会能否正确处理与董事会、高层管理人员、财务总监、内部审计部门、外部审计人员及相关专家之间的关系及信息的沟通与传递，能否科学、准确、客观、公正地指出企业内部管理控制制度的问题，监督内部审计部门对内部管理控制的检查情况，调查和监督公司法规遵循情况与计划完成情况，是否拥有足够的权力与资源，以支撑各项功能的履行，这些对管理控制系统发挥着深刻而广泛的影响。

②企业管理体制对管理控制的影响

从企业管理体制角度看，企业组织结构通常可分为直线职能制组织结构、事业部制组织结构和控股制组织结构。不同的企业组织结构，其管理控制方式与权限各具特点。

直线职能制组织结构，其管理控制属于直接控制方式，管理控制权集中。如从财务控制角度看，直线职能制组织结构的企业总部财务部门作为统一的权力机构，对整个企业的资金筹集、运用、利润分配，甚至财务人员的委派任用都实行高度集中的管理，以领导身份统辖下属企业、部门的财务部门。

事业部制组织结构，其管理控制属于直接控制与间接控制相结合的方式，企业总部对各事业部进行直接控制，各事业部对其管辖业务具有自主权。如从财务控制角度看，这种组织结构的企业总部对事业部的主要财权集中，只对重大的、全局性的财务事项作出决策，如重大的筹资、投资决策等，而根据需要将一部分次要财务决策权力下放给事业部。在这种组织结构下企业总部与其成员之间划分财权，使各企业拥有一定自主经营

① 转引自：李孔岳，罗必良. 公司治理结构的理论：一个综述［J］. 当代财经，2002（8）：61-64.

的权力。

控股制组织结构，其管理控制属于间接控制方式，管理控制权下放。如从财务控制角度看，这种组织结构的公司财务决策权由各成员企业分散行使，成员企业独立决策、独立经营、分散管理、独立核算。但是一般来讲，并不是公司内的每一个企业或部门都享有完全的财务管理权力，而是公司总部将其直接控股的子公司的权力分散给它们，然后这些子公司又在各自的下属企业之间选择集权、分权或放权的管理体制。

从企业责任中心角度看企业组织结构，可分为成本责任中心、收入责任中心、利润责任中心和投资责任中心。不同的责任中心其管理控制的内容是不同的，例如，对于企业的售后服务部门，可将其确定为成本责任中心，也可将其确定为利润责任中心。显然利润责任中心与成本责任中心的控制内容是不同的。

（3）人力资源与管理控制系统

从管理控制的根本目标“提高经营管理活动的效率和效果”可以知道，管理控制的对象是经营管理活动，而人作为每一项经营管理活动都必然涉及的受动者或施动者，必然会对管理控制系统产生影响。

人力资源对管理控制系统的影响可以归纳为两个方面：一是人力资源的管理，二是人力资源的素质。

从人力资源管理的角度看，现代人力资源管理的内涵是指“人力资源的获取、整合、保持、激励、控制调整以及开发的过程”（林泽炎，2001）。在这一过程中，其管理模式通常可以划分为以事为中心和以人为中心两种。以事为中心的管理模式，视员工为一种成本负担，将其当作一种“工具”，注重的是投入、使用和控制，强调“事”的单一方面的、静态的控制和管理，这种管理方式更强调通过行政命令、规章制度、硬的预算约束等正规控制手段进行管理控制。以人为中心的管理模式视员工为有价值的重要资源，注重的是满足员工自我发展的需要，强调人的激励和开发，这种管理方式更强调通过组织文化、组织习俗等非正规的方式进行控制。

从人力资源素质的角度来看，道德素质和专业素质是衡量人力资源总体素质的两个主要方面。道德素质可以保证员工“做正确的事”，它决定了员工的行为与管理者所期望的行为相一致的程度。对具有良好道德素质的员工，组织一般不会通过硬性约束来对其行为进行限定，较容易采取宽松的控制方式和非正规的控制手段。专业素质可以保证员工“正确地做事”，它决定了员工工作的结果与管理者所期望的结果相一致的程度，对专业素质高的员工同样也倾向于采用宽松的控制方式和非正规的控制手段。

（4）企业文化与管理控制系统

企业文化是内部环境的集中体现。企业文化是企业在长期的生产经营过程中形成的，区别于其他组织，体现本企业特有的价值观念和精神风貌。它是企业的基本信念、价值观念、生活方式、人文环境及与此相适应的思维方式和行为方式的总和。企业文化不但直接影响管理控制的建立，还直接决定内部控制实施的效果和管理控制目标的实现。

中国的传统文化将管理哲学划分为三个基本类别：儒家管理哲学、法家管理哲学和道家管理哲学，纵观东西方文化，其所体现出的管理内涵都具有普遍适用性。儒家和法家的管理哲学基本是相对应的两种内涵，而道家的“顺应客观规律”和“无为而治”是更高层次的探讨，故而这里仅就儒家管理哲学和法家管理哲学对管理控制系统的影响进行探讨。

儒家管理哲学从“人性善”的角度出发，强调“德治”，以道德感染与教化为主要手段，采用“人性化”的管理，以身作则，以德服人，发挥团队精神。法家管理哲学从“人性恶”的角度出发，强调“法治”，以规章制度为主要控制手段，有赏有罚，贯彻有法可依，有法必依，执法必严，违法必究的原则。儒家主张德治，法家主张法治，二者尽管侧重点不同，但不一定是相互排斥的，在公司治理中，对不同层次、不同工作岗位的人有不同的对待方式。

在文化的所有内涵中，价值观处于核心地位，企业的核心价值观便构成了这个企业组织文化的核心，组织文化的核心是集体主义价值观。集体主义，是主张个人从属于社会，个人利益应当服从集团、民族和国家利益的一种思想文化，也是一种精神。集体主义的最高标准是一切言论和行动符合人民群众的集体利益，这是共产主义和无产阶级世界观的重要内容。其科学含义在于当个人利益和集体利益发生矛盾的时候要服从集体利益，一切行动和言论以集体为重，个人为轻。社会主义制度的建立，为集体主义道德原则的实现提供了条件，国有企业是全体人民实现共同理想、共同奋斗目标的载体。在国有企业的制度下，国家、集体和个人三者之间的利益，从根本上说是一致的。国家利益、集体利益是通过国有企业的经济效益得以实现的，同时国有企业的良好发展也是个人利益得以实现的最可靠的保证。

3）管理控制环境与管理控制系统研究的启示

9-3 明理增信

恒大的企业文化缺了什么？

通过对管理控制环境与管理控制系统关系研究，我们可得出以下结论与启示：

第一，管理控制系统模式的演变与管理控制环境变化不可分割，控制环境变化引起管理控制系统模式变化。

第二，我国企业管理控制系统外部环境与国外企业管理控制系统环境不同，我们只有一部分企业处于授权经营阶段。管理控制的开放、自然系统模式并不适用于我国大部分企业。

第三，我国企业管理控制系统内部环境差异较大，统一的管理控制系统模式是不适用的。各种形式的管理控制并存是我国未来较长时期管理控制系统模式的基本特征。

学思践悟

华润集团的企业文化

华润集团的企业文化以价值观为核心，注重诚信、责任、合作、创新、服务等方面的价值理念，以此引领企业的经营发展。这种企业文化与6S管理模式相结合，可以保证更有效的管理控制，具体体现在以下几个方面。

（1）以人为本：注重员工的培养和发展，提供良好的工作环境和福利待遇，激发员工的积极性和创造力。6S管理模式中的经理人考评体系和商业计划体系可以与以人为本的企业文化相结合，通过对员工的绩效评估和职业发展规划，激励员工积极投入工作，提高工作效率和质量。

（2）创新求变：鼓励员工创新和求变，不断推出新产品和服务，满足市场需求。6S管理模式中的战略规划体系和管理报告体系可以与创新求变的企业文化相结合，通过制定战略规划和管理报告，引导员工关注市场动态和竞争对手，激发创新思维，推动企业的发展和变革。

（3）开放包容：提倡开放和包容的文化氛围，鼓励员工之间的交流和合作，促进知识和经验的共享。6S管理模式中的内部审计体系和业绩评价体系可以与开放包容的企业文化相结合，通过内部审计和业绩评价，建立公平、公正、透明的管理机制，促进员工之间的合作和交流，提高团队凝聚力和协同效率。

（4）服务社会：强调企业的社会责任，致力于为社会作出贡献，实现企业的社会价值。6S管理模式中的商业计划体系可以与服务社会的企业文化相结合，通过制定商业计划，引导企业关注社会问题和公益事业，积极履行社会责任，提升企业的社会形象和声誉。

（5）可持续发展：注重环保、社会责任和经济效益的平衡，关注企业的长期发展。6S管理模式中的战略规划体系可以与可持续发展的企业文化相结合，通过制定战略规划，引导企业关注环境保护和社会责任，推动企业的可持续发展。

（6）不断学习：倡导不断学习、进取的精神，鼓励员工持续学习、提升自身能力，推动企业的不断创新和进步。6S管理模式中的管理报告体系可以与不断学习的企业文化相结合，通过管理报告，反馈企业的运营情况和问题，鼓励员工提出建议和改进措施，推动企业的持续创新和进步。

总的来说，华润集团的企业文化强调以人为本、创新求变、开放包容、学习进取，注重服务社会和可持续发展。这种企业文化与6S管理模式相结合，可以保证管理控制更有效，推动企业的发展和创新，提高企业的竞争力和社会形象。

资料来源：作者根据今日头条“华润集团企业文化”等资料整理编写。

9.4 管理控制程序

管理控制程序通常包括战略目标分解、控制标准制定、内部控制报告、经营业绩评价、管理者报酬五个步骤，要完成每一步骤又涉及许多环节，这样就形成了管理控制程序系统的矩阵结构图，如图9-3所示。

1）战略目标分解

战略描述了一个组织计划为达到其目标的总方向。战略制订是决定组织目标和达到这些目标的战略过程。企业组织目标有财务目标和非财务目标。非营利组织同样有其目标。在战略制订过程中，组织目标通常看作已知，但有时战略制订也强调目标本身。一个组织可选择许多方法以实现其目标，即战略选择。战略制订过程实际上也是战略选择过程。当组织战略确定后，如何使组织目标及战略得以实现是管理控制的基本任务。

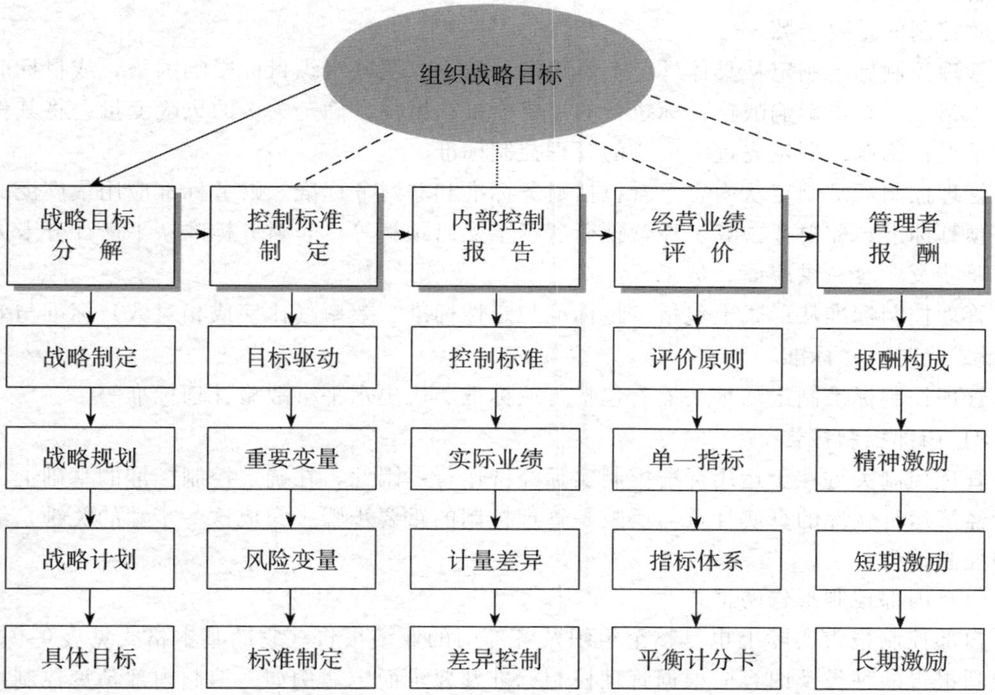

图9-3　管理控制程序与系统

战略制订与管理控制是有区别的：战略制订是决定新战略的过程；管理控制是决定如何执行战略的过程。从系统设计的观点看，二者的最重要区别在于战略制订是非系统的，管理控制是系统的。另外，一个战略提出往往涉及相当少的人，而管理控制过程涉及组织中各个层次的管理者和职工。战略制定仅涉及组织的某部分，引起某一战略的变化，而许多其他战略不受影响；管理控制过程必然涉及整个组织，以使管理控制的各部分相互协调。

战略目标分解是管理控制的第一步骤。前面我们已论述了组织目标与战略制订的关系。要理解这一战略分解过程，还应明确战略制订与战略规划，战略规划与战略计划，战略计划与控制标准的关系。

战略本身是重大的和重要的计划。战略规划是一个长期的战略计划，它决定组织将采取的方案和这一方案在接下来的一些年度内所需分配的资源数量。战略制订反映了一个高级管理者对其组织的发展定向；战略规划则是在组织方向一定的情况下所进行的资源配置与使用的长远计划。

战略计划是为实现组织长远战略规划，在短期内（通常为一年）所应采取的资源配置方案。可见战略计划是战略规划的分解，是战略规划得以落实的保证。在管理控制过程中，战略计划是关键，它一方面使组织战略目标和规划具体化、制度化、系统化，另一方面是明确控制变量、制定控制标准的基础。

2）控制标准制定

管理控制必须按管理者（控制者）的意图进行，这个控制意图从总体上说是组织目标或控制目标，从具体上看是控制标准。因此，在战略计划的基础上制定管理控制标准是实施有效控制的重要步骤。

管理控制标准制定从具体环节上看包括：第一，明确组织目标影响因素，或目标驱动因素；第二，找出影响战略目标执行的重要变量；第三，确定关键的风险变量，将其作为控制重点；第四，制定先进、可行的管理控制标准。

管理控制标准制定从内容上看包括财务标准和非财务标准。财务标准应用最广泛的主要是预算标准，如财务预算、经营预算、资本支出预算等。非财务标准从平衡计分卡方法看主要涉及顾客、供应商、员工等。

管理控制标准从形式上包括定量标准与定性标准、效率（比率或相对数）标准与效果（总量或绝对数）标准。

管理控制标准制定从水平上看包括行业标准、历史水平、战略计划标准等。

3）内部控制报告

管理控制关键在于运用标准控制实际经济运行。因此，在确定控制标准的基础上，对实际经济运行状况的真实计量与反映是管理控制的重要步骤。完成这一步骤的关键是编制内部控制报告。

（1）内部控制报告的格式

内部控制报告实际上也是整个组织及各部门的业绩报告，它的基本格式见表9-2。内部控制报告的种类及内容应根据管理控制标准及要求而定。例如，编制内部预算控制报告的种类通常是有多少种预算，就应编制多少种预算控制报告；预算有何内容，控制报告就应有何内容。

表9-2 **内部控制报告**

项目	控制标准	实际业绩	差异计量	差异程度	差异分析 可控/不可控	备注
部门1						
项目1						
项目2						
……						
部门2						
项目1						
项目2						
……						
部门3						
项目1						
项目2						
……						

（2）内部控制报告的编制程序

根据表9-2，内部控制报告的编制应按控制标准、实际业绩、差异计量、差异程度、差异分析几个步骤进行，其关键步骤在于实际业绩计量与差异分析。实际业绩计量包括会计核算、统计核算与业务核算等。在管理控制中，这些核算的关键：一是要与控制标准相对应，即核算应符合控制的要求；二是要核算及时，即能根据核算及时纠正偏差。这也是管理控制对组织核算的基本要求，否则，控制将无从谈起。

差异分析关键在于对差异原因进行分析，特别是分清可控差异与不可控差异，从而明确控制重点。另外，根据差异程度确定控制程度是管理控制过程的重要环节。控制程序可分为紧控制与松控制，这要视被控项目的重要程度及通常差异程度而定，有的差异率超过1%需要纠正偏差，有的则差异率超过5%才需要纠正偏差。

4）经营业绩评价

经营业绩评价实际上也是控制业绩的评价，如果对控制成效缺少评价必然影响控制者的积极性。应当注意，一个组织的业绩与组织中管理者或控制者的业绩可能是不同的。管理控制中的经营业绩评价更侧重于对管理者或控制者业绩的评价。

9-4 知识拓展

EVA考核提升了企业价值吗

经营业绩评价的原则主要有：第一，组织（企业）业绩评价与经营者业绩评价相结合原则；第二，经营成果指标评价与驱动因素指标评价相结合原则；第三，组织内部评价与组织外部评价相结合原则；第四，财务指标评价与非财务指标评价相结合原则。

目前，理论界与实务中研究与应用较为普遍的经营业绩评价方法主要有三类：单一指标评价，指标体系评价，平衡计分卡评价。

①单一指标评价是指采用一个最综合的指标评价经营业绩，以控制组织战略目标。EVA（附加经济价值或经济利润）是人们广泛认同的指标。EVA计算公式是：

EVA=税后营业净利润-资本成本

其中：

税后营业净利润=营业利润-所得税

资本成本=投资资本×加权平均资本成本

计算EVA的步骤是：

步骤一，选择EVA的计算起点。如以营业利润为起点，对营业利润进行初步调整，将利息费用以及营业性投资收益加回到营业利润中去。

步骤二，对初步调整的营业利润进行进一步的调整，以消除其会计失真。

步骤三，计算投资资本。先利用公式计算出初步调整的投资资本，再对投资资本进行再调整以消除其会计失真。

步骤四，计算权益资本成本，并计算出企业的加权平均资本成本，最后计算出企业资本成本。

步骤五，利用第二步计算出的营业利润先扣除企业所得税，然后减去第三步计算出的资本成本，即可算出EVA值。

EVA为正反映经营为企业创造了价值，EVA为负说明经营使企业价值贬值，EVA越高说明经营业绩越好。

在单一指标评价中通常还有使用MVA（市场增加值）指标的。市场增加值说明股东财富获得增加的方式是通过最大化一个企业的总市场价值和投资者已提供给企业的资本总量之间的差额。其计算公式是：

MVA=企业总市值-企业总资本

总市值是债务的账面价值与权益的市场价值之和，而总资本是债务与权益的账面价值之和。

MVA评估一个组织的管理行为从开始以来对股东财富的影响，而EVA评估了在某个特定年份的管理效果。

②指标体系评价是指运用一系列指标从不同角度或侧面评价经营业绩。指标体系评价根据评价方法特点不同分为：指标分解评价系统和指标综合评价系统。指标分解评价系统是从最综合（或结果）指标入手，经过指标层层分解形成反映经营业绩过程和不同侧面的指标体系。杜邦财务分析评价体系就是典型的指标分解评价系统。

指标综合评价系统是从反映经营活动的过程或各个侧面入手，应用一定的方法经过综合得出一个分数或指数，用以评价经营业绩。经营业绩评价综合指数法以及现行企业效绩评价功效系数法都属于指标综合评价系统。

③平衡计分卡实际上也属于指标体系评价系统，但与传统指标体系评价不同的是它在指标分类、评价特点、评价程序方面都有所创新。

平衡计分卡的特点主要体现在以下几方面的平衡：第一，财务评价与非财务评价平衡；第二，外部评价与内部评价平衡；第三，成果评价与动因（过程）评价平衡；第四，定量评价与定性评价平衡；第五，短期评价与长期评价平衡。

通常平衡计分卡的内容由四类指标组成：一是财务类指标，这类指标要评价企业或组织为取得财务成功，为股东做了些什么；二是顾客类指标，这类指标评价企业或组织为达到远景，为顾客做了些什么；三是内部营运类指标，这类指标评价为提高顾客满意度，企业的流程如何设置；四是学习与成长类指标，这类指标评价为实现企业或组织远景及战略，企业或组织的革新与提高情况。

平衡计分卡评价的程序是：第一，建立企业远景与战略；第二，从平衡计分的四方面指标明确目标；第三，根据目标选择最合适的指标；第四，企业内部沟通与教育；第五，确定各类指标的标准与权数；第六，将报酬与平衡计分卡评价相结合；第七，不断修正平衡计分卡指标及标准。

5）管理者报酬

9-5 案例分析

基于协同效应的海外并购绩效研究

管理控制的主体是管理者。管理者的控制动机必然与其自身利益相关。因此，管理控制的效果只有与管理者的报酬相衔接才能保证管理控制的长期有效运行。从这点看，管理者报酬既是管理控制的终点，也是管理控制的起点。

管理者报酬的构成主要有工资、福利和激励三部分。工资往往根据管理者的学历、经历、以前的业绩和职位等确定；福利往往是根据企业或组织整体业绩状况及管理者的职位确定；激励往往是根据管理者当期对企业或组织的贡献大小确定。前两部分是管理者基本价值的体现；激励则是管理者贡献价值的体现。管理控制水平高低或效果如何主要应与对管理者激励相结合。从控制角度看，管理者激励是管理者报酬的关键。

对管理者的激励可分为精神激励与物质激励两方面。精神激励包括在职消费、晋升激励、授予激励（授权、荣誉称号）等。物质激励包括短期物质激励（如奖金、年薪制）和长期物质激励（如股票期权等）。管理控制中的精神激励与物质激励都是必要的，二者不可偏废。当然，在社会物质财富没有极大丰富的情况下，物质激励的作用可能更突出。而在物质激励中，长期激励可能更为重要。

目前，实践中的长期激励方式主要有股票期权、股票增值权、虚拟股票、业绩股份等。其中，股票期权是最主要的长期激励方式。股票期权是指标的资产或商品是股票的期权。激励中的股票期权又分为：①激励型股票期权。激励型股票期权的行权价与市价相等。股票期权价值来自税后利润的分配。运用这种期权，员工为公司服务期内不存在酬劳成本确认和酬劳费用分摊问题。②酬劳型股票期权。这一期权的特点是，股权给予日（授权日）股票行权价与市价不等。期权价值是由给予日股票市价与行权价之间的差额所决定的，它是公司为激励员工而支付的酬劳成本。股票期权价值是员工工资收入和公司人工成本的组成部分。

9.5 管理控制系统模式

1）管理控制系统模式演变及启示

(1) 管理控制模式的划分及演变

管理控制系统模式反映了管理控制系统运作的机理与方式、方法。管理控制系统模式的划分方法是多种多样的，这正是不同的管理控制系统模式产生的原因。从管理控制系统模式的演变角度看，对管理控制系统模式的划分主要应基于两点：一是管理控制时期或阶段的变化；二是管理控制环境的变化。在管理控制系统模式演变研究中具有代表性的人物和观点可归纳如下。

①威尔逊在其所著的《实用成本控制指南》[①]一书中对控制形式的发展做了如下归纳：

第一，典型的官僚政治式控制。上级对下级发命令，下级必须服从。

第二，明确的管理及程序（如规章制度）的建立，使决策与经营的控制具有计划的形式。纪律也包括在这些方法之中。

第三，激励系统提供了一种进一步控制的机制，如计件工资等。

第四，技术以两种方式提供了控制机制，一是生产技术的强制性使管理者能控制作业，二是管理技术的发展使有此技术的管理者能完成复杂任务，使经营保持控制状态。

第五，对有专业知识的管理者在一定约束下授权，可有效实现控制。

②罗伯特·西蒙斯在其《授权时代的控制》[②]一文中提出了四种管理控制系统模式：

---

① 威尔逊．实用成本控制指南［M］．苏通，等译编．北京：北京大学出版社，1988.

② SIMONS．Control in an age of empowerment［J］．Harvard Business Review，March-April 1995：80-89.

一是边界控制系统（boundary control systems）。边界控制系统的目的就是规定组织可接受的活动范围，即这些活动应限制在信任系统确定的机会之内，而不能超出这个范围。边界控制是保证组织中所有人员都明确哪些事不能做。

二是诊断控制系统（diagnostic control systems）。诊断控制系统是被用于监督结果、纠正偏差的控制系统。诊断控制系统的工作如同飞机驾驶室的仪表刻度盘，驾驶员通过它观察不正常迹象，及时操作以保证飞机不偏离正确航线。企业经营中运用诊断控制系统帮助经理人追踪个体、部门或生产线是否背离企业的战略目标。经理人运用诊断控制系统进行计量、比较、调整，以监控目标的实现。

三是信任控制系统（belief control systems）。信任控制系统与边界控制系统相对应。信任控制系统可看作是中国阴阳学中的阳，边界控制可看作是中国阴阳学说中的阴。信任控制系统的目的是激发和指导企业或组织去探索和发现，去追求企业或组织的核心价值。信任控制系统要吸引企业的所有参与者去关心企业的价值创造。

四是交互控制系统（interactive control systems）。交互控制系统是一个重视未来和变化的系统。交互控制系统追踪不确定性因素，从而使高级经理时刻保持清醒。交互控制系统注重持续变化的信息，使高级经理考虑潜在战略。

③斯科特将管理控制系统分为四个阶段（Scott Morton，1981）：

第一，封闭、理性系统阶段。这一阶段的控制模式往往是不考虑企业内外部控制环境，将内部管理控制目标明确化、定量化，管理者在控制系统中处于执行的地位。

第二，封闭、自然系统阶段。这一阶段的控制模式虽然也不考虑企业内外部控制环境的变化，但其内部管理控制目标是不确定的，管理者可确定并调整目标。

第三，开放、理性系统阶段。这一阶段的控制模式往往考虑企业内外部控制环境变化，其内部管理控制目标明确化、定量化，管理者不能随意调整控制目标。

第四，开放、自然系统阶段。这一阶段的控制模式往往考虑企业内外部控制环境，同时其内部管理控制目标也由管理者根据控制环境变化进行调整。

斯科特认为，管理控制系统的演变是从封闭系统向开放系统转变，从理性系统向自然系统转变。

（2）管理控制系统模式演变的启示

管理控制系统的演变给我们以下启示：

第一，内部管理控制系统模式与企业外部经济环境是紧密相关的。管理控制系统随着经济体制和经济环境的发展变化而变化。

第二，在相同外部环境下，虽然管理控制的根本目标是一致的，但由于企业内部环境不同，管理控制系统模式也可能不同。建立企业内部管理控制系统应从不同角度、采用不同方式进行全面控制。

第三，不同类型和不同管理基础的企业或组织，虽然都可能采用多种管理控制方式或杠杆，但采用管理控制杠杆的侧重点应该是不同的。建立企业内部管理控制系统应根据企业特点选择管理控制侧重点。

2）管理控制系统四大模式

根据企业管理控制系统理论及模式演变，结合我国目前经济体制和经济环境，我国企业内部管理控制系统模式框架应由制度控制系统、预算控制系统、评价控制系统和激励控制系统四大模式组成。

（1）制度控制系统

①制度控制系统的内涵

从宏观上讲，制度还可指一定历史条件下的政治、经济、文化等方面的体制。从经济学意义上讲，制度是指“社会的博弈形式，或更严格地说，是人类设计的制约人们相互行为的约束条件……用经济学的术语说，制度定义和限制了个人的决策集合”（诺斯，1990）。这些约束条件可以是非正式的（如社会规范、惯例、道德标准），也可以是有意识设计或规定的正式约束（如政治规则、经济规则、合同等）。总之，制度应被视为博弈规则，或者说制度是指要求成员共同遵守的规章或准则。

制度控制是指为实现一定目标通过规章、准则等形式规范与限制人们的行为。内部管理控制中的制度控制是指为实现组织目标，通过规章、准则等形式规范与限制组织中各级管理者与员工的行为，以保证管理活动不违背或有利于组织战略目标的实现。

制度控制系统作为管理控制系统的一种模式，应具备管理控制系统的基本要素和基本程序。从控制程序或控制环节角度看，包括制度制定、制度执行、制度考核及奖惩几个环节。制度控制系统的基本特征是以制度或规范的方式进行控制。

②制度控制系统的分类

制度控制系统从层级角度看，包括战略控制制度、管理控制制度、作业控制制度。战略控制制度包括公司章程、公司战略规划、公司组织结构、公司治理制度等。管理控制制度包括财务控制制度、人事控制制度、营销控制制度、采购控制制度、生产与技术控制制度、成本控制制度等。作业控制制度包括生产流程、采购流程、仓储流程等。

③制度控制系统的目的与作用

制度控制系统的目标从总体上与管理控制目标相一致，即追求经营效率和效果。具体目标是按规章制度做事，做不违背企业目标的正确的事。因此，制度控制系统的作用在于使管理者及员工明确哪些事该做，哪些事不能做。

④制度控制系统的优点与缺点

制度控制系统的优点表现在：企业行为规则明确；操作简单，便于全员执行；制度控制系统建立的环境与条件限制较小。制度控制系统的缺点表现在：限制管理者及职工的主观能动性；定量控制不够，缺乏与企业目标的直接衔接。

⑤制度控制系统的适用条件与范围

制度控制系统适用于所有的组织或企业。对于管理基础不高的企业，更应加大制度控制系统的建设。

（2）预算控制系统

①预算控制系统的内涵

预算（budget）是指对资源在一定时期为达到一定目的进行配置的计划。[①]预算是用

---

① 《美国传统辞典（双解）》，详见金山词霸。

数字或货币编制出来的某一时期的计划。[①]

预算也是一种预测，它是对未来资源配置与使用状况及效果的预计，因此，确定预算数字的方法可用统计方法、经验方法和工程方法。

预算的功能在于预算控制。预算控制从控制环节看，包括预算或预算计划的制订、预算的执行、预算差异分析和纠正偏差。

预算控制系统作为管理控制系统的一种模式，应包括预算计划、预算控制、预算评价和预算激励几个环节。预算控制系统的基本特征是强调过程控制，注重及时纠偏。

②预算控制系统的分类

预算控制系统从预算层级角度看，包括公司预算（集团公司预算和子公司预算）、部门预算和项目预算；从预算内容角度看，包括经营预算、财务预算、资本支出预算；从预算编制程序角度看，包括预算内容、预算控制点、预算控制标准等；从预算方法角度看，包括固定预算、弹性预算、零基预算、增量预算、定期预算与滚动预算。

③预算控制系统的目的与作用

预算控制系统的目标从总体上与管理控制目标相一致，即追求经营效率和效果。具体目标是以预算控制标准为依据，完成经营过程中各自负责的量化目标。因此，预算控制系统的作用在于使管理者及员工明确自身量化目标，并能在经营过程中及时发现行为偏差对目标的影响，从而可随时纠正偏差，保证目标任务的完成。

④预算控制系统的优点与缺点

预算控制系统的优点表现在：企业行为量化标准明确；企业总体目标与个体目标紧密衔接；突出过程控制，可及时发现问题、纠正偏差。预算控制系统的缺点表现在：预算控制系统制定复杂；在某种程度上限制了管理者及职工的主观能动性；预算标准刚性使控制不能随着环境变化而变化。

⑤预算控制系统的适用条件与范围

与制度控制系统相同，预算控制系统适用于所有的组织或企业，但对于管理环境和基础较差的企业，建立与执行预算控制难度较大。对于管理环境和基础很好的企业，预算控制相对容易，但过分强调预算控制可能束缚主观能动性。

（3）评价控制系统

①评价控制系统的内涵

评价是指评价主体运用一定的评价程序与方法，对评价客体在一定期间内的活动及结果作出客观、公正和准确的综合判断。这种判断属于一种专业性的技术判断。管理控制中的评价是指组织中的利益相关者为达到一定目的，运用一定的评价程序与方法，对组织内部在一定期间内的经营活动及结果作出的客观、公正和准确的综合判断。

评价控制是指组织通过评价的方式规范组织中各级管理者及员工的经济目标和经济行为。评价控制强调的是控制目标而不是控制过程，只要各级管理目标实现则组织的战略目

① 西方与我国在预算的含义上有所不同：在我国，“预算”一般是指经法定程序批准的政府部门、事业单位和企业在一定期间的收支预计；西方的预算概念是指计划的数量说明，而不仅仅是金额方面的反映。详见：罗锐韧，曾繁正．管理控制与管理经济学［M］．北京：红旗出版社，1997：47.

标将得以实现。

评价控制系统作为管理控制系统的一种模式，它应包括战略计划、评价指标（指标选择、指标标准、指标计算）、评价程序与方法、评价报告、奖励与惩罚几个环节。评价控制系统的基本特征是目标控制或结果控制，强调结果而不是过程。

②评价控制系统的分类

评价控制系统从控制层级看，包括董事会对高级经理的评价控制、高级经理对部门经理的评价控制、部门经理对项目经理的评价控制，以及项目经理对员工的评价控制。评价控制系统从控制内容角度看，包括财务绩效评价、管理绩效评价、质量技术绩效评价、作业绩效评价等。

③评价控制系统的目标与作用

评价控制系统的目标从总体上与管理控制目标相一致，即追求经营效率和效果。评价控制系统的具体目标是追求各层次和各经营单位的经营结果与组织总体目标的一致性。评价控制系统的作用在于使各级管理者和员工明确自己的工作效果（目的）与自身利益及上级、同级目标的关系，从而能调动其主观能动性，挖掘潜力，规范其行为，为实现个体目标和企业目标而努力。

④评价控制系统的优点与缺点

评价控制系统的优点表现在：既有明确的控制目标，又有相应的灵活性，有利于管理者及员工在实现目标过程中主观能动性的发挥。评价控制系统的缺点表现在：缺少程序或过程控制，不利于随时发现与纠正偏差。评价控制相对于预算控制和制度控制是一种较高层次的控制。

⑤评价控制系统的适用条件与范围

企业选择、应用评价控制系统，需要管理者及职工有较高的素质，企业文化与理念已深入人心，职工以为企业贡献而自豪。

（4）激励控制系统

①激励控制系统的内涵

激励（motivation），就是组织通过设计适当的奖酬形式和工作环境来激发、引导、保持和规范组织成员的行为，以有效地实现组织及其成员个人目标的活动。管理学家认为，激励就是主体通过运用某些手段或方式让客体在心理上处于兴奋或紧张状态，积极行动起来，付出更多的时间和精力，以实现激励主体所期望的目标。

从“激励”一词的含义可以看出，激励既有正面鼓励，强调利益引导的方面，也包含约束和控制之意。激励的这两方面含义是对立统一的，正面激励激发导致一种行为的发生，而控制则是对所激发行为加以规范，使其符合一定的方向，并限制在一定的时空范围之内。没有控制的激励将会没有压力，而没有激励的控制则会失去动力。因此，激励本身也可称作激励控制。激励控制作为一种管理控制，是指组织通过激励的方式控制管理者的行为，使管理者的行为与企业目标（或企业所有者目标）相协调。

激励控制系统作为管理控制系统的一种模式，应包括战略计划、激励方式选择、激励中的约束（合约）、业绩评价几个环节。激励控制系统的基本特征是利益导向控制，将利益相关者目标协调起来。

②激励控制系统分类

激励控制系统从控制层级角度看，包括企业所有者对高级管理者的激励控制、高级管理者对下级管理者的激励控制。激励控制系统从激励方式角度看，包括股票期权（或与股票相关的）激励、年薪激励、工效挂钩激励、奖金激励等。

③激励控制系统的目标与作用

激励控制系统的目标从总体上同样与管理控制目标相一致，即追求经营效率和效果。激励控制系统的具体目标是通过管理者与所有者利益及目标协调为组织或企业创造更大的价值。激励控制系统的作用在于使管理者，特别是高层管理者将企业所有者目标与管理者个人目标相协调，根据不断变化的社会经济与技术环境，调整目标及战略，从而为企业创造更大价值或财富。

④激励控制系统的优点与缺点

激励控制系统的优点表现在：将管理者的利益与所有者的利益相联系，通过利益约束机制规范管理者的行为。管理者可根据变化的环境及时调整目标和战略，保证企业价值最大化目标的实现。激励控制系统的缺点表现在：具体目标不明确，对企业文化、管理者素质要求较高。激励控制系统是一种高层次的、灵活性的控制系统。

⑤激励控制系统的适用条件与范围

选择应用激励控制系统要求企业有较高的管理水平和良好的经济运行环境。

3）管理控制系统四大模式比较

制度控制系统、预算控制系统、评价控制系统和激励控制系统四种管理控制系统构成了我国企业管理控制系统模式的整体框架。这种管理控制系统模式框架具有如下特点与创新点：

第一，这四种管理控制系统在控制方式、控制目标、控制优势和控制障碍方面都有所区别，各具特色，见表9-3。

表9-3 **四种管理控制系统比较**

控制系统	控制特征	控制目标	控制优势	控制障碍	控制环境
制度控制	规则	正确做事	规则明确、易于操作	缺乏量化与能动性	管理基础与环境较差
预算控制	过程	完成任务	量化目标、及时调控	缺乏变化与能动性	管理基础与环境较好
评价控制	目标	挖掘潜能	突出结果、鼓励进取	缺少过程调控与环境	管理基础与环境良好
激励控制	利益	创造财富	利益相关、随机应变	缺少相应环境与条件	管理基础与环境优秀

四种管理控制系统的比较说明，各种管理控制系统都有其自身的控制目标、控制特征，而不同的控制目标与控制方式又各有其优点与缺点。控制环境对控制系统选择至关重要，只有选择适应自身环境的管理控制方式才能进行有效的控制。

第二，这四种管理控制系统模式具有层次性和适用性。所谓层次性是指四种管理控制系统模式从控制环境要求、控制权授予方面看，不是处于同一档次的：激励控制授权最大，控制环境要求最高；其次是评价控制；再次是预算控制；制度控制授权最小，控制环境要求最低。其层次性可用图9-4表示。

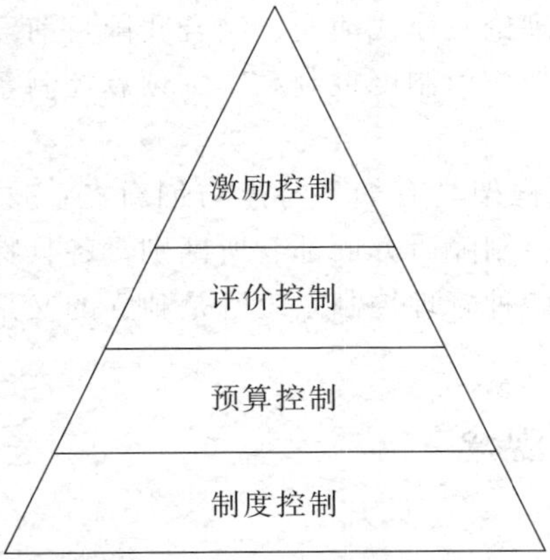

图9-4 管理控制系统层次

根据我国目前的控制环境状况，大部分企业还需要采用制度控制系统，其次是预算控制系统，较少的企业可采用评价控制系统，很少的企业能直接采用激励控制系统。

第三，这四种管理控制系统既是独立的又是统一的。所谓独立是指它们各自可作为独立控制系统进行运作，如有的企业可采用制度控制系统，有的企业可采用预算控制系统等。所谓统一是指同一企业可同时采用两种或两种以上的控制系统，分别从规则、过程、目标和利益等角度进行控制。如一个企业集团可以采用以预算控制为主、其他控制为辅的管理控制系统模式。这种模式的特点是，集团公司采用预算控制系统，子公司可根据各自环境特点分别采用制度控制系统、评价控制系统或激励控制系统等。

第四，这四种管理控制系统具有完整性、灵活性。因为各种管理控制系统可使管理控制从不同角度、不同层次、不同方式为实现共同目标而进行有效控制，从而形成管理控制的完整体系。各企业、部门或项目也可根据自身环境与要求，灵活运用不同的控制方式。

本章小结

管理控制是指管理控制者为保证经营活动有效性目标所进行的控制过程的总和。管理控制是指管理者影响组织中其他成员以实现组织战略的过程。管理控制的目的是使战略被执行，从而使组织的目标得以实现。

管理控制要素可归纳为控制环境、控制变量、控制标准、信息报告、执行评估、纠正偏差、业绩评价、激励机制、沟通交流和监督控制十个基本要素。

管理控制系统的环境，从系统角度看是指管理控制系统之外的、对管理控制系统有影响作用的一切系统的总和。管理控制环境可分为管理控制的企业外部环境和管理控制的企业内部环境。企业外部环境包括：社会环境、政治环境、技术环境、经营环境、行业竞争环境、供应商与客户环境等。企业管理控制系统的运行，一要符合企业战略目标的要求，二要考虑组织结构、企业文化、人力资源的状况。这些都是影响与决定企业管理控制系统运行的重要内部环境。

管理控制程序通常包括战略目标分解、控制标准制定、内部控制报告、经营业绩评价、管理者报酬五个步骤。

根据企业管理控制系统理论及模式演变，结合我国目前经济体制和经济环境，我国企业内部管理控制系统模式框架应由制度控制系统、预算控制系统、评价控制系统和激励控制系统四大模式组成。

这种管理控制系统模式框架具有如下特点与创新点：这四种管理控制系统在控制方式、控制目标、控制优势和控制障碍方面都有所区别，各具特色。这四种管理控制系统模式具有层次性和适用性。这四种管理控制系统既是独立的又是统一的。这四种管理控制系统具有完整性、灵活性。

关键概念与主要观念

□ 关键概念

内部控制　管理控制　控制环境　控制变量　控制标准　业绩评价　激励机制　企业外部环境　战略目标分解　内部控制报告　制度控制系统　预算控制系统　EVA 平衡计分卡 评价控制系统　激励控制系统

□ 主要观念

从控制的职能范围看：广义的管理控制是指发挥管理的职能，特别是控制职能。管理控制的内涵包括战略控制和经营控制。中义的管理控制是指由确定标准、评价业绩、纠正偏差构成的管理控制系统。这种管理控制的特点是强调定量控制，或者说以定量为主的控制。狭义的管理控制是指管理会计中的责任会计。这种管理控制的特点是货币计量控制，或者说是以货币计量为主的控制。

从管理控制主体看，广义的管理控制包括：以董事会为主体的公司治理控制或战略计划；以管理者为主体的管理控制；以员工为主体的任务控制或作业控制。中义的管理控制以管理者控制为主，兼顾董事会控制及员工的控制。狭义的管理控制是指以管理者为主体的管理控制，不包括作业控制及战略控制等。

管理控制系统要素是指能反映管理控制本质和管理控制系统组织的各个因素。管理控制要素应反映管理控制的目的、实质、程序。管理控制系统要素应反映管理控制的系统特征。要素至少应有两个基本特性：一是要素的不可缺少性；二是要素的不可再分性。管理控制要素可归纳为控制环境、控制变量、控制标准、信息报告、执行评估、纠正偏差、业绩评价、激励机制、沟通交流和监督控制十个基本要素。

制度控制系统、预算控制系统、评价控制系统和激励控制系统四种管理控制系统构成了我国企业管理控制系统模式的整体框架。

基本训练

□ 知识题

9.1　简答题

（1）简述管理控制系统的内涵、分类。

（2）简述管理控制系统的要素内容。

（3）简述管理控制要素几种观点的区别与联系。

（4）简述管理控制的外部环境因素和内部环境因素。

（5）简述战略制订与管理控制的联系与区别。

（6）简述经营业绩评价应遵循的原则。

（7）简述EVA（附加经济价值或经济利润）的计算公式和计算步骤。

（8）简述平衡计分卡的特点。

（9）简述平衡计分卡的指标体系。

9.2 思考题

（1）如何运用管理控制程序与方法进行财务管理，搞好财务控制、财务评价和财务激励?

（2）请思考EVA指标与股东财富最大化目标的关系。

（3）EVA是广泛认同的经营业绩评价指标，请思考EVA的经济实质，以及与其他经营业绩评价指标相比EVA指标的优点。

（4）平衡计分卡实际上也属于指标体系评价系统，但与传统指标体系评价系统相比又有所创新。请问平衡计分卡的创新点体现在哪里?

（5）请思考MVA与NPV的关系，以及EVA与MVA的关系。

□ **能力题**

一个实施EVA的成功案例：SPX公司的例子①

在20世纪90年代初，SPX（一家大型汽车零部件和其他工业品制造公司）是一家经营业绩持续不佳的公司，其经营效益差，股票市值低。1995年，约翰·布莱斯通（John Blystone）被任命为该公司的CEO，随即公司宣布了一系列旨在转变公司不良经营状况的行动计划。该公司1995年的年度报告写道："尽快实施EVA是这些计划中最重要的行动之一。"

EVA的正式实施始于1995年年底，仅到1996年年底，公司的业绩就发生了引人注目的回升。和前一年相比，EVA增加了将近2 700万美元。该公司在1996年的年度报告中写道："EVA，即经济附加值，是我们成功的标准。它既帮助我们改进公司运营，又帮助我们有效运用资金。更重要的是，它是迅速实现财务状况转变的催化剂，并推进了企业文化的改变。"

该公司继续执行EVA管理。公司在1997年的年度报告中充满信心地写道："EVA是我们成功的催化剂。公司境况从1995年开始好转，那时，SPX的EVA为5 000万美元的净负值。现在，将近80%的SPX合作者参与EVA激励薪酬计划，这使他们的利益和公司股东的利益保持一致。经过2年时间，EVA显著提高。1998年，我们将沿着将SPX塑造成一个EVA净增加的公司的道路前进。"

事实上，SPX的累计EVA增长在1998年达到6 000万美元，在1999年达到1.3亿美元。到20世纪90年代末，这个经营持续不佳的公司已转变为一个势头强劲的价值创造者。SPX是如何实现这个不同寻常的转变的？在实施EVA之后，它又如何将实施的初始动力保持下去并取得相当大幅度的逐年增长呢?

---

① 本案例资料改编自：扬，奥伯恩．EVA与价值管理——实用指南［M］．李丽萍，史璐，等译．北京：社会科学文献出版社，2002.

在该公司的经验中，最具有启发性的是它创造了一种企业文化，这种企业文化将价值创造置于所有关键管理程序和系统的中心地位。正如公司在其1998年的年度报告中所写的："EVA是所有行为的基础……它是一种共同语言，它是关注焦点，它是我们行为的方式。"EVA及其基于价值创造的思想融合在公司的所有主要运营过程中，对公司转变的实现最重要的贡献是它在薪酬管理中的核心地位。SPX为取得如此骄人的进展而采取的特定行为既不特殊，也并非有什么特别的创意。任何能够胜任工作的管理者都应该熟悉它们。SPX经验的核心之处不在于管理者有能力创造卓越的业绩，而在于能否激励他们这样做。

通过使EVA成为宽泛的价值创造过程的中心，SPX成功地实现了管理方面的决定性转变。根据SPX 1999年的年度报告，该过程的要点之一是"驱动股东对收益的预期不断提高"。财富创造的关键在于要超越反映在公司股票价格上的EVA增长预期。通过将个人红利同预定的EVA增长目标相联系，SPX激励管理者执行价值管理，而这些目标是根据公司股票价格确定的。需要强调的一点是，这种管理存在一种激励，以便实现甚至超过SPX的股东已经支付成本的预期EVA的增长。SPX公司进一步利用股票期权来加强这种激励机制。股票期权在由价值决定的管理薪酬方案中具有重要地位。因为股票期权创造的是强劲的、价值取向的管理者财富创造激励机制。

与许多执行EVA管理的公司一样，SPX刚开始仅在其大部分高层管理者中推行EVA个人红利计划，但很快就拓展到一个更大范围的管理者队伍。在1996年1月，185名管理者进入到EVA个人红利计划，6个月后增加到1 000人，到1997年1月，已经有4 700名管理者进入到该计划。在1997年，外部董事们也分享到和EVA相联系的目标红利。

这些激励机制作用明显。于是SPX采取了各种各样的做法，这些做法都围绕着一个目标：为股东创造价值。这些做法包括：

（1）SPX关注其运营部门的生产质量和优良的运营水平。其中一个运营部门开创了次日送货服务，这个策略使其成为北美市场的领先者。1997年，高运营效率和合理的资源配置创造了12.5%的利润增长。

（2）SPX重新确定了自己的核心业务。1996年，公司将专业服务设备作为自己的核心业务。但2年后，SPX收购了General Signal公司——一家生产工业用阀门、变压器、数据资料联网设备及各种其他产品的大型公司。现在，SPX将服务方案提供、技术产品和系统、工业产品及机动车部件作为核心业务。

（3）SPX进行一系列并购活动，目标绝大多数是小企业，以便推动它的价值创造战略。例如，1999年它收购了Barley防火用品公司，这为它的救生系列用品增加了产品种类，以便拓展加拿大市场。同时，SPX还收购了Advanced Performance Technology公司，这将公司关注的业务从长期以来的汽车传送系统过滤设备拓展到了其他过滤设备。

（4）SPX进行了部门合并，提高了运营效率。例如，1996年将3个部门合并为一个工具和设备部门，为汽车制造商服务，而原有的3个工具和设备部门进行售后服务。经过合并，关闭了两间生产厂、一处分销机构，并加强了销售、市场推广、生产监督和行政管理的职能。这次合并总费用约为1 800万美元，但是到1998年预计每年可以因此节约开支2 300万美元。

（5）SPX放弃那些对其他公司显然更为盈利的业务。例如，公司在其1999年的年度报告中说明："在Best Power成为SPX下属公司仅仅一年时间内，我们在相当高的程度上提高了它的业绩，该公司的经营利润率从5%提高到13%。然而，Best Power的业务重心、市场份额和相对规模都使它对于其他公司更有价值，因此，我们决定出售该公司。"

（6）SPX采取了许多基于财务的开创性措施，从而为股东创造价值。例如，1997年它取消了季度分红，以方便股票回购。这是一种在税收上对股东较为有利的现金红利发放方式。

1995年年底，SPX的EVA管理战略刚刚开始执行时，其股票价格低于每股16美元，而到了2000年夏天，它的股票以接近每股120美元的高价进行交易。

【案例分析要求】

（1）SPX如何在4年的EVA实施期内将公司的股票价格翻了8番？

（2）在SPX实施EVA管理的实例中，EVA是如何影响管理者行为并提高公司业绩的？管理者在实施EVA管理的公司中应该做些什么？

（3）成功地实施EVA管理所必需的主要步骤有哪些？

（4）SPX在实施EVA管理的过程中采取了许多基于财务的开创性措施，从而为股东创造了价值。在1997年它取消了季度分红，以方便股票回购。请利用所学的财务管理知识解释为什么这是一种在税收上对股东较为有利的现金红利发放方式？

（5）EVA作为财务分析工具于1982年由约耳·斯特恩（Joel Stern）和G.贝内特·斯图尔特三世（G.Bennett Stewart Ⅲ）所领导的公司咨询团队商业化开发而来。因为其在看待公司真实盈利性的创新性方式以及在财富实现和公司选择的过程中发挥显著作用，这一财务指标很快被企业界所接受并称为"EVA革命"。请思考这一被称为"EVA革命"的EVA指标所体现的新思想。

数智能力训练

在数字经济时代，人工智能大模型能够为企业管理控制提供很多有益的帮助。结合本章学习的内容，我们可运用人工智能大模型，如阿里"通义千问"、百度"文心一言"和科大讯飞"星火"等（当然也可以采用最新推出的其他模型）对企业管理控制中的相关问题进行进一步讨论分析，以提升同学们运用数智模型进行企业管理控制的能力。

本章的数智能力训练题主要有：

（1）企业管理控制模式有哪些？为什么相同的管理控制模式在不同的企业运用效果不同？请介绍两个我国企业管理控制模式选择成功的案例。

（2）如何理解管理控制与内容控制的关系？内部控制要素和管理控制要素有何区别？如何协调内部控制与管理控制？

（3）管理会计与管理控制是什么关系？如何发挥管理会计在管理控制中的作用？如何基于管理控制需求建立与完善管理会计报告体系？

同学们可以针对这些问题利用大模型进行提问，也可针对本章内容尝试提出不同的问题或以不同方式进行提问，以提升同学们利用人工智能大模型进行财务管理的能力。

互动练习

9-6 即测即评

第9章练习题

第10章 预算控制与财务预算

学习目标

本章学习目标是使学生掌握财务预算相关概念的内涵、预算控制系统构成与特征、预算控制程序与方法。其具体目标包括：

知识目标：

- 掌握预算的内涵，了解预算与计划的关系。
- 理解预算控制系统的内涵。
- 掌握预算控制系统的构成。
- 理解预算控制系统的功能。
- 理解预算控制系统的特点。
- 理解财务预算在预算控制系统中的地位。
- 了解预算控制程序的广义和狭义概念，理解预算编制程序的类型和特点。
- 了解预算控制方法的广义和狭义概念。

技能目标：

- 掌握预算的不同分类方法。
- 掌握预算控制目标的确定方法，包括预算控制指标的选择和预算控制标准的确立。

能力目标：

- 能够运用预算控制理念与方法建立公司全面预算管理体系。
- 能够将预算控制理论与方法贯穿到公司管理的各个环节。

素养目标：

- 从预算概念特征入手，嵌入思政元素“大局意识”。
- 通过预算的概念及特征讲解，使学生明白大局意识是财务管理工作必须具备的职业素养，从而将大局观念嵌入学生思想意识中，培养集体主义精神、注意交际沟通协调能力培养。

10.1 预算控制系统概述

1）预算内涵

预算（budget）是针对企业而言的，是企业对资源在一定时期为达到一定目的进行配置的计划。预算是用数字或货币编制出来的某一时期的计划。可见预算是计划的一种形式，计划可分为总目标或使命、一定时期目标、策略、政策、程序、规划和预算几个类别和层次，如图10-1所示。

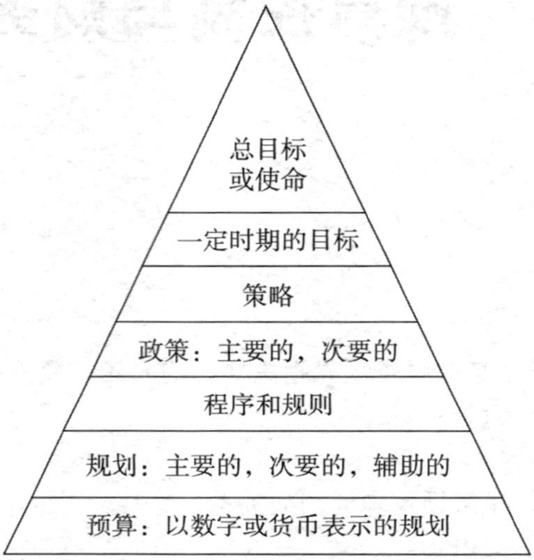

图10-1　计划的等级层次[①]

图10-1说明，预算是计划的有机组成部分，是计划的基础和落脚点。预算的计划职能反映了预算的本质，因此，也有人将预算称为预算计划。预算计划的内涵可概括为三个方面：第一是反映“多少”，如为实现经营目标投入多少，产出多少等；第二说明“为什么”，即为什么投入和产出是这些；第三反映“何时”，即什么时候发生投入和产出。

尽管预算与计划之间存在密切的联系，但是由于经济转轨时期的国有企业长期受计划经济时代的影响，计划经济痕迹依然明显，人们通常将预算与计划混为一谈，认为预算与计划是一回事，甚至觉得在市场经济体制之下企业有计划就没有必要搞预算。我们不否认预算与计划本质上是一致的，都是对未来经营活动的一种预测与安排，但是预算所具有的功能与计划经济时代的计划还是存在着区别的。国有企业的计划往往侧重于经营计划，是对未来经营活动的一种量化说明，不是以货币形式反映的，也就是没有对未来经营活动进行价值量化，如销售计划只是对计划年度销售品种、数量及时间进行安排，生产计划只是对计划年度的生产品种、数量及进度进行安排，一般不涉及价值量。预算则主要是以货币

① 孔茨，等．管理学［M］．黄砥石，等译．北京：中国社会科学出版社，1987：187.

或价值形式对未来经营活动进行说明，不仅仅包括财务预算，即使是经营预算，也侧重于价值量的反映，比如销售预算，不仅仅有销售量预算，而且还有销售收入预算。

目前，我国国有企业还存在着计划和预算"两层皮"的现象，也就是企业内部既存在计划，也存在预算，两者之间各行其是，互不搭界，甚至互相扯皮，互相抵触，其结果是影响了预算的实施效果，不利于预算的推行。其实，计划和预算本质上是一致的，两者应该相互融合，我们可以战略计划涵盖传统的经营计划，使战略计划成为战略规划和年度预算之间的桥梁，将年度预算也纳入战略计划体系中（如图10-2所示）。预算反映了战略计划的财务方面内容，而传统的经营计划也可以得以保留，反映了战略计划的非财务方面内容。因此，战略计划和我们通常所说的预算不是同一个概念，战略计划应该既是对未来财务结果的预测，又是对未来财务结果实现途径的安排，包括了非财务活动。

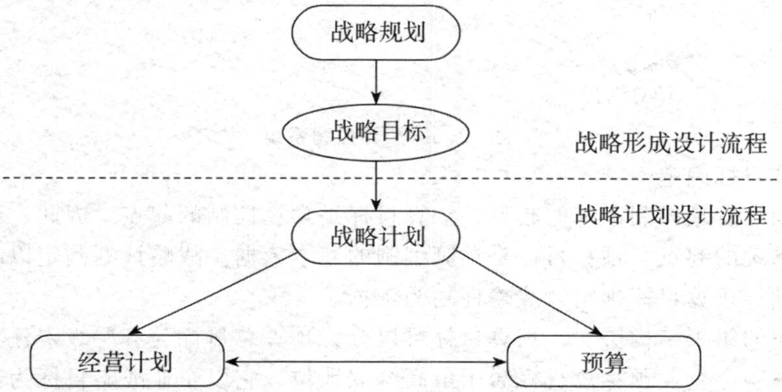

图10-2　战略计划、经营计划与预算的关系

2）预算控制系统内涵

预算最重要和最基本的功能在于控制。预算控制是指通过预算的形式规范组织的目标和经济行为的过程，调整与修正管理行为与目标偏差，保证各级目标、策略、政策和规划的实现。

预算控制系统作为管理控制系统的一种模式，是确保战略有效执行，战略目标最终实现的一种机制。预算控制系统的基本特征是强调过程控制，注重及时纠正偏差。

强调预算控制系统的作用，是由于战略实施已经成为现代企业获得突破性业绩的普遍问题和主要障碍。美国著名教授罗伯特·安东尼等曾专门做了一项调查，发现90%以上的营利性企业和非营利组织在战略实施过程中存在着问题。战略管理专家罗伯特·西蒙斯也通过研究发现，在过去的20多年中，经济学家和管理学家花费了大量的精力探索如何制定适应市场竞争的战略规划，却忽视了如何实施和控制战略。

从我国预算控制系统发展的历程来看，随着经济的发展，预算的潜在功能不断得到开发和应用，预算控制系统在组织管理中扮演的角色日益重要，企业也越来越注重战略导向预算管理的设计与执行。要实现企业战略，增强价值创造能力，就必须重视预算管理体系的控制力和执行力，"全面控制"战略实施的过程，真正将预算管理系统作为一种可操作和可执行的有效管理工具。

3）预算控制系统构成

预算控制系统包括预算目标确定、预算编制、预算执行、预算分析、预算评价和预算激励等环节，如图10-3所示。

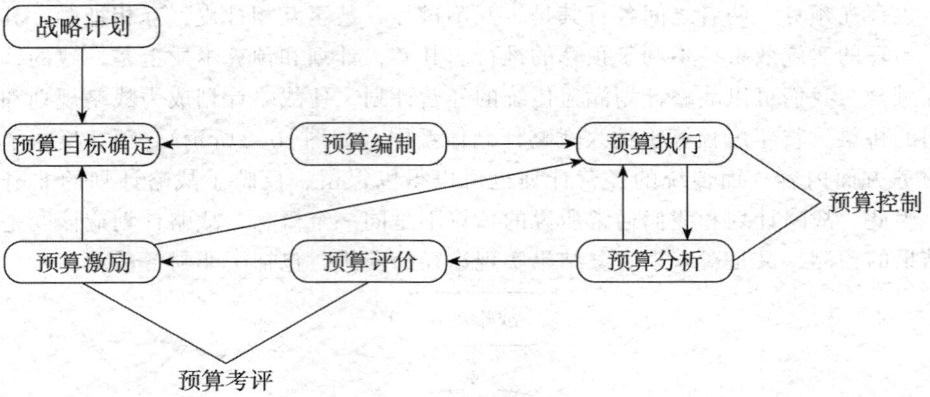

图10-3 预算控制系统

（1）预算目标确定

战略计划是管理控制系统的起点，预算目标是预算控制的起点。因此，预算目标确定是预算控制系统的起点，预算目标是预算编制的基本依据。战略计划制定以战略目标和战略规划为基础，预算目标确定以战略计划为依据。

按照企业的组织结构层次，预算目标可以分为预算总目标与各层级责任预算目标，在整个预算体系中，企业预算总目标居于最高统驭地位，它以企业战略目标为出发点，是企业战略规划的具体体现。企业不同时期的战略取向不同，具体的战略规划也不同，因此，预算目标亦不相同。

同时，预算总目标通常是根据企业外部的环境及企业内部的资源状况提出的。它一方面受到企业所面临的市场竞争的约束，另一方面受到企业目前所具备的资源能力的约束。从功能作用来看，企业预算总目标作为企业与外部环境连接的结果，不仅明确了预算期间企业发展的目标方向与必须达到的竞争水平，规范着企业内部各项资源配置规划的整体结构，而且为责任预算目标的合理确定和行为规划确立了必须遵循的基准。企业各层级责任预算目标既是企业预算总目标的细化，也是企业预算总目标实现的基础，并对各层级责任单位与责任人发挥着直接的激励约束作用。因此，企业预算总目标的合理与否及能否实现，不仅关系着各层级责任预算目标的合理性及由此产生的激励约束机制的有效性，更决定着企业的生死存亡，所以企业管理者在实施预算控制的过程中一定要合理把握预算目标的难易程度，西方实证研究的结果表明“严格而可实现的预算”通常产生最佳的执行结果，能够充分发挥预算的激励和控制功能。

（2）预算编制

预算编制是企业预算总目标的具体落实以及将其分解为责任目标并下达给预算执行者的过程，或者说是预算控制标准的确定过程。预算编制是预算控制系统的一个重要环节，预算编制质量的高低直接影响预算执行结果，也影响对预算执行者的业绩评价。

预算编制的过程是一个参与、协调的过程。预算编制过程的参与，即允许预算执行者对预算编制发表意见，而不是将预算强加给执行者们，这样一方面能够大大降低管理者与预算执行者之间的信息不对称，另一方面可以使预算执行者产生责任感并激发其创造性。由于预算执行者参与预算编制，就很可能使预算目标成为执行者的个人目标，由此也产生了更大程度的目标一致性。预算编制过程的协调是指各个责任中心的部门预算在企业预算最高权力机构审议通过之前，各个管理层次的预算都要经过一定程度的谈判和协商才能确定。预算编制要经过自上而下和自下而上的多次反复，这样，才能使最终的预算既符合企业的整体利益，有利于各部门间的相互协调，又适应基层单位的具体情况，避免高层管理人员的主观决定造成预算脱离实际的结果。预算编制涉及企业每一个部门、每一个岗位，需要企业每一个部门和每一位员工的参与和支持。

（3）预算控制

预算控制是指预算执行过程的控制与预算执行结果的报告分析。

预算执行即预算的具体实施。它是预算目标能否实现的关键，因此，它在预算控制系统中处于核心环节。第一，预算的有效执行离不开预算约束机制。一方面各级责任预算及其目标的有效实施，必须依赖具有约束功能的各项具体责任业绩标准的控制与推动。对于责任业绩标准的设定，除了需要遵循可控性原则外，还应当考虑谋求市场竞争优势的客观限制。另一方面对预算控制效果最终产生决定作用的因素是能否调动各项经济资源，特别是各层级成员企业以及全体员工积极性、创造性的发挥与责任意识的增强。财政部2017年最新发布的《管理会计应用指引第200号——预算管理》中指出，企业应按权、责、利相匹配的原则将预算目标层层分解至各预算责任中心，既公平合理，又有利于企业实现预算目标。第二，预算的有效执行离不开预算协调、预算调整、预算监控以及仲裁，它们是预算执行过程中必不可少的环节，是预算有效运行的必要保证。在预算执行过程中有一种必不可少的控制方式或者说控制手段——内部报告。预算执行过程中的控制是一种动态控制，其重点放在对发生的行动效果及形成过程的经常监督和调整上，即通过作业核算和现场观测获得信息，及时把被控对象的输出变量与控制标准进行比较，提出纠正偏差的措施，不断消除行动效果与既定标准的偏离，而这一系列的活动都需要内部报告作为信息反馈的载体。

内部报告是预算控制过程的信息反馈载体，它是预算控制执行过程的逆向过程。将预算控制的过程和结果形成面向企业内部各级管理层的内部报告，一是可以有效地对预算执行情况进行事中和事后的控制以及责任辨析和业绩考核，二是可以更好地规划和控制企业的资产和收益，以实现资源的最有效配置和管理的协同效应。

在企业实施预算控制过程中，企业各阶层责任单位、责任人执行的进度与效果综合反映在各自的责任内部报告中，这些责任通过自下而上的逐级汇总，清晰地将各责任层次直至企业整体某一时点或阶段预算执行的进度与运行状态显示了出来。通过这种显示，可以发现预算执行的实际效果及存在问题的环节及原因，然后针对不同环节与不同原因，采取适当的措施进行整改，从而保证企业预算总目标的最终实现。

（4）预算考评

预算考评包括预算评价和预算激励两个方面。

预算评价是对企业内部各级责任部门或责任中心预算执行结果进行评价，是管理者对预算执行者实行的一种有效的激励和约束形式。预算评价有两层含义：一是对整个预算控制系统的评价，即对企业经营业绩的评价，它是完善并优化整个预算控制系统的有效措施；二是对预算执行者的业绩评价，它是实现预算约束与激励作用的必要措施。在预算执行过程中及完成后都要适时进行评价，因此，它既是动态评价，又是一种综合评价，是预算控制系统中承上启下的一个环节。预算评价的作用有：①对照责任预算目标，通过责任评价掌握预算的运行状况、成绩、存在的问题及环节，并借以查明产生问题的根源，从而为协调矛盾、堵塞漏洞、纠正偏差提供思路；②通过评价，确定各责任单位、责任人、责任目标及各项责任标准值的实现水平，以及不同责任单位或责任人对企业整体预算目标的贡献差异，进而为兑现奖惩提供依据；③为制定下期预算目标提供参考依据，这是提高未来预算控制效果的前提基础与重要保证。

预算控制系统的有效运行离不开激励制度：预算标准的准确确定需要激励制度，预算的有效执行需要激励制度，业绩报告要提供及时准确的反馈信息需要激励制度，预算考核评价更离不开激励制度。因此，激励制度的作用贯穿了预算控制系统的全过程，激励是预算控制系统的一个内在的环节。激励的宗旨在于调动员工的积极性和成就感，激励要遵循物质利益原则、公平性原则，以及差异性和多样性原则。激励措施既可以采取财务性激励（如奖金），也可以采取非财务性激励（如提升、工作委派）。激励标准的确定可以以内部奖惩制度为基础（被激励者可预期的、固定的），也可以以高层管理者的主观判断为基础（依赖提供激励者的主观判断，能够反映环境变化），既可以对个体进行激励，也可以对群体进行激励。

学思践悟

大智移云背景下蒙牛乳业的预算管理创新①

蒙牛乳业集团股份有限公司（以下简称蒙牛乳业）1999年在呼和浩特市和林格尔县盛乐经济园区成立，2004年在香港地区上市。自成立以来，蒙牛乳业一直致力于研发生产适合国人的乳制品，截至2022年，蒙牛已拥有了液态奶、奶粉、冰淇淋、奶酪等多个品项，并连续10年位列全球乳业20强，2016年首次跃居全球乳业10强、2022年跃升至全球乳业第7位。

伴随着公司快速成长，预算管理也随公司组织架构变化及大智移云技术的应用而不断发展与完善，经过财务与业务多年的探索与实践，形成了目前以战略为出发点和归属点的“五位一体”的预算管理体系。2023年开年，蒙牛乳业总裁卢敏放即提出了“三大转变”的理念，希望通过管理模式的转变为消费者创造更多价值，其中就包含预算管理的转变，可见预算管理在蒙牛集团的重要性。

习近平总书记在党的二十大报告中提出要加快建设数字中国，加快发展数字经济，促进数字经济和实体经济深度融合。大智移云技术作为数字经济发展的主要技术依托，在蒙牛乳业的预算管理中得到了充分的应用。蒙牛集团预算目标制定要经过“目标指引—目标上报—目标质询—目标确定”四个环节。为提升预算目标指引的科学合理性，蒙牛集团积极创新，应用大智移云技术对行业环境、竞争环境、董事会预期及内部优劣势进行深入、透彻的分析，使得预算目标制定依据更加科学、合理。

① 张彩珍．大智移云背景下企业预算管理创新研究［D］．呼和浩特：内蒙古大学，2023.

蒙牛集团从2012年开始实施预算信息化系统——海波龙预算编制系统。海波龙系统的主要功能是预算编制，而预算编制需要很多基础信息，这些信息能否从其他系统取得，关系到预算编制自动化的实现程度及效率。随着蒙牛集团对大智移云技术的深入应用，SAP-CRM、SAP-ECC、SAP-CE、MDG系统，财务共享，人力共享，PS系统，BW等相继上线，海波龙系统也在不断地升级完善。2016年，蒙牛集团开始在预算控制上实施创新，即通过系统来进行预算控制，具体创新措施如下：应用大智移云技术实现营销费用、行政费用预算信息化控制，实现授权体系信息化，滚动预测信息化。

随着各项基础系统的实施，2018年蒙牛乳业最终实现了事业部制下的预算分析信息化。预算分析信息化具体实现措施如下：首先，明确预算分析内容，蒙牛乳业预算分析体系包括五大领域（盈利能力、运营效率、偿债能力、资金管理及专项分析）、21个分析主题（盈利能力主题分为收入、净利润、生产成本等10个子主题，运营效率分为应收、应付及存货等5个子主题，偿债能力分为长期偿债、短期偿债2个子主题，资金管理、专项分析也各分为2个子主题）；其次，明确预算分析方法，针对每个主题分别明确了分析维度、数据口径、影响因素等；再次，明确数据来源，应用大数据及移动互联网技术从海波龙系统获取所有预算数据、从前期开发或自行开发BW报表获取实际数据；最后，明确展现形式，应用移动互联网技术以报表或图表的形式在电脑端或手机端展示。

通过蒙牛乳业预算管理实践的学习，我们作为学生受到了哪些启示和教育？将来作为企业的管理者，我们如何将企业预算与科技发展相结合？如何进行预算管理？

4）预算控制系统的功能

预算控制系统是管理控制系统的小型复制品，是公司治理结构下的游戏规则，它是一种与企业发展战略相配合的战略保障体系，是与整个公司业务流、资金流、信息流，以及人力资源流的要求相一致的经营指标体系，是与日常经营管理过程互相渗透的行为规范与标准体系，是与期终总结相关的业绩评价与奖惩体系。这是对预算控制系统重要性的重新诠释，不但把预算控制同企业整个经营流程密切联系起来，而且还从更深的层次揭示了预算控制在企业生存与发展中所起的关键性作用。预算控制系统的功能主要体现在以下四个方面：

第一，确立目标。预算是公司战略目标进一步的分解与细化，是公司预算责任的逐层分担与落实，也是公司内部各部门实现其预算目标的具体行动方案与措施。比如，一个公司在利润目标确定的前提下，可以测算出需要降低的成本目标，进而可以测算出材料成本降低的目标，假设是在上年实际结果的基础上需要下降10%，此时可以通过会议讨论的形式将这10%材料成本下降的任务再分解落实到生产部门、技术部门和采购部门，如图10-4所示。

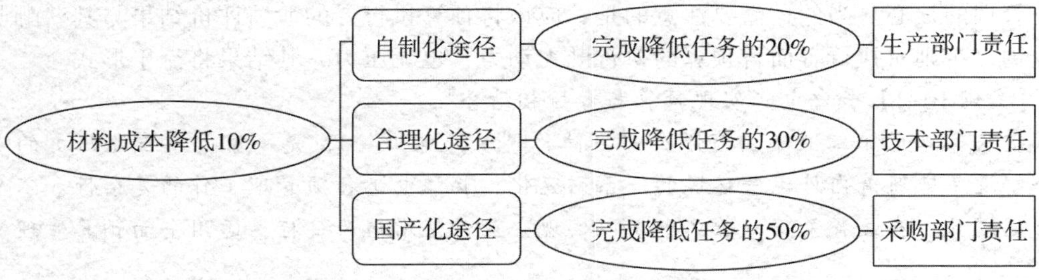

图10-4 材料成本降低目标的分解与落实

第二，整合资源。一个公司的资源有限是客观存在的现实，因此，在实现公司战略目标的过程中，长期目标与短期目标之间、整体目标和部门目标之间、公司内部不同部门之间不可避免地存在冲突，公司需要站在整体的角度和战略的高度，利用一种工具围绕既定目标有效地整合资金、技术、物质、市场渠道等各种资源。实践证明，预算控制系统就是这样一种工具，如图 10-5 所示。

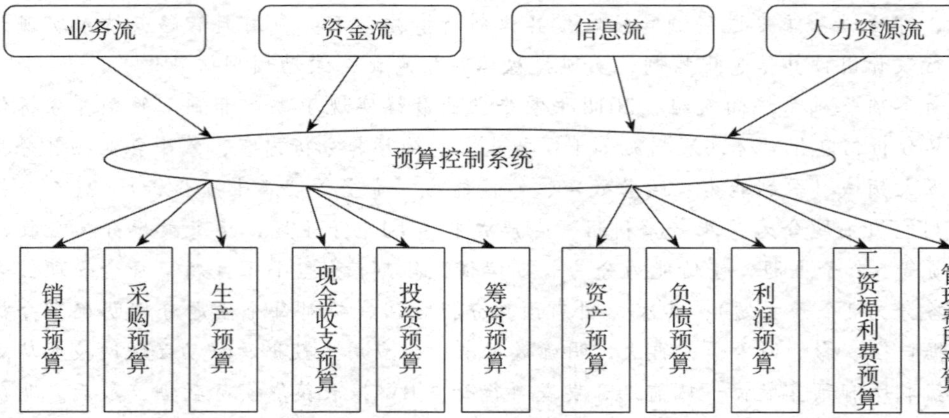

图 10-5　基于整合资源的预算控制系统框架图

第三，控制业务。控制是预算控制系统最基本的功能，预算的控制作用贯穿于整个经营活动过程中。预算编制是一种事前控制，预算执行是一种事中控制，预算分析与考评是一种事后控制。通过预算执行结果反馈以及与预算目标的差异分析，有助于发现经营和管理的薄弱环节并纠正不利差异，从而改进工作，实现目标。费用报销、资金拨付和会计核算等业务的进行都要以预算目标为依据。如果属于预算内项目，且符合预算目标要求，则费用可以报销，资金可以拨付，会计核算可以进行；如果属于超预算或预算外项目，则需要重新进行审批。这样就对经营活动起到了有效的控制作用，使战略目标的实现具有了保障。

第四，评价业绩。预算控制系统具有“抑恶扬善”的功能，即抑制偏离公司战略目标的“恶”行，褒扬为实现公司战略目标而努力的“善”为。《管理会计应用指引第 200 号——预算管理》鼓励企业将预算考核结果纳入绩效考核体系，切实做到有奖有惩、奖惩分明。企业各项预算控制指标和预算控制标准为公司提供了评价各部门及其员工实际经营业绩的客观依据。定期或不定期检查考评各部门所承担的经济责任和工作任务的完成情况，并将预算执行的实际结果与预先设置的预算目标进行比较，确保公司整体目标的实现，是企业管理的核心。当然，需要注意的是，应该将预算执行者的业绩评价结果与其薪酬奖励相挂钩，否则对执行者而言预算的执行既无动力，也无压力，其结果将流于形式。

【案例 10-1】长江电工实现预算与考核相结合[①]

重庆长江电工工业集团有限公司（简称“长江电工”），是一家具有百年历史的老牌国企。近年来随着内外运营环境的一系列变化，长江电工各项管理工作的复杂性和不确定性日益提升。在此背景下，长江电工以实现企业价值增值为目标，运用全面预算管理、标

---

① 李守武．管理会计案例［M］．北京：中国财政经济出版社，2016.

准成本法等多个管理会计工具，显著提升了整个管理控制系统的效率。尤其是长江电工立足实践，适时开展全面预算管理，有效提升了企业管控决策质量，为企业战略目标的实现起到了明显的助推作用。

在开展全面预算管理的实践过程中，长江电工注重将全面预算与业绩考核相结合。例如，将分厂目标利润纳入绩效评价，利润执行差异的100%直接与分厂工资挂钩；将制造费用等成本预算纳入责任单位的绩效评价，预算执行差异的70%直接量化为责任单位的工资奖励（惩罚）；将市场部销售收入及回款纳入绩效评价，每月收入完成进度差异的30%及回款额度差异的15%直接量化为工资奖励（惩罚）。通过将预算与考核相结合，企业上下更加重视全面预算，预算执行质量显著提升，有效避免了预算编制与执行的“两张皮”现象。

5）预算控制系统的特点

设计和运用预算控制系统，不仅需要掌握其优点和缺陷，而且需要了解其适用条件和范围。

预算控制系统的优点从总体上看表现在：组织行为量化标准明确；组织总体目标与个体目标紧密衔接；突出过程控制，可及时发现问题、纠正偏差。具体地说，预算控制的优点包括：

（1）预算可使用统一的量化标准，特别是财务预算，以货币为统一计量单位反映组织的各种活动和综合状况。统一的量化标准便于计量、综合和比较。

（2）预算控制系统与会计核算系统相互协调配合。预算数据或标准往往是以会计核算系统提供的数据为依据进行预测而得到的，会计核算系统又根据预算标准情况进行控制。预算控制系统可促进会计核算系统的发展与完善。

（3）预算控制将组织总体目标与个体目标紧密联系起来，将各种目标与预算标准联系起来，预算控制的成败直接影响或决定着组织目标的实现。

（4）预算控制是过程控制或实时控制。这种控制能够及时发现问题、纠正偏差，防止财务活动与经营活动偏离正常轨道。

（5）预算是激励的基础，激励要以评价为前提，而评价要以预算为基础。这种以预算为基础的激励或预算激励，可充分调动全员预算控制的积极性。

预算控制系统的缺点从总体上看，表现在：预算控制系统制定复杂；在某种程度上限制了管理者及职工的主观能动性；预算标准刚性使控制不能随着环境变化而变化。具体地说，预算控制系统的缺点有：

（1）预算控制束缚控制者与被控制者双方的能动性。在预算控制中，无论控制者还是被控制者都以预算标准为依据进行管理与业务活动。当预算控制环境发生变化时，显然按预算标准进行控制将会产生问题，但在刚性预算下，控制者与被控制者往往习惯于按预算办事，不愿意或没有权力调整预算。长期下去，双方主观能动性都受到影响。

（2）预算控制目标与企业（组织）目标往往不一致。企业目标从本质上讲可能是固定的，即追求资本增值，但从量上讲其实是不固定的，往往追求更大的价值量。预算目标从量上看往往是固定的目标。从静态看二者是一致的，但从动态看，二者显然会形成差异，不利于企业目标的实现。

（3）预算控制从内容、过程到方法都过于烦琐、复杂。预算控制是一种全面控制、过程控制，控制过程中涉及企业所有人、所有部门、所有业务，同时，预算作为用数字或货币编制出来的计划，其系统性、准确性要求相当高。这两点决定了预算控制是一种复杂的控制。

（4）预算控制不利于取得更高的效率与效果。由于人们将预算控制标准作为行为准则或目标，而预算标准制定方法本身又存在着不科学或不完善的地方，往往造成控制者与被控制者的对立或博弈。无论是增量预算还是零基预算，预算标准确定中都存在博弈，从而影响效率与效果。

预算控制系统适用于所有的组织或企业，但是对于管理环境和基础较差的企业，建立与运用预算控制系统难度较大；对于管理环境和基础较好的企业，建立与运用预算控制系统相对容易，但过分强调预算控制可能束缚管理者的主观能动性。

中国企业通常存在的预算问题及解决办法

中国企业通常存在的预算问题表现在以下方面：

（1）预算的意识。认为预算与公司战略的关系不大，缺乏明确手段对公司战略目标和战略规划进行细化。认为预算仅仅是财务部门的事情，是为了控制别的部门费用的发生。认为由于市场因素变化无常预算编制可能流于形式。

（2）预算的组织。缺乏专门的预算管理组织或职责界定不清。财务部门包揽了所有的预算编制工作，业务部门和其他职能部门参与配合较少。预算部门与业务、职能部门间协作不畅，相互扯皮。

（3）预算的目标。预算目标的制定以主观经验判断为主，缺乏科学的定量分析。预算目标的制定与公司战略目标不一致，缺乏上下级的沟通协调。

（4）预算的编制。预算的编制没有以预算控制指标和预算控制标准作为依据，完全是靠“拍脑袋”定出来的，项目与项目、表与表缺乏逻辑性。缺乏足够的系统支持，预算编制完全手工操作，工作量大且效率不高。

（5）预算的控制。没有建立相应的预算反馈制度，重编制，轻执行。没有以预算作为依据，支出审批时不能区分预算内和预算外的不同情况，财务部门无法起到有效的监督作用。分析预算执行情况，仅做差异分析，而没有因素分析，难以明确预算差异产生的原因。预算随意调整或不做任何调整。

（6）预算的考评。缺乏有效的评价、考核和激励措施。没有将预算考评纳入经营管理者的考核体系，使预算失去硬约束。

中国企业要有效解决以上问题，成功实施预算管理，关键取决于以下方面：

（1）高层持续重视与参与；

（2）预算模型符合企业实际情况；

（3）基础数据相对准确和完整；

（4）先进科学的信息系统的支持；

（5）全员的参与和认同；

（6）预算考评结果与经营管理者薪酬相挂钩。

10.2　财务预算与全面预算

1）全面预算与全面预算管理

公司经营活动的复杂性与层次性决定了预算控制系统建立的不仅是一种全面预算体系，而且是一种全面预算管理体系。一个公司的全面预算体系从内容上看可以按多种划分标准进行不同的分类，主要包括以下类型：

（1）从预算层级角度区分

从预算层级角度看，全面预算包括企业集团预算、子公司或事业部预算、部门预算和项目预算等。企业预算的层级是与企业的组织层级相对应的。在一个企业集团中，战略目标往往是自上而下逐层进行分解细化，包括企业集团目标、子公司或事业部目标、部门目标和项目目标；预算往往是由下往上逐层进行汇总编制的，先编制项目预算、部门预算，而后形成子公司或事业部预算，在此基础上形成企业集团整体预算。

（2）从预算内容角度区分

从预算内容角度看，包括经营预算、资本预算和财务预算等。经营预算也称为业务预算，是反映与企业日常业务直接相关的基本生产经营活动内容的预算，具体包括销售预算、采购预算和生产预算等，同时包括管理费用预算。资本预算也叫作特种决策预算，主要涉及投资和筹资的预算，是指企业不经常发生的、一次性业务的预算，如企业固定资产的购置、扩建、改建、更新等，同时还包括与此相关的资金筹措预算。财务预算是从价值方面总括地反映经营期决策预算与业务预算的结果，是指与财务状况、经营成果和企业现金收支有关的各项预算，因此，也叫作总预算，主要是指预计资产负债表、预计利润表和现金收支预算等。

（3）从预算责任角度区分

从传统的预算责任角度区分，可将预算分为投资中心预算、利润中心预算、成本中心预算和费用中心预算。不同的责任中心有着不同的权责范围，有着不同的业务活动，因此，其所承担的预算责任也不同，所需实现的预算目标也不同，自然所需编制的预算内容也不同。成本中心和费用中心只需对其发生的成本或费用负责，因此，主要围绕所需承担的成本或费用降低目标而编制成本预算或费用预算，比如生产车间除了编制生产预算以外，还需要编制成本预算；利润中心不仅需要对其产生的收入负责，更需要对其承担的利润目标负责，因此，不仅需要编制经营预算，还需要编制利润预算；投资中心不仅需要对所实现的利润目标负责，还需要考虑投资回报效益，因此，不仅需要编制经营预算，还需要编制资本预算，当然财务预算的编制也是顺理成章的事情。

（4）从预算时间角度区分

从预算时间角度区分，预算可分为期间预算和项目预算。期间预算是以一定时期内的生产经营活动为规划对象的预算，以涉及的时期长短为标准，又可以分为长期、中期和短期预算。一般说来，涉及较长时期的预算往往是具有战略意义的远景规划，带有方向性，但在数据上较为粗略，正常业务预算和财务预算往往是以1年为期，年内再按季度、月度细分短期预算，指标较为具体和确定。项目预算是针对特定问题的未来活动预算，它是不受层级、不受时间限制的预算，例如可否实行合并的预算、新产品开发预算等。

预算控制系统本质上属于一种全面预算管理体系，即属于以预算为主线涉及全方位、全过程和全员的一种整合性管理控制系统，对公司的所有经营活动和所有组织机构具有全面控制和全面约束力。理解预算控制系统的“全面”本质，可从以下三个方面入手：

（1）全面覆盖

预算控制应该覆盖整个公司，包括公司各职能本部、公司下属各事业部及其职能部门、公司控股的其他非事业部单位及其职能部门。许多企业的预算仅仅关注费用预算和资金预算，这只是权宜之计，全面预算应该扩充到其他预算，如销售预算、采购预算、生产预算、资本预算和财务预算等。许多企业的预算管理部门以财务部门为主，实际上全面预算涉及生产经营的所有活动，包括销售活动、生产活动、采购活动、研发活动、财务活动等。这就意味着一个公司要控制其经营业务，不仅需要编制经营预算和资本预算，而且需要编制财务预算。

（2）全程控制

以预算为主线对公司各种经营活动以及经营活动过程的各个环节进行控制，包括事前控制、事中控制和事后控制。事前控制通过预算目标确定和预算编制环节完成，事中控制通过预算执行环节完成，而事后控制则依赖于预算分析与预算考评。以上环节构成了完善的预算控制循环。要发挥预算控制系统的控制作用，这几个环节缺一不可。有许多企业往往只重视预算的编制，而忽视预算的事中控制，既不积极执行，也不有效控制，更不进行系统分析；也有许多企业将预算的执行与预算的考评相互脱钩，对预算执行部门和执行者的考评并不以预算为主要依据，完全忽略了预算的事后控制作用。

（3）全员参与

预算控制系统的设计和运行是一项复杂的系统工程，需要公司各级领导高度重视和常抓不懈，需要公司各单位、各部门一把手积极推动和亲自落实，需要各个层次员工的积极参与和主动配合。预算控制系统实施的过程就是将预算的总体目标分解、落实到各个部门的过程，从而使各部门都明确了自己的工作目标和任务。一个公司的整体目标只有在各个部门和各个岗位的共同努力下才能得以实现；相反，如果各个部门各行其是，各个岗位相互扯皮，那么公司整体目标就难以实现，公司整体利益就会受到损害。

> 全面预算是企业内部管理控制的一种主要方法，曾对现代工商企业的成熟发展起到至关重要的作用。
>
> ——美国著名管理学家钱德勒教授，引自《看得见的手——美国企业的管理革命》
>
> 全面预算管理是为数不多的能把组织的所有关键问题融合于一个体系之中的管理控制方法。
>
> ——美国著名管理学家David Otley教授

《管理会计应用指引第200号——预算管理》第四条规定，企业进行预算管理，一般应遵循以下原则：

①战略导向原则。预算管理应围绕企业的战略目标和业务计划有序开展，引导各预算责任主体聚焦战略、专注执行、达成绩效。

②过程控制原则。预算管理应通过及时监控、分析等把握预算目标的实现进度并实施有效评价，对企业经营决策提供有效支撑。

③融合性原则。预算管理应以业务为先导、以财务为协同，将预算管理嵌入企业经营管理活动的各个领域、层次、环节。

④平衡管理原则。预算管理应平衡长期目标与短期目标、整体利益与局部利益、收入与支出、结果与动因等关系，促进企业可持续发展。

⑤权变性原则。预算管理应将刚性与柔性相结合，强调预算对经营管理的刚性约束，又可根据内外环境的重大变化调整预算，并针对例外事项进行特殊处理。

2）财务预算在全面预算中的地位

明确财务预算在全面预算体系中的地位，首先需要理清财务预算与经营预算、资本预算之间的关系。从预算的内容和功能来看，一个完善的全面预算体系应该不仅仅包括财务预算，还要包括经营预算和资本预算。财务预算是企业预算期财务状况、经营成果和现金流量（即资金流）的最终结果和高度概括，经营预算和资本预算分别是对企业经营活动和投资活动的规划和反映。财务预算、经营预算和资本预算之间内含严格的逻辑关系。财务预算的编制需要经营预算和资本预算作为支撑和基础，没有经营预算和资本预算，财务预算的编制就缺乏依据，就成为“无米之炊”；经营预算和资本预算分别反映了企业的经营活动和投资活动，如果最终不汇总编制成财务预算，就难以使经营管理者从战略层面高度把握企业的未来发展趋势，也就难以全面掌控企业的战略目标和战略规划。可见，财务预算不仅是全面预算体系的中心环节，而且是全面预算体系的最终反映（如图10-6所示）。

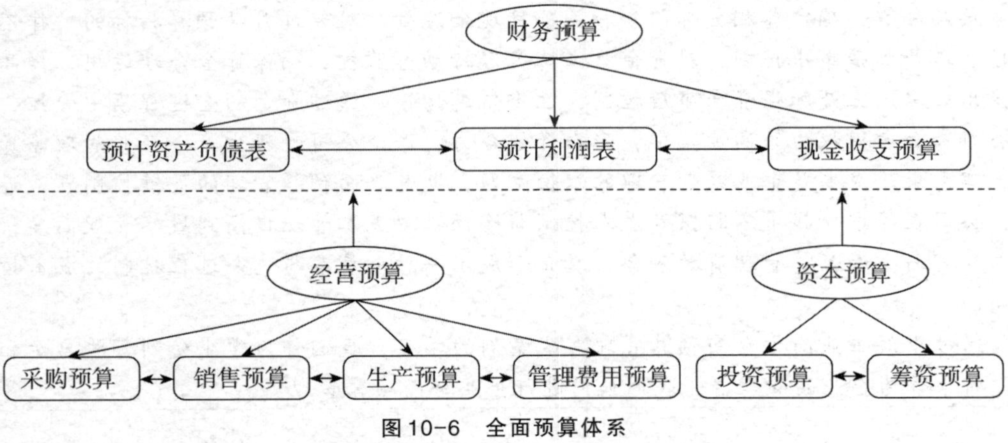

图10-6 全面预算体系

可见，财务预算在预算控制系统中起到了承上启下的“中枢”作用。从战略目标分解和控制标准确定的角度看，一个公司的战略目标通过战略规划和战略计划等环节，首先形成了财务预算的控制指标和控制标准，并经过逐层的分解、细化与落实，又进一步形成了经营预算和资本预算的控制指标和控制标准，最终形成了全面预算控制指标和控制标准体系。从预算编制来看，公司下属的业务部门和职能部门根据分解细化的预算控制指标和控制标准，结合本部门的业务特点和职能规则，编制相应的部门预算，即经营预算和资本预算，并逐层向上传递汇总，公司在此基础上经过审核和平衡，最终形成财务预算。因此，财务预算在预算控制系统中处于核心地位，是预算控制的中心与关键。通过财务预算，公司高层管理者可以站在战略的高度把握整个公司预算期的未来目标和发展趋势，可以从整体的角度控制公司预算期的总体财务状况、经营成果和现金流量（即资金流）。没有财务预算，预算控制系统就失去了资源整合和业务活动整体控制的依据；没有财务预算，经营预算和资本预算就无法与战略规划和战略目标建立相应的联系。

学思践悟

中航工业南方 IBSC 全面预算管理实践①

中国南方航空工业（集团）有限公司（以下简称中航工业南方）始建于1951年，隶属于中国航空工业集团公司。中航工业南方自2000年推行全面预算管理，随着公司内外部环境变化，通过不断实践、改进与优化，构建了较为完善的综合平衡计分卡（IBSC）全面预算管理体系，实现了公司长期目标与短期目标、财务指标与非财务指标、外部与内部、结果与过程及管理业务与经营业绩的有机结合，有效发挥了全面预算管理在企业管理中的龙头作用。

中航工业南方紧紧围绕“五年打基础，十年超百亿”的发展战略，进一步细化战略目标，分解落实至年度经营计划中，并通过开展全面预算管理，以预算形式分解形成各分子公司、职能部门的年度预算，促进公司战略目标落地。

树立“现金为王”的思想理念，建立以现金控制为核心的集中管理模式，强化资金调控能力。一是加强事前控制，做好年度现金流预算，根据“核定总额、分月控制”原则，层层分解，确定各相关部门和相关项目现金流量，对超过月度预算指标的一律不予支付。二是加强事中控制，对资金收支情况进行动态监控，确保资金合理运用，提高资金使用效率。三是加强资金事后控制，注重信息反馈。通过资金的全过程集中管控，确保公司资金运用权力的高度集中，形成资金合力，保证公司科研生产、经营管理等资金的合理需求。成本是企业经营管理的永恒主题，也是全面预算管理的关键控制点。近些年，公司在管理实践中不断探索成本控制新途径，把成本管理提高到战略管理高度，将成本管理与全面预算管理有效融合，真正形成了一种全员参与、全过程控制的成本控制新局面。

通过中航工业南方全面预算管理实践案例的学习，我们作为学生受到哪些启示和教育？将来作为企业的管理者，我们如何进行企业全面预算管理？

① 肖坚勇，韦英，罗俊力，等. 实现全面预算管理的“真编制、真使用、真考核”——中航工业南方IBSC全面预算管理实践［J］. 财务与会计，2015（10）：21-24.

10.3　预算控制程序与方法

1）预算控制程序

预算控制程序的概念具有广义和狭义之分。广义的预算控制程序是指预算控制系统运行的环节，包括预算目标确定、预算编制、预算控制和预算考评等环节（如图10-7所示）。

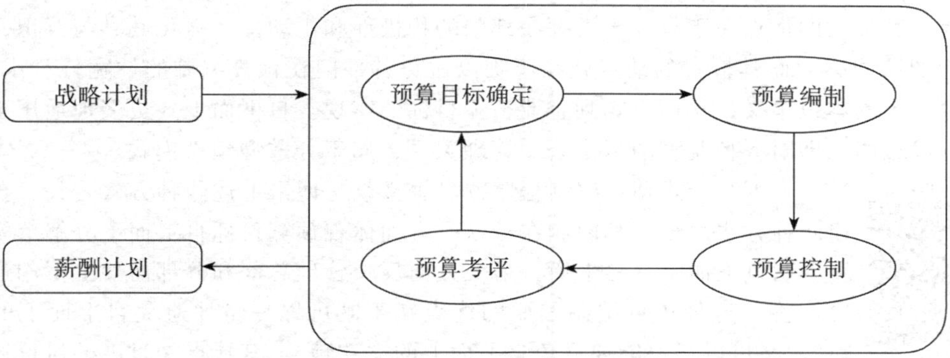

图10-7　预算控制程序的广义概念

狭义的预算控制程序是指预算编制程序。预算编制程序视企业不同情况、不同预算模式分为自上而下、自下而上和上下结合三种类型。《管理会计应用指引第200号——预算管理》指出，企业一般按照分级编制、逐级汇总的方式，采用自上而下、自下而上、上下结合或多维度相协调的流程编制预算。预算编制流程应与企业现有管理模式相适应。不同类型的企业组织具有不同的预算模式，同时也有着不同的预算编制程序，见表10-1。

10-1 知识拓展

预算管理的适配模型

表10-1　预算编制程序

组织类型	产品单一型企业集团 集权型企业	资本控股型企业集团 分权型企业	产业经营型企业集团 集权与分权相结合企业
管理控制模式	战略规划型	财务控制型	战略控制型
预算模式	集中型	分散型	折中型
预算编制程序	自上而下式	自下而上式	上下结合式
优点	防止本位主义，有利于实现整体目标	有利于发挥部门的主观能动性	既可以防止本位主义，又有利于发挥部门的主观能动性
缺点	不利于部门主观能动性的发挥	可能导致严重的本位主义，影响到企业整体目标的实现	过度的讨价还价可能削弱预算编制的战略性和严肃性，同时降低预算编制的效率

自上而下式预算编制程序是一种最传统的预算管理程序，其预算由企业（集团公司或公司）总部按照战略管理需要，结合企业外部环境和内部条件而提出，并向各分部或子公

司下达执行。在这里，企业总部是预算权力的中心，预算目标的确定和预算的平衡编制由总部一手包办，各分部或子公司只是预算执行部门。这种方式与战略规划型的母子控制模式相对应，属于集中型预算模式。这种方式有利于防止本位主义，保证整体目标的实现，但其缺点也是显而易见的，即各分部和子公司的参与程度低，不利于发挥其主观能动性。

自下而上式预算编制程序强调预算来自各分部或子公司的预测，各分部或子公司才是预算编制的真正主体，企业总部对预算只具有最终审批权。总部的管理责任是确定预算目标，如目标资本报酬率；子公司的管理责任是如何实现这一目标，为此，各分部和子公司需要编制并上报预算，以对总部设定的预算目标实现表达行动承诺。总部审批各分部和子公司预算的目的，只是对这一行动承诺可靠性的核实。这种方式的优缺点正好与自上而下式相反，其最大的优点在于有利于发挥各部门的积极性和主动性，强化其参与意识，并具有管理的认同感，而其最大的缺点就在于难以避免各部门在预算编制的“宽打窄用”，可能导致严重的本位主义，从而影响到企业整体目标的实现。自下而上式更多地适用于资本型的控股集团，即财务控制型的母子公司管理关系，属于分散型预算模式。

10-2 知识拓展

“上下结合、分级编制、逐级汇总”的预算编制程序

上下结合式预算编制程序顾名思义就是博采上述两种方式之长，折中上述两种方式之短。其内涵在于：一方面体现预算目标自上而下分解落实和预算编制自下而上汇总平衡，另一方面反映管理总部和分部需要上下沟通和讨价还价。这种预算编制程序的优点在于既可以尽量地避免自上而下的“武断”，又可以尽可能地避免自下而上的“欺瞒”。其缺点是过度的讨价还价可能削弱预算编制的战略性和严肃性，同时降低预算编制的效率。上下结合式与战略控制型母子公司管理关系相对应，它是现代企业预算管理在理论上最为合理，在实践中应用最为普遍的一种类型。

2）预算控制变量选择

预算控制变量是影响预算控制目标的关键因素。预算控制目标由预算控制变量和预算控制标准组成。预算控制变量通常是指影响企业战略目标的关键因素和风险因素。企业目标能否顺利实现主要在于对风险因素、价值驱动因素等影响企业目标的关键因素的控制。因此，要搞好预算控制，必须从价值驱动角度找出关键控制变量，特别是风险控制变量。预算控制变量是控制变量中的一种特殊变量，它与技术控制、行为控制等不同，其特点是由预算特点所决定的。预算是用数字或货币编制出来的某一时期的计划，因此，预算控制变量的选择和确定应体现出预算的可计量性和货币性特点。

现代预算控制系统无论从形式上、内容上，还是程序上都体现的是全面预算控制，这就使预算控制变量不仅涉及面广，而且数量多。如何确定全面的、系统的、关键的、精练的预算控制变量指标体系，是进行预算控制的难点与关键。从现代企业制度下的公司制企业来看，预算控制变量的选择与确定可从以下角度进行。

（1）从控制主体角度确定预算控制变量。企业的控制主体可分为企业股东（董事会）对管理者的控制；企业高层管理者对低层（子公司等）管理者的控制；管理者对员工的控制。预算控制变量按这种层次可分为：

董事会对管理者进行预算控制，其控制变量包括资本增值额和增值率、净资产收益率、资本成本、总资产报酬率等。

集团公司管理者对子公司、分公司、事业部等管理者进行预算控制，其控制变量根据授权程度包括净资产收益率、总资产报酬率、销售利润率、总资产周转率、资产负债率等。

子公司、分公司、事业部等管理者对其部门、车间的管理者进行预算控制的变量，包括销售利润率、百元收入成本率、百元收入费用率、成本费用降低率等。

部门、车间管理者对员工进行预算控制，其控制变量包括工时定额、消耗量定额、费用定额、计件工资等。

（2）从控制客体角度确定预算控制变量。基于价值的企业控制客体根据其授权大小可分为资本经营中心、资产经营中心、商品经营中心和产品经营中心。

资本经营中心的预算控制变量包括资本增值额、净资产收益率、总资产报酬率、总资产周转率等；资产经营中心的预算控制变量主要有总资产报酬率、总资产周转率等；商品经营中心的预算控制变量指标主要有销售利润率、成本利润率、百元收入成本率、百元收入费用率等；产品经营中心的预算控制变量指标主要有单位成本、成本费用降低率、百元产值成本率、单位材料消耗和单位工时消耗等。

（3）从控制内容角度确定预算控制变量。全面预算由财务预算、经营预算和资本预算构成，全面预算控制内容应当包括对这三部分内容的控制。

财务预算最综合地反映了各项经营活动状况及结果。财务预算控制变量可分为资产负债表控制变量、利润表控制变量和现金流量表控制变量。

经营预算控制变量分别以采购控制变量、生产控制变量和销售控制变量为基础，从而形成收入控制变量和成本费用控制变量。

资本预算控制变量从投资和筹资角度分别确定投资或资产控制变量、筹资或资本控制变量。

经营预算控制变量与资本预算控制变量最终都制约或影响财务预算控制变量。

（4）从控制程度的角度确定预算控制变量。由于各个控制变量的内涵和重要程度不同，以及变量之间存在的因果关系等，预算控制变量确定可分为基本控制变量、辅助控制变量和参考控制变量的确定。

（5）从控制方式角度确定预算控制变量。预算控制在于通过某一经济活动与另一经济活动的关系决定其控制程度。这种关系可表现为：不同指标之间的关系；不同时期指标之间的关系；整体指标与个体指标之间的关系。因此，预算控制变量从形式上可分为相关控制变量、结构控制变量和趋势控制变量。

上述预算控制变量指标体系可用图10-8表示。

3）预算控制标准确定

预算控制标准是指对企业进行管理控制的依据或准绳，它是对控制变量的量化。控制标准规划了企业应该怎么做及程度。控制标准是企业战略控制目标的分解。所有的控制变量都要有相应的控制标准。控制标准从控制依据角度看，可分为预算控制标准、行业控制标准、历史控制标准等。控制标准从控制形式划分，可分为比率控制标准和总量控制标准。

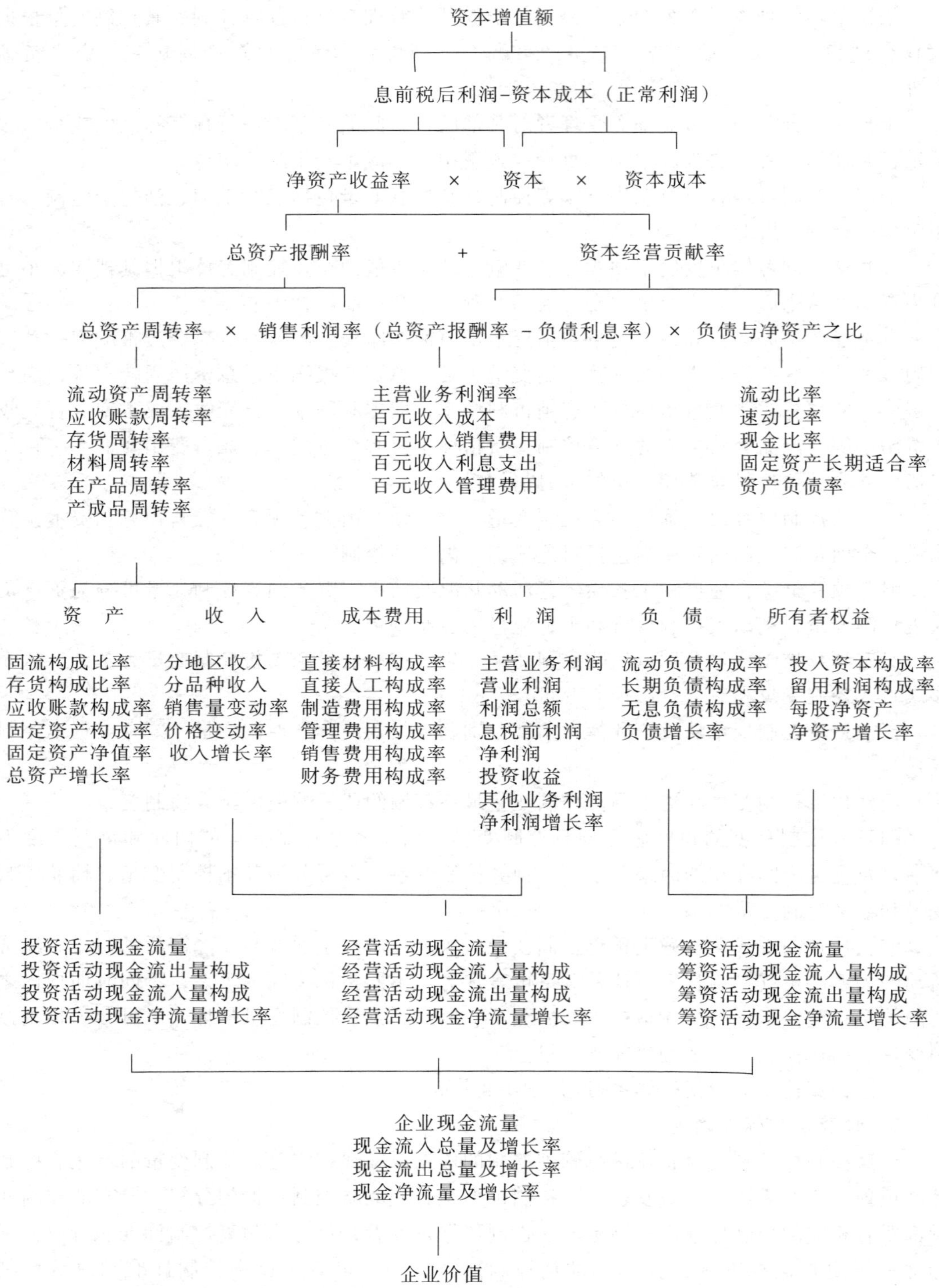

图 10-8　预算控制变量指标分解图

预算控制标准是指企业在编制预算时应该遵循的原则和准绳。预算控制标准确定得是否正确，在很大程度上会影响企业预算编制的合理性、预算执行的可控性、预算评价的准确性。许多企业目前的预算控制并没有充分实现控制、考核各个部门及相关人员的功能，究其原因主要在于预算控制标准的制定存在问题，主要表现在没有采取科学的方法或依据来确定预算控制标准。即在实际编制预算时，许多预算标准是根据经验值或者历史数据主观推测的，没有区分可控项目与不可控项目（或者说没有抓住关键控制变量），没有搞清项目与影响因素之间的逻辑关系。结果造成预算编制缺乏科学性和准确性，从而导致预算控制的功能与作用难以充分发挥。

要制定出合理的企业预算控制标准，一要结合企业现状研究和分析企业本身的历史数据，二要研究同行业和同类企业的相关数据，三要结合企业战略分析与战略目标，明确每一预算项目与影响因素之间的逻辑关系，以预算控制变量为基础，确定预算控制标准。图10-9反映了预算控制标准制定过程。

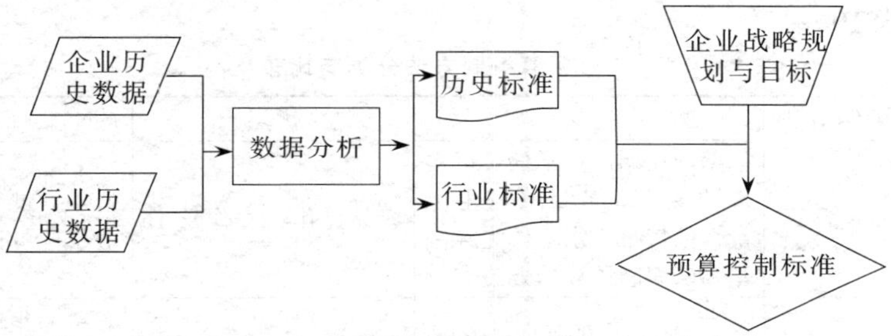

图10-9　预算控制标准确定程序

在预算控制标准制定的过程中，具体地说，应在考虑预算控制变量类型的基础上有步骤地确定：(1) 与会计要素相关的各种控制变量标准；(2) 与预算控制程序相关的各种预算控制标准，如基本控制比率标准、辅助控制比率标准、参考控制比率标准；(3) 与控制形式相关的各种预算控制标准，如相关控制比率标准、结构控制比率标准和趋势控制比率标准；(4) 与预算内容相关的预算控制标准，如财务预算标准、经营预算标准和资本预算标准等。图10-10反映了预算控制比率标准制定程序及与各项预算的关系。

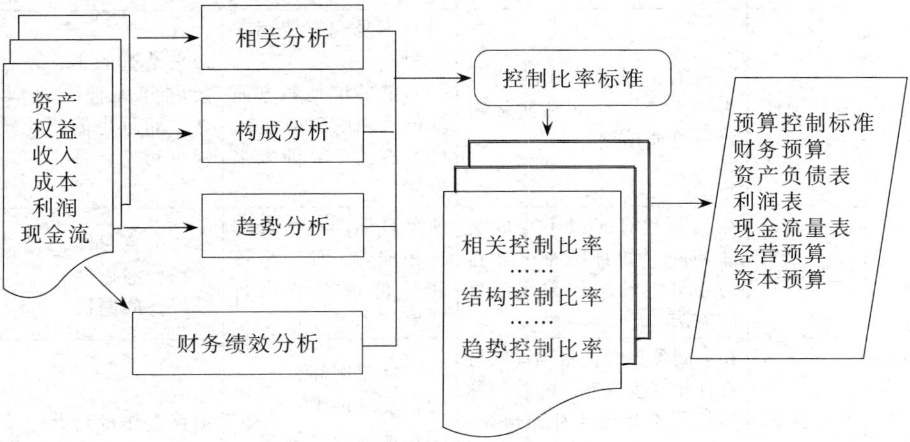

图10-10　预算控制标准体系

10-3 明理增信

调整预算编制方法，加强企业成本控制

4）预算控制方法

预算控制方法的概念也有广义和狭义的区分。广义的预算控制方法是指预算控制系统中所运用的方法，包括预算目标制定方法、预算编制方法、预算控制方法和预算考评方法。关于预算控制目标制定方法，在前文已经介绍过。预算编制方法，即在预算编制过程中所使用的方法。预算控制方法，就是在预算控制环节中所使用的方法，包括预算执行控制方法和预算分析控制方法，这是预算控制方法的狭义概念，也是本节需要着重论述的内容。预算考评方法，就是在预算考评环节所采用的方法，这与业绩评价和激励方法是一致的，在第11章将详细论述。

预算编制可以采用多种方法，根据预算编制所依据的业务量的数量特征，可分为固定预算和弹性预算两种编制方法；根据预算编制的出发点特征，可分为增量预算和零基预算两种编制方法；根据预算期的时间特征，有定期预算和滚动预算两种预算编制方法。不同类型的预算编制方法各有利弊，公司可以根据不同预算编制方法的适用条件和适用范围加以选择（见表10-2）。

表10-2 **预算编制方法分类与比较**

分类标准	编制方法	定义	优点	缺点
按其业务量的数量特征	固定预算	根据预算期内正常的、可实现的某一业务量（如生产量、销售量）水平作为唯一基础来编制预算的方法	容易操作，工作量小	第一，过于机械呆板； 第二，可比性差
	弹性预算	按照预算期可预见的各种业务量水平，编制能够适应多种情况预算的方法	第一，预算范围宽； 第二，可比性强	第一，很难正确划分变动成本和固定成本； 第二，如果采用手工编制，预算编制工作量大
按其出发点的特征	增量预算	以基期成本费用水平为基础，结合预算期业务量水平及有关降低成本的措施，通过调整有关原有费用项目而编制预算的方法	容易理解，便于操作	第一，受原有费用项目限制，可能导致保护落后； 第二，滋长预算中的“平均主义”和“简单化”； 第三，不利于企业未来的发展
	零基预算	以所有的预算支出均为零为出发点，一切从实际需要与可能出发	（1）不受现有费用项目限制； （2）能够调动各方面降低费用的积极性； （3）有助于企业未来发展	带来浩繁的工作量，搞不好会顾此失彼，难以突出重点，而且也需要比较长的编制时间
按其预算期的时间特征	定期预算	在编制预算时以不变的会计期间（如日历年度）作为预算期的一种编制预算的方法	使预算期间与会计年度相配合，便于考核和评价预算的执行结果	第一，盲目性； 第二，滞后性； 第三，间断性
	滚动预算	在编制预算时，将预算期与会计年度脱离开，随着预算的执行不断延伸补充预算，逐期向后滚动，使预算期永远保持为12个月的一种方法	（1）透明度高； （2）及时性强； （3）连续性、完整性和稳定性突出	预算工作量较大

预算执行控制分为预算授权控制、预算审核控制、预算调整控制和预算分析控制四个方面。

预算授权控制是指预算的执行必须通过授权进行。所谓授权意味着有关预算执行部门和执行人员在处理业务时，必须得到相应的授权，经过相应的批准程序后方可进行。授权控制是一种事前控制，通过授权控制，可以有效地将一切不正确、不合理、不合法的经济行为制止在发生之前。预算控制作为重要的内部控制方式，事前设定授权事项、权限和金额是非常必要的。预算授权又可以进一步分为预算权分配、预算内授权和预算外授权。预算权分配是指企业内部各层级在预算管理运行中的决策权界定。预算管理决策权的划分应该体现决策、执行和监督三分立的治理规则要求，董事会及其下设的预算管理委员会为预算决策机构，经营管理层包括下属各单位、各部门为预算执行机构，监事会、预算管理委员会办公室、财务部门、内部审计部门为预算监督机构。实施预算管理的公司需要事先设置并明确预算决策权、预算执行权和预算监督权的归属、内容和行使方法。预算内授权是指预算执行部门和预算执行人员根据既定的预算控制标准，在其权限范围之内对正常的经济行为进行的授权，它强调预算范围内的事项由预算责任单位的第一责任人自行处理业务，而不必进行分级控制。预算外授权是指对非经常经济行为进行专门研究作出的授权，强调的是超过预算范围或者根本就没有列入预算范围内的经营活动与事项必须经过预算调整或预算追加来处理，要得到经过授权的人员批准。

预算审核控制就是在业务发生之后，通过会计核算信息系统对与业务相关的费用报销和资金拨付进行事中控制。《管理会计应用指引第200号——预算管理》指出，对于预算内事项，应简化审批流程，提高效率；超预算事项，应执行额外的审批流程；预算外事项，应严格控制，防范风险。要做好预算审核的控制，首先需要使预算与会计核算相结合，并建立相对应的关系。这要求在设计预算控制系统时，考虑预算控制系统的软件化和信息化。公司可以通过在预算控制系统中设置结构性的、系统性的定义，将预算控制项目与会计核算科目形成一种对应关系，使两者对应关系明晰、准确。在预算执行的过程中，当进行凭证录入保存时，首先不是进入会计核算系统，而是进入到预算控制系统，该系统会自动地分别检查凭证中所涉及的费用预算、资金预算是否超出该明细项目的年度、月度费用预算控制标准，并分别记录发生的费用额、资金支出额，从而进行控制预警和余额控制。如图10-11所示，如果属于预算内项目且金额未超出预警控制线，则进入会计核算系统；如果属于预算内项目但金额超出预警控制线，也可进入会计核算系统，但系统会对业务发生部门发出警告，提醒当期应该控制费用的发生和资金的拨付；如果属于预算内项目但金额已经超出预算，或者完全属于预算外项目，则都需要进入预算调整程序。可见，预算审核控制对业务发生、费用报销和资金拨付起到了很好的实时控制和过程控制的作用。

10-4 案例分析

上海宝钢集团的预算调整和预算追加

预算调整控制属于一种事后控制，是指当公司内外环境发生改变，预算与实际出现较大偏差，原有预算不再适宜时所进行的预算修正。《管理会计应用指引第200号——预算管理》规定，年度预算经批准后，原则上不做调整。企业应在制度中严格明确预算调整的条件、主体、权限和程序等事宜，当内外战略环境发生重大变化或突发重大事件等，导致预算编制的基本假设发生重大变化时，可进行预算调整。也就是说，为维护预算的严肃性，预算原则上不应随意变动。但如果组织背景发生与预算制定时所预测的情况具有显著不同的变

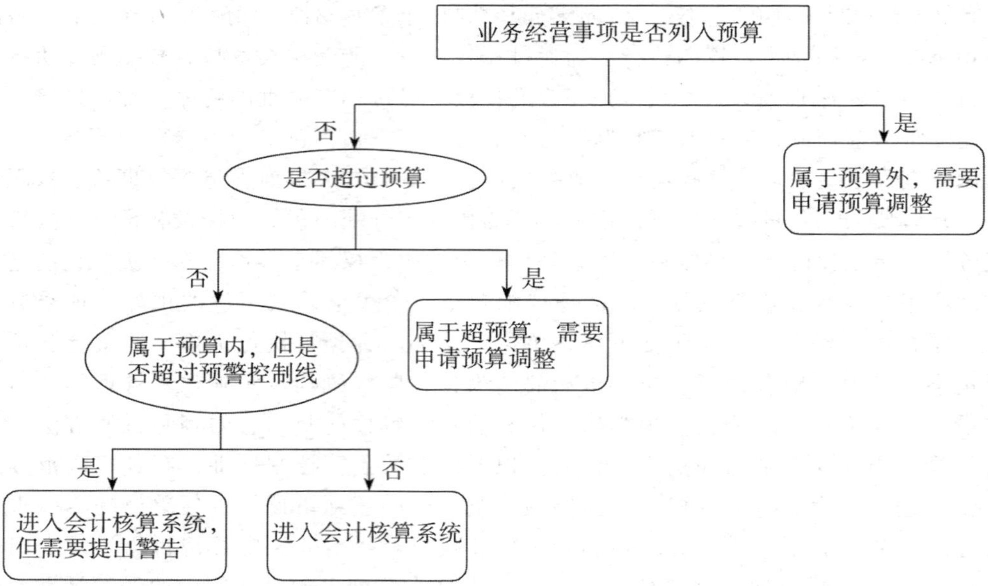

图 10-11　预算审核控制基本原理

化，应考虑进行预算调整。这体现了预算灵活性的一面。问题的关键在于预算调整不是随意性的，需要形成制度化，也就是说预算调整必须满足一定的前提条件，必须遵循一定的审批程序。根据调整是否影响整体预算控制目标的改变，预算调整可分为目标内预算调整和目标外预算调整。不同类型的预算调整有着不同的前提条件和不同的审批程序，公司可以根据自身实际情况事先作出规定。一般而言，当预算控制目标确定的前提假设，比如市场环境和内部资源发生重大变化时，通常需要进行目标外预算调整。一般情况下，预算调整需要经过申请、审议和批准三个主要程序。由于预算调整属于非正常事项，而且其牵扯面广，所以一般而言预算调整的审批权限应该高度集中，目标外预算调整需要经过预算管理委员会审批，目标内预算调整则根据预算权规定由具有相应权限的人员或机构审批。

【案例 10-2】东安汽发的预算调整①

哈尔滨东安汽车发动机制造有限公司（简称“东安汽发”）是国内首家同时拥有发动机、自动变速器和手动变速器制造技术的企业。东安汽发于2007年与日本三菱对标开展了全面预算管理，加入长安集团后，东安汽发不断深化应用，预算管理体系的基本框架已经清晰，形成了有自身特色的全面预算管理体系。东安汽发的全面预算管理流程为：预算编制、预算执行与控制、预算分析整改、预算评价与考核四部分。其中预算控制与执行的核心有两个方面：业务审批、预算调整。

业务审批是指经济业务发生前履行的审批程序。公司规定，单笔金额超过一定限额的经济业务，必须签订合同。合同审批申请由业务部门提出，经业务部门负责人签字后交由会计人员审批。会计人员重点关注是否有足够预算等问题。对无预算、超预算的业务，在签署合同之前就要办理预算调整。预算调整的流程为：业务单位申请—预算办公室审核—分管业务的副总审核—总会计师审核（批准）—总经理审核（批准）—公司预算委员会批

① 李守武．管理会计案例［M］．北京：中国财政经济出版社，2016.

准。在预算调整程序中，东安汽发有一个非常重要的设计，是将预算办公室审核前置在所有领导审核之前，预算调整申请经由预算办公室审核后，根据金额不同，分别在不同节点终审，这一设计有效提升了公司预算调整的决策效率。

预算分析控制属于一种反馈控制。一些企业也曾轰轰烈烈地推行过全面预算，但效果却并不理想，原因之一就是重视预算编制，轻视预算反馈，也就是预算编制完成之后缺乏相应的反馈机制，其结果是导致上级部门无法了解下级部门的预算执行结果，等到预算期结束已经“木已成舟”，为时已晚。《管理会计应用指引第200号——预算管理》中规定，企业应通过信息系统展示、会议、报告、调研等多种途径及形式，及时监督、分析预算执行情况，分析预算执行差异的原因，提出对策建议。这就要求实行预算管理的公司建立相应的预算报告制度，预算报告属于内部管理报告，与对外披露的财务会计报告无论在报告主体、报告对象、报告形式和报告时间上均存在一定差异，因此，不能直接用财务会计报告代替预算报告。预算报告应该由各预算责任单位编制，并向上层层反映。由于各预算责任单位具有各自不同的预算目标和责任，因此，预算报告的内容和形式可因各预算责任单位的目标和责任而异。当然，预算报告的基本内容应该包括以下方面：预算执行的实际结果计量，预算实际结果与预算控制标准之间的差异及形成原因，对于不利差异的整改措施。预算报告的形式既可以是书面的，也可以是口头的。书面形式的预算报告通常见表10-3。实践中，许多企业为了保证预算目标的顺利实现，通常采用预算例会制度，以便及时发现预算执行过程中的问题，并且有利于部门之间的协调和问题的及时解决。预算报告的频度应遵循及时性和灵活性的基本原则要求，而且必须考虑成本效益原则。

表10-3 **预算报告样式**

项目	实际值	预算值	差异	差异原因		整改措施
				主观	客观	

本章小结

预算（budget）是针对企业而言的，是企业对资源在一定时期为达到一定目的进行配置的计划。预算最重要和最基本的功能在于控制。预算控制是指通过预算的形式规范组织的目标和经济行为过程，调整与修正管理行为与目标偏差，保证各级目标、策略、政策和规划的实现。

预算控制系统作为管理控制系统的一种模式，它应包括预算目标确定、预算编制、预算执行、预算分析、预算评价和预算激励等环节。预算控制系统的功能主要在于以下四个方面：第一，确立目标；第二，整合资源；第三，控制业务；第四，评价业绩。

预算控制系统的优点表现在：组织行为量化标准明确；组织总体目标与个体目标紧密衔接；突出过程控制，可及时发现问题、纠正偏差。预算控制系统的缺点表现在：预算控制系统制定复杂；在某种程度上限制了管理者及职工的主观能动性；预算标准刚性使控制不能随着环境变化而变化。预算控制系统适用于所有的组织或企业。

一个公司的全面预算体系从内容上看可以按多种划分标准进行不同的分类。预算控制系统本质上属于一种全面预算管理体系，即属于以预算为主线涉及全方位、全过程和全员的一种整合性管理控制系统。

财务预算不仅是全面预算体系的中心环节，而且是全面预算体系的最终反映。因此，财务预算在预算控制系统中起到了承上启下的“中枢”作用，处于核心地位，是预算控制的中心与关键。通过财务预算，公司高层管理者可以站在战略的高度把握整个公司预算期的未来目标和发展趋势，可以从整体的角度控制公司预算期的总体财务状况、经营成果和现金流量（即资金流）。

要设计和运用预算控制系统，需要掌握预算控制程序与方法。预算控制程序的概念具有广义和狭义之分。广义的预算控制程序是指预算控制系统运行的环节，包括预算目标确定、预算编制、预算控制和预算考评等环节。狭义的预算控制程序是指预算编制程序。预算控制程序视企业不同情况、不同预算模式分为自上而下、自下而上和上下结合三种类型。

预算控制目标由预算控制变量选择和预算控制标准确定两个方面决定。预算控制变量通常是指影响企业战略目标的关键因素和风险因素。预算控制标准是指对企业进行管理控制的依据或准绳，它是对控制变量的量化。因此，在战略计划的基础上确定预算控制变量和预算控制标准是实施有效预算控制的重要步骤。

预算控制方法的概念也有广义和狭义的区分。广义的预算控制方法是指预算控制系统中所运用的方法，包括预算目标制定方法、预算编制方法、预算控制方法和预算考评方法。预算编制可以采用多种方法，不同类型的预算编制方法各有利弊，公司可以根据不同预算编制方法的适用条件和适用范围加以选择。预算控制方法，就是在预算控制环节中所使用的方法，包括预算执行控制方法和预算分析控制方法，其中预算执行控制分为预算授权控制、预算审核控制和预算调整控制三个方面。预算考评方法，就是在预算考评环节所采用的方法，这与业绩评价和激励方法是一致的。

关键概念与主要观念

□ 关键概念

预算　计划　经营预算　资本预算　财务预算　预算管理　全面预算管理　预算控制　预算控制系统　战略计划　预算编制　预算控制　预算考评　预算控制程序　预算编制程序　预算控制变量　预算控制标准　预算控制方法　预算授权控制　预算审核控制　预算调整控制　预算分析控制

□ 主要观念

计划和预算本质是一致的，两者应该相互融合，可以战略计划涵盖传统的经营计划，使战略计划成为战略规划和年度预算之间的桥梁，将年度预算也纳入战略计划体系中。

预算控制系统是管理控制系统的小型复制品，是公司治理结构下的游戏规则，它是一种与企业发展战略相配合的战略保障体系，是与整个公司业务流、资金流、信息流，以及人力资源流的要求相一致的经营指标体系，是与日常经营管理过程相融合的行为规范与标准体系，是与期终总结相关的业绩评价与奖惩体系。这是对预算控制系统重要性的重新诠释，不但把预算控制同企业整个经营流程密切联系起来，而且还从更深的层次揭示了预算控制在企业生存与发展中所起的关键性作用。

理解预算控制系统的“全面”本质，可从以下三个方面入手：(1) 全面覆盖；(2) 全程控制；(3) 全员参与。

财务预算的编制需要经营预算和资本预算为支撑和基础，没有经营预算和资本预算，财务预算的编制就缺乏依据，就成为“无米之炊”。经营预算和资本预算分别反映了企业的经营活动和投资活动，如果最终不汇总编制成财务预算，就难以使经营管理者从战略层面高度把握企业的未来发展趋势，也就难以全面掌控企业的战略目标和战略规划。

一个公司的预算控制变量主要集中在价值创造、盈利能力、成长能力、营运能力和偿债能力五个方面，同时可以将EVA作为核心指标，通过该指标进行层层分解，与盈利能力指标、营运能力指标、成长能力指标和偿债能力指标建立联系。

在预算控制标准的制定过程中，需要注意以下四个问题：第一，要结合企业现状纵向分析企业的历史数据。第二，要进行横向比较，研究同行业和同类企业的相关数据。第三，要进行公司战略规划。第四，要考虑其他组织背景变量。

预算调整不是随意性的，需要形成制度化，也就是说，预算调整必须满足一定的前提条件，必须遵循一定的审批程序。

预算报告的基本内容应该包括以下方面：预算执行的实际结果计量，预算实际结果与预算控制标准之间的差异及形成原因，对于不利差异的整改措施。

基本训练

□ 知识题

10.1　简答题

(1) 预算控制系统是由哪些环节构成的？

(2) 预算控制系统的功能主要表现在哪些方面？

(3) 概括预算控制系统的优缺点。

(4) 比较三种类型的预算编制程序的特点。

(5) 在制定预算控制标准的过程中，应注意哪些问题？

(6) 比较分析不同类型的预算编制方法的优缺点。

10.2　思考题

(1) 分析国有企业传统的计划与现代企业的预算之间的关系，并讨论两者之间应该如何协调。

(2) 如何理解预算控制系统的“全面”性？

(3) 为什么说财务预算在预算控制系统中处于核心地位？

(4) 如何构建预算控制系统？

(5) 为什么上下结合式预算编制程序是在理论上最为合理，在实践中应用最为普遍的一种类型？

（6）为什么说预算管理应该与业绩考核相结合？

□ 技能题

某公司财务部门根据各部门上报的经营预算和资本预算，编制2×23年的财务预算，其中预计利润表（简化形式）编制如下（见表10-4）：

表10-4 **预计利润表（简化形式）**

编制部门：财务部门　　编制时间：　年　月　日　　单位：万元

项目	控制比率	控制标准	季度数（略）	年度合计
一、主营业务收入	主营业务净利率	10%		3 600
减：主营业务成本				2 400
税金及附加				200
二、主营业务利润				1 000
加：其他业务收入				0
减：其他业务支出				0
销售费用				300
管理费用				200
财务费用				100
三、营业利润				400
加：营业外收入				70
减：营业外支出				10
四、利润总额				460
减：所得税费用				160
五、净利润	净资产收益率	10%		300

假设该公司目前净资产余额为4 000万元，预计下一年度净资产增加25%，则要求：

（1）检查该公司目前预计净利润是否符合公司控制标准要求。

（2）如果不符合控制标准要求，应如何进行调整？

□ 能力题

沈阳机床集团摇臂钻床厂费用与现金预算控制系统①

成立于1995年12月的沈阳机床集团经过10年的奋斗已经发展成为中国最大的机床制造企业，同时已成为沈阳市装备制造业发展的象征，是沈阳市装备制造业的重要经济增长点。沈阳机床集团计划到2008年实现销售额100亿元，力争进入世界机床制造业前五强。但是，沈阳机床集团高速增长的背后也隐藏着极大的隐患，那就是高速增长的销售收入并没有带来同步的现金流量和实现相应的盈利水平。因此，集团领导高瞻远瞩适时提出了“双提速（素）”目标，就是既要提高销售增长速度，又要提高内部管理素质。这样，控制成本、降低费用、加快资金周转、降低资金占用，就成为增强集团竞争能力和盈利能力的关键所在。为此，沈阳机床集团决心借助预算控制系统来实现“双提速（素）”目标，

① 池国华．沈阳机床摇臂钻床厂基于控制力的预算管理系统［J］．财务与会计，2005（11）：15-16.

并首先选择摇臂钻床厂作为试点单位，逐步推行预算管理。

从2003年开始，以费用预算和现金收支预算为试点，在费用控制（包括期间费用和制造费用）和资金管理环节上大胆改革，以会计核算信息系统为平台将费用预算与现金收支预算结合运用，在实践中探索出费用控制和资金管理的一系列新思路和新方法，主要包括：

1.预算编制环节

将预算控制比率和预算控制标准纳入预算表格，以增强预算编制的逻辑性。摇臂钻床厂对传统的预算表格进行了大胆创新，将预算控制比率和预算控制标准纳入预算表格，目的在于提高预算编制的逻辑性和准确性。设置预算控制预警水平，从源头确保费用预算和现金收支预算执行的均衡性。在编制费用预算和现金收付预算时，为确保全年每一个季度和每一个月度费用执行的均衡和现金支付的平衡，摇臂钻床厂有目的地在会计核算系统中区分不同费用项目设置了相应的预算控制预警水平，按占年度预算不同百分比的进度实施控制，从源头上杜绝了预算执行不均衡现象的发生。

2.预算执行环节

建立费用预算与现金收支预算的互动关系，实现费用和资金的双重控制。摇臂钻床厂采用一定的技术手段，在预算编报科目与会计核算科目之间建立了明确的对应关系，并且在系统中按费用发生和现金收付的实际情形，设置了三种处理方式：（1）走现金进费用；（2）进费用挂往来；（3）走现金挂往来。各预算管理部门根据这三种情形结合自身情况在系统中分别填报，这样就实现了一张预算表格的填制同时满足费用预算和现金收付预算编报的双重要求，大大提高了预算编制的效率。财务部门将预算执行与会计核算相结合，确保费用预算与现金收付预算执行的有效性。通过在系统中对所有现金支付项目设置会计核算功能，使预算执行与会计核算相结合，目的是确保费用预算和现金收支预算执行的有效性，真正做到实时控制和过程控制。

3.预算分析环节

支持实时预算反馈和预算分析，提高预算控制的透明度。预算执行过程中通过总账凭证对实际业务进行控制、记录，建立日常经营管理中费用预算和现金收付预算的“战略决策层→管理控制层→核算作业层”自上而下的全透明的管理和监控信息网络，保证企业高层管理者及有权限的人员可以随时查看各预算管理部门的预算目标、实际业绩等财务信息，增加了预算执行的透明度，保证预算考评的公平性。允许根据分析结果及时调整预算，增强预算控制的灵活性。为了对预算执行过程中的偏差进行纠正，各预算管理部门可以根据上月预算执行情况分析结果，在年度预算目标内进行额度调整，为此摇臂钻床厂在建立预算管理系统时就预先设置了费用发生调整申请单和现金支付调整申请单。

4.预算考评环节

实施企业领导班子年薪制与预算目标相挂钩，激励管理者对预算的控制力。沈阳机床集团经过慎重考虑，决定对摇臂钻床厂领导班子实施年薪制，将领导班子的薪酬分为固定数额和变动数额两个部分，其中变动数额的大小又与集团下达给摇臂钻床厂的年度预算目标相挂钩，根据年度预算目标的不同实现程度，赋予了不同的奖励系数。选择制造费用为突破口与员工工资额核定相结合，提高员工对预算的执行力。摇臂钻床厂为了提高员工对预算的执行力，确保预算总体目标的实现，于2005年选择了制造费用为突破口，对摇钻车间、轴套车间、锻造车间和热处理车间等车间实行了费用考核。具体方法就是以车间单位工时制造费用为考核指标，确定每一车间的单位工时制造费用预算目标，将预算目标的实现结果与员工工资额相挂钩进行奖罚，以核定工资额为基数，每超出制造费用预算目标1%，就扣罚该车间0.1%的核定工资额，每节约1%制造费用预算目标，就嘉奖该车间0.1%的核定工资额。

【案例分析要求】

（1）请根据本案例的材料，指出摇臂钻床厂预算控制的特色。

（2）请根据本案例的材料，分析摇臂钻床厂在预算执行控制方面主要采用的是什么方法。

（3）你认为摇臂钻床厂的预算控制今后应在哪些方面改进，应如何改进？

数智能力训练

在数字经济时代，人工智能大模型能够为预算控制提供很多有益的帮助。结合本章学习的内容，我们可运用人工智能大模型，如阿里“通义千问”、百度“文心一言”和科大讯飞“星火”等（当然也可以采用最新推出的其他模型）对预算控制中的相关问题进行进一步讨论分析，以提升同学们运用数智模型进行预算控制的能力。

本章的数智能力训练题主要有：

（1）战略计划是管理控制系统的起点，预算目标是预算控制的起点。结合管理学和财务管理的内容，如何确定企业的预算目标？

（2）利用人工智能大模型，探索我国企业在依据战略确定预算目标过程中存在哪些问题。

（3）上市公司在制定预算控制标准的过程中，通常会遇到哪些问题？如何应对？

互动练习

10-5 即测即评

第10章练习题

第 11 章

评价控制与激励机制

学习目标

本章学习目标是使学生掌握管理控制中的评价控制与激励机制的内涵及关系；明确评价控制与激励机制在财务管理中的作用；掌握业绩评价的要素、程序与模式和激励机制的构成、程序与方式。其具体目标包括：

知识目标：

● 理解管理控制中的业绩评价与激励机制的内涵；理解业绩评价与激励机制之间的关系；理解业绩评价、激励机制在财务管理中的作用；掌握业绩评价的要素和业绩评价的程序。

● 理解财务总监在评价控制过程中的作用；掌握激励机制的构成，激励机制的程序；理解财务总监在激励机制程序中的作用；理解年薪制、实股激励、期股激励和期权激励等激励方式的内涵与基本原理。

技能目标：

● 掌握会计基础、经济基础和战略管理三种业绩评价模式的基本原理。

能力目标：

● 能够运用会计基础、经济基础和战略管理三种业绩评价模式的基本原理设计业绩评价系统。

素养目标：

● 通过业绩评价与激励机制之间关系的学习，使学生树立按劳分配的价值观，培养学生求真务实、开拓进取的精神。

11.1 评价控制与激励机制概述

1）评价控制与管理控制

现代企业要实现其股东价值最大化目标，需要建立基于价值管理的制度体系。管理控制本质上就是一种基于价值管理的系统，是建立这一价值管理体系的基础。因为管理控制的目的就是执行战略，使组织的目标得以实现。如果说公司战略是实现组织目标的途径，那么管理控制就是战略执行的控制，就是战略实施的手段。

从管理控制系统的要素角度看，评价控制是构成管理控制系统的重要因素之一。评价控制是指组织通过评价的方式规范组织中各级管理者及员工的经济目标和经济行为。评价控制强调的是控制目标而不是控制过程，只要各级管理目标实现则组织的战略目标将得以实现，业绩评价是评价控制的关键。作为管理控制系统要素或环节的业绩评价，是指对一个组织的管理者的管理控制结果或业绩进行评价，也就是对管理者执行组织战略的效果和效率进行评价。一个组织的业绩与组织中管理者的业绩可能是不同的。业绩评价属于一种行为，涉及一个由谁组织、对什么进行评价的问题，管理控制中的业绩评价更侧重于对管理者或战略执行控制者的业绩评价，其评价主体主要是公司董事会和各级管理者。

管理控制需要业绩评价，管理控制中的业绩评价侧重于对管理者或战略实施控制者业绩的评价。管理控制的实质就是业绩评价，因为从企业存在的意义角度出发，一个企业只有在其业绩表现良好时，换言之，有效实施恰当战略时，这个企业才完成了其使命。如果没有业绩评价，就无从了解经营活动，也就无从了解战略实施过程的效果和效率，就会导致战略目标的实现失去控制。另外，对管理者而言，如果公司不对战略执行控制的效果和效率进行评价，那么管理者的主动性和积极性也就无从提起。

正如企业财务管理需要管理控制一样，评价控制或业绩评价在财务管理中发挥着重要作用。业绩评价的作用发挥主要是通过公司预算。管理控制系统以股东价值最大化（通过组织目标体现）为起点，通过战略规划选择战略的类型并进一步明确了公司的战略目标；通过战略计划寻找出影响战略实现的关键成功因素（key successful factors，KSFs），也就是价值驱动因素，并确定衡量关键成功因素实现效果和效率的业绩评价指标（控制变量）和业绩评价标准（控制标准）。战略计划不是传统意义上的预算。战略计划应该既是对未来财务结果的预测，包含了财务目标（这是传统预算的内容），又是对未来财务结果实现途径的安排，应包括非财务活动。因此，战略计划实现了组织目标、战略与业绩评价的联结（如图11-1所示）。

企业组织目标中的财务目标通过战略规划、战略计划和预算等环节，逐层进行分解细化，形成了预算控制指标体系和预算控制标准体系，最终落实到各部门，成为各级管理者执行战略的依据。企业要最终实现其财务目标，就需要利用业绩评价这一工具了解各级管理者执行战略的效果和效率，就需要评价各级管理者实现预算控制标准的程度。如果缺乏

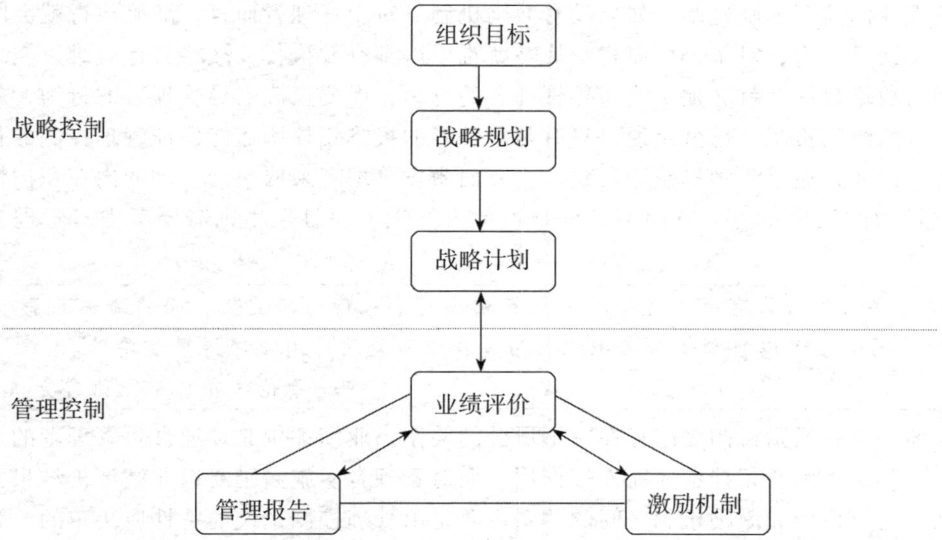

图11-1　管理控制程序及其与组织目标、战略控制的关系

对各级管理者的业绩评价，那么对管理者而言，就会缺乏执行战略落实预算的主动性和积极性，就会导致管理者的行为偏离既定的预算控制目标，对企业而言，就可能难以掌握各级管理者执行战略落实预算的效果和效率，就可能难以实现公司预算总目标。可见，业绩评价对于部门预算目标和企业整体预算目标的实现具有不可或缺的重要作用。实际上，构成预算控制系统重要环节的预算考评就包含了业绩评价，这里的业绩评价主要是针对部门预算目标和公司整体预算目标能否实现的。

当然，管理控制系统中的业绩评价还侧重于对企业组织目标的非财务目标实现效果和效率进行评价，也就是包含非财务评价。实际上，随着知识经济时代的来临，非财务活动在公司中发挥着越来越重要的作用，如市场开拓、研究开发、员工培训等，而且从长期来看，一个企业要在未来获得良好的财务业绩，必须依靠非财务活动的持续改进。因此，从这一意义上讲，知识经济环境中的公司进行业绩评价，不应该仅仅重视财务活动的业绩评价，还需要注重非财务活动的业绩评价；公司完善的业绩评价系统，不仅包括财务业绩评价指标和评价标准（即预算控制指标和预算控制标准），而且包括非财务业绩评价指标和评价标准。

2）激励机制与管理控制

从管理控制系统的要素角度看，激励机制同样是构成管理控制系统的重要因素之一。从管理控制系统的程序角度看，管理者报酬同样是战略执行控制过程的重要环节。作为管理控制系统要素或环节的激励机制，是指根据业绩评价结果对管理者进行奖励与惩罚。管理者报酬的构成主要有工资、福利和激励三部分。正如前文所指出的那样，工资往往根据管理者的学历、经历、以前的业绩和职位等确定，福利往往是根据企业或组织整体业绩状况及管理者的职位确定，激励往往是根据管理者当期对企业或组织的贡献大小确定。只有激励才是管理者贡献价值的体现，管理控制水平高低或效果如何主要应与对管理者激励相结合。从控制角度看，激励机制是管理者报酬的关键。

管理控制需要激励机制。如果没有激励机制，对于管理者而言，战略执行就会既缺乏动力，又缺乏压力；对于公司而言，战略就难以得到有效执行，战略目标就难以实现。要实现公司战略目标，就必须正确引导管理者的行为，而要正确引导管理者的行为，就必须建立相应的激励机制。也就是说，只有与管理者的报酬相挂钩才能保证管理控制的长期有效运行。因此，通过激励机制的构建，一方面激发管理者采取正确行动的内在积极性，诱导期望行为的发生；另一方面不允许某种行为发生，一旦发生则需要考虑对管理者进行处罚。

> 要使得组织行为有所改观，就必须有相应的个人行为的变化，而薪酬体系影响着个人行为。因此，考虑薪酬体系在组织行为过程中所起的作用就显得很重要了。
>
> ——卡伦·霍普纳·弗鲁克（2000）

业绩评价和激励机制之间存在密不可分的关系。业绩评价必须通过将管理者的业绩评价结果与其个人利益相挂钩才能发挥作用，而对管理者实施激励要以业绩评价结果为依据和基础。业绩评价和激励机制之间的关系主要是由管理控制系统的特性所决定的。管理控制系统是一个闭环系统，战略目标分解、控制标准制定、管理控制报告、经营业绩评价和激励机制这些子系统环环相扣，周而复始，推动着公司价值创造能力不断提高，促使公司价值不断提升。五个环节之间存在着相互依存、相互支持的密切关系。如果没有战略目标分解和控制标准确定，业绩评价就会失去基础和依据。如果没有管理控制报告，那么业绩评价就无法及时获得准确、相关的信息，业绩评价就无法得出正确结论。如果没有业绩评价，一方面无法在组织所要实现的战略规划和所采取的行动方式之间建立起一种清晰的方式——结果关系，就无法引导管理者采取正确的行动，另一方面也会导致激励机制的实施缺乏依据。如果没有激励机制，那么管理控制就会失去动力，管理者实施战略的积极性就会受到打击。

正是由于激励机制同业绩评价具有密切的关系，所以激励机制同样在公司理财活动中发挥着重要作用。换言之，激励机制在公司理财活动中的重要性是和业绩评价一脉相承的。如果仅仅对管理者执行战略落实预算的效果和效率进行评价，而不将评价结果与其个人利益即报酬相挂钩，那么管理者就缺乏动力和压力去执行战略，管理者就会不重视预算的落实，这样一来，业绩评价就会流于形式，难以起到应有的作用。如果长此以往不加改变，就会形成恶性循环，不仅会影响到当期部门预算目标和公司整体预算目标的实现，而且还会影响到公司下一预算期预算目标分解的合理性和预算编制的准确性，最终影响到公司战略目标的实现。可见，激励机制对于部门预算目标和公司预算总目标的实现同样具有不可或缺的重要作用。实际上，构成预算控制系统重要环节的预算考评就包含了激励机制，这里的激励机制主要是基于部门预算目标和公司整体预算目标实现效果和效率的。当然，基于同样的道理，知识经济时代中的公司激励机制不仅要以财务活动的业绩评价结果为依据和基础，而且要考虑非财务活动的业绩评价结果。

11.2　评价控制理论与方法

1）业绩评价要素

业绩评价作为管理控制系统的一个子系统，其本质上属于一个由各个要素组成的具有整体目的性和内在联系性的综合体。一个典型的业绩评价系统应该由评价主体、评价客体、评价目标、评价指标、评价标准、评价方法、评价报告等基本要素构成。管理控制系统中的业绩评价的评价主体和评价客体基本明确，评价主体主要是公司董事会和各级管理者，评价客体是各级管理者。

（1）评价目标

评价目标是与评价主体和评价客体相联系的一个内容，因为不同的评价主体对于同一评价客体存在着不同的需求，不同的评价客体又存在着不同的情形。评价目标与组织目标相关，但更多的是依赖于战略目标的分解，体现为影响战略实现的关键成功因素。对于现代企业而言，其评价目标也趋于多元化，既包括财务目标，又包括非财务目标，既要追求股东价值最大化，又要考虑关键利益相关者的要求。

（2）评价指标

评价指标是指对评价客体的哪些方面进行评价。从业绩评价演变的进程观察，评价指标的变化趋势具有三种特征：第一，评价指标的表现形式已经从过去的单一指标逐渐过渡到多元的指标体系；第二，评价指标的计算基础已从当初仅仅只有会计基础财务指标逐渐发展成为各种基础皆有；第三，评价指标的反映内容已经从过去的关注财务结果逐步进化到目前的关注驱动财务结果的非财务活动。在评价指标的选择方面应该遵循的原则是：第一，结果指标与动因指标相结合；第二，财务指标和非财务指标相结合；第三，内部指标和外部指标相结合；第四，不同计算基础指标相结合。

（3）评价标准

评价标准是判断评价客体业绩优劣的基准。评价标准最初是以实际的业绩水平为准来评判的，也就是采取绝对基础。随着组织背景的逐渐变化，采用绝对基础作为评价标准的做法也逐渐被以相对基础（选择别的参照物为基础）作为评价标准的做法所替代，而后相对基础的评价标准，又由最开始的历史标准逐渐产生了预算标准和行业标准。因此，就目前而言，业绩评价系统最为常用的三类标准是预算标准、历史标准和行业标准（包括竞争对手的标准）。在选择何种类型的评价标准时，除了主要考虑战略计划和评价目标以外，还需要注意：第一，区分绝对基础和相对基础评价标准；第二，区分不同相对基础评价标准（主要是历史标准、行业标准和预算标准三种类型）；第三，区分个人基础和集体基础评价标准。

（4）评价方法

评价方法解决的是如何评价的问题，即采用一定的方法运用评价指标和评价标准，从而获得评价结果。没有科学合理的评价方法，评价指标和评价标准就成了孤立的评价要素，也就失去了本身存在的意义。目前，在实践中应用比较广泛的评价方法主要有三类：

单一评价方法、综合评价方法、多角度平衡评价方法。单一评价方法就是应用一个最综合的指标评价经营业绩，以控制评价客体评价目标的实现，以经济增加值（EVA）方法为典型代表。综合评价方法就是运用一系列指标从不同角度或侧面评价经营业绩，具体又可以分为指标分解评价方法和指标综合评价方法，前者以杜邦财务分析体系和帕利普财务分析体系为代表，后者包括综合指数法、功效系数法等。多角度平衡评价方法本质上也属于指标综合评价方法，但是由于这一类型的方法与传统的评价方法相比，更多的是注重不同类型指标之间的平衡关系，强调不同类型指标之间的因果关系或互动关系，并且在评价指标设计、评价程序确立等方面具有一定的创新，因此，单独列为一类方法，其中又以平衡计分卡（balanced score card，BSC）和业绩三棱柱（performance prism）为典型方法。

（5）评价报告

评价报告实际上属于业绩评价系统的输出信息，也是业绩评价系统的结论性文件。评价主体以评价客体为对象，通过管理控制信息系统，获取与评价客体有关的信息，通过加工和整理计算评价指标，将评价指标实际数值与预先设置的评价标准进行对比，分析差异的产生原因、责任及影响，从而得出评价结论，最终形成评价报告。评价报告的编制应按评价指标计算、差异计量与分析、评价结论形成、奖惩建议等几个步骤进行，但其关键步骤在于评价指标计算和差异分析。

业绩评价系统各要素之间存在相互依存相互支持的关系，具体表现在：评价目标是业绩评价系统的指南和目的，它决定了评价指标的选择、评价标准的设置、评价方法的确立和评价报告的编报。评价目标从定性和定量两个维度又分解为评价指标和评价标准，即评价指标反映评价目标的具体内容，评价标准反映评价目标的具体水平。评价指标和评价标准相互影响。评价指标和评价标准是形成评价方法的基础，其类型的选择会影响评价方法的确立。评价方法不仅是对评价指标和评价标准的具体运用，而且是对实际业绩是否达到评价目标的判断过程和处理过程。评价报告是整个业绩评价系统的输出信息，是对业绩评价系统其他要素的最终反映和综合体现。当然，评价报告的深度、广度与可信度要取决于评价指标、评价标准和评价方法的科学性。

2）业绩评价程序

业绩评价需要遵循一定的程序。业绩评价的程序是指业绩评价系统的实施步骤，包括设计、应用、调整等方面。合理的程序是从组织方面为业绩评价系统的设计和应用提供保障。一般而言，业绩评价程序包括以下基本步骤：

第一，确定评价目标。评价目标包括财务目标与非财务目标，其中财务目标实际上就是公司预算总目标。

第二，分析评价客体。对评价客体进行分析，并对评价客体进行分类，最重要的目的在于明确责任。不同的评价客体在公司价值创造中承担着不同的责任，因此，需要区别评价。

第三，建立评价指标体系。通过战略规划和战略计划，将评价目标进行逐层分解细化。财务目标通过预算进行层层分解，逐步落实到各级管理者岗位，成为部门预算控制目标。

第四，设置评价标准。根据战略目标，主要参考历史数据和行业数据，结合市场预测，最终确定各评价指标的具体水平，即设置评价标准。对于财务目标而言，就是形成各级管理者的预算控制标准，使之执行战略具有行动的依据。

第五，选择评价方法。在评价指标和评价标准确定之后，需要采用一定的方法运用评价指标和评价标准，才能获得评价结果。公司可以根据自身实际情况采用合适的评价方法。对于多元财务目标的业绩评价，通常采用的是综合指数法、功效系数法等。

第六，收集并整理评价数据。没有基础数据，就难以与预先设定的评价标准进行对比，就无法进行正确的业绩评价。会计信息系统需要为财务目标的业绩评价提供基础财务数据。

第七，形成评价报告。应用所选择的评价方法，利用评价数据，将评价指标的实际结果与评价标准进行对比，计算出业绩评价的最终结果，并提交评价报告。财务业绩评价结果计算和评价报告编制需要由公司财务部门负责。

第八，调整业绩评价系统。如果公司的外部环境和内部环境发生了根本性的变化，或者根据业绩评价系统运行结果发现存在不合理之处，那么需要对现行的业绩评价系统进行调整。

通过以上程序的介绍，我们可以发现财务总监在业绩评价中扮演着非常重要的角色。业绩评价系统的建立的确需要高级管理者根据公司的实际情况综合各部门的意见决定，业绩评价的实施也是由公司各部门共同完成的，但不可否认的是，财务总监在这个过程中起到关键性的作用。这是由业绩评价系统的本质和公司的根本目标所决定的。公司追求的是股东价值最大化，而业绩评价本质上是将经营的结果与事先设定的标准或目标相对比，而财务目标是股东价值最重要的体现，反映的是股东的需求，这就意味着大部分的评价目标是以财务数据的形式表现出来的，或者是以财务数据为基础。

那么，究竟财务总监是如何在其中发挥作用的呢？这主要体现在以下四个方面：

第一，参与公司战略目标的制定。直接参与公司战略目标的制定对公司业绩评价来说是很关键的一环。财务总监必须参与公司战略目标的制定，必须对公司的最高管理层所确立的战略任务有充分认识，在如何把战略任务转化为战略目标，尤其是预算目标的问题上必须提出自己的专业意见，供最高管理层决策时参考。

第二，参与评价指标体系的设计。在业绩评价中通常都会用到财务指标，财务总监主要参与财务指标的选择和设计。

第三，参与评价标准的确定。实际上管理控制中的业绩评价主要是采用预算控制标准，而财务总监在公司预算管理体系中扮演着非常重要的角色，预算控制标准的制定任务需要由财务总监承担。

第四，参与编制业绩评价报告。评价需要信息，包括财务会计信息、管理会计信息和非财务信息等。财务总监主要负责从财务的视角作出评价结论。因此，在得出财务评价结论之前，要收集和整理公司财务方面的信息资料。这个工作主要是通过公司内部的会计信息系统，以日常报告的形式来完成的。会计信息系统提供的数据应当能够满足评价指标结果的计算，而且最好在口径范围和计算方法上保持一致。

3）业绩评价模式

业绩评价系统根据不同的划分标准可以划分为不同的模式。迄今为止，企业业绩评价的演进已经有两个多世纪了，从内部评价的角度看，总体上可以划分为五个阶段，分别是以成本控制业绩评价时期、会计基础业绩评价时期、经济基础业绩评价时期、战略管理业绩评价时期和利益相关者业绩评价时期，这五个阶段分别产生了成本控制、会计基础、经济基础、战略管理和利益相关者五种业绩评价模式。这五种模式主要的区别在于评价指标的计算基础不同，当然还包括了评价目标、评价方法等其他因素的不同。其中，会计基础、经济基础和战略管理是目前为止已被广泛接受并在实践中得到普遍应用的业绩评价模式。本章将重点介绍这三种业绩评价模式。

（1）会计基础业绩评价模式

会计基础业绩评价时期的起止时间为20世纪初至20世纪70年代。1903年，面对如何协调垂直式综合性企业的多种经营部门和如何有效配置资源以实现利润最大化等问题，杜邦公司的高层管理者创造了大量的经营管理方法，并设计了多个重要的业绩评价指标。其中持续时间最长的，也最为重要的指标就是投资报酬率，投资报酬率为评价企业整体业绩和部门业绩提供了依据。早期，杜邦公司的资源分配是高层管理者的职能，部门经理不必对投资报酬率表现负责。他们认为部门现有的规模是确定的，每一部门只需着力于提高部门内部运行过程的效率就可以了。因此，只有高层管理者运用投资报酬率来指导资源分配，以及评估各运营部门的表现。

在20世纪20年代至20世纪60年代，运用最为广泛的财务业绩评价指标是销售利润率。这是因为在当时的情况下，许多控股公司的重点目标是税负最小化，母公司一般只注重子公司的资本安全和现金流量，长期的获利能力是第二位的问题，对业绩评价问题更是很少关注。许多控股公司出于成本效益及管理便利考虑，常借助“投资中心”或“利润中心”实施对子公司的管理与控制，虽然投资报酬率和剩余收益开始被用于业绩评价，但是销售利润率常常被认为是更重要的指标。随着杜邦公司、通用汽车公司这类多部门企业组织形式的发展，投资报酬率指标的应用范围才得到拓展。人们开始认识到有必要针对子公司特有的经营环境，建立适合控股公司的特定业绩评价方法。到了20世纪70年代，投资报酬率成为应用最为广泛的财务业绩评价指标。

尽管非财务指标在这一阶段已开始出现，并且开始用于对部门管理者业绩的评价，但是在20世纪初到20世纪80年代之前，以销售利润率、投资报酬率等为典型代表的会计基础财务指标长期以来一直是内部管理业绩评价的主流。

会计基础业绩评价模式的内容和方法根据评价对象与评价目的的不同而有所不同。如它可以是对筹资活动、投资活动、经营活动和分配活动的综合评价，也可以是对盈利能力、营运能力、偿债能力和增长能力的综合评价。我国企业经济效益评价体系（1995）从评价指标体系看，是对盈利能力、偿债能力和社会贡献能力三个方面进行综合评价。我国企业绩效评价体系（2002）从财务指标体系看，是对财务效益状况、资产营运状况、偿债能力状况和发展能力状况四个方面进行评价。2006年国务院国资委颁布的《中央企业综合绩效评价实施细则》将财务绩效指标分成盈利能力、资产质量、债务风险和经营增长四个方面，见表11-1。会计基础业绩评价的方法有许多，包括综合指数法、综合评分法、功效系数法等。目前，我国企业经济效益评价使用的是综合指数法；我国中央企业综合绩效评价使用的是功效系数法。

表11-1 **企业综合绩效评价指标体系（财务绩效指标）**

评价内容与权数		财务绩效（70%）			
		基本指标	权数	修正指标	权数
盈利能力状况	34	净资产收益率 总资产报酬率	20 14	销售（营业）利润率 盈余现金保障倍数 成本费用利润率 资本收益率	10 9 8 7
资产质量状况	22	总资产周转率 应收账款周转率	10 12	不良资产比率 流动资产周转率 资产现金回收率	9 7 6
债务风险状况	22	资产负债率 已获利息倍数	12 10	速动比率 现金流动负债比率 带息负债比率 或有负债比率	6 6 5 5
经营增长状况	22	销售（营业）增长率 资本保值增值率	12 10	销售（营业）利润增长率 总资产增长率 技术投入比率	10 7 5

（2）经济基础业绩评价模式

经济基础业绩评价时期的开始时间为20世纪80年代，EVA的出现是其最重要标志。与传统的会计基础业绩评价模式相比，经济基础业绩评价模式更注重股东价值的创造和股东财富的增加。

EVA的基础是一些早已为人熟知的项目。我们通常称为利润，也就是累积到权益中的资金，并不是价值管理所追求的利润。一家企业即便得到比资本成本多的利润回报，也可能亏损经营。虽然看起来企业拥有了实实在在的利润，开始缴纳税款了，但是企业对社会贡献出的产出仍旧少于它吞噬的资源……这个时候企业仍然没有创造财富，而是在白白浪费资源。

——20世纪最伟大的管理大师之一 彼得·德鲁克（1995）

20世纪80年代以来，股东价值观念在美国掀起了第二次浪潮，“价值基础管理”和“股东价值分析”这些观念更加深入人心。企业管理思想的这种改变同时也影响着传统企业业绩评价方法的改变。于是在这种背景下，美国先后出现了几种新的企业业绩评价方法，其中最引人注目和应用最广泛的就是EVA方法。EVA这一指标是由美国纽约斯特恩·斯图尔特咨询公司于1982年正式提出的。

11-1 知识拓展

关于经济增加值的计算

EVA指标之所以出现，主要原因就在于会计基础指标存在内在缺陷。会计基础指标虽然应用广泛，但随着传统的市场经济发展为现代市场经济，企业的目标从利润最大化发展为股东价值最大化，这种传统方法越来越无法反映企业的真实经营业绩，具体体现在：第一，会计收益的计算未考虑所有资本的成本，仅仅解释了债务资本的成本，然而却忽略了对权益资本成本的补偿。第二，由于会计方法的可选择性以及财务报表的编制具有相当大的弹性，使得会计收益存在某种程度的失真，往往不能准确地反映企业的经营业绩。第三，会计收益是一种“短视指标”，片面强调利润容易造成企业管理者为追求短期效益而牺牲企业长期利益的短期行为。

自EVA评价方法产生以来，有不少著名的跨国公司在实际当中采用该方法评价本企业以及企业内部各业务部门的经营业绩，如AT&T、Coca-Cola、Briggs & Stratiton、Chrysler、Compaq Computer、GE、Quaker Oats、Scott Paper等。这进一步推动了EVA的应用。

11-2 案例分析

央企EVA新政：股票期货收益打“半折”

美国纽约斯特恩·斯图尔特咨询公司还在EVA的基础上创造衍生出一系列指标，比如MVA（market value added）、FGV（feture grow value）、EVAPS（average EVA per share）、STDEVA（standardized EVA）等。与此同时，除了EVA之外，美国学术界还提出了其他的一些业绩评价指标，如经济利润（economic profit）、CVA（cash value added）等指标，这些指标与EVA大同小异，不仅都考虑了股东权益资本成本并反映了股东价值的创造，而且都可以用于部门层次的业绩评价。

EVA是经济基础业绩评价模式的典型代表。EVA指标衡量的是企业资本收益和资本成本之间的差额。EVA指标最大的和最重要的特点就是从股东角度重新定义企业的利润，考虑了企业投入的所有资本（包括权益资本）的成本。这种利润实质上就是属于投资者所有的真实利润，也就是经济学上所说的经济利润。EVA指标由于在计算上考虑了企业的权益资本成本，并且在利用会计信息时尽量进行调整以消除会计失真，因此，能够更加真实地反映一个企业的业绩。更为重要的是，EVA指标的设计着眼于企业的长期发展，而不是像净利润一样仅仅是一种短视指标，因此，应用该指标能够鼓励经营者进行能给企业带来长远利益的投资决策，如新产品的研究和开发、人力资源的培养等。这样就能杜绝企业管理者短期行为的发生。此外，应用EVA能够建立有效的激励报酬系统，这种系统通过将管理者的报酬与从增加股东财富的角度衡量企业业绩的EVA指标相挂钩，正确引导管理者的努力方向，促使管理者充分关注企业的资本增值和长期经济效益。

【案例11-1】将EVA考核深入到企业内部经营业务单元[①]

在基于价值理念的业绩评价体系中，EVA指标取代会计利润指标，使经营者和股东的利益根本一致，使经营权和所有权二者的关系进一步合理协调。管理层将自己处于股东的角度去思考和经营管理，以利于管理人员作出符合股东财富最大化的决策。同时，EVA指标除了可以用于企业整体的业绩衡量外，也可用于业务单元的考核和观察，实现股东价值最大化与企业业务单元业绩评价的统一。由于经济增加值是一个绝对值，增加公司经济增加值的决策也必然增加股东财富，可以避免采用相对值指标带来的决策次优化问题。另外，EVA作为企业价值创造的驱动力，促使企业从战略高度找出企业关键的价值驱动因素，从而发现业务单元的核心业绩评价指标，使EVA能广泛渗透到企业经营活动的各个层次中。

中国铜业财务部预算会计处副经理武旭斌表示，目前，央企正在推行将EVA考核深入到企业内部经营业务单元。

① 韩福恒. 中国铜业财务部预算会计处副经理武旭斌：将EVA考核深入到企业内部经营业务单元［N］. 中国会计报，2006-03-25.

企业的内部业务单元是企业整体价值链上的基本单位，又是企业战略实施的基本单位，可以分为内部管理业务单元和内部经营业务单元。按照我国工业企业目前的实际情况，企业的内部经营业务单元适宜采用日常的业务流程进行分解。一般来说，企业内部经营业务单元主要为三大块：采购、制造及销售单元。

“从2009年开始，中国铝业公司在业绩考核体系中引入EVA概念。”武旭斌介绍，此举的目的是以EVA考核为导向，强化预算和战略目标一致，使公司优势资源向投资回报率高的板块和企业配置，引导板块和企业重视投资回报，全力降低成本，优化投资管理，提高资产质量。2010年，在中铝的预算中，将EVA作为一种奖励指标，对EVA为正、创造价值的所属企业以及EVA比前三年平均水平有所改善的企业给予奖励，目的是贯彻EVA理念、体现EVA精神，引导板块和企业提高创造价值意识和能力，逐步建立价值导向的决策管理体系，为全面引入EVA考核体系奠定基础。

“在绩效考核系统中引入EVA要素，使中铝考核机制发生了重大变化，这是讲效益、讲效率、讲成本、讲管理的具体体现，也是中铝公司从传统管理逐步转向现代企业价值管理的需要。”武旭斌同时也坦言，在企业内部经营业务单元实行EVA的主要困难在于，EVA的计算是以利润为基础的。但具体的内部经营业务单元分别承担的是收入、成本等利润的某个局部。因此，在内部经营业务单元施行EVA时，EVA是不可能被单独计算的。但内部经营业务单元也应贯彻“股东价值最大化”这一理念，使这种以前同基层人员相距甚远的公司目标具体化地体现在他们的每次价值创造活动中。

斯特恩·斯图尔特公司不仅是EVA的创造者和商标持有人，而且提出了基于EVA的设计框架。斯特恩·斯图尔特公司用4个M来归纳EVA评价系统设计框架的实质内涵：①应用唯一的评价指标（measurement）——EVA来统一评价企业的经营业绩；②实施以EVA为衡量标准的管理体系（management）；③设计基于EVA的激励机制（motivation）；④建立有助于EVA运行的理念体系（mindset）。

学思践悟

经济增加值（EVA）推动预算与公司发展协调统一

甲化工公司是一家民营制造业企业，主要生产BOPA薄膜，属于塑料包装行业下的子行业。甲化工公司在过去已经建立起了一套全面的预算体系，经过一段时间的实施后有了一定的经验，也为企业管理作出了贡献，但随着市场环境、企业战略的不断变化，公司原先建立的预算体系已经不能完全适应企业发展的需要，主要在目标导向、编制方法、考核机制等方面存在问题。基于EVA的预算管理在价值导向、预算编制及考核与激励方面相比传统的预算更加科学合理。甲化工厂最终决定采用EVA作为企业的预算管理方法。应用目标方面，建立以战略为导向的预算管理体系，建立科学的预算编制体系，建立有效的考核及激励制度。应用基于EVA的预算管理的总体思路如下：

甲公司应用基于EVA的预算管理的总体思路包括预算编制、执行与控制、预算差异分析、考核与激励、结果评价五个方面的内容。

1.以战略为导向、价值为核心、EVA为起点编制预算

首先，公司在战略目标及价值最大化的指引下确定拟实现的EVA目标值；其次，以该目标值为起点，采用逆推的方法，编制业务预算及资本成本预算等，计算得出预算下实现的EVA值；再次，将通过预算得出的EVA值与预设的EVA目标值进行对比，若有差异则视差异大小适当调整EVA目标或预算；最后，在多次编制预算、比较、调整的动态优化过程中确定最终预算。

2.执行与控制预算

在预算编制完成后，根据预算设定的标准定额执行，并在执行过程中辅以必要的控制措施，监督员工的生产过程，及时对偏离预算的状况进行分析调整。在实行控制时，先确定控制的标准，然后计量实际的绩效，再将其与预算定额比较分析，最后采取纠偏措施。在执行与控制过程中要实时对材料耗费情况、人工使用情况、生产工艺等各个方面进行记录，以便于开展预算差异分析。

3.进行预算分析，寻求预算优化

首先，将预算的实际执行结果与预算进行总体差异对比、单位定额差异对比等，找出实际与预算存在差异的原因；其次，积极开展经济活动分析，找出预算执行过程中存在的问题，修订降本增效的各项措施方案，不断改进和完善，并且深入进行内部管理分析、成本动因分析、价值链分析、战略定位分析，全面落实企业年度预算目标和战略目标；最后，对企业中各项管理流程进行梳理分析，不断优化业务流程。

4.制定基于EVA的业绩考核和激励制度

以战略为导向，以价值为核心，分别针对管理层及基层员工制定基于EVA的业绩考核及激励制度，并设计具体的薪酬激励方案，对实现的价值增值在员工与企业之间进行分配。

5.结果评价

将实施基于EVA的预算管理的企业实际成本、利润、EVA值等指标与以前年度进行比较，判断EVA下的预算管理体系是否对企业业绩具有优化作用。

通过甲公司EVA预算管理实践案例的学习，我们作为学生受到哪些启示及教育？将来作为企业的管理者我们应该如何进行预算管理？

《管理会计应用指引第602号——经济增加值法》指出，EVA评价系统的主要优点在于其考虑了所有资本的成本，能够更真实地反映企业的价值创造能力；实现企业利益、经营者利益和员工利益的统一，激励经营者和所有员工为企业创造更多价值；能有效遏制企业盲目扩张规模以追求利润总量和增长率的倾向，引导企业注重长期价值创造。然而，EVA评价系统也存在一定弊端。首先，其仅对企业当期或未来1~3年价值创造情况进行衡量和预判，无法衡量企业长远发展战略的价值创造情况；其次，EVA指标的计算主要基于财务指标，无法对企业的营运效率与效果进行综合评价。此外，不同行业、不同发展阶段、不同规模等的企业，其会计调整项和加权平均资本成本各不相同，计算比较复杂，影响指标的可比性。

（3）战略管理业绩评价模式

战略管理业绩评价模式源于20世纪90年代，此时人类社会开始由工业经济向知识经济转轨。引入非财务指标并将评价指标与战略相联系是战略管理业绩评价模式的显著特点。平衡计分卡（BSC）是这一模式的典型代表，强调财务指标与非财务指标之间的平衡。

如果说工业经济时代强调的是财务资本，那么在知识经济时代限制企业发展的关键因素是知识或者说智力资本。无形资产在企业生产经营中起到越来越重要的作用，是影响企业价值的关键驱动因素。因此，企业界的管理者基于传统财务业绩指标的固有局限性，感觉到有必要对股东价值创造的流程进行监控，有必要评价企业在其他非财务领域中的业绩。基于这种背景，实务界和理论界逐渐致力于将财务指标、非财务指标和战略联系起来，对战略业绩评价的研究迅速升温。

1990年，马克奈尔、林奇和克罗斯（McNair，Lynch and Cross）提出了一个把企业总体战略与财务和非财务信息相互结合起来的业绩金字塔模型。该模型从战略管理角度给出了业绩指标体系之间的因果关系，反映了战略目标和业绩评价指标之间的互动性，揭示了战略目标自上而下逐级反复运动的层级结构。

战略管理业绩评价模式最具有代表性，也最具有广泛影响力的是BSC。1992年，哈佛商学院教授罗伯特·卡普兰（Kaplan）和复兴全球战略集团创始人戴维·诺顿（Norton）在《哈佛商业评论》上联合发表了一篇题为“BSC：驱动业绩的评价指标”的文章。该文章是以1990年参与项目小组的10家公司试用这一新型业绩评价方法所得到的实证数据为基础的[1]。这篇文章在理论界和实务界引起了巨大轰动。之后，他们通过发表文章和出版著作等多种形式，进一步解释了企业在实践中应该如何运用BSC作为控制战略实施的重要工具。卡普兰和诺顿的这些文章和著作集中体现了BSC自产生以来的发展历程：不仅评价指标不断丰富和创新，而且系统本身也逐渐从单纯的业绩评价提升到了战略管理的高度。

11-3 知识拓展

平衡计分卡的指标选择

BSC的基本思路（如图11-2所示）就是将影响企业运营的包括企业内部条件和外部环境、表面现象和深层实质、短期成果和长远发展的各种因素划分为几个主要的方面，即财务、客户、内部业务流程和学习与成长等四个方面，并针对这四个主要的方面，设计出相应的评价指标，以便系统、全面、迅速地反映企业的整体运营状况，为企业的平衡管理和战略实现服务。因此，BSC是以企业的战略为导向，以管理为核心，以各个方面相互影响、相互渗透为原则，建立起来的一个网络式的业绩评价系统。

① 1990年，美国的诺兰诺顿学院设立了一个为期一年的项目，专门研究一个新的内部管理业绩评价模式，一共有10家公司参与了这一开发项目，包括苹果电脑、杜邦、通用电气、惠普、加拿大壳牌公司等。

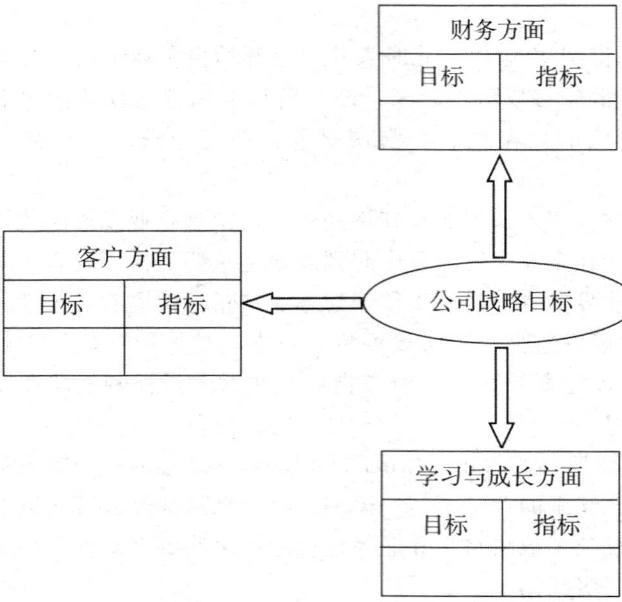

图 11-2 平衡计分卡的基本思路

学思践悟

利用平衡计分卡，促进公共事业企业健康发展①

乙公司（以下简称“公司”）承担着甲汽车集团百余家企业和30余万户居民的能源供应，经营的业务范围涉及发电、工业及民用供电、工业及民用自来水供应、工业及民用天然气供应、工业高温水和蒸汽供应、工业和民用采暖供应、工业压缩空气供应。2×15年公司资产规模20.28亿元，实现销售收入18.23亿元，员工1 937人，拥有各种动力和传导设备3 259台套，发电厂总装机容量91MW，供热面积居全国城市集中供热前列。

按照集团公司整体安排，公司通过使用战略地图对自身战略作出规划剖析，应用平衡计分卡，从财务、客户、内部业务流程和学习与成长四个角度建立KPI指标，构建绩效评价体系。公司积极进行组织改革，推行全面预算管理，编制全面预算方案，使能源的生产、供应和经营环节有机结合，有效沟通。选择平衡计分卡的原因在于，平衡计分卡指标体系来自对战略的分解，指标的确定同战略目标一致，重点关注公司未来发展和当前经营中决定战略实施效果的核心内容。实施基于平衡计分卡的绩效评价体系，将有效解决公司战略落地问题。平衡计分卡设计总体思路如下：

1.前期准备

具体包括战略分析与战略制定、建立平衡计分卡团队。其中，平衡计分卡团队角色与职责见表11-2。

① 财政部会计师编写组．管理会计案例示范集［M］．北京：经济科学出版社，2020.

表11-2　**团队角色与职责**

角色	主要职责
高层发起人	1.主导平衡计分卡项目 2.提供企业战略等背景信息 3.保证项目实施所需资源 4.在整个企业内部激发对项目的支持和热爱
团队领导人	1.组织会议；计划、协调各成员工作 2.为团队提供平衡计分卡方法的思想指导 3.向企业高层报告项目情况寻求支持 4.指导和支持建立团队
团队成员	1.提供各有关部门专门知识 2.参加会议，分析处理讨论各种指标数据 3.在所在部门进行宣传，获得支持 4.执行团队领导布置的工作

2.逐步实施

当企业选择平衡计分卡作为绩效管理的工具后，从总体指标框架构成到具体指标选择将经过以下四个步骤：一是构建战略地图；二是选择战略目标指标；三是确定长期目标值；四是平衡计分卡分解。制定公司层面的战略目标和衡量指标后，必须把战略目标逐层分解到下级部门。公司层的平衡计分卡是分级工作的起始点，它服务于公司的整体战略。然后，将公司平衡计分卡所包含的各种目标和指标传递到下一个层次——各业务部门。从而以公司层平衡计分卡为基础，构建部门平衡计分卡；再以部门平衡计分卡为基础，构建员工个人平衡计分卡。各层级平衡计分卡依次构建，保证公司的战略得以贯彻。通过对乙公司平衡计分卡应用实践案例的学习，我们作为学生受到了哪些启示？将来作为企业管理者我们应该怎样做？如何利用平衡计分卡进行绩效评价？

《管理会计应用指引第603号——平衡计分卡》指出，BSC作为一种业绩评价系统，其优点在于：第一，战略目标逐层分解并转化为被评价对象的绩效指标和行动方案，使整个组织行动协调一致；第二，从财务、客户、内部业务流程、学习与成长四个维度确定绩效指标，使绩效评价更为全面完整；第三，将学习与成长作为一个维度，注重员工的发展要求和组织资本、信息资本等无形资产的开发利用，有利于增强企业可持续发展的动力。正是由于BSC的这些优点，BSC自20世纪90年代初产生以来，便迅速在西方受到广泛关注并取得长足发展。2004年《哈佛商业评论》将BSC评论为过去75年来最具影响力的管理思想。越来越多的企业应用BSC，BSC已成为西方企业的一项重要管理工具。BSC自产生以来在西方显示出旺盛的生命力，它适用于各种行业与组织，可以通过不同模式为不同目的服务，并创造出千变万化的具体结构和内容。

《管理会计应用指引第603号——平衡计分卡》指出，BSC也存在一定局限性，具体体现在：第一，专业技术要求高，工作量比较大，操作难度也较大，需要持续地沟通和反馈，实施比较复杂，实施成本高；第二，各指标权重在不同层级及各层级不同指标之间的分配比较困难，且部分非财务指标的量化工作难以落实；第三，系统性强、涉及面广，需要专业人员的指导、企业全员的参与和长期持续地修正与完善，对信息系统、管理能力有较高的要求。

11.3 激励机制理论与方法

1）激励机制构成

激励是指组织通过设计适当的激励方式和创造良好的工作环境，来激发、引导、保持和规范组织成员的行为，以有效地实现组织及其成员个人目标的行动。激励既有正面激励，强调利益引导的方面，也包含约束和控制之意，因而，激励本身也可称作激励控制。管理控制中的激励控制是指公司通过激励的方式重点控制管理者的行为，使管理者的行为与公司目标、战略目标相一致。

激励机制与战略计划、管理报告、业绩评价一样，都属于管理控制系统中的一个子系统，它以利益导向控制为基本特征，通过管理者与股东的目标协调，使管理者根据不断变化的公司环境，及时调整战略和行动，为股东创造更多价值。

激励机制与战略计划、管理报告、业绩评价之间存在密切的关系，因此，要使激励机制有效发挥作用，需要在设计激励机制时注意其与其他管理控制子系统之间的衔接关系。就激励机制本身而言，激励机制包括激励目标、激励方式、激励中的约束等若干个环节。

激励目标是激励机制需要达到的目标。由于现代企业中存在所有者与管理者的目标不一致的情况，再加上信息不对称，这样就造成了管理者产生逆向选择和道德风险的问题。因此，股东需要设计一套激励机制来防范这些问题。针对管理者的隐蔽信息而导致的逆向选择问题，激励机制的目标是如何使管理者“自觉地”显示他们的真实信息；针对管理者的隐蔽行动而可能面临的道德风险问题，激励机制的目标是如何使管理者“自觉地”尽最大努力去工作，不断提高企业的价值。因此，激励目标就是发挥管理者的积极性和创造性，引导管理者在既定的规则下努力工作，以实现组织目标和战略目标。需要明确的是，激励目标并不是完全排斥管理者的个体目标，激励机制要有效运作，不仅需要关心管理者的个体动机，而且需要重视对管理者需求的满足。

激励方式，或称为激励手段，是激励的作用形式或功能载体。激励方式有不同角度的分类，按照激励的因素可以分为精神激励和物质激励，按照激励的具体形式可将物质激励分为薪酬激励和股权激励，按照激励的时效性又可将物质激励分为短期激励和长期激励。管理控制中的精神激励和物质激励都是必要的，两者不可偏废。当然，在社会物质财富还没有极大丰富的情况下，物质激励的作用可能更突出，而在物质激励中，长期激励可能更为重要。股权激励是一种长期激励的形式，股权激励的实现是通过管理者的长期努力，提升公司价值，管理者则在提升公司价值的过程中实现自身的经济补偿。因此，股权激励有利于减少管理者的短期化行为，使管理者能够更好地控制战略的实施，更有利于公司目标和战略目标的实现。

激励中的约束是通过对管理者行使权利过程的控制和结果的监督，从而达到规范、限制管理者行为的目的。激励和约束是一个硬币的两面，是互相依赖、不可或缺的。如果仅仅强调激励而忽视约束，这将导致管理者为所欲为，为了满足激励目标而从事有损股东价值的行为。为防止管理者的经营行为造成股东利益风险过大以及管理者目标短期化的情形出现，就需要对激励中所涉及的风险进行合理限制。激励中的约束机制包括完善公司治理结构、强化董事会中的薪酬委员会和审计控制的作用、在报酬契约中对财务与行为进行确定或限定等。

2）激励程序

同样，激励机制的设计与应用也需要遵循一定的程序。激励程序是指激励机制的实施步骤，包括设计、应用、调整等方面。合理的程序同样能从组织方面为激励机制的设计和应用提供保障。

一般而言，激励的设计程序主要包括确定报酬的组成部分、各部分的构成比例、各部分报酬的业绩评价基础等环节，当然在这一过程中，还需要进行需求分析，即确定公司战略与激励机制之间的桥梁关系，明确各级管理者的需求内容。在激励的设计中，比较集中的问题是报酬计划如何与业绩评价挂钩。实际上，在实践中人们通常将业绩评价和激励结合在一起考虑，也就是报酬计划的设计要和业绩评价系统的设计相配合，促进长期利益和短期利益、财务目标和非财务目标的平衡。

激励的应用程序一般包括建立和健全配套制度、培训和形成操作管理细则、形成激励兑现方案等环节。激励机制要发挥有效作用，需要建立和健全与激励机制相配套的管理制度，还需要制定激励计划操作管理细则，并对激励主体、激励对象和激励计划的操作者进行培训。在业绩评价报告形成之后，激励计划的操作部门应该负责将业绩评价结果与管理者的报酬相挂钩，根据激励机制预先设定的内容，计算出管理者应获得的报酬，并形成兑现方案。

需要说明的是，在设计和应用激励机制的过程中，财务总监同样扮演着非常重要的角色。换言之，激励机制在设计和应用的过程中涉及许多财务与会计问题，这些都需要财务与会计部门的介入。财务总监在激励机制中的作用主要体现在以下六个方面：

第一，参与设计激励机制。现代企业的激励机制设计主要是基于以业绩为本的薪酬理念。这种理念就是以业绩作为管理者薪酬的主要标准，业绩越好管理者报酬越高。这种薪酬理念将管理者的利益和股东的利益结合在一起，鼓励管理者为公司创造更大的价值，体现了股东价值最大化的组织目标，是受到广泛提倡的薪酬理念。因此，业绩评价系统是否科学合理将影响基于以业绩为本的激励机制的使用。业绩评价系统与激励机制应该充分整合，实现良性循环，形成一个闭环系统，共同引导管理者朝创造股东价值的方向前进。无疑，在实践中大多数的企业是将管理者的报酬建立在财务业绩的基础之上的。

第二，计量激励成本。激励机制的实施是需要支付代价的，这就需要正确计量激励成本。为公司选择合适的激励方式需要注重分析其成本。公司财务的突出特征之一就是定量化。公司财务能够明确激励方式的成本收益，为决策者提供定量化的信息进行各项激励方式的取舍。当然，公司财务的这一作用受其自身科学局限性的限制，并非所有激励方式的成本收益都能够通过公司财务来反映，为此需要进一步深入研究公司财务，进行公司财务创新。

第三，约束管理者财务行为。管理者的一些财务行为可能会对业绩评价结果产生重大影响，进而影响激励效果，因此，激励主体在设计管理者激励机制和应用时需要考虑这些财务因素的影响，对管理者的某些财务行为进行约束。通常这些财务行为包括股利分配政策、股票分割、股票合并、股票回购、行权股票来源等。如由于股票价格决定着管理者股权激励方式所带来收益的大小，因此，管理者激励机制中要对公司的股利政策进行限定，使得公司股利政策在激励机制有效期限内尽可能保持一致。

第四，组织财务业绩评价。没有会计信息系统和管理报告机制，就无法进行财务业绩评价；没有财务业绩评价结果，基于财务业绩的激励机制的实施也难以进行。从激励机制所需的财务信息质量角度分析，财务总监应该加强财务信息的相关性和可靠性，为此需要进一步完善公司会计信息系统和管理报告机制的建设。在对责任中心的业绩评价中，如果没有财务总监的参与，评价者就可能会掉进“创造性会计”的陷阱，被盈余管理所欺骗。①

第五，进行税收筹划。激励机制中的税收筹划是非常重要的，很多激励方式的兴衰都与税法的变化有关系。税收利益影响着激励方式的选择。税收筹划是指公司在不违反法律、法规的前提下，通过对公司经营、投资和筹资活动的事前筹划与安排，尽可能减轻税收负担的行为，实现税收利益。

第六，规范会计处理。对激励机制进行相关会计处理，关键在于对激励方式的成本计量和费用分摊。比如股票期权的会计处理，关键在于对股票期权价值的确认以及费用分摊处理。股票期权价值的确认可以采用内在价值法、公允价值法等财务模型。股票期权成本分摊与股票期权激励方式及特点相关，可采取不同的方式。

3）激励方式

在社会物质财富还没有极大丰富的情况下，物质激励与精神激励相比要更能激发管理者执行战略的积极性，而按照激励的具体形式可将物质激励分为薪酬激励和股权激励。在实践中，应用比较普遍而作用又较为明显的管理者薪酬激励方式是年薪制，而股权激励在我国企业的实践中通常可区分为实股激励、期股激励和期权激励三种形式。

（1）薪酬激励

薪酬激励是管理者激励的一种方式，主要是以奖金等形式支付给管理者报酬。年薪制是我国企业实践中较为常见的高级管理者的薪酬激励方式。所谓年薪制，通常是以高级管理者为激励对象，以年度为考核周期，根据高级管理者的经营业绩、工作难度和职业风险，合理确定其年度收入的一种管理者收入分配方法。因此，年薪制至少应该从两个角度理解：形式上是以年度为薪酬支付周期；实质上是以相应的经营业绩为薪酬确定依据。

在年薪制下，高级管理者的年薪制收入一般由基础年薪和风险收入构成。我国实践中的年薪制模式大体可以分为五种：第一种为“基薪+津贴+养老金计划”的准公务型；第

① 所谓创造性会计是指利用会计制度和会计准则的漏洞来粉饰财务数据。

二种为“单一固定数量年薪”的一揽子型；第三种为“基薪+津贴+风险收入（效益收入+奖金）”的非持股多元化型；第四种为“基薪+津贴+含股权、股票期权等形式的风险收入+养老金计划”的持股多元化型；第五种“基薪+津贴+以分配权、分配权期权等形式的风险收入+养老金计划”的分配权型。

一般而言，设计一项年薪制方案至少需要明确以下五个问题：

①定主体

谁是规则的制定者？谁是规则的执行者？谁是规则的监督者？谁是规则的实施对象？这些问题都应该在方案中明确。年薪制应由公司的股东主导。一般而言，年薪制的实施对象为企业的高级管理者，在某些情况下也可以适当扩大，比如中层管理人员和营销人员，甚至是高级技工。但是，鉴于公司中长期经营业绩与企业高级管理人员经营决策和管理水平的相关性远远高于其他人员，年薪制的实施对象应以高级管理人员为主。当然，公司股东应该对经营者的范围进行界定。

②定结构

年薪制的典型结构是将企业经营者的薪酬收入分为基础年薪、业绩年薪和超额奖励等三部分（如图11-3所示）。

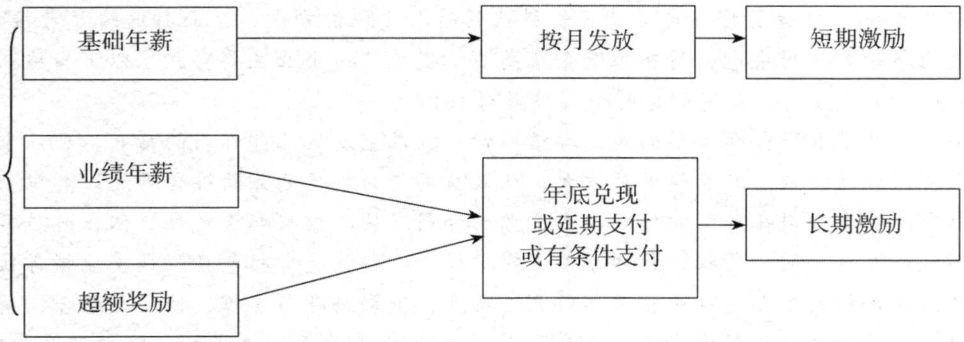

图11-3　年薪制的典型结构

③定比例（定基数）

这一问题具体又包括以下两个方面：第一，基础年薪的确定。由于基础年薪是与业绩评价结果挂钩的，同时基础年薪又往往作为确定业绩年薪的基数，因此，基础年薪的确定变得非常重要。确定基础年薪的办法有两种代表性思路：思路之一就是以“历史和内部公平性”为出发点，主要考虑在某项年薪制办法实行范围内的规模（资产、利润、人员等）、地区经济水平、员工平均工资等，以公式确定；思路之二就是以“市场和外部竞争性”为出发点，先通过市场调研了解某一行业、某一地区、某类企业、某种岗位的人力资本市场价值，以该市场价值为导向根据企业实际情况确定该岗位的年度目标总薪酬，再根据合理的薪酬结构分拆出其中的基础薪酬的水平。第二，基础年薪和业绩年薪之间的比例设置。在国外，高级管理人员的年薪收入中业绩薪酬部分（含股权性收入）通常占到其总收入的60%以上，甚至高达90%以上。有人认为，基础年薪和业绩年薪差距不宜过大，可控制在2~5倍；有人认为，搞得特别好的企业经营者收入就应该与职工拉开较大差距，如可以相差20倍。另外，如何解决年薪制中行业的苦乐不均也是实践中的一道难题。

④定业绩评价（定乘数）

不论是单独确定业绩年薪基数还是以基础年薪本身作为业绩年薪的基数，都只是基数而已。年薪制的魅力就在于业绩年薪的不确定性，基数再大，乘数为0，业绩年薪结果也是0。把不确定变成确定的工具是业绩评价，也就是在方案中事先需要确定业绩评价结果与业绩年薪的挂钩系数，即乘数。当然，业绩评价发挥乘数功能时未必只是表现为倍数，也可以设计成分级累进等方式。

⑤定兑现

11-4 案例分析

三部分构成
可高达30万元
广州国企老总
试行年薪制

能否严格兑现是年薪制是否成功的又一关键。兑现有奖有罚，奖要真奖，罚要真罚。兑现的周期通常会结合当期和延期。兑现的标的可以是现金、实物、股权或其他福利、保险、待遇等。在兑现方式中还可以结合经营者持股或其他方式的股权激励。采取多样化兑现的目的是解决年薪制的长期激励不足的问题。管理者如果片面追求短期利益，必然形成短期行为，进而影响公司的可持续发展，损害股东的根本利益。

【案例11-2】长江环科院全员绩效考评[①]

北京华能长江环保科技研究院有限公司（以下简称长江环科院）作为华能集团科创企业的新生力量，打造了具有自身特色的科技创新人才评价方式，全面打通绩效考核评价、结果反馈与绩效应用渠道，旨在推进企业高质量发展。该企业主要实施了以下措施：

1.建立层次分明、各有侧重的部门绩效考核体系

公司从业绩和服务两个层面建立考核指标，既注重发展业务部门的绩效，也注重协作的管理部门考核绩效。在业绩考核方面，从效益类与科技类两方面综合开展。其中，效益类考核重点依据公司年度经营计划，充分考虑部门发展阶段与职责定位，依托效益类考核评价指标库开展合同、营收、利润等关键指标评价。科技类考核包括科技类业绩考核和科技综合成效评价两方面。针对管理部门业务特点，围绕服务与支撑、协助与配合，构建部门绩效考核指标体系。除履行部门职责、完成关键任务的常规性指标，将内部基础建设、协作配合纳入管理部门综合类绩效考核指标体系。

2.建立因职评价、因责评价的人才绩效考核体系

第一，注重区分差异，以增强中层干部形成合力。长江环科院严格遵照“对党忠诚、勇于创新、治企有方、兴企有为、清正廉洁”的好干部标准，坚持干部考核和绩效评价相结合。针对业务部门和管理部门职能与工作差异，在中层干部个人绩效考核体系中设置工作业绩、业务与管理水平、执行力、改革创新、履职尽责、团队协作等共性指标，同时，分别设置经营意识、服务意识等差异化指标。其中，工作业绩权重50%，其余指标权重合计50%。除上级考评外，还从发挥员工作用、提高员工素质、管理创新和营造氛围四方面建立下级考评指标体系，各项指标进行等权处理。

第二，将市场化专家纳入公司全员绩效考核评价机制，建立结果导向、价值创造的市场化专家考评体系。

另外，围绕企业中长期发展战略，从履行岗位职责、完成关键任务、基础建设、工作

---

① 屈志强. 科创企业全员绩效考评模式——以长江环科院为例［J］. 企业管理，2024（3）：78-83.

态度、知识能力、团队协作等方面构建员工绩效考核体系。

3.建立立足发展、助力成长的绩效反馈与应用体系

第一，建立考核评价结果逐级反馈、双向沟通模式。具体而言，公司分管领导负责向各部门主要负责人反馈其部门及其本人的绩效，各部门主要负责人（或授权其他负责人）向本部门员工反馈本部门和员工本人绩效。

第二，注重建立公平为先、正向激励的绩效应用体系。依托全员绩效考核评价机制，创新性提出宽带薪酬激励模式，将员工薪酬与其绩效考核结果挂钩，突破传统中央企业薪酬分配制度限制，充分发扬企业业绩文化，有效激发科技创新企业活力。

（2）股权激励

①实股激励

实股激励就是让企业高级管理人员或关键岗位员工实际持有公司股份，以实现经营激励的方式。实股激励的具体形式又分为股票赠与计划（gifts of stock）和股票购买计划（stock selling）两种。

股票赠与计划就是一些公司为吸引并留住高级管理人员和技术人才，向他们赠送股票作为一种激励措施。这是由于原《中华人民共和国公司法》（以下简称《公司法》）规定的是注册资本制，公司的股份数就是公司成立时的实收资本，公司没有“库藏股”（pool stock），用于股权激励的股票只能是存量股票主体之间的变换。2023年新修订的《公司法》规定了上市公司可以回购本公司股份并奖励给本公司职工，但对回购总额和奖励时间做了限制性规定，指出回购总额不得超过本公司已发行股份总额的10%，所收购的股份应在三年内转让给职工。

股票赠与计划不需要企业管理者支付现金，因此，习惯上又将被赠与的股票称为“干股”。股票赠与虽然不牵涉资金问题，但却与税收相关。我国税法中关于股票赠与涉税方面没有明确规定，而且在实际操作中，由于对于所赠股票的定价缺乏统一的标准，公司在向管理者赠送股票时基本上不考虑税收问题。但是，在美国，公司通过股票赠与实现激励，首先考虑的是税收问题。

股票购买计划，就是高级管理人员或员工在其工作期间，经过公司股东同意，按照一定的标准购买一定数量的股票。股票购买计划的目的在于将高级管理人员、员工与企业真正捆绑在一起，促使他们尽可能地站在股东角度思考问题，并采取有利于价值创造的行动。

股票购买计划存在许多形式，在国外主要是以员工持股计划形式出现，在我国还包括“原始股”、股份合作制等形式。

员工持股计划，即ESOP（employee share ownership），是一种由员工持有本企业股权或股票的股份制形式。员工持股计划的主要内容包括持股人的确定、员工持股规模、股权设置和持股比例、股权分配、股权认购程序、员工持股途径、股份转让、交易回购、股份管理、红利分配、资产评估和产权界定等。

员工持股计划按照持股具体原因又可以分为福利型、风险型和集资型三种。福利型员工持股计划主要目的是为企业员工谋取福利，吸引和保留人才，增强公司的凝聚力。美国的员工持股计划属于福利型，是将员工的贡献与拥有的股份相挂钩，逐步增加员工股票积

累，并把员工持股与退休计划结合起来，为员工的未来积累多种收入来源，而智利、阿根廷的做法是将员工持股与社会养老计划结合起来，员工每个月拿出一部分工资购买国有企业一定比例的股权。风险型员工持股的直接目的是提高公司的经营效益，特别是提高企业的资本效率。它与福利型员工持股的区别在于，公司实施风险型员工持股计划时，只有公司的经营效益增长，员工才能得到收益。日本有许多公司采用这种类型的员工持股计划。集资型员工持股，目的在于使公司筹集生产经营、技术开发和项目投资等所需要的资金。

我国在实践中出现了多种员工持股计划的变通形式。如我国上市公司在20世纪80年代末的"原始股"实际上就属于一种集资型员工持股计划，90年代中期上市的公司向内部职工配售的流通股，性质也基本和"原始股"类似。在我国20世纪90年代开始的国有小企业和乡镇企业的改革过程中，股份合作制——一种广泛流行、广为应用的改革形式可看作是一种员工持股计划，因为它具有股权激励的效应。其具体做法就是将企业净资产作股，按照自愿的原则，平等地出售给本企业的员工（包括管理者），使企业员工成为企业持股人，将企业形式转变为股份制。

另外，在我国进行的管理层收购（management buyout，MBO）也往往演变为企业经营者激励的一种形式。所谓的管理层收购，是指公司管理层通过购买该公司的全部或大部分股份来获得该公司控制权的行为。在管理层收购中，股东和企业常常配合公司实施奖励基金、股权折价出让、分期付款、延期付款等措施，最终把企业的MBO和股权激励机制融合在一起，使MBO带有一定的股权激励的性质。当然，由于我国国有企业在进行MBO的过程中存在许多不规范的问题，因此，近年来国家有关部门对国有企业的MBO进行了约束与限制。2005年4月，国务院国资委出台的《企业国有产权向管理层转让暂行规定》中指出：中小型国有及国有控股企业国有产权可以向管理层转让（法律、法规和部门规章另有规定的除外）。但是，大型国有及国有控股企业及所属从事该大型企业主营业务的重要全资或控股企业的国有产权不向管理层转让，上市公司的国有股权不向管理层转让。2005年12月，国务院国资委颁布的《关于进一步规范国有企业改制工作的实施意见》又指出，为探索实施激励与约束机制，凡通过公开招聘、企业内部竞争上岗等方式竞聘上岗或对企业发展作出重大贡献的管理层成员，可通过增资扩股持有本企业股权，但管理层的持股总量不得达到控股或相对控股数量。

②期股激励

期股计划可以说是一种具有中国特色的激励方式，这是由我国上市公司的中国特色所决定的，表现在以下几个方面：我国上市公司股权分置导致大部分股票不能在二级市场流通转让；我国上市公司的高管人员持有的股票在其任期内是不能转让的；我国原《公司法》规定上市公司不允许存在"库藏股"，回购股份也只能出于减少注册资本的需要。以上原因导致了"期股激励"方式的产生。武汉市国有资产管理部门从1999年年初开始实施的对其控股的上市公司法定代表人试行的一揽子薪酬方案，属于我国最早出现的期股激励方式。

11-5 明理增信

全面理解中国共产党对国有企业的全面领导

期股是介于"实股"和"期权"之间的一种激励形式，有"期"和"股"的双重含义。虽然期股是一种股票，但其持有人不是完全意义上的现期股东，其股东权利的行使仍然受到一定程度的限制。在实际操作中，期股的表现形式主要有两种：第一种是国有上市公司主管部门（或董事会）将经营者年薪和奖金汇总的一部分用于购买本公司的股票，并委托第三方持有，经营者拥有股票的分红权（或投票权），但没有处置权，只有满足一定条件（包括年限和业绩）以后，经营者的“期股”才能转变为“实股”，这种方式的特征是“薪酬奖金换期股”；第二种期股方式可以概括为“分期付款买期股”，即企业出资人与经营者达成书面协议，允许经营者在任期内按既定价格用各种方式获得本企业一定数量的股份，先行取得所购股份的分红权等部分权益，然后再分期支付购股款项，购股款项一般以分红所得分期支付，在既定时间内支付完购股款项后，取得股份的完全所有权。如果分红所得不足以支付本期购股款项，以购股者其他资产充抵。

比如辽宁省政府为了促进国有企业改革的顺利实施，健全改制企业经营者的激励机制，于2005年6月8日颁发了《辽宁省人民政府关于深化国有企业改革的政策意见》（以下简称《意见》），在《意见》中明确指出可以对企业高管人员或技术骨干实行期股、管理股、技术股等。对高管人员可按其出资额配给一定比例的期股并享有分红权，3至5年内用分红所得或现金将期股填实并获得所有权。对少数关键高管人员或技术骨干，可实行管理岗位股、技术股，并享有分红权，没有所有权。管理岗位股在本人离开岗位时收回，技术股在本人离开企业时收回。期股填实前以及管理岗位股和技术股的分红在国有股收益中支付。从《意见》中可以看出，辽宁省所实行的期股等激励方式对高管人员既有一定的激励作用，又有一定的约束作用。激励作用表现在分红权的享受和所有权的获得上，约束作用表现在对违约的处理上，如果任期内未获得约定的业绩水平，则不能获得分红，如果任期未满主动离开企业，则需将收益权收回。

2016年7月13日，中国证监会发布了《上市公司股权激励管理办法》（以下简称《办法》），并于2016年8月13日起正式实施。《办法》规定了两种股权激励形式，其中之一为限制性股票，实质上就是期股的一种形式。《办法》对限制性股票的含义作出了具体规定，限制性股票是指激励对象按照股权激励计划规定的条件，获得的转让等部分权利受到限制的本公司股票。同时，《办法》还规定：上市公司授予激励对象限制性股票，应当在股权激励计划中规定激励对象获授股票的业绩条件、禁售期限。这说明限制性股票的实施存在两种前提：其一，如果激励对象在合同期限内不能实现规定的业绩目标，则不能获得股票；其二，激励对象获得股票之后，其股东权利的行使必须受到一定程度的限制，没有完全的所有权，在禁售期限内没有处置权。

11-6 案例分析

武汉市国有资产经营公司的股票激励计划

③期权激励

股票期权是一种金融衍生工具，是指买卖双方按约定的某一特定时间买进或卖出一定数量的某种股票的权利。这一权利在未来可以行使，也可以放弃，从而降低当前直接拥有股票可能造成的市场风险。在股票期权制度下，管理者的收入取决于期权到期日公司股票的市场价格和报酬契约的执行价格之间的溢价。由于股票价格是公司未来收益的体现，反映了企业长期发展的前景，所以这种制度能较好地解决股东利益与管理者之间的矛盾，为管理者提供长期的动态激励，使拥有本公司股票期权的管理者与股东形成利益共同体。

股票期权激励机制的基本要素包括以下五个方面：

A.激励主体。激励主体为公司的股东，这是因为只有公司的股东才有权利和积极性实施股票期权制度，同时也是股票期权激励机制的设计者、实施者和监督者。

B.激励对象。股票期权的激励对象一般以公司高级管理人员为主，这是因为其投入的人力资本是不可观测的，而对于能较为容易地观测到其努力程度的员工，像流水线的工人一般不属于股票期权制度的激励对象范围。但是，由于股权激励具有良好的激励效果，因此，近年来的发展趋势是股权激励的范围正逐渐扩大到公司各个部门的关键员工。

C.有效期。有效期是指激励对象可以行使相关权利的期限，超过这一期限就不再享有这种特权。有效期一般为3~10年。许多公司还在有效期中附加一些具体的限制条件，以防止短期行为，如规定购买股票后转让套利的最短期限不能低于2或3年，激励对象每年只能购买总量中一定数量的股票或股票套利转让等。

D.行权价。行权价是指激励对象购买股票时的价格，一般不能低于激励对象获得股票期权时公司股票的公平市场价格。不同公司对公平市场价格的规定不同，有的规定是授予日最高市场价格与最低市场价格的平均价格，有的规定是授予日前一个交易日的收盘价。

E.授予数量。授予期权的数量根据公司的规模和激励对象所处层次的不同而不同，一般情况下，股票期权总额占公司总股本的1%~10%，主要经营者可占股票期权总额的10%~20%，普通员工仅占股票期权总额的1%~3%。

中国证监会发布的《上市公司股权激励管理办法》对股票期权的定义、激励主体、激励对象、有效期、行权价和授予数量做了详细的规定。股票期权是指上市公司授予激励对象在未来一定期限内以预先确定的条件购买本公司一定数量股份的权利。激励对象获授的股票期权不得转让、用于担保或偿还债务。上市公司在授予激励对象股票期权时，应当确定行权价格或者行权价格的确定方法。行权价格不得低于股票票面金额，且原则上不得低于股权激励计划草案公布前 1 个交易日的公司股票交易均价和股权激励计划草案公布前 20 个交易日、60 个交易日或者 120 个交易日的公司股票交易均价之一。若上市公司采用其他方法确定行权价格，应当在股权激励计划中对定价依据及定价方式作出说明。股票期权授权日与获授股票期权首次可行权日之间的间隔不得少于 12 个月。在股票期权有效期内，上市公司应当规定激励对象分期行权，每期时限不得少于 12 个月，后一行权期的起算日不得早于前一行权期的届满日。每期可行权的股票期权比例不得超过激励对象获授股票期权总额的 50%。当期行权条件未成就的，股票期权不得行权或递延至下期行权。

本章小结

从管理控制系统的要素角度看，评价控制是构成管理控制系统的重要因素之一；从管理控制系统的程序角度看，评价控制是战略执行控制过程的重要环节。

管理控制需要评价控制，业绩评价是评价控制的关键，管理控制中的业绩评价侧重于对管理者或战略实施控制者业绩的评价。如果没有业绩评价，就无从了解经营活动，也就无从了解战略实施过程的效果和效率，就会导致战略目标的实现失去控制。

评价控制在企业财务管理中发挥着重要作用。评价控制的作用发挥主要是通过对预算执行情况的业绩评价。业绩评价对于部门预算目标和公司整体预算目标的实现具有不可或缺的重要作用。

从管理控制系统的要素角度看，激励机制同样是构成管理控制系统的重要因素之一；从管理控制系统的程序角度看，管理者报酬同样是战略执行控制过程的重要环节。

管理控制需要激励机制。如果没有激励机制，对于管理者而言，战略执行就会既缺乏动力，又缺乏压力，对于公司而言，战略就难以得到有效执行，战略目标就难以实现。

业绩评价和激励机制之间存在密不可分的关系。业绩评价必须通过将管理者的业绩评价结果与其个人利益挂钩才能发挥作用，而对管理者实施激励要以业绩评价结果为依据和基础。正是由于激励机制同业绩评价具有密切的关系，因而激励机制在财务管理中同样发挥着重要作用。

业绩评价作为管理控制系统的一个子系统，其本质上属于一个由各个要素组成的具有整体目的性和内在联系性的综合体。一个典型的业绩评价系统应该由评价主体、评价客体、评价目标、评价指标、评价标准、评价方法、评价报告等基本要素构成。

业绩评价需要遵循一定的程序。一般而言，业绩评价程序包括以下基本步骤：第一，确定评价目标；第二，分析评价客体；第三，建立评价指标体系；第四，设置评价标准；第五，选择评价方法；第六，收集并整理评价数据；第七，形成评价报告；第八，调整业绩评价系统。

财务总监在业绩评价中扮演着非常重要的角色，其作用主要体现在以下四个方面：第一，参与公司战略目标的确定；第二，参与评价指标体系的设计；第三，参与评价标准的确定；第四，参与编制业绩评价报告。

业绩评价系统根据不同的划分标准可以划分为不同的模式，其中，会计基础、经济基础和战略管理是目前为止已被广泛接受并在实践中得到普遍应用的业绩评价模式。

激励机制与战略计划、管理报告、业绩评价一样，也属于管理控制系统中的一个子系统，它以利益导向控制为基本特征，通过管理者与股东的目标协调，使管理者根据不断变化的公司环境，及时调整战略和行动，为股东创造更多价值。激励机制包括激励目标、激励方式、激励中的约束等若干个环节。

同样，激励机制的设计与应用也需要遵循一定的程序。激励程序是指激励机制的实施步骤，包括设计、应用、调整等方面。合理的程序同样可以从组织方面为激励机制的设计和应用提供保障。

在设计和应用激励机制的过程中，财务总监同样扮演着非常重要的角色，其作用主要体现在以下几个方面：第一，参与设计激励机制；第二，计量激励成本；第三，约束管理者财务行为；第四，组织财务业绩评价；第五，进行税收筹划；第六，规范会计处理。

在社会物质财富还没有极大丰富的情况下，物质激励与精神激励相比更能发挥管理者执行战略的积极性，而按照激励的具体形式可将物质激励分为薪酬激励和股权激励。在实践中，应用比较普遍而作用又较为明显的薪酬激励方式是年薪制，而股权激励在我国企业的实践中通常可区分为实股激励、期股激励和期权激励三种形式。

关键概念与主要观念

□ 关键概念

评价控制系统 评价目标 评价指标 评价标准 评价方法 评价报告 业绩评价程序 激励 激励机制 激励目标 激励方式 激励中的约束 激励程序 薪酬激励 年薪制 实股激励 股票赠与计划 股票购买计划 员工持股计划 管理层收购 期股 股票期权

□ 主要观念

如果缺乏对各级管理者的业绩评价，那么对管理者而言，就会缺乏执行战略落实预算的主动性和积极性，就会导致管理者的行为偏离既定的预算控制目标，对公司而言，就可能难以掌握各级管理者执行战略、落实预算的效果和效率，就可能难以实现公司预算总目标。

如果仅仅对管理者执行战略落实预算的效果和效率进行评价，而不将评价结果与其个人利益（即报酬）相挂钩，那么管理者就缺乏动力和压力去执行战略，管理者就会不重视预算的落实，这样不仅会影响到当期部门预算目标和公司整体预算目标的实现，而且还会影响到公司下一预算期预算目标分解的合理性和预算编制的准确性，最终影响到公司战略目标的实现。

会计基础业绩评价模式可以是对筹资活动、投资活动、经营活动和分配活动的综合评价，也可以是对盈利能力、营运能力、偿债能力和增长能力的综合评价。会计基础业绩评价的方法有许多，包括综合指数法、综合评分法、功效系数法等。

斯特恩·斯图尔特公司用4个M来归纳EVA评价系统设计框架的实质内涵：（1）应用唯一的评价指标（measurement）——EVA来统一评价企业的经营业绩；（2）实施以EVA为衡量标准的管理体系（management）；（3）设计基于EVA的激励机制（motivation）；（4）建立有助于EVA运行的理念体系（mindset）。

BSC自产生以来的发展历程反映了：不仅评价指标不断丰富和创新，而且系统本身也逐渐从单纯的业绩评价提升到了战略管理的高度。

年薪制是我国企业实践中较为常见的高级管理者的薪酬方式。理解年薪制至少应该从以下两个角度进行：形式上是以年度为薪酬支付周期；实质上是以相应的经营业绩为薪酬确定依据。

实股激励就是让企业高级管理人员或关键岗位员工实际持有公司股份，以实现经营激励的方式。实股激励的具体形式又分为股票赠与计划和股票购买计划两种。

期股是介于“实股”和“期权”之间的一种激励形式，有“期”和“股”的双重含义。虽然期股是一种股票，但其持有人不是完全意义上的现期股东，其股东权利的行使仍然受到一定程度的限制。

由于股票价格是公司未来收益的体现，反映了企业长期发展的前景，所以股票期权制度能较好地解决股东利益与管理者之间的矛盾，对管理者提供长期的动态激励，使拥有本公司股票期权的管理者与股东形成利益共同体。

基本训练

□ 知识题

11.1　简答题

(1) 在管理控制中，业绩评价与激励机制之间具有什么样的关系？

(2) 管理控制中的业绩评价包含哪些基本要素？

(3) 比较会计基础、经济基础和战略管理三种业绩评价模式的优缺点。

(4) 财务总监在激励机制的程序中所起的重要作用体现在哪些方面？

(5) 制订年薪制方案需要明确哪些方面？

11.2　思考题

(1) 如何理解业绩评价在管理控制中的地位？

(2) 为什么说激励机制在公司理财活动中具有重要作用？

(3) 如何理解激励机制与业绩评价之间存在密切的关系？

(4) 股权激励与薪酬激励相比最显著的优点体现在哪一方面？

(5) 对三种股权激励方式做一比较。

□ 技能题

某公司董事会通过决议，要求自2×23年起对其新成立的一个利润中心进行业绩评价，主要侧重于财务业绩评价。为此，该公司总经理责成财务总监设计业绩评价系统。财务总监经过内部调研和讨论，决定从盈利能力、偿债能力、营运能力和增长能力四个方面分别选择具有代表性的评价指标建立指标体系，参考历史标准和行业标准确定评价标准，并采用综合指数法作为业绩评价方法。该利润中心业绩评价系统和2×23年的具体数据见表11-3。

表11-3　**利润中心业绩评价系统**

评价目标	评价指标	评价标准	实际值	权数
盈利能力	EVA	120	100	20
	销售毛利率	25%	22%	10
	总资产报酬率	9%	6%	15
偿债能力	资产负债率	50%	40%	10
	流动比率	200%	180%	10
营运能力	应收账款周转率	20次	15次	10
	存货周转率	10次	8次	5
增长能力	销售增长率	20%	30%	10
	资本积累率	10%	9%	10

假设该利润中心2×23年净利润为360万元，财务费用为40万元，负债资本和权益资本合计为2 000万元，加权平均资本成本为15%。

要求：

（1）计算该利润中心2×23年EVA实际值。

（2）计算该利润中心综合指数，并评价该利润中心2×23年经营业绩。（计算结果保留两位小数）

□ 能力题

宝钢钢管公司的价值贡献模型

宝钢钢管公司从2002年开始尝试全面引入价值管理（VM），并运用EVA和BSC等原理初步建立了自身的业绩评价系统。宝钢钢管公司称之为价值贡献模型。

首先，宝钢钢管公司建立了各级价值贡献中心。公司作为整体，是第一级价值贡献中心。将制造环节的轧管、精整、管加工分厂和市场营销室分为不同的第二级价值贡献中心，形成主价值链，着重关注其影响整体价值贡献的程度。将能源车间、设备管理室、工具车间、质检、成品库视为服务提供单位，形成基础保障链，它们的作用是确保主生产线流程稳定顺利运行，着重关注其影响作业线的关键指标。将财务室、组织人事室、技术研究室、生产技术室等管理部门作为管理部门链，它们直接影响宝钢钢管公司的价值贡献结果，而不是本部门的经济结果，着重关注其如何有效发挥管理部门的专业技能，使其他部门价值贡献增加，并以其他部门对其工作效果的评价作为依据。

其次，宝钢钢管公司借鉴EVA的思路选取了综合的财务指标即价值贡献，同时选取了一些战略型的非财务指标，结合BSC的原理建立了融财务指标与非财务指标于一体的价值贡献模型，即业绩评价系统。价值贡献模型的业绩评价指标体系见表11-4。

表11-4 **宝钢钢管公司的价值贡献模型**

层面	指标	单位	第一层权重	第二层权重	得分	价值贡献
财务	公司整体价值贡献	万元	80%	—		
客户	用户满意度	分	20%	14%		
	战略产品销量（如油井管）	万吨		16%		
内部流程	壁厚控制8%精度比例	%		15%		
	资源利用率	%		10%		
	质量异议（理赔额）	万元		5%		
学习与创新	新产品销售率	%		15%		
	科研效益	万元		10%		
	合理化建议效益	万元		10%		
	技术秘密数	个		5%		
权重小计			100%	100%		
将非财务指标转化为价值量化指标						
财务与非财务指标合计						

宝钢钢管公司涉及的有关计算公式如下：

$$\text{公司整体价值贡献}=\left(\text{实际单价}-\text{实际成本}\right)\times\text{实际销量}-\left(\text{销售费用}+\text{管理费用}+\text{财务费用}\right)-\text{资本总额}\times\text{资本成本}$$

非财务指标的目标价值量化=财务指标实际值×20%÷80%

财务指标和非财务指标的价值贡献=公司整体价值贡献×80%+非财务指标目标价值量化×20%

【案例分析要求】

（1）根据本案例，分析为什么在设计业绩评价系统之前需要分析评价客体。

（2）根据本案例，指出该公司业绩评价系统的特色主要体现在哪些方面。

（3）结合本案例，谈谈你对于EVA和BSC这两种业绩评价模式相互融合的看法。

数智能力训练

在数字经济时代，人工智能大模型能够为评价控制和设计合理的激励机制提供很多有益的帮助。结合本章学习的内容，我们可运用人工智能大模型，如阿里“通义千问”、百度“文心一言”和科大讯飞“星火”等（当然也可以采用最新推出的其他模型）对评价控制中的相关问题进行进一步讨论分析，以提升同学们运用数智模型进行评价控制和设计合理激励机制的能力。

本章的数智能力训练题主要有：

（1）评价控制在企业财务管理中发挥着重要作用。评价控制的作用发挥主要是通过对预算执行情况的业绩评价。如何进行业绩评价？在实务工作中，进行业绩评价时需要关注哪些问题？

（2）利用人工智能大模型，探索我国企业在进行管理层激励时，通常采用哪些方式？这些方式在实际使用过程中，存在哪些优点和不足？

（3）战略目标的确定对企业管理控制至关重要，在设计战略地图时，需要考虑哪些因素？如何依据战略地图的内容设计合理的激励机制？需要用到哪些财务指标和非财务指标？

互动练习

11-7 即测即评

第11章练习题

第5篇

国际财务与集团财务

引例：中国化工并购瑞士先正达①

党的二十大报告指出，“加快构建以国内大循环为主体、国内国际双循环相互促进的新发展格局”。企业通过跨区域、跨行业经营形成企业集团是助力新发展格局的重要实践。作为企业集团国际化和海外投资的重要方式，跨国并购是中国参与国际市场分工、开展国际合作，以及缩小与全球领先企业发展差距的关键一步。

中国化工集团有限公司（简称“中国化工”）于2004年5月9日正式挂牌运营，是在原化工部所属企业基础上组建的国有企业，在世界500强中位列161位，员工14.5万名，8.7万名员工位于中国境外，具有丰富的跨国并购经验。中国化工的战略定位是“新科学、新未来”，按照以材料科学、生命科学和先进制造业为核心、以基础化工为支撑和保障的新“3+1”产业发展格局，打造五大核心竞争力，向具有国际竞争力的领先企业迈进。中国化工于2017年6月8日公布，其收购瑞士先正达公司的项目完成交割，中国化工拥有先正达94.7%的股份，430亿美元的价格也创造了中企海外并购的世界纪录。截至当日，具有259年历史的先正达，是全球第一大农药、第三大种子高科技公司，分别占全球市场份额的20%和8%。收购的完成对助力中国掌握种子与作物培育技术，以便推动农业增产并为世界最大人口国保证粮食安全，增强中国在全球农药和种子市场中的话语权具有重要意义，同时，有助于中国化工扩大国内市场份额并开拓国际市场。对于先正达来说，收购有利于完成对中国市场甚至农化全球市场的整体布局，以期创造更多销售收入及经营利润，从而实现资源在全球市场更有效的配置。

回顾整个并购过程，可谓一波三折，历经16个月包括涉及要约、谈判、审查及交割，特别是先后通过了包括美国外国投资委员会（CFIUS）等11个国家的投资审查机构及美国、欧盟等20个国家和地区反垄断机构的审查，同时在并购中涉及估值、对价支付方式、汇率风险管理、融资方案等关键的国际财务管理环节。在并购之后，还要处理文化融合、业务协同和集团财务管理整合融入等关键问题，以实现收购的预期战略目标。

通过本篇的学习，你将了解国际财务管理和集团财务管理是如何区别于一般企业财务管理的。由于跨国公司、集团公司面临的理财环境、自身的组织结构的特殊性，其理财手段与工具、理财策略与战略等均呈现出一定的特色。

---

① 资料参考：中国化工集团有限公司官网；张珩．中国化工完成对全球第一大农药、第三大种子巨头先正达的收购［EB/OL］．［2017-06-08］．https：//www.guancha.cn/economy/2017_06_08_412369.shtml.

第12章 国际财务管理

学习目标

本章学习目标：使学生掌握国际财务管理的基本内涵与主要内容。其具体目标包括：

知识目标：

- 明确国际财务管理的相关概念。
- 熟悉跨国公司的理财环境。
- 理解并掌握汇率平价关系。
- 理解经济风险、交易风险和折算风险的基本概念。
- 理解跨国公司内部资本转移的各种机制。

技能目标：

- 掌握汇率预测的基本方法。
- 掌握国际直接投资的资本预算方法。
- 掌握国际筹资管理的各种融资方式与工具。

能力目标：

- 能够运用汇率平价关系进行汇率预测。
- 学会灵活运用外汇风险管理的各种策略。
- 能够分析跨国公司各种筹资方式与工具的特点与用途，并会灵活运用。

素养目标：

- 强化法治精神与规范意识，理解法治和规则对正确处理国际财务管理工作的重要性。
- 培养国际视野，关注国际政治经济形势对国际化经营的影响，理解不同国家和地区的经济、法律和文化差异对财务管理的影响。

12.1 国际财务管理概述

1）国际财务管理的内涵与目标

（1）国际财务管理的内涵

企业的财务活动按其是否跨越本国国界，可以分为国内财务活动和国际财务活动两类。对企业的国内财务活动所进行的管理，称为国内财务管理。国际财务管理是财务管理的逻辑扩展，它是按照国际惯例和国际经济法的规定，对企业超越国境的财务活动进行管理的一种工作。国际财务管理的主体泛指一切超越国界从事生产经营活动的企业，包括跨国公司、进出口企业、外商投资企业等。[①]

（2）国际财务管理的目标

国际财务管理的目标是通过科学、合理地组织财务管理活动，促使资源在世界范围内最优配置，资本在世界市场上自由流动追求最大的增值，以实现企业价值最大化和取得最佳经济效益。

2）国际财务管理的内容

国际财务管理与一般公司财务管理一样，都要涉及公司的投资、融资以及股利分配决策、公司的日常财务管理等内容。但是，由于国际财务管理所面临的是一个全球一体化的、具有不完全性的国际市场，面临着特殊的政治风险和外汇风险，这些特殊性决定了国际财务管理特殊的研究内容。

国际财务管理的对象是跨国资金运动和国际财务关系，内容包括国际筹资管理、外汇风险管理、国际投资管理、跨国公司内部资本转移等。国际财务管理的内容与我国对外开放方针和“走出去”战略密切相关。特别是共建“一带一路”倡议提出后，更多公司积极参与国际财务活动，涉及国际营运资金管理、国际资金融通、国际投资和国际风险管理等国际财务管理内容。共建“一带一路”倡议的实施可细化为五大举措，包括加强政策沟通、加强设施连通、加强贸易通畅、加强货币流通和加强民心相通。其中“加强货币流通”是参与共建“一带一路”倡议的中国企业的财务管理部门的职责和使命所在，旨在深化金融合作，推进亚洲货币稳定体系、投融资体系和信用体系建设，扩大共建国家双边本币互换、结算的范围和规模。“加强货币流通”与其他四项举措紧密联系，对我国企业国际财务管理内容提出了新要求[②]。

首先，“设施连通”举措下基础设施建设项目需要“货币流通”提供资金支持。“一带一路”连通亚欧非三大陆，联结太平洋和印度洋，需要以运输通道的互联互通为纽带，以经济走廊为依托，率先建立亚洲交通、电力和通信等基础设施互联互通的基本框架，推进国际运输大通道建设，加快发展高铁、轨道交通，构建陆运、海运、空运和资讯等立体交通大网络，带动沿线基建投资强劲增长。涉及的基础建设项目必然要投入巨额资金，需要来自沿线国家和不同投资主体的资金融通，必须运用先进的国际财务管理手段进行国际筹

① 马杜拉．国际财务管理［M］．张俊瑞，改编．北京：北京大学出版社，2009.
② 卫林．国际财务管理实务——基于“一带一路”倡议背景［M］．北京：经济管理出版社，2018.

资管理和投资项目管理。其次，“贸易通畅”将考验“货币流通”的能力。共建“一带一路”倡议将进一步提升共建国家和地区全方位贸易服务往来，涉及复杂的国际贸易结算和营运资金跨国管理，要克服贸易服务往来中的障碍和壁垒，从而要求企业具备更强的国际资金营运管理、外汇风险管理能力。最后，“政策沟通”及“民心相通”与“货币流通”的发展息息相关。“一带一路”共建国家或地区存在法规不相容、地缘政治风险居高不下、文化宗教冲突不断等风险因素，必须加强政策沟通和推动民心相通以促进“货币流通”。国际财务管理活动中必须掌握当地投资和外汇管理相关政策，注重理解和适应当地文化对财务决策的影响，寻求恰当的财务管理解决方案。

现实中，各企业的国际化进程有所差别，国际财务活动有多有少，而跨国公司的国际财务活动最为全面、复杂，其国际财务管理已积累丰富经验，后续本书将跨国公司作为国际财务管理活动的研究主体。[①]

3）跨国公司的定义与经营特征

（1）跨国公司的定义

跨国商业活动由来已久。早在几百年前就产生了跨国境的贸易，但是从第二次世界大战结束后，跨国商业活动经历了一次重大变革，这次变革也许是20世纪后半叶最重要的经济现象，就是跨国公司的产生。

跨国公司（multinational corporation）是指致力于在多个国家生产和销售产品及劳务的公司，它通常包括一个设于本国的母公司和至少四五个海外机构。在这个联合体中存在着战略上的深层次合作。跨国公司的经营活动并不仅仅局限于产品市场的开拓，也包括生产要素的获取及配置和管理使用。只有当公司经营活动的各个方面均跨越国境，才能称为跨国经营。因此，跨国公司在全球范围内进行资源配置，采取全球化的生产、市场、融资和投资战略和策略，以期获得公司整体价值最大化，而不是各个独立子公司价值最大化。

（2）跨国公司的经营特征

①全球化的资源配置

资源的全球化配置是跨国公司区别于一般公司的最根本特征。跨国公司可以将经营地设置在本国，也可以设置在其他国家和地区；在资本的获取上，跨国公司可以在国内融资，也可以在全球范围内进行融资；对于劳动力和企业家才能的获取也是如此。跨国公司将所获取的资源作为一个整体，在全球范围内进行配置。

②全球化的生产经营活动

在生产经营过程中，跨国公司某个子公司的产成品可能是另一个子公司的原材料。在整个跨国公司内部，产品供应链中子公司相互之间提供产品的定价是按照整个公司价值最大化原则来安排的。在生产经营过程中所发生的流动资产和流动负债的管理也是全球化的。

③全球化的产品市场

产品市场全球化是企业进入国际市场的第一步，也是跨国经营的原始阶段。随着跨国公司的出现和发展，产品市场的竞争从区域化逐步转向全球化。因此，产品市场全球化也

---

① 夏乐书．国际财务管理［M］．大连：东北财经大学出版社，2001．

逐渐成为跨国公司的市场竞争策略。

④整体价值最大化

跨国公司整体价值最大化是跨国公司经营的根本目标。跨国公司的各种战略、策略安排，包括资源配置、生产经营过程及产品策略等，都是围绕这一目标进行的。跨国公司经营的实质是将公司在各地的子公司及各地市场看成一个整体，以全球化的眼光考察商业机会，作出经营决策。因此，跨国公司整体价值最大化不一定意味着各个子公司价值最大化。

12-1 知识拓展

中国与全球化：受益者、倡导者和引领者

4）跨国公司的理财环境

（1）国际市场及其不完全性

由于各国经济结构、法律、政策措施，以及地理位置、交通、通信、资源禀赋等自然原因，跨国公司所面临的全球市场比任何一个国家的内部市场具有更大的不完全性。国际市场的不完全性主要体现在产品市场、要素市场、金融市场、信息市场等市场的不完全性。这些方面的市场不完全性既来自自然的限制，也来自政治和经济方面的限制。产品市场的不完全性来自政府对市场的各种干预、政府所设置的关税和非关税壁垒、货源以及价格的垄断等因素，使得产品流动受到限制。要素市场不完全性是指劳动力、设备、技术力量、知识产权、资金等方面由于各种因素在各个国家之间存在差别。金融市场也具有不完全性，各国法律、法规存在差别，利率、税收和金融管制也有差别。信息市场的不完全性是由于各个市场不同的政策和管理以及经济的垄断性，经济信息不会平等、及时地反馈给交易各方，获取和传播信息也需要费用，市场参与者是在不同程度缺乏信息的情况下进入市场的。全球市场的不完全性为跨国公司的出现和持续存在提供了理由，同时也为国际财务管理提供了方向和挑战。由于市场存在种种不完全性，跨国公司有可能利用各个市场之间的各种差异套取利润、降低风险、降低经营成本，或投资于多个市场以降低成本、降低风险。跨国公司还可以利用内部交易中的转移价格获取特殊利益，可以利用内部资金市场降低运营成本和资金使用成本，还可以利用上述条件规避外汇管制风险等。

（2）国际税收环境

跨国公司在不同的国家进行投资，投资收益要按照不同国家的税收规定纳税。当跨国公司母公司收回投资收益时，还面临着向母公司所在国政府纳税的义务，可能导致双重征税。跨国公司要明确各国之间签订的双边税收协定（tax treaty），充分利用本国政府提供的税收抵免（tax credit）优惠以及国际避税地（tax haven）等进行税收筹划。

（3）政治风险与外汇风险

跨国公司进行跨国经营面临着特有的政治风险和外汇风险。政治风险是指由于政治方面的原因使公司蒙受损失的可能性，主要是国有化风险、战争风险和转移风险等。外汇风险是指由于各国货币之间的汇率变动给公司带来损失的可能性，它不仅存在于企业商品进出口外汇收支过程中，而且存在于国际筹资、国际投资等各个方面。外汇问题是跨国理财环境最复杂的因素，跨国公司财务资源要用不同货币资源来表现，汇率变化会对企业财务收支和财务成果产生重大影响，浮动汇率制度的实行使企业的国际化经营处于非常复杂的理财环境中。

（4）跨区域文化差异性

跨国公司在全球不同区域的运营中经常会面临文化风险，主要源自不同国家的文化背景之间的差异。文化风险会影响跨国公司的管理效率、员工关系、市场策略和整体业务表现。具体来说，不同国家的法律体系和伦理标准可能与公司的本土标准有所不同，导致合规性问题；语言差异和非语言沟通习惯可能导致误解和信息传递不畅；不同文化对于权威、等级和决策过程的态度可能不同，这可能导致管理上的摩擦；关于工作时间、效率、动机和奖励的观念可能因文化而异，影响员工的工作表现和满意度；商务礼仪和谈判风格差异可能导致合作失败或不利的合同条款；来自不同文化的团队成员可能存在协作困难，需要额外的协调和培训，从而产生额外的资金和时间成本。

【案例 12-1】国家电网投资巴西美丽山水电站项目中的本地化应对[①]

2015年5月19日，巴西美丽山特高压输电项目奠基仪式在巴西首都巴西利亚举行，时任国务院总理李克强和时任巴西总统迪尔玛·罗塞夫在巴西利亚总统府共同出席了项目视频奠基仪式，见证世界第三大水电项目正式启动建设。该项目是国家电网公司在海外中标的首个特高压直流输电项目，标志着特高压技术“走出去”取得重大突破，是中巴电力合作领域新的重要里程碑。

美丽山水电站是巴西政府的“跨世纪工程”。2014年2月，国网巴控公司与巴西国家电力公司联合中标美丽山水电特高压直流送出一期项目。2015年7月，美丽山水电站二期输电工程由国网巴控公司独立中标。2017年12月，美丽山一期工程实现提前2个月竣工投运。2019年10月，国家电网公司安全高质量地提前100天建成投运了美丽山二期工程。建设工程已经完成，国家电网巴西控股公司的主要工作是线路和变电站的经营及运维。回顾项目建设，本地化是一个绕不开的话题。

巴西法律规定，所有项目的本地化率必须达到51%以上。不少中资企业来到巴西都遇到了这个问题，人员本地化和设备本地化，给无论是独资企业还是合资企业都制造了一定障碍。前国网巴控公司董事长蔡鸿贤在美丽山一期工程时就来到巴西，当时的一期工程是与巴西电力公司合作的。他回忆说，国网团队在与巴电的合作中充分了解当地法律法规，才能够在二期工程独立完成时少走弯路。蔡鸿贤说：“在巴西首先要尊重当地法律，同时从积极的方面去理解本地化。在人员本地化方面，有时候适当放权是必要的，特别是在一些需要对外联络的领域，还要多多依靠当地员工。目前，巴控公司与巴西企业一样，公司的日常事务由公司高管来决定，只有非常重大的事情才由董事会决定，因此，中方董事会成员不是所有事情都需要作决定的。”

当地居民看到外国企业来征地会有一定的抵触心理，这时候可以通过一整套授权让巴西本地员工和环境工程师来帮助，在投标时就可以与巴西第三方公司建立联系，让他们帮助评估地价，这样当地居民不会因为是外国企业就漫天要价。设备方面，在性能近似的产品中提倡本地化，在同等条件下尽量选取本地制造的产品来进行生产。如此一来，美丽山二期项目带动了巴西当地能源、电工装备、原材料等上下游产业，为当地创造约1.6万个就业岗位，实现中巴双方互利互惠，让巴西政府非常满意。

---

① 资料来源：新华社客户端。

(5) 跨国经营中的竞争

跨国公司所面临的竞争环境与国内经营所面临的竞争环境有很大的不同。跨国经营由于能够利用各种市场的不完全性而获得收益，或者通过跨国经营而降低风险，因此，存在着一定的竞争优势。但跨国公司由于对经营所面临的各种环境不熟悉，也可能处于一定的竞争劣势。

12.2 外汇与汇率平价关系

1）外汇的定义

外汇（foreign exchange）是以外币表示的可以用作国际结算的支付手段和资产。在跨国公司从事国际贸易和对外投资等经济活动时，往往要涉及一种以上货币，因此，往往要进行货币之间的交换。

外汇一般需具备三个条件：①必须是以外币表示的资产；②必须可以兑换成其他形式的资产或以外币表示的支付手段；③必须能被实行一定货币制度的一国政府所控制。

在我国根据《中华人民共和国外汇管理条例》规定，外汇具体包括：①外国货币，包括纸币、铸币；②外币支付凭证或者支付工具，包括票据、银行存款凭证、邮政储蓄凭证、银行卡等；③外币有价证券，包括债券、股票等；④特别提款权；⑤其他外汇资产。

2）外汇汇率

(1) 汇率及标价方法

外汇汇率又称汇价或外汇行市，是指一国货币兑换成另一国货币的比率，或是指用一种货币表示的另一种货币的价格。

确定两种不同货币之间的比价，首先要确定用哪个国家的货币作为标准，由于确定的标准不同，在国际外汇市场上，便产生了两种不同的外汇汇率标价方法。

①直接标价法

直接标价法是以每单位或每100个单位外国货币作为标准，折算为一定数量的本国货币来表示其汇率的形式。例如，1美元=6.5元人民币。此时，外国货币称为单位货币，本国货币称为计价货币。由于这是为取得一定单位外国货币需要付出的本国货币额，故又称为“应付标价法”。有些国家货币单位的价值量较低（如日元等），对于这些货币的报价有的以高于100个单位作为标准，如10 000等。在直接标价法下，外国货币数额固定不变，汇率的涨跌都以相对本国货币额的变化来表示，一定单位外国货币折算的本国货币增多，说明外币汇率上涨，即外币币值上升，或本国货币币值下跌。反之，一定单位外币折算的本国货币减少，说明外币汇率下跌，即外币贬值或本币升值。在绝大多数国家的外汇市场上都采用直接标价法。我国外汇管理局和中国银行公布的外汇牌价，所采用的就是直接标价法。

②间接标价法

间接标价法是以一个单位或100个单位的本国货币为标准，折算为一定数额的外国货币来表示其汇率的标价方法。例如，1英镑=1.6294美元。它是直接标价法的倒数，也称为“应收标价法”，在间接标价法下，本国货币的数额固定不变，汇价涨跌都以相对外国货币数额的变化来表示。一定单位的本国货币折算的外币数量增多，说明本国货币汇率上涨，即本币升值或外币贬值。反之，一定单位本国货币折算的外币数量减少，说明本国货币汇率下跌，即本币贬值或外币升值。在英国和美国外汇市场上，习惯上采用间接报价方式。

（2）外汇汇率的种类

按照不同的标准，汇率可以区分为许多不同的类型。主要有以下几种：

①按照指定汇率的方法，分为基本汇率与套算汇率

基本汇率是指一国货币对某一关键货币的比率。关键货币是指在国际上普遍接受的可兑换货币或在国际收支中使用最多的货币，或本国外汇储备中占比重最大的货币。由于美元是国际支付中使用较多的货币，一般情况下，各国都把美元当作制定汇率的主要货币，即常把本国货币对美元汇率作为基本汇率。套算汇率又称交叉汇率（cross rate），是指两种货币以第三种货币为中介推算出来的汇率。在实际中，第三种货币往往是关键货币。由于国际主要外汇市场只公布按美元标价计算的外汇汇率，人们要想知道美元以外的两种货币之间的比率，就必须借助于套算汇率来计算。

②从银行买卖外汇的角度，分为买入汇率、卖出汇率和中间汇率

买入汇率（bid），又称买入价，是指银行向同业或客户买入外汇时所使用的汇率。卖出汇率（ask）又称卖出价，是指银行向同业或客户卖出外汇时所使用的汇率。买入汇率和卖出汇率相差的幅度一般为1‰~5‰，两者之间的差额即商业银行买卖外汇的利润。买入和卖出都是从银行角度出发的，所以客户到银行用本币兑换外汇时，适用的是银行的卖出价，而用外币兑换本币时，适用的是买入价。买入汇率和卖出汇率的平均数，即为中间汇率。中间汇率又称中间价，是买入与卖出价的平均数。中间汇率适用于商业银行之间买卖外汇，对一般客户不适用。

③按照外汇交易的期限，分为即期汇率与远期汇率

即期汇率是指外汇买卖成交后，买卖双方在当天或两个营业日内进行交割所使用的汇率。所谓交割是指外汇交易双方一手交钱一手付汇的过程。远期汇率是指外汇买卖双方约定在未来一定时期内（通常以30~90天为期）进行交割的汇率。到了交割日，由买卖双方按预计的汇率、金额进行钱汇两清。

远期汇率与即期汇率往往不相等，其差额称作远期差价。远期汇率超过即期汇率，称为升水（premiums）；远期汇率低于即期汇率，称为贴水（discounts）；远期汇率等于即期汇率，称为平价（flat或at par）。升水或贴水常用百分比表示，以反映与即期汇率差异的相对程度。其计算公式为：

在直接标价法下：

$$\text{年升（贴）水百分比}=\frac{\text{远期汇率}-\text{即期汇率}}{\text{即期汇率}}\times\frac{12}{N}\times100\% \quad (12\text{-}1)$$

在间接标价法下：

$$\text{年升（贴）水百分比}=\frac{\text{即期汇率}-\text{远期汇率}}{\text{远期汇率}}\times\frac{12}{N}\times100\% \quad (12\text{-}2)$$

其中，N为远期合同所包含的月数。上式计算结果如为正数，则表示升水，如为负数，则表示贴水，如为零，则表示平价。

此外，还存在其他几种划分标准。按照银行外汇汇兑方式，分为电汇汇率、信汇汇率、票汇汇率；按照汇率决定机制，分为官方汇率和市场汇率；按照汇率受政府控制的程度，分为固定汇率和浮动汇率。

（3）汇率变动百分比

计算期初到期末汇率变动百分比，可以表示货币市值升降幅度。计算汇率变动百分比，一般先把汇率以直接标价法表达，再采用下列公式计算：

$$\text{汇率变动百分比}=\frac{\text{期末汇率}-\text{期初汇率}}{\text{期初汇率}}\times 100\% \tag{12-3}$$

在两种货币之间，若一种货币对另一种货币升值，则另一种货币必然对该货币贬值，反之亦然，但升值与贬值的百分比却不相等。这是因为在计算过程中，所应用的公式中的分母值不同。

3）外汇市场

（1）外汇市场的定义

外汇市场（foreign exchange market）是金融市场的重要组成部分，是指从事外汇买卖的交易场所，或者说是各种不同货币彼此进行交换的场所。

外汇市场的形态有两种：一是表现为外汇交易所（exchange bourse）这样有固定场所的有形市场；二是绝大部分交易是在无形的抽象的市场上进行的。这种无形市场表现为电话、电报和电传等各种现代通信工具所构成的交易网络，它们联系着无数的外汇供给者和需求者。目前，世界各国的外汇交易均通过现代通信网络进行。无形市场已成为外汇市场的主导形式。

在外汇市场上，外汇交易的参与者主要有以下四类：①外汇银行（foreign exchange bank）。外汇银行是外汇市场的主体，主要包括专营或兼营业务的本国商业银行和开设在本国的外国商业银行分支机构。②外汇经纪人（foreign exchange broker），即中介于外汇银行之间或外汇银行与顾客之间，为买卖双方接洽外汇交易而收取佣金的汇兑商。③顾客。外汇银行的顾客包括交易性的外汇买卖者、套期保值者和外汇投机商。④中央银行。基于管理外汇市场的重任，中央银行经常通过参加外汇市场的交易来干预市场，把汇率保持在目标水平上。

（2）外汇市场的交易种类

外汇市场的主要交易方式分为即期（spot）交易和远期（forward）交易。即期交易是指交易双方在达成交易合约后，在近几个工作日内立即进行交割，即付出要卖出的货币，收进要买入的货币。一般情况下，即期交易的外汇交割日是在即期和合约达成之后的第二个工作日。如星期一达成合约，应在星期三进行交割。中间如遇休息日则交割日顺延。远期交易是指交易双方在达成交易合约后，不立即进行交割，而是规定在将来的某个日期按照约定的汇率（成交日的远期汇率）和数额进行交割。

以上两种外汇交易是外汇市场的基本交易活动，此外还有其他交易种类，诸如：外汇期货交易，是指在期货交易所内，交易双方通过公开竞价达成在将来按规定的日期、价格、数量，买卖特定外汇的合约交易，期货合约是在未来特定日期交割货币的标准合约；外汇掉期交易，是指在买进或卖出即期外汇的同时，卖出或买进远期外汇的交易；外汇期权交易，是期权买方在支付一定数额的期权费后，有权在约定的到期日（或之前）按照双方事先约定的协定汇率和金额同期权卖方买卖约定的货币的交易，权利的买方也有权不执行上述买卖合约。

（3）市场套利

所谓市场套利（arbitrage）是指套利者在外汇市场上利用不同市场之间报价的差别进行交易，从而获取无风险收益的行为。由于信息的不完全性，在不同的交易中心，同一种外汇的报价或套算汇率可能会不同，这种市场的不完全性为套利提供了条件。套利者就是在这样的不完美市场中低买高卖，以获取利润。套利行为的直接结果是套利者盈利，其间接结果是促进了全球各个市场之间的一致性，加快了信息的流动，在一定程度上消除了信息的不对称性。

4）汇率的决定

（1）市场均衡汇率的决定

与一般商品一样，市场汇率即外汇的价格，也是需求与供给相均衡的结果。当需求等于供给时，市场汇率为均衡汇率。在需求曲线和供给曲线不变的情况下，市场汇率总是围绕着均衡汇率变动，如图12-1所示。

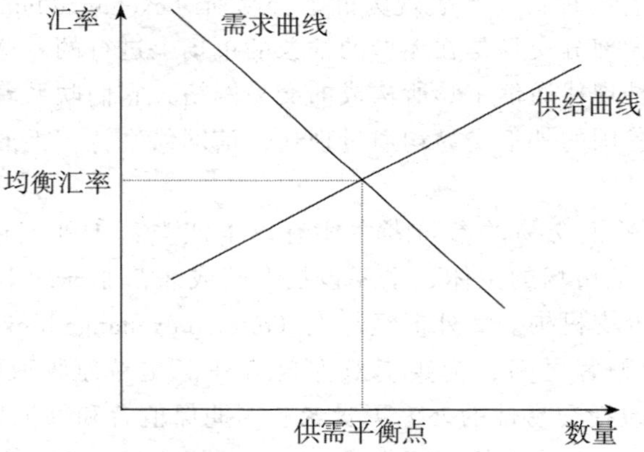

图12-1 均衡汇率的决定

如果外汇的需求和供给曲线不变，那么市场汇率总是在均衡汇率的上下波动。但当曲线发生了变化后，均衡汇率将随之变化。如图12-1所示，当外汇的需求曲线向右平移，即在同等汇率水平下对外汇的需求增加，均衡汇率将随之上升。相反，如果需求曲线向左平移，均衡汇率随之下降。类似地，当供给曲线向左平移时，均衡汇率上升；供给曲线向右平移时，均衡汇率下降。

（2）市场均衡汇率的变动

市场均衡汇率不时地发生变动，引起供求曲线移动的因素基本上包括通货膨胀、市场利率和经济发展平稳性等。

①通货膨胀

通货膨胀是由于一个国家货币供给超过商品交易对于货币的需求，因而引起该国产品价格普遍上涨的现象。当一个国家出现通货膨胀时，会导致该国货币相对贬值。当两个国家均出现通货膨胀时，通货膨胀率更高的国家的货币相对贬值。

通常，一个国家货币升值和贬值的程度可以用汇率变动百分比来表示，计算公式同公式（12-4），即：

$$汇率变动百分比=\frac{期末汇率-期初汇率}{期初汇率}\times 100\% \tag{12-4}$$

②市场利率

从资金使用者的角度看，市场利率反映了资金使用成本的高低。而从投资者的角度看，市场利率反映了投资收益率的高低。市场利率越高，投资收益率越高。在风险相近的情况下，投资者总是趋向于高收益。因此，当一个国家的市场利率高于另外一个国家时，高利息率会吸引资金流向该国市场，从而导致该国市场上外币供给的增加，即本币需求的增加。例如，如果美国市场利率高于中国，那么投资者会倾向投资于美国市场从而获得高回报。其结果是人民币流入美国，人民币的供给增加，最终导致美国市场上人民币以美元表示的价格下降。因此，利率高的国家货币趋向于升值，而利率低的国家货币趋向于贬值。

③经济发展平稳性

经济发展的平稳性反映了投资风险的高低。在回报相同的情况下，投资者总是寻求低风险。当一个国家或地区经济发展平稳性好时，在该国进行投资风险小，因此，能够吸引资金流入。相反，当一个国家或地区经济发展平稳性不好时，投资的风险大，国内资金会倾向于寻求低风险投资场所，因此，会引起资金流出。

④政府管制

政府可用许多方法来影响均衡汇率，其中包括施加外汇流动壁垒、施加外汇贸易壁垒和干预外汇市场、影响宏观经济因素如通货膨胀、利率和收入水平等。

5）汇率平价关系

汇率平价关系能够为汇率预测服务，而汇率预测是跨国公司财务管理人员应该负责的重要工作之一。因为对汇率进行预测是企业外汇风险管理决策的需要，是对外长期投资进行财务可行性研究的需要，也是制订企业经营计划的需要，因此，财务管理人员必须了解汇率变动的趋势和幅度，必须进行汇率预测。

如果汇率是完全自由浮动的，即完全没有政府的干预，则有一系列的经济关系可以用于解释汇率的变化。这些经济关系包括购买力平价、费雪效应、国际费雪效应、利率平价、远期汇率与未来即期汇率的关系。

（1）购买力平价

购买力平价（purchasing power parity）讨论的是汇率变化与货币购买力变化之间的关系。该理论认为：一个国家的货币之所以有价值，是因为它具有一定的购买力。任何人只要持有该国货币，就能够在该国市场上购买商品和服务。一个国家的货币价值由其在该国国内所能购得商品及劳务的量，即购买力来决定，因此，人们对本国和外国货币比价的衡量主要取决于两种货币的购买力。如果一国发生了通货膨胀（假设为中国），而另一国（假设为美国）的物价水平保持不变，那么，人民币的购买力就会相对降低。如果两国都发生通货膨胀，则两国的货币购买力都下降，此时人民币与美元的相对购买力的变化取决于两国物价上涨程度。如果美元物价上涨程度小于人民币，则人民币的价值相对美元下降，反之则上升。

假设令S_0表示期初的即期汇率（S_0是以直接标价形式表示的），S_t为期末的即期汇率，P_d、P_f分别表示一段时期内本国和外国的预期通货膨胀率。为使期初和期末两种货币的购买力均相同，则应该使：

$$\frac{S_t}{S_0}=\frac{1+P_d}{1+P_f} \tag{12-5}$$

或者：

$$S_t=S_0\frac{1+P_d}{1+P_f} \tag{12-6}$$

假设中国通货膨胀率为2%，美国通货膨胀率为1%，目前的人民币即期报价为RMB650/100USD，为保证购买力平价，一年后人民币报价应为：

$$S_t=S_0\frac{1+P_d}{1+P_f}=650\times\frac{1+2\%}{1+1\%}=\text{RMB}656.4/100\text{USD}$$

上述计算结果意味着年末时人民币相对于美元贬值了，即通货膨胀率提高引起货币购买力降低，从而导致货币贬值。

公式（12-6）即为购买力平价理论的相对形式。如果定义Δ为0到t期间汇率的预计变化率，则：

$$\Delta=\frac{S_t-S_0}{S_0}=\frac{P_d-P_f}{1+P_f} \tag{12-7}$$

公式（12-7）左边恰好是汇率直接标价法中汇率变动百分比，而公式右边的分子，则是两国预期通货膨胀率差值。这一公式就是购买力平价理论的基本公式。如果外国通货膨胀率很小，则可忽略分母项，简化后，可得到购买力平价的近似公式：

$$\Delta=\frac{S_t-S_0}{S_0}=P_d-P_f \tag{12-8}$$

公式（12-8）表明本国与外国通货膨胀率之差应等于汇率的相对变化。

实践表明，一般来说，各国之间汇率的长期趋势符合购买力平价理论，而在短期内汇率的变化具有更大的随机性。

（2）费雪效应

费雪效应（Fisher Effect）是美国经济学家费雪（Irving Fisher）提出的。费雪效应阐明的是国家之间利率与通货膨胀率之间的关系。其基本思想是：各国名义利率可以简单地分为投资获得的真实利率和预期通货膨胀补偿率两部分。在资本可以在各国间自由流动的条件下，两国名义利率的相对差别可大体上反映两国一般价格水平的预期相对变动，即名义利率（i）与真实利率（r）、预期通货膨胀率（P）之间的关系可用公式（12-9）描述：

$$1+i=(1+r)(1+P) \tag{12-9}$$

费雪效应认为世界上各个国家的真实利率是相同的，即世界上只有一个真实利率，记作r_w。这是因为如果一个国家货币的真实利率高于其他国家，那么大量的资本就会流入这个国家。只要政府不加干涉，这种套利活动就会持续进行，直到真实利率相等为止。因此，在两国（本国d，外国f）之间就会存在下列关系：

$$1+r_w=\frac{1+i_d}{1+P_d}=\frac{1+i_f}{1+P_f}$$

或者：

$$\frac{1+i_d}{1+i_f}=\frac{1+P_d}{1+P_f} \tag{12-10}$$

公式（12-10）可转换为：

$$i=r+P+r\cdot P \tag{12-11}$$

由于真实利率和通货膨胀率都小于1，两者相乘之积（r·P）就更小，因此，可以忽略公式（12-11）式中的最后一项，则可得到下式：

$$r=i-P \tag{12-12}$$

如果资本可以自由流动，那么在任意两个国家中的真实利率应该相等，根据（12-12）式有下式成立：

$$i_d-P_d=i_f-P_f$$

或者：

$$i_d-i_f=P_d-P_f \tag{12-13}$$

公式（12-13）表明两国名义利率之差反映了两国预期通货膨胀率之差，高通货膨胀率货币应该比低通货膨胀率货币具有更高的利息率。这种效应就是费雪效应。然而，在推导费雪效应时有一个隐含的假设，即各个国家投资风险是相同的。实际上，这一假设明显不符合现实。

（3）国际费雪效应

把购买力平价学说与费雪效应结合起来，可以得到利率和汇率之间的平价关系，这就是国际费雪效应（International Fisher Effect）。购买力平价建立了汇率与预期通货膨胀率之间的关系，而费雪效应反映的是名义利率与预期通货膨胀率之间的关系，它们之间存在着一个共同因素，即预期通货膨胀率差异，用公式表示即为：

$$\frac{S_t}{S_0}=\frac{1+P_d}{1+P_f}=\frac{1+i_d}{1+i_f}$$

将上式中的中间项忽略不计，就可得到国际费雪效应：

$$\frac{S_t}{S_0}=\frac{1+i_d}{1+i_f} \tag{12-14}$$

$$\Delta=\frac{S_t-S_0}{S_0}=\frac{i_d-i_f}{1+i_f} \tag{12-15}$$

当公式（12-15）中的i_f足够小时，国际费雪效应可以近似表示为：

$$\Delta=\frac{S_t-S_0}{S_0}=i_d-i_f \tag{12-16}$$

公式（12-16）表明即期汇率的变化率（直接标价法下的外币升值率或贬值率）应等于两国的利率之差。例如，中国和美国的名义利率分别为2.3%和2%，而当前的即期汇率为RMB670/100USD，如果国际费雪效应成立，与利率对应期限相同的未来即期汇率将上升0.3%，达到RMB672/100USD。

根据国际费雪效应，利率低的货币倾向于升值，而利率高的货币倾向于贬值。在实际测试国际费雪效应理论时，发现这一理论所构造的平价关系是成立的，但在短期内偏差较大。影响汇率变化的因素除了利率之外，还应考虑其他因素，如政治、经济等的影响，一般情况下，即期汇率的预期变化大于利率的差异。

（4）利率平价

利率平价（interest rate parity）讨论的是外汇市场与货币市场的平衡关系，具体来说就是即期汇率、远期汇率和利率之间的一种均衡关系。根据利率平价关系，两国之间远期汇率相对于即期汇率是升水还是贴水，取决于两国的利率之差。如果外汇市场是没有交易成本的有效市场，则两国的利率之差近似等于远期汇率对于即期汇率的升贴水，低利率的货币倾向于远期升水，高利率的货币倾向于远期贴水。

【例12-1】假设日本某一投资者拥有100万日元，投资期为1年，外汇市场和货币市场的有关资料如下：

即期汇率：111.1日元/美元

1年远期汇率：108.9日元/美元

日元投资利率：1.8%

美元投资利率：3.7%

这位投资者有两种选择：（1）投资于本国银行，赚取银行利息；（2）将本币在现货市场上以即期汇率S_0兑换成外币（如为美元），再投资于美国银行，赚取美国银行利息。同时为了降低美元投资风险，要签订一个卖出美元的期货合同，以便锁定美元在1年后可兑换的日元数额。现分别计算这两种选择的投资收益率。

（1）投资于日本银行。1日元本币1年后变为（$1+i_d$）日元，其投资收益率为：

$$\frac{(1+i_d)-1}{1}=i_d \tag{12-17}$$

即1年后1 000 000日元变为1 018 000日元，投资收益率为1.8%。

（2）投资于美国银行，其收益计算如下：

第一，将日元兑换成美元，本例为：

$$\frac{1}{S_0}=\frac{1\,000\,000}{111.1}=9\,001\text{（美元）}$$

第二，将美元存入美国银行，1年后收到：

$$\frac{1}{S_0}(1+i_f)=9\,001\times1.037=9\,334\text{（美元）}$$

第三，签订卖出美元期货合约，以便1年后将美元本金及利息转换为日元。

第四，假设F_0为1年远期汇率，1年后，履行美元期货合约，得到的日元数为：

$$\frac{1}{S_0}(1+i_f)F_0=9\,334\times108.9=1\,016\,473\text{（日元）}$$

第五，投资国外的收益率（R）为：

$$R=\frac{\frac{1}{S_0}(1+i_f)F_0-1}{1}=\frac{F_0(1+i_f)}{S_0}-1 \tag{12-18}$$

上例表明投资日元的收益大于投资美元的收益，虽然日元投资利率低，但美元远期汇率低于即期汇率，这说明美元相对日元是贴水，或日元相对美元是升水。投资于美元获得的高利率，大部分被美元远期汇率贴水所抵销。

投资者到底选择哪一种投资，不但取决于两国的利率水平，而且取决于两国货币之间的相对实力的变化。如果两种投资收益相等，则：

$$i_d=\frac{F_0(1+i_f)}{S_0}-1$$

$$i_d+1=\frac{F_0(1+i_f)}{S_0}$$

$$\frac{1+i_d}{1+i_f}=\frac{F_0}{S_0} \tag{12-19}$$

如果公式（12-19）两边都以分子减去分母，再除以分母，就可得到：

$$\frac{i_d-i_f}{1+i_f}=\frac{F_0-S_0}{S_0} \tag{12-20}$$

公式（12-20）右边恰好是公式（12-1）介绍的直接标价法下的外币的远期升水或贴水。如果公式（12-20）中i_f相对较小，可以忽略（$1+i_f$）项，因而可以得到：

$$\frac{F_0-S_0}{S_0}=i_d-i_f \tag{12-21}$$

公式（12-21）即为利率平价的近似表达式，式中左边表示外币的远期升水或贴水，右边表示本国利率与外国利率之差。利率平价是国际金融中最重要的平价关系之一，国际金融市场上各大商业银行都是根据利率平价来计算并报出远期汇率的。但由于资本控制、政府外汇管制等原因，偏离这个平价关系的情况确实存在。

（5）远期汇率与未来即期汇率

根据以上所讨论的平价关系，我们可以发现，在完美的市场中，汇率的变化会反映在资本市场中或远期市场中。因此，我们可以使用资本市场利率或远期市场的远期汇率的变化来预测将来的汇率。

将国际费雪效应公式（12-14）和利率平价公式（12-19）结合起来，即可得到：

$$\frac{F_0}{S_0}=\frac{1+i_d}{1+i_f}=\frac{S_t}{S_0}$$

在上式中，存在着$F_0=S_t$这一对应关系，即当国际费雪效应和利率平价都能实现时，目前的远期汇率等于一定时期（1年）后预计的即期汇率。上式也可表示为：

$$\frac{F_0-S_0}{S_0}=\frac{S_t-S_0}{S_0} \tag{12-22}$$

公式（12-22）表示外汇远期升水或贴水等于预计的外汇升值或贬值。实证研究表明，未来的即期汇率总是围绕着远期汇率而上下波动，远期汇率可以看成是未来即期汇率的无偏（unbiased）估计。这一关系事实上也是套利机制作用的结果。如果远期汇率大于预计的未来即期汇率（$F_0>S_t$），外汇投机商就会卖外汇远期，到期后再在即期市场按预计的汇率买进履行远期合约所需要的外汇，并希望从这一交易中获利。如果$F_0<S_t$，投资商就会买外汇远期，到期后再在即期市场卖出。从理论上讲，外汇投机活动会推动远期汇率的变化，直到外汇投机的诱因消失为止，即$F_0=S_t$。

影响汇率变动的四个因素以及这四种因素所引起的五种平价关系，如图12-2所示。假设人民币与美元的即期汇率为RMB6.18/USD，1年期远期汇率为RMB6.00/USD，即人民币远期升水为3%；中国预期通货膨胀率为6%，美国预期通货膨胀率为9%；中国1年期政府债券利率为2%，美国1年期政府债券利率为5%，于是可根据影响汇率变动的四个因素进行汇率预测。

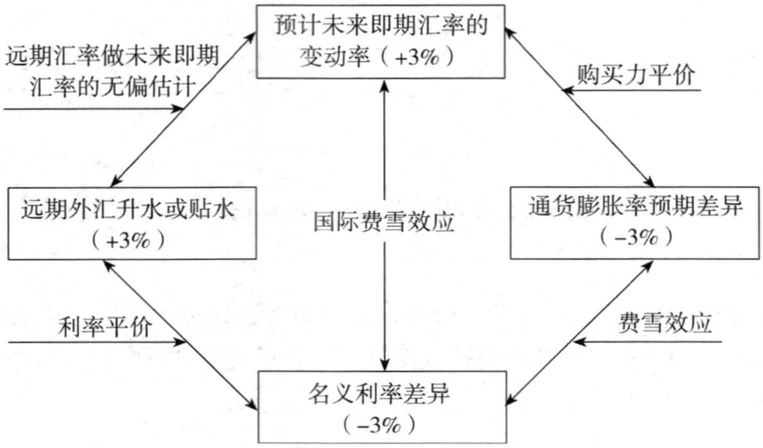

图 12-2 汇率平价关系图

在图 12-2 中，尽管每一种平衡关系强调的是某一对因素的相互关系，但实际上，它们之间是相互交叉影响的。例如，根据远期汇率的无偏预测量理论，可以利用现时的远期汇率预测未来的即期汇率，但名义利率差值率、通货膨胀差值率都将对即期汇率产生直接的影响。更进一步分析，利率及通货膨胀率的差值不仅受本国及外国的各种政治、经济因素的影响，甚至受到天文、地理及各种其他因素的影响。

12.3 外汇风险管理

1）外汇风险管理概述

（1）外汇风险的概念

外汇风险，也叫汇率风险，是指在国际经济、贸易和金融活动中，由于各国货币的国际汇价的变动而引起的企业以外币表示的资产价值、负债、收入、费用的可能增加或减少产生的收益或损失，从而影响当期的利润和未来的现金流的风险。外汇风险的根本原因是汇率的变动，其结果是不确定性。通常情况下，跨国公司只要有外汇业务的发生，就必然离不开外汇风险。

（2）外汇风险管理的概念和原则

外汇风险管理，是指采用各种有效规避汇率风险的手段对以外币计价的债权、债务与资产等的管理。外汇风险管理的目标是：①防止出现短期支付困难而造成的破产等风险；②使企业资产的现金流和负债的现金流相匹配；③稳定、降低融资成本或稳定未来收益；④较准确地预测企业现金流量。⑤减少对会计报表和关键财务指标的冲击。

根据国家外汇管理局《企业汇率风险管理指引》的建议，外汇风险管理的原则包括：①风险中性原则。强调降低风险敞口、降低波动性、锁定成本，通过降低不确定性进而降低风险。不应强调增值，追求正收益，否则会增大风险敞口和波动性，进而增大不确定性和风险。企业在选择套期保值具体产品时，应结合基础交易的实际需求，决定套期保值交易的交易方向、币种、金额和期限。②简单适用。选择汇率风险管理工具应与自身业务能力相匹配，回避与自身业务能力不匹配、过于复杂的外汇衍生品，防止因套期保值工具运用不当放大风险。具体而言：禁止裸卖空；禁止使用收益与风险极不对称的组合产品，避免只看到外汇衍生品组合的好处，低估了潜在的成本及风险。③整体性。立足于企业的整体财务表现。汇率风险管理考验企业整体管理能力，应基于企业总体净风险敞口制定管理策略，而非个体交易或单个基础资产。汇率风险管理牵涉企业多个部门，各部门应密切配合财务部门，如果相互沟通不畅，将影响风险敞口测算的准确性进而影响风险管理效果。④纪律性。以制度代替主观决策，以客观纪律代替相机抉择，将汇率风险管理操作均质化，不受主观预判的干扰，不根据汇率变化而随意调整。如果缺少纪律性，执行套保策略会走样，可能根据汇率变化随意调整，在外汇衍生品交易出现亏损时放弃套保，或偏信某种汇率走势观点追涨杀跌。

（3）外汇风险的种类

①交易风险

交易风险（transaction explore）也称为交易暴露风险。它是在以外币结算的交易中，从买卖成立到货款收付结算的期间内，因汇率变动而产生的可能给企业带来收益或损失的外汇风险。如一出口商若持有外币应收账款则会因外币对本币贬值而发生损失，而持有外币应付账款的进口商则会因外币对本币升值而发生损失。交易风险存在于应收款项和所有货币负债项目中。

②会计折算风险

会计折算风险（accounting translation risk），是指公司财务报表中的外汇项目，因汇率变动而引起的转换为本币时价值跌落的风险。如按规定，公司期末决算编制利润表和资产负债表时，所有的外币制资产和负债都要按照期末汇率另行折算，由此引起其与原账面价值不一致；又如，本国公司设在国外的子公司，按合并报表原则，也应折算为本国货币，由于汇率在不断变动，按不同汇率折算财务状况大不相同。但在事实上，公司在期末或编制合并报表时并未发生外汇交易，因此，会计折算风险并不影响企业的现金流量，仅仅是会计上的一种折算而已。

③经济风险

经济风险（economic explore）也称为经济暴露风险。它是指由于未能预料的汇率波动，引起公司未来收益和现金流量发生变化的潜在性风险。这种风险可能给公司带来收益，也可能带来损失，主要取决于汇率变化对未来销售量、价格和成本影响的方向和程度。由于预计到的汇率变化已反映在公司的经营计划之中，所以经济风险只包括那些始料未及的汇率变化所产生的影响。

上述三种风险对公司来说，重要性程度是不同的。一般来说，汇率经济风险比汇率交易风险和会计折算风险更重要，必须格外重视，因为它对公司财务的影响是长期性的，而会计折算风险与交易风险是一次性的。同时，经济风险涉及供、产、销以及企业所处的地域等各个方面，因此，对经济风险的管理除了企业财务部门参与外，往往需要总经理直接参与决策。

（4）外汇风险管理的规范和汇率制度

①外汇风险管理的规范

为保证外汇交易的合规性、维护外汇市场稳定、防范跨境资本流动性风险以及提高监管机构的监管效率和效果，不同的国家和地区都会建立外汇风险管理的规范体系。中国境内企业适用的外汇风险管理规范主要包括外汇管理法规体系（见表12-1）和《企业汇率风险管理指引》。

表12-1 **我国外汇管理法规体系**

综合法规	基本法规
	账户管理
	外币现钞与外币计价管理
	其他
经常项目外汇管理	经常项目综合
	货物贸易外汇管理
	个人经常项目外汇管理
资本项目外汇管理	资本项目综合
	外商直接投资外汇管理
	境外投资外汇管理
	境外融资及有价证券管理
	证券市场投资外汇管理
	信贷管理
	个人资本项目外汇管理
金融机构外汇业务监管	基本法规
	银行结售汇业务
	离岸业务
	银行卡相关业务
	银行相关其他业务
	信托公司、金融资产公司及其他非银行金融机构
	外币代兑机构、个人本外币兑换特许机构、自助兑换机
人民币汇率与外汇市场	汇价
	外汇交易市场
国际收支与外汇统计	国际收支统计综合法规
	国际收支统计间接申报
	国际收支统计直接申报
	贸易信贷统计调查制度
外汇检查与法规适用	办案程序
	法律依据
	其他
外汇科技管理	

其中，外汇管理法规体系中以《中华人民共和国外汇管理条例》为基本法律，由国务院颁布。该条例规定了外汇管理的基本原则、外汇账户管理、外汇收支平衡、外汇市场管理等方面的内容，为外汇风险管理提供了基础性的法律框架，最新版本为2008年8月修订，目前已经实行近16年，或将迎来再修订①。提升实体经济防范汇率风险的意识和能力，是稳外贸、保市场主体的重要举措，为帮助企业全面认识、科学管理汇率风险，2022年7月国家外汇管理局企业汇率风险管理服务小组发布《企业汇率风险管理指引》。该指引立足于近年来企业汇率风险管理实践，大量使用优质企业真实案例，贴近企业实际场景，增强可读性，旨在便利企业充分了解汇率避险的积极意义和关键操作。主要包括五大部分：第一部分阐述汇率风险中性的内涵和意义；第二部分介绍企业建立汇率风险管理制度的意义、原则、框架、评价方式等；第三部分介绍人民币外汇衍生产品概念、适用场景和办理流程；第四部分从大型企业（以国有企业为样本）和小微企业等不同市场主体视角，介绍了银行提供汇率风险管理服务的实践；第五部分介绍套期保值会计的概念和核算方法等。

12-2 知识拓展

我国现行有效外汇管理主要法规目录

②汇率制度

汇率制度是指各国对于确定、维持、调整与管理汇率的原则、方法、方式和机构等所作出的系统规定。汇率制度通过影响汇率波动的幅度和频率，间接地决定着企业和个人面临的汇率风险水平。一个灵活、透明且稳定的汇率制度，配合成熟的外汇市场和有效的风险管理工具，能够为企业提供更好的外部环境来规避和管理汇率风险。汇率制度的传统分类主要分为固定汇率制和浮动汇率制。固定汇率制是指一个国家的货币汇率与另一国家货币或一篮子货币保持相对稳定的固定比率。而浮动汇率制则是让市场供求关系来决定汇率的变动，政府或中央银行不进行常态化干预。在现代经济中，完全的固定汇率制或完全的浮动汇率制都较为少见，多数国家采用的是介于两者之间的某种形式的有管理的浮动汇率制。在这种制度下，国家会通过买卖外汇、调整利率等方式对汇率进行适度调控，以维护经济稳定和促进经济发展。经过历次汇率改革之后，我国目前实行的是以市场供求为基础、参考一篮子货币进行调节、有管理的浮动汇率制度。现行汇率制度是人民币汇率双向波动的基础，对宏观经济和国际收支平衡起到了自动稳定器的作用。

12-3 明理增信

我国汇率制度在摸索中走向市场化

2）交易风险管理

（1）交易风险测定

要对交易风险进行管理，首先要测定交易风险的大小。交易暴露风险主要指当汇率发生变化时，跨国公司交易额中受到汇率波动影响的那部分交易额。交易暴露风险分不同的货币种类而计算。对于任何一种货币，交易暴露风险等于所有交易额相抵销后剩余的数额。例如，3个月后中国某跨国公司在美国的子公司有一笔500万欧元的应收账款，同时拥有一笔300万欧元的应付账款，两者相抵后剩余200万欧元，就是该子公司3个月期欧元的交易风险暴露。在交易风险暴露的计算中，结算结果为正，为多头交易风险暴露；结

① 移动支付网．“16年后，《外汇管理条例》再迎修订”［EB/OL］．［2024-03-07］．https://www.mpaypass.com.cn/news/202403/07164237.html.

果为负，为空头交易风险暴露。

（2）交易风险的管理策略

对于交易风险的管理策略可以分为四类，它们分别是风险转移、风险分担、提前或延期进行外汇结算和外汇期权套期保值。

①风险转移

风险转移（risk shifting）是指估计汇率变化会给当前的交易带来不利影响时，设法将风险转移给交易的对方。例如，公司设法选择有利的计价货币，尽量做到付汇用软货币，收汇用硬货币。所谓“硬币”（hard money），是指在外汇市场上汇率呈现升值趋势的货币。所谓“软币”（soft money），是指在外汇市场上汇率呈现贬值趋势的货币。出口商或债权人如果争取以硬币作为合同货币，当合同货币的汇率在结算或清偿时升值，就可以兑换回更多数额的本国货币或其他外汇。这一方法的目的在于将汇率变动所带来的损失转移给对方。但由于各种货币的“软”或“硬”并不是绝对的，其软硬局面往往会出现转变。严格来说，这种方法并不能保证经济实体免遭汇率变动的损失。

②风险分担

风险分担（risk sharing）是指交易双方在签订交易合同时，签订有关汇率风险的分担协议。从理论上讲，出口商或债权人应争取使用硬币，而进口方或债务人应争取使用软币，但在一笔交易中，交易双方都争取到对己有利的计价货币是不可能的。当一方不得不接受对己不利的货币作为计价货币时，还可以争取对谈判中的价格或利率做适当调整，要求适当提高以软币计价结算的出口价格，或以软币计值清偿的贷款利率；要求适当降低以硬币计价结算的进口价格，或以硬币计值清偿的借款利率。另外，也可以在协议中规定一个外汇风险的分担比例计算方法，如果付款之日的即期汇率处于双方都能接受的范围之外，那么，双方应按此法计算出来的比例分担外汇交易产生的风险。

③提前或延期结汇

这种方法是指在国际支付中，通过预测支付货币汇率的变动趋势，提前或延期支付有关款项，即通过更改外汇资本收付日期来抵补外汇风险或得到汇价上升的好处。例如，美国母公司预测未来的英镑对美元汇率下降，就要求在英国的子公司对产品、劳务、利息、分期偿还的债务、红利等提前支付给母公司。与此同时，母公司还把子公司扩展业务所需要的美元贷款推迟到贬值以后再贷款，英镑提前支付，使等量英镑兑换美元的数额多于预测支付期所得；美元推迟贷放使所兑换的英镑多于预测支付期所得。提前或延期结汇，即通过由弱币到强币国家的加速支付或通过由强币到弱币国家的推迟支付，使公司减小在弱币国家的外汇风险。

④套期保值

防范交易风险的套期保值策略一般包括远期外汇市场套期保值、货币市场套期保值、外汇期权套期保值等策略。

使用远期合约套期保值进行交易风险管理时，首先需要确认交易风险暴露，在此基础上签订适当的外汇远期合约。如果公司的外汇风险暴露是多头，则应出售远期外汇；如果公司外汇风险暴露是空头，则应购买远期外汇。

货币市场套期保值的合约是贷款协议。采用这一保值方法的公司可以借入一种货币，然后换成另一种货币进行投资，债务到期时偿还借款本息的资本可以是来自公司的经营收益，如应收账款，也可以在即期外汇市场上购买该种货币用于还贷。与远期外汇市场套期保值不同的是，货币市场套期保值主要与两国之间的利率之差有关。

外汇期权套期保值是通过买卖外汇期权来回避外汇交易风险。其基本方法是：当交易中有外币的应收账款时，可以在期权市场上买进执行价格较高的、该外币的出售权；当交易中有外币的应付账款时，可以在期权市场上买进执行价格较低的、该外币的购买权。

另外，还有外汇期货（foreign futures）与外汇掉期（foreign swaps）等也可以用来回避外汇交易风险。

3）折算风险管理

（1）折算方法

如果在外汇汇率稳定不变的情况下，外币折算是相当简单的。但是，在现实经济生活中，汇率是不断变动的。由于跨国公司的资产负债表的不同项目性质各异，人们对不同项目是否都面临折算风险的看法不一致，由此也产生了不同的折算方法，主要有以下四种方法。

①流动/非流动折算法

使用流动/非流动折算法（current/noncurrent method），国外子公司资产负债表的流动资产和流动负债项目使用现行汇率折算（即资产负债表编制日的现行汇率），其他资产和负债按历史汇率折算。按照这种方法折算，非流动资产和负债不面临折算风险。

按照这种方法，除了与非流动资产和负债相关的收益和成本外，利润表的折算按照折算期的平均汇率折算。例如，折旧作为一项成本，其在利润表中的折算汇率与资产负债表使用的折算汇率相同。因此，在利润表中，不同的项目使用了不同的折算率。

②货币/非货币折算法

货币/非货币折算法（monetary/nonmonetary method）把资产负债表项目分成货币性资产与负债和非货币性资产与负债两类。前者如现金、应收应付款、长期借款等用现行汇率折算；后者指固定资产、长期投资和存货，用历史汇率计算。

按照这种方法，除了与非货币性资产和负债相关的收益和成本外，利润表的折算按照折算期的平均汇率折算。与非货币性资产和负债相关的成本主要是折旧成本和产品销售成本，其在利润表中的折算汇率与资产负债表使用的折算汇率相同。

③时态法

时态法（temporal）是货币/非货币折算法的一种改进形式，它们的区别在于对存货的处理。货币/非货币折算法将存货成本按历史汇率折算。不同的是，如果存货以现行市场价格表示，使用时态法可以按当前汇率折算；如果存货以历史成本表示，则仍按历史汇率折算。

按照这种方法，利润表的折算通常使用折算期的平均汇率。当然，使用历史成本表示的折旧费、摊销费、产品销售成本等，仍然使用历史汇率。

④现行汇率法

现行汇率法（current rate method）是将跨国公司子公司的资产负债表和利润表的全部

项目均按现行汇率折算。显然，现行汇率法对所有账项简单地乘上一个统一的系数，从而能够确保子公司会计报表原来各项金额的比率关系，不至于改变原来外币报表上的任何财务比率。

现行汇率法目前应用得非常广泛。我国目前也采用现行汇率法进行折算。

上述四种不同的折算方法使资产负债项目产生各不相同的计算结果。如在流动/非流动法下，反映公司财务状况的是流动资产减流动负债后的净营运资本是多少；在货币/非货币法和时态法下，公司的财务状况是用货币性资产减去货币性负债后的净资产或负债来衡量的；现行汇率法下，公司的财务状况是用公司的资产减负债后的净资产来衡量的。

（2）折算风险的计算

在现行汇率法下，折算损益的计算公式如下：

折算损益=子公司记账货币的权益总额×（当前汇率-历史汇率）

从公式中可以看出，尽管资产负债表中有很多项目，但由于汇率变化导致折算损益的项目只有一个，即子公司权益总额。或者说，子公司权益受汇率变化的影响导致了跨国公司子公司的折算风险，因此，此时的子公司权益也被称为折算风险暴露（accounting exposure）。

这样，计算折算风险的公式可以改写成：

折算损益=折算风险暴露×（当前汇率-历史汇率）

这里的折算风险暴露，就是跨国公司中受到汇率变化影响的那部分价值。

在现行汇率法下，资产负债表中的所有项目都是风险性资产或风险性负债。上述计算折算损益的公式，不仅适用于当前汇率折算法，也适用于其他折算方法。只是对于其他折算方法，折算风险暴露不再是子公司记账货币的权益总额。折算损益的确定见表12-2。

表12-2 **折算损益的确定**

折算损益		功能货币	
		升值	贬值
净风险资产	正	折算收益	折算损失
	负	折算损失	折算收益

（3）折算风险管理策略

为防止折算风险，跨国公司通常采用资产负债表保值方法以轧平净风险资产头寸。

资产负债表保值的基本原理就是使公司的合并资产负债表中的外币风险资产与外币风险负债相等。如果达到了这种状态即净风险资产等于零，那么汇率变化引起的风险资产价值变化恰好被风险负债的价值变化抵销。在实务操作中，如果公司预测今后一定时期内汇率将发生变动，而公司的资产负债表存在净风险资产时，就可以通过分别调整国外资产和负债来进行资产负债表保值。此外，远期外汇市场交易和货币市场交易等合约保值方法也是折算风险管理中可以采用的手段。

需要说明的是，会计折算风险所造成的损失或收益并没有真正实现，而只是反映在公司的财务报表上，因此，折算风险对公司的影响相对比较小。根据重要性原则，一般不需采取措施抵补这种账面损失。

4）经济风险管理

经济风险影响企业的现金流量，并且最终影响企业的价值。由于经济风险的作用是多方面的，而且是长期的，所以经济风险的管理是一种重要的管理技巧。经济风险涉及生产、销售、原料采购、财务等各个领域的相互联系，相互影响。经济风险管理的目标是预测汇率变化对公司未来现金流量的影响并采取相应措施。管理经济风险的最有效方法，就是通过经营多元化和财务多元化，使有关各方面的不利影响能相互抵销。

（1）经营方面的多元化

经营方面的多元化既指在不同业务领域经营（包括相同领域经营不同品种，如在生产领域生产多种产品，在流通领域买卖多种商品），又指在不同地区、不同国家经营。从具体经营环节来看，生产多元化体现为生产安排上，产品的品种、规格、质量尽可能做到多样化，使之能更好地适应不同国家、不同类型、不同层次的消费者的需求；销售多元化体现为销售上，力争使所生产的产品能尽快打入不同国家的市场，并力求采用多种货币进行结算；采购多元化体现为在原材料、零配件的采购方面，尽可能做到从多个国家和地区进行采购，并力争使用多种货币结算。

（2）财务方面的多元化

企业融资时，要尽量从多个资本市场上筹集资金，用多种货币计算还本付息金额，如果有的外币贬值，有的升值，就可以使外汇风险相互抵销；在投资时，尽可能向多个国家投资，创造多种外汇收入，这样可以避免单一投资带来的风险；将外币应收款与外币应付款进行匹配，抵销风险。

12-4 案例分析

施工企业J
海外项目外汇
风险管理

12.4　跨国公司内部资本转移机制

1）跨国公司内部资本转移概述

（1）跨国公司内部资本转移的概念

出于经营和管理上的需要，跨国公司通常需要进行内部资本转移。其实，类似的内部资本转移，在进行国内经营的集团公司中也存在。然而，由于跨国公司所面临环境的特殊性、所面临市场的更不完全性，使得这种机制的作用更为明显。跨国公司内部资本转移是指通过对跨国公司的资本资源进行有效配置，以实现公司价值最大化。跨国公司内部资本转移的形式通常有内部贷款（inter-company loans）、转移价格（transfer price）、应收应付管理、特许权使用费和管理费、股利汇出等。

（2）跨国公司内部资本转移的类型

跨国公司内部资本转移有三种类型：第一，母公司向子公司转移的资本，包括对子公司的股权投资、向子公司提供贷款、按转移价格购进商品等。第二，子公司向母公司转移的资本，包括偿还母公司的贷款本息，向母公司支付的股利，向母公司支付的各种专利权使用费、许可证费、管理费、出口佣金，母公司抽回部分投资的资本，支付按转移价格收进的货物等。第三，子公司之间转移的资本，包括相互间贷款的发放与回收、利息的收入与支付、按转移价格买卖货物时转移的资本等。

（3）跨国公司内部资本转移的限制因素

在跨国经营中，公司面临着大量的资本转移障碍或限制：第一，政治限制，东道国政府实行外汇管制，使该国货币不可兑换，将资本转移完全封锁；对外资公司的股利汇回征收带有没收性质的税款；通过种种制度拖延向外资公司发放必要的许可证明或实施索要高额费用等法律性限制等。第二，税务限制。一方面，东道国政府可以对资本流出课以重税；另一方面，许多国家税种繁多，税务部门重叠交叉，纳税程序错综复杂，也使资本流出十分困难，有时甚至出现外资的同一笔收入已被多次征税。第三，交易成本。这不但包括通过银行进行外汇交易和资本转移时所需要支付的费用，还包括当地管理部门的一些规定，诸如要求国际资本的转移必须交由当地指定银行办理，或禁止跨国公司对内部成员公司之间应收、应付账款的国际冲兑等。第四，流动性限制。在跨国经营中，母公司通常对子公司或分公司资本的流动性提出要求，以确保母公司将来及时收回自己的贷款。这种流动性要求在很大程度上降低了子公司或分公司将自己的流动资本以最佳的币种存放于最安全的地方的能力。

学思践悟

美国单边制裁限制资金流动，华为积极应对寻找突破之路[①]

2019年5月，美国政府在华盛顿时间周一宣布了一项重大决定，将中国科技企业华为技术有限公司及其关联公司列入“实体清单”。这一决策由美国商务部工业与安全局（BIS）作出，意味着美国公司在未经政府许可的情况下，不能向华为出售或转让美国原产的技术、软件或硬件，这一政策对华为的内部资本流动产生了直接影响。

华为作为全球领先的通信设备和智能手机制造商，依赖于全球供应链来获取关键技术和组件，其中包括美国的半导体、软件和其他技术。实体清单的实施使得华为无法继续从美国供应商那里采购这些关键部件和技术，这不仅影响了华为产品的生产和研发进程，也对华为的全球业务运作和战略布局提出了严峻的挑战。华为在全球的业务运营受到了波及。尽管华为在美国市场的业务占比较小，但其在全球市场中的地位使其依赖于一个全球化的资源配置和资金流动体系。实体清单的限制导致华为在美国的资产和业务面临冻结风险，同时，全球银行和金融机构可能因担忧违反美国制裁规定而限制与华为的交易和融资活动。

此外，内部资金流动的限制还体现在华为对美国公司支付的受限。由于无法进行正常的交易活动，华为需寻找其他途径来履行其对美国供应商的财务义务，这可能导致额外的法律和财务咨询费用，增加了公司的运营成本。

面对这些挑战，华为采取了多种应对措施以保持其业务的连续性。首先，华为开始激活已有的存货，以缓冲关键组件供应中断的影响。同时，华为加大与其他国家和地区供应商的合作力度，尤其是在欧洲、亚洲等地寻找替代供应商，以确保生产线的正常运

① 作者根据公开资料整理编写。

作。华为还加强了对自主研发的投资，特别是在芯片设计和操作系统等关键技术领域。公司明显加快了自研芯片的商用进程，并推出了基于开源系统的自有操作系统“鸿蒙OS”，以减少对外部供应商的依赖。在金融方面，华为开始探索更多国际融资渠道，包括与国际银行的合作以及在海外市场发行债券等方式，以缓解资金压力。同时，华为也在积极与全球合作伙伴沟通，确保它们对华为的长期承诺和信任。此外，华为还启动了法律程序，对公司被加入实体清单的决定提出挑战。华为通过律师团队向美国法院提起诉讼，寻求司法复审，以争取恢复与美国公司的正常商业往来。

综上可以看出，美国政府的单边制裁不仅限制了华为与美国公司的交易活动，也对其全球业务运作和资金调配提出了严峻的挑战。为了积极应对这些挑战，华为采取了一系列措施，包括调整供应链、加强自主研发、探索国际融资渠道以及启动法律程序，以维护其业务的连续性和竞争力。通过案例分析，我们作为学生可以深入理解国际政治经济格局、企业战略管理、法律合规、危机应对等多方面的知识，同时，培养国际视野和批判性思维能力。首先，多边主义和国际规则的维护对于保护企业利益和促进公平竞争至关重要。其次，国际政治与经济之间具有紧密联系，国家之间在经济领域的争端可能转化为经济制裁手段。这种手段不仅对被制裁企业造成影响，也会对全球供应链、市场信心和国际经济合作产生深远影响。再次，自主创新对企业的生存与发展极具重要性。面对外部压力和不确定性，企业需要加强自主创新能力，减少对外部关键技术的依赖。这不仅涉及技术层面的创新，也包括管理、市场开拓和资本运作等方面的创新。最后，面对外部政策的限制，企业应积极调整策略，遵守国际规则，同时，通过合法手段维护自身权益，展现中国企业的国际化水平和责任意识。企业在追求商业利益的同时，也承担着维护国家利益和国家安全的责任。

（4）跨国公司内部资本转移的套利效应

虽然跨国经营给公司内部资本转移带来了许多限制因素，但也为跨国公司套利提供了条件。跨国公司可以通过建立资本内部转移机制获取三种套利机会：第一，税收套利(tax arbitrage)，是指跨国公司利用内部转移机制，从整体的角度节约所得税和关税等的支出。由于各国税制和税率不同，当跨国公司将利润从高所得税地区转移到低所得税地区时，通常可以实现所得税节约。另外，将利润从那些处于应税状态的子公司转移到处于亏损状态的子公司，跨国公司可减轻其税负。第二，金融市场套利（financial market arbitrage)，是指跨国公司在防范外汇管制情况下，利用内部资本转移机制为母公司或子公司的过剩资本寻找投资场所、为资本不足的子公司寻找新的资本来源。第三，管制套利(regulatory system arbitrage)，是指跨国公司为规避东道国的各种非金融性管制或者制约，而采取的一系列措施。比如，当子公司的产品受当地政府部门的价格限制，进而限制跨国公司的利润水平时，跨国公司通过内部转移价格等方式重新分配利润以掩盖其真实的获利情况，以加强与当地政府讨价还价的能力。

跨国公司利用内部资本转移机制进行套利，对于东道国可能产生不利的影响，如减少税收收入。因此，很多国家对于跨国公司进行资金转移都有较为严格的限制，如限制随意制定转移价格，限制跨国公司内部应收应付的随意性管理等。但无论如何，出现管理总会有规避管制的措施。当然出现规避管制的行为后，也总会引致新的管制措施出台。只要存在管制行为，总会有规避管制行为的存在。对于一般产品而言，公允的转移价格容易确定，而对于某些无形产品，公允的转移价格很难确定。因此，尽管可能存在严格的管制措施，内部资本转移机制仍然存在着实施的可能性。

2）内部贷款

跨国公司进行内部资本转移的一种主要方式是内部贷款。所谓内部贷款，是指跨国公司母公司与子公司以及子公司之间相互提供资金，或者一方提供贷款担保，使得另一方获取资金，从而在跨国公司内部相互调剂资金余缺。在很多情况下，这也是跨国公司唯一合法的资本转移方式。

对资本抽回管制较严的地区，一般可以采取公司内部信贷的方式转移资本，即以母公司或其他子公司向该地区贷款的方式供应资本，并按高利率收取利息，以便在短期内将资本调回本国。通过内部信贷的方式转移资本还可以利用不同地区间利率的高低差别，将低利率地区的资本调到高利率地区使用。一般来说，由地处利率较低地区的子公司在当地借款，然后将这笔资本贷给投资收益率较高或利率较高地区的子公司使用。

跨国公司内部贷款的方式主要有三种：直接贷款（direct loans）、背对背贷款（back-to-back loans）和平行贷款（parallel loans）。

（1）直接贷款

所谓直接贷款，是指跨国公司不通过任何中介，直接向子公司贷款，或者一个子公司直接向另一个子公司贷款。直接贷款的利率即为资本的转移价格。贷款的币种可以有多种选择，如美元、欧元、日元等。究竟使用哪种货币，取决于各种货币之间的相对利率的高低，以使跨国公司在整体上支付的利息成本最低。使用直接贷款与向银行贷款一样，也要向资金提供者支付利息。很多国家为了避免外汇和税收的流失，规定跨国公司之间的直接贷款利率要使用当时的市场贷款利率。

（2）背对背贷款

背对背贷款不是跨国公司母公司对子公司或者子公司对子公司直接提供贷款，而是通过利用商业银行或其他金融机构做中介，间接地向资金需求方提供资金。以母公司向子公司贷款为例，背对背贷款通常是母公司把资本存放在中介银行，银行把等值的资本以当地货币或母公司货币借给当地子公司。银行按协商好的利率对母公司的存款支付利息；借款子公司向银行支付利息。中介银行的利润来自这两个利息的差额。

（3）平行贷款

平行贷款涉及两对以上的公司。以两对公司为例，平行贷款是指两个不同国家的两家跨国公司，其各自拥有设在对方所在国的子公司，这两家公司各自给对方所在国的子公司以同等数量的贷款，而各子公司同时分别得到以所在国货币计算的，同等数量资本的一种贷款方法。例如，中国的两家跨国公司A和B，都在韩国拥有子公司，这四家公司即可以形成两对平行的贷款关系。如图12-3的左图所示，在中国，跨国公司A贷款给B公司，而在韩国，B公司的子公司贷款给A公司的子公司。图中的实线表示形式上的资本流向，虚线表示实际上的资本流向。平行贷款也可以发生在两个不同国家的母公司及其各自的子公司之间。如图12-3的右图所示，中国的跨国公司在中国贷款给韩国母公司在中国的子公司，而韩国的跨国公司在韩国贷款给中国母公司在韩国的子公司。

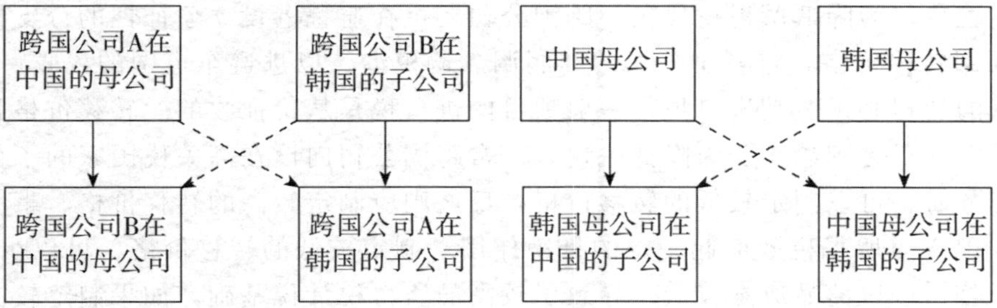

图12-3 平行贷款

两对平行贷款关系中所涉及的货币种类可以一致，也可以不一致。在平行贷款下，资本没有跨越国界，各自的子公司在没受到东道国外债管制及外汇管制的情况下，顺利地得到了所需要的资本，实现了不同国家之间的资本转移。其贷款利息将通过合同规定，直接转移到两家跨国公司的母公司，两家子公司支付的贷款利息还可以作为纳税抵扣项。

平行贷款概念虽然简单，但困难的是如何找到交易的另一方。好在很多国际性银行提供这种服务。在平行贷款中，如果有银行参与的话，实际上就是一种外汇互换（currency swap）。银行提供互换服务通常要从互换双方收取服务费，服务费通常占互换本金额的0.25%~0.5%。

3）转移价格

（1）转移价格的概念

转移价格是指跨国公司以其全球战略为依据，以跨国公司整体价值最大化为目标，在母公司与子公司或者子公司之间进行商品、劳务等交易时所采用的内部价格，其中包括租金、技术转让费和管理费等。

转移价格是跨国公司经营中的一种很常见的现象。例如，德国在中国的子公司生产家用不锈钢厨具，但其主要原材18/10号钢是由德国的子公司生产提供的，这样德国跨国公司在中国的子公司和在德国的子公司之间就存在着内部的商品交易。跨国公司总部为两个子公司之间商品交易所确定的交易价格就是内部转移价格。

（2）转移价格的作用

对跨国公司来说，转移价格既可以加速跨国公司内部的资本转移，也可以降低整个公司的税负和保持外汇平衡，从而提高跨国公司整体价值，而不是子公司的价值。其作用主要表现在：

第一，资本配置。母公司或其他子公司为了实现从某一子公司吸收或转移资本，可以通过转移价格将其所赚的利润调回母公司或其他子公司。如果母公司要从某国转出资本，母公司可以提高卖给该国子公司产品的价格；反之，母公司也可以通过压低价格的方式来为子公司提供资本。同样，资本的这种配置方式还可通过调节子公司卖给母公司的产品价格以及各子公司之间的交易来实现。

第二，降低税负。降低税负是跨国公司在制定转移价格时考虑的一个主要问题。跨国公司希望利用转移价格尽可能地减少或逃避有关主权国课征的税收（包括所得税和关税）。转移价格的所得税效应主要取决于各国的税率差别，跨国公司可利用转移价格把高税率国家（地区）子公司的利润转移到低税率国家（地区）的子公司，从而减少了整个公司的纳税额。为降低所得税税负，跨国公司还可在避税港设立象征性的分支机构，有计划地利用转移价格，将各子公司的利润调入避税港，以逃避东道国的税收。按惯例，进口货物的公司必须缴纳进口税，一般项目的进口税是从价征收的。转移价格越高，进口税负越大，反之则越小。为降低关税，通常跨国公司向设在高关税国家的子公司出口商品或劳务时，可以制定较低的转移价格，反之则应制定较高的转移价格。事实上，关税因素的引入对所得税效应起一定的抵销作用。制定较低的转移价格，可以少缴关税，但会使子公司进口商品成本较低，导致了较高的所得税计税基础。如果制定较高的转移价格，虽可减少所得税的缴纳，但要多缴关税。因此，在决策时要权衡两者的利弊得失，决定取舍。

第三，调节利润水平。跨国公司根据经营需要，通过调高或调低转移价格来影响子公司的利润水平。如果某一子公司在当地获得较高的利润，这不但会引起东道国政府的注意或反感，也可能会导致更多的竞争对手进入同一市场，跨国公司可利用调整转移价格，降低利润的方法，掩盖该子公司获利的真实情况。又如，跨国公司为使其在某国的新建子公司在竞争中具有较高的资信水平，在东道国树立良好的形象，易于在当地出售股票与债券或取得信贷，往往通过调整转移价格使该子公司显示出较高的利润率。

（3）对转移价格的管制

跨国公司按照内部转移价格进行公司内部交易，可能会减少某些相关国家的税收收入，因此，很多国家对跨国公司内部转移价格制定了专门的措施进行管制。这些管制措施一般是根据某些办法确定跨国公司内部交易的公允价格，并使用公允价格衡量跨国公司是否进行了利润转移。公允价格的确定方法通常有如下三种：

①成本加成法

成本加成法（cost-plus method）以跨国公司内部交易的产品出售方的成本，加上合理的利润边际，作为衡量转移价格的标准。这种方法通常在跨国公司内部交易的产品接受方并不直接再出售产品的情况下使用。在实际使用中，成本加成法常遇到几方面的困难：其一，准确计算产品全部成本很困难；其二，如果公司生产的不是单一产品，在几种产品之间准确分摊成本也存在一定困难；其三，很难准确估计公司的利润边际是多少。

②市场价格法

市场价格法（comparable uncontrolled price method）是使用无关交易双方进行类似商品交易时的价格，或者称为独立的市场价格作为基准，判断跨国公司内部交易价格是否公平合理。从理论上讲，这种方法最简单，所确定的价格标准也最为合适。然而，在实际操作中却会遇到很多困难，产品标准化程度不高或者市场化程度不高的产品价格比较难找到可比产品。

③再销售法

再销售法（resale price method）是以跨国公司最终对外销售产品时的价格为基础，扣除最终对外销售子公司的利润边际，来计算跨国公司内部的交易价格。但是，这种方法同成本加成法一样，很难确定利润边际是多少。

4）应收应付管理

（1）提前与延期结汇

跨国公司内部资本转移的一个重要原因是公司内部有商品的交换。母公司通过修改子公司间的信用期限以便提前与延迟结汇（leads and lags）也是子公司间资本转移的一个重要手段。一般来说，提前结汇相当于把资本从买方子公司转移给了卖方子公司，而延迟结汇则相当于把资本从卖方转移到买方。从理论上讲，提前或延迟结汇可为跨国公司内部资本转移提供较大的灵活性。

（2）多边冲销与再开票中心

多边冲销（netting）是指多家子公司之间进行相互交易的账款抵销结算。多边抵销技术给跨国公司带来两方面的好处：第一，收支冲销技术能降低资本的实际转移额。实际资本转移量的减少可以节省资本费用，包括外汇市场的买卖差价、资本转移过程中的机会成本损失以及银行收取的佣金等。第二，由于冲销一般是以固定汇率在确定的日期统一进行的，因此，就给跨国公司外汇风险管理和现金需求预测带来了更大的迫切性。同时，系统的冲销还可使公司建立有规则的支付渠道和银行渠道，使公司本身的业务以及与银行的关系趋向牢固和稳定。

许多建立冲销系统的跨国公司发现，成立再开票中心（reinvoicing center）来处理公司内部交易是非常有用的。再开票中心是公司的一个资本经营子公司。在各子公司之间进行商品交换时，生产型子公司把货物卖给再开票中心，后者再转售（一般以稍高的价格）给销售型子公司。但实际上货物是直接由卖方子公司运到买方子公司的，并未经过再开票中心。因此，再开票中心处理的是文件而不是实际货物。再开票中心一般设在低税率国家，即所谓避税港，该中心所获得的利润被课征较低的税率。

冲销系统和再开票中心的建立可使公司迅速发现需要资本支持的子公司，并且能够通过提前与延迟支付技术向该子公司提供资本。再开票中心的主要缺点是公司为建立这一中心而需支付一定的额外费用。

5）特许权使用费和管理费

特许权使用费和管理费作为资本内部转移方式相对于转移价格和股利来说，对跨国公司更为有利。特许权使用费和管理费可以看作无形资产要素的转移价格，但无形资产要素与有形物质产品不同的是它们往往没有相应的市场价格作参考。因此，跨国公司运用特许权使用费和管理费就更便于对付东道国税务机关的监督和检查。对于股利，当东道国的税率高于母国税率时，特许权使用费和管理费又有节税的好处。因为股利汇付必须在所得税缴纳之后，而各种费用却可以作为税基的减项在所得税之前扣除。

6）股利汇出

股利汇出是跨国公司的子公司向母公司转移资本最重要的手段。股利汇出通常占全部汇出资本的一半。跨国公司采取股利汇出资本时，应着重考虑以下几个因素：

（1）税收因素

东道国和本土国的税法都影响着跨国公司的股利政策，在有效税率不同的情况下，改变各子公司的股利支付比例可以使跨国公司减轻其总的税负。

（2）外汇风险因素

如果可以预见汇率变动的趋势，跨国公司就能通过股利政策的调整将资本从弱币区转至强币区。当子公司所在国货币即将贬值时，增加股利汇付的数量可以减少当地的货币资产；反之，当子公司所在国货币即将升值时，则采用减少股利汇付数量和推迟股利发放时间的策略。

（3）外汇管制因素

一般情况下，国际收支发生困难的国家会采取一定措施限制外资公司支付股利，如只允许按注册资本的一定百分比汇付股利等。为了降低外汇管制的危害，一些跨国公司采取相对稳定的股利汇付率，以表明股利支付是既定股利支付计划的一部分而并非对东道国货币的投机。即使股利不能汇出，也照常宣布分配。这样就可以建立一个将来放松或取消管制时汇出股利的基础。如果一国发生政局变动或外汇危机，母公司会要求子公司尽快转移剩余资本，这时一般都通过增加股利汇付实现资本转移。

（4）筹资因素

在确定股利支付政策时还应考虑各子公司资本的机会成本和筹资能力。例如，一个必须借入资本的子公司通常较持有剩余资本的子公司具有更高的机会成本。也就是说，有些子公司拥有低成本筹资来源，而另一些子公司则只能按相对较高的利率借入资本。在一般情况下，母公司要给资本机会成本相对低的子公司确定一个较高的股利支付比例，同时只从借入成本较高或面临有利投资机会的子公司提取较少的股利。

12.5 国际直接投资管理

国际直接投资，是指跨国公司将其资本投放到母国之外，以获取收益的经济行为。跨国公司的跨国投资可依其是否拥有对企业的控制权与经营管理权而分为直接投资和间接投资两种基本方式。间接投资是指投资者在国际金融市场上购买外国公司的股票、债券等，其目的是获取证券投资的股息或债息。直接投资是指投资者在国外经营公司，并通过直接控制或参与其生产经营管理以获取利润的投资。直接投资通常涉及在外国建立新的生产基地，例如美国GE公司在中国上海建立新的生产基地（greenfield investment），也包括收购（acquisition）外国现有的企业，如中国联想集团收购了美国IBM个人笔记本业务。

1）国际直接投资的动机与方式

（1）国际直接投资的动机

跨国公司进行对外直接投资的动机很多，不同公司的投资动机也各不相同。一般来说，进行跨国直接投资的动机通常有以下方面：

①获利动机。竞争条件下，在国内投资使得企业只能获得正常收益。而各个国家的经济发展水平及市场发育程度是不同的，在要素价格上也存在较大的差异。因此，企业可以选择要素价格水平较低的国家和地区进行直接投资，以获得比国内更高的投资收益率。一些国家的电子企业向国外转移，正是出于这个动机而进行的投资活动。

②分散和降低风险动机。投资组合原理表明，如果把几个彼此之间关系较小的投资项

目组合起来，就能降低预期收益的风险。由于国内投资项目与国内一般经济情况关系密切，因此，本国经济情况对国内各个投资项目影响较大。

③开拓新的需求来源。当国内市场需求已经饱和，生产和销售的增长受到限制时，企业可以通过在国外直接投资建厂，在当地生产销售，以开拓在他国的新需求。

④绕过国际贸易壁垒，维护和扩大国际市场。企业在进行产品出口时可能会遇到贸易壁垒，此时进行直接对外投资，在目标国家或地区直接生产销售可以绕过贸易壁垒，维护和扩大国际市场。

⑤开发和利用国外资源。当本国自然资源短缺或受限时，通过直接对外投资获得他国自然资源开发和利用权，是相较于直接从国外购买资源成本更低、供应更稳定的资源获得方式。

(2) 国际直接投资的方式

国际直接投资的方式，主要包括合资（joint venture）经营、合作（cooperation）经营、独资（wholly owned）经营、新建企业和收购现有企业五种。

①合资经营

合资经营是指由两个或两个以上属于不同国家和地区的公司或其他经济组织，经东道国政府的批准，在东道国设立的以合资方式组成的经济实体。如果母公司拥有国外业务中的50%以上的股份份额，从而可以行使对其控制，这样的合资公司称为跨国公司母公司的国外子公司（foreign subsidiary）；如果母公司拥有国外业务，也就是合资公司不足50%的股权份额时，该合资公司称为跨国公司母公司的国外成员公司（foreign affiliate）。

②合作经营

合作经营是指国外企业依据东道国有关法律，与东道国企业共同签订合作经营合同而在东道国境内设立的合作经济组织。合作经营企业双方的责、权、利都是由双方签订的合同加以规定的。合作经营企业的管理可以由合作双方派出代表组成联合管理机构，也可以委托一方或聘请第三方进行管理。

③独资经营

独资经营是指由某一外国投资者依据东道国法律，在东道国境内设立的全部资本为外国投资者所有并独立经营的企业。许多国家都对外国投资者在本国投资、设立独资企业进行一些限制，比如，军事、通信等行业一般不允许外国投资者独资经营。一般而言，发展中国家限制条件较多，发达国家限制条件较少。

④新建企业

新建企业的投资方式是由投资者独立自主经营、独立承担风险的一种国际直接投资方式，其投资过程包括选址、建设厂房、购买安装设备，一直到雇用工人进行生产。

⑤收购

收购是指跨国公司在东道国购买现有公司的产权。它是国际直接投资的主要方式。

2）国际投资环境分析

(1) 国外直接投资的风险

国际投资中不可避免地存在着风险，只不过是风险大小不同而已。在作投资决策时，首先要对风险因素进行分析以便于国际投资者作出较为明智的决策。国际投资所面临的风险主要有两类：政治上的风险和经济上的风险。

①政治上的风险

政治风险主要是指国际经济活动中因政治因素导致经济损失的风险，主要包括国有化、战争和转换风险。

A.国有化风险。在国际经济中，国有化就是将外国投资及资产没收归东道国所有，受到国有化伤害的跨国公司往往得不到补偿。

B.战争风险。战争风险包括内战、边境战争、骚乱以及与政治因素有关的恐怖事件所导致的风险。这类事件带有突发性，难以预测，而且其带来的破坏，可以波及国内外许多公司。公司因战争、骚乱等蒙受的经济损失，一般都无法得到补偿。

C.转移风险。转移风险是指东道国政府通过外汇管制等措施，使跨国公司无法将其投资所得利润、资本等汇回本国或转移到其他国家。此外，东道国还可以采取大幅度调整汇率的办法，人为地使本币非正常贬值，达到减少外国投资者正当利益的目的，这种汇价波动不同于因国际收支不平衡发生的汇率风险，而是旨在剥夺投资者的收益，限制资本外流，因而也是一种政治风险。

D.其他风险。如有些国家的政府规定外国投资者在环境保护和社会福利项目上的投资，外国投资企业在各种岗位上雇用东道国居民的最低比率，要支付较高的税率、较高的工资率等，使外国投资企业在竞争中处于不利地位。

分析跨国投资的政治风险，就是对上述各方面进行预测、了解和研究，根据政治风险的大小，将各个国家进行分类。如果某一国家被列为风险极大这一类，无论预期收益多高，都不能进行投资。

②经济上的风险

跨国公司面临的经济风险主要是指宏观经济风险，如汇率变动、利率变动、通货膨胀、贸易条件变化等引起的风险。对跨国公司而言，所有这些既是遭受损失的原因，也是获得收益的条件。

除此之外，各国的文化教育、自然资源、风土人情、地理位置的差异也会增加国外投资的难度，并且制约和影响着对外投资项目的选择、效益的评价。因此，研究和评价国际投资环境是跨国公司财务管理人员面临的一个重要课题。

（2）国际投资环境分析法

评价国际投资环境的方法有许多，在这里只简单介绍“冷热”国对比分析法和投资环境评分分析法两种。

①“冷热”国对比分析法

“冷热”国对比分析法是由美国学者伊尔·A.利特法克和彼得·班廷在他们撰写的《国际企业准备工作的一个概念性结构》中提出的，是他们通过对美国、加拿大等国大批工商界人士进行调查和对大量资料进行综合分析后提出来的。他们认为对于有利投资活动的因素，可称为“热”因素，反之称为“冷”因素。该方法把一国投资环境的好坏归结为以下七个因素：政治稳定性、市场机会、经济发展和成就、文化一元化、法令阻碍、实质阻碍（指一国的自然条件、气候等）、地理及文化差距。根据上述七个因素进行分析，一国投资环境好，即“热国”，反之则为“冷国”。

②投资环境评分分析法

对国际投资环境的冷热分析，主要是从宏观因素进行分析的，对于干扰国际投资环境的微观因素考虑较少。为此，美国学者罗伯特·斯托色夫提出了投资环境评分分析法，作为投资环境的评价标准。这种分析法是从东道国政府对外国投资者的限制和鼓励政策着眼，具体分析了影响投资环境的八大因素及若干子因素，并根据各子因素对投资环境的有利程度给予评分。评分标准是按八大因素各自在投资环境中的作用大小确定的。根据这种方法评分，总分越高，投资环境越好。外国投资者可以很容易地对不同的投资环境进行合理评估，择优选择。这八大因素是：资本抽回程度、外商股权所占份额、对外商的管制程度、货币稳定性、政治稳定性、给予关税保护的意愿、当地资本可供程度、近五年的通货膨胀率。

3）跨国直接投资资本预算

（1）评价方法

跨国直接投资资本预算使用与国内项目资本预算相同的评价指标，分为非折现指标和折现指标，非折现指标包括会计报酬率、回收期，折现指标包括净现值、内部收益率和现值指数等。这些指标在项目评价中各有不同的特点，适用于不同的情况。无论如何，净现值在所有评价指标中是最科学的，反映了项目上马后给公司价值带来的增加值。另外，净现值、内部收益率和现值指数三种指标都涉及现金流估计，计算方式有一定的共性。计算出项目的净现值后，内部收益率和现值指数很容易计算出来。因此，一般以净现值指标为优选指标。

与国内投资项目一样，跨国投资项目资本预算是通过净现值方法对项目进行决策，首先，需要估计项目的现金流量与体现现金流风险的资本成本，然后计算出项目的净现值。

确定国外投资项目的净现值一般有两种方法。第一种方法是以子公司所在国货币估计现金流量，并按计划汇率换算成母公司所在地货币，然后按母公司所在地货币的资本成本折现，从而得出以母公司所在地货币表示的投资净现值。第二种方法是为了避免外汇汇率预测，跨国公司完全以子公司所在国货币计算净现值，然后按现行汇率将计算结果换算成母公司所在地货币。

（2）跨国直接投资项目分析

①现金流量分析应注意的问题

从方法论上讲，国外投资现金流分析与国内投资现金流分析并无差别，但国外投资面临的实际情况更为复杂。在分析时，应注意以下几个问题：

A.由于跨国公司对外直接投资后形成了分处两个国家中的不同经济实体，国外投资项目可能会对母公司的其他业务产生影响以及受到外汇管制及税收等的影响，这样，母公司的现金流和国外投资项目的现金流就会不一样。两种不同的现金流因其国别不同，性质也不同，因此，投放在项目上的现金流与流向母公司的现金流必须严加区分。

B.在分析时要充分认识各国在税收体系、金融机构、外汇管制、会计准则以及金融资产流动的限制等方面对现金流的影响。

C.汇率、利率、通货膨胀率变化不仅会改变国外投资项目的竞争地位，还会改变母公司与子公司之间的现金流量的价值，因此，在投资分析中应给予充分的重视。

跨国资本市场之间的隔离，既可以创造财务利得的机会，也可能引起财务成本的增加，因此，在分析时要注意研究投资项目的筹资结构及其变化对现金流的影响。

D.在跨国投资中，政治风险的高低会使对外投资的价值发生很大变化。

②母公司现金流量分析

国外投资项目不但应从投资项目本身进行评价，还要站在母公司的立场上评价，在评价时应考虑以下几个问题：净现金流从子公司转换到母公司的可能性；子公司所在国有关汇兑资本方面的税收规定；两国外汇汇率变化等。从母公司角度进行分析，其现金流入量主要来自子公司的净现金流量、许可证收入、管理费收入等。现金流出量主要是从子公司获得股利收入而应向本国政府缴纳的各种税款等。现金流入量减现金流出量的净现金流量是母公司可以运用的净收益。据此可按最低收益率计算母公司进行国外投资的净现值和内部收益率。

③跨国投资风险调整方法

国外投资风险的调整与一般投资项目风险调整的方法基本相同，可采用的方法有：缩短投资回收期、提高折现率、调整现金流量等。例如，如果预计投资回收可能会受到东道国外汇管制的限制，跨国母公司可以将正常的折现率10%提高到12%，或者把原定5年回收期缩短到3年。又如，为防止投资风险可从每年的现金流量中提取一笔保险金用于政治和经济风险的保险。保险金可以用于向保险公司购买保险也可用于支付其他避险方式的费用，如为了防止汇率变动的损失，可以在远期外汇市场上套期保值。

4）跨国并购

跨国并购（cross-border mergers and acquisitions）也是国外直接投资的一种形式。在跨国公司进行对外直接投资中，既可以直接在国外建立一个新的生产企业，也可以通过跨国并购，购买一个现有的外国企业。并购包括合并与收购，合并一般在两家势均力敌的公司间进行。在跨国公司对外直接投资中谈到的跨国并购，更多地指跨国收购。

12-5 案例分析

中国十大并购案例

跨国并购行为的动机有企业内部的，主要是开拓市场需要、获得产权资产、通过合作提高效率、扩大规模、多样化经营以分散风险以及出于财务或个人原因；也有外部原因，即由于技术变化引起的研发成本上升，风险提高，需要分担高新技术领域的巨额投资成本和研发开支，投资东道国广泛采取的取消限制和投资自由化政策，以及资本市场的变化等。

作为一项跨国直接投资，跨国并购的目标仍然是公司价值最大化。但是，跨国并购也有可能会有损公司的价值，而且跨国并购可能面临着并购后整合的困难。并购与很多财务决策一样，是一个权衡利弊的过程。

12.6 国际筹资管理

与国内企业相比，国际企业由于其跨国经营的业务需要，经常跨越国界在国际金融市场上筹措资金，因而有更广泛的资金来源、更多样的筹资方式。

1）跨国公司长期筹资

跨国公司的长期资本可以采取跨国权益性筹资、国际信贷、国际债券筹资等方式。

（1）跨国权益筹资

所谓跨国权益筹资是指跨国公司通过发行国际股票，即在国际金融市场或国外金融市场上以发行股票的方式筹集权益性资本。只要能够满足各国市场上市要求，大部分股票交易所都允许外国公司发行股票，例如纽约、伦敦、东京、法兰克福、巴黎、多伦多交易所等。我国公司目前接触比较多的市场是纽约、中国香港、新加坡。我国公司在中国香港地区发行的H股、在纽约发行的N股、在新加坡发行的S股等，都是国际股票。每一个市场对于接受公司上市都有具体规定，可以查阅各个交易所的网站。

互联网的出现以及发展为投资者和筹资者提供了便利，他们可以很容易地了解全球经济状况，了解各地金融市场情况。电子交易的出现大大降低了跨越国境进行投融资的成本，对资本跨越国境的流动起到了推动作用。

公司进行跨国权益筹资的主要动因有：第一，规避筹资风险。跨国权益筹资，可以使公司进入分散化的股权市场，规避当一个市场状况不好时筹资可能出现的困难。第二，扩大资本来源。跨国权益筹资，不仅可以筹集更多的资本量，而且可以筹集所需要的外币资本。第三，扩大知名度。国际金融市场有着广泛的投资者基础，在国际市场上进行权益筹资，能够获得投资者的关注，扩大公司在国际市场的知名度。

当然，进行跨国权益融资，必须遵守国际惯例，遵守有关国家的金融法规，因此，发行程序比较复杂，发行费用也比较高。

（2）国际信贷

国际信贷是指一国借款人在国际金融市场上向外国金融机构借入货币资金的一种信用活动。国际信贷是各国间资本流动和转移的表现，反映了国际借贷资本的流动，是国际经济活动的一个重要方面。国际信贷按贷款的期限分为短期贷款（1年以内）和中长期贷款（1年以上），1~5年为中期贷款，5年以上为长期贷款。中长期贷款金额大，时间长，银行风险较大。因而，借贷双方要签订贷款协议，对贷款的有关事项加以详细规定。另外，借入中长期贷款一般要提供担保财产。国际银行信贷按其贷款方式有独家银行信贷、联合信贷与银团信贷。独家银行信贷又称为双边中期信贷，指一家境外银行向本国企业提供的信用贷款，贷款金额通常最多为1亿美元。联合信贷，指一家或数家境外银行与本国银行联合对某一项目提供的贷款，金额一般小于银团贷款。银团贷款又称为辛迪加贷款，它是由一家贷款银行牵头，由该国的或几国的多家贷款银行参加，联合起来组成贷款银行集团，按照同一条件共同对另一国的政府、银行及企业提供的长期巨额贷款。银团贷款期限一般为5~10年，贷款金额为1亿~5亿美元，有的甚至高达10亿~20亿美元。目前，国际的中长期巨额贷款一般都采用银团贷款方式，以便分散风险，共享利润。

（3）国际债券筹资

国际债券是指各种国际机构、各国政府及企事业法人，按照一定的程序在国际金融市场上以外国货币为面值发行的债券。

国际债券大致可分为外国债券（foreign bonds）、欧洲债券（European bonds）和全球债券（global bonds）。

外国债券是指在发行者所在国家以外的国家发行的，以发行地所在国的货币标明面值的债券。外国债券的特点是债券发行者在一个国家，债券的计值货币和发行市场则属于另一个国家。根据国际惯例，外国债券一般以债券发行地最具代表的吉祥物或称谓命名，其中，比较著名的有扬基债券（yankee bonds）、武士债券（samurai bonds）和熊猫债券（panda bonds）。

扬基债券是指在美国债券市场上发行的外国债券，即美国境外机构在美国国内市场发行的、以美元为计值货币的债券。

武士债券是指在日本债券市场上发行的外国债券，即日本境外机构在日本国内市场发行的、以日元为计值货币的债券。武士债券均为无担保发行，典型期限为3～10年，一般在东京证券交易所交易。

熊猫债券是指在中国境内发行的外国债券，即中国境外机构在中国国内市场发行的、以人民币为计值货币的债券。时任财政部部长金人庆将国际金融多边机构在我国发行的第一批人民币外国债券命名为“熊猫债券”，并于2005年10月发行。熊猫债券的发行与流通具有重要意义：首先，推动人民币国际化进程，提高我国债券市场对外开放程度。境外机构使用熊猫债券募集人民币资金，可以促进人民币在跨境投融资活动和跨境贸易结算中的使用，有助于境内外人民币资金价格趋于一致，促进非居民人民币资产及境外官方人民币储备的形成，推动人民币国际化。同时，熊猫债券提高了中国债券市场对外开放程度，向国际社会释放中国坚定开放资本市场、金融改革的积极信号，吸引更多国际投资者。其次，助力共建“一带一路”倡议的推进。熊猫债券可以匹配共建“一带一路”倡议下基础设施建设中，境外中资机构和共建国家地区的长期项目融资需求及对长期稳定资产的配置需求，募集的资金可以直接在境内或境外使用，如向中国供应商支付款项以及收购“一带一路”沿线物流基础设施资产等，促进共建“一带一路”倡议的落实。最后，促进“引进来”战略的实施。境外机构使用熊猫债券融资，并将募集资金用于人民币计价资产的投资和项目建设运营，有利于规避汇率风险，助力“引进来”战略在资源配置方面发挥的基础性作用，同时吸引成熟的国际发行机构在我国发行人民币债券，有助于“引进来”战略引进债券发行上的先进经验和管理技术。

欧洲债券是指一国政府、金融机构、工商企业或国际组织，在国外债券市场上以第三国货币为面值发行的债券。在这里，“欧洲”不再是一个表示地理位置的概念，而是境外的意思。欧洲债券的特点是在国外发行，且发行地和发行货币不同，即发行人在一个国家，在另一个国家发行，债券面值使用的是第三个国家的货币或综合货币单位。目前，欧洲债券选用最多的是美元计价。欧洲债券自20世纪60年代首次由一家葡萄牙公司发行以来，发行额逐年增加，在国际债券发行总额中早已超过外国债券而占统治地位，长期国际债券发行总额中欧洲债券约占70%~85%。

全球债券是20世纪80年代末产生的新型金融工具，是指在世界各地的金融中心同步发行，具有高度流动性的国际债券。世界银行在1999年首次发行了这种债券，并一直在该领域占主导地位。全球债券的发行面值主要使用美元、日元等。

2）国际贸易筹资

国际贸易筹资是最传统的外汇资金融通渠道，该融资的具体方式很多，如进出口押汇、打包放款、票据贴现、应收账款保理和福费廷等。

（1）进出口押汇

进出口押汇（bill purchased）是银行向出口商提供资金的一种方法，由出口方银行和进口方银行共同组织。进出口商进行交易时，出口商将汇票以及提单、箱单和发票等全套货运单据向银行抵押，借取汇票金额一定百分比的资金。由银行凭全部货运单据向进口商收回货款的本息。在汇票由受票人偿付后，银行留下预付的金额，加上利息和托收费，其余的贷记给出口商。进出口押汇按承做主体的不同分为进口押汇和出口押汇，前者是指进口方银行所承做的押汇，后者是指出口方银行所承做的押汇。

（2）打包贷款

打包贷款（packing credit）又称为出口信用证抵押贷款，是指出口企业用收到的正本信用证作为还款凭据和抵押品向银行申请的一种装船前融资。银行向出口商提供的这种短期贸易贷款是支持出口商按期履行合同义务和出运货物。由于早先该贷款用于解决包装货物之需，故俗称打包贷款。从形式上看，打包贷款的抵押品是正本信用证，而实质上是处在打包中的待装船出运的货物。

（3）票据贴现

在进出口贸易中，很多情况下使用远期汇票的付款方式。如果远期汇票得到银行的承兑，出口商可以通过出售银行承兑汇票进行融资。如果远期汇票没有得到银行承兑，出口商仍然可以利用远期汇票进行融资，即汇票贴现。

汇票贴现是指出口商将汇票交给愿意接受的银行或者其他金融机构，得到汇票面额与利息和其他成本之差额。汇票贴现有追索性贴现，也有非追索性贴现。所谓追索性贴现，指贴现汇票后，如果汇票到期不能兑现，贴现银行有权向出口商索赔。非追索权贴现，指贴现汇票后，如果汇票到期不能兑现，贴现银行无权向出口商索赔，也就相当于汇票卖断给贴现银行。

（4）应收账款保理

应收账款保理是指出口商出售货物获得应收账款而不是现金后，将应收账款转让给应收账款保理商（factor）。保理商一般为商业银行或其他金融机构的分支机构。应收账款保理商持有应收账款，而出口商获得现金收入。出口商所获得的现金收入等于应收账款面额与贴现利息和应收账款保理费之差。应收账款让售通常是无追索性的，即出口商将应收账款出售给保理商后，不再承担任何进口商不能到期付款的风险，而是由保理商承担这种风险。

保理商为了避免代理风险，接受应收账款保理业务时，一般是接受一个公司的全部应收账款，而不是一部分，以免出口商有选择地出售应收账款，将风险大的应收账款出售给保理商，风险小的不出售，加大保理商的风险。

（5）福费廷

福费廷（Forfeiting）是一种类似于保理的无追索权应收账款让售业务。所不同的是，福费廷常用于中期资本性商品买卖所形成的应收账款。买方在购买资本性商品时，通常需要一段时间、一定数额的融资，有时长达3至7年。在购买商品时，进口商开出以出口商为受益人的本票（promissory notes），出口商即可以将本票出售给福费廷商（forfeiter）。与保理商一样，福费廷商一般也是商业银行或其他金融机构的分支机构。由于福费廷业务涉及的应收账款数额较大、时间较长，福费廷商不像保理商那样容易分散风险，因此，在福费廷业务中通常要求进口商银行提供付款担保或者开立的信用证作为质押。也正是福费廷业务的这种担保或者质押特性，使其获得了快速发展，尤其在欧洲。福费廷所涉及的金额通常超过50万美元，贴现率一般等于标值货币市场利率加上1.25%。当数额过大时，通常由几家银行形成一个辛迪加（syndicate），共同承担一项业务。

本章小结

国际财务管理是财务管理的逻辑扩展，它是按照国际惯例和国际经济法的规定，围绕着跨国公司的超越国境的财务活动进行管理的一种工作。国际财务管理的目标是跨国公司通过科学、合理地组织财务管理活动，促使资源在世界范围内最优配置，资本在世界市场上自由流动追求最大的增值，以实现企业价值最大化和取得最佳经济效益。

如果汇率是完全自由浮动的，即完全没有政府的干预，则有一系列的经济关系可以用于解释汇率的变化。这些经济关系包括购买力平价、费雪效应、国际费雪效应、利率平价关系、远期汇率与未来即期汇率的关系。汇率预测是跨国公司财务管理人员应该负责的重要工作之一，而汇率平价关系能够为汇率预测服务。

外汇风险管理，是指采用各种有效规避汇率风险的手段对以外币计价的债权、债务与资产等的管理。外汇风险包括交易风险、经济风险和折算风险。这三种风险对公司来说，重要性程度是不同的。一般来说，汇率经济风险比汇率交易风险和会计折算风险更重要，而会计折算风险与交易风险是一次性的。

跨国公司内部资本转移是指通过对跨国公司的资本资源进行有效配置，以实现公司价值最大化。跨国公司内部资本转移的形式通常有内部贷款（inter-company loans）、转移价格（transfer price）、应收应付管理、特许权使用费和管理费、股利汇出等。

跨国直接投资资本预算使用与国内项目资本预算相同的评价指标，分为非折现指标和折现指标，非折现指标包括会计报酬率、回收期，折现指标包括净现值、内部收益率和现值指数等。其中，净现值在所有评价指标中是最科学的，反映了项目上马后给公司价值带来的增加值，一般以净现值指标为优选指标。国外投资项目不但应从投资项目本身进行评价，还要站在母公司的立场上评价该项目。

国际企业由于其跨国经营的业务需要，经常跨越国界在国际金融市场上筹措资金，因而有更广泛的资金来源、更多样的筹资方式。跨国公司的长期资本可以采取跨国权益性筹资、国际信贷、国际债券筹资等方式。国际贸易筹资是最传统的外汇资金融通渠道，该融资的具体方式很多，如进出口押汇、打包放款、票据贴现、应收账款保理和福费廷等。

关键概念与主要观念

□ 关键概念

跨国公司　外汇汇率　直接标价法　间接标价法　市场套利　外汇风险　汇率制度

交易风险　会计折算风险　经济风险　内部资本转移　转移价格　内部贷款　跨国权益筹资　福费廷

□　**主要观念**

由于跨国公司所面临的是一个全球一体化的、具有不完全性的国际市场，面临着特殊的政治风险和外汇风险，这些特殊性决定了国际财务管理特殊的研究内容。国际财务管理的对象是跨国公司的跨国资金运动和国际财务关系，内容包括国际筹资管理、外汇风险管理、跨国直接投资管理、跨国公司内部资本转移等。

如果汇率是完全自由浮动的，即完全没有政府的干预，则有一系列的经济关系可以用于解释汇率的变化。这些经济关系包括购买力平价、费雪效应、国际费雪效应、利率平价、远期汇率与未来即期汇率的关系。汇率平价关系能够为汇率预测服务，而汇率预测是跨国公司财务管理人员应该负责的重要工作之一。

外汇风险包括交易风险、会计折算风险和经济风险。不同的风险有不同的风险管理策略。

出于经营和管理上的需要，跨国公司通常需要进行内部资本转移。然而，由于跨国公司所面临环境的特殊性、所面临市场的更不完全性，使得这种机制的作用更为明显。跨国公司内部资本转移是指通过对跨国公司的资本资源进行有效配置，以实现公司价值最大化。跨国公司内部资本转移的形式通常有内部贷款、转移价格、应收应付管理、特许权使用费和管理费、股利汇出等。

国外投资项目不但应从投资项目本身进行评价，还要站在母公司的立场上评价该项目。国外投资风险的调整与一般投资项目风险调整的方法基本相同，可采用的方法有：缩短投资回收期、提高折现率、调整现金流量等。

和国内企业相比，国际企业由于其跨国经营的业务需要，经常跨越国界在国际金融市场上筹措资金，因而有更广泛的资金来源、更多样的筹资方式。

基本训练

□　**知识题**

12.1　简答题

（1）外汇市场上存在哪些基本平价关系？它们之间存在什么样的联系？

（2）外汇风险的概念、外汇风险管理的目标和原则、外汇风险的类型各是什么？

（3）企业选择交易计价货币时应坚持什么原则？

（4）运用不同的折算方法，为什么资产负债表会产生各不相同的计算结果？折算损益大不相同的原因是什么？

（5）经济风险管理的目标是什么？如何规避经济风险？

（6）对母公司现金流量进行分析应注意的问题有哪些？

（7）跨国公司内部资金转移的类型、跨国公司内部资金转移的限制因素、跨国公司内部资金转移的套利效应各是什么？

（8）跨国公司内部资金转移的形式有哪些？

12.2 思考题

（1）跨国公司与一般公司相比，经营上有什么特点？

（2）简述如何利用汇率平价关系进行汇率预测。收集历史数据，建立一个平价关系的回归模型，考察在统计意义上平价关系是否存在。

（3）比较各种不同的价格转移机制，如何才能使跨国公司的价值达到最大化？

□ **能力题**

延期到货30天损失30万美元[①]

2016年10月，我国某进出口公司代理客户进口比利时纺织机械设备一套，合同约定：设备总价为99 248 540.00比利时法郎；价格条件为FOB Antwerp（安特卫普，比利时一城市），支付方式为100%信用证，最迟装运期为2017年4月25日。

2017年元月，中方开出100%合同金额的不可撤销信用证，信用证有效期为2017年5月5日。开证金额是由用户向银行申请相应的美元贷款276万元（开证日汇率美元对比利时法郎为1∶36）。

2017年3月初，卖方提出延期交货请求，我方用户口头同意卖方请求：延期31天交货。我进出口公司对此默认，但未做书面合同修改文件。3月底，我进出口公司根据用户要求对信用证做了相应修改：最迟装运期改为2017年5月26日；信用证有效期展至2017年6月21日。

时至4月下旬，比利时法郎汇率发生波动，4月25日为1∶37（USD/BFR），随后一路上扬。5月21日货物装运，5月26日卖方交单议付，同日汇率涨为1∶32。在此期间，我进出口公司多次建议客户做套期保值，并与银行联系做好了相应准备。但客户却一直抱侥幸心理，期望比利时法郎能够下跌。故未接受进出口公司的建议。卖方交单后：经我方审核无误，单证严格相符，无拒付理由，于是我进出口公司于6月3日通知银行承付并告知客户准备接货，客户却通知银行止付。因该笔货款是开证行贷款，开证时作为押金划入客户的外汇押金账户。故我进出口公司承付不能兑现。后议付行及卖方不断向我方催付。7月中旬，卖方派员与我方洽谈。经反复协商我方不得不同意承付了信用证金额，支出美金310余万元。同时我进出口公司根据合同向卖方提出延迟交货罚金要求，金额为BFR1 984 970.00（按每7天罚金0.5%合同额计），约合62 000.00美元（汇率为1∶32）。最终卖方仅同意提供价值3万美元的零配件作为补偿。

此合同中方直接经济损失约31万美元，开证银行及进出口公司的信誉也受到严重损害。

【案例分析要求】

分析中方在规避汇率风险方面有哪些失误。

数智能力训练

在数字经济时代，人工智能大模型能够为国际财务管理提供很多有益的帮助。结合本章学习的内容，我们可运用人工智能大模型，如阿里“通义千问”、百度“文心一言”和

① 本案例改编自：佚名．延期到货30天损失30万美元［EB／OL］．［2017-07-15］．http：//www.cmr.com.cn/websitedm/channel/economy/economycasus/CaseShow.asp? cid=233&chname=%BD%F0%C8%DA%D1%A7%B0%B8%C0%FD&chid=0003000100010002.

科大讯飞“星火”等（当然也可以采用最新推出的其他模型）对国际财务管理中的相关问题进行进一步讨论分析，以提升同学们运用数智模型进行国际财务管理的能力。

本章的数智能力训练题主要有：

（1）国际财务管理的目标是使资源在世界范围内最优配置，资本在世界市场上自由流动追求最大的增值。在国际财务活动的哪些环节可能存在限制资本自由流动的情况？如何提升资源配置效率？

（2）利用人工智能大模型，探索“一带一路”倡议和人民币国际化进程的推进对中国企业进行外汇风险管理的影响。

同学们可以针对这些问题利用大模型进行提问，也可针对本章内容尝试提出不同的问题或以不同方式进行提问，以提升同学们利用人工智能大模型进行财务管理的能力。

互动练习

12-6 即测即评

第12章练习题

第13章 集团财务管理

学习目标

本章学习目标是使学生掌握企业集团财务管理的内涵、特点与管理体制。其具体目标包括：

知识目标：

● 明确企业集团的内涵与特点；理解企业集团的目标与作用。

● 理解企业集团的各种类型；明确各种模式企业集团类型的特点。

● 掌握企业集团财务管理特点。

● 明确企业集团财务管理职能。

● 理解与掌握企业集团财务管理体制。

技能目标：

● 明确企业集团组建的程序；正确选择企业集团组建模式。

● 明确企业集团组建的条件与原则。

● 理解企业集团财务公司运作的方法。

能力目标：

● 能够根据企业集团特点和企业集团财务管理特点，组建适应企业自身需求的企业集团模式。

● 能够选择和建立适应企业集团管理需求的财务管理体制。

素养目标：

● 树立正确的权力观念，理解集权和分权管理原理，认识权力是实现集团整体目标和长远发展的工具，而非个人获取私利的手段。

● 培养合法合规意识，把握法律法规设立的意义以及对企业集团安全运营的作用。

13.1　企业集团概述

1）企业集团的内涵与作用

（1）企业集团的内涵与特点

在制度文件或学术文献中尚未有统一的企业集团定义。企业集团是由多个经济法人在自愿互利的基础上，以追求规模经济效益为目的，以资本或产品等为纽带而联结在一起的经济联合体[①]。企业集团是指以资本为主要联结纽带的母子公司为主体，以集团章程为共同行为规范的母公司、子公司、参股公司及其他成员企业或机构共同组成的具有一定规模的企业法人联合体[②]。企业集团是指以母子公司为主体，通过投资及生产经营协作等多种方式，与众多的企事业单位共同组成的经济联合体[③]。国有企业重组或改制形成的企业集团，往往以一个实力雄厚的企业为核心，以产权连接为主要纽带，通过产品、技术经济契约等多种方式，把多个企业、事业单位连接在一起，形成具有多层次结构的法人联合体。企业集团虽然有各种不同的定义，但有其共同的基本特征，主要体现在如下几个方面：

①企业集团以产权连接为主要纽带，形成多层次的组织结构

这是企业集团最基本的特征。企业集团内部各成员根据控股、参股的程度以及经济技术协作关系，一般可以分为核心企业、紧密层企业、半紧密层企业和松散层企业等不同的层次。其中，集团公司又称母公司或控股公司，为核心企业，集团公司完全控股的子公司（母公司占其股份总额的50%以上）为紧密层企业，集团公司参股的公司（母公司占其股份总额低于50%）为半紧密层企业，而通过契约连接的企业为松散层企业。企业集团成员间还有产品、经营等连接纽带，而非单纯产权纽带。

②企业集团是一个多法人组成的法人集合体，但其本身不具有法人资格

企业集团是由多个法人组合而成的经济实体。集团内各成员仍然保持各自独立的法人地位。但企业集团本身是以营利为目的的企业利益共同体，既不是行政性公司，也不是经济管理机构，其整体在法律上既不具备法人资格，也没有法律地位，因此，不需要统一纳税、统负盈亏。

③企业集团有一个能起主导作用的核心经济实体

这个核心经济实体就是集团公司。集团公司不同于企业集团，二者不能混淆。集团公司是独立的法人，它具有投资中心的功能，有较强的经济实力或产品、技术、管理、信息、融资等优势，能够对集团的统一经营活动起主导和控制的作用。

④企业集团的构成和经营范围具有多元化特征

企业集团产生的主要方式是兼并、收购及重组。通过并购和重组，不同所有制成分、不同行业和领域、同一行业但经营不同产品的企业都可能被纳入同一个企业集团系统中。在此过程中，企业集团构成了一个集多种所有制成分、跨多个行业与领域，同时生产和经

① 罗先和，付荣．企业集团会计专题［M］．北京：中国财政经济出版社，1999.
② 国家工商行政管理局关于印发《企业集团登记管理暂行规定》的通知（工商企字〔1998〕第59号）.
③ 国家经贸委，国家体改委，原国家计委．企业集团组建与管理暂行办法．1995.

营多种产品或服务的复杂经济组织，呈现出多元化的特点①。这种多元化的特点既体现为经营范围综合化、经营方向系列化，又可以体现为所有制成分和经营性质的多元化。

（2）企业集团的作用

企业集团对经济发展起到的作用是单个企业无法比拟的。我国的企业集团自诞生以来，虽然带有行政撮合的痕迹，在某些方面仍具有行政化倾向，但已显示出强大生命力。特别是通过企业集团资本营运，对保证国民经济持续、健康、稳定发展发挥着越来越大的作用。

①企业集团有利于形成规模经济性

实现规模经济性或追求规模经济效益是组建集团和集团资本营运的主要目标。通过集团资本营运，以产品或技术为龙头，以资本为纽带，将各相关企业联合起来，使企业规模不断扩大，规模经济性不断增强。

②企业集团有利于经营国际化

西方经济飞速发展的显著特征之一是企业集团国际化。我国组建的企业集团虽时间较短，但在借鉴西方经验的基础上，已形成赶超趋势，在跨国经营上逐渐形成中国特色管理模式。通过组建集团增强经济实力，中国企业逐步进入并扩大国际市场，参与国际竞争，也推动国际合作，并成为全球价值链的关键力量。

③企业集团有利于优化经济结构和资源配置

调整和优化经济结构，需要使企业集团内的资产存量进行合理、有效的流动，进行资产重组，使其资源重新合理配置，发挥群体优势，从而增强集团整体的市场竞争实力。企业集团还可以打破地区、部门、所有制的界限，通过兼并、资产重组等方式优化配置资源，实现企业间优势互补，充分发挥其现有的生产能力。同时，企业集团在不同地区、不同部门进行投资有助于资本的流动和资源的再分配，这符合市场经济中资源配置的效率原则，有利于促进国内大循环的形成。

④企业集团有利于产业链延伸

企业集团有助于延伸产业链，整合上下游企业，实现产业链的优化布局，提高产业链的竞争力和附加值。在原材料采购、生产制造、产品销售等环节，企业集团通过整合上下游资源，可以充分利用内部资源，降低成本，提高效率。通过集团内部的技术交流与合作，企业集团可以加大研发投入，推动技术创新，提高产品的技术含量和附加值。

⑤企业集团有利于充分发挥国有大中型企业的经济主导作用

国有大中型企业为核心的企业集团，能形成群体优势和综合能力，充分利用其多元化经营与市场竞争能力强的特征，引领市场趋势，稳定市场价格以及在国家经济发展中扮演“稳定器”的角色，有利于有效地实施国家战略意图，如参与“一带一路”建设、重大基础设施建设等。

2）集团公司的权利与义务

企业集团中的集团公司在企业集团中占有重要的地位。合理地界定集团公司的权利与义务，既可以发挥集团公司战略决策和协调作用，也可以调动成员企业的积极性和自主经

---

① 王棣华. 企业高级财务管理［M］. 北京：清华大学出版社，2016.

营意识。

（1）集团公司享有的权利

一般而言，集团公司可以行使以下职权。

第一，人事任免权。具体包括：①董事会可按规定的程序，选聘集团公司的总经理及确定其报酬事项。②集团公司总经理对核心层企业的国有资产经营者有提名权；对紧密层、非紧密层，按照控股、参股或参加投资的程度，可以提名这些企业的国有资产经营者。③对集团公司一级的干部有任免权。④集团公司有权决定子公司的领导体制，任免子公司的经营者，包括子公司的董事、总经理、财务总监等。

第二，资产经营权。具体包括：①决定企业集团国有资产的经营战略和重大的经营战略决策，决定集团的资产经营方式。②制定集团内国有资产的产权管理和经营管理的实施办法。③对所辖企业通过签订国有资产承包合同或其他方式进行产权管理。④决定企业集团的组织管理体制和机构设置，保证国有资产有效营运。⑤有权决定批准子公司的经营方针，决定子公司的资本营运形式。

第三，资本营运权。具体包括：①按照集团的经营决策，有计划地对所辖企业进行投资。②决定依照产业政策和调整结构的需要进行重大的对外投资或筹资。③审批子公司的贷款规模和投资计划。

第四，资产处置权。具体包括：①在产权范围内调配集团企业内国有资产存量的转移，包括内部企业的兼并、合并等产权转移事项。②对闲置固定资产进行调配使用，直至出租或出售。③较大规模的企业集团可以建立人才市场，负责调整和安排闲散人员，并负责所需职工的岗位培训。④审批或报批子公司的股权变动，包括转让全部或部分股权。

第五，经营监督权。具体包括：①对所辖企业国有资产的经营状况定期进行检查和监督。②审批所辖企业的年度财务预决算和财务报表。③审查批准子公司的重大经营决策和年度经营计划；在需要的时候，采取必要的措施予以调控。④负责向子公司下达资本保值增值的考核指标，并进行考核与监督。

第六，收益分配权。具体包括：①对完成上缴任务后的留利，按政策自主支配使用。②确定集团内部利润分配比例和子公司上缴集团的利润额。

（2）集团公司应尽的义务

集团公司不仅具有一定的权利，而且还必须对国家和子公司承担责任。

第一，对国家的责任。授权后集团公司对国家承担以下责任：①应确保国有资产的完好无损、保值和增值。②按照国有资本管理部门核定的数额统一上缴国有资本收益。③接受国家有关部门的监督和指导，并定期报送企业集团经营和发展情况，报告企业集团的会计报表、合并会计报表。④按照有关规定履行公司制改制、资产评估立项确认、转让股权的审批手续。

第二，对子公司的责任。授权后集团公司对子公司承担以下责任：①以其对子公司的出资额为限承担责任。②尊重子公司的法人财产权，不干预子公司的日常经营决策。③除经法定程序，不得以任何形式抽取在子公司的资本金。④建立集团内共有的信息网络，对子公司的经营进行必要的宏观指导。

3）企业集团组建程序

组建企业集团是一项非常复杂的工程，其中涉及许多程序与环节，而且一些程序与环节间相互交融，因此，确定企业集团组建具体程序或步骤是困难的，这里所研究的集团组建程序主要是从企业集团组建过程中必须考虑的因素角度出发的。

（1）明确企业集团组建目的

为什么要组建企业集团，这是任何一个企业集团组建首先要考虑的。企业集团组建的目的有多种，不同的目的，其集团组建的模式、要求、重组方式、管理体制等都可能不同。应当指出，企业集团作为一种企业组织，企业的目标应是企业集团组建的根本目标，其他目的应服从于企业目标。

（2）选择企业集团组建模式

在明确企业集团组建目的的基础上，选择企业集团组建模式尤为重要。从不同角度划分，企业集团的模式有所不同，不同的模式，其组建方式方法、管理体制等也不同。企业应根据集团组建目标、自身条件和特点，选择适当的企业集团模式。一般地说，组建以资本为纽带的企业集团是现代企业组织的客观要求，是绝大部分企业集团的首选模式。但是，其他类型企业集团模式的存在同样说明其有价值。另外，在以资本为纽带的企业集团模式下还可分为不同类型的企业集团模式。

（3）重组集团企业资产与权益

企业集团组建过程正是集团企业的重组过程，在这个过程中必然涉及各企业资产重组、负债重组与产权重组。通过集团企业重组，使企业集团不仅在形式上，更重要的是在本质上实现企业集团重组目标，达到企业资本增值。

（4）建立企业集团内部管理体制

企业集团管理与大型企业管理是不同的。在企业集团模式与形式确定的前提下，企业集团目标的实现关键在于企业集团的管理体制与管理水平。因此，在企业集团组建过程中，我们不仅要重视企业集团组建的形式问题，而且应十分重视企业集团组建后的管理体制、管理内容和管理方法等问题。

4）企业集团组建模式

（1）企业集团的基本类型

目前，关于企业集团类型或分类有各种不同的观点或方法：

①将企业集团分为垄断型企业集团、宏观控制型企业集团和微观效益型企业集团[①]

垄断型企业集团，亦称产品主导型企业集团，是将生产同类产品的企业组合在一起，凭借自己占有的市场优势，达到对该产品的生产、销售进行垄断的目的。这种类型的集团实质上近似于托拉斯（垄断组织的高级形式之一，高度集权），集团成员很少有经营自主权，而集团核心层则有多种决策权。

宏观控制型企业集团，亦称行政主导型企业集团，多数是由行政性厅、局、部演变而来的，其目的是维护原有行政管理机构已有的职权。这种集团多是在政府行政力量领导下以合并方式建立的。

---

① 阎达五，耿建新．企业集团会计管理［M］．北京：中国财政经济出版社，1996.

微观效益型企业集团，亦称企业主导型企业集团，是以某一大型企业为主体，以增强企业盈利能力和提高盈利水平为目的，通过兼并、购买、控股等手段组建的。这种企业集团核心明确、资本纽带鲜明，各成员企业利益关系等可以在组建之初得以确定。

②将企业集团分为控股型企业集团、混合型企业集团和管理型企业集团[①]

控股型企业集团，是指企业集团的集团公司是一个控股公司，主要从事资本经营。以控股公司形式存在的企业联合体大多呈现金字塔型结构。

混合型企业集团，亦称产业型企业集团，这类集团以核心企业为龙头组建，核心企业既要对子公司进行投资控股，又要进行生产经营。

管理型企业集团，是指集团公司既不像控股型模式那样只从事资本投资或控股，也不像混合型模式那样既从事管理又兼顾生产经营，而是集团公司作为投资中心对下属企业的生产经营活动进行管理与控制。这种管理与控制的意图又是通过二级全资子公司来体现的。

③将企业集团分为有生产经营内在联系的企业集团、多角化综合型企业集团[②]

有生产经营内在联系的企业集团，是指企业集团成员企业之间存在直接的生产经营联系。根据生产经营联系角度不同，企业集团可分为产品扩散型企业集团、项目配套型企业集团、产供型企业集团、产销型企业集团、产供销型企业集团等，还可从部门角度分为工工联合型企业集团、工贸联合型企业集团、工研联合型企业集团等。

多角化综合型企业集团，是指企业集团成员企业之间不存在直接的生产经营联系，而是靠资本纽带结合为一体。企业集团企业间生产经营不相关，实行多角化经营。

④将企业集团分为单元核心型企业集团、多元核心型企业集团[③]

单元核心型企业集团的核心层是由一个法人企业组成的，即以一个大、中型企业的系列产品为龙头，按生产经营内在联系向外扩散和辐射，形成一种多层次配套网络型企业群，进而发育成为一种单点辐射式的金字塔结构的企业集团。

多元核心型企业集团的核心层是由两个以上的法人企业组成的，核心层法人企业采取互相持股或共同投资，或相互贷款构成一种环状的融资关系。多元核心型企业集团一般是特大规模的企业集团，核心层的每个法人企业往往就是一个企业集团的核心，因此，这种企业集团表现为复合型的企业集团。

（2）企业集团组建模式

上述各种企业集团类型的存在表明其在一定条件或一定环境下各有存在的价值，如果一种类型的企业集团没有优点，这种类型的企业集团就不可能存在。因此，我们在选择企业集团组建模式时，应根据企业环境与特点选择相应的模式。但是，从我国目前社会环境、经济环境和企业制度出发，我们在企业集团各模式选择中，应提倡以资本为纽带的企业集团，尽可能减少行政主导型和产品主导型企业集团。在以资本为纽带的企业集团中，

---

① 王斌，张延波．企业集团财务［M］．北京：高等教育出版社、上海社会科学出版社，2000．
② 龚建华．大企业集团论［M］．广州：广东经济出版社，1996．
③ 龚建华．大企业集团论［M］．广州：广东经济出版社，1996．

根据企业集团中集团公司设立方式分类，又可分为以下模式：

①直控型企业集团

直控型企业集团由核心企业、紧密层、半紧密层等企业组成，形成金字塔型结构。这种模式企业集团的特点是企业集团的决策机构与核心企业（集团公司）的决策机构是“合二为一”的，一般称为“一套机构，两块牌子”。核心企业称为集团公司，集团公司的董事会就是企业集团的最高决策机构，它是所有者（国家）利益代表主体和战略经营主体。这种集团决策机构实行核心企业与集团决策管理机构一体化，对全集团范围内的资本保值增值负责。集团公司的总经理、副总经理及职能部门是公司日常业务的行政机构和执行机构，对外代表集团，对内主持日常工作。

②控股型企业集团

控股型企业集团的集团公司为控股公司，集团中其他企业表现为“诸侯分封”。这种模式企业集团的特点是，企业集团的核心层不是一个生产经营性公司，而是以若干个在集团中起骨干作用的大企业为基础组成的控股集团公司。控股集团公司以股权大小对所属紧密层或半紧密层企业的资本进行营运。集团最高决策机构为集团董事会，董事会的董事通常由各成员企业的主要领导组成。董事会在协商的基础上共同对集团的重大问题作出决策，实施对集团的战略管理。

③并存型企业集团

并存型企业集团的集团公司有核心企业，同时又以股权控制其他企业，即直控型企业集团与控股型企业集团的结合。这种模式企业集团的特点是，企业集团的集团公司既是一个生产经营性公司，又是一个控股公司。

选择何种集团模式，对企业集团的生存及发展至关重要。在集团模式选择过程中，应充分考虑集团发展方向及经营特点。

5）企业集团组建的条件与原则

（1）企业集团组建的条件

根据《市场监管总局关于做好取消企业集团核准登记等4项行政许可等事项衔接工作的通知》（国市监企注〔2018〕139号），组建企业集团的企业法人不需要再办理企业集团核准登记和申请《企业集团登记证》，市场监管部门对企业集团成员企业的注册资本和数量不做审查[①]，并对如何在企业名称中使用“集团”字样进行了规范。企业法人可以在名称中的组织形式之前使用“集团”或者“（集团）”字样，该企业为企业集团的母公司。企业集团名称应与母公司名称的行政区划、字号、行业或者经营特点保持一致。需要使用企业集团名称和简称的，母公司应当在章程中记载，并在申请企业名称登记时一并提出。母公司全资或者控股的子公司、经母公司授权的参股公司，可以在名称中冠以企业集团名称或者简称。集团母公司应当将企业集团名称及集团成员信息通过国家企业信用信息公示系统的“集团母公司公示”栏目向社会公示，接受社会监督。

---

① 已废止的《企业集团登记管理暂行规定》（工商企字(1998)第59号）中要求，企业集团必须具备的条件是：①企业集团的母公司可以是一个从事生产经营和资产经营的企业，也可以是一个专门从事资产经营的公司，其规模必须达到国家大型企业标准，母公司和其子公司的注册资本总额须达到1亿元人民币以上。②母公司注册资本在5 000万元以上，且至少拥有5个控股子公司（子企业）。③集团成员单位均具有法人资格。④具有集团成员共同遵守的集团章程。

（2）组建企业集团的原则

组建企业集团必须坚持以下原则：

①自愿原则。企业集团是市场经济高度发展的产物，它不应带有任何行政命令的色彩，决不能搞“拉郎配”。

②平等原则。企业集团是不同所有制、不同行业、不同规模、不同法人的集合体，企业集团成员间的地位要平等，互相之间的权利、义务和责任是相同的，任何法人不能独立享有不受法律约束的特权。

③互惠互利原则。企业集团内的不同法人间存在经营上的内在联系，彼此独立而又相互依存，因此，应照顾各集团成员的利益，保证有关各方的合理经济利益。只有这样，才能紧密联合协调，整体发展。

13.2　企业集团财务管理的特点与职能

1）企业集团财务管理的特点

企业集团财务管理体制是企业集团财务管理的重要部分。由于企业集团的规模扩大，打破了原有的行业、地区和所有制界限，给管理和经营这种类型的企业带来了许多新的问题。

企业集团财务管理与大型企业财务管理不同，其特点主要体现在以下几个方面：

（1）企业集团的核心层（核心企业或集团公司）有两个不同范围的管理主体

第一，集团公司本身的财务管理。集团公司作为一个法人企业，其本身的财务管理既与一般企业的财务管理相同，又受集团公司管理权限和特点影响与一般企业财务管理有所区别。

第二，集团公司作为母公司或控股公司对所属公司的财务管理。企业集团的集团公司作为母公司，在对其全资子公司、控股及参股公司的财务管理方面都拥有相应的权利和责任。正确组织母子公司财务活动、处理财务关系是企业集团财务管理的关键。

（2）企业集团财务管理体制存在两个层次

第一，企业集团与其投资者之间的财务关系。企业集团作为多法人联合体，其投资与被投资关系及产权关系是相当复杂的。财务管理中研究企业集团与投资者或所有者之间的财务关系或权利是十分重要的。

第二，企业集团内部财务管理体制。企业集团内部管理体制是指企业集团的董事会、管理者在处理集团公司与所属企业之间财务权限与责任方面的规则，如采用集权型财务管理体制、分权型财务管理体制还是放权型财务管理体制等。

（3）企业集团财务管理模式发生三个转变

第一，从封闭型管理向开放型管理转变。所谓封闭型管理是指在企业集团管理中不考虑集团发展的外部环境，如不考虑国际、国内政治环境、经济环境、文化环境、市场环境的变化，不能根据这些变化改变与完善集团内部管理程序、方法、手段等。开放型管理则十分重视外部环境对企业的影响，在考虑社会环境、企业文化、职工素质等情况下，采取相应的管理手段与方法。

第二，从生产经营型管理向资本经营型管理转变。中国最初的企业集团建立主要是行政性的企业集团和产品主导型的企业集团，因此，集团管理也主要是生产经营方面的管理，忽视资产经营和资本经营的管理。在市场经济条件下按经济规律产生与发展起来的企业集团，更重视资本经营理念。企业集团的组建与管理处处围绕资本增值进行，这使企业集团管理从生产经营型转向资本经营型成为必然。

第三，从静态管理向动态管理转变。静态管理是一种只关注现实的管理，动态管理是一种关注未来的管理。集团财务管理必须在明确集团财务目标的基础上，面向未来进行战略调整、企业重组、组织再造等，企业只有不断运用各种动态管理手段与措施，才能保证企业的生命力、竞争力和持续经营能力。

2）企业集团财务管理职能

（1）战略管理职能

战略描述了一个组织计划为达到其目标的总方向。战略是大的和重要的计划，它反映了一个高级管理者对其组织的发展定向。企业集团财务管理必须围绕集团战略目标进行，或进行财务战略管理。财务战略管理包括财务战略制定与执行的管理。

战略制订是决定集团目标和达到这些目标的战略的过程。集团目标有财务目标和非财务目标，企业集团的财务目标与集团企业目标的一致性决定了财务目标的主导地位。在战略制定过程中，企业集团目标通常看做已知，但有时战略制定也强调目标本身。

企业集团可选择许多方法以实现其目标。不同企业的战略制定可采用不同的方法。通常制定企业战略的程序如图13-1所示。

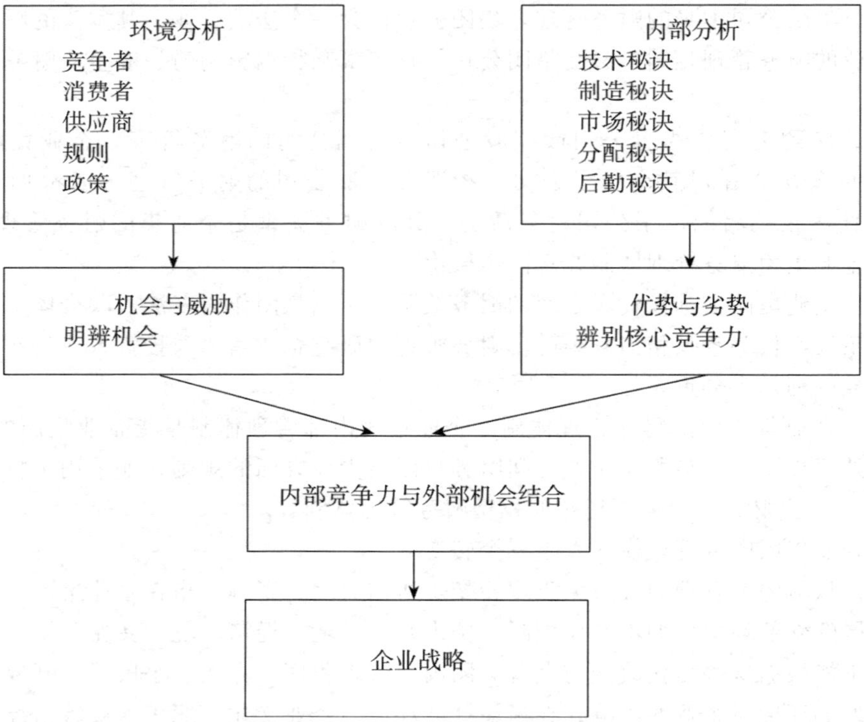

图13-1 制定企业战略的程序

企业集团战略包括两个层次：一是集团整体战略，即整个集团的发展方向，如企业集团应选择什么样的行业组合，什么行业是集团的正确选择，是相关多角化还是不相关多角化。二是集团内部企业战略，即各企业的发展方向，如各企业的使命是什么，如何完成这些使命，是低成本战略还是差异产品战略等。

13-1 知识拓展
"战略三角范式"下的企业集团竞争优势

集团财务战略的制定与执行是集团财务管理的重要职能，没有财务战略管理，集团财务管理将失去方向。

（2）预算管理职能

预算管理是指企业通过预算的形式规范各级管理者的经济目标和经济行为的过程。预算管理可通过调整与修正管理行为与目标偏差，保证各级管理目标和企业战略目标的实现。企业集团为了保证集团战略目标的实现，进行预算管理是十分有效的。

预算管理系统从管理环节看，包括预算的制定、预算的执行、预算差异分析和纠正偏差。预算管理系统从管理层级看，包括企业集团预算管理、集团公司预算管理、子公司预算管理、部门预算管理和项目预算管理。预算管理系统从预算管理内容角度看，包括经营预算管理、财务预算管理、资本支出预算管理。

集团的预算管理职能作用在于使管理者及员工明确自身量化目标，并能及时发现行为偏差对目标的影响，从而可随时纠正偏差，保证目标任务的完成。

预算管理的优点表现在：企业行为量化标准明确；企业总体目标与个体目标紧密衔接；突出过程控制，可及时发现问题、纠正偏差。预算管理的缺点表现在：预算管理系统制定复杂；在某种程度上限制了管理者及职工的主观能动性；预算标准刚性使控制不能随着环境变化而变化。预算管理适用于或应用于所有的组织或企业。但对于管理环境和基础较差的企业，建立与执行预算管理难度较大；对于管理环境和基础很好的企业，预算管理相对容易，但过分强调预算管理可能束缚主观能动性。

（3）考评管理职能

考评管理是指企业集团通过考核评价的形式规范企业集团各级管理者的经济目标和经济行为。考评管理职能强调的是管理控制目标而不是管理控制过程，只要各级管理目标实现则企业集团战略目标将得以实现。

考评管理系统从管理环节看，包括考评指标的制定、考评程序与方法、考评结果与奖惩。在这些环节上，考评指标及考评方法确定在理论界和实践中都有较大分歧。例如，用单指标考核评价还是多指标考核评价？单指标是用利润指标、经济附加值（EVA）指标，还是经济效率指标？多指标考核是仅进行财务指标考核评价还是各类指标综合考核评价（如平衡计分卡等）？财务评价指标应选择哪些？这都是集团考评管理中应结合企业具体情况确定的。

考评管理系统从管理层级看，包括董事会对高级经理的考评、高级经理对子公司或部门经理的考评、部门经理对项目经理的考评。

考评管理系统从管理内容角度看，包括财务绩效考评、管理绩效考评、质量技术绩效考评、作业绩效考评等。

考评管理的职能作用在于使各级管理者和员工明确自己的工作效果（目的）与自身利益及上级、同级目标的关系，从而调动其主观能动性，规范其行为，为自身目标和企业目标而努力。考评管理的优点表现在：既有明确的控制目标，又有相应的灵活性，有利于管理者及员工在实现目标过程中发挥主观能动性。考评管理的缺点表现在：缺少程序或过程控制，不利于随时发现与纠正偏差。

（4）激励管理职能

激励管理是指企业通过激励的方式控制管理者的行为，使管理者的行为与企业目标（或企业所有者目标）相协调。激励管理强调的是管理者的创造性。

激励管理系统从管理环节角度看，包括激励方式选择、激励中的约束（合约）、业绩评价。激励管理系统从管理层级角度看，包括企业所有者对高级管理者的激励、高级管理者对下级管理者的激励。激励管理系统从激励方式角度看，包括股票期权（或与股票相关的）激励、年薪激励、工效挂钩激励、奖金激励等。

激励管理职能的作用在于使管理者，特别是高层管理者将企业所有者目标与管理者个人目标相协调，根据不断变化的社会经济与技术环境，调整目标及战略，从而为企业创造更大价值或财富。

激励管理的优点表现在：将管理者的利益与所有者的利益相联系，通过利益约束机制规范管理者的行为；管理者可根据变化的环境及时调整目标和战略，保证企业价值最大化目标的实现。激励管理的缺点表现在：具体目标不明确，对企业文化、管理者素质要求较高。激励控制系统是一种高层次的、灵活性的控制系统。选择应用激励控制系统要求企业有较高的管理水平和良好的经济运行环境。

（5）政策管理职能

政策管理是指企业通过政策、规章、制度的形式规范与指导企业各级管理者与员工行为，以保证管理活动不违背或有利于企业战略目标的实现。企业集团政策管理是十分重要的。

政策管理系统从管理环节看，包括政策法规的制定、执行和考核。对于国家及地方、部门政策法规要深入研究并有效执行，对集团内部规章制度，要重视制定、执行和考核各环节。

政策管理系统从管理层级角度看，包括国家、部门法规政策管理、集团战略制度管理、集团管理控制制度管理、作业管理制度管理。

政策管理系统从管理内容角度看，包括财务制度管理、人事制度管理、营销制度管理、采购制度管理、生产与技术制度管理等。

政策管理职能的作用在于使管理者及员工明确哪些事该做，哪些事不能做，按规章制度做事，做不违背企业目标的正确的事。

政策管理职能的优点表现在：企业行为规则明确；操作简单，便于全员执行。政策管理系统的缺点表现在：限制管理者及职工的主观能动性；定量控制不够，缺乏与企业目标的直接衔接。

13.3 企业集团财务管理体制

1）企业集团财务管理体制的类型

根据企业集团的财务管理权力集中与分散的不同程度，可以把企业集团的财务管理体制划分为以下几种类型：

（1）集权型

集团总部的财务部门作为统一的权力机构，对企业集团的资金筹集、运用及利润分配实行高度集中的管理，以领导身份统辖下属企业的财务部门。在这种体制下，集团下属企业的权力被向上集中了。

集权型的优点在于：①有利于集团发挥财务调控功能，实现集团财务管理战略的目标；②有利于统筹和调剂集团的资金，降低集团资金成本和财务管理风险；③便于制定集团统一的财务政策，发挥集团资源的整合优势，降低管理成本，提高资源的使用效率。

集权型的缺点在于：①弱化了子公司的财务决策权，不利于子公司发挥参与决策管理的积极性；②管理权高度集中，管理者距离生产和经营最前沿较远，容易作出武断的决策。

（2）分权型

集团公司根据需要将一部分次要财务决策权力下放给下属企业，而只对重大的、全局性的财务事项作出决策，如重大的筹资、投资决策等。在这种体制下集团公司和集团企业成员之间划分财权，使各企业拥有一定的自主经营的权力。

分权型的优点在于：①有利于子公司发挥其财务决策权的积极性，决策快捷，易于抓住市场机会；②子公司在授权的范围内可以直接作出决策，直接面对生产经营，决策针对性强，同时减轻了集团总部决策的压力。

分权型的缺点在于：①弱化了集团总部的财务控制权，子公司可能为追求自身的利益最大化而忽视了集团的利益和风险；②难以统一指挥，不利于发现子公司的财务风险和经营问题，不利于集团总部的整体战略落实。

（3）放权型

财务决策权由各成员企业分散行使，成员企业独立决策、独立经营、分散管理、独立核算。在管理上，集团以间接管理的方式为主；在财务决策权上，子公司可以根据市场环境和自身的情况作出重大的财务决策。

放权型的优点在于：①子公司拥有充分的自主权，便于在竞争激烈的市场中快速作出财务决策，从而提高其竞争力；②有利于子公司参与集团管理，提高决策管理的有效性。

放权型的缺点在于：①不利于集团的整体调控、政策制定和战略部署；②不利于信息的横向沟通，如子公司之间的信息传递。

但是一般来讲，并不是集团内的每一个企业都享有完全的财务管理权力，而是集团公司将其直接控股的子公司的权力分散给它们，然后这些子公司又在各自的下属企业之间选择集权、分权或放权的管理体制。

2）企业集团资金集中管理

企业集团的资金集中管理，基本含义是将整个集团的资金集中到集团总部，由总部统一统筹管理和运用。通过资金的集中管理，企业集团可以实现集团内的资金资源整合，提高资金使用效率，降低集团资金成本和金融风险。

（1）资金集中管理的功能

企业集团资金集中管理是企业集团资金管理所采用的主要形式。企业集团资金集中管理具有以下功能和优势：

企业集团资金集中管理是企业集团资金管理所采用的主要形式。企业集团资金集中管理具有以下功能和优势：

第一，规范集团资金使用，增强总部对成员企业的财务控制力。集团总部通过资金集中控制和管理，首先可获得知情权，即通过对资金流入、流出总控制，了解成员企业的资金存量和流量，随时掌握其生产经营情况，有效防范经营风险；其次，通过对下属公司收支行为，尤其是支付行为的有效监督，实现对下属公司经营活动的动态控制，保证资金使用的安全性、有效性。

第二，增强集团资源配置优势。总部通过资金集中管理将有利于增强集团资源配置优势，包括：

①增强集团融资与偿债能力。由于企业集团的成员企业情况各异，在经营过程中，会发生一部分成员企业出现资金短缺，而另一部分成员企业出现资金结余的现象。通过集团资金集中管理，可以盘活集团的资金存量，通过在资金短缺企业和结余企业之间进行资金的合理调配，降低财务费用，实现资金使用效益最大化，同时优化集团的资产负债结构，增强集团公司的融资和偿债能力。

②优化资源配置。通过资金集中管理，提高集团资金运作效果、筹资融资能力和投资能力，为集团扩大规模、调整产业结构和合理投资等重大决策提供依据，从整个集团层面实现资源的优化配置。

③加速集团内部资金周转，提高资金使用效率。也就是说，企业集团下属成员企业之间内部业务交易及由此产生的内部资金结算业务，通过资金集中管理平台和网络技术，可以实现成员企业的内部网上结算。在这一交易平台上，企业之间在结算中心实现资金划拨与内部转账，没有中间环节和时间间隔，不产生在途资金，划转效率高，能有效提高资金周转速度。同时由于使用内部结算系统，不需要支付任何额外费用，节约财务费用。

（2）集团资金集中管理模式

第一，总部财务统收统支模式。在该模式下，集团下属成员企业的一切资金收入都集中在集团总部的财务部门，成员单位不对外单独设立账号，一切现金支出都通过集团总部财务部门进行，现金收支的审批权高度集中。统收统支模式有利于企业集团实现全面收支平衡，提高集团资金周转效率，减少资金沉淀，监控现金收支，降低资本成本。但是该模式不利于调动成员企业开源节流的积极性，影响成员企业经营的灵活性。

第二，总部财务备用金拨付模式。拨付备用金模式是指集团总部财务按照一定的期限统拨给所有所属分支机构或分公司一定数额的现金备其使用的。各分支机构或分公司发生现金支出后，持有关凭证到集团财务部门报销并补足备用金。

第三，总部结算中心。结算中心是由企业集团总部设立的资金管理机构，负责办理内部各成员企业的现金收付和往来结算业务。企业集团通过总部结算中心这个管理系统控制资金流向，有利于资金的统筹安排，合理调节；有利于企业集团集中财力，减少内部的资金积压，盘活沉淀资金，减少银行贷款和降低贷款利息；有利于减少资金的体外循环，加快资金的周转。

第四，内部银行模式。内部银行是将社会银行的基本职能与管理方式引入企业内部管理机制而建立起来的一种内部资金管理机构，通过引进商业银行的信贷与结算职能，来充实和完善企业内部经济核算。在运用和发展责任会计基本功能上，将企业管理、金融信贷、财务管理三者融为一体。内部银行的主要职能为：融资信贷职能、结算职能、监督控制职能、信息反馈职能。

第五，财务公司模式。财务公司是一种经营部分银行业务的非银行金融机构。财务公司作为集团的成员，在行政上受企业集团直接领导；作为非银行金融机构，在金融业务上受国家金融监督管理总局的监督管理，其经营范围除经营结算、贷款等传统银行业务外，还可开展外汇、包销债券、财务及投资咨询等业务。

13-2 知识拓展

企业集团资金集中管理问题探讨

3）企业集团财务管理体制设计

财务管理主要包括筹资管理、投资管理和收益管理三项内容，财务管理体制的设计应与其内容相适应。

（1）资金融通体制

企业集团的资金融通体制包括外部资金融通和内部资金融通两个层次。

外部资金融通体制，即企业集团的筹资体制，可以分为集中型筹资和分散型筹资。集中型筹资就是由集团公司统一对外筹资，然后以一定方式投入成员企业使用。这种体制一般是在集团公司设立了带有筹资中心功能的财务公司或财务中心时或者成员企业外部筹资能力较弱时使用。分散型筹资则是由成员企业根据国家规定直接对外筹资。内部资金融通体制可以分为计划融通方式、市场融通方式和模拟市场融通方式三种。计划融通方式即集团公司根据统一规划，在集团内各企业之间无偿调拨公司闲余资金。市场融通方式就是由集团财务公司通过信贷规划和利率杠杆等市场手段调节各成员企业的资金供求关系，控制资金总量来完成企业集团的内部资金融通。模拟市场融通方式即在集团内部模拟金融市场，建立类似内部银行的机构并通过它和资金规划来进行内部资金融通。

一般说来，企业集团建立了财务公司的，多采用集中型筹资并在集团内部采用市场融通方式融通资金，而没有组建财务公司的，则采用分散型筹资与计划融通方式相配合或者由集团公司财务部门集中筹资，再以计划方式或模拟市场方式在内部各企业间融通。

（2）投资管理体制

投资是影响企业集团发展的重要因素，因此，它也是企业集团财务管理最重要的内容之一。企业集团选择其内部投资管理体制时应综合考虑投资方向和规模，投资项目对集团发展的影响及集团的内部结构等因素。从总体上看，集团投资管理体制与总体上的财务管理体制是高度一致的。企业集团对于集团公司的直接投资项目的管理是全方位的。对于成员企业的投资项目，在集权体制下，决策权和运作权都由总部实施，成员企业只负责具体实施；在分权体制下，集团总部侧重于对投资方向、投资规模等的控制，其余部分由成员企业进行全面管理。

（3）收益管理体制

收益管理体制包括利润形成体制和利润分配体制两部分。站在集团公司的角度看，利润形成有三种渠道：一是集团公司本身直接从事生产经营业务形成的利润；二是以投资分成、价格转移等形式参与成员企业利润分配形成的利润；三是按公司规定由子公司全部上缴或部分上缴形成的利润。由于子公司的利润分配形成了母公司利润的一部分，企业集团的利润分配体制也相应地有以下几种：一是计划分配体制，对成员企业利润实行统收统支或按协议比例分成；二是投资比例分成制；三是转移价格分配体制。后两种利润分配体制，尤其是第三种，主要适用于集团公司不能有效控制的半紧密层或协作层企业的利润分配；对于集团公司的紧密层企业宜采用第一种方式分配利润。

4）确定企业集团财务管理体制应考虑的因素

企业集团在确定或选择财务管理体制时，主要应考虑以下几种因素：

（1）集团公司对下属企业的控制力强弱

如果下属企业情况复杂、布局分散、集团公司对其控制能力弱，则宜采用集权型的财务管理体制以加强对子公司的控制，以便充分发挥企业集团的整体优势。反之，如果集团公司对下属企业有很强的控制能力，则可适当分权，以调动子公司的积极性和灵活性。

（2）企业集团的发展情况

如果企业集团正处于成长阶段，各项建设投资较多、资金需要量很大，那么适于应用集中的财务管理体制。对各成员企业的筹资、投资及利润等进行统一管理，以保证整个企业集团的发展需要。如果企业集团已达到成熟阶段，完成了多元化经营的转变，各项事业趋于稳定发展，那么就可以选择分权型的财务管理体制，将财务管理权力下放到集团公司的下一级子公司或更大范围的成员企业。

（3）企业集团的组织结构

企业集团的组织结构主要可分为直线职能制、事业部制和控股制三种类型。如果企业集团采取直线职能制组织结构，此时为实行集权型的财务管理体制奠定了基础。如果企业集团采取控股制组织结构，则企业集团宜选择放权型的财务管理体制。如果企业集团采取事业部制组织结构，则企业集团宜采取分权型的财务管理体制。

学思践悟

海尔集团的集权与分权①

在当今快速变化的商业环境中，企业集团如何平衡集权与分权、确保权力正确运用以服务于整体目标和长远发展，是管理学和实务界持续探讨的主题。中国著名的家电制造商——海尔集团，以其独特的管理哲学和组织结构创新，为这一议题提供了有价值的案例分析。成立于1984年的海尔集团，从一个资不抵债、濒临破产的小冰箱厂起步，经过多年的发展，已经成为全球领先的家电品牌。在这个过程中，海尔不断探索和实践着符合自身特色的管理模式，其中最核心的就是“人单合一”对于集权与分权的深刻理解和应用。

权力观念的转变与实践。在海尔的早期阶段，由于企业规模较小，公司采取了传统的集中式管理。随着企业的快速扩张和市场竞争的加剧，传统的集权模式已经不再适应新的发展要求。因此，海尔开始逐步实施分权管理，将决策权下放到基层，让员工更贴近市场。张瑞敏认为，权力不应集中于个人手中，而应下放到最接近市场和客户的员工

① 作者根据收集的公开资料整理编写。

那里。他提出“人单合一”的理念，即每个员工都有自己的市场和客户，都要对自己的业务负全责，强调“人人都是CEO，而非螺丝钉”。这种模式鼓励员工自主创业，自我激励，从而实现了从被动执行到主动创新的转变。同时，海尔也意识到集权管理的重要性。在战略制定、品牌建设、资金分配等核心领域，集团总部仍然保持强有力的控制。这种平衡确保公司能够在保持灵活性的同时，不会偏离总体的战略目标。

避免权力滥用的机制。为了确保权力不被滥用，并能够有效地服务于集团的整体目标，海尔建立了一套完善的制度体系来监督和约束权力的使用。这包括建立透明的决策流程、强化内部审计和监控，以及实施严格的绩效评估体系。首先，通过建立透明的决策流程，确保所有的决策都是基于充分的信息和合理的分析。这有助于防止权力被用于个人私利，而不是为了实现组织的共同目标。其次，强化内部审计和监控机制是确保权力正确使用的重要环节。通过定期的内部审计和监控，可以及时发现和纠正滥用权力的行为，从而保证组织的资源被有效地利用。最后，实施严格的绩效评估体系是确保权力被正确使用的关键。通过对员工的绩效进行评估，可以激励他们更好地利用手中的权力来实现组织的目标。同时，这也可以帮助组织发现那些滥用权力的员工，并采取相应的措施来纠正他们的行为。

海尔的管理实践取得了显著成效，在国内市场，海尔成为了家电行业的领导者。在国际市场，海尔也成功打入了欧美等地的市场，成为全球大型家电品牌之一。更为重要的是，海尔的管理模式对中国乃至全球的企业都产生了深远的影响，许多企业开始学习海尔的分权管理模式，试图复制其成功的经验。

13.4　企业集团财务公司运作

1）财务公司概述

13-3 明理增信

新规解读：《企业集团财务公司管理办法》

1）财务公司的内涵与特点

企业集团不同于一般的企业，在资金运营上具有新的特点，资金是连接母子公司的又一条纽带，因此，如何管理资金成为企业集团面临的又一问题。企业集团可以借鉴西方的独立理财经验，建立财务公司，从而形成以财务公司为核心的适合我国现行体制下企业集团的资金监控系统。

（1）财务公司的内涵与性质

根据《企业集团财务公司管理办法》的规定，财务公司是指“以加强企业集团资金集中管理和提高企业集团资金使用效率为目的，依托企业集团、服务企业集团，为企业集团成员单位提供金融服务的非银行金融机构”。“财务公司的出资人主要应为企业集团成员单位，也可包括成员单位以外的具有丰富行业管理经验的投资者，成员单位以外的单个投资者及其关联方（非成员单位）向财务公司投资入股比例不得超过20%”。从以上规定可以看出，我国企业集团财务公司性质应该是由企业集团成员单位为主组建，可以吸收成员单位以外股份，为集团成员单位提供金融服务的非银行金融机构，是实行自主经营、自负盈亏、自我发展、自我约束的企业法人实体。

财务公司与企业集团财务部门或财务结算中心相比有明显的区别，与银行比较也具有不同的特点。

财务公司与企业集团财务部门或财务结算中心的区别如下：

第一，属性不同。财务公司属于企业法人实体，依据有关法律、法规自主经营、自负盈亏；财务部门或财务结算中心属于企业集团的内部机构，不具备法人资格。

第二，业务范围不同。财务公司依据人民银行规定的业务范围开展金融业务，业务品种比较多；财务部门主要负责企业集团会计核算、监督、控制及财务管理，不具有金融服务功能；财务结算中心主要负责企业集团内部资金的流入流出，功能比较单一。

第三，业务方式不同。财务公司以法人身份经营，为企业集团提供有偿金融服务；财务部门对企业集团总体的资产、负债及收益情况进行核算、监督、控制并提供财务信息，其业务属于内部管理业务。

第四，现金流性质不同。财务公司的现金流是有偿的，负债项目的现金流是有成本的。例如，长期存款，结算沉淀资金，需财务公司付利息，股东投入本金要求分红，相应的资产项目的现金流也是有偿的。例如，成员单位向财务公司借款，必须向财务公司付借款利息，财务公司以运营带有成本的资金来获取收益；财务部门或财务结算中心的现金流为企业集团服务，进行集中管理，统一调配，不作为商品运作。

与国内其他金融机构相比，财务公司也有不同的特点：

第一，财务公司的组建单位是财务公司的特定服务对象。

第二，与银行相比，财务公司不得在社会上吸收居民储蓄存款和活期存款，但资金运用上可进行固定收益类有价证券投资。与其他非银行金融机构相比，财务公司可以吸收企业集团成员单位定期存款和办理企业集团成员单位间的内部结算。

第三，财务公司离企业最近，对企业集团有明显的依附性，企业集团经营状况和经营理念，将直接影响财务公司的经营和业务开展。

第四，财务公司与其他金融机构相比，具有更好的灵活性，这主要得益于财务公司的管理层次少以及业务对象和服务领域的专一性，相互之间比较熟悉，办理具体业务反应快，服务便捷，具有较强的亲和力。

（2）财务公司的产生与发展

在西方，财务公司是经营金融业务的非银行金融机构。它最初产生于18世纪的法国，后在英国、美国相继开办。从其资金运用来看主要是消费信贷和企业信贷。但现在，西方财务公司的业务面已逐步扩大，几乎与投资银行无异。

借鉴西方财务公司独立的管理经验，1987年以来，我国也相继出现了多家财务公司，最初称为资金结算中心或资金调度中心。这些财务公司由集团公司内部成员共同出资建立，虽然也属非银行金融机构，是企业法人，但有别于西方的财务公司，具有其独特的特性。

①从其产生来看，它是随着企业集团的建立、发展和实力的壮大以及业务的不断扩展而成立的，由于企业集团的业务范围及规模不断扩大，企业集团内成员单位需要一个集

团内部的融资机构，以便充分利用企业集团成员单位之间资金的地区差、时间差、行业差、生产环节差，提高资金在企业集团内的使用效率。在这种情况下，财务公司产生了。

②从其服务对象来看，我国的财务公司有其特定性，是专门为企业集团服务的非银行金融机构，国家金融监督机构中国人民银行明确规定：财务公司指办理企业集团内部成员单位金融业务的金融机构。

③从其隶属关系来看，财务公司在行政上隶属于集团公司，受集团公司的直接领导。

④从其从事的业务范围来看，财务公司只从事企业集团内部的资金结算、融资和管理协调活动，对外可以取得资金，但不能办理对外的存贷款业务。

从上述分析不难看出，我国的财务公司虽在借鉴西方独立管理经营的基础上产生，但与其又有着明显的差别。由此可将我国的财务公司定义为：专门办理企业集团内部成员单位金融业务，独立核算、自负盈亏的非银行金融机构。

企业集团中的财务公司实质是将集团中的资本营运功能独立，财务公司一方面从事专职的资本营运活动，另一方面监控集团内部成员的资金收支活动。目前，国家对集团财务公司的审批非常严格，因此，设立财务公司的为数不多。实际中作为一种有效的替代办法，不少企业集团在集团公司中设立了财务中心。

【案例13-1】ZC集团财务公司的资金集中管理①

ZC集团公司组建于1999年7月1日，是在原某部门企事业单位基础上组建的中央直属特大型国有企业。ZC集团下属的财务公司经中国人民银行批准成立，由ZC集团的前身和部分成员单位出资组建，是隶属于ZC集团的非银行金融机构。随着近年来ZC集团业务不断拓展以及管理模式改革，从集团财务管理角度对于资金集中、资金风险管理以及资金使用效益的要求都在不断提高，通过财务公司这一资金管理平台去强化对资金存量、流量的控制和调节能力就显得越来越重要。为了顺应ZC集团的这一管理要求，ZC财务公司也开始职能转型：在集团范围内大力推进资金集中管理，发挥作为非银行金融机构的优势，将原先以结算为主的业务模式向结算和提供多种金融服务并举的方向推进，从而不断扩大业务范围，把建设成为ZC集团结算中心、信贷中心、金融中心作为重要目标，使之成为ZC集团公司业务群中的一个重要组成部分。财务公司主要从如下四个方面去建立以信息化为基础的资金集中管理模式：

(1) 账户管理。由集团公司下达指令，下属成员单位均在财务公司开立内部结算账户以方便成员单位间的内部结算。同时，财务公司与各主要商业银行建立合作关系，成员单位在原有银行开立的银行账户通过签订资金池协议统一纳入财务公司的资金归集序列。各成员单位根据自身的资金需求情况设置各账户的资金保留限额，超过限额部分由财务公司下拨上收。

(2) 资金收入管理。财务公司通过与银行的直连系统能够实时查询各成员单位银行账户的动态情况，如果查到有资金收款到账，则在各单位设置的资金保留限额的基础上进行资金自动上收归集，由此确保资金存量的高度集中。

---

① 周瑾．浅析企业集团资金集中管理中的财务公司模式——以ZC集团财务公司为例［J］．经贸实践，2017（16）：247-248.

（3）资金支付管理。对于成员单位的对外支付需求，由财务公司每日根据各单位账户保留额度下拨资金，成员单位的其他对外支付由其通过财务公司电子结算业务系统自行发起电子指令完成。

（4）资金安全管理。“资金安全”始终是财务公司资金管理的最重要职责，对此，主要从设备配置、信息传输、流程管理等方面进行了充分考虑，采取多项保障措施，确保电子结算业务系统的稳定、高效运行，保障各单位及财务公司的资金安全。

2）财务公司的筹建

（1）财务公司设立条件

设立财务公司，应当报经国家金融监督管理总局批准。一家企业集团只能设立一家财务公司。财务公司名称中应标明“财务有限公司”或“财务有限责任公司”字样，包含其所属企业集团的全称或者简称。未经国家金融监督管理总局批准，任何单位不得在其名称中使用“财务公司”等字样。按我国相关规定，企业集团设立财务公司应当具备下列条件：①符合国家政策并拥有核心主业。②具备2年以上企业集团内部财务和资金集中管理经验。③最近1个会计年度末，总资产不低于300亿元人民币或等值的可自由兑换货币，净资产不低于总资产的30%；作为财务公司控股股东的，最近1个会计年度末净资产不低于总资产的40%。④财务状况良好，最近2个会计年度营业收入总额每年不低于200亿元人民币或等值的可自由兑换货币，税前利润总额每年不低于10亿元人民币或等值的可自由兑换货币；作为财务公司控股股东的，还应满足最近3个会计年度连续盈利。⑤现金流量稳定并具有较大规模，最近2个会计年度末的货币资金余额不低于50亿元人民币或等值的可自由兑换货币。⑥权益性投资余额原则上不得超过本企业净资产的50%（含本次投资金额）；作为财务公司控股股东的，权益性投资余额原则上不得超过本企业净资产的40%（含本次投资金额）；国务院规定的投资公司和控股公司除外。⑦正常经营的成员单位数量不低于50家，确需通过财务公司提供资金集中管理和服务。⑧母公司具有良好的公司治理结构或有效的组织管理方式，无不当关联交易。⑨母公司有良好的社会声誉、诚信记录和纳税记录，最近2年内无重大违法违规行为。⑩母公司最近1个会计年度末的实收资本不低于50亿元人民币或等值的可自由兑换货币。⑪母公司入股资金为自有资金，不得以委托资金、债务资金等非自有资金入股。⑫国家金融监督管理总局规章规定的其他审慎性条件。

注册资本为一次性实缴货币资本，最低限额为10亿元人民币或等值的可自由兑换货币，银保监会根据财务公司的发展情况和审慎监管的需要，可以调整财务公司注册资本金的最低限额。财务公司的出资人主要应为企业集团成员单位，也包括成员单位以外的具有丰富行业管理经验的战略投资者；财务公司原则上应由集团母公司或集团主业整体上市的股份公司控股。

（2）财务公司筹建与设立

设立财务公司应当经过筹建和开业两个阶段。

申请筹建财务公司，应当由母公司向国家金融监督管理总局提出申请，并提交下列文件、资料：①申请书，其内容应当包括拟设财务公司名称、所在地、注册资本、股东、股权结构、业务范围等。②可行性研究报告，其内容包括母公司及其他成员单位整体的生产经营状况、现金流量分析、在同行业中所处的地位以及中长期发展规划；设立财务公司的宗旨、作用及业务量预测；经有资质的会计师事务所审计的最近2年的合并资产负债表、利润表及现金流量表。③成员单位名册及有权部门出具的相关证明资料。④申请人和其他出资人的营业执照复印件及出资保证。⑤设立外资财务公司的，需提供外资投资性公司及其投资企业的外商投资企业批准证书。⑥母公司法定代表人签署的确认上述资料真实性的证明文件。⑦国家金融监督管理总局要求提交的其他文件、资料。

财务公司的筹建申请，经国家金融监督管理总局会审批同意的，申请人应当自收到批准筹建文件起3个月内完成财务公司的筹建工作，并向国家金融监督管理总局提出开业申请，同时提交下列文件：①财务公司章程草案；②财务公司经营方针和计划；③财务公司股东名册及其出资额、出资比例；④法定验资机构出具的对财务公司股东出资的验资证明；⑤拟任职的董事、高级管理人员的名单、详细履历及任职资格证明材料；⑥从业人员中拟从事风险管理、资金集中管理的人员的名单、详细履历；⑦从业人员中从事金融、财务工作5年及5年以上有关人员的证明材料；⑧财务公司业务规章及风险防范制度；⑨财务公司营业场所及其他与业务有关设施的资料；⑩国家金融监督管理总局要求提交的其他文件、资料。

财务公司的开业申请经国家金融监督管理总局核准后，由国家金融监督管理总局颁发《金融许可证》并予以公告。财务公司凭《金融许可证》到市场监督管理机关办理注册登记，领取《企业法人营业执照》后方可开业。

3）财务公司的业务

财务公司的业务范围可划分为四大类，即负债类业务、资产类业务、中间业务、外汇业务。

（1）负债类业务

负债类业务是指财务公司组织并形成资金来源的业务，是财务公司业务经营的基础和基本业务，具体包括以下几个种类：

①吸收集团成员单位的定期存款。

②同业拆入资金。作为金融机构，财务公司可以通过同业资金拆借市场，拆入资金用来弥补临时资金不足或用于调剂头寸。

（2）资产类业务

资产类业务是财务公司通过资金运用从中获取经营利润的业务，它是财务公司的核心业务，具体包括以下几个种类：

①对集团成员单位发放贷款。发放贷款是财务公司资金运用中的一项主要业务。

②对集团成员单位产品的购买者提供买方信贷和消费信贷。财务公司为了支持企业集团积极开拓国内外市场，增强其市场竞争能力，可以向本集团生产的产品的购买方提供贷款，专门用于购买集团生产的产品，贷款对象虽已跨出了集团成员单位的范畴，但目的是促进产品的销售。

③固定收益类有价证券投资。财务公司可以用自有资金及吸收的存款投资于国债、企业债券等固定收益类有价证券投资。

④对成员单位办理票据承兑、票据贴现。财务公司可以办理集团成员单位签发的商业汇票的承兑以及对未到期的商业票据的贴现业务。

⑤同业资金拆出。财务公司可以向同业拆出暂时闲置的短期资金。

(3) 中间业务

中间业务是指财务公司不运用自有资金为集团内的成员单位提供金融中介服务，并从中收取手续费的业务，具体有以下四类：

①对成员单位办理委托贷款。由于企业之间不能进行资金的借贷业务，只能通过金融机构来办理。因此，集团成员单位间的资金借贷可委托财务公司办理，需要说明的是这种委托贷款须有确定的因素、用途和期限，贷款的风险由委托人承担。目前，许多财务公司从避税的角度出发，办理了大量的委托贷款。

②对成员单位发行企业债券。财务公司可以根据发债企业的需要，承销发债企业在集团内及面向社会发行企业、公司债券。

③办理成员单位资金结算与收付。

④为集团成员单位办理非融资性保函、财务顾问、信用鉴证及咨询代理业务。

(4) 外汇业务

由于目前我国尚未实现人民币、外币的自由兑换，因此，财务公司开办外汇业务还必须遵守国家外汇管理局的相关规定和监管政策。集团财务公司可以在满足一定条件和规定的前提下，通过合法途径开展外汇业务。这包括完成必要的登记手续，遵守监管政策，并与合作银行协调以提高效率。同时，财务公司应当关注相关政策的变化，确保其外汇业务的合法性和合规性。财务公司获批准开展外汇业务，有助于优化集团资源配置，降低整体财务费用、规避外汇风险，更有效地提升集团资金运营效率。

以上介绍了企业集团财务公司的性质及业务，概括了财务公司作为非银行金融机构具有的两个显著特点：一是服务对象的确定性，财务公司的服务对象被严格限定为企业集团的成员单位，而不能面向社会提供金融服务；二是经营业务的多样化，与其他金融机构相比，财务公司的业务范围相对来讲比较广泛，业务种类也较宽。但是中长期业务规定和对结算业务的限制与实际差距很大。

从另一个角度看，财务公司业务也可归类为：①结算服务，即以财务公司为中心，覆盖集团成员单位的资金结算服务网络，实现集团成员单位资金在财务公司金融服务网络上快捷、安全、高效地自由流动。②融资服务。作为财务公司开展成员单位信贷业务、融资顾问服务、办理成员单位买方信贷、办理成员单位汇票的承兑及贴现、对成员单位提供担保、发行企业债券或短期融资券等业务。③资本运作服务，即协助集团下属企业、成员单位开展IPO服务，开展企业并购与重组咨询服务。④咨询及理财服务，即为集团成员单位提供财务咨询顾问服务，包括有关汇率、利率、资本市场的信息咨询服务等。

4）财务公司的运作

财务公司的运作包括：资金结算中心的运作、融资中心的运作、资金管理与调度的运作以及投资中心的运作。

(1) 资金结算中心的运作

资金结算中心引入银行的存贷机制和结算功能，集中办理集团内各成员企业的资金结算业务。在具体操作上，资金结算中心在银行开户，集团内所有的全资企业、直属单位、总公司投资控股企业，甚至集团财务部，除有特殊情况外都要撤销在结算银行开立的账户，改在资金结算中心独立开户，并在该账户结算，以防止资金体外循环；下属企业除日常小额费用开支外，其余款项收付均通过结算中心统一对外，闲置资金存入资金结算中心，结算中心和各成员企业之间结算使用内部往来凭证；结算中心的各项业务采用模拟商业银行的方式进行处理。这样，集团财务公司就可以充分利用集团内各企业的闲余资金，减少资金占用，加速资金周转，从而提高资金使用效率；同时，由于各成员企业的资金往来必须通过资金结算中心进行，也便于集团公司了解各下属企业的资金使用情况并对之进行监督调控。

（2）融资中心的运作

融资中心负责企业集团的资金筹集，并管理集团的内部信贷业务和各成员企业的投资活动。在具体业务上有以下内容：

①负责集团公司本身的外部资金筹集，包括银行贷款、发行债券、股票等方式。融资中心在筹集资金时要努力降低资金成本，优化资本结构。

②为各成员企业的贷款提供担保。融资中心可以应成员企业的要求为其贷款提供担保，具体操作时应制定严密的担保制度，以防止集团公司的利益受到损害。

③为集团各成员企业提供内部贷款。由于各成员企业统一在集团财务公司办理开户和结算，就使集团财务公司有能力收集各成员企业的闲余资金并加以利用。集团财务公司内部的融资中心在办理内部贷款业务时，要严格执行国家的有关法律、法规，必须通过资金结算中心进行，这样便于集团公司了解各下属企业的资金使用情况并对之进行监督调控。

（3）资金管理与调度的运作

财务公司只有在对各成员企业资金的存量和流量心中有数的情况下，才能够做到资金的合理管理与调度。因此，财务公司应及时掌握控股公司及其在银行的资金动态，尽量做到每天结算出银行存款余额。财务公司对重点资金的变动，如对内放贷、担保、对外往来等，也应及时提供报表，连同财务公司的财务报表一并向控股公司负责人通报，使控股公司负责人对整个公司的生产经营及建设资金情况有一个精确细致的了解，为公司的决策提供依据。此外，财务公司还应要求各成员企业定期提供下一阶段的资金计划，以便对未来资金流量有所了解。

在了解了各成员企业和整个企业集团的资金存量和流量的前提下，财务公司应该对资金的流向流量、时间安排以及资金的平衡与调度等方面都作出安排和计划。计划的原则应是通过对企业集团资金的统一结算、调度，形成规模优势，从而既满足企业集团内部各独立法人相对独立的利益和相对独立的资金活动，又必须服从企业集团资金管理的整体性。此外，由于资金管理具有动态性，财务公司必须针对当前静态资金情况和企业集团整个资金安排与变动情况，并结合集团公司和各成员企业的资金需求情况及时调整资金计划。

（4）投资中心的运作

投资中心的主要任务是对成员企业的投资行为进行监督控制。对于投资的管理随着集团财务体制的集权与分权程度不同而有所不同。在财务体制倾向于分权时，对于成员企业投资的控制主要体现在投资审议制度上，而当财务体制倾向于集权时，投资中心除了要对投资项目进行审议外，还要对重大的投资项目建设过程进行控制和跟踪监督。

13-4 案例分析

集团管理控制与财务公司风险管理

（5）集团财务公司运作的配套措施

为使集团财务公司有效运行，企业集团应在配套措施上给予保证。

①统一集团各成员企业的会计核算模式和计算口径，保证决策信息真实可靠。如果各企业的具体账务处理方法不同，可能会使汇总的会计信息失去真实性，造成决策失误。

②建立完整的信息管理系统，从而确保信息及时性。财务公司应当建立健全覆盖各个业务领域的信息管理系统，实现经营管理的信息化，加强对业务和管理活动的系统自动控制。

③在人员管理上进行配套改革。为保证集团公司对下属企业的有效控制，必须杜绝所属企业存在的“小金库”和“两套账”等现象，为达到此目的，企业集团应在会计人事管理上进行配套改革，对所属成员企业的财务人员实行内部会计委派制，财务人员接受集团公司和所在子公司的双重领导，由集团公司统一培训、任免，由所在子公司支付其报酬，在关键问题上，听从集团公司的指令；另外，应对成员企业的经理层建立有效的激励和监督机制，实行年薪制，从而保证成员企业经营者目标与集团公司目标相一致。

5）财务公司的风险管理

财务公司作为集团资金管理中心，其风险大小将在很大程度上影响集团整体的财务风险。因此，除要求对集团总部及各成员单位进行资产负债率管理外，集团还应加强对财务公司的风险管理。

财务公司作为非银行金融机构，其风险主要来自以下方面：①战略风险。它主要集中在集团治理与财务公司决策层面，如战略目标落实不到位、新业务拓展风险、战略环境发生变化、信息系统建设与业务发展不匹配等产生的风险。②信用风险。它主要集中在信贷业务上，包括因审贷不严而产生的客户不能按期还本付息、担保责任增加等风险。③市场风险。它主要集中在市场判断及财务管理上，如汇率风险及外汇资金贬值、利率存贷息差缩小等。④操作风险。它主要集中体现在业务操作流程之中，如资金被盗窃、财务欺诈、结算差错率提高等。

财务公司应建立全面风险管理体系，主要包括建立健全组织机构体系、强化财务公司的内部控制制度。财务公司应当建立涵盖各项业务、全公司范围的风险管理体系，采用科学的风险管理技术和方法，充分识别和评估经营中面临的各类风险并进行持续的监控。财务公司应当按照审慎经营原则，制定本公司的各项业务规则和程序，建立健全本公司的内部控制制度，明确内部控制责任，持续开展内部控制监督、评价与整改。

公司治理机制是防范风险的重要堡垒。建立中国特色现代企业制度，要把党的领导融入财务公司的公司治理各环节，实现制度化、规范化、程序化。国有财务公司应当按照有关规定，将党建工作要求写入公司章程，落实党组织在公司治理结构中的法定地位，坚持和完善“双向进入、交叉任职”领导体制，将党的领导融入公司治理各个环节。民营财务公司要按照党组织设置有关规定，建立党的组织机构，加强政治引领，建设先进企业文化，促进财务公司持续健康发展。

13.5　企业集团财务共享服务中心运作

1）企业集团财务共享服务中心的内涵与特点

随着成员单位和机构设置增多，很多跨行业、跨地域、多层级的大型企业集团开始患上“大企业病”，表现为管理控制难度加大、成本增加、决策效率低下等管理困境，制约着企业集团的健康发展。财务管理是企业集团管理的核心，财务管理效率低、成本高，财务信息质量差等问题成为企业集团“大企业病”的重病区。繁琐的制度和组织机构的重复设置以及官僚化，不仅使企业集团财务工作陷入重复日常操作与责任扯皮之中，无法发挥价值链中辅助部门的价值创造功能，也容易催化企业集团各级公司以自身利益为中心。因此，必须推动集团财务管理变革和转型。

20世纪90年代，一些大型跨国企业集团率先开展财务管理变革和流程再造，一种新的财务管理模式——财务共享服务（finance shared service，FSS）应运而生。财务共享服务，亦称财务共享服务中心（FSSC），是以一个独立的组织实体存在的。企业集团财务共享服务中心，是将企业集团大量重复，且易于实现标准化、流程化的财务业务从分散的成员单位中抽出，集中到一个统一的独立运营的业务单元（财务共享服务中心）进行流程再造与标准化集中处理，以提升业务处理效率，进而降低成本、加强管控、提升客户满意度、创造价值，最终提升集团整体财务管理水平的一种作业管理模式。

作为一种新型的财务管理方式，企业集团财务共享服务中心具有以下特点：

第一，服务性。企业集团财务共享服务中心为企业集团各成员单位提供会计核算处理和有关信息服务，从而实现从管理职能部门向服务组织的角色转换。

第二，专业性。企业集团财务共享服务中心是一个相对独立的业务单元，这个业务单元拥有专业化的服务和具有专业知识的团队。

第三，规模效应。企业集团财务共享服务中心将来自各成员单位的不同的或协调性差的财务业务进行整合形成规模经济，从而降低成本。

第四，统一性。企业集团财务共享服务中心将各成员单位的非标准业务进行标准化，建立统一的操作模式，运行统一的流程，执行统一的标准，从而提高财务管理效率，降低成本。

第五，协议性。企业集团财务共享服务中心根据协议约定的价格向各成员单位收取相应的服务费用，并将服务的内容翔实地约定在协议中。

第六，技术性。共享服务是建立在信息化平台基础上的，需要依赖高效率的且能够覆盖整个公司范围的软件系统和电子集成系统。在财务共享服务中应用最广泛的技术包括工作流技术、ERP、文档影像、数据分析和报告工具、数据仓库、员工自助报销等。

2）企业集团财务共享服务中心的建设[①]

（1）企业集团财务共享服务中心的建设目的

① 张庆龙，聂兴凯，潘丽靖. 中国财务共享服务中心典型案例［M］. 北京：电子工业出版社，2016.

根据企业集团发展的战略定位，企业集团建立财务共享服务中心的目的主要有以下三类：成本节约；管理控制；成本节约与管理控制相结合。

首先，成本节约目的是指企业集团在确保企业持续有效运行的情况下，最大限度地降低企业财务运作成本。这类财务共享服务中心的业务范围多为高发生频率的劳动密集型会计核算业务，侧重实现会计集中化核算，通过业务流程的不断优化来提高会计业务处理质量和效率，保证集团内部会计核算工作的标准化和规范化，通过不断释放规模效应，降低财务人员人力成本、提高财务核算水平和效率。这类财务共享服务中心往往适用于不断进行业务扩张、处于发展中的在全国乃至全球范围内具有同质业务的企业集团。

其次，管理控制目的是指将财务共享服务中心作为企业集团管理控制的一项重要手段。其核心理念在于，管理的核心是控制，控制的核心是会计控制。因此，建设这类财务共享服务中心的目的是通过规范化、流程化、标准化的会计控制带动业务的流程化、标准化，实现集团公司对分子公司的管控。具体地，企业集团通过财务共享服务中心的流程再造整合财务管理和风险管理资源，对集团下属公司实施财务全程化管控，为集团战略制定提供高质量财务决策支持，促进核心业务发展，实现集团对下属企业或部门的实时监测，提高集团的综合掌控能力，从而有效支撑企业集团的战略发展。这类财务共享服务中心往往适用于处于成熟期、业务类型多元化、重组并购或变革频繁，且已经实现全国乃至全球运营的企业集团。

最后，单纯的成本节约或管理控制目的都不能充分发挥财务共享服务中心的全部优势，因此，更多的企业集团建设财务共享服务中心的目的是成本节约与管理控制相结合，即以企业战略发展为依托，在释放规模效应、节约成本的同时发挥整体管控作用，建立从基础核算、预算管控到决策分析的全方位财务管理。

（2）企业集团财务共享服务中心的运作模式

企业集团财务共享服务中心的运作模式主要包括以下4种：基本模式；市场模式；高级市场模式；独立经营模式。这4种运作模式呈现出层层递进的关系，具体如下：

①基本模式是财务共享服务中心运作模式中最基础的。作为企业集团内部的一个职能部门，该财务共享服务中心大多通过合并和整合日常事务性会计核算处理工作和资金交易活动，实现规模经济并消除冗余，最终实现降低成本和流程规范化、标准化的目标。基本模式主要强调标准化的流程、灵活化的组织、专门化的分工和核心化的能力。

②市场模式是在基本模式基础上进一步发展起来的，其摆脱了财务共享服务中心作为企业集团内部职能部门的定位，强调独立运营责任主体的地位。该模式下，服务不再是托管式的，企业集团内部的其他成员单位可以自行决定是否接受这些服务。而财务共享服务中心为了达到服务的专业化，需要不断提升自身服务质量、优化流程、加强沟通，根据确定的服务流程与标准提供服务，提升自身服务的专业化水平。除此之外，财务共享服务中心还需要基于基础信息提供更为专业的顾问和决策咨询服务。

③高级市场模式不仅具备市场模式的特征还拥有竞争机制，让财务共享服务中心走向市场化，在保证自己企业服务质量和安全的同时，运用成本效益原则采取市场定价，实现企业盈利的目标。企业集团内部的其他成员单位可以根据其自身情况来选择所需求的共享服务，当企业集团内部财务共享服务很难满足自身需求时，可以选择企业集团以外的其他

财务共享服务中心。这不仅有利于提升企业集团内部财务共享服务中心的服务质量，也使得整个财务共享服务市场变得完整和成熟。

④独立经营模式下，财务共享服务中心变得更加成熟和市场化，作为独立的经营实体，其不仅向企业集团内部各成员单位提供产品和服务，也为外部客户提供服务。该模式下，财务共享服务中心凭借其专业技能、技术及知识与第三方外部服务机构、外部咨询机构等展开完全竞争，服务收费也完全呈现出市场化态势。由于完全没有来自企业集团的先天庇护，迫使这种类型的财务共享服务中心必须创造稳定的收入和利润，并且不断提供服务与产品的升级或更新，以便吸引更多的新客户，维持老客户，从而不断发展壮大。这时的财务共享服务中心已经从过去的成本中心转型为价值创造中心。

企业集团财务共享服务中心的模式选择是个复杂的过程，必须从企业集团自身的文化特征、所处生命周期、公司治理特征、战略定位等因素出发，选择适合自身现状及企业集团整体发展的运作模式。

【案例13-2】海尔集团财务共享服务中心的建设①

2007年开始，海尔集团组建了包括IBM咨询顾问、内控中心、系统实施顾问等项目团队以配合海尔全球化战略的布局，并借集团流程再造的契机启动了海尔全球财务共享服务中心项目。海尔全球财务共享服务中心将集团内不同公司的往来、结算、资产核算、费用报销等交易处理与会计核算业务进行集中共享，以会计流程的重组为核心，完成了中心组织架构、人员和信息平台等的搭建工作。具体如下：

(1) 组织架构。海尔财务共享服务中心分为会计平台和资金平台两部分。会计平台主要负责会计交易事项的核算处理，资金平台主要负责融资、资金运营和金融风险的管控。中心在两大平台之下细分为12个功能中心（费用稽核、总账报表、往来清账、税务申报、资产核算、税票服务、收付服务、质量管理、海外会计、融资平台、金融风险、资金运营）。每个功能中心根据业务效率定岗定编，各岗位按统一的操作流程与标准进行业务处理，保证同一交易事项在同一组织内按照标准化流程规范操作，实现财务共享服务中心的规模效应和协同效应。

(2) 流程建设。海尔财务共享服务中心对财务流程进行“端到端”的优化设计，梳理成总账（GL）、应收（AR）、应付（AP）、固定资产（AM）、费用预算控制和资金管控6个模块24个流程，并建立了标准业务流程。这些业务流程优化措施使整个集团实现了数据定义统一、会计科目统一、企业数据仓库统一、会计核算流程统一、会计账套统一，以及不同区域法人公司的会计核算集中化和标准化。海尔财务共享服务中心通过流程再造实现端到端的闭环，将物流、资金流和信息流充分结合，将分散在各个业务发生地的会计核算业务集中到中心统一处理，使财务和业务高度协同，极大地提高了财务管理的质量和效率，有效控制了集团财务风险，降低了财务成本。

(3) 信息系统。2005年，海尔集团建立了全球统一信息系统，即SAP/ECC，将全球各公司的财务数据和业务信息在这个平台上共享。随后，海尔在该系统的基础上建立了全球价值信息化系统（HGVS），以在集团上下全面推行财务共享。此外，海尔跟进开发了

① 成畅．企业集团财务共享服务创新研究——基于海尔集团的管理实践［J］．会计之友，2019（3）：90-94．

员工自助费用核销系统、信息化对账系统以及MPC资金支付系统等，实现对财务工作的在线管理。海尔财务共享服务中心通过标准化、规范化的信息加工，确保财务和业务数据能够被及时、准确、完整地传递和处理；借助全球价值信息化系统等平台，将财务融入业务流程，实现成本费用事前管控、事中真实反映、事后无不良账项，保障业务平稳、有序、高效地执行。

（4）内部控制。随着海尔财务共享服务发展的逐渐完善，除了降本增效，提升企业核心竞争力成为海尔集团的主要目标。首先，在合法合规层面，海尔财务共享服务中心推行了4种账务合规评价模型：一是建立员工信用等级标准并嵌入财务流程，打造团队诚信氛围；二是持续优化标准、透明、开放的财务流程；三是输出流程规范、风险指引、操作指导等管理手册；四是多维度持续输出流程案例、科目解析等财务管理报告，管控业务执行环节。其次，在风险管控层面，海尔将风险控制点嵌入统一的交易规则和业务流程并固化至信息系统，通过流程穿刺、信息反馈、科目解析、风险预警等共享质量管理，有效规避各环节的风险，从而使企业战略、财务、经营等风险得到有效控制；定期对共享成员单位进行合规评价，通过事前控制、事中自检、事后优化，实现全员内控，形成预防性和自运营性的内控体系。

3）企业集团财务共享服务中心的未来发展展望

从宏观视角来看，我国经历了快速发展的30年，未来依靠内涵式发展实现经济结构调整将成为主流。从微观视角来看，我国企业集团也普遍从依靠跑马圈地式发展的初创期走向拼成本的成熟期。企业集团一旦进入成熟期，或经济处于下行趋势，或开展全球运作，必将面临收入增长缓慢、成本持续增加、对分子公司管控不力等突出问题。尤其是随着“一带一路”倡议的实施，越来越多的企业集团走出国门，其财务管理的水平将直接影响企业战略目标的实现。企业集团分散在全球各地成员单位的业务处理标准不同，财务管理人员要求不同，管理方式、管理规则不统一等问题，给企业集团管理，尤其是跨国企业集团管理带来了很多难题。

我国已进入新时代，企业财务管理转型升级成为大势所趋，而转型的目标是形成一个完整的财务管理战略局。国内外企业的数年实践经验证明，建设财务共享服务中心已成为企业集团财务转型升级过程中一种清晰、可靠且有效的模式。企业集团财务共享服务中心通过将大量分子公司的会计运营工作集中到一个或多个机构中，实行会计处理的规模化“生产”，不仅大幅度降低运作成本，还为集团管控水平的改进提供了很好的平台和工具。企业集团能够随时获取各分子公司的财务经营结果，并基于财务共享服务中心产生的数据进行财务分析，实现企业内部信息的快速传输和有效交流，使企业财务流程和业务流程紧密联系起来，有利于企业集团内部业务的及时调整和新业务的全球推动，最终加速企业集团战略目标的达成。

随着云计算、大数据等新一代信息技术的不断发展，企业集团财务共享服务将实现全球化、虚拟化，财务共享的数据价值也将得到大幅提升。一方面，依托云技术的虚拟财务共享服务中心的优势，基于云计算技术和云服务平台的财务管理方式将成为越来越多企业集团实践、发展的方向；另一方面，在大数据技术和数据思维的前提下，财务共享服务中心不仅可以采用数据挖掘的方式发现问题、优化流程与服务，也能够通过大数据分析能力挖掘商业机会，提升市场竞争力。

本章小结

企业集团是企业组织形式的一种，它与一般企业相比有其特殊性。企业集团的定义有多种，但现代企业集团的特征是基本相同的，主要体现在以下几方面：①企业集团以产权连接为主要纽带，形成多层次的组织结构；②企业集团是一个多法人组成的法人集合体，但其本身不具有法人资格；③企业集团有一个能起主导作用的核心经济实体。

企业集团中的集团公司在企业集团中占有重要的地位。合理地界定集团公司的权利与义务，既可以发挥集团公司战略决策和协调作用，也可以调动成员企业的积极性和自主经营意识。

企业集团组建模式有多种，我们应根据企业环境与特点选择相应的模式。从我国目前社会环境、经济环境和企业制度出发，我们在企业集团各模式选择中，应提倡以资本为纽带的企业集团，尽可能减少行政主导型和产品主导型企业集团。

企业集团财务管理体制是企业集团财务管理的重要部分。由于企业集团的规模扩大，打破了原有的行业、地区和所有制界限，给管理和经营这种类型的企业带来了许多新的问题。

企业集团财务管理与大型企业财务管理不同，其特点主要体现在以下几个方面：第一，企业集团的核心层（核心企业或集团公司）有两个不同范围的管理主体。一是集团公司本身的财务管理；二是集团公司作为母公司或控股公司对所属公司的财务管理。第二，企业集团财务管理体制存在两个层次。一是要处理企业集团与其投资者之间的财务关系；二是构建企业集团内部财务管理体制。企业集团财务管理模式发生三个转变。一是从封闭型管理向开放型管理转变；二是从生产经营型管理向资本经营型管理转变；三是从静态管理向动态管理转变。

根据企业集团的财务管理权力集中与分散的不同程度，可以把企业集团的财务管理体制划分为以下几种类型：（1）集权型；（2）分权型；（3）放权型。一般说来，集权型的财务管理体制能发挥企业集团的整体优势，便于集团宏观调控与指导；而分权型财务管理体制可使下属企业结合自身特点灵活决策，有助于调动下属企业的积极性和创造性。

我国企业集团财务公司性质应该是由企业集团成员单位为主组建，可以吸收成员单位以外股份，为集团成员单位提供金融服务的非银行金融机构，是实行自主经营、自负盈亏、自我发展、自我约束的企业法人实体。

财务公司与企业集团财务部门或财务结算中心相比是有明显的区别，与银行比较也具有不同的特点。

企业集团财务共享服务中心具有以下特点：（1）服务性；（2）专业性；（3）规模效应；（4）统一性；（5）协议性；（6）技术性。其建设目的主要包括成本节约、管理控制、成本节约与管理控制相结合三类。其运作模式主要包括以下层层递进的4种类型：（1）基本模式；（2）市场模式；（3）高级市场模式；（4）独立经营模式。

建设财务共享服务中心已成为企业集团财务转型升级过程中一种清晰、可靠且有效的模式。随着云计算、大数据等新一代信息技术的发展和我国国际化进程步伐的加快，企业集团财务共享服务将实现全球化、虚拟化，财务共享的数据价值也将得到大幅提升。

关键概念与主要观念

□ 关键概念

企业集团　控股型企业集团　混合型企业集团　管理型企业集团　单元核心型企业集团　多元核心型企业集团　直控型企业集团　控股型企业集团　并存型企业集团　企业集团财务管理模式　财务公司　企业集团财务共享服务中心

□ 主要观念

企业集团组建的目的有多种，不同的目的，其集团组建的模式、要求、重组方式、管理体制等都可能不同。应当指出，企业集团作为一种企业组织，企业的目标应是企业集团组建的根本目标，其他目的应服从于企业目标。

企业集团的模式有所不同，不同的模式，其组建方式方法、管理体制等也不同。企业应根据集团组建目标、自身条件和特点，选择适当的企业集团模式。一般地说，组建以资本为纽带的企业集团是现代企业组织的客观要求，是绝大部分企业集团的首选模式。

集团财务战略的制定与执行是集团财务管理的重要职能，没有财务战略管理，集团财务管理将失去方向。

集团的预算管理职能作用在于使管理者及员工明确自身量化目标，并能及时发现行为偏差对目标的影响，从而可随时纠正偏差，保证目标任务的完成。

集团考评管理的职能作用在于使各级管理者和员工明确自己的工作效果（目的）与自身利益及上级、同级目标的关系，从而调动其主观能动性，规范其行为，为自身目标和企业目标而努力。

集团激励管理职能的作用在于使管理者，特别是高层管理者将企业所有者目标与管理者个人目标相协调，根据不断变化的社会经济与技术环境，调整目标及战略，从而为企业创造更大的价值或财富。

集团政策管理职能的作用在于使管理者及员工明确哪些事该做，哪些事不能做。按规章制度做事，做不违背企业目标的正确的事。

区别于传统财务管理方式，企业集团财务共享服务中心具有鲜明的特点和建设目的，以及独特的运作模式。

基本训练

□ 知识题

13.1　简答题

（1）企业集团的作用是什么？

（2）在以资本为纽带的企业集团中，根据企业集团中集团公司设立方式分类，可分为哪些模式？其特点是什么？

（3）企业集团财务管理的特点是什么？

（4）企业集团财务管理的职能是什么？

（5）企业集团财务管理体制的类型及优缺点是什么？

（6）企业集团确定财务管理体制应考虑的因素有哪些？

（7）财务公司的性质及特点是什么？

（8）财务公司的业务范围是什么？

（9）企业集团财务共享服务中心的特点是什么？

（10）企业集团财务共享服务中心的建设目的和运作模式分别有哪些？不同的运作模式之间有什么区别和联系？

13.2　思考题

（1）企业集团财务战略制定过程中应考虑哪些因素？

（2）如何设计企业集团财务管理体制？设计的影响因素有哪些？

（3）企业集团财务公司的作用有哪些？你认为如何才能最大限度地发挥企业集团财务公司的作用？联系实际说说自己的体会。

（4）云计算、大数据等新一代信息技术的不断发展对企业集团财务共享服务中心有哪些影响？

□　能力题

三菱集团的组织模式①

三菱是日本最大的集团公司——由很多附属公司构成。它的核心层并不是一个控股公司性质的企业，而是由实力很强、相互持股的多家企业共同构成集团核心层。集团共含41家公司，包括商事、电机、汽车、重工、化学、银行等企业，产品从核能工厂、船舶、飞机、导弹、桥梁、汽车、电器、照相机，直到玻璃、啤酒。排名情况是，银行为日本第四，重工业第十，化工第一，汽车第五，啤酒为世界第四。其包括28家核心公司：三菱商事（贸易公司）、三菱重工（集团公司最大的生产公司——造船、空调、铲车、机器人、汽轮机）、三菱汽车、三菱钢铁、三菱铝业、三菱石油、三菱石化、三菱汽化、三菱塑料、三菱缆线、三菱电器、三菱建设、三菱纸厂、三菱矿业和水泥、三菱银行、日本水险和火险公司（世界最大保险公司之一）等。在这个核心集团公司之外是几百个其他的与三菱相关的子公司和附属公司。三菱集团是以金融业为轴心、以商事（综合贸易）为支柱、以实业为基础、横跨多产业领域的综合性企业。

如何操纵这个庞大的经营机器，并使之如意运转？三菱建立了金曜日俱乐部会议制度，即每个月第二周的星期五，集团所属各企业的负责人聚到一起，增进了解与支持，商讨并决策有关重大问题，然后分头去办。三菱集团的28个核心公司通过股票的互相持有（其他公司拥有某个公司股份的比例由17%至100%不等，平均为27%）、互为董事、合资公司和长期的业务联系而联结在一起。它们在很多情况下，互相使用对方的产品和服务——位于伊利诺伊的三菱汽车的钻石星工厂的供应商，就是25家三菱或与三菱相关的公司。它们联合力量进行并购是很常见的——5家三菱公司联合起来购买加利福尼亚的一家水泥厂；三菱公司在三菱银行信托的财务资助下以88 000万美元购买了位于匹兹堡的一家化学公司，然后将其分开卖给三菱汽化、三菱人造丝、三菱石化和三菱化工。三菱银行和部分其他三菱金融公司是新事业的一个主要资金源泉，如果集团公司成员碰

---

①　王凤彬．集团公司与企业集团组织——理论·经验·案例［M］．北京：中国人民大学出版社，2003.

到困难的市场条件或财务问题，这些金融公司就是一个金融安全网。

三菱集团的每一个公司都独立运作，寻求自己的战略和市场，有时集团成员会发现它们在同样的市场中互相竞争，成员公司通常也不会从其他成员处得到有利的交易。例如，在向位于弗吉尼亚州的一家新的发电厂提供汽轮机的竞争中，三菱重工败给了西门子公司，而这家发电厂是由三菱公司拥有全部所有权的钻石能源公司建造的。但独立运作并不能阻止三菱的这些公司认识到它们的共同利益，它们可以不用正式的控制而进行自愿合作，或者在从事具有战略重要性的商业冒险时选择集团公司的成员作为合伙人。

【案例分析要求】

（1）三菱集团核心企业有几个？在以资本为纽带的企业集团中，三菱集团主产业属于哪种模式？该模式的特点是什么？

（2）金融企业在三菱集团中发挥着怎样的作用？

（3）三菱企业的集团经营模式给我们的启示是什么？

数智能力训练

在数字经济时代，人工智能大模型能够为企业集团财务管理提供很多有益的帮助。结合本章学习的内容，我们可运用人工智能大模型，如阿里“通义千问”、百度“文心一言”和科大讯飞“星火”等（当然也可以采用最新推出的其他模型）对企业集团财务管理中的相关问题进行进一步讨论分析，以提升同学们运用数智模型进行企业集团财务管理的能力。

本章的数智能力训练题主要有：

（1）根据企业集团的财务管理权力集中与分散的不同程度，可以把企业集团的财务管理体制划分为集权型、分权型和放权型。在设计集团财务管理体制时应参考哪些因素？

（2）利用人工智能大模型，探索如何理解“企业集团有利于充分发挥国有大中型企业的经济主导作用”。

同学们可以针对这些问题利用大模型进行提问，也可针对本章内容尝试提出不同的问题或以不同方式进行提问，以提升同学们利用人工智能大模型进行财务管理的能力。

互动练习

13-5 即测即评

第13章练习题

综合案例

EG公司案例①

1 背景

1999年初，拉尔夫·戴姆斯基（Ralph Demsky）出任EG公司的董事长兼任首席执行官。此前10年，他是EG公司最大的部门——消费品部的总经理。近来，EG公司的主要机构股东对公司的绩效不满意。

1.1 EG公司的业务

1998年，EG公司的销售额仅略高于35亿美元。公司主要有三种业务——消费品、饮食服务和家具，并分别设立了消费品部、食品部和家具部。

消费品部大多数系列产品所占的市场份额有绝对优势，在消费者中有口皆碑。

家具部是通过收购方式创立起来的，由8家独立的小公司构成，主要生产中低档产品系列。8家公司家具业务的发展不平衡，管理能力的差异也很大，EG公司也没能对它们进行有效整合。

食品部近年来实施了几项宏大的计划并进行了相应的资本投资，但仍处于发展的初级阶段，在餐饮业界的实力还比较弱。

此外，EG公司还有一些子公司经营其他业务，如房地产开发公司、财务公司和小型报社，这些都是通过收购得来的。虽说规模较小，但也在创造利润（见表1）。

表1 1998年EG公司各分部经营业绩 单位：百万美元

指标＼部门	消费品部	家具部	食品部	报社	房地产公司	财务公司	EG公司
销售收入	2 100	850	550	100	—	—	3 600
息税摊销前利润	145	25	40	15	5	3	233

① 科普兰，科勒，默林. 价值评估——公司价值的衡量与管理［M］. 郝绍伦，等译. 北京：电子工业出版社，2002.

1.2 EG公司的财务绩效

过去5年来，EG公司的总体财务绩效平平，收入的增长还跟不上通货膨胀的速度，净资产收益率长期徘徊在10%左右。部分原因在于公司的一些经营不善的“非经常项目”拉低了最终的绩效结果。此外，公司也没有致力于业务的增长和营业收入的取得。

从投资者的角度来看，公司的股票价格一直滞后于市场。分析家纷纷对此表示遗憾，EG公司董事会和高级管理层的锐气也大为受挫。

1.3 拉尔夫·戴姆斯基的洞察力

前董事长兼首席执行官离任之际，董事会看中了拉尔夫，因为他的观念新，在领导消费品部时也创下了骄人业绩。拉尔夫非常清楚EG公司这种令人烦扰的状况。几年来，他一直大力倡导公司对股东价值的关注。他明白，必须采取果断行动。他的第一个计划便是发现公司内部马上可以利用的重组机会并付诸行动。更为长远的计划是要采取一定的管理方法，建立一定的管理制度，确保公司能抓住重要的机遇。

2 重组者拉尔夫

拉尔夫在其就任的第一周就开展了一个项目，评估公司内部的重组机会。他想采取行动，迅速增加公司股东的价值。

拉尔夫组织了一个包括财务总监和其他业务部门主管在内的特别小组。财务部的分析师为评估工作提供支持，各个部门的主管则负责完成本部门的工作。特别小组每周会晤两次，审查进度，总结经验，保证项目的进程。

拉尔夫从六个方面调查公司现行业务的价值，并设计了重组六角形，用于分析公司价值。首先，了解公司目前的市值，然后评估公司的现有价值，以及在内部改进、各种业务的外销价值增长、财务工程能够带来增值等情况下公司的潜在价值。所有这些价值与公司在股票市场上的价值相比，就能估计出在经过彻底重组后股东可能得到的收益。这种比较也有助于确定投资者和管理者在业务前景认识方面的差异。拉尔夫小组在完成这些分析后，就能对公司的业务状况以及增值的可能途径有实事求是的认识（如图1所示）。

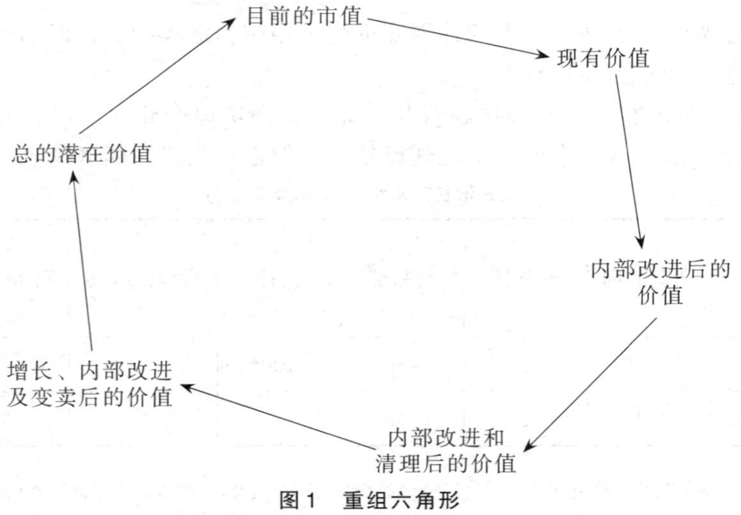

图1 重组六角形

2.1 目前的评估

拉尔夫首先从股东的角度出发，对公司绩效进行评估。结果发现EG公司为投资者创造的收益低于市场整体水平，并低于随意选取的一组可比公司的收益水平，并且，几起较为突出的事件降低了公司的市值。1992—1997年间，EG公司进行了几起收购，以建立和扩大家具业务。在每起收购的前后一段时间，EG公司相对于可比公司和市场的股票价格都有所下跌。公司总价值下跌的幅度大致相当于EG公司支付的溢价。显然，股东们不相信收购能给公司带来增值。拉尔夫认为这种看法有道理，因为EG公司收购后，并没有对收购的公司采取任何行动。

接下来，工作小组分析了公司各项业务的财务效益。消费品部收益较高并且稳定，家具部收入持续下降，食品部收入虽有增加，但资本回报率却较低，并且消费品创造的巨大自由现金流量，大都消耗在家具和食品业务中。

为了对EG公司在股票市场上的价值有一个完整的认识，拉尔夫阅读了证券分析师最近所写的关于EG公司的报告，并走访了密切关注EG公司股票的几位主要分析师，了解他们对公司状况的看法。他们认为，EG公司在过去几年来，满足于现状，在开拓新业务时极少考虑到底能产生怎样的收益；公司从战略角度出发所收购的业务本可以产生协同作用，但管理层并没有为创造股东价值而努力。

2.2 EG公司的现有价值

接下来，拉尔夫小组把注意力转向了公司各项业务的价值评估，这种评估以预测的未来现金流量为基础。首先是基于近年来的历史绩效对各项业务的经营结果进行的简单推测。结果发现：EG公司的历史总价值远远低于其市值；食品部的价值大大低于公司过去几年对其进行的投资；EG公司的价值绝大部分是消费品部产生的现金流量；从价值角度来看，公司总部的成本是一项沉重的负担，几乎占了公司总价值的25%（见表2）。

表2 **EG公司基于历史推测的价值** 金额单位：百万美元

项目	折现现金流量	投入资本	创造的价值
消费品部	1 750	700	1 050
食品部	300	300	0
家具部	200	300	（100）
报社	175	120	55
房地产公司	125	140	（15）
财务公司	25	55	（30）
公司总部管理费用	425	0	（425）
总计	2 150	1 615	535
债务	300	300	—
权益价值	1 850	1 315	535
股票价值	2 400		
价值差额	（550）		
占股票市场的比例	−23%		

之后，拉尔夫让特别小组考虑了假如能实现目前业务计划所规定的绩效目标，公司的价值将会怎样。结果发现，EG公司的总价值会比其市值高些，但只能高出10%，从股东的角度来看，公司还是没有什么改变。拉尔夫认识到，公司需要大胆的思维创新，为股东价值的增加带来震撼性的影响（见表3）。

表3 EG公司业务计划的价值 金额单位：百万美元

项目	历史推测	业务计划	差异（%）
消费品部	1 750	2 115	21
食品部	300	275	-8
家具部	200	600	200
报社	175	200	14
房地产公司	125	150	20
财务公司	25	35	40
公司总部管理费用	425	425	0
总计	2 150	2 950	37
债务	300	300	
权益	1 850	2 650	43
股票市值	2 400	2 400	
价值差额	（550）	250	
占股票市值的比例	-23%	10%	

最后，拉尔夫得出结论，消费品部的规模较大，其绩效必须更好些才行；食品部的战略需要更新，以确保价值增加；家具部的合并只有取得成功，公司才能维持其价值。

2.3 EG公司内部改进的潜在价值

考察了公司的现有价值后，公司开始实施更有进取性的计划和战略。特别小组首先确定每种业务主要的价值驱动因素，然后估计每项业务在销售额增长1%、毛利提高1%、资本密度降低而其他因素不变的情况下对其价值的影响。

接下来特别小组评估了每项业务绩效改善的前景。他们把EG公司的每项业务进行系统性分解，逐一与类似公司相应业务的成本、生产率和投资额进行比较，以衡量其经营绩效。结果发现：对于消费品部，如果增加研发和广告开支、提高价格、提高销售队伍的工作效率、降低销售成本，部门价值将提高25%；对于家具部，如能建立管理信息与控制系统，并对合并后的公司进行有效治理，部门的价值也将大幅提升；对于食品部，最好的策略是精简现有业务，只保留有盈利的经营场所，在发展新业务方面也需更加谨慎。

最后，特别小组得出结论，公司业务潜在的内部价值至少有36亿美元，比公司目前市值高出50%（见表4）。

表4 **EG公司内部改进的潜在价值** 金额单位：百万美元

项目	历史推测	业务计划	潜在价值	差异（%）
消费品部	1 750	2 115	2 640	25
食品部	300	275	300	9
家具部	200	600	800	33
报社	175	200	215	8
房地产公司	125	150	160	7
财务公司	25	35	35	0
公司管理费用	425	425	225	—
总计	2 150	2 950	3 925	33
债务	300	300	300	
权益	1 850	2 650	3 625	37
股票市值	2 400	2 400	2 400	
价值差额	（550）	250	1 225	
占股票市值的比例	−23%	10%	51%	

2.4 EG公司外部改进的潜在价值

拉尔夫小组开始有了信心，他们积极地开始了下一步的工作，探讨EG公司的拆卖价值。他们认为能从中发现更多对股东价值有益的改进方法。

他们首先估算了EG公司如果将其业务当成独立的公司在市场上出售可获得的价值。结果发现，这样简单的出售，从整体来看并不能给股东带来收益，只在降低管理费用方面有些益处。

之后他们估算了，如果让各项业务成为杠杆收购的对象，公司的总体，也不会更高，公司还得为售出的业务纳税。

接下来，他们考虑了部分或全部清算公司业务或终止投资的方式。结果发现，仅有食品部使用这种方式能够带来好处，因为它拥有相当多的不动产。餐馆财产可以零散出售，并关闭食品部，并且一些单元作为不动产的价值比作为餐馆的价值还要高。此外，对于EG公司的小型财务公司，由于行业竞争非常激烈，借款成本与新贷款利息相差的幅度非常小，还不足以抵付营业成本，因此，清算比持续经营更有价值。

最后，他们研究了EG公司业务出售的战略买主（指能够对其进行改革以增加其价值的潜在买主）。分析发现：消费品部出售给战略买主，会实现32亿美元的价值，这比EG公司经营下的潜在价值还要高；食品部对于基础较雄厚的餐饮公司来说有一定的吸引力，将其出售，税后所得也高于EG公司自己经营管理它的价值；家具部仍在业务合并过程当中，此时出售是不明智的，公司应将家具业务彻底整顿完毕，再来判断将其出售更为合适，还是对其改进更为合适。

特别小组得出的最终结论为：如果将EG公司的各项业务分别卖给相应领域的最佳潜在买主，其价值会远远超过现行的股票价格（见表5）。

表5　　EG公司外部价值估算比较　　单位：百万美元

项目	消费品部	食品部	家具部	房地产公司	财务公司	报社
杠杆收购	2 500	290	—	—	—	180
分拆	2 000	280	55	—	25	140
清算	—	260	25	130	50	—
售予战略买主	3 250	350	155	175	35	190
最高价值	3 250	350	155	175	50	190

2.5 新的增长机会

拉尔夫喜欢进行全面的重组分析。他开始考虑发展与消费品部业务相关的新业务，甚至更为大胆的行动，如进行较大的收购。他设想如果寻找到能带来5亿~10亿美元销售额的机遇，就能使消费品业务的市值增加8亿美元，甚至更多。具体措施可以是全球扩张、向零售商提供新的服务，也可以是直接面向消费者。

2.6 财务工程的潜在价值

拉尔夫督促财务总监认真研究EG公司的财务结构，设计出一套有胆识的计划，以充分利用举债筹资的税收优势。EG公司一直都在尽力保持标准普尔AA级信用标准，自由现金流量大且稳定，不受经济衰退的影响，并且公司的核心业务相对成熟、资本的需求有限，不需要大量的储备资金。因此，只要是有经济价值的扩张或收购活动，EG公司总能筹到资金。公司所能承受的债务比现在多得多，如果举债会使其资本结构的税收效率更高。

2.7 EG公司的重组计划

拉尔夫小组从众多方面分析了EG公司的价值，并据此编制了公司的重组计划。这项计划如能执行成功，将为股东带来更多的价值（见表6、表7）。

表6　　EG公司重组行动一览表

项目	行动
消费品部	降低销售成本、重组销售队伍、加强广告和研发、提高营销能力
食品部	出售
家具部	保留、合并；如果经过经营整合，不能达到预期绩效水平，将其出售
房地产公司	出售
财务公司	清算
报社	出售
公司总部	裁减50%人员，其余权力下放
新的增长机会	待定
筹资	增强杠杆作用、维持BBB信用等级、取得节税收益

表7　EG公司通过重组可以创造的价值　单位：百万美元

项目	历史推测	业务计划	差异（%）	
消费品部	1 750	2 900	66	改进
食品部	300	350	17	出售
家具部	200	800	300	合并/出售
报社	175	190	9	出售
房地产公司	125	160	28	出售
财务公司	25	45	80	清算
公司管理费用	425	225	47	削减
债务节税收益	—	200	—	
总计	2 150	4 420	106	
债务	300	300		
权益	1 850	4 120	123	
新的增长机会	0	800		
权益与新的增长机会合计	1 850	4 920	166	

3　价值管理者拉尔夫

EG公司的重组计划使得该公司股票价格上涨。计划一公布，股票价格立即暴涨。当投资者们看到公司确实在履行其所做的承诺时，股价进一步上涨。1999年前6个月，EG公司股票的涨幅超过了股市平均涨幅的40%。关注EG公司的分析家不再谈论接管，转而为该公司的改革喝彩。

拉尔夫及其小组对这样的结果是很满意的。当然，他不得不裁员、出售公司的一些业务，他为此感到遗憾。但令人欣慰的是，这些事情他都处理得井井有条，非常人道。尽管取得了这些成就，拉尔夫知道，要完成重组计划，还有许多工作要做。他要着手在全公司确立一个价值管理的目标。

为此，拉尔夫计划采取以下步骤：①以价值创造为核心进行计划和绩效评估；②确定以价值为核心的指标和绩效尺度；③改革公司的报酬制度，培养员工重视创造股东价值的观念；④评估战略投资决策时，要明确地考虑对价值的影响；⑤开始就EG公司计划的价值问题与投资者和分析家进行沟通；⑥重新规定财务总监的职能。

3.1　把价值纳入计划

拉尔夫相信，EG公司陷入困境的一个主要原因是公司层和部门层都没有把价值创造当成重点。同样，在进行绩效评估时，也没有明确地强调价值。

拉尔夫强调，对价值创造的重视是每一个高级管理者的职责。他要求每年务必使用六角形重组法寻找公司内部的重组机遇。

这种做法要求公司战略有所改变。公司在未来的一年里，要把重点放在重组上。要更好地了解公司的能力、资产以及这些能力和资产在哪些业务中最为宝贵，并通过与竞争者的比较分析，开展新的业务。

这种做法也要求业务部门有所改变。各业务单元的管理者要把关注的焦点集中在他们所经营的业务的价值驱动因素上；不仅要关注利润的提高，更要注重价值和资本回报率的增长；不仅要注重短期绩效的提高，还要开展具有长远意义的研发和广告宣传活动。

3.2 确定价值导向目标和绩效尺度

公司以股票价格作为最根本的绩效尺度，在管理层要采取更加具体和有操作性的标准。拉尔夫选用经济利润作为评估指标，因为它既考虑了增长，又考虑了投入资本的收益。公司可以通过经济利润最大化实现折现现金流量最大化。对于基层管理者，拉尔夫要设计能对他们直接施加影响的指标和绩效尺度：如生产经理的绩效使用单位成本、质量以及是否能按时交货来衡量；销售经理的绩效用销售增长率、标价折扣率和销售成本占销售收入的比率来衡量。

这套综合性的指标和绩效尺度系统，把财务结果与经营指标结合起来，与更具有经济意义的财务指标结合起来。

3.3 报酬与价值结合

公司要设计一套基于绩效发放报酬（包括奖金、股票期权等）的报酬制度，以激励高层管理者创造价值。公司还考虑每个部门的虚拟股票，以设计出一套延期付酬方案。该方案围绕公司实行的经济利润指标，根据特定价值驱动因素目标的完成情况发放报酬。

3.4 评估战略投资的价值

公司应改变对待重大投资项目的方式。第一，把资本投资密切地与公司的战略和经营计划结合起来。第二，针对公司每项业务的不同风险，制定出适合于每个业务部门且能反映相应机会成本的投资回报率下限标准。第三，对收购方案，要从现金流量收益出发，使用六角形重组法，进行彻底的评估分析。第四，管理者们也要对其他诸如合资之类的扩张方式予以考虑。

3.5 制定与投资者的沟通战略

拉尔夫认为，EG公司应随时关注分析家对公司绩效和前景的看法，以确保市场随时都能取得足够的信息对公司进行评估；他还可以从分析师对EG公司以及其他公司股票的评估中知道所在行业和竞争对手的动向。他坚信，像对待公司的顾客和雇员那样真诚地对待投资者和投资界是良好的发展策略。

此外，公司还应更加积极地与投资者们进行有效的沟通。

他强调，与市场交流的重点应放在宣传公司为提高股东价值到底在做些什么上。他设想在年度报告中增加一个部分，题为“公司的价值前景”，讨论公司创造价值的战略。另外，公司还可以公布其价值估算，但前提是把各种假定都讲清楚。

3.6 重新规定财务总监的职能

拉尔夫认识到，公司的经营战略和财务战略的关系越来越紧密。公司战略的目的就是要在控制权市场和金融市场上为公司创造优势，这与财务的方方面面有着千丝万缕的联系。他认为财务总监除了负责管理公司的日常财务事项和财务报告，还应起到桥梁作用，沟通业务部门主管的战略/经营核心工作与公司和投资者的财务要求。他要求财务总监与部门主管们一道在全公司推行价值管理，还要带头为公司制定价值创造战略。

拉尔夫估计这个以价值为核心的六个步骤的计划需要两年时间才能完成。他坚信所有这些都有助于确保EG公司保持在公司控制权市场的优势，为股东创造更大的价值。

【案例分析要求】

（1）请结合本案例，思考价值管理与价值评估、价值创造的关系如何。

（2）请结合本案例，思考价值管理与公司战略、重组计划的关系如何。

（3）请结合本案例，思考价值管理与业绩评价、财务激励之间的关系如何。

（4）根据EG公司的案例，你能总结出价值管理的具体步骤是什么吗？

（5）根据EG公司的案例，试述价值管理的方法，并思考除本例中提到的价值管理方法，你还能想到哪些方法？

（6）除了上述拉尔夫提出的企业管理计划，你还能想到哪些其他方案？在具体的价值评估、企业重组、业绩评价、管理层激励的操作中，你还知道哪些更好的方法？

主要参考文献

［1］爱默瑞，芬尼特．公司财务管理［M］．荆新，王化成，李焰，等译．北京：中国人民大学出版社，1999．

［2］鲍新中，张玲娜，徐鲲．财务管理专业思政建设成果汇编［M］．北京：经济管理出版社，2021．

［3］财政部．企业会计准则［M］．上海：立信会计出版社，2024．

［4］财政部．企业会计准则应用指南［M］．上海：立信会计出版社，2024．

［5］陈尘．从管理提升到价值创造——对标世界一流企业价值创造行动启动［J］．国企管理，2023（4）：8；54-55．

［6］福斯特．财务管理：概念与应用［M］．池国华，主译．大连：东北财经大学出版社，2016．

［7］池国华．中国式经济增加值（EVA）考核实践探索［M］．大连：东北财经大学出版社，2016．

［8］杜胜利．基于产业类型的财务公司业务模式比较［J］．中国工业经济，2004（11）：91-97．

［9］范霍恩．财务管理与政策［M］．刘志远，主译．大连：东北财经大学出版社，2000．

［10］范健，王建文．证券法［M］．2版．北京：法律出版社，2010．

［11］郭复初．财务通论［M］．上海：立信会计出版社，1997．

［12］郭复初．财务专论［M］．上海：立信会计出版社，1998．

［13］哈里森，圣约翰．战略管理：原理与案例［M］．陈继文，胡文华，王志文，译．6版．大连：东北财经大学出版社，2016．

［14］胡玉明．公司理财［M］．2版．大连：东北财经大学出版社，2009．

［15］金中夏，赵岳，王浩．人民币：从市场化走向国际化［M］．北京：中国金融出版社，2021．

［16］柯希嘉．机构投资者与上市公司治理［M］．上海：东方出版中心，2016．

［17］李守武．管理会计案例［M］．北京：中国财政经济出版社，2016．

［18］李扬．中国债券市场（2015）［M］．北京：社会科学文献出版社，2015．

［19］李志学，戴娟萍．高级财务管理［M］．杭州：浙江大学出版社，2015．

［20］刘淑春，金洁．数字化重塑专精特新企业价值创造力——理论、机理、模式及路径［J］．财经问题研究，2023（11）：3-14．

［21］刘兴云，汪平．财务管理学［M］．北京：经济科学出版社，2002．

［22］吕洪雁，杨金凤．企业战略与风险管理［M］．北京：清华大学出版社，2016．

［23］纳鹏杰，纳超红．企业集团财务管控与上市公司现金持有水平研究［J］．会计研究，2012（5）：29-38；93．

［24］汤谷良．经营者财务论——兼论现代企业财务分层管理架构［J］．会计研究，1997（5）：21-25．

［25］王昶，姚海琳．母子公司管理控制方式及其影响因素的实证研究［J］．南开管理评论，2011（3）：63-71；109．

［26］王棣华．企业高级财务管理［M］．北京：清华大学出版社，2016．

［27］王海．中国企业海外并购经济后果研究：基于联想并购IBM PC业务的案例分析［J］．管理世界，2007（2）：94-106．

［28］王宏森．美国金融财务公司的发展及其对我国的借鉴［J］．金融论坛，2002（3）：51-56．

［39］王化成．高级财务管理学［M］．北京：中国人民大学出版社，2022．

［30］郭复初，王庆成．财务管理学［M］．北京：中国人民大学出版社，2019．

［31］王秋霞，池昭梅．财务管理课程思政案例集［M］．成都：西南财经大学出版社，2023．

［32］陈运森，梁上坤，袁淳．高级财务管理［M］．北京：北京大学出版社，2023．

［33］陆正飞，朱凯，童盼．高级财务管理［M］．北京：北京大学出版社，2023．

［34］夏乐书，李琳．国际财务管理［M］．4版．大连：东北财经大学出版社，2017．

［35］谢志华．企业预算管理：从预算整合到整合预算［M］．北京：经济科学出版社，2015．

［36］杨国强．请供应商打理库存 联想实现现金“负周期”［N］．第一财经日报，2005-04-11．

［37］杨淑娥，胡元木．财务管理研究［M］．北京：经济科学出版社，2002．

［38］杨晓刚．股权激励［M］．北京：人民邮电出版社，2017．

［39］杨雄胜．高级财务管理［M］．3版．大连：东北财经大学出版社，2012．

［40］张凤林，汤谷良，卢闯．全面预算2.0：解开管理者8大难题的钥匙［M］．北京：机械工业出版社，2017．

［41］张庆龙，聂兴凯，潘丽靖．中国财务共享服务中心典型案例［M］．北京：电子工业出版社，2016．

［42］张瑞君．企业集团财务管控［M］．北京：中国人民大学出版社，2015．

［43］张文魁．大型企业集团管理体制研究：组织结构、管理控制与公司治理［J］．

改革，2003（1）：23-32.

［44］张先治，傅荣. 企业重组财务与会计问题研究［M］. 大连：东北财经大学出版社，2003.

［45］张先治. 财务分析［M］. 北京：中国财政经济出版社，2004.

［46］张先治，牛彦秀. 财务学［M］. 3版. 大连：东北财经大学出版社，2017.

［47］张先治. 内部管理控制论［M］. 北京：中国财政经济出版社，2004.

［48］张先治. 企业资本经营论：现代企业财务管理新探［M］. 北京：中国财政经济出版社，2001.

［49］张玉明. 财务金融案例［M］. 北京：清华大学出版社，2010.

［50］赵德武. 财务管理［M］. 北京：高等教育出版社，2000.

［51］周守华，杨济华. 当代西方财务管理［M］. 大连：东北财经大学出版社，1997.

［52］朱大鹏，王竹泉. 企业资本效率与利益相关者保护——基于中核钛白重组的案例研究［J］. 财务与会计，2017（6）：44-46.

［53］最高人民法院民事审判第二庭. 最高人民法院关于企业破产法司法解释理解与适用［M］. 北京：人民法院出版社，2017.

［54］马杜拉. 国际财务管理［M］. 张俊瑞，主译. 北京：北京大学出版社，2013.

［55］BRIGHAM，GAPENSK. Financial management：Theory and practice［M］. 8th ed. NY：The Dryden Press，1997.

［56］LUSZTIG，MORCK，SCHWAB. Finance in a Canadian setting.［M］. 5th ed. Toronto：John Wiley & Sons Canada Ltd.，1998.

［57］斯蒂芬，伦道夫，布拉德福德. 公司理财［M］. 吴世农，沈艺峰，等译. 12版. 北京：机械工业出版社，2020.

［58］SCOTT，MARTIN，PETTY. 现代财务管理基础［M］. 金马，译. 北京：清华大学出版社，2004.